합격을 앞당기는

해커스 한국사능력검정시험 기본(4·5·6급) 2주 합격

추가자료

한국사능력검정시험 인강 30% 할인 쿠폰　`DA93AE8F2865D000`

한국사 시대흐름잡기 특강 무료 수강권　`KKE7AE9027854000`

이용방법　해커스한국사 사이트(history.Hackers.com) 접속 후 로그인 ▶
사이트 메인 우측 상단의 [나의 정보] 클릭 ▶ [나의 쿠폰] 클릭 ▶ [쿠폰/수강권 등록] 클릭 ▶
위 쿠폰번호 등록 후 [마이클래스]에서 수강

* 쿠폰 등록 직후 강의가 지급되며, 지급일로부터 30일간 수강 가능합니다.
* 본 쿠폰은 한 ID당 1회에 한해 등록 및 사용 가능합니다.

▲ 할인쿠폰 바로가기　　▲ 무료 수강권 바로가기

데일리 셀프 쪽지 시험(PDF) 자료 이용권

`DJEK 1454 KWDX 4871`

폰 안에 쏙! 혼동 포인트 30(PDF) 자료 이용권

`D2KX 6953 AXRK 4187`

이용방법　해커스한국사 사이트(history.Hackers.com) 로그인 ▶ 사이트 메인 상단의 [교재/자료] 클릭 ▶
[교재자료 다운로드] 페이지에서 본 교재 우측의 해당자료 [다운로드] 클릭 ▶
위 쿠폰번호 입력 후 이용

한국사 단기합격의 모든 것, 해커스한국사　　history.Hackers.com

해커스 한국사능력검정시험 기본[4·5·6급] 2주합격 이 **특별한 이유!**

어려운 개념도 쉽고 재미있게 학습하니까!

1

기출 자료를
이야기로 만든
스토리로 미리보기를 통해
생소한 한국사 흐름을
재미있게 학습!

2

어려운 개념도
머릿속에 저절로 그려지는
마인드맵으로
복잡한 한국사 개념을
단번에 정리!

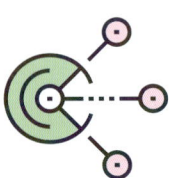

한눈에 흐름 잡는 빈출키워드 연표

학습 전이나 공부하면서 시대가 자꾸 헷갈릴 때, 연표를 펼쳐놓고 보면서 놓친 흐름을 다시 잡아보세요! 무료 시대흐름잡기 특강과 함께 보면 훨씬 더 쉽게 흐름을 잡을 수 있습니다

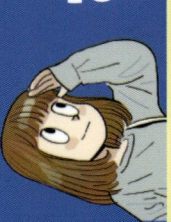

근대

무료 특강 듣기 ▶

흥선 대원군 집권기

- 1863년 흥선 대원군 집권 (고종)
- 1866년 병인양요 (vs 프랑스)
- 1868년 오페르트 도굴 사건
- 1871년 신미양요 (vs 미국)

개항기

- 1876년 강화도 조약 체결
- 1880년 통리기무아문 설치

출제 예감! 71·69·67·66·64·63·61·60·58·57회 출제

- 1882년 임오군란
- 1884년 갑신정변
- 1894년 1차 동학 농민 운동
- 1894년 제1차 갑오개혁
- 1895년 을미사변
- 1896년 아관 파천
- 1896년 독립 협회 창립

대한 제국 성립기

- 1897년 대한 제국 수립

국권 피탈 시기

- 1905년 을사늑약 체결
- 1907년 국채 보상 운동
- 1907년 신민회 창립
- 1907년 고종, 헤이그 특사 파견
- 1907년 한·일 신협약 체결
- 1907년 정미의병
- 1909년 안중근 의거
- 1910년 한·일 병합 조약 체결

일제 강점기

무료 특강 듣기 ▶

무단 통치 시기

- 1910년 회사령 공포
- 1912년 조선 태형령 공포
- 1912년 토지 조사령 제정
- 1919년 3·1 운동 (최빈출)
- 1919년 대한민국 임시 정부 수립

문화 통치 시기

- 1920년 봉오동 전투
- 1920년 청산리 전투
- 1920년 간도 참변

출제 예감! 71·69·67·66·64·63·61·60·58·57회 출제

- 1923년 민립 대학 설립 운동
- 1926년 6·10 만세 운동
- 1927년 신간회 창립 (최빈출)
- 1929년 광주 학생 항일 운동

민족 말살 통치 시기

- 1931년 김구, 한인 애국단 조직
- 1938년 일제, 국가 총동원법 제정
- 1940년 대한민국 임시 정부, 한국광복군 창설
- 1942년 조선어 학회 사건
- 1945년 8·15 광복

현대

무료 특강 듣기 ▶

- 1945년 모스크바 3국 외상 회의 개최
- 1946년 제1차 미·소 공동 위원회 개최
- 1946년 좌·우 합작 위원회 조직
- 1948년 5·10 총선거
- 1948년 대한민국 정부 수립
- 1948년 반민족 행위 처벌법 제정
- 1950년 6·25 전쟁 발발 (이승만 정부)
- 1953년 휴전 협정 체결
- 1960년 4·19 혁명 (이승만 정부) (최빈출)
- 1972년 7·4 남북 공동 선언 (박정희 정부)
- 1972년 유신 체제 시작 (박정희 정부)
- 1979년 부·마 민주 항쟁 (박정희 정부)
- 1980년 5·18 민주화 운동
- 1987년 6월 민주 항쟁 (전두환 정부)
- 1991년 노태우 정부, 남북 기본 합의서 발표
- 1993년 김영삼 정부, 금융 실명제 실시
- 2000년 김대중 정부, 6·15 남북 공동 선언 발표
- 2007년 노무현 정부, 10·4 남북 공동 선언 발표

한눈에 흐름 잡는 빅톨체인 연표

학습 전이나 공부하면서 시대가 자주 헷갈릴 때, 연표를 펼쳐놓고 보면서 놓친 흐름을 다시 잡아보세요! 무료 시대별 음성 듣기와 함께 보면 훨씬 더 쉽게 흐름을 잡을 수 있습니다.

선사 시대

70만 년 전	기원전 2333년경	기원전 2000년경	기원전 400년경	기원전 194년	기원전 108년
구석기 시대 시작	단군왕검, 고조선 건국	청동기 문화 보급	철기 문화 보급	위만 조선 성립	고조선 멸망

약 1만 년 전: 신석기 시대 시작

고대

기원전 57년	기원전 37년	기원전 18년	371년	475년	538년	554년	612년	645년	648년	660년
박혁거세, 신라 건국	주몽, 고구려 건국	온조, 백제 건국	백제 근초고왕, 고구려 평양성 공격	고구려 장수왕, 백제 한성 함락	백제 성왕, 사비 천도	관산성 전투 (신라 진흥왕 vs 백제 성왕)	고구려 을지문덕, 살수 대첩 승리(vs 당)	고구려, 안시성 전투 승리(vs 당)	신라, 당과 나·당 동맹 체결	황산벌 전투 백제 멸망(의자왕)

663년: 백강 전투 (백제 부흥 운동)
668년: 고구려 멸망 (보장왕)
675년: 신라, 매소성 전투 승리(vs 당)
676년: 신라, 삼국 통일 (문무왕)
698년: 대조영, 발해 건국

남북국 시대

828년: 신라 장보고, 청해진 설치(흥덕왕)
889년: 원종과 애노의 난 (신라 진성 여왕)
900년: 견훤, 후백제 건국
901년: 궁예, 후고구려 건국
918년: 왕건, 고려 건국

후삼국 시대

926년: 발해 멸망
935년: 신라 멸망(경순왕)
936년: 고려, 후삼국 통일

고려 시대

993년	1019년	1104년	1126년	1135년	1170년
서희의 외교 담판 (vs 거란)	강감찬, 귀주 대첩 승리 (vs 거란)	별무반 창설 (vs 여진)	이자겸의 난	묘청의 난	무신 정변

1231년: 몽골의 1차 침략 (vs 몽골)
1232년: 고려, 강화 천도
1270년: 고려, 개경 환도
1356년: 공민왕, 쌍성총관부 수복
1388년: 이성계, 위화도 회군
1392년: 태조 이성계, 조선 건국

조선 시대

조선 전기

1446년	1485년	1498년	1504년	1519년	1545년	1592년
세종, 훈민정음 반포	성종, 『경국대전』 반포	무오사화(연산군)	갑자사화(연산군)	기묘사화(중종)	을사사화(명종)	임진왜란

조선 후기

1636년	1680년	1689년	1694년	1811년	1862년
병자호란(인조)	경신환국(숙종)	기사환국(숙종)	갑술환국(숙종)	홍경래의 난(순조)	임술 농민 봉기 (철종)

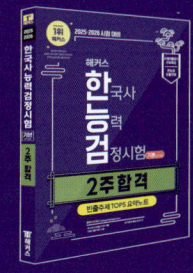

반복 학습으로 점수까지 잡을 수 있으니까!

3

기출 키워드 퀴즈와
시대별 기출문제로
암기한 내용을
점검하고
실력 향상까지!

4

최빈출 포인트만
모아 구성한
**실력 점검
기출 모의고사**로
실전 감각을 극대화!

5

합격직행노트로
시험 직전
빈출 주제만
콕! 짚어 마무리!

따라만 하면 쉽게 합격하는 2주 합격 로드

학습 기간은 자신의 실력과 상황을 고려하여 자유롭게 정하세요.
만약 한 달 동안 차근차근 학습하고 싶다면 하루 분량을 이틀 동안 학습하면 돼요.

D-14 __월__일
- 기출주제 01~02
- 선사 기출로 마무리
- 기출주제 03~04

D-13 __월__일
- 기출주제 05~08

D-12 __월__일
- 기출주제 09~11
- 고대 기출로 마무리

작심삼일 주의! 계획대로 쭉 가세요.

D-11 __월__일
- 기출주제 12~15

D-10 __월__일
- 기출주제 16~18
- 고려 기출로 마무리

D-9 __월__일
- 기출주제 19~22

D-8 __월__일
- 기출주제 23~26

D-7 __월__일
- 기출주제 27~28
- 조선 기출로 마무리

드디어 조선까지 끝! 조금만 더 힘내요.

D-6 __월__일
- 기출주제 29~33

D-5 __월__일
- 기출주제 34~36
- 근대 기출로 마무리

D-4 __월__일
- 기출주제 37~40

D-3 __월__일
- 기출주제 41~44
- 일제 기출로 마무리

D-2 __월__일
- 기출주제 45~48
- 현대 기출로 마무리

D-1 __월__일
- 기출주제 49~50
- 통합 기출로 마무리
- 실력 점검 기출 모의고사
- 합격직행노트와 빈출 연표 암기!

수험표 출력 잊지 마시고, 파이팅!

시험일 __월__일
- 시험장에서 합격직행노트와 빈출 연표 복습!
- 시험 직후 해커스 한국사 사이트에서 가채점하기!

합격!

해커스한국사 | history.Hackers.com

해커스
한국사
한능력검정시험 기본 [4·5·6급]
2주 합격

이 책의 차례

이 책의 활용법 4
한국사능력검정시험 A to Z 8

I 선사 시대

선사 시대 흐름 잡기 12

기출주제
01 구석기 시대~철기 시대 14
02 고조선과 여러 나라의 성장 18
선사 시대 기출로 마무리 22
선사 시대 핵심 키워드로 단원 마무리 24

II 고대

고대 흐름 잡기 28

기출주제
03 고구려 30
04 백제 34
05 신라 38
06 가야 42
07 통일 신라와 발해 46
08 통일 신라 말의 혼란과 후삼국 시대 50
09 고대의 경제와 사회 54
10 고대의 사상과 문화 전파 58
11 고대의 문화유산 62
고대 기출로 마무리 66
고대 핵심 키워드로 단원 마무리 68

III 고려 시대

고려 시대 흐름 잡기 74

기출주제
12 고려의 후삼국 통일과 국가 기틀 마련 76
13 문벌 귀족 사회와 무신 정권 80
14 원 간섭기와 공민왕의 개혁 정치 84
15 고려의 대외 관계 88
16 고려의 경제와 사회 92
17 고려의 사상과 과학 기술의 발달 96
18 고려의 문화유산 100
고려 시대 기출로 마무리 104
고려 시대 핵심 키워드로 단원 마무리 106

IV 조선 시대

조선 시대 흐름 잡기 110

기출주제
19 조선의 건국과 유교 정치의 실현 112
20 조선의 통치 체제 116
21 사화의 발생과 붕당의 형성 120
22 왜란과 호란 124
23 붕당 정치와 탕평 정치 128
24 세도 정치와 사회 변혁의 움직임 132
25 조선의 경제와 사회 136
26 조선 전기의 문화 140
27 실학의 등장과 국학 연구의 확대 144
28 조선 후기의 문화 148
조선 시대 기출로 마무리 152
조선 시대 핵심 키워드로 단원 마무리 154

V 근대

근대 흐름 잡기 160

기출주제
29 흥선 대원군의 개혁과 개항 162
30 개화 정책의 추진과 반발 166
31 동학 농민 운동과 개혁의 추진 170
32 갑오개혁과 을미개혁 174
33 독립 협회와 대한 제국 178
34 국권 피탈 과정과 항일 운동 182
35 항일 의병 운동과 애국 계몽 운동 186
36 근대의 경제와 문화 190
근대 기출로 마무리 194
근대 핵심 키워드로 단원 마무리 196

VI 일제 강점기

일제 강점기 흐름 잡기 200

기출주제
37 1910년대 일제의 통치와 독립운동 202
38 3·1 운동과 대한민국 임시 정부 206
39 1920년대 일제의 통치와 독립운동 210
40 1920년대 실력 양성 운동과 사회 운동 214
41 1920년대 대중 운동과 신간회 218
42 1930년대 이후 일제의 통치 222
43 1930년대 이후의 독립운동 226
44 일제 강점기의 문화 활동 230
일제 강점기 기출로 마무리 234
일제 강점기 핵심 키워드로 단원 마무리 236

VII 현대

현대 흐름 잡기 240

기출주제
45 대한민국 정부 수립과 제헌 국회의 활동 242
46 이승만 정부 246
47 박정희 정부 250
48 전두환 정부~이명박 정부 254
현대 기출로 마무리 258
현대 핵심 키워드로 단원 마무리 260

VIII 통합 주제

기출주제
49 지역사 264
50 세시 풍속과 민속놀이 268
통합 주제 기출로 마무리 272
통합 주제 핵심 키워드로 단원 마무리 274

실력 점검 기출 모의고사 278
정답 및 해설 292
합격직행노트 [책 속의 책]

데일리 셀프 쪽지 시험 &
폰 안에 쏙! 혼동 포인트 30 (PDF)

첫 시험을 2주 만에 합격하기 위한

이 책의 활용법

1. 쉽고 빠르게 주요 흐름을 잡아요!

시대별로 반드시 알아둬야 할 핵심 사건들을 기출 자료와 함께 읽어보면서 쉽고 빠르게 주요 흐름을 파악할 수 있어요!

2. 빈출 개념을 공부하고 퀴즈로 개념을 다져요!

최근 3개년 한국사능력검정시험 기본 시험의 전 문항을 분석하여 빈출 개념만 모아 50개의 주제로 정리했어요.
학습 후에는 <퀴즈로 개념 다지기>로 개념을 한 번 더 정리할 수 있어요!

술술 읽어보는 주요 흐름
한국사 노베이스도 쉽고 빠르게 흐름을 이해할 수 있도록 시대별로 중요한 사건들을 정리하였어요!

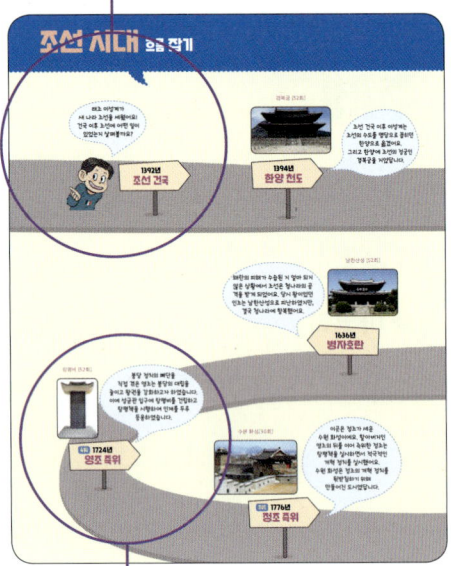

함께 보는 기출 자료
실제 시험에 자주 나온 자료를 이야기와 함께 보면서 흐름을 좀 더 쉽게 이해할 수 있어요!

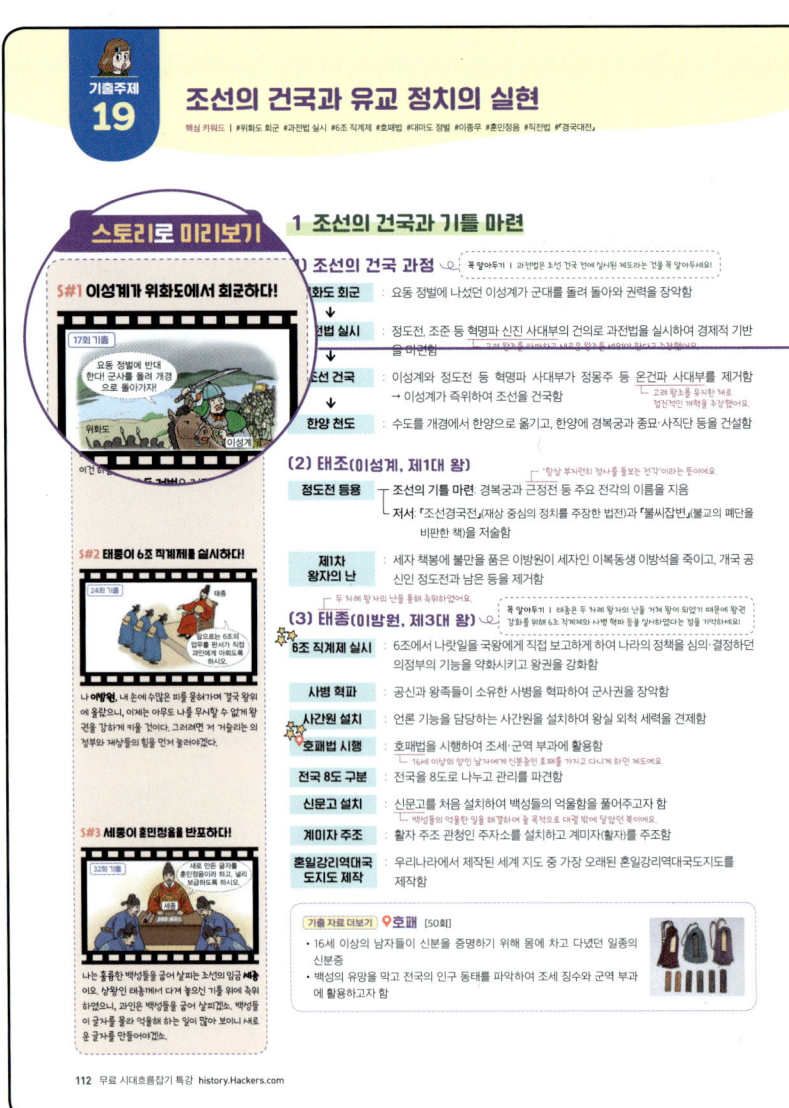

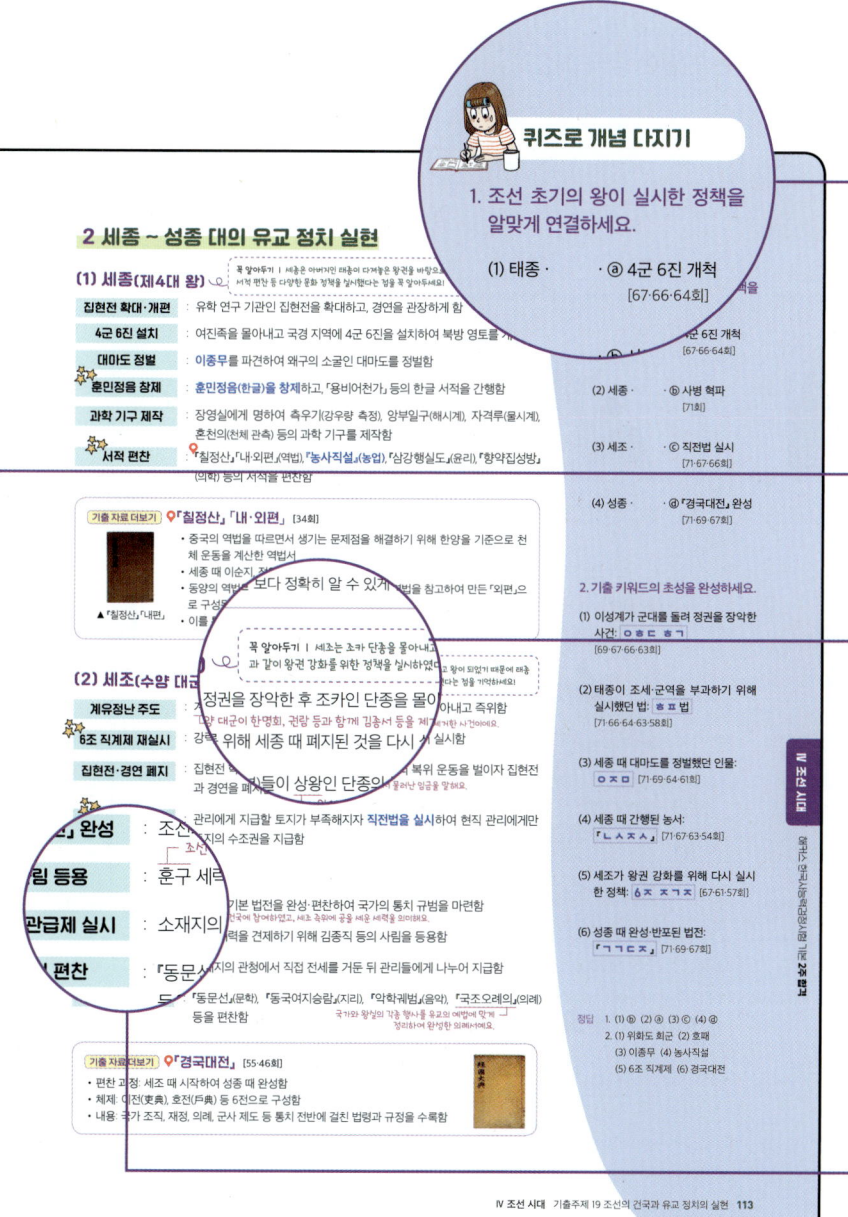

퀴즈로 개념 다지기
선 긋기 퀴즈와 기출 키워드 초성 퀴즈로 시험에 꼭 나오는 핵심 키워드를 암기하고 개념을 한 번 더 점검할 수 있어요.

스토리로 미리보기
기출 장면을 담은 역사 이야기를 미리 보면서 재미있게 공부할 수 있어요.

꼭 알아두기
시험에 꼭 나오는 내용을 한 번 더 짚어주어 중요한 내용만 골라 학습할 수 있어요!

마인드맵 개념 정리
어려운 개념도 머릿속에 저절로 그려지는 마법같은 마인드맵 개념 정리로 쉽게 공부할 수 있어요.

이 책의 활용법 **5**

첫 시험을 2주 만에 합격하기 위한

이 책의 활용법

3. 필수 기출로 문제 풀이법을 익히고 실전 감각을 키우세요!

필수 기출문제의 정답 길잡이로 문제 풀이 과정을 익히면서 실전 감각도 키우세요!

정답 길잡이

개념은 다 공부했는데 문제만 보면 어떻게 풀어야 할 지 막막하죠?
개념을 문제에 적용하는 방법을 알려주는 친절한 첨삭 해설로
쉽게 문제를 풀 수 있어요.

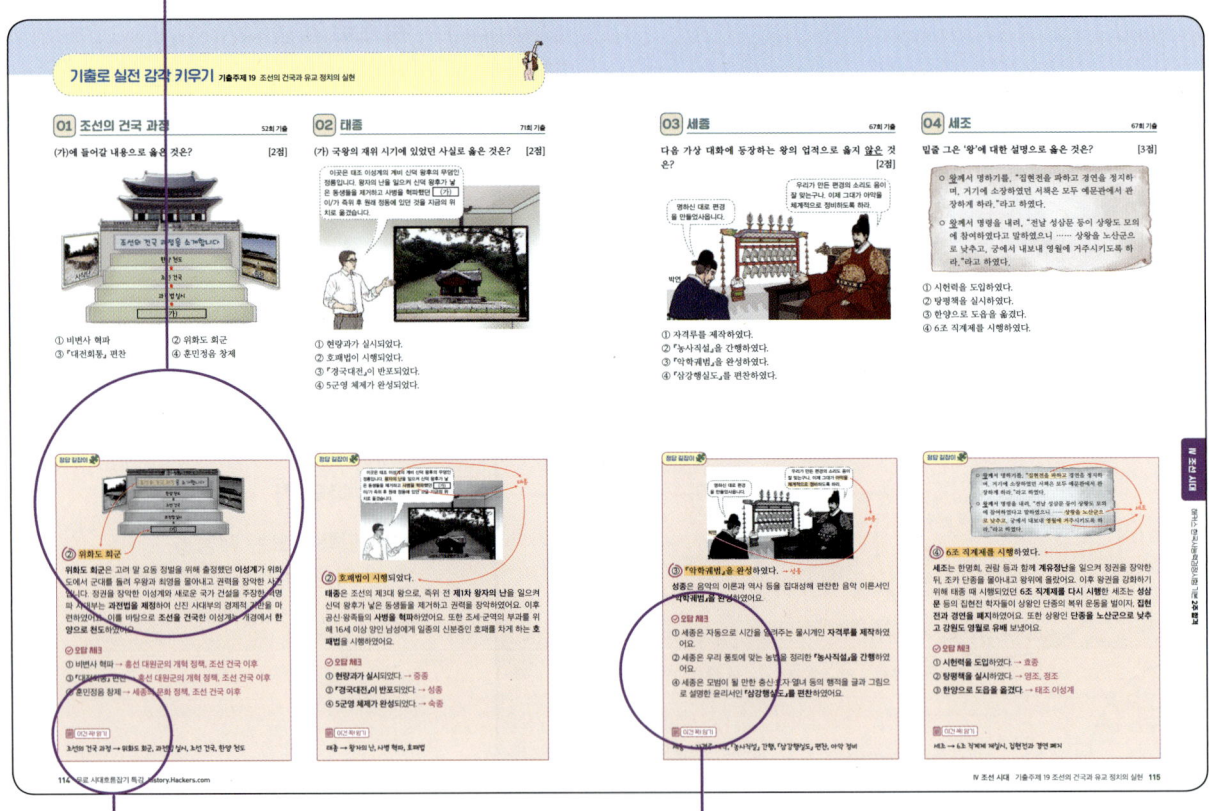

이건 꼭! 암기

또 나올 필수 기출문제의 핵심 키워드는
한 번 더 암기하세요!

오답 체크

오답 선택지의 핵심 포인트를
빠르게 체크하고 넘어갈 수 있어요.

4. 기출문제로 학습을 마무리하고 합격을 확신하세요!

시대별 <기출로 마무리>로 시대별 학습을 마무리하고, 기출 모의고사 1회분을 풀면서 실력을 점검하며 합격을 확신하세요!

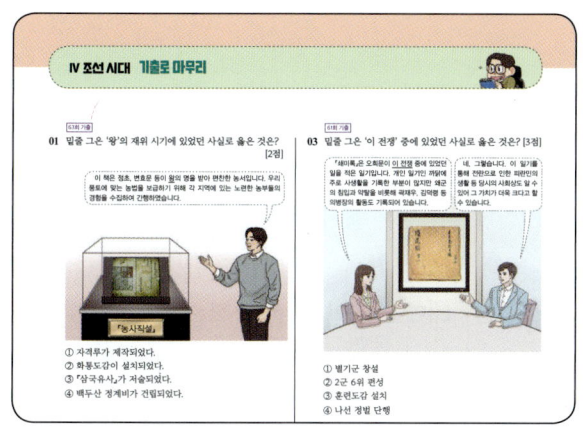

기출로 마무리

각 시대를 공부한 후 시대별 기출문제로 개념을 문제에 완벽하게 적용할 수 있어요.

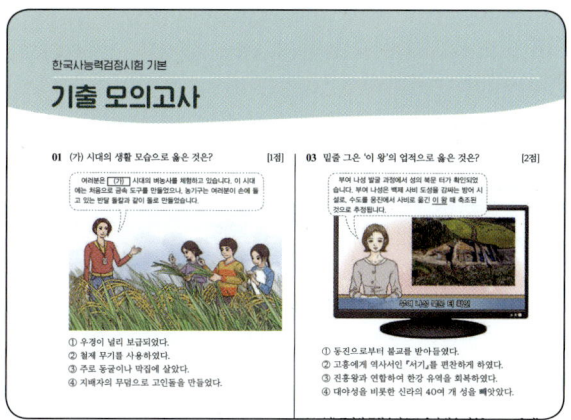

실력 점검 기출 모의고사

최근 3번 이상 출제된 최빈출 포인트에 따라 구성된 기출 모의고사를 풀어보면서 자신의 실력을 점검할 수 있어요.

5. 빈출주제 TOP5의 알짜 개념만 집중 암기하세요!

실제 한국사능력검정시험의 빈출 주제 TOP5인 사건, 인물, 왕, 문화유산, 단체를 모아 알짜 개념만 요약했어요. 시험 직전, 집중해서 외우면 20점은 더 오를 수 있어요!

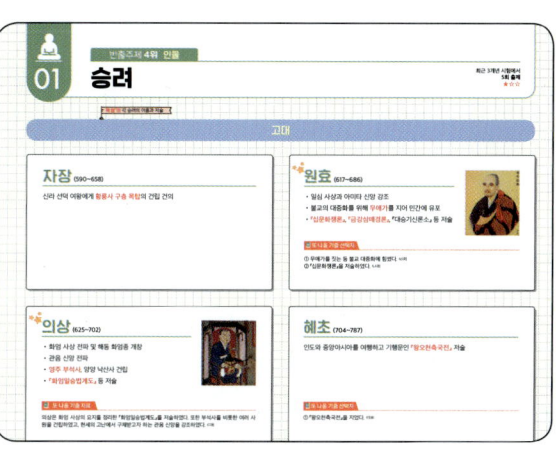

해커스가 알려주는
한국사능력검정시험 A to Z

💡 한국사능력검정시험이란?

한국사능력검정시험은 한국사와 관련된 유일한 국가 자격 시험으로 국사편찬위원회에서 주관합니다. 한국사에 대한 전국민적 공감대를 형성하고 역사에 대한 관심을 확산·심화시키기 위한 목적으로 시행되는 시험이며, 선발 시험(상대평가)이 아닌 일정 수준의 점수를 취득하면 인증서가 주어지는 인증 시험입니다.

💡 한국사능력검정시험의 인증 등급 기준

종류	인증등급	급수 인증 기준	평가 수준	문항수
심화	1급	80점 이상	대학교 교양 및 전공 학습, 고등학교 심화 수준	50문항 (5지 택1)
	2급	70점 이상 80점 미만		
	3급	60점 이상 70점 미만		
기본	4급	80점 이상	중·고등학교 학습, 초등학교 심화 수준	50문항 (4지 택1)
	5급	70점 이상 80점 미만		
	6급	60점 이상 70점 미만		

💡 2025년 한국사능력검정시험 기본 일정

구분		제73회	제75회
시험일		2월 16일(일)	8월 9일(토)
원서 접수 기간	정기 ※ 시도별 해당 접수일에만 접수 가능하므로, 홈페이지를 참고하세요	1월 14일(화) 10:00 ~ 1월 21일(화) 17:00	7월 8일(화) 10:00 ~ 7월 15일(화) 17:00
	추가	1월 27일(월) 10:00~ 1월 31일(금) 17:00	7월 22일(화) 10:00~ 7월 25일(금) 17:00
시험결과 발표		2월 28일(금) 10:00	8월 22일(금) 10:00

※ 2025년 제74회(5/24, 토) 시험과 제76회 시험(10/18, 토)은 심화만 시행됩니다.

한국사능력검정시험의 활용 및 특전 (2025년 1월 기준)

1. 각종 공무원 시험의 응시자격 부여
- 국가·지방공무원 7급 공개경쟁채용시험(2급 이상)
- 5급 국가공무원 공개경쟁채용시험(2급 이상)
- 외교관 후보자 선발시험(2급 이상)
- 교원임용시험(3급 이상)
- 지역인재 7급 수습직원 선발시험 추천자격 요건

2. 한국사 시험 대체
- 군무원 공개경쟁채용시험의 한국사 시험
- 국비 유학생, 해외파견 공무원 선발시험의 한국사 시험
- 이공계 전문연구요원(병역) 선발 시 한국사 시험
- 경찰청 및 해양경찰청 순경 공개경쟁채용시험의 한국사 시험
- 소방 및 소방 간부후보생 공개경쟁채용시험의 한국사 시험
- 우정 9급(계리) 공개채용 필기시험의 한국사 시험
- 국회 8급 공개채용 필기시험의 한국사 시험

3. 일부 공기업 및 민간 기업 채용·승진
- 한국공항공사 5급(1급)
- 한국전력공사(3급 이상)
- 한국무역보험공사(2급 이상)
- 국민체육진흥공단(1~3급)
- 한국 콜마(2급 이상) 외 다수

4. 가산점 부여
- 4대 사관학교(공군·육군·해군·국군간호사관학교) 입시
  ※ 학교별 가산점 부여 방식이 상이함
- 공무원 경력경쟁채용시험

※ 한국사능력검정시험은 자체적인 유효 기간은 없습니다. 그러나 인증서를 요구하는 기관·기업마다 인정 기간·가산점 부여 방법 등이 다르므로, 반드시 지원하는 시험·기관·기업을 통해 인정 기간을 확인하시기 바랍니다.

한국사능력검정시험 To Do 리스트

시험 D-DAY
♥ 시험장 준비물 챙기기

 ① 수험표

 ② 신분증

 ③ 컴퓨터용 수성사인펜, 수정 테이프

시험 응시 후
♥ 바로 채점하기

- 해커스한국사 홈페이지(history.Hackers.com)에서 오늘 본 시험의 정답을 확인하고 합격 여부를 예측해보세요.

- 보다 자세한 해설이 필요하시다면 해커스한국사 홈페이지에서 무료 동영상 해설 서비스를 만나보실 수 있습니다.

합격자 발표일
♥ 합격 여부 확인하기

- 한국사능력검정시험 홈페이지(http://www.historyexam.go.kr/)에서 성적 통지서와 인증서를 출력할 수 있어요.

- 별도로 성적 통지서와 인증서를 발급해주지 않으니 필요할 때마다 직접 출력해야 합니다.

해커스 한국사능력검정시험 기본 2주 합격

I 선사 시대

최근 3개년 기출 트렌드
*최근 3개년 회차인 기본 71~57회 기준입니다.

기출주제	출제 문항 수
01 구석기 시대 ~ 철기 시대	10문항
02 고조선과 여러 나라의 성장	11문항 1위

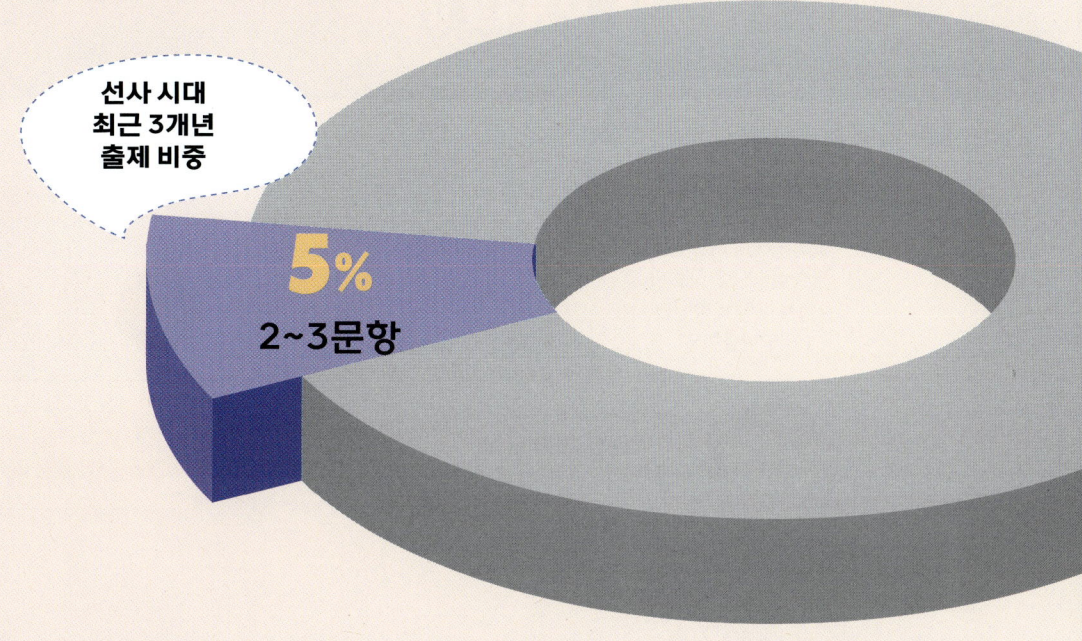

선사 시대
최근 3개년
출제 비중

5%
2~3문항

빈출 키워드 TOP3

주먹도끼, 가락바퀴, 반달 돌칼

범금 8조, 사출도, 소도

학습 포인트

고조선과 여러 나라의 성장은 선사 시대의 빈출 주제예요. 철기 시대에 등장한 여러 나라의 특징과 풍속을 반드시 구분해서 외워두세요!

선사 시대 흐름 잡기

한반도에서 구석기 시대가 시작되면서 선사 시대가 개막되었어요. 이후 선사 시대가 어떻게 발전했는지 알아볼까요?

기원전 70만 년 전, 구석기 시대 시작

주먹도끼 [69회] 슴베찌르개 [52회]

3위 구석기 시대

구석기 시대 사람들은 돌을 깨뜨려서 만든 뗀석기(구석기)를 사용하며 사냥과 채집을 하였어요.

청동기 시대에는 농기구인 반달 돌칼을 이용하여 벼를 수확하였고, 계급이 발생하여 지배자인 군장이 나타났어요.

반달 돌칼 [67회]

2위 청동기 시대

세형동검 [52회]

철기 문화가 보급되면서, 사람들은 청동보다 단단한 철로 농기구와 무기를 만들기 시작했어요.

기원전 400년경 철기 문화 보급

중국에서 망명한 위만이 힘을 키운 후, 고조선 준왕을 몰아내고 왕이 되었어요. 위만 조선은 철기 문화를 바탕으로 성장했어요.

기원전 194년 위만 조선 성립

한국사능력검정시험 전문 선생님의
무료 특강과 함께 시대 흐름 잡기

갈돌과 갈판 [71회]

신석기 시대에는 석기 만드는 기술이 발전하여 돌을 갈아 만든 간석기를 사용했어요.

기원전 8000년 경, 신석기 시대 시작

빗살무늬 토기 [71회]

이 시대에는 농경과 정착 생활이 시작되었어요. 또한, 사람들은 빗살무늬 토기를 만들어 식량을 저장·보관하였답니다.

1위 신석기 시대

단군왕검이 우리나라 최초의 국가인 고조선을 건국하였어요.

5위 기원전 2333년 고조선 건국

중국으로부터 청동기 문화가 전파되면서, 비파형동검과 같은 청동기가 제작되었어요.

비파형동검 [64회]

기원전 2000년경 청동기 문화 보급

고조선은 우거왕 때 중국 한나라 무제의 공격을 받아 멸망하였어요.

기원전 108년 고조선 멸망

고조선이 멸망한 후, 옛 고조선 땅과 한반도 남부에 부여, 고구려, 옥저, 동예, 삼한 다섯 나라가 등장하였어요.

4위 기원전 1세기경 여러 나라의 성장

기출주제 01 구석기 시대 ~ 철기 시대

핵심 키워드 | #구석기 시대 #주먹도끼 #동굴과 막집 #신석기 시대 #가락바퀴 #농경과 목축 시작 #청동기 시대 #비파형동검 #반달 돌칼 #고인돌

스토리로 미리보기

S#1 뗀석기를 사용해 사냥을 하다!

돌을 깨뜨려서 만든 이 **주먹도끼**를 사용하니 사냥을 하기가 훨씬 쉽네! 짐승 가죽을 벗길 때에도 쓰니까 너무 편한걸?

S#2 강가에 움집을 지어 정착 생활을 하다!

얼마 전, 농사 짓기에 좋은 강가 근처에 **움집**을 지었더니, 이제 동굴을 찾아서 이동하지 않아도 되니 정말 좋은걸? 아 참, 앞으로 남은 식량은 이 **빗살무늬 토기**에 보관해야겠다.

S#3 벼농사를 짓고 반달 돌칼로 수확하다!

오늘은 그동안 열심히 기른 **벼**를 수확하는 날이다! 예전보다 수확할 곡식이 엄청 많아진 걸 보니 뿌듯하네. 이 **반달 돌칼**만 있으면 아무리 많은 곡식도 쉽게 수확할 수 있지!

1 구석기 시대

(1) 도구

꼭 알아두기 | 구석기 시대부터 사용된 도구 중에서 뗀석기인 주먹도끼의 이름을 꼭 기억해야 해요!

뗀석기	돌을 깨뜨려 만든 도구인 **뗀석기**를 주로 사용함
	주먹도끼, 돌날과 몸돌, 찍개, 슴베찌르개, 찌르개, 밀개, 긁개 등이 있음
불	: 처음으로 불을 사용함

기출 자료 더보기 **주먹도끼** [47회]
- 구석기 시대 사람들이 사용하던 뗀석기
- 사냥을 하거나 동물의 가죽을 벗기는 데 사용함

(2) 생활 모습

| 경제 생활 | : 열매 채집, 사냥, 어로(물고기잡이) 활동을 통해 생활함 |
| 주거 생활 | : **이동 생활**을 하여 **동굴이나 강가의 막집**에서 거주함 |

└ 나무 줄기 같은 것을 얹어 간단하게 지은 집이에요.

사회 생활	─ 무리 사회: 무리를 이루어 식량을 찾아다님
	└ 평등 사회: 경험이 많고 지혜로운 사람이 지도자가 되었으나 계급이 없는 평등한 공동체 생활을 함
주요 유적지	: 경기 **연천 전곡리 유적**, 충남 공주 석장리 등

2 신석기 시대

(1) 도구

꼭 알아두기 | 갈돌과 갈판, 빗살무늬 토기, 가락바퀴는 신석기 시대의 대표 도구예요. 사진과 함께 이름을 잘 기억해두세요!

간석기	─ 돌을 갈아 더 정교한 간석기를 만들어 사용함
	└ **갈돌과 갈판** 등의 조리 도구와 돌괭이, 돌낫 등의 농기구가 있음
토기	: 식량을 조리하거나 저장하기 위해 **빗살무늬 토기**, 이른 민무늬 토기 등을 제작하여 사용함
수공업 도구	: **가락바퀴**로 실을 뽑고 뼈바늘을 이용하여 옷·그물 등을 만듦

└ 물고기 잡이에 활용했어요.

기출 자료 더보기 **신석기 시대의 도구** [50·47·45회]

▲ 갈돌과 갈판 / ▲ 빗살무늬 토기 / ▲ 가락바퀴

나무 열매나 곡물 껍질을 벗기는 데 사용된 간석기 / 강가나 바닷가의 땅에 꽂아서 사용하기 위해 끝을 뾰족하게 만든 토기 / 중앙의 구멍에 막대를 끼워 넣고 돌려 실을 뽑는 도구

(2) 생활 모습

> **꼭 알아두기** | 신석기 시대에 농경과 정착 생활이 시작되었다는 점은 시험에 자주 나오는 내용이에요. 정착 생활을 하게 되어 움집이라 불리는 집을 짓고 살았다는 것도 함께 알아두세요!

경제 생활	: 밭농사 중심의 **농경과 목축**을 시작함
주거 생활	: **정착 생활이 시작**되어 강가나 바닷가에 **움집**을 짓고 거주함
사회 생활	: 여전히 계급이 없는 평등한 공동체 생활을 함
주요 유적지	: 서울 **암사동 유적** 등

3 청동기 시대

(1) 도구

> **꼭 알아두기** | 청동기 시대에도 농기구는 간석기인 반달 돌칼을 사용했다는 점을 반드시 기억해야 해요!

⭐⭐ 청동기	: **비파형동검**, 거친무늬 거울, 청동 거울과 청동 방울(의례 도구), 거푸집 등 └ 청동 제품을 제작하는 틀로 청동기 시대 후기부터 철기 시대까지 사용했어요.
⭐⭐ 석기	: 농기구는 여전히 **반달 돌칼** 등의 간석기를 사용함 (청동은 단단하지 못함)
토기	: 민무늬 토기, 송국리식 토기, 미송리식 토기 등을 제작함

기출 자료 더보기 📍 **청동기 시대의 도구** [48·39·38회]

▲ 비파형동검
비파라는 악기의 모양과 유사하여 이름 붙여진 청동검

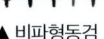
▲ 반달 돌칼
곡식의 이삭을 자르는 데에 사용한 반달 모양의 돌칼

▲ 민무늬 토기
무늬가 없는 적갈색의 토기

(2) 생활 모습

경제 생활	: 일부 지역에서 **벼농사가 시작**되는 등 농업 생산력이 증가함
사회 모습	─ **사유 재산 발생**: 잉여 생산물을 힘이 강한 자가 소유하게 됨 ─ **계급 발생**: 사유 재산에 따라 빈부 격차가 나타나면서 계급이 발생함 ─ **지배자의 출현**: 권력을 가진 지배자인 군장(족장)이 등장함
무덤	: 지배자의 무덤으로 많은 인력을 동원해 거대한 크기의 **고인돌**을 축조함
주요 유적지	: 부여 송국리, 평창 하리 유적 등

4 철기 시대

(1) 도구

철기	: 쟁기, 쇠스랑 등의 **철제 농기구**와 철제 무기를 제작하여 사용함
청동기	: 세형동검, 잔무늬 거울 등의 청동기가 의식용 도구로 제작됨

(2) 생활 모습

경제 생활	: 소를 이용하여 농사를 짓는 우경이 시작되어 농업 생산력이 증가함

퀴즈로 개념 다지기

1. 시대와 대표 유물을 알맞게 연결하세요.

(1) 구석기 · · ⓐ
시대
[64·63·61·52회]

(2) 신석기 · · ⓑ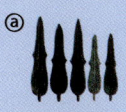
시대
[71·67·66·63회]

(3) 청동기 · · ⓒ
시대
[69·61·54회]

2. 기출 키워드의 초성을 완성하세요.

(1) 구석기 시대의 대표 도구:
  ㅈㅁㄸㄲ [69·61·54·52회]

(2) 구석기 시대 사람들의 주거지:
  ㄷㄱ 이나 ㅁㅈ
  [69·67·64·58·57·55회]

(3) 신석기 시대의 대표 간석기:
  ㄱㄷ 과 ㄱㅍ [71·50회]

(4) 신석기 시대의 실을 뽑는 도구:
  ㄱㄹㅂㅋ [71·69·60·58·57회]

(5) 청동기 시대에 사용한 농기구:
  ㅂㄷ ㄷㅋ [67·58·55·54회]

(6) 청동기 시대 지배자의 무덤:
  ㄱㅇㄷ [71·69·67·64회]

정답 1. (1) ⓒ (주먹도끼)
   (2) ⓑ (빗살무늬 토기)
   (3) ⓐ (비파형동검)
2. (1) 주먹도끼 (2) 동굴, 막집
   (3) 갈돌, 갈판 (4) 가락바퀴
   (5) 반달 돌칼 (6) 고인돌

기출로 실전 감각 키우기 기출주제 01 구석기 시대 ~ 철기 시대

01 구석기 시대
69회 기출

(가) 시대의 생활 모습으로 적절한 것은? [1점]

① 우경이 널리 보급되었다.
② 주로 동굴이나 막집에서 살았다.
③ 가락바퀴를 이용하여 실을 뽑았다.
④ 지배층의 무덤으로 고인돌을 축조하였다.

02 신석기 시대
71회 기출

(가) 시대의 생활 모습으로 가장 적절한 것은? [1점]

① 가락바퀴를 이용하여 실을 뽑았다.
② 철제 농기구를 만들어 농사를 지었다.
③ 지배층의 무덤으로 고인돌을 만들었다.
④ 거푸집을 사용하여 청동기를 제작하였다.

정답 길잡이

 → 구석기 시대

② 주로 **동굴이나 막집**에서 살았다.

구석기 시대에는 돌을 깨뜨려서 만든 도구인 **뗀석기**를 사용하였으며, 그중 **주먹도끼**는 짐승을 사냥하거나 가죽을 벗기는 등 다양한 용도로 사용되었어요. 구석기 시대 사람들은 식량을 구하기 위하여 이동 생활을 하였기 때문에 주로 **동굴**이나 강가의 **막집**에서 살았어요.

✓ 오답 체크
① **우경**이 널리 보급되었다. → **철기 시대 이후**
③ **가락바퀴**를 이용하여 실을 뽑았다. → **신석기 시대**
④ 지배층의 무덤으로 **고인돌**을 축조하였다. → **청동기 시대**

📖 이건꼭! 암기
구석기 시대 → 뗀석기 사용_주먹도끼, 동굴과 막집에서 생활

정답 길잡이

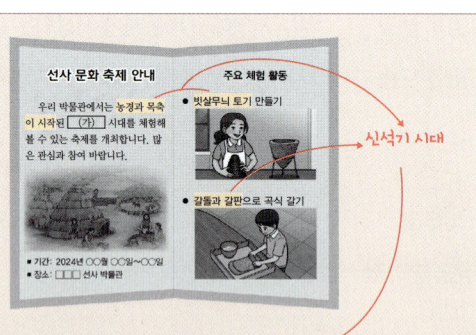 → 신석기 시대

① **가락바퀴**를 이용하여 실을 뽑았다.

신석기 시대는 농경과 목축이 시작된 시대로, 이 시대 사람들은 남은 식량을 저장하기 위해 **빗살무늬 토기**와 같은 토기를 제작하였으며, **갈돌과 갈판** 등의 조리 도구를 이용하여 나무 열매나 곡식의 껍질을 벗겼어요. 또한 이 시대 사람들은 **가락바퀴**를 이용하여 실을 뽑고 뼈바늘을 이용하여 옷과 그물을 만들었어요.

✓ 오답 체크
② **철제 농기구**를 만들어 농사를 지었다. → **철기 시대**
③ 지배층의 무덤으로 **고인돌**을 만들었다. → **청동기 시대**
④ **거푸집**을 사용하여 **청동기**를 제작하였다.
  → **청동기 시대 후기 ~ 철기 시대**

03 신석기 시대
47회 기출

(가) 시대에 처음 제작된 유물로 옳은 것은? [1점]

① 주먹도끼
② 갈돌과 갈판
③ 비파형동검
④ 철제 농기구

정답 길잡이

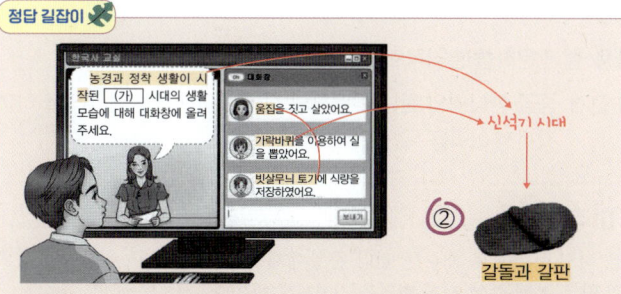

② 갈돌과 갈판

신석기 시대에는 **농경과 정착 생활**이 시작되었어요. 사람들은 강가나 바닷가에 땅을 파서 **움집**을 짓고 살았어요. 또한 **갈돌과 갈판**을 이용하여 나무 열매나 곡식의 껍질을 벗기고, **가락바퀴**를 이용하여 실을 뽑기도 했어요. 뿐만 아니라 **빗살무늬 토기** 등의 토기를 사용해 식량을 저장하였어요.

⊘ 오답 체크
① 주먹도끼 → **구석기 시대**
③ 비파형동검 → **청동기 시대**
④ 철제 농기구 → **철기 시대**

📔 이건 꼭! 암기

신석기 시대 → 농경과 정착 생활 시작, 움집, 갈돌과 갈판, 가락바퀴

04 청동기 시대
67회 기출

(가) 시대의 생활 모습으로 가장 적절한 것은? [1점]

화순에는 처음으로 금속 도구를 사용한 (가) 시대의 문화유산인 고인돌 유적이 있습니다. 이곳에는 고인돌의 덮개돌을 떼어 낸 채석장이 남아 있어서 고인돌을 만들었던 과정을 확인할 수 있습니다.

① 철제 농기구로 농사를 지었다.
② 주로 동굴이나 막집에서 살았다.
③ 반달 돌칼로 벼 이삭을 수확하였다.
④ 빗살무늬 토기에 곡식을 저장하기 시작하였다.

정답 길잡이

③ **반달 돌칼**로 벼 이삭을 수확하였다.

청동기 시대는 농업 생산력이 높아져 잉여 생산물이 생기면서 사유 재산이 생겨났어요. 이를 힘이 센 사람들이 갖게 되면서 **계급이 발생**하여 지배자인 군장이 등장하였고, 지배자의 무덤으로 **고인돌**이 제작되었어요. 한편 이 시대에는 처음으로 금속 도구를 사용했지만, 농기구는 여전히 **반달 돌칼**과 같이 돌로 만들어 사용하였어요.

⊘ 오답 체크
① **철제 농기구**로 농사를 지었다. → **철기 시대**
② 주로 **동굴**이나 **막집**에서 살았다. → **구석기 시대**
④ **빗살무늬 토기**에 곡식을 저장하기 시작하였다. → **신석기 시대**

📔 이건 꼭! 암기

청동기 시대 → 고인돌, 반달 돌칼

기출주제 02 고조선과 여러 나라의 성장

핵심 키워드 | #고조선_범금 8조 #부여_사출도 #고구려_동맹 #옥저_민며느리제 #동예_책화 #삼한_천군과 소도

스토리로 미리보기

S#1 단군왕검이 고조선을 건국하다!

나, **단군왕검**! 환웅과 웅녀 사이에서 태어난 고귀한 존재! 하늘에 제사를 지내니 '단군'이고, 나라를 다스리니 '왕검'이니라. 이제 홍익인간의 정신으로 '**조선**'이라는 나라를 세우니, 나를 따르라!

S#2 동예가 부족 간의 경계를 중요시하다!

휴, 우리 부족의 땅에 들어오지 말라고 했는데, 옆 부족 사람들이 그걸 무시하고 함부로 들어와버렸다. 허락 없이 마음대로 들어 왔으니 **소, 말로 변상**하라고 따져야겠다!

S#3 삼한이 정치와 제사를 분리하다!

저런, 얼마 전 큰 죄를 지은 도적이 **천군**이 다스리는 **소도**로 도망가버렸다고 한다! 아무리 우리 군장님의 힘이 세다고 하시지만, 천군이 다스리는 소도를 건드릴 수는 없을 텐데.. 아무래도 잡아 오기는 힘들겠군!

1 고조선

(1) 고조선(단군 조선)의 건국

- **건국**: 단군왕검이 기원전 2333년에 청동기 문화를 바탕으로 나라를 세움
  - 단군 신화에 따르면 하늘에서 내려온 환웅과 곰에서 사람이 된 웅녀 사이에서 태어났다고 전해져요.
  - 건국 이야기가 『삼국유사』와 『제왕운기』에 실려 있음
    - 고려 시대에 편찬된 역사서예요.
- **세력 범위**: 비파형동검, 미송리식 토기, 북방식 고인돌의 출토 지역을 통해 고조선의 세력 범위를 확인할 수 있음

(2) 단군 조선의 발전

- **고조선의 성장**: 기원전 4세기경 중국의 연나라와 대적할 만큼 성장함
  - 중국 전국 7웅 중 한 나라예요.
- **연나라의 침입**: 기원전 3세기 초 연나라 장수 진개의 침입으로 영토를 빼앗김
- **체제 정비**
  - **왕위 세습**: 부왕과 같은 강력한 왕이 등장하여 준왕에게 왕위를 물려줌
  - **관직 정비**: 왕 아래에 상, 대부, 장군 등의 관직을 둠

(3) 위만 조선의 성립과 발전

- **위만의 이주**: 기원전 2세기 중국의 진·한 교체기에 위만과 유이민들이 고조선 준왕에게 투항함
- **위만 조선 성립**: 위만이 준왕의 신임을 받아 서쪽 변경을 수비하는 임무를 맡고 세력을 확대한 후, 준왕을 몰아내고 왕이 됨(기원전 194)
- **위만 조선의 발전**
  - **철기의 사용**: 철기 문화를 본격적으로 수용하여 경제가 발달함
  - **중계 무역 전개**: 중국 한나라와 한반도 남부의 진국 사이에서 중계 무역을 하여 경제적 이익을 독점함

> **기출 사료 더보기** ❘ 위만의 이주 [34회]
> 위만이 망명하여 **호복(胡服)**을 하고 동쪽으로 패수를 건너 **준왕에게 투항**하였다. …… 준왕은 그를 믿고 총애하여 …… 백 리의 땅을 봉해 주어 서쪽 변경을 지키도록 하였다. - 『삼국지』 동이전
> **사료 해석**: 위만이 고조선 준왕에 투항한 내용으로, 중국인의 입장에서 기록되어서 위만이 망명할 때 상투를 틀고 조선인의 옷을 입은 것을 호복(오랑캐 옷)을 하였다고 표현했어요.

(4) 고조선의 멸망

- **한 무제의 공격**: 우거왕 때 중국의 **한 무제**가 고조선의 수도인 **왕검성을 공격**함
  - 위만의 손자이자, 고조선의 마지막 왕이에요.
- **고조선의 멸망**: 우거왕이 피살되고 왕검성이 함락되어 멸망함(기원전 108)

(5) 고조선의 사회

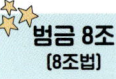 꼭 알아두기 | "8조"라는 키워드는 무조건 고조선에 대한 내용이니 잘 기억하세요!

- **범금 8조 (8조법)**
  - **목적**: 사회 질서를 유지하기 위해 **범금 8조**(8조법)를 제정함
  - **내용**: 8개 중 살인죄, 상해죄, 절도죄에 대한 3개의 조항만 내용이 전해짐

2 여러 나라의 성장

(1) 부여

> **꼭 알아두기** | 부여에는 왕이 있었지만, 왕 아래에 있는 "가"들이 사출도라 불린 4개의 지역을 각자 다스렸다는 점을 꼭 알아두세요.

- **위치**: 만주 쑹화강 유역의 넓은 평야 지대
- **정치** ─ 농경과 목축을 중시하여 지배 세력의 명칭에 동물 이름을 붙였어요.
  - **5부족 연맹**: 왕 아래에 **마가, 우가, 저가, 구가**라는 가(加)들이 존재함
  - **사출도**: 가(加)들이 별도로 **사출도**라는 행정 구역을 다스림
- **풍속과 문화**
  - **영고(12월)**: 매년 12월에 제천 행사를 열어 하늘에 제사를 지냄
  - **순장**: 왕이 죽으면 사람을 함께 묻음
  - **1책 12법**: 남의 물건을 훔쳤을 때 물건의 12배로 갚게 하는 법이 있었음

(2) 고구려

─ 부여에서 내려온 주몽(동명왕)이 졸본에 건국한 나라예요.

- **위치**: 압록강 유역의 만주 졸본 지역
- **정치**
  - 왕 아래에 대가들이 있었고, 대가들은 사자·조의·선인 등의 관리를 거느림
  - **제가 회의**: 귀족들이 모여 국가의 중대사를 결정함
- **풍속과 문화**
  - **동맹(10월)**: 매년 10월에 제천 행사를 열어 하늘에 제사를 지냄
  - **서옥제**: 혼인 후 신부 집 뒤꼍에 지어진 조그만 집(서옥)에 살다가, 자식이 장성하면 신랑 집으로 돌아감
  - **1책 12법**: 남의 물건을 훔쳤을 때 물건의 12배로 갚게 하는 법이 있었음

(3) 옥저와 동예

> **꼭 알아두기** | 옥저와 동예에는 혼인 풍습을 비롯한 다양한 풍습들이 있었어요. 옥저와 동예를 구분하여 풍습들을 잘 기억해두세요!

구분	옥저	동예
위치	함경도 해안 ~ 두만강 유역 일대	강원도 북부의 동해안 일대
정치	읍군, 삼로 등의 군장이 자기 부족을 통치하는 군장 국가	
경제	해산물이 풍부하고 토지가 비옥함	단궁, 과하마, 반어피가 특산물로 유명함 (활이에요. / 작은 말이에요. / 바다표범의 가죽이에요.)
풍속과 문화	· **민며느리제**: 혼인을 약속한 여자 아이를 데려다 키운 후 남자가 여자 집에 예물을 치르고 혼인함 · **가족 공동묘**: 가족이 죽으면 가매장하였다가, 그 뼈를 추려서 한 목곽에 모아둠	· **무천(10월)**: 매년 10월에 제천 행사를 열어 하늘에 제사를 지냄 · **책화**: 다른 부족의 영역을 침범하면 노비나 소·말 등으로 변상하게 함

(4) 삼한

> **꼭 알아두기** | 삼한은 다른 나라와 달리 정치적 지배자와 제사장이 분리되어 있었어요. 특히 제사장인 천군이 소도라는 신성 구역을 따로 다스렸다는 점을 꼭 알아두어야 해요!

- **위치**: 한반도 남부 지방
- **정치**
  - **연맹체 형성**: 마한(천안·익산), 진한(대구·경주), 변한(김해)의 삼한이 성립됨
  - **군장 국가**: **신지·읍차** 등의 지배자(군장)가 있었음
  - **제정 분리**: 종교를 주관하는 제사장인 **천군**이 신성 구역인 **소도**를 다스림
- **경제**: 삼한 중 변한은 철이 많이 생산되어 낙랑과 왜에 철을 수출함
- **풍속과 문화**: 매년 5월에 **수릿날**, 10월에 **계절제**를 열어 하늘에 제사를 지냄

퀴즈로 개념 다지기

1. 나라와 각 나라의 제천 행사를 알맞게 연결하세요.

(1) 부여 · · ⓐ 영고 [71·69·66·63·61회]

(2) 고구려 · · ⓑ 무천 [71·64·57회]

(3) 동예 · · ⓒ 동맹 [39·37회]

(4) 삼한 · · ⓓ 계절제 [54·38회]

2. 기출 키워드의 초성을 완성하세요.

(1) 고조선의 법: ㅂㄱ 8ㅈ [71·69·63·57·55회]

(2) 부여에서 여러 가들이 별도로 다스린 행정 구역: ㅅㅊㄷ [71·66·61·58·55회]

(3) 고구려의 혼인 풍습: ㅅㅇㅈ [57·55·54회]

(4) 옥저의 혼인 풍습: ㅁㅁㄴㄹㅈ [69·66·60·58회]

(5) 동예의 특산물: ㄷㄱ, ㄱㅎㅁ, ㅂㅇㅍ [71·64·57·54회]

(6) 삼한의 신성 구역: ㅅㄷ [66·60·57·54·50회]

정답 1. (1) ⓐ (2) ⓒ (3) ⓑ (4) ⓓ
2. (1) 범금 8조 (2) 사출도 (3) 서옥제
(4) 민며느리제
(5) 단궁, 과하마, 반어피 (6) 소도

기출로 실전 감각 키우기 기출주제 02 고조선과 여러 나라의 성장

01 고조선
69회 기출

밑줄 그은 '이 나라'에 대한 설명으로 옳은 것은? [2점]

① 영고라는 제천 행사를 열었다.
② 혼인 풍습으로 민며느리제가 있었다.
③ 읍락 간의 경계를 중시하는 책화가 있었다.
④ 범금 8조를 만들어 사회 질서를 유지하였다.

정답 길잡이

 → 고조선

④ **범금 8조**를 만들어 사회 질서를 유지하였다.
고조선은 **단군왕검**이 건국한 **우리나라 최초의 나라**로, 아사달을 도읍(수도)으로 하였어요. 고조선의 건국 이야기로 하늘에서 인간 세상으로 내려온 **환웅**과 곰에서 사람이 된 **웅녀** 사이에서 단군이 태어났다는 내용이 전해져요. 한편 고조선은 살인죄, 상해죄, 절도죄 등에 대한 처벌 조항이 담긴 **범금 8조**를 두어 사회 질서를 유지하였어요.

✓ 오답 체크
① 영고라는 제천 행사를 열었다. → 부여
② 혼인 풍습으로 **민며느리제**가 있었다. → 옥저
③ 읍락 간의 경계를 중시하는 **책화**가 있었다. → 동예

📕 **이건 꼭! 암기**
고조선 → 최초의 국가, 단군왕검, 범금 8조

02 부여
66회 기출

밑줄 그은 '이 나라'에 대한 설명으로 옳은 것은? [2점]

① 영고라는 제천 행사를 열었다.
② 신성 지역인 소도가 존재하였다.
③ 혼인 풍습으로 민며느리제가 있었다.
④ 읍락 간의 경계를 중시하는 책화가 있었다.

정답 길잡이

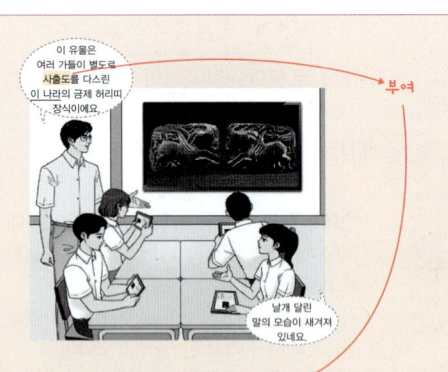 → 부여

① **영고**라는 제천 행사를 열었다.
부여는 **만주 쑹화강 유역**의 넓은 평야 지대에서 성장한 나라로, 왕 아래에 있는 마가, 우가, 저가, 구가의 가(加)들이 별도로 **사출도**라는 행정 구역을 다스린 **연맹 왕국**이었어요. 부여는 매년 **12월**에 **영고**라는 제천 행사를 열어 하늘에 제사를 지냈어요.

✓ 오답 체크
② 신성 지역인 **소도**가 존재하였다. → 삼한
③ 혼인 풍습으로 **민며느리제**가 있었다. → 옥저
④ 읍락 간의 경계를 중시하는 **책화**가 있었다. → 동예

📕 **이건 꼭! 암기**
부여 → 사출도, 12월에 영고

03 옥저 · 67회 기출

다음 퀴즈의 정답으로 옳은 것은? [2점]

① 부여　② 옥저　③ 동예　④ 마한

04 삼한 · 54회 기출

학생들이 공통으로 이야기하고 있는 나라에 대한 설명으로 옳은 것은? [2점]

① 서옥제라는 혼인 풍습이 있었다.
② 소도라고 불리는 신성 구역이 있었다.
③ 범금 8조를 만들어 사회 질서를 유지하였다.
④ 단궁, 과하마, 반어피 등의 특산물이 있었다.

정답 길잡이

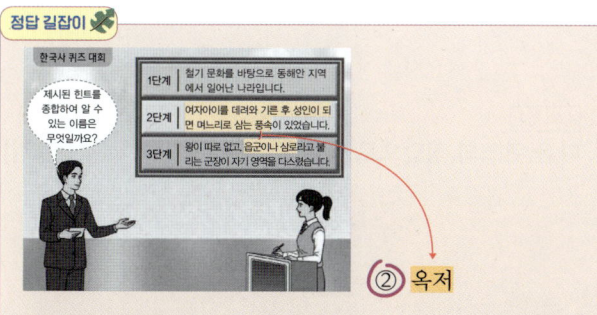

② 옥저

옥저는 함경도의 동해안 지역에 위치하였으며, **읍군, 삼로** 등의 군장이 자기 부족을 통치하는 **군장 국가**였어요. 옥저에는 여자가 어렸을 때 남자 집에 가서 살다가, 여자가 성장한 후에 남자가 여자 집에 예물을 치르고 혼인을 하는 **민며느리제**라는 혼인 풍습이 있었어요. 또한 가족이 죽으면 가매장을 하였다가 나중에 그 뼈를 추려 **가족 공동 무덤**에 안치하는 장례 풍습이 있었어요.

오답 체크
① 부여 → 철기 시대의 연맹 국가
③ 동예 → 철기 시대의 군장 국가
④ 마한 → 철기 시대의 군장 국가

📖 이건 꼭! 암기

옥저 → 읍군, 삼로, 민며느리제

정답 길잡이

② 소도라고 불리는 신성 구역이 있었다.

삼한은 **한반도 남부**에서 철기 문화를 바탕으로 발전한 나라예요. 삼한은 **신지·읍차** 등의 지배자와 종교를 주관하는 제사장인 **천군**이 있는 제정 분리의 사회로, 천군은 소도라 불리는 신성 구역을 다스렸어요. 한편 삼한은 해마다 씨를 뿌리고 난 뒤인 **5월**과 추수를 마친 **10월**에 **계절제**를 열어 하늘에 제사를 지냈어요.

오답 체크
① 서옥제라는 혼인 풍습이 있었다. → 고구려
③ 범금 8조를 만들어 사회 질서를 유지하였다. → 고조선
④ 단궁, 과하마, 반어피 등의 특산물이 있었다. → 동예

📖 이건 꼭! 암기

삼한 → 신지, 읍차, 5월과 10월에 계절제, 천군, 소도

I 선사 시대 기출로 마무리

57회 기출

01 다음 축제에서 체험할 수 있는 활동으로 적절한 것은? [1점]

① 가락바퀴로 실 뽑기
② 뗀석기로 고기 자르기
③ 점토로 빗살무늬 토기 빚기
④ 거푸집으로 청동검 모형 만들기

60회 기출

02 (가) 시대의 생활 모습으로 옳은 것은? [2점]

① 가락바퀴를 이용하여 실을 뽑았다.
② 무덤 껴묻거리로 오수전 등을 묻었다.
③ 철제 농기구를 사용하여 농사를 지었다.
④ 의례 도구로 청동 방울 등을 사용하였다.

64회 기출

03 (가) 시대의 생활 모습으로 옳은 것은? [1점]

① 우경이 널리 보급되었다.
② 철제 농기구를 사용하였다.
③ 주로 동굴이나 막집에서 살았다.
④ 지배층의 무덤으로 고인돌을 만들었다.

49회 기출

04 다음 퀴즈의 정답으로 옳은 것은? [2점]

① 동예   ② 부여   ③ 고구려   ④ 고조선

05 (가)에 들어갈 내용으로 옳은 것은? [2점]

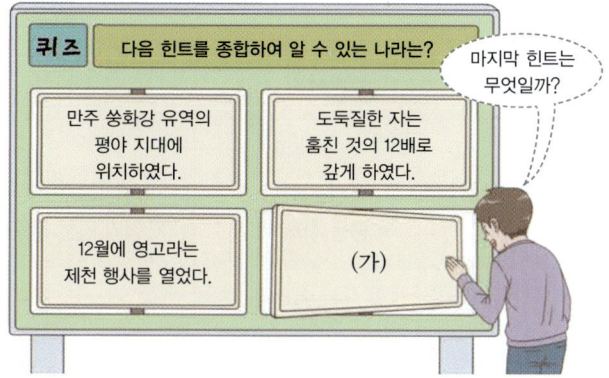

① 소도라고 불리는 신성 지역이 있었다.
② 읍락 간의 경계를 중시한 책화가 있었다.
③ 범금 8조를 통해 사회 질서를 유지하였다.
④ 여러 가(加)들이 별도로 사출도를 주관하였다.

06 다음 자료에 해당하는 나라를 지도에서 옳게 고른 것은? [3점]

이 나라에는 여자가 열 살이 되기 전에 혼인을 약속하고, 신랑 집에서는 여자를 데려와 기른 후 성인이 되면 신부 집에 대가를 주고 며느리로 삼는 풍습이 있었다. 또한 가족이 죽으면 뼈만 추려 보관하는 장례 풍습이 있었다.

① (가) ② (나) ③ (다) ④ (라)

07 (가)에 들어갈 내용으로 옳은 것은? [2점]

① 서옥제라는 혼인 풍습을 표현해 보자.
② 무예를 익히는 화랑도의 모습을 보여주자.
③ 특산물인 단궁, 과하마, 반어피를 그려 보자.
④ 지배층인 마가, 우가, 저가, 구가를 등장시키자.

08 (가) 나라에 대한 설명으로 옳은 것은? [3점]

① 영고라는 제천 행사가 있었다.
② 신지, 읍차 등의 지배자가 있었다.
③ 혼인 풍습으로 민며느리제가 있었다.
④ 읍락 간의 경계를 중시하는 책화가 있었다.

I 선사 시대 핵심 키워드로 단원 마무리

* 학습한 내용을 빈칸에 채워보세요. 정답은 오른쪽 페이지의 하단에 있습니다.

01 구석기 시대 ~ 철기 시대

구분	도구·유물	경제	주거	사회	주요 유적
구석기 시대	뗀석기: [1], 찍개, 긁개, 슴베찌르개 등	열매 채집, 사냥, 어로 (물고기 잡이)	동굴, 바위 그늘, 막집(강가)	• 무리 사회 • 평등 사회	• 충남 공주 석장리 • 경기 연천 전곡리
신석기 시대	• 간석기: 돌괭이, 돌낫, 갈돌과 갈판 • [2] 토기, 이른 민무늬 토기 • 수공업 도구: [3], 뼈바늘	• 농경과 목축 시작 • 열매 채집, 사냥, 어로 (물고기 잡이)	• 정착 생활 시작 • [4] 거주	• 부족 사회 • 평등 사회	서울 암사동
청동기 시대	• 청동기: [5], 거친무늬 거울, 청동 거울과 방울(의례 도구 등) • 석기: 반달 돌칼(농경용 석기) • 토기: 민무늬 토기, 송국리식 토기, 미송리식 토기 • 무덤: [6]	벼농사 시작	움집 → 지상 가옥화	• 사유 재산 발생 • 계급 발생과 지배층 출현 • 제정일치 사회	• 평창 하리 • 부여 송국리
철기 시대	• 철기: 쟁기, 쇠스랑 등의 철제 농기구와 철제 무기 • 청동기: [7], 잔무늬 거울 → 거푸집 이용 • 무덤: 널무덤, 독무덤	우경 시작	움집의 지상 가옥화 확대	계급 분화 촉진	경남 창원 다호리

02 고조선과 여러 나라의 성장

(1) 고조선

건국	[8]이 기원전 2333년에 청동기 문화를 바탕으로 건국
발전	• 중국의 연나라와 대적할 만큼 성장(기원전 4세기경) • 연나라 장수 진개의 침입으로 영토를 빼앗김(기원전 3세기 초) • 부왕과 같은 강력한 왕이 등장하여 준왕에게 왕위를 세습함(기원전 3세기경) • 왕 아래에 상, 대부, 장군 등의 관직을 둠
위만 조선	• 진·한 교체기에 위만이 고조선에 투항 → 준왕 축출 → 위만 집권 • [9]과 임둔 지역 복속 • 중국의 한과 한반도 남부의 진국 사이에서 중계 무역 전개
멸망	한 무제의 왕검성 공격 → 우거왕의 항전 → 우거왕 피살 및 왕검성 함락
사회	[10](8조법): 살인죄, 상해죄, 절도죄에 대한 처벌 내용

(2) 여러 나라의 성장

나라	위치	정치	경제	풍속
부여	만주 쑹화강 유역 평야 지대	• 5부족 연맹: 왕과 마가·우가·구가·저가로 구성 • [11]: 가(加)들이 별도로 다스리는 행정 구역	• 반농반목 • 말, 주옥, 모피	• 제천 행사: [12](12월) • 장례 풍속: 순장 • 1책 12법
고구려	졸본 → 국내성으로 천도(유리왕)	• 왕 아래 대가가 존재 • 대가들이 사자·조의 등을 거느림	-	• 제천 행사: 동맹(10월) • 혼인 풍속: [13] • 1책 12법
옥저	함경도 동해안 지역	군장 국가 (읍군, 삼로)	해산물, 소금 풍부	• 혼인 풍속: [14] • 장례 풍속: 가족 공동묘
동예	강원도 동해안 지역		단궁, 과하마, [15]	• 제천 행사: 무천(10월) • 책화
삼한	한반도 남부	제정 분리 - 정치적 지배자: 신지, 읍차 - 종교적 지배자: [16](소도)	철을 낙랑과 왜에 수출 (변한)	• 제천 행사: 수릿날(5월), 계절제(10월)

정답 | 1 주먹도끼 2 빗살무늬 3 가락바퀴 4 움집 5 비파형동검 6 고인돌 7 세형동검 8 단군왕검 9 진번 10 범금 8조 11 사출도 12 영고 13 서옥제 14 민며느리제 15 반어피 16 천군

해커스 한국사능력검정시험 기본 2주 합격

II 고대

최근 3개년 기출 트렌드
*최근 3개년 회차인 기본 71~57회 기준입니다.

기출주제		출제 문항 수	
03	고구려	10문항	3위
04	백제	7문항	
05	신라	16문항	1위
06	가야	6문항	
07	통일 신라와 발해	9문항	
08	통일 신라 말의 혼란과 후삼국 시대	9문항	
09	고대의 경제와 사회	4문항	
10	고대의 사상과 문화 전파	3문항	
11	고대의 문화유산	13문항	2위

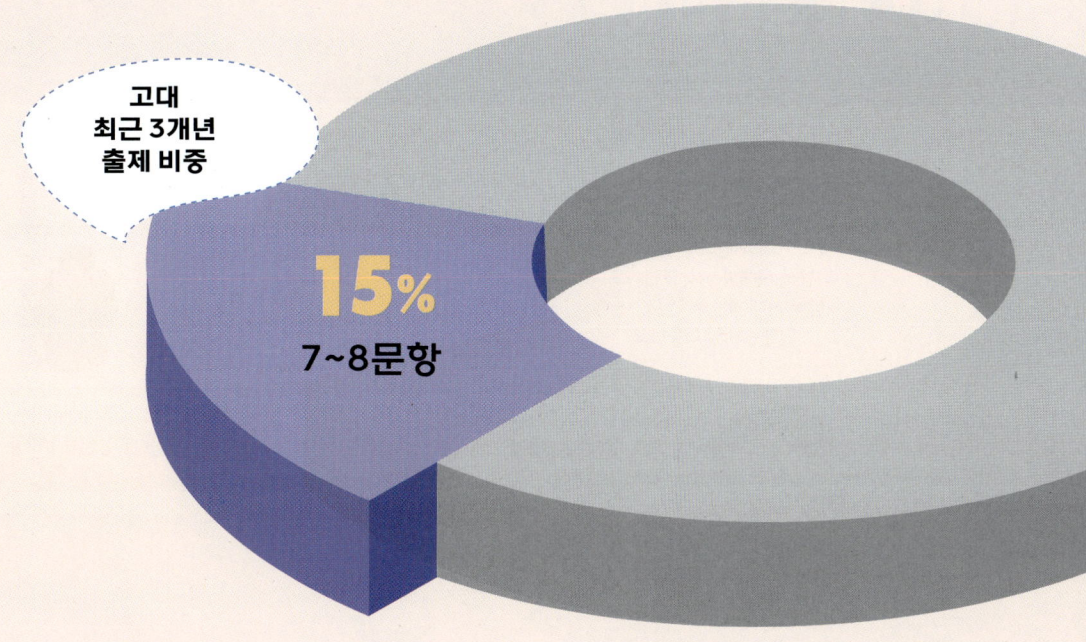

고대
최근 3개년
출제 비중

15%
7~8문항

빈출 키워드 TOP3

장수왕, 광개토 대왕, 살수 대첩

무령왕, 성왕, 22담로

진흥왕, 나·당 동맹 결성, 기벌포 전투

금관가야, 대가야, 김해 대성동 고분군

신문왕, 주자감, 5경 15부 62주

궁예, 견훤, 원종·애노의 난

청해진, 민정 문서, 골품 제도

원효, 의상, 최치원

금동 연가 7년명 여래 입상, 익산 미륵사지 석탑, 이불 병좌상

학습 포인트

- **신라**는 신라 전성기 주요 국왕의 업적을 구분해서 알아 두어야 해요. 또한 신라의 삼국 통일 과정에서 일어난 사건을 시간 순서대로 정리하여 암기하세요!

- **고대의 문화유산**은 최빈출 포인트로 자주 출제되는 주제예요. 각 국가별 문화유산의 특징을 그림 자료와 함께 구분해서 암기하는 것이 중요합니다!

- **고구려**는 고구려 전성기 주요 국왕의 업적과 고구려의 항쟁 과정을 묻는 문제가 자주 출제됩니다. 국왕의 업적을 구분해서 정리하고 고구려의 항쟁 과정의 순서를 기억해 두세요!

고대 흐름 잡기

주몽이 고구려를, 온조가 백제를, 박혁거세가 신라를 건국하면서 삼국 시대가 시작되었어요! 삼국 시대에는 어떤 사건들이 있었는지 살펴볼까요?

기원전 1세기 삼국의 건국

철제 갑옷[43회]

김수로왕이 건국한 금관가야를 비롯한 6가야 연맹은 중앙 집권 국가로 발전한 삼국과는 다르게 멸망 전까지 연맹 왕국 형태를 유지했어요.

2위 기원후 1세기 금관가야 건국

백제의 계백이 이끄는 결사대가 신라군에 맞서 싸웠으나 결국 패하였어요. 이후 나·당 연합군의 공격으로 백제는 결국 멸망하게 되었답니다.

660년 황산벌 전투

나·당 연합군의 공격으로 고구려의 평양성이 함락되면서, 고구려가 멸망하였어요.

668년 고구려 멸망

백제와 고구려 멸망 이후 당이 한반도 전체를 차지하려는 야심을 드러내자, 신라는 매소성과 기벌포에서 당을 물리치며 삼국 통일을 완성하였어요.

3위 676년 신라, 삼국 통일

발해 치미[54회]

고구려 유민인 대조영이 고구려를 계승한 발해를 건국했어요. 이로써 한반도 남쪽에는 통일 신라가, 북쪽에는 발해가 존재하는 남북국 시대가 시작되었답니다.

1위 698년 발해 건국

한국사능력검정시험 전문 선생님의
무료 특강과 함께 시대 흐름 잡기

칠지도 [69·63회]

백제의 전성기를 이끈 근초고왕은 고구려의 평양성을 공격하고 고구려 고국원왕을 전사시켰어요.

371년 근초고왕, 평양성 공격

고구려 장수왕은 남진정책을 위해 평양으로 천도하고, 백제의 한성을 함락하며 마침내 한강 유역을 차지하게 되었어요.

475년 장수왕, 한성 함락

북한산 순수비 [48회]

백제 성왕은 신라 진흥왕에 의해 한강 하류 지역을 빼앗기자, 신라의 관산성을 공격하였으나 이 전투에서 전사하였어요.

554년 관산성 전투

을지문덕 [16회]

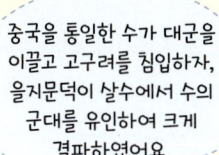

중국을 통일한 수가 대군을 이끌고 고구려를 침입하자, 을지문덕이 살수에서 수의 군대를 유인하여 크게 격파하였어요.

고구려와의 동맹에 실패한 신라는 김춘추를 당에 보내 당과 군사 동맹을 맺었어요.

648년 나·당 동맹 체결

4위 612년 살수 대첩

신라 하대에는 왕권이 약해지면서 사회 혼란이 심해졌어요. 이에 진성 여왕 때 일어난 원종과 애노의 난을 시작으로 각종 농민 봉기가 발생했어요.

신라 하대의 혼란을 틈타 지방에서 성장한 호족 세력인 견훤이 완산주(전주)를 도읍으로 하여 후백제를 건국했어요.

신라 왕족 출신인 궁예가 송악(개성)에서 후고구려를 건국했어요. 이로써 신라는 다시 삼국으로 갈라지게 되었답니다.

5위 889년 원종과 애노의 난

900년 견훤, 후백제 건국

901년 궁예, 후고구려 건국

기출주제 03 고구려

핵심 키워드 | #소수림왕 #불교 수용 #태학 설립 #광개토 대왕 #신라 구원 #장수왕 #남진 정책 #살수 대첩 #안시성 전투

스토리로 미리보기

S#1 소수림왕이 불교를 수용하고 율령을 반포하다!

아버지 고국원왕께서 백제 근초고왕과의 전쟁에서 돌아가신 슬픔을 미처 추스리지도 못했는데, 내가 왕이 되다니. 위기에 빠진 이 나라 고구려를 강하게 하려면, 나라의 정신을 바로 잡을 **불교**와 국가 통치를 위한 **법**이 필요해. 아버지, 이 나라를 크게 키워서 꼭 복수하겠습니다!

S#2 장수왕이 남진 정책을 본격화하다!

나, **장수왕**. 선왕(광개토 대왕)께서 북쪽으로 영토를 넓혀 놓으셨으니, 나는 백제와 신라가 있는 남쪽으로 영토를 넓혀야겠다. 지금 있는 국내성은 너무 북쪽이라 남쪽으로 진출하기 어려울 테니, **평양**으로 도읍을 옮겨야겠어.

S#3 고구려 을지문덕이 살수 대첩에서 승리하다!

나는 고구려 장수 **을지문덕**이오. 수나라 군대가 감히 수도인 평양성을 쳐들어오려고 하길래 전략을 써서 수나라 군대의 힘을 빼놓았소. 이제서야 수나라 군대가 후퇴하는데 **살수**에서 맹공격을 퍼부어 혼쭐을 내줘야겠소.

1 고구려의 건국과 성장(기원전 1세기 ~ 4세기)

(1) 고구려의 건국

건국	부여에서 내려온 주몽(동명왕)이 졸본 지역에서 고구려를 건국함
국내성 천도	동명왕의 뒤를 이어 즉위한 유리왕 때 졸본에서 국내성으로 도읍을 옮김

(2) 고구려의 성장

> 꼭 알아두기 | 소수림왕의 업적인 불교 수용, 율령 반포, 태학 설립은 시험에 잘 나오는 내용이니 꼭 기억해두세요!

태조왕	(동)옥저를 정복하고 동해안으로 진출함
고국천왕	**을파소 등용**: 을파소를 발탁하여 제가 회의의 의장인 국상으로 등용함
	진대법 실시: 식량이 다 떨어지는 봄에 백성들에게 곡식을 빌려주고 추수를 하는 가을에 갚도록 하는 구휼 제도를 실시하여 빈민을 구제함
고국원왕	백제 근초고왕이 평양성을 공격하자, 이에 맞서 싸우다가 전사함
소수림왕 ⭐⭐ (아버지인 고국원왕이 전사한 국가적 위기 상황에서 즉위했어요.)	**불교 수용**: 중국 전진에서 온 승려인 순도를 통해 불교를 수용·공인함
	율령 반포: 국가 통치의 기본법인 율령을 반포하여 중앙 집권 체제를 강화함
	태학 설립: 국립 교육 기관인 태학을 설립하여 인재를 양성하고 유학을 보급함

기출 사료 더보기 📍소수림왕의 업적 [39회]

○ 372년 전진 왕 부견이 사신과 승려 순도를 보내 불상과 경문(經文)을 주었다. 왕이 사신을 보내 사례하고 토산물을 바쳤다.
○ 373년 처음으로 율령을 반포하였다.

- 『삼국사기』

사료 해석: 소수림왕은 중국 전진의 승려 순도를 통해 불교를 수용하였으며, 형벌과 행정에 관한 법령을 정리한 율령을 반포했어요.

2 고구려의 전성기(5세기)

> 꼭 알아두기 | 장수왕이 남진 정책을 위해 도읍을 "평양"으로 옮겼다는 사실을 잘 알아두세요!

광개토 대왕	**백제 공격**: 백제를 공격하여 백제의 항복을 받아내고 한강 이북의 지역을 차지함
	📍**신라 구원**: 신라 내물 마립간의 요청으로 5만의 군사를 보내 신라에 침입한 왜를 격퇴하고 금관가야를 공격함 → 한반도 남부까지 영향력을 확대함 (전기 가야 연맹이 쇠퇴하는 계기가 되었어요.)
	연호 사용: **영락**이라는 독자적인 연호를 사용하여 자주성을 드러냄

기출 사료 더보기 📍광개토 대왕의 신라 구원 [45회]

영락 10년, 왕이 보병과 기병 도합 5만 명을 보내어 **신라를 구원**하게 하였다. [고구려군이] 남거성을 거쳐 신라성에 이르니 그곳에 왜적이 가득하였다. 고구려군이 도착하니 왜적이 퇴각하였다.

사료 해석: 고구려 광개토 대왕은 신라 내물 마립간의 요청으로 신라에 침입한 왜를 격퇴하였어요.

장수왕

- **평양 천도**: 도읍을 국내성에서 평양으로 옮겨 **남진 정책**을 본격화함
  - 한반도 남쪽으로 영토를 확장하는 정책이에요.
- **한성 함락**: 백제의 수도인 한성을 공격하여 백제의 개로왕을 전사시킴(475)
  - 백제 개로왕에게 승려 도림을 첩자로 보낸 후, 도림을 이용해 백제의 재정을 악화시킨 뒤 백제를 공격했어요.
- **광개토 대왕릉비 건립**: 아버지 광개토 대왕의 업적을 기리기 위해 만주에 비를 세움
  - 고구려의 건국 신화, 광개토 대왕의 정복 활동 등이 기록되어 있어요.

▲ 광개토 대왕릉비

3 고구려의 대외 항쟁과 멸망(6~7세기)

(1) 고구려의 대외 항쟁 과정

> 꼭 알아두기 | 고구려는 살수 대첩에서 수나라를, 안시성 전투에서 당나라를 물리쳤어요. 살수 대첩 이후에 안시성 전투가 일어난 사실을 기억해두세요!

고구려의 수나라 공격	: 수나라가 중국을 통일하자, 고구려 영양왕이 수나라의 요서 지방을 선제공격함(598)
수 문제의 침입	: 수 문제가 30만 대군을 이끌고 고구려에 침입하였으나 성과 없이 퇴각함
수 양제의 침입	: 수 양제가 100만 대군을 이끌고 고구려에 침입함(612)
살수 대첩	: 고구려 **을지문덕**이 **살수**에서 우문술·우중문이 이끄는 수나라의 군대를 크게 격파함(612)
수나라 멸망	: 수나라가 거듭된 전쟁으로 멸망함(618)
당나라 건국	: 당나라가 건국(618)된 후 당 태종이 팽창 정책을 추진함
고구려의 천리장성 축조	: 고구려 영류왕이 당의 침입에 대비하여 천리장성 축조를 시작함 / 천리장성의 축조를 감독한 연개소문이 이 과정에서 세력을 키움
연개소문의 정변	: 고구려 연개소문이 정변을 일으켜 영류왕을 폐하고 보장왕을 세운 후, 막리지가 되어 정권을 장악함(642) — 행정권과 군사권을 장악한 고구려의 최고 관직이에요.
안시성 전투	: 당 태종이 침입하자, **안시성**에서 당의 군대를 격파함(645)

기출 사료 더보기 ● 살수 대첩 [39회]

을지문덕이 우문술의 군사가 굶주린 기색이 있음을 보고 이들을 피곤하게 만들려고 매번 싸울 때마다 달아났다. …… 가을 7월에 살수(薩水)에 이르러 [적의] 군사가 반쯤 강을 건넜을 때 아군이 뒤에서 적군을 공격하여 우둔위 장군 신세웅을 전사시켰다. - 『삼국사기』

사료 해석: 을지문덕은 우문술·우중문이 이끄는 수나라 군대를 유인한 뒤, 살수에서 크게 격파하였어요.

(2) 고구려의 멸망

- **지배층의 내분**: 수·당과의 전쟁으로 국력이 약해진 상황에서, 연개소문이 죽은 후에 지배층이 분열됨
- **평양성 함락**: 나·당 연합군의 공격으로 평양성이 함락되었고, 보장왕이 항복하면서 고구려가 멸망함(668, 고구려 보장왕)

퀴즈로 개념 다지기

1. 왕과 왕의 업적을 알맞게 연결하세요.

(1) 소수림왕 · · ⓐ 한성 공격 [66회]

(2) 광개토 대왕 · · ⓑ 신라 구원 [67·61·58회]

(3) 장수왕 · · ⓒ 불교 수용 [54·46·45회]

2. 기출 키워드의 초성을 완성하세요.

(1) 소수림왕 때 반포된 기본법: ㅇㄹ [46·41회]

(2) 소수림왕이 설립한 국립 교육 기관: ㅌㅎ [69·67·61·57·54회]

(3) 장수왕이 국내성에서 도읍을 옮긴 곳: ㅍㅇ [67·66·61·58·57회]

(4) 장수왕이 건립한 비석: ㄱㄱㅌ ㄷㅇㄹㅂ [66회]

(5) 을지문덕이 수의 군대를 격파한 전투: ㅅㅅ ㄷㅊ [67·64·61·60·58회]

(6) 천리장성의 축조 담당자로 정변을 일으킨 인물: ㅇㄱㅅㅁ [64·63회]

(7) 고구려가 당의 군대를 격파한 전투: ㅇㅅㅅ 전투 [71·66·64·61·57회]

정답 1. (1) ⓒ (2) ⓑ (3) ⓐ
2. (1) 율령 (2) 태학 (3) 평양 (4) 광개토 대왕릉비 (5) 살수 대첩 (6) 연개소문 (7) 안시성

기출로 실전 감각 키우기 기출주제 03 고구려

01 소수림왕 54회 기출

(가)에 들어갈 내용으로 옳은 것은? [2점]

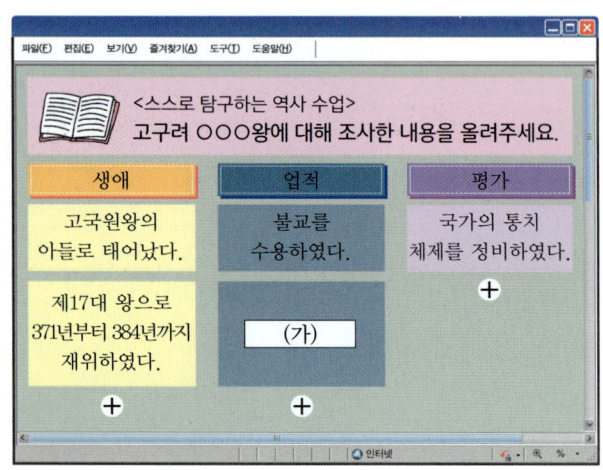

① 태학을 설립하였다.
② 병부를 설치하였다.
③ 화랑도를 정비하였다.
④ 웅진으로 천도하였다.

02 광개토 대왕 67회 기출

밑줄 그은 '나'의 업적으로 옳은 것은? [2점]

① 태학을 설립하였다.
② 천리장성을 축조하였다.
③ 도읍을 평양성으로 옮겼다.
④ 신라에 침입한 왜를 격퇴하였다.

정답 길잡이

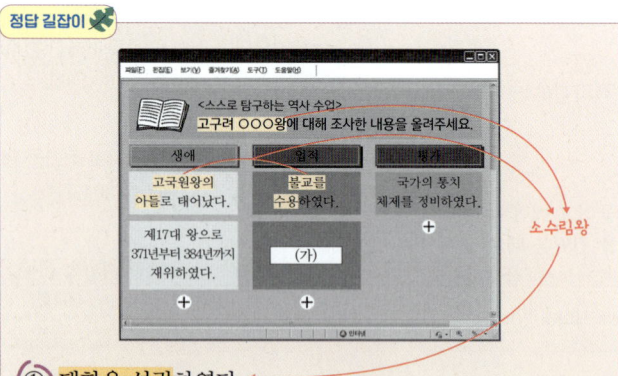

① **태학을 설립**하였다.

소수림왕은 **고국원왕의 아들**이자 **국가의 통치 체제를 정비**한 왕이에요. 우선 전진의 승려인 순도를 통해 **불교를 수용**하여 나라의 사상을 통합하고자 하였고, 국가 통치의 기본법인 **율령을 반포**했어요. 또한 인재를 양성하기 위해 국립 교육 기관인 **태학을 설립**하였어요.

오답 체크
② 병부를 설치하였다. → 신라 법흥왕
③ 화랑도를 정비하였다. → 신라 진흥왕
④ 웅진으로 천도하였다. → 백제 문주왕

이건 꼭! 암기
소수림왕 → 불교 수용, 율령 반포, 태학 설립

정답 길잡이

④ **신라에 침입한 왜를 격퇴**하였다.

광개토 대왕은 활발한 정복 활동을 전개하여 남쪽으로는 **한강 이북 지역을 차지**하고, 북쪽으로는 **숙신, 후연, 거란, 동부여** 등을 정벌하고 영토를 크게 넓혔어요. 또한 그는 신라 내물 마립간의 요청으로 군대를 보내 **신라에 침입한 왜를 격퇴**하고 금관가야를 공격하여 한반도 남부까지 영향력을 확대하였어요.

오답 체크
① 태학을 설립하였다. → 소수림왕
② 천리장성을 축조하였다.
  → 고구려 영류왕~보장왕, 고려 덕종~정종
③ 도읍을 평양성으로 옮겼다. → 장수왕

이건 꼭! 암기
광개토 대왕 → 영토 확장_거란, 숙신, 동부여 등, 신라에 침입한 왜 격퇴

03 장수왕의 한성 함락과 안시성 전투 사이의 사실 55회 기출

(가), (나) 사이의 시기에 있었던 사실로 옳은 것은? [2점]

> (가) 장수왕 63년, 왕이 군사 3만 명을 거느리고 백제에 침입하여 도읍인 한성을 함락시키고 백제 왕을 죽였다.
>
> (나) 보장왕 4년, 당의 여러 장수가 안시성을 공격하였다. …… [당군이] 밤낮으로 쉬지 않고 60일 간 50만 명을 동원하여 토산을 쌓았다. …… 고구려군 수백 명이 성이 무너진 곳으로 나가 싸워서 마침내 토산을 빼앗았다.

① 원종과 애노가 봉기하였다.
② 김흠돌이 반란을 도모하였다.
③ 을지문덕이 수의 군대를 물리쳤다.
④ 장문휴가 당의 산둥 반도를 공격하였다.

04 살수 대첩과 안시성 전투 사이의 사실 64회 기출

(가) 시기에 있었던 사실로 옳은 것은? [2점]

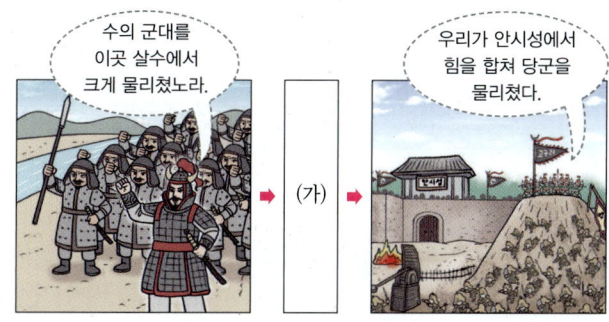

① 김흠돌이 반란을 도모하였다.
② 연개소문이 정변을 일으켰다.
③ 장문휴가 당의 산둥 반도를 공격하였다.
④ 검모잠이 고구려 부흥 운동을 전개하였다.

정답 길잡이

(가) 장수왕의 한성 함락 (475)
(나) 안시성 전투 (645)

③ **을지문덕**이 **수의 군대를 물리쳤다.** → 살수 대첩 (612)

고구려는 **장수왕** 때 남진 정책을 펼쳐 백제 수도 **한성**을 함락시키고 **백제 개로왕을 사살**했어요(475). 이후 고구려는 중국 수와 당의 침입을 받았는데, **영양왕** 때는 **을지문덕**이 **살수**에서 수의 군대를 물리쳤고(살수 대첩, 612), **보장왕** 때는 **안시성**에서 당의 공격을 막아냈어요(안시성 전투, 645).

오답 체크
① 원종과 애노가 봉기하였다. → 889년, (나) 이후
② 김흠돌이 반란을 도모하였다. → 681년, (나) 이후
④ 장문휴가 당의 산둥 반도를 공격하였다. → 732년, (나) 이후

정답 길잡이

살수 대첩 (612) / 안시성 전투 (645)

② **연개소문이 정변을 일으켰다.**

고구려 **영양왕** 때 수의 장수 **우중문**이 군대를 이끌고 고구려를 침입하자, 고구려 장수 **을지문덕**이 **살수**에서 수나라의 군대를 물리쳤어요(살수 대첩, 612). 수나라 멸망 이후 당나라가 고구려를 압박하자, 고구려는 **천리장성**을 쌓는 등 당의 침략에 대비하였어요. 이때 천리장성의 축조를 담당하였던 **연개소문**이 정변을 일으켜 권력을 장악(642)하고 당에 대한 **대당 강경책**을 전개하자, 당 태종은 이를 구실로 고구려를 침입하였어요. 고구려는 **안시성**에서 당나라의 군대를 물리쳤어요(안시성 전투, 645).

오답 체크
① 김흠돌이 반란을 도모하였다. → 681년, 안시성 전투 이후
③ 장문휴가 당의 산둥 반도를 공격하였다.
→ 732년, 안시성 전투 이후
④ 검모잠이 고구려 부흥 운동을 전개하였다.
→ 670년, 안시성 전투 이후

기출주제 04 백제

핵심 키워드 | #근초고왕 #평양성 공격 #무령왕 #22담로 #성왕 #사비 천도 #국호_남부여

스토리로 미리보기

S#1 근초고왕이 고구려 평양성을 공격하다!

우리 왕(**근초고왕**)께서 남쪽 지방에 있는 마한을 정벌하시더니 이번엔 북쪽에 있는 **고구려를 공격**하신다고 한다. 고구려군이 강하다지만, 왕의 기세를 보아하니 왠지 이길 수 있을 것만 같군.

S#2 무령왕이 22담로에 왕족을 파견하다!

나, **무령왕**. 웅진으로 천도한 후 귀족들 간의 다툼 때문에 약해진 백제의 왕권을 다시 강화할 것이다. 왕권에 방해되는 지방 귀족들을 통제하려면 역시 **지방에 왕족을 파견**하는 수밖에!

S#3 성왕이 신라 진흥왕에게 한강 유역을 빼앗기다!

나, **성왕**. 고구려가 힘이 약해진 틈을 타 **신라 진흥왕과 연합**하여 드디어 한강 유역을 되찾나 싶었다. 분명 한강 하류는 우리 백제가 갖기로 약속했는데, 신라 진흥왕의 배신으로 빼앗기고 말다니!!

1 백제의 건국과 전성기(기원전 1세기 ~ 5세기 초)

(1) 백제의 건국과 성장 - 한성 시기

건국	부여와 고구려 계통의 유이민 세력인 온조가 한강 유역의 토착 세력과 결합하여 한성(하남 위례성)에서 백제를 건국함
고이왕	관등제 정비: 6좌평과 16관등제의 기본 골격을 마련함 └ 백제의 벼슬 등급을 나타내는 16관등 중 가장 높은 등급을 뜻해요.

(2) 백제의 전성기

> 꼭 알아두기 | 근초고왕이 마한을 정벌하고 고구려를 공격하였다는 점을 기억해두세요!

근초고왕
- 마한 정벌: 마한 지역을 모두 정벌하고 전라도 지역을 차지함
- 고구려 공격: 고구려의 **평양성을 공격**하여 고국원왕을 전사시키고 황해도 일대까지 진출함
- 대외 교류
  - 중국: 랴오시(요서)·산둥(산동) 지방으로 진출하고 중국의 동진과 교류함
  - 일본: 큐슈(규슈) 지방까지 진출하였고, 이 시기에 왜왕에게 칠지도를 하사하였을 것으로 추정됨
- 『서기』 편찬: 박사 고흥에게 역사서인 『서기』를 편찬하도록 함

침류왕: 중국 동진에서 온 승려 마라난타를 통해 불교를 수용·공인함

기출 자료 더보기 📍**칠지도** [63·51·49회]

- 백제와 왜의 교류 사실을 보여주는 문화유산
- 근초고왕 때 왜왕에게 하사한 것으로 추정됨

2 백제의 위기와 중흥 노력(5~7세기)

(1) 백제의 위기

비유왕	고구려 장수왕의 평양 천도(427)에 위협을 느끼고 신라 눌지 마립간과 **나·제 동맹**을 체결함(433)
개로왕	고구려 장수왕의 공격으로 **한성이 함락**되면서 전사함(475)

(2) 백제의 중흥 노력 - 웅진 시기

> 꼭 알아두기 | 웅진 시기에 무령왕이 백제의 중흥을 위해 22담로를 두고 왕족을 파견하였다는 점을 꼭 기억해두세요!

문주왕	개로왕이 전사하고 한성이 함락되자, **웅진**(공주)으로 수도를 옮김

└ 개로왕의 아들이에요.   └ 웅진성(공주 공산성)을 쌓았어요.

무령왕
- **22담로 설치**: 지방에 행정 구역인 22담로를 두고 왕족을 파견하여 지방에 대한 통제를 강화함
- 대외 교류
  - 중국 남조의 양나라와 외교 관계를 강화함
  - 관련 문화유산으로 양직공도(양나라에 파견된 백제의 사신이 담긴 그림)와 **무령왕릉**(중국 남조의 영향을 받아 축조된 벽돌무덤)이 있음

기출 자료 더보기 📍 **무령왕릉** [35회]

- 충청남도 공주에 있는 백제 무령왕과 왕비의 무덤
- 1971년 공주 송산리 고분군에서 발견됨
- 무덤 안에서 출토된 **묘지석**을 통해 무령왕의 무덤임을 알 수 있음
- 중국 남조의 영향을 받아 **벽돌**로 만들어짐(벽돌 무덤)

(3) 백제의 중흥과 쇠퇴 – 사비 시기

> 꼭 알아두기 | 성왕이 사비로 천도하고 국호를 남부여로 바꾼 사실을 기억해두세요!

성왕 (무령왕의 아들이에요.)
- **사비 천도**: 수도를 웅진에서 대외 진출이 용이한 사비(부여)로 옮김
- **국호 변경**: 국호를 '백제'에서 '남부여'로 고침
- 체제 정비: 중앙 관청을 22부로, 행정 구역을 5부와 5방으로 정비함 (수도 / 지방)
- 한강 유역 회복 (일시적 회복)
  - **한강 하류 지역 회복**: 신라 진흥왕과 연합하여 고구려를 공격하였고, 일시적으로 한강 하류 지역을 회복함
  - ↓
  - **한강 하류 지역 상실**: 신라 진흥왕의 배신으로 한강 하류 지역을 신라에게 빼앗김
  - ↓
  - **관산성 전투**: 성왕이 신라의 관산성을 공격하였으나, 신라군에 크게 패하고 성왕이 전사함(554)

기출 사료 더보기 📍 **성왕의 업적** [30회]

성왕 16년 봄, **사비**로 도읍을 옮기고, **나라 이름을 남부여**라고 하였다. - 『삼국사기』

사료 해석: 성왕은 백제의 수도를 웅진에서 사비로 옮기고, 나라 이름인 국호를 백제에서 남부여로 변경하였어요.

무왕
- 익산 천도 시도: 익산으로의 천도를 추진하여 왕권을 강화하고자 함 (금마저라고도 불렸어요.)
- 미륵사 창건: 익산에 미륵사라는 절을 창건함

(4) 백제의 멸망

의자왕	신라를 공격하여 대야성(오늘날의 합천)을 함락시킴
멸망	계백의 결사대가 황산벌에서 김유신이 이끄는 신라군에 항전했으나 패배함(황산벌 전투) → 나·당 연합군의 공격으로 사비성이 함락되고, 웅진에 있던 의자왕이 항복하면서 멸망함

퀴즈로 개념 다지기

1. 왕과 왕의 업적을 알맞게 연결하세요.

(1) 근초고왕 · · ⓐ 남부여로 국호 변경 [71·50회]

(2) 침류왕 · · ⓑ 웅진 천도 [58·57·54·48·47회]

(3) 문주왕 · · ⓒ 고구려 평양성 공격 [41회]

(4) 성왕 · · ⓓ 불교 수용 [66·58·42회]

2. 기출 키워드의 초성을 완성하세요.

(1) 근초고왕 시기에 편찬된 역사서: 『ㅅㄱ』 [58회]

(2) 백제와 왜의 교류 사실을 보여주는 문화유산: ㅊㅈㄷ [71·69·66·63회]

(3) 고구려 장수왕의 공격으로 전사한 백제의 왕: ㄱㄹㅇ [45회]

(4) 무령왕이 설치한 지방 행정 구역: 22ㄷㄹ [71·69·67·64·63회]

(5) 성왕이 수도를 옮긴 지역: ㅅㅂ [71·64·63·58·54회]

(6) 성왕이 전사한 전투: ㄱㅅㅅ 전투 [61·60·57·55·50회]

정답 1. (1) ⓒ (2) ⓓ (3) ⓑ (4) ⓐ
2. (1) 서기 (2) 칠지도 (3) 개로왕 (4) 22담로 (5) 사비 (6) 관산성

기출로 실전 감각 키우기 기출주제 04 백제

01 고구려의 평양 천도와 백제 한성 함락 사이의 사실 57회 기출

(가), (나) 사이의 시기에 있었던 사실로 옳은 것은? [3점]

① 고구려가 옥저를 정복하였다.
② 백제가 신라와 동맹을 맺었다.
③ 백제가 관산성 전투에서 패배하였다.
④ 고구려가 안시성에서 당군을 물리쳤다.

02 무령왕 52회 기출

밑줄 그은 '이 왕'으로 옳은 것은? [1점]

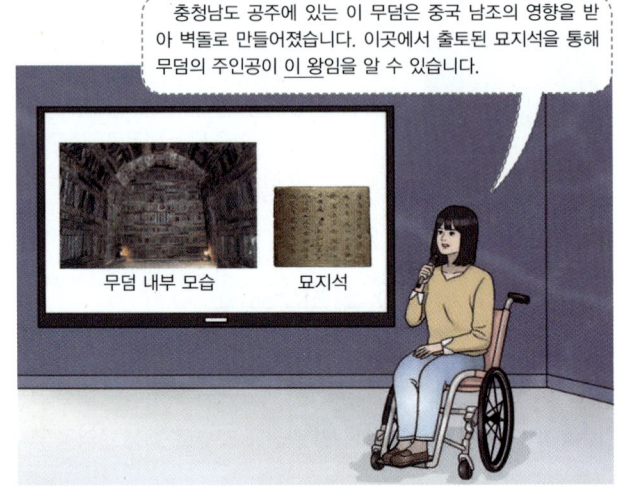

① 성왕 ② 고이왕 ③ 무령왕 ④ 근초고왕

정답 길잡이

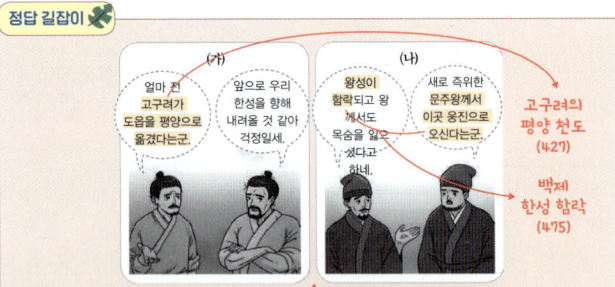

고구려의 평양 천도 (427)
백제 한성 함락 (475)

② 백제가 신라와 동맹을 맺었다. → 나·제 동맹(433)

고구려 **장수왕**이 도읍(수도)을 **평양**으로 옮기고(427) 남진 정책을 펼치자, 이에 위협을 느낀 백제는 신라와 **나·제 동맹**을 맺었어요 (433). 이후 장수왕이 백제 도읍 **한성**을 함락하고 **개로왕을 사살**하자(475), 뒤를 이어 즉위한 백제 **문주왕**은 같은 해 **도읍을 웅진**으로 옮겼어요.

오답 체크
① 고구려가 **옥저를 정복**하였다. → 56년, (가) 이전
③ 백제가 **관산성 전투**에서 패배하였다. → 554년, (나) 이후
④ 고구려가 **안시성**에서 당군을 물리쳤다. → 645년, (나) 이후

정답 길잡이

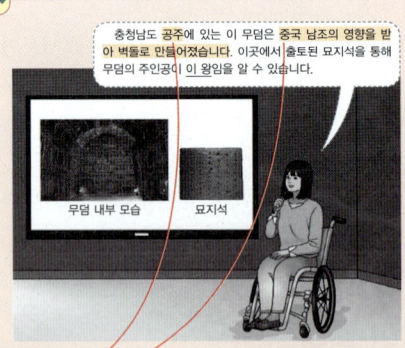

③ 무령왕

무령왕은 웅진(공주) 시기에 **중국 남조의 양과 교류**하며 외교 관계를 맺었는데, 이는 **중국 남조의 영향**을 받아 벽돌로 만들어진 **무령왕릉**을 통해서 알 수 있어요. 한편 무령왕릉은 무덤 내부에서 무령왕의 이름이 적힌 **묘지석**이 출토되어 무덤의 주인공과 만들어진 연도를 알 수 있는 유일한 백제 왕릉이에요.

오답 체크
① 성왕 → 사비 천도
② 고이왕 → 관등제 정비
④ 근초고왕 → 고구려 평양성 공격

03 성왕
66회 기출

(가) 왕에 대한 설명으로 옳은 것은? [2점]

① 왜에 칠지도를 보냈다.
② 동진으로부터 불교를 받아들였다.
③ 신라를 공격하여 대야성을 점령하였다.
④ 진흥왕과 연합하여 한강 하류 지역을 되찾았다.

정답 길잡이

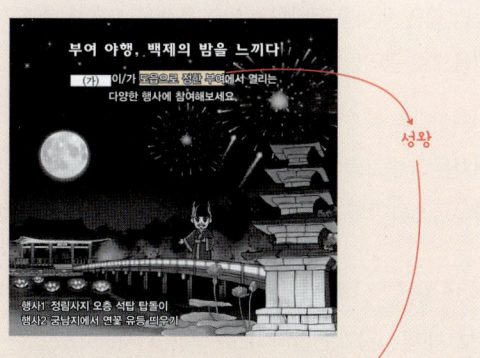

④ 진흥왕과 연합하여 한강 하류 지역을 되찾았다.

백제 성왕은 백제의 중흥을 위해 노력한 왕이에요. 그는 수도를 **웅진(공주)**에서 대외 진출이 쉬운 **사비(부여)**로 옮겼으며, 국호(나라의 이름)를 백제에서 **남부여**로 바꾸었어요. 한편, 신라 진흥왕과 연합하여 **한강 하류 지역**을 회복하였지만, 진흥왕의 배신으로 한강 하류 지역을 빼앗기게 되었어요.

✓ 오답 체크
① 왜에 칠지도를 보냈다. → 근초고왕으로 추정
② 동진으로부터 불교를 받아들였다. → 침류왕
③ 신라를 공격하여 대야성을 점령하였다. → 의자왕

04 백제
69회 기출

(가) 국가에 대한 설명으로 옳은 것은? [2점]

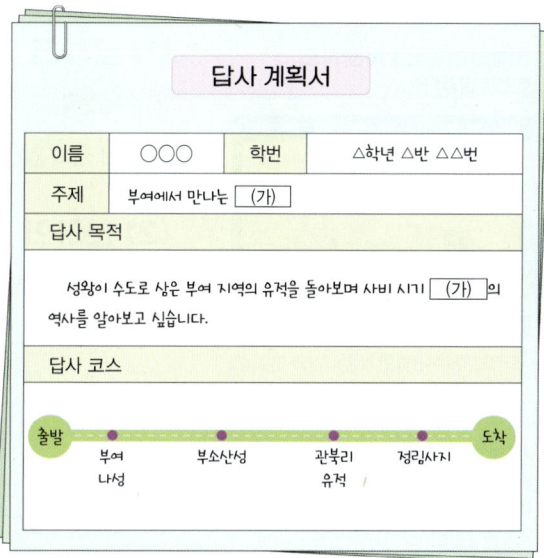

① 주몽이 건국하였다.
② 지방에 22담로를 두었다.
③ 독서삼품과를 시행하였다.
④ 한의 침략을 받아 멸망하였다.

정답 길잡이

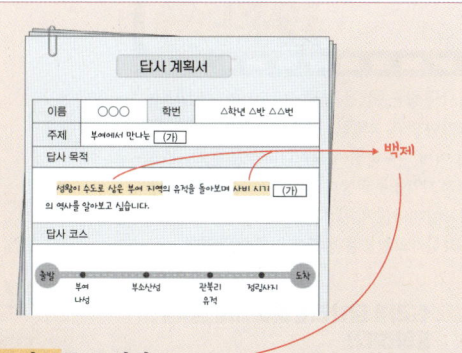

② 지방에 22담로를 두었다.

백제는 온조가 **한성(하남 위례성)**에서 건국한 나라로, 이후 **문주왕** 때 **웅진(공주)**로, **성왕** 때 **사비(부여)**로 수도를 옮겼어요. 백제의 마지막 수도였던 부여 지역에는 **부여 나성, 부소산성, 관북리 유적, 정림사지** 등의 유적지들이 남아 있어요. 한편 백제는 **무령왕** 때 지방에 행정 구역인 **22담로**를 두어 왕족을 파견하여 지방에 대한 통제를 강화하였어요.

✓ 오답 체크
① 주몽이 건국하였다. → 고구려
③ 독서삼품과를 시행하였다. → 통일 신라
④ 한의 침략을 받아 멸망하였다. → 고조선

기출주제 05 신라

핵심 키워드 | #지증왕 #우산국 정복 #법흥왕 #불교 공인 #진흥왕 #순수비 건립 #황산벌 전투 #매소성 전투 #기벌포 전투

스토리로 미리보기

S#1 지증왕이 국호와 지배자의 칭호를 바꾸다!

우리 사로국도 이제 이만하면 다른 나라와 견줄 수 있을 것 같다. 중국은 '왕'이라는 칭호를 쓰는데, 나라고 쓰지 말란 법 있겠나! 신하들도 그렇게 하자고 하는데 말이지. 좋다, 앞으로 나를 '마립간'이 아닌 '왕'으로 부르거라! 이 나라의 국호도 '신라'로 바꾸자!

S#2 진흥왕이 정복한 영토에 순수비를 세우다!

나, 진흥왕은 수많은 전쟁에서 승리하여 남으로는 대가야까지, 북으로는 함경도까지 영토를 확장했어. 이제, 순수하면서, 그러니까 쉬운 말로 나라의 여러 지역을 두루 살피고 돌아다니면서, 백성들을 좀 보살펴야겠어. 기념으로 순수비도 좀 세우고. 우리 신라의 힘을 온 천하에 알릴 수 있겠지!

S#3 신라가 당나라를 몰아내고 삼국을 통일하다!

어제 뉴스 봤어? 드디어 당나라와의 전쟁이 끝나려나 봐. 백제, 고구려만 멸망시키면 금방 삼국을 통일할 줄 알았는데, 우릴 도와준 당나라가 한반도를 통째로 집어삼킬 속셈이었다니. 그래도 기벌포에서 당군을 격퇴했으니, 삼국 통일이 눈 앞에 있다! 신라 만세!

1 신라의 건국과 전성기(기원전 1세기 ~ 7세기)

(1) 신라의 건국

- **건국**: 경주 지역의 토착민 세력과 유이민(박혁거세) 집단이 결합해 신라를 건국함
- **초기의 정치 형태**: 박·석·김의 3성이 번갈아 가며 왕위를 차지함

(2) 신라의 발전

> 꼭 알아두기 | 지증왕과 법흥왕의 업적은 시험에 자주 출제되니 반드시 구분해서 기억해두세요!

- **내물 마립간**
  - 마립간 칭호 사용: 최고 지배자의 칭호를 '이사금'에서 '마립간'으로 변경함
    - └ 대군장을 뜻하는 말이에요.
  - 왕위 세습 확립: 김씨 성이 독점적으로 왕위를 계승하는 방식으로 변경함
  - 고구려의 내정 간섭: 고구려 광개토 대왕의 도움을 받아 왜구를 물리친 이후 고구려의 내정 간섭을 받음 (호우명 그릇에서 당시 신라와 고구려의 관계를 확인할 수 있음)

- **지증왕**
  - 국호·왕호 변경: 국호를 '신라'로, 지배자의 칭호를 '마립간'에서 '왕'으로 변경함
  - 우경 장려: 농업 생산력을 높이기 위해 우경(소를 이용해 농사를 짓는 일)을 장려함
  - 우산국 정벌: 장군 이사부를 보내 우산국(울릉도)을 정벌함
  - 동시전 설치: 수도 경주에 시장을 감독하는 관청인 동시전을 설치함

- **법흥왕**
  - 병부 설치: 군사력을 강화하기 위해 중앙 부서로 병부를 설치함
    - └ 국가 중대사를 결정한 신라의 귀족 회의 기구예요.
  - 상대등 설치: 화백 회의의 주관자이자 귀족들의 대표인 상대등을 설치함
  - 율령 반포: 중앙 집권 체제를 정비하기 위해 율령을 반포함
  - 공복 제정: 처음으로 관리들의 공복을 제정함
    - └ 붉은 빛과 자주 빛 등으로 등급을 표시했어요.
  - 연호 사용: 건원이라는 독자적인 연호를 사용함
  - 불교 공인: 이차돈의 순교를 계기로 불교를 공인함
  - 금관가야 정복: 금관가야를 복속시키고 마지막 왕인 김구해에게 벼슬을 줌

(3) 신라의 전성기

> 꼭 알아두기 | 진흥왕이 한강 유역을 완전히 차지하고 북한산 순수비를 세웠다는 사실을 잘 알아두어야 해요!

- **진흥왕**
  - 한강 유역 확보: 백제 성왕과 연합하여 고구려가 차지하고 있던 한강 상류 지역을 점령함 → 백제가 점령했던 한강 하류 지역까지 확보하고, 백제 성왕과의 관산성 전투에서 승리함

▲ 북한산 순수비

  - 대가야 정복: 대가야를 공격하여 멸망시키고 영토를 확장함
    - └ 임금이 나라 안의 지역을 두루 살피며 돌아다니던 일을 의미해요.
  - 순수비 건립: 정복한 지역을 순수하고 북한산비, 창녕비, 황초령비, 마운령비 등 진흥왕 순수비를 건립함
  - 화랑도 개편: 청소년 집단인 화랑도를 국가적인 조직으로 정비함
  - 『국사』 편찬: 신하 거칠부로 하여금 역사서인 『국사』를 편찬하게 함

- **선덕 여왕**
  - **대야성 전투**: 백제 의자왕의 공격을 받아 대야성이 함락당함 → 김춘추를 고구려에 보내 도움을 요청하였으나 실패함
  - **황룡사 구층 목탑 건립**: 승려 자장의 건의에 따라 건립함
  - **첨성대 축조**: 천문 관측을 위해 첨성대를 축조함

> **기출 자료 더보기** 📍 **호우명 그릇** [52회]
> - 경주의 호우총(무덤)에서 발견된 그릇
> - 그릇 밑바닥에 고구려 광개토 대왕의 이름이 새겨져 있음
> - 당시 신라에 대한 고구려의 영향력을 확인할 수 있는 유물

2 신라의 삼국 통일 과정

> 꼭 알아두기 | 나·당 동맹의 결성부터 백제, 고구려 멸망, 나·당 전쟁에 이르는 사건의 발생 순서를 꼭 기억해야 해요!

- **고구려와의 동맹 시도**
  - 선덕 여왕 때 백제 의자왕의 공격으로 대야성을 비롯한 여러 성이 함락됨
  - 김춘추를 보내 고구려에 군사를 요청하였으나 실패함
- ↓
- **나·당 동맹 결성**: 김춘추(태종 무열왕)가 당나라에 건너가 당 태종과 나·당 동맹을 결성함
- **백제의 멸망**
  - **황산벌 전투**: 신라 김유신의 군대가 황산벌에서 계백의 결사대를 격파함(660)
  - **멸망**: 나·당 연합군의 공격으로 사비성이 함락되고 웅진에 있던 의자왕이 항복하면서 백제가 멸망함(660, 백제 의자왕)
- ↓
- 📍**백제 부흥 운동**
  - 복신과 도침이 주류성에서 부여풍(의자왕의 아들)을 왕으로 추대함
  - 흑치상지가 임존성에서 소정방이 이끄는 당군을 격파함
  - **백강 전투**: 왜의 수군이 백제 부흥군을 돕기 위해 백강 근처까지 왔으나 나·당 연합군에 패배함(663) → 백제 부흥 운동이 실패함
- ↓
- **고구려의 멸망**: 나·당 연합군의 공격으로 **평양성이 함락**되면서 고구려가 멸망함(668, 고구려 보장왕)
- ↓
- **고구려 부흥 운동**
  - **안승 추대**: 고구려의 장군인 검모잠이 보장왕의 외손자(혹은 서자) 안승을 왕으로 추대하고 부흥 운동을 전개했으나, 내분이 발생함
  - **신라의 지원**: 신라 문무왕이 당을 견제하기 위해 안승에게 금마저(익산)에 보덕국을 세우게 하고 보덕국의 왕으로 임명함
  - **실패**: 지배층의 내분으로 고구려 부흥 운동이 실패함
- **나·당 전쟁**
  - **원인**: 당은 백제와 고구려 멸망 이후 한반도 전체를 지배하려는 야심을 드러냄
  - **전개**
    - **매소성 전투**: 당의 20만 대군을 매소성에서 격파함(675)
    - **기벌포 전투**: 설인귀가 이끄는 당의 수군을 기벌포에서 섬멸함(676)
  - **결과**: 신라가 대동강에서 원산만에 이르는 영토를 차지하며 삼국 통일을 달성함(676, 신라 문무왕)

> 통일 이후의 신라를 통일 이전과 구분하여 '통일 신라'라고 부르기도 해요.

> **기출 사료 더보기** 📍 **백제 부흥 운동** [45회]
> ○ 흑치상지가 흩어진 무리들을 모으니, 열흘 사이에 따르는 자가 3만여 명이었다. 소정방의 공격을 흑치상지가 막아내 승리하고 2백여 성을 되찾으니 소정방이 이길 수 없었다.
> ○ 복신과 승려 도침이 옛 왕자인 부여풍을 맞이하여 왕으로 세우고, 웅진성에서 머물던 유인원을 포위하였다.
>
> **사료 해석**: 흑치상지는 임존성에서 소정방이 이끄는 당의 공격을 막아내었고, 복신과 도침은 왕자 부여풍을 왕으로 추대하였어요.

 **퀴즈로 개념 다지기**

1. 왕과 왕의 업적을 알맞게 연결하세요.

(1) 지증왕 · · ⓐ 신라로 국호 확정 [60회]

(2) 법흥왕 · · ⓑ 화랑도 개편 [71·69·67·66·61회]

(3) 진흥왕 · · ⓒ 병부 설치 [69·55·54회]

(4) 선덕 여왕 · · ⓓ 황룡사 구층 목탑 건립 [52·50회]

2. 기출 키워드의 초성을 완성하세요.

(1) 지증왕이 이사부를 보내 정벌한 지역: ㅇㅅㄱ [69·66·61·55·54회]

(2) 법흥왕이 공인한 종교: ㅂㄱ [69·52·51회]

(3) 진흥왕이 정복한 지역에 건립한 비석: ㅅㅅㅂ [71·63·55·52회]

(4) 신라 김유신의 군대가 백제 계백의 결사대를 상대로 승리한 전투: ㅎㅅㅂ 전투 [69·67·61·60·54회]

(5) 신라가 당의 군대를 물리친 전투: ㅁㅅㅅ 전투, ㄱㅂㅍ 전투 [67·66·61회]

정답 1. (1) ⓐ (2) ⓒ (3) ⓑ (4) ⓓ
2. (1) 우산국 (2) 불교 (3) 순수비 (4) 황산벌 (5) 매소성, 기벌포

기출로 실전 감각 키우기 기출주제 05 신라

01 지증왕 60회 기출

밑줄 그은 '왕'의 업적으로 옳은 것은? [2점]

> ○ 왕이 영을 내려 순장을 금하게 하였다. 이전에는 국왕이 죽으면 남녀 다섯 명씩 순장하였는데, 이 때에 이르러 금하게 한 것이다.
> ○ 여러 신하들이 한뜻으로 '신라국왕'이라는 호칭을 올리니, 왕이 이를 따랐다.
> — 『삼국사기』

① 우경을 장려하였다.
② 율령을 반포하였다.
③ 독서삼품과를 실시하였다.
④ 화랑도를 국가 조직으로 개편하였다.

02 법흥왕 69회 기출

다음 검색창에 들어갈 왕으로 옳은 것은? [2점]

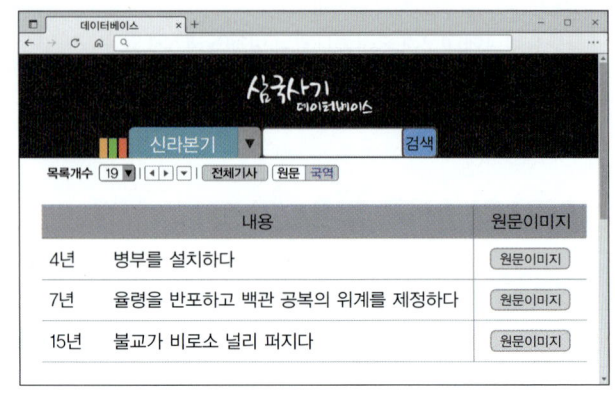

① 법흥왕 ② 지증왕 ③ 진평왕 ④ 진흥왕

정답 길잡이

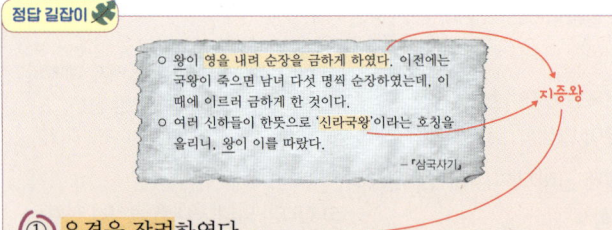

① 우경을 장려하였다.

지증왕은 6세기에 신라의 정치 제도를 정비한 왕으로, **국호**(나라의 이름)를 **신라**로 확정하고, 지배자의 칭호를 '마립간'에서 '**왕**'으로 변경하였어요. 또한 농업 노동력을 확보하기 위해 **순장을 금지**하였으며, 농업 생산력을 높이기 위해 소를 이용해 밭을 가는 **우경을 장려**하였어요.

✓ 오답 체크
② 율령을 반포하였다. → 법흥왕
③ 독서삼품과를 실시하였다. → 원성왕
④ 화랑도를 국가 조직으로 개편하였다. → 진흥왕

📖 이건꼭! 암기

지증왕 → 순장 금지, 국호 변경_신라, 지배자 칭호 변경, 우경 장려

정답 길잡이

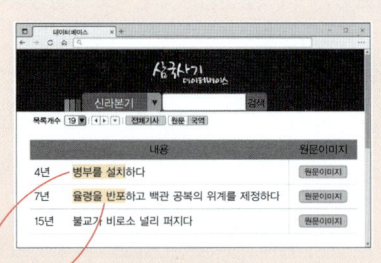

① 법흥왕

신라 법흥왕은 신라의 통치 체제를 정비하고 왕권을 강화한 왕이에요. 우선 그는 군사 업무를 담당하는 중앙 부서인 **병부를 설치**하여 군사 지휘권을 체계화하였으며, **율령을 반포**하고 백관의 공복을 제정하여 위계질서를 확립하였어요. 또한 이차돈의 순교를 계기로 **불교를 공인**하고, 활발한 정복 활동을 전개해 **금관가야를 병합**하여 영토를 넓히기도 하였어요.

✓ 오답 체크
② 지증왕 → 우경 장려
③ 진평왕 → 위화부 설치
④ 진흥왕 → 화랑도 개편

📖 이건꼭! 암기

법흥왕 → 병부 설치, 율령 반포, 백관의 공복 제정, 불교 공인

03 진흥왕   71회 기출

다음 대본에 등장하는 왕의 업적으로 옳은 것은? [2점]

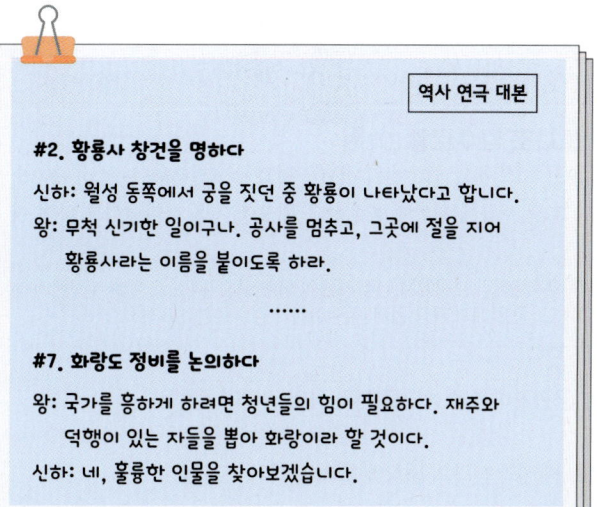

① 주자감을 설립하였다.
② 왜에 칠지도를 보냈다.
③ 김흠돌의 난을 진압하였다.
④ 북한산에 순수비를 세웠다.

정답 길잡이

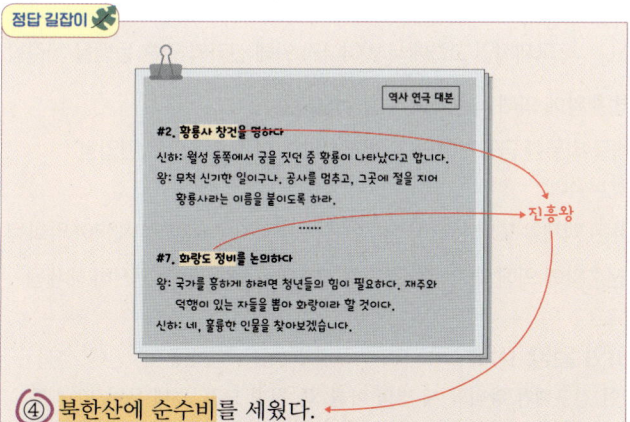

④ **북한산에 순수비**를 세웠다.

진흥왕은 6세기 신라를 전성기로 이끈 왕으로, 불교 진흥에 힘써 **황룡사**를 건립하였으며, 인재 양성을 위해 청소년 집단인 **화랑도**를 국가적인 조직으로 정비하였어요. 또한 진흥왕은 한강 유역을 확보한 후 이를 기념하기 위해 **북한산에 순수비**라는 비석을 세웠어요.

오답 체크
① **주자감을 설립**하였다. → 발해
② **왜에 칠지도를 보냈다.** → 백제 근초고왕으로 추정
③ **김흠돌의 난을 진압**하였다. → 통일 신라 신문왕

04 삼국 통일 과정   61회 기출

(가)~(다)를 일어난 순서대로 옳게 나열한 것은? [3점]

① (가) - (나) - (다)
② (나) - (가) - (다)
③ (나) - (다) - (가)
④ (다) - (나) - (가)

정답 길잡이

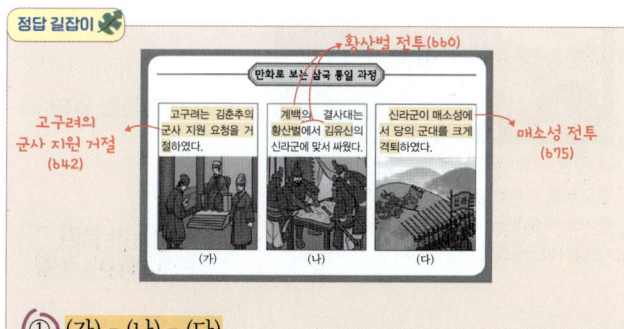

① **(가) - (나) - (다)**
고구려의 군사 지원 거절(642) - 황산벌 전투(660) - 매소성 전투(675)

(가) **고구려의 군사 지원 거절**: 백제 의자왕의 공격으로 대야성이 함락당하자 신라 선덕 여왕은 김춘추를 고구려에 보내 군사 지원을 요청하였으나, 고구려는 이를 거절하였어요(642).
(나) **황산벌 전투**: 계백이 이끄는 백제의 결사대는 황산벌에서 김유신이 이끄는 신라군에 맞서 싸웠지만, 패배하였어요(660).
(다) **매소성 전투**: 고구려 멸망 후 당이 한반도 전체를 지배하려 하자, 나·당 전쟁이 일어났어요. 이때 신라군이 매소성에서 당의 20만 대군을 크게 격파하였어요(675).

📖 이건 꼭! 암기

신라의 삼국 통일 과정 → 고구려의 군사 지원 거절 → 황산벌 전투 → 매소성 전투

기출주제 06 가야

핵심 키워드 | #금관가야 #김수로왕 #낙랑과 왜에 철 수출 #김해 대성동 고분군 #대가야 #고령 지산동 고분군

스토리로 미리보기

S#1 김수로가 여섯 개의 알에서 가장 먼저 태어나다!

[24회 기출]

아주 기이한 일이다! 구지봉에서 사람들이 모여 제사를 지냈는데, 하늘에서 여섯 개의 황금알이 내려 오는 것이 아니겠는가! 가장 먼저 태어난 사내 아이에게 **수로**라고 이름을 지어줬는데, 아주 늠름한 것이 왕이 될 상이군.

S#2 금관가야의 왕이 신라 법흥왕에 항복하다!

[38회 기출]
- 금관가야의 왕 김구해, 대왕께 항복합니다.
- 내 그대를 예로써 대접하리라.

나, **금관가야의 왕 김구해**. 신라 **법흥왕**의 공격을 받은 후로, 더 이상 나라를 지킬 자신이 없어졌다. 왕비와 세 아들을 데리고 신라로 가서 항복해야겠다. 나라의 보물도 함께 바쳐야겠군.

S#3 대가야의 문화유산이 고령에서 출토되다!

[38회 기출]
이곳은 금관가야의 고분군으로, 금동관 등 다양한 유물이 출토되었습니다.
고령 지산동 고분군

우와! 엄청난 크기의 무덤이길래, 누구의 무덤일까 궁금했는데 **대가야** 왕과 귀족들의 무덤이었다니. 무덤에서 멋있는 **갑옷**과 **투구**랑 **금동관**이 출토되었다고 하니 얼른 구경하러 가보고 싶다!

1 가야 연맹의 정치

> 꼭 알아두기 | 전기 가야 연맹은 금관가야가, 후기 가야 연맹은 대가야가 주도했다는 점을 알아두어야 해요!

금관가야 건국: **김수로왕**이 **김해** 지역에서 금관가야를 건국함
  └ 금관가야를 세운 시조로, 『삼국유사』에 탄생 설화 및 그와 관련된 구지가가 전해져요.

기출 사료 더보기 📍금관가야의 시조 김수로왕 [22회]
북쪽 구지에서 이상한 소리가 들렸다. …… 마을 사람들이 다시 모여서 상자를 열어 보니 알 여섯이 모두 어린애가 되어 있었다. …… 그 달 보름에 왕위에 올랐는데, 세상에 처음 나타났다고 하여 이름을 수로라 하였다.
사료 해석: 『삼국유사』에 따르면 김해 구지봉이라는 곳에서 여러 사람이 모여 구지가라는 노래를 부르자 하늘에서 여섯 알이 내려왔으며, 그 중 알에서 가장 먼저 나온 아이가 김수로였다고 해요.

전기 가야 연맹 결성: 3세기경 금관가야를 중심으로 전기 가야 연맹이 결성됨
  └ 금관가야, 대가야를 포함한 6개 가야의 연맹이에요.

금관가야의 쇠퇴
- 4세기 초: 백제와 신라의 팽창에 밀려 세력이 약화됨
- 5세기 초: 고구려 광개토 대왕이 보낸 군대가 신라를 침입한 왜를 격퇴하는 과정에서, 금관가야까지 공격을 받아 쇠퇴함

전기 가야 연맹 해체: 금관가야 중심의 전기 가야 연맹이 해체됨

후기 가야 연맹 결성
  └ 김수로왕의 형제인 이진아시왕이 건국했어요.
- 5세기 말: **고령** 지역의 **대가야**를 중심으로 **후기 가야 연맹**이 결성됨
  - 백제·신라와 동맹하여 고구려에 대항함
- 6세기 초: 백제·신라와 대등하게 세력을 다툴 만큼 성장함
  - 국제적인 고립에서 벗어나기 위해 신라와 결혼 동맹을 체결함

📍금관가야 멸망
- 신라 법흥왕에 의해 금관가야가 멸망함(532)
- 김구해를 비롯한 금관가야의 왕족이 신라의 진골 귀족으로 편입됨
  └ 금관가야의 마지막 왕

대가야 멸망 (후기 가야 연맹 해체)
- 대가야는 백제를 도와 관산성 전투에 참전하였으나 패배 후 세력이 약화됨
- 신라 진흥왕에 의해 대가야가 멸망하고(562), 가야 연맹이 완전히 해체됨

기출 사료 더보기 📍금관가야의 멸망 [27회]
법흥왕 19년에 금관가야의 왕인 김구해가 왕비와 세 명의 아들, 즉 첫째 노종, 둘째 무덕, 막내 무력을 데리고 나라의 창고에 있던 보물을 가지고 와서 항복하였다. 왕이 예로써 대접하고 상등의 벼슬을 주었으며, 본국을 식읍으로 삼게 하였다. 아들 무력은 벼슬이 각간에 이르렀다.
사료 해석: 금관가야는 신라 법흥왕에 의해 멸망하였으며, 이때 금관가야의 마지막 왕인 김구해와 금관가야의 왕족이 신라의 진골 귀족으로 편입되었어요.

2 가야 연맹의 경제

- **농경 문화 발달** : 일찍부터 고령과 합천 등지에서 벼농사를 실시함
- **철기 문화 발달**
  - 풍부한 철을 바탕으로 우수한 철기 문화를 유지하여 철제 무기와 도구를 생산하고 수출함
  - 덩이쇠를 만들어 화폐와 같은 교환 수단으로 이용함
- **중계 무역 발달** : 풍부한 철의 생산과 해상 교통에 유리한 입지 조건을 이용하여 **낙랑과 왜**를 연결하는 **중계 무역이 발달**함

3 가야 연맹의 문화

꼭 알아두기 | 금관가야와 대가야의 대표 유적과 유물은 반드시 나라별로 구분해서 기억해두어야 해요!

(1) 금관가야와 대가야의 유적 및 유물

(2) 가야 연맹의 문화유산

금관	말머리 가리개	도기 기마인물형 뿔잔
머리에 두르는 넓은 띠 위에 풀꽃 모양 장식이 꽂혀 있는 금관	말의 머리 부분을 보호하는 역할을 함	가야의 말갖춤과 무기를 사실적으로 묘사함

퀴즈로 개념 다지기

1. 나라 이름과 문화유산을 알맞게 연결하세요.

(1) 금관가야 · · ⓐ
[67회]

(2) 대가야 · · ⓑ
[58회]

2. 기출 키워드의 초성을 완성하세요.

(1) 금관가야의 시조: ㄱㅅㄹㅇ [71·69회]

(2) 금관가야의 건국과 관련 있는 노래: ㄱㅈㄱ [54회]

(3) 가야 연맹이 철을 수출한 나라: ㄴㄹ, ㅇ [71·67·63·61회]

(4) 금관가야를 멸망시킨 신라의 왕: ㅂㅎㅇ [47·40회]

(5) 금관가야의 대표 유적: ㄱㅎ ㄷㅅㄷ 고분군 [67·60·54회]

(6) 대가야의 대표 유적: ㄱㄹ ㅈㅅㄷ 고분군 [67회]

정답 1. (1) ⓑ(철제 갑옷) (2) ⓐ(금동관)
2. (1) 김수로왕 (2) 구지가
(3) 낙랑, 왜 (4) 법흥왕
(5) 김해 대성동
(6) 고령 지산동

기출로 실전 감각 키우기 기출주제 06 가야

01 금관가야 60회 기출

밑줄 그은 '이 나라'에 대한 설명으로 옳은 것은? [2점]

① 전기 가야 연맹을 주도하였다.
② 교육 기관인 국학을 설치하였다.
③ 옥저를 정복하고 동해안으로 진출하였다.
④ 지방에 22담로를 두어 왕족을 파견하였다.

02 금관가야 경제의 상황 58회 기출

(가) 나라의 경제 상황으로 옳은 것은? [2점]

① 정기 시장인 장시가 전국 각지에서 열렸다.
② 시장을 감독하기 위한 동시전이 설치되었다.
③ 활구라고도 불린 은병이 화폐로 사용되었다.
④ 낙랑군과 왜 사이의 중계 무역으로 이익을 얻었다.

정답 길잡이

① **전기 가야 연맹을 주도**하였다.

금관가야는 **김수로왕**이 **김해** 지역에 세운 나라로, 『삼국유사』에는 사람들이 **구지봉**에서 노래를 부르자 하늘에서 상자에 담긴 여섯 알이 내려왔다는 설화가 있어요. 금관가야의 대표적인 유적지로는 **김해 대성동 고분군**이 있어요. 한편 금관가야는 **낙랑과 왜 등에 철을 수출**하면서 성장하였고, 이를 바탕으로 **전기 가야 연맹을 주도**하였어요.

✓ 오답 체크
② 교육 기관인 **국학을** 설치하였다. → 통일 신라
③ **옥저를** 정복하고 동해안으로 진출하였다. → 고구려
④ 지방에 **22담로를** 두어 왕족을 파견하였다. → 백제

📝 이건꼭! 암기
금관가야 → 김해 지역, 전기 가야 연맹 주도

정답 길잡이

④ **낙랑군과 왜 사이의 중계 무역으로 이익을 얻었다.**

금관가야는 **김수로왕**이 김해 지역에서 건국한 나라예요. 금관가야의 대표적인 유적지로는 김해 대성동 고분군이 있으며, 이곳에서는 청동솥, 철제 판갑옷 등이 출토되었어요. 김해에서 생산되는 풍부하고 질 좋은 철을 바탕으로 우수한 철기 문화를 이루었으며, 해상 교통에 유리한 입지 조건을 이용하여 **낙랑과 왜를 연결하는 중계 무역**으로 이익을 얻었어요.

✓ 오답 체크
① 정기 시장인 **장시가** 전국 각지에서 열렸다. → 조선
② 시장을 감독하기 위한 **동시전이** 설치되었다. → 신라
③ **활구**라고도 불린 **은병이** 화폐로 사용되었다. → 고려

03 대가야

초급 41회 기출

밑줄 그은 '이 나라'에 대한 설명으로 옳은 것은? [3점]

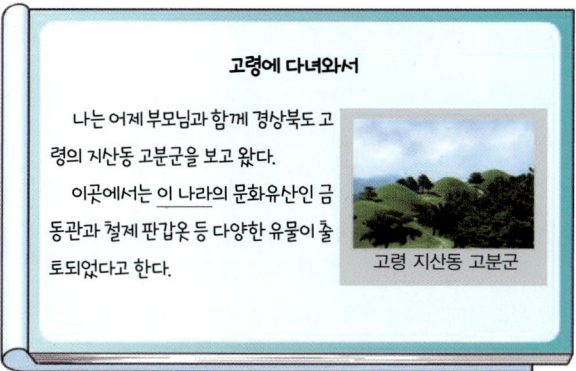

① 진대법을 실시하였다.
② 22담로를 설치하였다.
③ 후기 가야 연맹을 주도하였다.
④ 거란의 침입으로 멸망하였다.

정답 길잡이

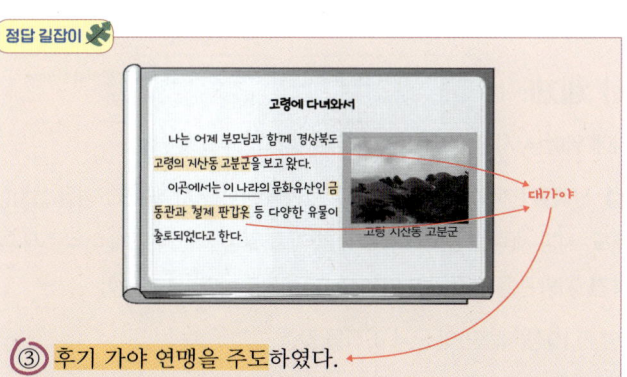

③ 후기 가야 연맹을 주도하였다.

대가야는 **이진아시왕**이 **고령**에 건국한 나라로, 고구려 광개토 대왕의 공격으로 금관가야가 쇠퇴하고 전기 가야 연맹이 해체되자, **후기 가야 연맹**을 결성하고 이를 주도하였어요. 한편 대가야의 대표적인 유적지인 **고령 지산동 고분군**에서는 **철제 판갑옷**과 투구, **금동관** 등이 출토되었어요.

오답 체크
① 진대법을 실시하였다. → 고구려
② 22담로를 설치하였다. → 백제
④ 거란의 침입으로 멸망하였다. → 발해

이건 꼭! 암기
대가야 → 고령 지산동 고분군, 금동관, 철제 판갑옷, 후기 가야 연맹 주도

04 가야의 문화유산

49회 기출

(가) 나라의 문화유산으로 옳지 않은 것은? [2점]

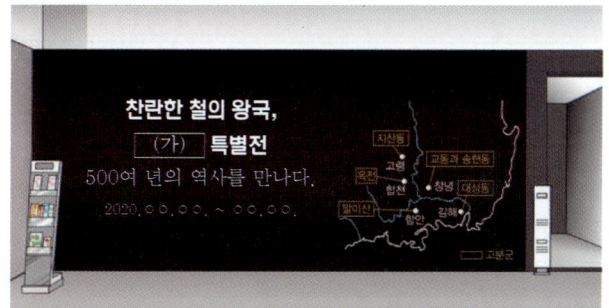

①
금관

②
금동대향로

③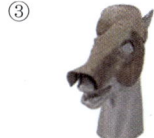
말머리 가리개

④
기마인물형 뿔잔

정답 길잡이

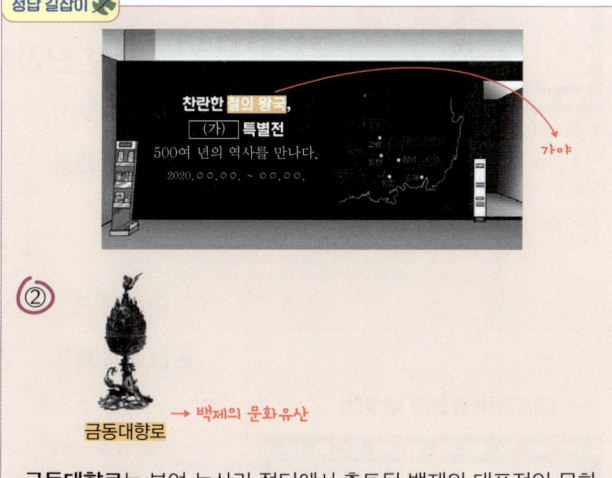

② 금동대향로 → 백제의 문화유산

금동대향로는 부여 능산리 절터에서 출토된 백제의 대표적인 문화유산으로, **도교와 불교**의 요소가 복합적으로 표현된 것이 특징이에요.

오답 체크
① 금관 → 가야의 문화유산
③ 말머리 가리개 → 가야의 문화유산
④ 기마인물형 뿔잔 → 가야의 문화유산

기출주제 07 - 통일 신라와 발해

핵심 키워드 | #신문왕 #관료전 지급 #국학 설립 #9주 5소경 #9서당 10정 #해동성국 #5경 15부 62주

스토리로 미리보기

S#1 신문왕이 장인 김흠돌을 숙청하다!

[36회 기출] "김흠돌의 난을 속히 진압하라!"

나, **신문왕**. 왕이 된 지 얼마 되지 않았는데, 나의 장인인 **김흠돌**이 반란을 일으켰다는 소식을 전해 들었다. 이참에 반란에 참여했던 귀족들까지 숙청해서 왕의 힘이 얼마나 강한지 보여주겠다!

S#2 통일 신라가 지방을 9주 5소경으로 정비하다!

[38회 기출] "지도를 보고 통일 신라의 지방 통치에 대해 이야기해 볼까요?"

통일 이후 신라는 영토가 많이 넓어졌어요. 그래서 전국을 9개의 주로 나누었어요. 또한 수도인 금성(경주)이 오른쪽 아래에 치우쳐 있는 점을 보완하기 위해 5개의 작은 도읍인 소경을 따로 두었답니다.

S#3 대조영이 발해를 세우다!

[39회 기출] "나, 대조영. 고구려 유민을 이끌고 동모산 기슭에 나라를 세우겠다!"

나, 고구려 장군 출신 **대조영**. 내 조국 고구려를 잃은 후 당나라 땅으로 끌려와 살고 있었는데, 절호의 기회가 생겼다. 고구려 유민들을 이끌고 동쪽 **동모산** 쪽으로 도망쳐 새 나라를 세워야겠다!

1 통일 신라

(1) 통일 이후 왕권의 강화

> 꼭 알아두기 | 신문왕은 왕권을 강화하기 위한 여러 정책을 시행하였어요. 그중 관료전 지급과 녹읍 폐지는 꼭 기억해두세요!

- **문무왕**
  - 삼국 통일 완성: 매소성 전투, 기벌포 전투 등 나·당 전쟁에서 당에 승리하여 한반도에서 당을 축출하고 삼국 통일을 완성함(676)
  - 체제 정비: 지방관을 감찰하기 위해 외사정이라는 관리를 파견함

- ⭐**신문왕**
  - 김흠돌의 난 진압: 왕의 장인인 김흠돌이 반란을 일으키자, 이를 진압하며 진골 귀족 세력을 숙청하고 강력한 왕권을 확립함
  - 관료전 지급: 문무 관리들에게 수조권을 행사할 수 있는 토지인 관료전을 지급함
    └ 토지에서 세금을 거둘 수 있는 권리예요.
  - 녹읍 폐지: 귀족의 경제적 기반이었던 녹읍을 폐지하여 귀족 세력을 약화시킴
    └ 수조권뿐만 아니라 노동력 징발까지 포함된 토지예요.
  - 체제 정비
    - 9주 5소경의 지방 행정 조직을 완비함
    - 9서당(중앙군)과 10정(지방군)의 군사 제도를 완비함
    - 국립 교육 기관인 **국학을 설립**하여 귀족 자제를 대상으로 유학 교육을 실시함
  - 감은사 창건: 아버지 문무왕의 은혜에 감사한다는 의미로 **감은사**라는 절을 지음
    └ 동해의 용이 된 아버지 문무왕에게 대나무를 받아 피리를 만들었다는 만파식적 설화가 전해져요.

- **경덕왕**
  - 녹읍 부활: 귀족 세력의 반발로 폐지되었던 녹읍이 부활함(757)
  - 문화 정책
    - 김대성의 발원으로 불국사·석굴암을 창건함
    - 성덕 대왕 신종을 주조하기 시작함

(2) 통일 신라의 통치 체제

> 꼭 알아두기 | 신라가 통일 이후 넓어진 영토를 효율적으로 관리하기 위해 9주 5소경의 지방 행정 제도를 정비했음을 알아두어야 해요!

- **중앙 통치 조직**: 집사부 외에 위화부, 사정부 등 13부를 두어 행정 업무를 분담함
- ⭐**지방 행정 제도**
  - **9주 5소경**: 전국을 9개의 주로 나누고, 수도 외에 중요한 지역에 5소경을 설치함
  - 상수리 제도: 지방 세력을 견제하기 위해 향리를 일정 기간 수도에 머무르게 함
  - 외사정 파견: 지방관을 감찰하기 위해 외사정이라는 관리를 파견함
- **군사 제도**: 9서당(중앙군) 10정(지방군)의 군사 조직을 갖춤
- **관리 등용 제도**: 원성왕 때 독서삼품과를 실시하여 관리를 채용함
  └ 국학 학생들의 독서 능력을 평가하여 관리 임용에 참고한 제도예요.

> **기출 자료 더보기** 📍**9주 5소경** [44회]
> - 9주: 기존 신라 지역과 옛 고구려·백제 지역에 각각 3주씩 설치한 9개의 행정 구역
> - 5소경: 수도의 위치가 동남쪽으로 치우친 것을 보완하기 위해 설치한 군사·행정상의 요충지

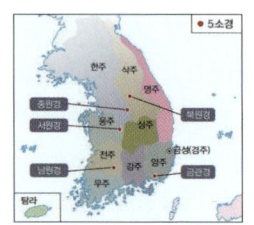

2 발해

(1) 발해의 건국과 발전

> 꼭 알아두기 | 발해가 전성기에 중국으로부터 해동성국이라고 불렸다는 점은 시험에 자주 출제되는 내용이니 반드시 기억해두세요.

- **고왕(대조영)** : 고구려 유민 **대조영**이 만주 지린성(길림성) 동모산에서 건국함
- **무왕(대무예)**
  - 연호: 인안이라는 독자적인 연호를 사용함
  - 대당 강경책 ─ 대문예를 파견하여 당과 연결을 시도한 흑수말갈을 정벌하게 함
    - 장문휴의 수군을 보내 당의 등주(산둥 지방)를 선제공격함
    - → 당이 신라로 하여금 발해를 공격하게 하였으나 실패함
  - 외교 정책: 신라와 당을 견제하기 위해 일본에 사신을 보내 수교함
- **문왕(대흠무)**
  - 연호: 대흥, 보력이라는 연호를 사용함
  - 체제 정비: 3성 6부의 중앙 정치 조직을 정비함
  - 수도 이동: 수도를 중경 현덕부 → **상경** 용천부 → 동경 용원부로 옮김
- **선왕(대인수)** : 대부분의 말갈족을 복속하고 랴오둥(요동)으로 진출하여 고구려의 옛 땅을 대부분 회복함 → 전성기를 맞이해 중국으로부터 **해동성국**이라고 불림
  - 바다 동쪽의 번성한 나라라는 뜻이에요.

기출 사료 더보기 ▶ 발해의 건국과 발전 [43회]

대씨는 처음에 읍루의 동모산을 지키고 있었다. …… 대조영이 도읍을 세우고 진왕(震王)이라고 자칭하였다. 바다 북쪽을 병탄하니 땅은 사방 5천 리였으며, 병사는 수십만에 달하였다. …… 5경 15부 62주를 지닌 요동의 성대한 국가가 되었다. - 『요사』

사료 해석: 발해는 대조영이 세운 국가로, 선왕 때 5경 15부 62주의 지방 통치 체제를 정비했으며, 중국으로부터 해동성국(바다 동쪽의 번성한 나라)라고 불렸어요.

(2) 발해의 통치 체제

> 꼭 알아두기 | 발해의 중앙 정치 제도는 3성 6부였으며, 지방 행정 제도는 5경 15부 62주였음을 알아두어야 해요!

- **중앙 정치 제도**
  - 3성 ─ 정당성, 선조성, 중대성으로 구성됨
    - 대내상(정당성의 장관)이 국정을 총괄함
  - 6부: 충·인·의·지·예·신부로 구성됨
  - 중정대: 관리들의 비리를 감찰하는 기구
  - 주자감: 귀족들의 자제를 대상으로 유교 경전을 교육하는 국립 대학
    - 유학이 발달하여 발해의 유학자 중에는 당에서 외국인을 대상으로 실시하는 과거시험인 빈공과에 합격하는 사람이 많았어요.
- **지방 행정 제도**
  - 5경: 전략적 요충지로, 수도 상경을 포함하여 중경, 동경, 남경, 서경이 있음
  - 15부: 지방 행정의 중심지
  - 62주: 부 아래 설치됨

(3) 발해의 고구려 계승 의식

- **명칭 사용** : 일본에 보낸 국서에 '고려' 또는 '고려 국왕(고구려왕)'이라는 명칭을 사용함
- **문화 양식 반영**
  - 상경성 터 등에서 발견된 온돌 장치와 발해 석등
    - 발해 수도의 터예요.
    - 불상의 후광을 의미해요.
  - 이불 병좌상: 고구려 양식을 계승하여 광배에 연꽃 무늬를 표현한 불상
  - 수막새(기와), **치미**(지붕 꼭대기의 장식물): 고구려의 것과 무늬가 비슷함

▲ 치미

퀴즈로 개념 다지기

1. 나라와 나라의 통치 체제를 알맞게 연결하세요.

(1) 통일 신라 ·
- ⓐ 9주 5소경 [69·55회]
- ⓑ 정당성 [63·57·46회]

(2) 발해 ·
- ⓒ 5경 15부 62주 [71·63·52회]
- ⓓ 집사부 [63·50회]

2. 기출 키워드의 초성을 완성하세요.

(1) 신문왕 때 문무 관리들에게 지급한 토지: ㄱㄹㅈ [67·58회]

(2) 신문왕 때 폐지되었다가 경덕왕 때 부활한 토지: ㄴㅇ [45회]

(3) 통일 신라의 중앙군: 9ㅅㄷ [71·69·67회]

(4) 발해가 전성기 때 불린 이름: ㅎㄷㅅㄱ [69·66·64·63·61회]

(5) 발해의 교육 기관: ㅈㅈㄱ [71·52회]

(6) 발해의 지방 행정 조직: 5ㄱ 15ㅂ 62ㅈ [71·63·52회]

정답 1. (1) ⓐ, ⓓ (2) ⓑ, ⓒ
2. (1) 관료전 (2) 녹읍 (3) 9서당
(4) 해동성국 (5) 주자감
(6) 5경 15부 62주

기출로 실전 감각 키우기 기출주제 07 통일 신라와 발해

01 신문왕   66회 기출

밑줄 그은 '이 왕'의 업적으로 옳은 것은? [2점]

> 문무왕의 아들인 이 왕은 동해에 작은 산이 떠다닌다는 이야기를 듣고 이견대로 갔어요. 용이 나타나 말하기를, 산에 있는 대나무로 피리를 만들면 천하가 평온해질 것이라고 했어요. 이후 그 대나무로 피리를 만들어 만파식적이라 부르고, 나라의 보물로 삼았어요.

① 국학을 설립하였다.
② 우산국을 정벌하였다.
③ 천리장성을 축조하였다.
④ 화랑도를 국가 조직으로 개편하였다.

정답 길잡이

① **국학을 설립**하였다.

신문왕은 **문무왕**의 뒤를 이어 즉위한 왕으로, 동해의 용이 된 아버지 문무왕으로부터 얻은 대나무로 **만파식적**이라는 피리를 만들었다는 설화가 『**삼국유사**』에 기록되어 있어요. 한편 신문왕은 국립 교육 기관인 **국학을 설립**하여 귀족 자제를 대상으로 유학을 교육하였어요.

오답 체크
② 우산국을 정벌하였다. → 지증왕
③ 천리장성을 축조하였다.
 → 고구려 영류왕~보장왕, 고려 덕종~정종
④ 화랑도를 국가 조직으로 개편하였다. → 진흥왕

02 경주 감은사지   57회 기출

다음 일기의 소재가 된 유적으로 옳은 것은? [2점]

○○월 ○○일 ○요일 날씨:

> 오늘은 동해안에 있는 절터에 갔다. 신문왕이 아버지 문무왕에 이어 완성한 곳으로, 절의 이름은 선왕의 은혜에 감사하는 마음을 담아 지었다고 한다. 마침 그곳에는 축제가 열려 대금 연주가 시작되었다. 마치 만파식적 설화 속 대나무 피리 소리가 들리는 것 같았다.

①  경주 감은사지
②  여주 고달사지
③  원주 법천사지
④  화순 운주사지

정답 길잡이

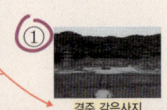 ① 경주 감은사지

경주 감은사지는 통일 신라 **신문왕** 때 완성된 **감은사**라는 절의 터로, 현재는 절터와 두 개의 삼층 석탑(**경주 감은사지 동·서 삼층 석탑**)만 남아 있어요. 한편, 『삼국유사』에는 신문왕이 감은사로 가는 길에 동해의 용이 된 아버지 문무왕에게 대나무를 받아 피리를 만들었다는 **만파식적** 설화가 전해져요.

오답 체크
② 여주 고달사지 → 경덕왕 때 창건된 사찰의 터
③ 원주 법천사지 → 통일 신라 때 창건된 사찰의 터
④ 화순 운주사지 → 고려 시대에 창건된 사찰의 터

📝 이건 꼭! 암기
감은사 → 신문왕 때 완성, 만파식적 설화

03 발해
63회 기출

(가) 국가에 대한 설명으로 옳은 것은? [2점]

> 이 사료의 대무예는 (가) 의 무왕으로, 대조영의 아들입니다. 그는 장문휴에게 명령하여 당의 등주를 공격하는 등 대당 강경책을 펼쳤습니다.
>
> 대무예가 대장 장문휴를 보내 수군을 거느리고 등주를 공격하게 하였다. 당 현종은 급히 대문예에게 유주의 군사를 거느리고 반격하게 하였다.

① 마한의 소국 중 하나였다.
② 상수리 제도를 실시하였다.
③ 전성기에 해동성국이라 불렸다.
④ 광덕, 준풍 등의 연호를 사용하였다.

04 발해
71회 기출

(가) 국가에 대한 설명으로 옳은 것은? [2점]

> 이것은 문왕의 둘째 딸인 정혜 공주의 무덤에서 발견된 묘지석 탁본입니다. 묘지의 내용 중 문왕을 황상으로 표현하고 보력이라는 독자적 연호를 사용한 점에서 (가) 이/가 황제국을 표방하였음을 알 수 있습니다.

① 안시성에서 당의 군대를 물리쳤다.
② 여러 가(加)들이 각각 사출도를 다스렸다.
③ 청해진을 중심으로 해상 무역을 전개하였다.
④ 5경 15부 62주의 지방 행정 제도를 마련하였다.

정답 길잡이

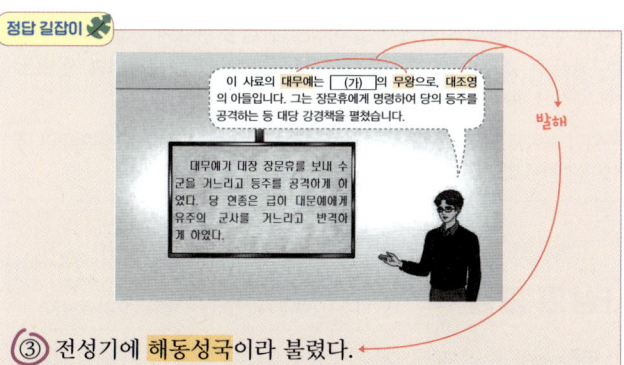 → 발해

③ 전성기에 **해동성국**이라 불렸다.

발해는 **대조영이 만주의 동모산에서 건국한 나라**예요. 발해는 대조영의 아들인 **무왕** 때에 **장문휴의 수군**을 보내 **당의 등주(산둥 반도)를 선제공격**하는 등 대당 강경책을 펼쳤어요. 한편 **선왕** 때에는 고구려의 옛 땅을 대부분 회복하여 전성기를 맞았으며, 중국 당나라로부터 **해동성국**(바다 동쪽의 번성한 나라)이라 불렸어요.

오답 체크
① 마한의 소국 중 하나였다. → 백제
② 상수리 제도를 실시하였다. → 통일 신라
④ 광덕, 준풍 등의 연호를 사용하였다. → 고려

📖 이건 꼭! 암기

발해 → 무왕_당의 등주 공격, 해동성국

정답 길잡이

 → 발해

④ **5경 15부 62주**의 지방 행정 제도를 마련하였다.

발해는 고구려 출신인 **대조영**이 만주 지린성 동모산에서 건국한 나라로, 대표적인 문화유산으로는 **문왕**의 둘째 딸인 **정혜 공주의 묘**가 있어요. 정혜 공주 묘에는 문왕을 **황상**으로 표현하고, **보력**이라는 독자적인 연호가 적혀 있는 것을 통해서 **발해가 황제국을 표방**했음을 알 수 있어요. 한편 발해는 **선왕** 때 **5경 15부 62주**로 지방 제도를 정비하였어요.

오답 체크
① **안시성**에서 당의 군대를 물리쳤다. → 고구려
② 여러 가(加)들이 각각 **사출도**를 다스렸다. → 부여
③ **청해진**을 중심으로 해상 무역을 전개하였다. → 통일 신라

기출주제 08 통일 신라 말의 혼란과 후삼국 시대

핵심 키워드 | #원종과 애노의 난 #호족 #후백제 #견훤 #후고구려 #궁예

스토리로 미리보기

S#1 원종과 애노가 반란을 일으키다!

에휴, 가뜩이나 귀족들이 세금을 많이 걷어서 살기 힘든데 흉년까지 겹치니 정말 못살겠다. 백성이 이 지경인데 나라에서는 세금을 더 걷으려고 하다니! 사벌주(상주)에서 **원종과 애노**가 봉기를 일으킨다니 우리도 갑시다!

S#2 견훤이 후백제를 건국하다!

나 **견훤**, 혼란스러운 신라를 보고 있으니 참을 수 없군. 차라리 내가 나라를 세우는 것이 낫겠어! 어디를 도읍으로 하면 좋을까? 그래! 옛날에 백제가 있었던 이곳 **완산주**를 도읍으로 삼고, 나라 이름을 **후백제**라고 해야겠군!

S#3 궁예가 후고구려를 건국하다!

나 **궁예**, 신라 왕족 출신이었지만 세력 다툼에 밀려나 중이 되었다. 호족 양길 밑에 들어가 공을 많이 세웠더니 점점 나를 따르는 사람이 많아지는군. 이제 양길을 몰아내고 세력을 더 키워 나 궁예가 왕이 되어야겠다!

1 통일 신라 말의 혼란

(1) 배경

- **왕권 약화**: 혜공왕이 반란으로 피살된 이후 진골 귀족 간의 왕위 쟁탈전이 전개되었고 이로 인해 왕권이 약화됨
  - ▶ 혜공왕(무열왕 직계) 사후 선덕왕(내물왕계)이 즉위한 이후부터 신라 멸망 때까지를 신라 하대라고 해요.
- **사회 혼란 심화**
  - 골품 제도로 인해 6두품 출신들의 관직 승진이 제한됨
    - ▶ 17관등 중 제6관등인 아찬까지만 오를 수 있었어요.
  - 과도한 조세 징수와 수탈로 농민들은 노비가 되거나 초적으로 전락함
    - ▶ 난민을 뜻하는 말로, 대표적으로 양길이 있어요.

(2) 통일 신라 말의 주요 사건

> **꼭 알아두기** | 신라 하대인 진성 여왕 때 원종과 애노의 난, 적고적의 난과 같은 농민 봉기가 일어났다는 사실을 알아두어야 해요!

- **김헌창의 난**: 아버지 김주원이 왕위에 오르지 못하자 불만을 품은 웅천주(공주) 도독 **김헌창**이 반란을 일으켰으나 실패함(822)
- ↓
- **장보고의 난**: 장보고가 자신의 딸을 왕비로 세우는 것이 좌절되자 이에 불만을 품고 청해진을 거점으로 반란을 도모하였으나 실패함(846)
- ↓
- ★ **원종과 애노의 난**: 진성 여왕 때 사벌주(상주)에서 **원종과 애노**가 난을 일으킴(889)
- ↓
- **적고적의 난**: 진성 여왕 때 붉은 바지(적고)를 입은 농민들이 반란을 일으킴(896)

기출 사료 더보기 📍 **김헌창의 난** [46회]

3월에 웅천주 도독 헌창이 아버지 주원이 왕이 되지 못함을 이유로 반란을 일으켜 국호를 장안, 연호를 경운이라 하였다. 무진주·완산주·청주·사벌주의 도독과 국원경·서원경·금관경의 사신(仕臣), 여러 군현의 수령을 협박해 자기 소속으로 삼았다.

사료 해석: 헌덕왕 때 아버지 김주원이 왕위에 오르지 못한 것에 불만을 품은 웅천주(공주) 도독 김헌창이 국호를 장안, 연호를 경운이라 하며 반란을 일으켰으나, 실패하였어요.

(3) 새로운 세력과 사상의 등장

> **꼭 알아두기** | 신라 하대에 등장한 새로운 세력인 호족과 그들이 후원한 새로운 사상인 선종에 대해서 기억해두세요!

- ★ **호족 세력의 성장** ─ 견훤, 양길, 궁예, 왕건 등이 있어요.
  - **출신**: 지방 토착 세력, 중앙 권력에서 지방으로 밀려난 세력, 군진 세력 등
    - ▶ 수비를 위해 요충지에 설치한 군사 특수 지역으로, 예를 들면 청해진이 있어요.
  - **성장**: 중앙 정부의 지방 통제력이 약화되자 자신의 근거지에서 반독립적인 세력으로 성장함 → 선종과 풍수지리설 등을 사상적 기반으로 삼음
  - **특징**: 스스로를 성주 또는 장군이라 칭하면서 자신이 통치하는 지방의 행정권, 군사권 및 경제적 지배력을 행사함
- **6두품 세력의 개혁 추구**
  - **배경**: 6두품 세력은 골품제로 승진이 제한되자, 신라의 골품제 사회를 비판하며 유학을 바탕으로 한 사회 개혁안을 제시함
  - **활동**: **최치원**은 진성 여왕에게 개혁안인 시무 10여 조를 올렸음

| 새로운 사상의 등장 | ┌ 선종: 참선과 수행을 통해 깨달음을 얻고자 하는 등 개혁적인 성향을 갖고 있어 호족들에게 호응을 얻고 후원을 받음 (불교의 한 종파예요.)
└ 풍수지리설: 경주 중심의 지리 개념에서 벗어나 다른 지방의 중요성을 자각하는 계기를 마련해 줌 (땅의 기운이 길흉화복에 영향을 미치는 사상이에요.) |

2 후삼국 시대

(1) 후삼국 시대

꼭 알아두기! 견훤이 후백제를 건국하고 궁예가 후고구려를 건국하면서 후삼국 시대가 시작되었다는 사실을 알아두세요!

- **정의**: 후백제·후고구려·통일 신라의 삼국이 대립하던 시기
- **성립**: 견훤이 후백제를, 궁예가 후고구려를 건국하면서 통일 신라는 다시 삼국으로 분열되어 후삼국 시대를 맞이함

(2) 후백제의 건국과 성장

- ⭐ **건국**: 견훤이 완산주(전주)에서 후백제를 건국함(900)
  └ 진성 여왕 때 무진주(광주)를 점령하고 스스로 왕을 칭하였어요.
- **성장**
  ┌ 영토 확장: 충청도와 전라도 지역을 차지하여 경제 기반을 확보함
  └ 대외 교류: 중국의 후당·오월에 사신을 파견함
- **한계**
  ┌ 금성(경주)을 습격하여 신라 경애왕을 죽게 하는 등 신라에 적대적이었음
  └ 조세를 지나치게 수취하였으며 호족 포섭에도 실패함 → 고려의 공격을 받아 멸망함(936)

기출 자료 더보기 📍**견훤** [54회]
- 상주 가은현에서 태어남
- 후백제를 건국함
- 공산 전투에서 고려에 승리함
- 아들 신검에 의해 금산사에 유폐됨
- 고려에 투항함

(3) 후고구려의 건국과 성장

- ⭐ **건국**: 신라 왕족 출신인 궁예가 양길의 휘하에서 힘을 기른 후 송악(개성)에서 후고구려를 건국함(901)
  └ 출가한 후 중이 되어 스스로를 선종이라 불렀어요.
- **성장**
  ┌ 영토 확장: 강원도, 경기도 일대를 점령하고 한강 유역을 확보함
  ├ 국호 변경: 국호를 '후고구려'에서 '마진'으로 바꾼 후 철원으로 수도를 옮겼고, 다시 '마진'에서 '태봉'으로 국호를 변경함
  └ 관제 정비: 국정 총괄 기관인 광평성을 비롯한 각종 정치 기구를 마련함
- **한계**: 지나친 조세 수취와 미륵 신앙을 통한 전제 정치로 신망을 잃은 궁예가 왕위에서 축출되었고, 왕건이 왕위에 올라 고려를 건국함(918)
  └ 미래의 부처인 미륵이 세상을 구원한다는 신앙이에요.

기출 자료 더보기 📍**궁예** [50회]
- 신라 왕실의 후예로 알려짐
- 양길의 부하가 되어 세력을 키움
- 송악을 도읍으로 삼아 새로운 국가를 세움
- 스스로를 미륵불이라 칭함

퀴즈로 개념 다지기

1. 인물과 인물의 활동을 알맞게 연결하세요.

(1) 견훤 · · ⓐ 후당과 오월에 사신 파견

· ⓑ 광평성 등 정치 기구 마련 [69회]

(2) 궁예 · · ⓒ 완산주(전주)에 도읍 [71회]

· ⓓ 송악(개성)에 도읍 [69·50회]

2. 기출 키워드의 초성을 완성하세요.

(1) 왕위 계승에 불만을 품은 웅천주 도독이 일으킨 반란: ㄱㅎㅊ 의 난 [69·67·61·60·68회]

(2) 진성 여왕 때 사벌주에서 일어난 봉기: ㅇㅈ 과 ㅇㄴ 의 난 [71·69·64·60·57·55회]

(3) 지방에서 성장한 반독립적인 세력: ㅎㅈ [69·67·57·54회]

(4) 신라 하대에 등장한 개혁적 성향의 불교 종파: ㅅㅈ [60회]

(5) 견훤이 건국한 국가: ㅎㅂㅈ [71·64·58·54회]

(6) 궁예가 철원으로 수도를 옮긴 후 변경한 국호: ㅌㅂ [69·60·50회]

정답 1. (1) ⓐ, ⓒ (2) ⓑ, ⓓ
2. (1) 김헌창 (2) 원종, 애노 (3) 호족 (4) 선종 (5) 후백제 (6) 태봉

기출로 실전 감각 키우기 기출주제 08 통일 신라 말의 혼란과 후삼국 시대

01 원종과 애노의 난 64회 기출

다음 사건이 일어난 시기를 연표에서 옳게 고른 것은? [2점]

> 진성왕 3년, 나라 안의 모든 주와 군에서 공물과 부세를 보내지 않아 창고가 텅 비어 나라의 재정이 궁핍해졌다. 왕이 관리를 보내 독촉하니 곳곳에서 도적이 벌떼처럼 일어났다. 이때 원종과 애노 등이 사벌주를 거점으로 반란을 일으켰다.
> — 『삼국사기』

433	562	676	780	918
(가)	(나)	(다)	(라)	
나·제 동맹 성립	진흥왕 대가야 병합	신라 삼국 통일	혜공왕 피살	고려 건국

① (가)   ② (나)   ③ (다)   ④ (라)

02 신라 하대의 모습 69회 기출

밑줄 그은 '시기'에 볼 수 있는 모습으로 적절한 것은? [2점]

① 장용영에서 훈련하는 군인
② 의정부에 모여 회의하는 관리
③ 여진 정벌에 나선 별무반 병사
④ 스스로를 성주, 장군이라 칭하는 호족

정답 길잡이

④ (라)

혜공왕 피살(780) 이후 왕권이 약해지면서 **진골 귀족 간의 왕위 쟁탈전**이 치열하게 전개된 **신라 하대**가 시작되었어요. 이러한 정치적 혼란 속에서 관리와 귀족들의 세금 수탈이 더욱 심해졌고, **진성 여왕** 때 **원종과 애노**가 과도한 수탈에 반발하여 **사벌주**(상주)에서 봉기를 일으켰어요(원종과 애노의 난, 889).

📌 이건 꼭! 암기
원종과 애노의 난 → 진성 여왕, 사벌주, 신라 하대의 농민 봉기

정답 길잡이

④ 스스로를 성주, 장군이라 칭하는 호족

신라 하대에는 혜공왕이 피살된 이후 왕권이 약해지면서 **장보고의 난**과 **김헌창의 난** 등 왕위 쟁탈전이 **치열하게** 전개되었어요. 이러한 정치적 혼란 속에서 중앙 정부의 지방 통제력이 약화하자 관리와 귀족들의 세금 수탈은 더욱 심해져, **원종과 애노의 난**, **적고적의 금성 약탈** 등 농민 봉기도 일어났어요. 또한 이 시기에는 반독립적인 세력인 **호족이 등장**하여, 이들은 스스로를 **성주, 장군**이라고 칭하였어요.

✓ 오답 체크
① **장용영**에서 훈련하는 군인 → 조선 후기
② **의정부**에 모여 회의하는 관리 → 조선 전기
③ **여진 정벌**에 나선 **별무반** 병사 → 고려 시대

03 견훤   64회 기출

밑줄 그은 '인물'에 대한 설명으로 옳은 것은? [2점]

① 청해진을 설치하였다.
② 국호를 마진으로 하였다.
③ 경주의 사심관으로 임명되었다.
④ 공산 전투에서 고려에 승리하였다.

04 궁예   69회 기출

(가) 인물에 대한 설명으로 옳은 것은? [3점]

① 우산국을 복속하였다.
② 백제 계승을 내세웠다.
③ 국호를 태봉으로 바꾸었다.
④ 중앙군으로 9서당을 설치하였다.

정답 길잡이

④ 공산 전투에서 고려에 승리하였다.

견훤은 신라 상주 출신의 호족으로, 신라 하대의 사회적 혼란을 틈타 완산주(전주)를 수도로 하여 후백제를 건국하였어요. 이후 고려를 세운 태조 왕건과 후삼국의 주도권을 잡기 위해 다투었고, 그 과정에서 공산 전투에서 고려를 상대로 크게 승리하였어요. 그러나 견훤은 넷째 아들에게 왕위를 물려주려고 한 것에 불만을 품은 첫째 아들 신검에 의해 금산사에 유폐되었다가, 금산사를 탈출하여 고려 왕건에게 투항하였어요.

✓ 오답 체크
① 청해진을 설치하였다. → 장보고
② 국호를 마진으로 하였다. → 궁예
③ 경주의 사심관으로 임명되었다. → 신라 경순왕

정답 길잡이

③ 국호를 태봉으로 바꾸었다.

궁예는 신라 왕족 출신으로, 송악(개성)을 도읍으로 삼고 후고구려를 세웠어요. 이후 국호를 후고구려에서 마진으로 바꾸었고, 국정 총괄 기구인 광평성을 비롯한 여러 관서들을 설치하였어요. 그리고 수도를 송악에서 철원으로 옮기고, 국호를 다시 마진에서 태봉으로 바꾸었어요.

✓ 오답 체크
① 우산국을 복속하였다. → 지증왕
② 백제 계승을 내세웠다. → 견훤
④ 중앙군으로 9서당을 설치하였다. → 신문왕

이건 꼭! 암기
궁예 → 후고구려 건국, 광평성 설치, 철원으로 도읍 옮김, 국호 변경_마진, 태봉

기출주제 09 고대의 경제와 사회

핵심 키워드 | #청해진 #진대법 #정사암 회의 #골품 제도

스토리로 미리보기

S#1 바다의 영웅, 장보고

35회 기출
임금님께 건의하여 완도에 청해진을 설치하고 해적을 소탕하겠다!
장보고

나 장보고, 신분이 낮았지만 성공하고 싶어서 당나라로 건너왔다. 이곳에서 군인으로 성공하여 잘 살고 있었는데, 신라 사람들이 해적에게 붙잡혀 와 노예로 팔려가는 걸 보게 되었지. 더 이상 지켜볼 수만은 없다. 신라로 돌아가서 신라인들을 위해 해적을 물리쳐야겠다.

S#2 뼛속까지 새겨진 신라의 신분 제도, 골품 제도

40회 기출
똑같은 사람인데 진골만큼 관직에 높이 오를 수 없다니!
진골 6두품

우리 신라에는 뼈의 등급이라는 골품 제도라는 신분제가 있어. 나는 6두품이라 진골보다 똑똑해도 높은 관직에 오를 수가 없어. 심지어 집의 크기랑 수레의 크기도 신분에 따라 정해져 있다고!

S#3 화랑도가 신라를 위해 활약하다!

40회 기출
화랑도가 백제군과의 전투에서 큰 공을 세웠다네!
들었네. 화랑도에 중요 인물들이 많군.

진흥왕께서 화랑도를 완전히 개편하신 후로, 화랑이 엄청나게 활약하고 있다고 하네. 내로라하는 꽃미남들을 모아놨다더니 백제군과의 전투에서도 이기고 신라를 위해 열심히 활약하는 것이 대단하군.

1 고대의 경제

(1) 삼국의 경제

수취 제도: 조세(곡물·포 징수), 공납(특산물 징수), 역(15세 이상 남자의 노동력 징발)

토지 제도
- 식읍: 왕족이나 공을 세운 자에게 지급한 토지로, 토지의 주민들로부터 조세 징수와 노동력 징발까지 가능하였음
- 녹읍: 귀족에게 일을 한 대가(봉급) 개념으로 지급한 토지로, 토지의 주민들로부터 조세 징수와 노동력 징발까지 가능하였음

상업의 발달: 신라는 지증왕 때 동시(시장)와 동시전(시장 감독 기관)을 설치함

(2) 통일 신라의 경제

꼭 알아두기 | 통일 신라의 경제에 대해서는 장보고의 활약이 자주 출제돼요. 장보고가 청해진을 설치했다는 점을 꼭 기억해두세요!

토지 제도 시행 과정
- 관료전 지급(신문왕): 왕권 강화를 위해 조세만 수취할 수 있는 토지인 관료전을 지급함(관등에 따라 차등을 둠)
- 녹읍 폐지(신문왕): 녹읍을 폐지하여 귀족들의 경제적 기반을 약화시킴
- 정전 지급(성덕왕): 백성들에게 정전(丁田)을 지급하여 국가의 토지 지배력을 강화함 └ 일반 백성에게 주는 토지예요.
- 녹읍 부활(경덕왕): 진골 귀족 세력의 반발로 관료전이 폐지되고 녹읍이 부활함

┌ 일본 도다이사(동대사) 쇼소인 (정창원)에서 발견되었어요.
신라 촌락 문서 (민정 문서)
- 목적: 세금 징수와 노동력 동원에 활용하기 위함
- 작성 방법: 토착 세력인 촌주가 매년 변동 사항을 조사하여 3년마다 작성함
- 기록 내용: 서원경에 속한 촌을 비롯한 4개의 촌락에 대해 촌락마다 호(戶)의 등급과 변동 상황, 성별·연령별 인구의 규모, 논·밭의 면적 등을 기록함

대외 교역
- 당과의 무역: 통일 후 무역이 번성하여 중국의 산둥 반도에 집단 거류지인 신라방, 여관인 신라관 등이 설치됨
- 대표 무역항: 당항성(한강 유역)과 울산항이 유명하였는데, 특히 울산항은 국제 무역항으로 번성하여 아라비아 상인들까지 왕래함
┌ 중국의 산둥성 적산촌에 법화원이라는 사찰을 건립하였어요.
- 장보고의 활약: 전라도 완도에 청해진을 설치하고 해적을 소탕하여 해상 무역권을 장악함

> **기출 자료 더보기** 📍**신라 촌락 문서(민정 문서)** [51·45·33회]
> - 일본 도다이사 쇼소인에서 발견됨
> - 서원경에 속한 촌을 비롯한 4개 촌락의 경제 상황이 기록됨
> - 노동력 동원과 세금 징수를 위해 작성됨

(3) 발해의 경제

농업과 목축	밭농사를 주로 행하였으나 일부 지역에서는 벼농사도 실시함
	돼지, 소, 말 등을 길렀고, 솔빈부의 말은 특산물로 유명함
대외 무역	영주도(당), 일본도(일본), 신라도(신라), 거란도(거란)를 통해 대외 무역을 전개함

2 고대의 사회

(1) 고구려의 사회

> **꼭 알아두기 |** 진대법이 백성에게 봄에 곡식을 빌려주고 가을에 갚도록 한 고구려의 빈민 구휼 제도라는 점을 알아두어야 해요!

지배층	왕족인 고씨 + 5부 출신 귀족으로 구성됨
제가 회의	유력 귀족들이 모여 국가의 중대사를 결정함
★ 사회 제도	고국천왕 때 빈민을 구제하기 위한 **진대법**을 실시해 백성에게 봄에 곡식을 빌려주고 가을에 갚도록 함

기출 자료 더보기 📍진대법 [45회]

- 시행 국가: 고구려
- 내용: 홀아비, 과부, 고아, 홀로 사는 노인, 늙고 병든 사람, 가난한 사람 등 스스로 살아갈 수 없는 사람들에게 매년 늦은 봄부터 관청의 곡식을 빌려주고, 이른 겨울(가을)에 갚게 한 제도

(2) 백제의 사회

지배층	왕족인 부여씨와 8성의 귀족으로 구성됨
★ 정사암 회의	귀족들이 **정사암**에서 재상 선출 및 국가의 중대사를 결정함

└ 천정대라고도 불리는 바위예요.

기출 사료 더보기 📍백제의 정사암 회의 [49회]

호암사에는 정사암이 있다. 이 나라에서 장차 재상을 의논할 때에 뽑을 만한 사람 서너 명의 이름을 써서 상자에 넣고 봉하여 바위 위에 두었다가, 얼마 후에 열어 보아 **이름 위에 도장이 찍힌 자국**이 있는 사람을 재상으로 삼았기 때문에 정사암이라고 하였다. -『삼국유사』

사료 해석: 백제는 정사암이라는 바위에서 귀족들이 모여 회의를 열고 재상을 선출하였어요.

(3) 신라의 사회

> **꼭 알아두기 |** 신라의 신분 제도인 골품 제도가 관등 승진의 제한뿐만 아니라 일상 생활까지 규제하였다는 사실을 반드시 기억해두어야 해요!

★ 골품 제도	정의	출신 성분에 따라 골과 품으로 신분을 나눈 신라만의 신분 제도
	구성	성골 - 진골 - 6두품 - 5~1두품으로 구성됨
	성격	골품에 따라 **관등 승진의 제한**이 있었으며(6두품은 제6관등인 아찬까지만 가능), 집과 수레의 크기 등 **일상 생활까지 규제**함
	한계	통일 이후 6두품이 중앙 정계에 진출하여 국왕을 보좌하였으나 골품제로 인해 상위 관직으로 승진하지 못함 → 통일 신라 말에 6두품이 지방에서 성장한 호족과 연계하여 사회 개혁을 추구함
화백 회의		의장인 상대등과 귀족들로 구성되어 국가의 주요 사항을 만장일치제로 결정함
화랑도		신라의 청소년 수련 단체였으나, 진흥왕 때 국가적인 조직으로 개편됨
		승려 원광이 지은 세속 5계를 실천하며 생활함

퀴즈로 개념 다지기

1. 나라와 각 나라에서 시행된 회의를 알맞게 연결하세요.

(1) 고구려 · · ⓐ 정사암 회의 [71·61·58·52회]

(2) 백제 · · ⓑ 화백 회의 [71·67·63회]

(3) 신라 · · ⓒ 제가 회의 [63·49회]

2. 기출 키워드의 초성을 완성하세요.

(1) 신라 지증왕이 설치한 시장을 감독하는 관청: ㄷㅅㅈ [71·69·63·58·57회]

(2) 통일 신라 시대에 조세 징수와 노동력 징발에 활용하기 위해 작성된 문서: ㅅㄹㅊㄹㅁㅅ [63·58·51회]

(3) 장보고가 완도에 설치하여 해상 무역을 전개한 곳: ㅊㅎㅈ [71·69·67·66·64회]

(4) 고구려의 빈민 구제 제도: ㅈㄷㅂ [63·61·60·58회]

(5) 신라의 신분 제도: ㄱㅍ 제도 [71·66·64·63·61회]

정답 1. (1) ⓒ (2) ⓐ (3) ⓑ
2. (1) 동시전 (2) 신라 촌락 문서 (3) 청해진 (4) 진대법 (5) 골품

기출로 실전 감각 키우기
기출주제 09 고대의 경제와 사회

01 신라 촌락 문서 51회 기출

(가)에 들어갈 내용으로 옳은 것은? [3점]

① 단군의 건국 이야기가 수록되어 있어요.
② 병인양요 때 프랑스군에게 약탈당하였어요.
③ 유네스코 세계 기록유산으로 등재되었어요.
④ 노동력 동원과 세금 징수를 위해 작성되었어요.

정답 길잡이

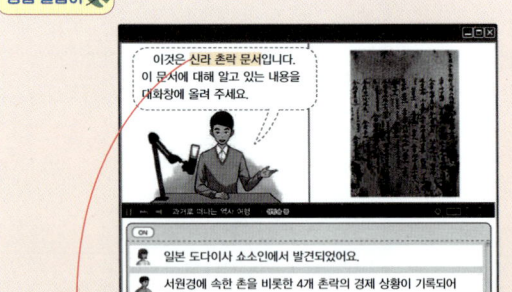

④ **노동력 동원과 세금 징수를 위해 작성되었어요.**
신라 촌락 문서(민정 문서)는 서원경에 속한 촌을 비롯한 4개 촌락의 경제 상황이 기록된 문서로, 일본 도다이사(동대사) 쇼소인(정창원)에서 발견되었어요. 이 문서는 노동력 동원과 세금 징수를 위해 토착 세력인 촌주가 3년마다 작성하였어요.

오답 체크
① 단군의 건국 이야기가 수록되어 있어요.
→ 『삼국유사』, 『제왕운기』 등
② 병인양요 때 프랑스군에게 약탈당하였어요. → 『의궤』
③ 유네스코 세계 기록 유산으로 등재되었어요.
→ 팔만대장경, 『직지심체요절』 등

02 통일 신라의 대외 교역 48회 기출

교사의 질문에 대한 학생의 대답으로 옳은 것은? [2점]

① 장보고가 청해진을 설치하여 해상 무역을 주도했어요.
② 무역소를 설치하여 여진과 교역했어요.
③ 개시와 후시를 통한 국경 무역이 활발했어요.
④ 낙랑과 왜에 철을 수출했어요.

정답 길잡이

① **장보고가 청해진을 설치하여 해상 무역을 주도했어요.**
통일 신라 흥덕왕 때 장보고가 완도에 해군 기지이자 무역 거점인 청해진을 설치하고, 해적을 소탕하여 해상 무역을 주도하였어요.

오답 체크
② 무역소를 설치하여 여진과 교역했어요. → 조선
③ 개시와 후시를 통한 국경 무역이 활발했어요. → 조선
④ 낙랑과 왜에 철을 수출했어요. → 변한, 금관가야

📘 이건 꼭! 암기
통일 신라의 경제 → 청해진, 해상 무역 주도

03 진대법
60회 기출

밑줄 그은 '제도'로 옳은 것은? [2점]

① 흑창　② 상평창　③ 진대법　④ 제위보

04 골품 제도
64회 기출

다음 퀴즈의 정답으로 옳은 것은? [1점]

① 골품 제도
② 기인 제도
③ 음서 제도
④ 상수리 제도

정답 길잡이

③ 진대법

진대법은 고구려 **고국천왕** 때 시행된 것으로, 매년 봄에 곡식을 빌려주고 추수가 끝난 후 이른 겨울에 갚도록 한 **빈민 구휼 제도**예요. 『삼국사기』에 따르면 진대법은 고국천왕이 사냥을 나갔다가 흉년이 들어 울고 있던 백성의 사연을 듣고 어려운 백성을 구제하기 위해 시행하였다고 해요.

오답 체크
① 흑창 → 태조 왕건 때 설치된 빈민 구제 기구
② 상평창 → 성종 때 설치된 물가 조절 기구
④ 제위보 → 광종 때 설치된 빈민 구제 기구

📖 이건 꼭! 암기

진대법 → 고국천왕 때 실시, 빈민 구휼 제도

정답 길잡이

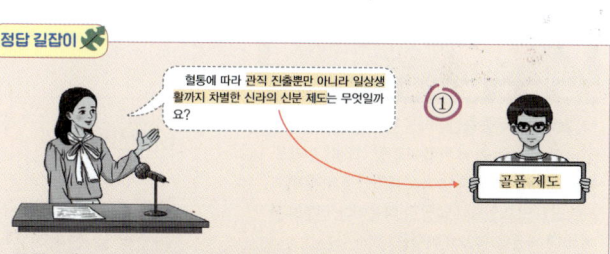

골품 제도는 **신라의 신분 제도**로, 출신 성분에 따라 골과 품으로 등급을 나누었어요. 신라인들은 골품 제도에 따라 **관등 승진에 큰 제한**이 있어 진골이 아니면 최고 관직까지 오를 수 없었어요. 이에 더해 골품 제도는 혼인, 집과 수레의 크기, 옷의 빛깔에 이르기까지 **일생생활 전반에 걸쳐 여러 가지 규제**를 두었습니다.

오답 체크
② 기인 제도 → 고려의 지방 통제 제도
③ 음서 제도 → 고려 시대 문벌 귀족에게 주어진 정치적 특권
④ 상수리 제도 → 신라의 지방 통제 제도

📖 이건 꼭! 암기

골품 제도 → 신라의 신분 제도, 관등 승진 제한, 집과 수레 크기 제한

기출주제 10 · 고대의 사상과 문화 전파

핵심 키워드 | #원효 #의상 #설총 #최치원 #산수무늬 벽돌

스토리로 미리보기

S#1 원효가 불교 대중화에 힘쓰다!

[19회 기출]

나, 승려 **원효**. 백성들이 불교의 가르침을 쉽게 깨달을 수 있는 방법을 고민 중이다. '나무아미타불'만 외우면 누구나 극락에 갈 수 있다고 알려줘야겠다. 그리고 경전의 내용을 노래로 만들어 따라 부르게 하면 좋겠는데, 노래 이름은 **무애가**로 지어야겠군.

S#2 6두품 출신 최치원이 개혁을 꿈꾸다!

[18회 기출] 나는 6두품이라 신라에서 뜻을 펴기 어렵군. 최치원

나, **최치원**. 6두품 출신이라는 한계를 뛰어넘고자 당나라에 가서 과거 시험에도 합격했다. 신라로 돌아와 **진성 여왕**께 10가지 개혁안을 바쳤지만, 시행되지 않고 있으니 답답한 마음이다. 신분의 한계 때문에 뜻을 펼치기 어렵군.

S#3 금동대향로, 도교와 불교 사상을 담다!

[33회 기출]

우와, **향로**가 이렇게 아름다운 걸 보니 백제의 대표 유물이라 할 만 하네! 어디 보자… 향로 꼭대기에 있는 봉황과 산 모양들을 보니 **도교 사상**이 잘 반영되어 있는 것 같네. 저기 저 연꽃 모양을 보니 **불교 사상**도 함께 반영되었구나!

1 불교

(1) 삼국의 불교 수용

> 꼭 알아두기 | 고구려-백제-신라의 순서로 불교를 공인하였어요!

고구려	: 소수림왕 때 중국 전진의 승려인 순도를 통해 불교를 수용함
백제	: 침류왕 때 중국 동진에서 불교를 수용함
신라	: 고구려에 의해 불교가 전래됨 → 법흥왕 때 이차돈의 순교로 불교가 공인됨

(2) 통일 신라의 불교 발전

> 꼭 알아두기 | 원효, 의상, 혜초 등 승려들의 활동을 알아야 해요!

☆원효
- 일심 사상 주장: 모든 것이 한마음에서 나온다는 **일심 사상**을 주장함
- 불교의 대중화: 아미타 신앙(정토종)을 전파함, **무애가**(불교의 이치를 담은 노래)를 민간에 유포함
  └ 나무아미타불만 외우면 극락왕생할 수 있다는 신앙이에요.
- 저술: 『십문화쟁론』, 『대승기신론소』, 『금강삼매경론』 등

☆의상
- 화엄 사상 전파: 당에서 **화엄 사상**을 공부하고 돌아와 신라에 화엄 사상을 전파함
  └ 모든 존재가 상호 의존적이면서 서로 조화를 이루고 있다는 사상이에요.
- 화엄종 창시: 화엄 사상을 바탕으로 영주 부석사에서 해동 화엄종을 개창함
- 관음 신앙 강조: 현세의 고난에서 구제받고자 하는 관음 신앙을 강조함
  └ 인간의 고뇌를 해결해 주는 관음 보살을 믿는 신앙이에요.
- 저술: 『화엄일승법계도』(화엄 사상 정리) 등

혜초 : 인도와 중앙아시아 지역의 풍물을 기록한 『왕오천축국전』을 저술함

> **기출 자료 더보기** ♦의상 [47회]
> 귀족 출신의 신라 승려로 당에 유학하였다. 귀국 후 낙산사 등 여러 절을 창건하고, 관음 신앙을 전파하였다. 신라에서 화엄종을 개창하였으며, 『화엄일승법계도』를 남겼다.

2 유학

(1) 유학 교육

> 꼭 알아두기 | 중국에서 유학이 전해지면서 삼국은 유학 교육 기관을 만들어 유교를 교육하였어요!

고구려
- 수도: 소수림왕 때 태학을 설립하여 유교 경전을 교육함
- 지방: 장수왕 때 경당이 설치되어 학문과 무예(활쏘기)를 가르침

백제 : 오경박사, 의박사, 역박사를 두어 유학과 기술학을 교육함

신라
- 임신서기석을 통해 유교 경전을 공부했다는 사실을 알 수 있음
  └ 유교 경전을 공부하겠다는 신라 청년들의 다짐이 기록된 비석이에요.
- 국학 설치: 신문왕 때 설치한 중앙 교육 기관으로 유학을 교육함
- 독서삼품과 실시: 원성왕 때 유교 경전의 이해를 시험하여 관리를 채용함

발해 : 국립 교육 기관인 주자감에서 유교 경전을 교육함

| 기출 사료 더보기 | 📍 **고구려 경당** [42회] |

사람들은 배우기를 좋아하여 가난한 마을이나 미천한 집안에 이르기까지 서로 힘써 배우므로, 길거리마다 큼지막한 집을 짓고 **경당**이라고 부른다. 결혼하지 않은 자제들을 이곳에 머물게 하여 글을 읽고 활쏘기를 익히게 한다.

사료 해석: 고구려는 지방에 경당이라는 학교를 설립하여 청소년을 대상으로 학문과 무예(활쏘기)를 가르쳤어요.

(2) 역사서 편찬

- **고구려** : 영양왕 때 이문진이 『유기』를 간추린 『신집』을 편찬함
- **백제** : 근초고왕 때 고흥이 『서기』를 편찬함
- **신라** : 진흥왕 때 거칠부가 『국사』를 편찬함

(3) 통일 신라의 유학자

꼭 알아두기 | 설총, 최치원 등 유학자들의 활동에 대해 알아야 해요!

- ⭐⭐ **설총** ─ 이두 정리: 한자의 음과 훈을 차용한 **이두**를 체계적으로 정리함
  └ 원효의 아들이에요.
  ─ 「화왕계」 저술: 신문왕에게 「화왕계」를 바쳐 유교적 도덕 정치를 강조함
      └ 꽃들의 이야기에 비유하여 작성한 글이에요.
- **강수** : 외교 문서 작성을 잘함
- ⭐⭐ **최치원** ─ **6두품** 출신으로, 당에 유학하여 **빈공과**에 합격함
      └ 당에서 외국인을 대상으로 실시한 과거 시험이에요.
  ─ 귀국 후 진성 여왕에게 개혁안인 **시무 10여 조**를 건의함
  ─ 「격황소서(토황소격문)」, 『계원필경』 등을 저술함
      └ 최치원이 중국 당나라에서 벼슬하던 중 반란을 일으킨 '황소'를 치기 위하여 지은 격문이에요.

3 도교

꼭 알아두기 | 백제 금동대향로와 산수무늬 벽돌 등 삼국 시대에 귀족 사회를 중심으로 유행한 도교 문화유산에 대해 알아두세요!

- **전래** : 삼국 시대에 당으로부터 전래됨
- **특징** : **신선 사상**과 결합하여 불로장생을 추구함, 귀족 사회를 중심으로 유행함
- 📍**문화유산** ─ **고구려**: 강서 대묘의 사신도
  └ **백제**: 백제 금동대향로, **산수무늬 벽돌**, 사택지적 비문, 무령왕릉의 지석

| 기출 자료 더보기 | 📍 **도교 문화유산** [66·54·52회] |

▲ 고구려 강서 대묘의 사신도 중 현무도 / ▲ 백제 금동대향로 / ▲ 백제 산수무늬 벽돌

도교의 방위신(청룡-동, 백호-서, 주작-남, 현무-북) 중 현무를 그린 벽화 / 연꽃(불교 상징)과 신선(도교 상징)이 산다고 하는 삼신산의 봉우리를 형상화함 / 산과 구름(도교 상징) 등이 그려진 벽돌

퀴즈로 개념 다지기

1. 승려와 승려의 저술을 알맞게 연결하세요.

(1) 원효 · · ⓐ 『화엄일승법계도』 [47·46·45회]

(2) 의상 · · ⓑ 『대승기신론소』 [69·50회]

(3) 혜초 · · ⓒ 『왕오천축국전』 [69·64·60회]

2. 기출 키워드의 초성을 완성하세요.

(1) 원효가 불교의 대중화를 위해 지은 노래: ㅁㅇㄱ [69·64·60회]

(2) 의상이 창건하여 화엄종을 개창한 절: 영주 ㅂㅅㅅ [50·41회]

(3) 이두를 정리한 인물: ㅅㅊ [71·63·55·52회]

(4) 진성 여왕에게 시무 10여 조를 바친 인물: ㅊㅊㅇ [69·67·63·61·55회]

(5) 산과 구름 등이 그려진 백제의 도교 문화유산: ㅅㅅㅁㄴ ㅂㄷ [66·54·52회]

정답 1. (1) ⓑ (2) ⓐ (3) ⓒ
  2. (1) 무애가 (2) 부석사
    (3) 설총 (4) 최치원
    (5) 산수무늬 벽돌

기출로 실전 감각 키우기
기출주제 10 고대의 사상과 문화 전파

01 원효
69회 기출

밑줄 그은 '이 인물'에 대한 설명으로 옳은 것은? [3점]

이 인물은 『대승기신론소』 등을 통해 모든 것이 한마음에서 나온다는 일심 사상을 주장했어요.

#신라_불교 #나무아미타불 #십문화쟁론

① 『왕오천축국전』을 지었다.
② 수선사 결사를 제창하였다.
③ 황룡사 구층 목탑의 건립을 건의하였다.
④ 무애가를 짓는 등 불교 대중화에 힘썼다.

정답 길잡이

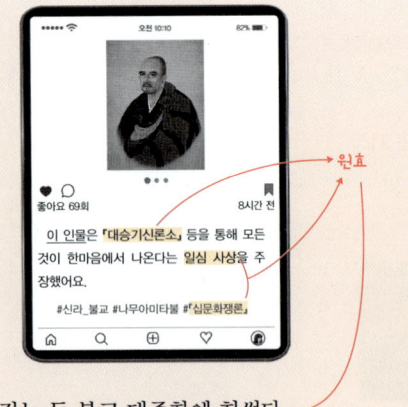

④ 무애가를 짓는 등 불교 대중화에 힘썼다.

원효는 신라의 대표적인 승려로, 모든 진리는 한마음에서 나온다는 일심 사상을 주장하였으며, 대승 불교의 사상과 체계를 쉽게 풀이한 『대승기신론소』, 불교 이론을 정리한 『십문화쟁론』 등을 저술하였어요. 또한 그는 불교의 이치를 담은 노래인 무애가를 지어 민간에 유포하는 등 불교의 대중화에 힘썼어요.

오답 체크
① 『왕오천축국전』을 지었다. → 혜초(신라)
② 수선사 결사를 제창하였다. → 지눌(고려)
③ 황룡사 구층 목탑의 건립을 건의하였다. → 자장(신라)

02 설총
71회 기출

(가)에 들어갈 인물로 옳은 것은? [2점]

① 강수 ② 설총 ③ 의상 ④ 혜초

정답 길잡이

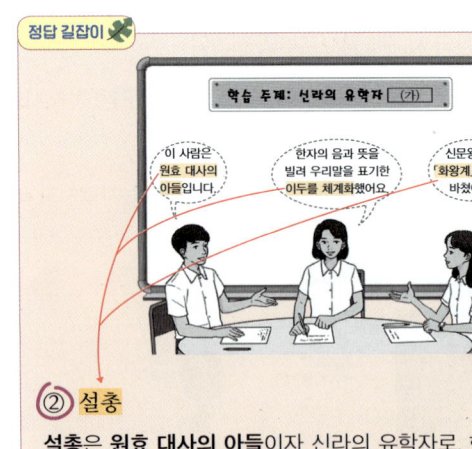

② 설총

설총은 원효 대사의 아들이자 신라의 유학자로, 한자의 음과 뜻을 빌려 우리말을 표기한 이두를 체계화하였어요. 또한 신문왕에게 꽃들의 이야기에 비유하여 바른 정치를 해야 함을 강조한 『화왕계』를 지어 바쳤어요.

오답 체크
① 강수 → 신라의 유학자, 「청방인문표」 작성
③ 의상 → 신라의 승려, 『화엄일승법계도』 저술
④ 혜초 → 신라의 승려, 『왕오천축국전』 저술

📖 이건 꼭! 암기
설총 → 원효 대사의 아들, 이두 체계화, 신문왕에게 『화왕계』를 바침

03 최치원   63회 기출

밑줄 그은 '이 인물'로 옳은 것은? [1점]

역사 인물 소개하기

이 인물은 호가 고운으로, 신라 말기에 활동하였습니다. 당의 빈공과에 합격하였으며, 난을 일으킨 황소에게 항복을 권하는 격문을 써서 문장가로 이름을 날렸습니다. 귀국한 이후에는 진성 여왕에게 개혁안을 올리기도 하였습니다.

① 강수   ② 설총   ③ 김부식   ④ 최치원

04 백제 산수무늬 벽돌   54회 기출

다음 전시회에서 볼 수 있는 문화유산으로 옳은 것은? [2점]

특별 기획전 — 백제인의 숨결을 느끼다

초대의 글
우리 박물관에서는 신선 사상이 반영된 백제 문화유산을 관람할 수 있는 기회를 마련하였습니다. 당시 사람들이 표현한 도교적 이상 세계를 만나보는 시간이 되기를 바랍니다.
- 기간: 2021년 ○○월 ○○일 ~ ○○일
- 장소: □□박물관 기획 전시관

① 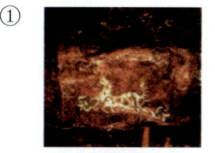 천마도
②  청자 상감 운학문 매병
③  산수무늬 벽돌
④  강서 대묘 현무도

정답 길잡이

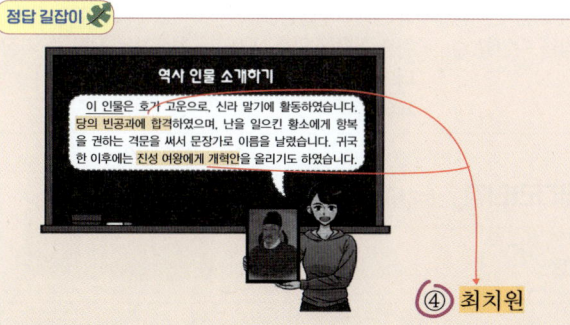
④ 최치원

최치원은 통일 신라의 **6두품 출신 학자**로, 당에 건너가 외국인을 대상으로 한 과거 시험인 **빈공과에 합격**하여 당에서 관직 생활을 했어요. 또한 당에서 황소의 난이 일어나자 「격황소서」를 써서 문장가로 이름을 날렸어요. 이후 신라로 귀국한 최치원은 **진성 여왕**에게 **시무책 10여 조**를 올려 당시 혼란했던 사회를 바로잡고자 했답니다.

오답 체크
① 강수 → 신라의 유학자, 「청방인문표」 작성
② 설총 → 신라의 유학자, 「화왕계」 저술
③ 김부식 → 고려의 유학자, 『삼국사기』 저술

이건 꼭! 암기
최치원 → 빈공과에 합격, 「격황소서」 작성, 시무책 10여 조 건의

정답 길잡이

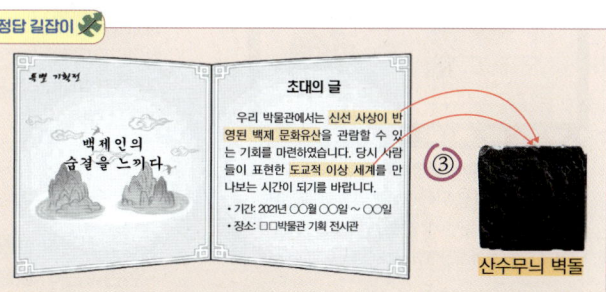
③ 산수무늬 벽돌

산수무늬 벽돌은 백제의 문화유산으로, 산과 구름 등 **도교**에서 이상적으로 여기는 세계를 표현하였어요. 여기에는 자연 속에 살면서 늙지 않고 오래 살아가는 것을 추구하는 **신선 사상이 반영**되었으며, 이를 통해 당시 백제인들에게 자연과 더불어 살고자 하는 도교 사상이 유행하였음을 알 수 있습니다.

오답 체크
① 천마도 → 신라의 문화유산
② 청자 상감 운학문 매병 → 고려의 문화유산
④ 강서 대묘 현무도 → 고구려의 문화유산

이건 꼭! 암기
산수무늬 벽돌 → 백제의 도교 문화유산, 신선 사상 반영

기출주제 11 고대의 문화유산

핵심 키워드 | #익산 미륵사지 석탑 #경주 불국사 삼층 석탑 #『무구정광대다라니경』 #금동 연가 7년명 여래 입상 #이불 병좌상

스토리로 미리보기

S#1 신라의 경주 불국사 삼층 석탑!

19회 기출

자, 이 탑에 대해 알려드릴게요. 신라 때 만들어진 **불국사 삼층 석탑**으로, 석가탑이라고도 합니다. 특이한 점은 이 탑을 보수하는 과정에서 **『무구정광대다라니경』**이라는 목판 인쇄물이 발견되었다는 것이에요.

S#2 고구려의 금동 연가 7년명 여래 입상!

25회 기출
금동 연가 7년명 여래 입상

이 불상은 **금동 연가 7년명 여래 입상**이라는 고구려의 불상이에요. 불상 뒤에 보이는 넓은 판을 광배라고 하는데, 광배 뒷면에 **'연가 7년'**이라는 연대가 새겨져 있는 것이 특징이랍니다.

S#3 백제의 무령왕릉!

14회 기출

여기 보이는 사진은 **백제 무령왕릉**의 무덤 내부를 찍은 것이에요. 내부의 벽이 **벽돌 모양**인 것 보이시죠? 이 양식은 **중국 남조**와의 교류를 통해 백제에 유입된 것이랍니다.

---

1 고대의 탑

꼭 알아두기 | 탑의 생김새와 특징에 대해 알아두세요!

익산 미륵사지 석탑 (백제)	부여 정림사지 오층 석탑 (백제)	경주 분황사 모전 석탑 (통일 이전 신라)	경주 감은사지 동·서 삼층 석탑 (통일 신라)
건립 연대가 밝혀진 우리나라의 석탑 중 가장 오래된 석탑이에요.			전탑(벽돌탑)을 모방했다는 뜻이에요.
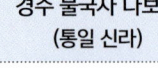	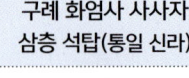	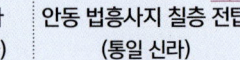	
· 목탑 양식으로 만들어진 백제의 가장 오래된 석탑 · 석탑의 복원 과정에서 금제 사리 봉안기와 사리 장엄구가 출토됨 — 미륵사 창건 배경, 건립 연대 등이 기록되어 있어요.	· 백제의 대표적인 석탑 · 당나라 장수 소정방이 자신의 공적을 새겨 놓아 평제탑(백제를 평정하고 세운 탑)이라 불리기도 하였음	· 돌을 벽돌 모양으로 다듬어서 쌓은 모전 석탑 · 현존하는 신라 석탑 중 가장 오래된 석탑	2층 기단(기단이 2개) 위에 3층의 탑신부로 구성됨(전형적인 통일 신라의 석탑 양식) — 탑의 몸체를 뜻해요.

경주 불국사 삼층 석탑 (통일 신라)	경주 불국사 다보탑 (통일 신라)	구례 화엄사 사사자 삼층 석탑 (통일 신라)	안동 법흥사지 칠층 전탑 (통일 신라)
			흙으로 구워 만든 벽돌로 쌓아 올린 탑이에요.

· 2층 기단 위에 3층의 탑신부로 구성됨(석가탑이라고도 함) · 『무구정광대다라니경』이 출토됨	독특하고 복잡한 양식으로 건립되어 통일 신라의 높은 예술성을 확인할 수 있음	· 2층 기단 위에 3층의 탑신부로 구성됨 · 위층 기단에 암수 네 마리의 사자를 기둥 삼아 세워 놓은 구조	· 흙으로 만든 벽돌을 이용하여 쌓아 올린 탑 · 현존하는 전탑 중 가장 크고 오래됨

기출 자료 더보기 📍 **『무구정광대다라니경』** [42회]
- 경주 불국사 삼층 석탑(석가탑)에서 발견됨
- 현존하는 최고(最古)의 목판 인쇄물

---

2 고대의 불상

꼭 알아두기 | 부처의 모습을 표현한 조각상인 불상의 특징에 대해 알아두세요!

절벽에 새겨진 불상의 이름에 붙는 명칭이에요.

금동 연가 7년명 여래 입상 (고구려)	서산 용현리 마애 여래 삼존상 (백제)	경주 배동 석조 여래 삼존 입상 (신라)
	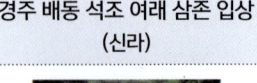	
고구려의 대표적 불상으로, 후광(광배) 뒷면에 글씨가 새겨져 있음 	절벽에 조각된 불상으로, '백제의 미소'라는 별칭을 가지고 있음	푸근한 자태와 신라 조각의 정수를 보여줌

'연가 7년'이라는 연도를 나타내는 글씨가 새겨져 있어 제작 시기를 추정할 수 있어요.

금동 미륵보살 반가사유상(삼국)	석굴암 본존불상(통일 신라)	이불 병좌상(발해)
경덕왕 때 김대성의 발원으로 건립된 인공사원이에요.		

삼국 시대에 만들어진 불상으로, 반가의 자세로 생각에 빠진 모습을 표현함	석굴암 안에 있는 불상으로, 신라 예술의 뛰어난 균형미를 보여 줌	고구려의 영향을 받은 불상으로, 나란히 앉아 있는 두 부처를 표현함

3 고대의 고분

꼭 알아두기 | 삼국의 고분이 시기별로 어떤 특징을 가지고 있는지 알아두세요!

국가	시기	특징
고구려	국내성 시기 유리왕~광개토 대왕	· 돌무지무덤: 돌을 정밀하게 쌓아 올린 형태 · 대표 고분: 장군총
	평양 시기 장수왕 ~ 보장왕	· 굴식 돌방무덤: 돌로 널길과 널방 등을 만들고 그 위에 흙을 덮어 만든 형태, 내부의 벽과 천장에 벽화가 그려져 있음
백제	한성 시기 온조왕 ~ 개로왕 (돌무지무덤)	· 돌무지무덤: 고구려 초기의 돌무지무덤과 형태가 비슷함 → 백제의 건국 세력이 고구려와 같은 계통임을 알 수 있음 · 대표 고분: 서울 석촌동 고분군
	웅진 시기 문주왕 ~ 무령왕	· 벽돌무덤: 중국 남조의 영향을 받아 널방과 널방으로 가는 길을 벽돌로 쌓은 형태 · 대표 고분: 무령왕릉(무령왕과 왕비의 무덤)으로, 금관, 귀걸이, 석수 등 많은 껴묻거리(부장품)와 무덤의 주인을 알 수 있는 묘지석이 출토됨
	사비 시기 성왕 ~ 의자왕	굴식 돌방무덤: 규모는 작지만 세련된 고분이 제작됨
신라	초기	· 돌무지덧널무덤 - 나무 덧널 위에 돌을 쌓고 그 위에 흙을 쌓아 만든 형태 - 도굴이 어려워 금관, 유리잔 등 껴묻거리가 그대로 남아 있음 · 대표 고분: 천마총(천마도 출토), 호우총(호우명 그릇 출토)
	6세기 중반 이후	6세기 중반 이후 점차 규모가 작은 굴식 돌방무덤으로 변화함
발해	-	정혜 공주 묘: 고구려 양식을 계승한 굴식 돌방무덤으로, 돌사자상이 출토됨

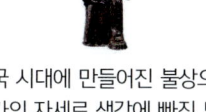
▲ 천마도[54·42회]

벽화가 아닌 말의 안장 장식에 새겨진 그림이에요.

기출 자료 더보기 | 고구려의 고분 벽화 [49·44·42회]

▲ 무용총 수렵도

▲ 무용총 무용도

▲ 각저총 씨름도

퀴즈로 개념 다지기

1. 나라와 각 나라의 불상을 알맞게 연결하세요.

(1) 백제 · · ⓐ
[61회]

(2) 통일 신라 · · ⓑ
[67·66·61·50회]

(3) 발해 · · ⓒ
[67·50회]

2. 기출 키워드의 초성을 완성하세요.

(1) 백제의 가장 오래된 석탑:
ㅇㅅ ㅁㄹㅅㅈ 석탑 [66·60·55회]

(2) 돌을 벽돌 모양으로 다듬어서 쌓은 신라의 석탑: ㅂㅎㅅ ㅁㅈ 석탑
[66·64·60·55회]

(3) 내부에서『무구정광대다라니경』이 발견된 신라의 석탑:
ㅂㄱㅅ ㅅㅊ 석탑 [61·60·55·51회]

(4) 고구려의 대표적인 불상:
ㄱㄷ ㅇㄱ ㄱㄴㅁ 여래 입상
[67·61·52·51·50회]

(5) 푸근한 자태를 보여주는 신라의 불상:
ㄱㅈ ㅂㄷ ㅅㅈ 여래 삼존 입상
[54회]

정답 1. (1) ⓐ(서산 용현리 마애 여래 삼존상)
(2) ⓒ(석굴암 본존불상)
(3) ⓑ(이불 병좌상)
2. (1) 익산 미륵사지
(2) 분황사 모전
(3) 불국사 삼층
(4) 금동 연가 7년명
(5) 경주 배동 석조

기출로 실전 감각 키우기 기출주제 11 고대의 문화유산

01 익산 미륵사지 석탑 66회 기출

(가)에 들어갈 문화유산으로 옳은 것은? [2점]

①
경천사지 십층 석탑

② 화엄사 사사자 삼층 석탑

③
미륵사지 석탑

④
분황사 모전 석탑

정답 길잡이

익산 미륵사지 석탑은 백제 **무왕**이 창건한 **미륵사** 터에 남아 있는 백제의 탑으로, 건립 연대가 밝혀진 우리나라의 석탑 중 **가장 규모가 크고 오래되었어요**. 또한 돌을 목재처럼 다듬어 연결하는 등 **목탑 양식**을 반영하였다는 특징이 있답니다. 한편 석탑의 보수 작업 중 미륵사의 창건 배경, 건립 연대 등이 기록된 **사리봉영기**가 발견되었어요.

오답 체크
① 경천사지 십층 석탑 → 고려의 석탑
② 화엄사 사사자 삼층 석탑 → 통일 신라의 석탑
④ 분황사 모전 석탑 → 신라의 석탑

📓 이건 꼭! 암기
익산 미륵사지 석탑 → 백제 무왕, 목탑 양식, 금제 사리봉영기 발견

02 경주 분황사 모전 석탑 64회 기출

(가)에 들어갈 문화유산으로 옳은 것은? [1점]

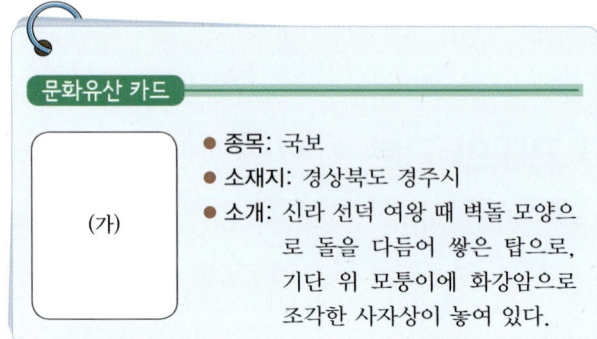

①
분황사 모전 석탑

② 정림사지 오층 석탑

③
월정사 팔각 구층 석탑

④
화엄사 사사자 삼층 석탑

정답 길잡이

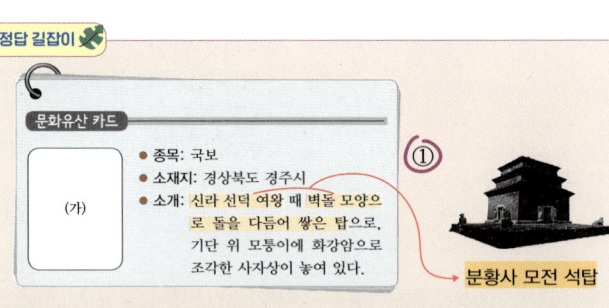

분황사 모전 석탑은 경상북도 경주시의 **분황사**에 있는 **신라의 석탑**으로, 신라 **선덕 여왕 때 건립**되었어요. 이 석탑은 **벽돌 모양**으로 돌을 다듬어 쌓은 탑으로, 기단 위 모퉁이에 **화강암으로 조각한 사자상**이 놓여 있으며 현존하는 신라 석탑 중 가장 오래되었어요.

오답 체크
② 정림사지 오층 석탑
  → 충청남도 부여 정림사지에 있는 백제의 석탑
③ 월정사 팔각 구층 석탑
  → 강원도 평창 월정사에 있는 고려의 석탑
④ 화엄사 사사자 삼층 석탑
  → 전라남도 구례 화엄사에 있는 통일 신라의 석탑

📓 이건 꼭! 암기
분황사 모전 석탑 → 신라 선덕 여왕 때 건립, 돌을 벽돌 모양으로 다듬어 쌓음

03 금동 연가 7년명 여래 입상   50회 기출

(가)에 들어갈 문화유산으로 옳은 것은?   [2점]

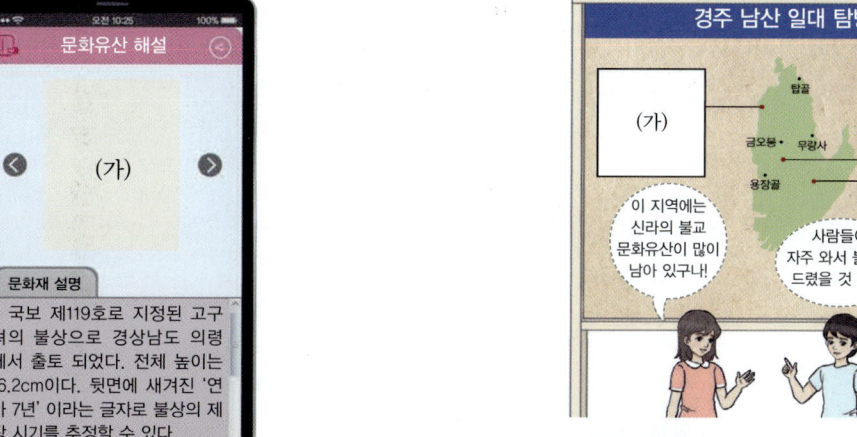

①    ②    ③    ④

04 경주 배동 석조 여래 삼존 입상   54회 기출

(가)에 들어갈 문화유산으로 옳은 것은?   [3점]

①  배동 석조 여래 삼존 입상   ②  관촉사 석조 미륵보살 입상

③  미륵사지 석탑   ④  월정사 팔각 구층 석탑

정답 길잡이

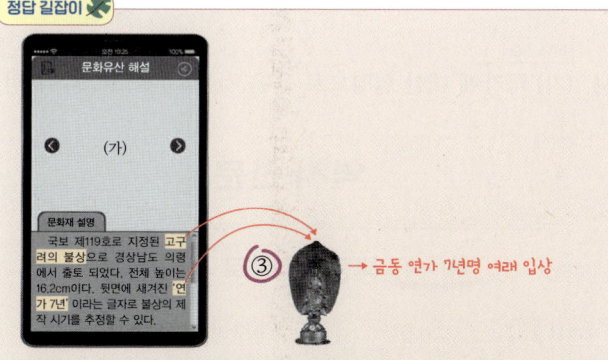

→ 금동 연가 7년명 여래 입상

금동 연가 7년명 여래 입상은 불교의 영향을 받아 제작된 **고구려의 불상**이에요. 이 불상에는 부처의 몸에서 나오는 빛을 표현한 광배가 있으며, 광배 뒷면에 '**연가 7년**'이라는 글자가 새겨져 있어 불상의 제작 시기를 추정할 수 있는 것이 특징입니다.

오답 체크
① 금동 미륵보살 반가 사유상 → 삼국 시대
② 석굴암 본존불 → 통일 신라
④ 이불 병좌상 → 발해

이건 꼭! 암기
금동 연가 7년명 여래 입상 → 고구려의 불상, 연가 7년_제작 시기 추정

정답 길잡이

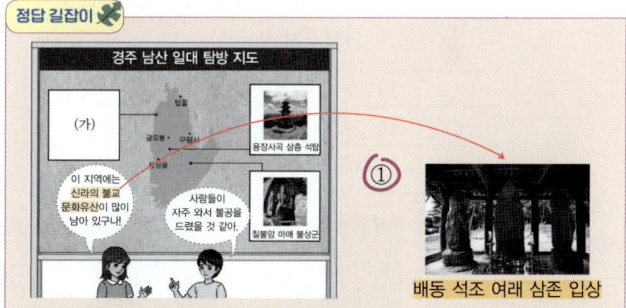

배동 석조 여래 삼존 입상

경주 배동 석조 여래 삼존 입상은 경주에 있는 **신라의 불교 문화유산**으로, 온화하고 자비로운 미소를 띤 부처의 모습을 표현한 것이 특징이에요.

오답 체크
② 관촉사 석조 미륵보살 입상 → 충청남도 논산에 있는 고려의 불상
③ 미륵사지 석탑 → 전라북도 익산에 있는 백제의 석탑
④ 월정사 팔각 구층 석탑 → 강원도 평창에 있는 고려의 석탑

이건 꼭! 암기
경주 배동 석조 여래 삼존 입상 → 신라의 불교 문화유산, 온화하고 자비로운 미소

II 고대 기출로 마무리

01 (가)~(다)를 일어난 순서대로 옳게 나열한 것은? [2점]

① (가) - (나) - (다) ② (가) - (다) - (나)
③ (나) - (가) - (다) ④ (다) - (나) - (가)

03 (가)~(다)를 일어난 순서대로 옳게 나열한 것은? [3점]

① (가) - (나) - (다) ② (가) - (다) - (나)
③ (나) - (가) - (다) ④ (다) - (가) - (나)

02 (가)에 들어갈 문화유산으로 옳지 않은 것은? [2점]

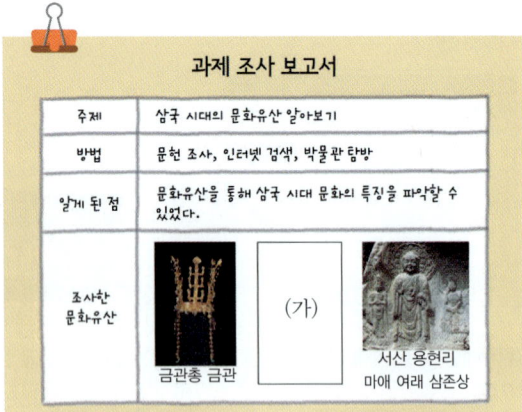

①
금동 연가 7년명
여래 입상

②
논산 관촉사
석조 미륵보살 입상

③
천마총 장니 천마도

④ 장군총

04 (가) 국가에 대한 설명으로 옳은 것은? [2점]

① 한의 침략을 받아 멸망하였다.
② 중앙 정치 조직을 3성 6부로 정비하였다.
③ 정사암에서 국가의 중대사를 결정하였다.
④ 화랑도를 국가적인 조직으로 운영하였다.

05 (가)에 들어갈 내용으로 옳은 것은? [2점]

(앞면) (뒷면)

• 상주 가은현에서 태어남
• (가)
• 공산 전투에서 고려에 승리함
• 아들 신검에 의해 금산사에 유폐됨
• 고려에 투항함

① 철원으로 천도함
② 후백제를 건국함
③ 훈요 10조를 남김
④ 경주의 사심관으로 임명됨

06 (가), (나) 사이의 시기에 있었던 사실로 옳은 것은? [3점]

(가) 헌덕왕 14년, 웅천주 도독 김헌창이 아버지 김주원이 왕위에 오르지 못함을 이유로 반란을 일으켜 국호를 장안, 연호를 경운이라 하였다.

(나) 진성왕 8년, 최치원이 시무 10여 조를 올리자 왕이 좋게 여겨 받아들이고 그를 아찬으로 삼았다.

① 원종과 애노가 봉기하였다.
② 김흠돌이 반란을 도모하였다.
③ 이사부가 우산국을 복속시켰다.
④ 을지문덕이 살수에서 대승을 거두었다.

07 (가)에 해당하는 인물로 옳은 것은? [2점]

① 원효 ② 일연 ③ 의상 ④ 지눌

08 다음 가상 인터뷰에 등장하는 왕의 업적으로 옳은 것은? [2점]

① 국학을 설립하였다.
② 병부를 설치하였다.
③ 대가야를 정복하였다.
④ 독서삼품과를 실시하였다.

II 고대 핵심 키워드로 단원 마무리

* 학습한 내용을 빈칸에 채워보세요. 정답은 오른쪽 페이지의 하단에 있습니다.

03 고구려

고국천왕	을파소 등용, 빈민 구휼 제도인 진대법 실시
고국원왕	백제 근초고왕에 맞서 싸우다가 평양성에서 전사
소수림왕	불교 수용, [1] 설립, 율령 반포
광개토 대왕	백제 공격, 신라 구원(신라에 침입한 왜 격퇴), [2] 연호 사용
장수왕	[3] 천도(남진 정책), 한성(백제의 수도) 함락, 광개토 대왕릉비 건립
고구려의 대외 항쟁	고구려의 요서 공격 → 수의 고구려 침입 → 살수 대첩(고구려 vs 수, 을지문덕) → 수 멸망, 당 건국 → 고구려의 천리장성 축조 → 연개소문의 정변 → 안시성 전투(고구려 vs 당)

04 백제

고이왕	율령 반포(삼국 중 최초), 관등제 정비(6좌평, 16관등제)
근초고왕	마한 정벌, 고구려 평양성 공격, 역사서인 『서기』 편찬
무령왕	[4] 설치(왕족 파견), 중국 남조(양)와 외교 관계 강화
성왕	사비(부여)로 천도, 국호를 [5]로 변경, 한강 하류 지역 일시 회복, 관산성 전투에서 전사
무왕	익산(금마저) 천도 시도, 익산에 미륵사 창건

05 신라

내물 마립간	마립간 칭호 사용, 김씨의 독점적 왕위 세습 확립, 광개토 대왕의 도움으로 왜 격퇴
지증왕	국호를 '신라'로 확정, 임금의 칭호를 '왕'으로 변경, [6] 정벌(이사부), 동시전 설치
법흥왕	병부와 상대등 설치, 율령 반포, 공복 제정, 불교 공인(이차돈의 순교), 금관가야 정복, 건원 연호 사용
진흥왕	한강 유역 확보, 대가야 정복, 순수비 건립, 화랑도 개편, 역사서인 『 7 』 편찬
삼국 통일 과정	나·당 동맹 체결 → 백제 멸망 → 백제 부흥 운동(복신, 도침, 흑치상지) → 고구려 멸망 → 고구려 부흥 운동(검모잠, 안승) → 나·당 전쟁(매소성, 기벌포 전투) → 삼국 통일

06 가야

금관가야	• [ ]⁸ 왕이 김해 지역에서 건국, **전기 가야 연맹** 주도 • 신라 법흥왕의 공격으로 멸망 • 경제: 풍부한 철 생산을 바탕으로 낙랑과 왜 등에 철을 수출함 • 유적과 유물: 김해 대성동 고분군, 철제 갑옷
대가야	• 이진아시왕이 고령 지역에서 건국, **후기 가야 연맹** 주도 • 신라 진흥왕의 공격으로 멸망 • 유적과 유물: 고령 [ ]⁹ 고분군, 판갑옷과 투구, 금동관

07 통일 신라와 발해

(1) 통일 신라

주요 왕의 업적	• 문무왕: 삼국 통일 완성, 체제 정비(외사정 파견) • 신문왕: [ ]¹⁰의 난 진압, **관료전 지급**, 녹읍 폐지, 9주 5소경(지방)과 9서당 10정(군사) 정비, **국학 설립** • 경덕왕: 녹읍 부활, 불국사·석굴암 창건
통치 체제	• 중앙 통치 조직: 집사부 이하 13부 • 지방 행정 제도: **9주 5소경** 체제, 외사정 파견, [ ]¹¹ 제도 운영 • 군사 제도: 9서당(중앙군) 10정(지방군) • 관리 등용 제도: 독서삼품과(원성왕)

(2) 발해

주요 왕의 업적	• 고왕(대조영): 만주 지린성 동모산에서 발해 건국 • 무왕: 연호(인안) 사용, 대당 강경책([ ]¹²의 당 등주 공격) • 문왕: 연호(대흥, 보력) 사용, **3성 6부** 정비, 천도(중경 현덕부 → 상경 용천부 → 동경 용원부) • 선왕: 고구려 옛 땅 대부분 회복 → 중국으로부터 [ ]¹³이라 불림
통치 체제	• 중앙 정치 조직: 3성(**정당성**·선조성·중대성) 6부(충·인·의·지·예·신부), 중정대(관리 비리 감찰), **주자감**(국립 대학) • 지방 행정 조직: 5경 15부 62주
고구려 계승 의식	• 명칭: 일본에 보낸 국서에 '고려', '**고려 국왕**' 명칭 사용 • 문화: 온돌 장치, **치미**(지붕 꼭대기의 장식물) 등

정답 | 1 태학 2 영락 3 평양 4 22담로 5 남부여 6 우산국 7 국사 8 김수로 9 지산동 10 김흠돌 11 상수리 12 장문휴 13 해동성국

08 통일 신라 말의 혼란과 후삼국 시대

통일 신라 말의 혼란	• 왕위 쟁탈전과 농민 봉기: 김헌창의 난, 장보고의 난, **원종과 애노의 난**, 적고적의 난 • 호족 세력의 성장과 ⬚14 세력의 개혁 추구, 선종과 풍수지리설 등장	
후삼국 시대	후백제	• **견훤**이 완산주(전주)에서 건국 • 후당·오월에 사신 파견 • 조세를 지나치게 수취하였으며 호족 포섭에도 실패함 → 고려의 공격을 받아 멸망함
	후고구려	• **궁예**가 송악(개성)에서 건국 • 국호 변경(후고구려 → ⬚15 → 태봉) • 지나친 조세 수취와 미륵 신앙을 통한 전제 정치로 신망을 잃어 왕위에서 축출됨

09 고대의 경제와 사회

경제	통일 신라	• 토지 제도: **관료전 지급 → 녹읍 폐지 →** ⬚16 지급 → 녹읍 부활 • 신라 ⬚17 (민정 문서): 토착 세력인 촌주가 매년 변동 사항을 조사하여 3년마다 작성 • 대외 무역: **당항성과 울산항**
	발해	• **솔빈부**의 말이 특산물로 유명 • 대외 무역: 영주도(당), 일본도(일본), 거란도(거란), 신라도(신라)
사회		• 고구려: 고씨 + 5부 출신의 귀족, 제가 회의 • 백제: 부여씨 + 8성의 귀족, 정사암 회의 • 신라: **골품제**, 화백 회의, 화랑도

10 고대의 사상과 문화 전파

불교		• 원효: 일심 사상, 불교의 대중화(**무애가**), 『십문화쟁론』·『대승기신론소』 등 저술 • 의상: ⬚18 , 해동 화엄종 개창, 관음 신앙 강조, 영주 부석사와 양양 낙산사 창건, 『화엄일승법계도』 저술 • 혜초: 『**왕오천축국전**』 저술
유학	교육 기관	• 고구려: 태학(수도), 경당(지방) • 백제: 오경박사, 의박사, 역박사 • 신라: 임신서기석, 국학 설치, ⬚19 실시
	통일 신라 유학자	• 설총: 이두 정리, 『⬚20 』 저술 • **최치원**: 6두품 출신, 『격황소서』, 『계원필경』 등 저술
도교		• 신선 사상과 결합, 귀족 사회를 중심으로 유행 • 문화유산: 강서 대묘 사신도(고구려), 백제 금동대향로 등

11 고대의 문화유산

국가	탑		불상	
고구려	-		금동 연가 7년명 여래 입상	
백제	익산 미륵사지 석탑	부여 [21] 오층 석탑	서산 용현리 마애 여래 삼존상	금동 미륵보살 반가사유상
신라	경주 분황사 모전 석탑		경주 배동 석조 여래 삼존 입상	
통일 신라	경주 감은사지 동·서 삼층 석탑	경주 불국사 삼층 석탑	경주 석굴암 본존불상	
발해	영광탑		이불 병좌상	

정답 | 14 6두품 15 마진 16 정전 17 촌락 문서 18 화엄 사상 19 독서삼품과 20 화왕계 21 정림사지

해커스 한국사능력검정시험 기본 2주 합격

III 고려 시대

최근 3개년 기출 트렌드 *최근 3개년 회차인 기본 71~57회 기준입니다.

기출주제		출제 문항 수	
12	고려의 후삼국 통일과 국가 기틀 마련	15문항	2위
13	문벌 귀족 사회와 무신 정권	11문항	
14	원 간섭기와 공민왕의 개혁 정치	9문항	
15	고려의 대외 관계	22문항	1위
16	고려의 경제와 사회	10문항	
17	고려의 사상과 과학 기술의 발달	12문항	3위
18	고려의 문화유산	9문항	

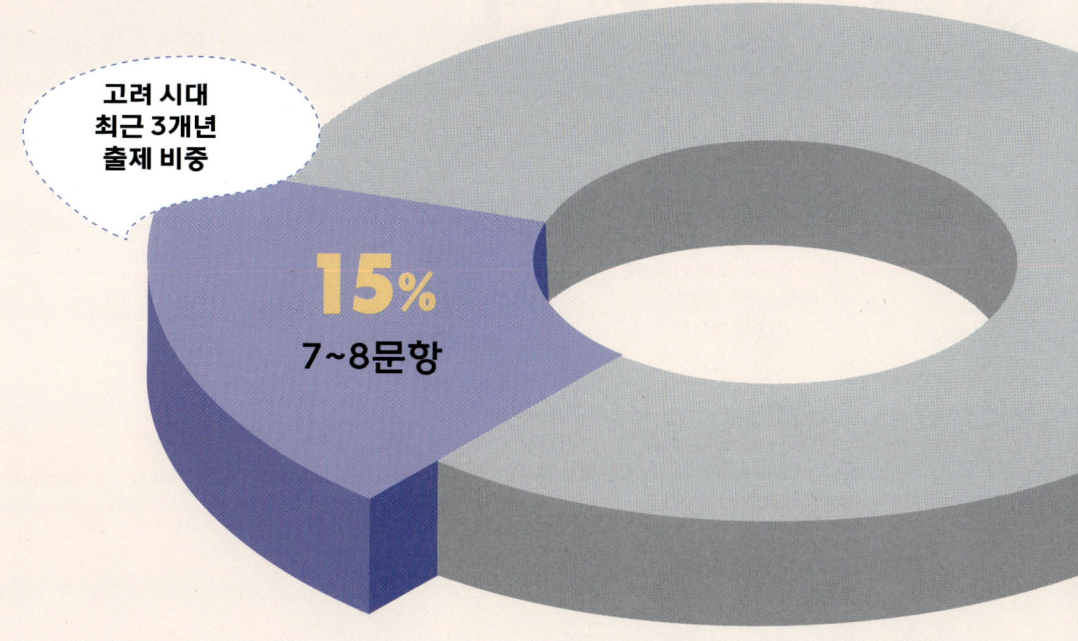

고려 시대
최근 3개년
출제 비중

15%
7~8문항

빈출 키워드 TOP3

태조 왕건, 광종, 성종

묘청의 난, 최충헌, 망이·망소이의 난

변발과 호복, 전민변정도감, 정동행성

귀주 대첩, 동북 9성, 처인성 전투

해동통보, 은병, 벽란도

지눌, 『삼국유사』, 『직지심체요절』

개성 경천사지 십층 석탑, 논산 관촉사 석조 미륵보살 입상, 팔만대장경

학습 포인트

- **고려의 대외 관계**는 시기별로 고려를 침입한 국가와 그에 대한 고려의 대응을 구분해 두어야 해요. '거란-여진-몽골'의 순으로 고려를 침입하였다는 흐름은 꼭 기억해 두세요!

- **고려의 후삼국 통일과 국가 기틀 마련**은 고려의 후삼국 통일 과정에서 일어난 주요 사건의 흐름을 기억하는 것이 중요합니다. 또한 고려 초기 국왕들의 업적은 반드시 구분해 두세요!

- **고려의 사상과 과학 기술의 발달**은 승려와 유학자들의 활동을 구분해서 알아두어야 해요! 또한 고려 시대에 편찬된 역사서의 특징도 꼼꼼히 학습하세요!

고려 시대 흐름 잡기

후고구려 궁예가 축출된 후, 태조 왕건이 왕이 되어 고려를 건국하였어요. 고려 시대에는 어떤 일들이 있었는지 살펴볼까요?

태조 왕건 [22회]

1위 918년 왕건, 고려 건국

936년 후삼국 통일

태조 왕건이 신라의 항복을 받아 평화적으로 흡수하고, 후백제를 무찌르면서 후삼국을 통일하였어요.

승려 묘청이 서경(평양) 천도 운동에 실패하자 서경에서 난을 일으켰으나, 김부식이 이끄는 관군에 진압되었어요.

2위 1135년 묘청의 난

무신에 대한 차별이 심해지자, 정중부 등 무신들이 정변을 일으켜 문신을 제거하고 정권을 장악했어요.

1170년 무신 정변

몽골이 1차 침입하여 강화를 맺고 돌아간 이후, 당시 집권자였던 최우는 몽골의 침입에 대비하기 위해 수도를 강화도로 옮겨 항전을 준비했어요.

4위 1232년 강화 천도

몽골에 저항하던 무신 정권이 무너지자, 고려 정부는 원래 수도였던 개경으로 돌아왔어요. 이후 몽골(원)의 내정 간섭을 받는 원 간섭기가 시작되었답니다.

1270년 개경 환도

[3위] 956년
광종, 노비안검법 시행

왕권이 불안정한 상황에서 즉위한 광종은 노비안검법을 실시하여 호족 세력을 견제하였어요.

귀주 대첩 [16회]

거란의 3차 침입 때 강감찬이 이끄는 고려군이 귀주에서 승리를 거두며 거란군의 침입을 물리쳤어요.

1019년
귀주 대첩

윤관 [58회]

고려 예종 때 윤관이 별무반을 이끌고 여진을 정벌하여, 그 일대에 동북 9성을 쌓았어요.

1107년
윤관, 여진 정벌

공민왕은 원나라의 간섭에서 벗어나기 위한 정책을 펼쳤어요. 그 일환으로 원나라가 설치했던 쌍성총관부를 공격하여 철령 이북의 땅을 되찾았어요.

[5위] 1356년
공민왕, 쌍성총관부 수복

우왕의 명으로 요동 정벌에 나섰던 이성계가 위화도에서 군대를 돌려 개경을 장악했어요.

1388년
위화도 회군

기출주제 12: 고려의 후삼국 통일과 국가 기틀 마련

핵심 키워드 | #태조 왕건 #훈요 10조 반포 #광종 #노비안검법 #성종 #시무 28조 #국자감 설립 #도병마사

스토리로 미리보기

S#1 태조 왕건이 후삼국을 통일하다

나 **왕건**! 후고구려의 궁예를 몰아내고 신하들의 추대를 받아 왕위에 올라 고려라는 나라를 세웠지. **송악(개성)** 출신답게 고향을 수도로 만든 것은 물론이고, 신라의 항복을 받고, 후백제와도 싸워 이겨 **후삼국을 통일**했으니, 이제는 백성들을 보살펴야겠다.

S#2 광종이 호족 세력을 누르다!

난 **광종**. 왕이었던 두 형들이 호족들 때문에 고생하는 걸 지켜봐 왔지. 이제 내가 왕이 되었으니 형들을 힘들게 한 호족들을 눌러 버리고 싶은데 말이야. 제일 먼저 호족들의 재산인 **노비**를 해방시켜야겠어.

S#3 최승로가 성종에게 28개의 개혁안을 바치다

벌써 여섯 번째 왕(**성종**)을 모시게 되었군. 왕께서 나라의 고쳐야 할 점을 적어 내라고 하셔서 적어봤는데 28개나 나왔다. 너무 많이 썼나? 왕께서 꼭 **유교 이념**을 바탕으로 통치 체제를 정비해 주셨으면 좋겠군.

1 고려의 후삼국 통일 과정

> **꼭 알아두기** | 고려의 후삼국 통일 과정 순서를 기억해두세요!

고려 건국	후고구려의 궁예가 정변으로 왕위에서 쫓겨나고 태조 왕건이 즉위함(918) → 국호를 **고려**로 바꾸고, 철원에서 송악(개성)으로 수도를 옮김
공산 전투	후백제 견훤이 신라에 침입하여 경애왕을 죽게 함 → 후백제 견훤의 군대가 공산(팔공산)에서 고려 왕건의 군대에 승리함(927)
고창 전투	견훤이 이끄는 군대가 **고창**(안동)에서 고려 왕건의 군대에 패함(930)
견훤의 투항	견훤이 아들 신검에 의해 금산사에 유폐된 후, 탈출하여 고려에 투항함(935)
신라 경순왕의 항복	신라의 **경순왕**(김부)이 **고려에 항복**함(935) → 고려가 신라를 병합함(김부는 경주의 사심관이 됨)
일리천 전투	후백제 신검이 이끄는 군대가 **일리천**(구미)에서 왕건의 군대에게 패함(936) → 후백제가 멸망하고 고려가 후삼국을 통일함

2 국가의 기틀 마련

(1) 태조 왕건(918~943)
> **꼭 알아두기** | 고려를 건국한 태조 왕건이 실시한 정책을 알아두세요!

발해 유민 포용	발해 멸망 이후 고려로 망명한 발해의 왕자 대광현 등 발해 유민을 받아들이고, 대광현에게 왕씨 성을 내림
흑창 설치	빈민을 구제하는 기관인 흑창을 설치하여 민생을 안정시킴 └ 빈궁한 백성에게 곡식을 빌려주었다가 추수기에 갚도록 하였어요.
사심관 제도 실시	중앙 고위 관리를 출신 지역의 사심관으로 삼아 그 지방의 호족을 관리하게 함
기인 제도 실시	향리의 자제를 인질로 삼아 수도로 데려와 출신 지역의 일에 대해 자문하게 함 └ 통일 신라의 상수리 제도의 영향을 받았어요.
★ 편찬 사업	┌ 『정계』, 『계백료서』 편찬: 관리가 지켜야 할 규범을 제시함 └ 훈요 10조 반포: 후대 왕들이 지켜야 할 10가지 도리를 제시함 　└ 불교 숭배, 서경 중시, 연등회·팔관회 중시 등을 강조하였어요.

> **기출 사료 더보기** ▶ **태조 왕건의 발해 유민 포용** [38회]
>
> 가을 7월, 발해국의 세자 대광현이 무리 수만을 거느리고 와서 항복하자, 성명을 하사하여 '왕계(王繼)'라 하고 종실의 족보에 넣었다. - 『고려사』
>
> **사료 해석**: 발해의 멸망으로 발해의 세자 대광현이 발해의 백성을 이끌고 고려로 망명하자, 태조 왕건은 이들을 포용하고 대광현에게 왕씨 성을 내렸어요.

(2) 광종(949~975)
└ 태조 왕건 사후 왕권이 불안정한 상황 속에서 고려의 제4대 왕으로 즉위하여 왕권 강화 정책을 실시하였어요.

> **꼭 알아두기** | 광종이 왕권을 강화시키기 위해 실시한 정책을 기억하세요!

★ 노비안검법 실시	억울하게 노비가 된 자를 양인으로 해방시켜 호족과 공신 세력의 경제적·군사적 기반을 약화시킴
과거 제도 실시	중국 후주 출신 쌍기의 건의로 **과거 제도**를 도입함
연호 사용	**광덕**, **준풍**의 독자적인 연호를 사용하여 국왕의 권위를 높임

(3) 성종(981~997)

꼭 알아두기 | 최승로의 시무 28조와 성종의 체제 정비 내용을 알아두세요!

시무 28조 수용	: 최승로의 시무 28조를 받아들여 유교를 정치의 근본으로 삼음
	└ 유학자 최승로가 성종에게 올린 28개의 건의 사항으로 지방관 파견 등을 주장하였어요.
2성 6부제 마련	: 중앙 통치 조직을 2성 6부로 정비함
12목 설치	: 전국에 행정 조직인 12목을 설치하고 지방관을 파견함
향리제 정비	: 호장(향리직의 우두머리)과 부호장을 두어 향리제를 정비함
국자감 설립	: 국립 교육 기관인 국자감을 설립함
의창·상평창 설치	: 봄에 곡식을 빌려주고 가을에 갚도록 하는 빈민 구제 기구인 의창과 물가 조절 기구인 상평창을 설치함
	└ 흑창을 확대하였어요.

3 통치 체제의 정비

(1) 중앙 정치 조직

꼭 알아두기 | 2성 6부를 중심으로 한 고려의 중앙 정치 조직에 대해 알아두세요!

2성 6부	─ 중서문하성: 재신과 낭사로 구성된 최고 중앙 관서로, 장관인 문하시중이 국정을 총괄함
	└ 상서성: 실제 행정 업무를 담당하는 관서로, 6부가 소속되어 있음
	└ 이부, 병부, 호부, 형부, 예부, 공부로 구성되었어요.
중추원	: 군사 기밀과 왕명을 다른 기관에 전달함
어사대	: 관리의 감찰과 탄핵을 담당함
삼사	: 화폐와 곡식의 출납 및 회계를 담당함
	└ 중추원의 고위 관료예요.
도병마사	: 임시 회의 기구로, 국방·군사 문제를 담당함, 재신과 추밀로 구성됨
	└ 원 간섭기에 도평의사사로 개편되었어요. └ 중서문하성의 고위 관료예요.
식목도감	: 임시 회의 기구로, 법제·격식 문제를 담당함, 재신과 추밀로 구성됨
대간	: 간쟁(국왕의 비행에 대해 간언함), 봉박(잘못된 조칙을 돌려 보냄), 서경(관리 임명, 법령의 개정·폐지 등을 동의함)권을 행사하였으며, 중서문하성의 낭사와 어사대의 관원으로 구성됨

└ 현종 때 5도 양계의 지방 제도가 확립되었어요.

(2) 지방 행정 조직

5도	: 일반 행정 구역으로, 안찰사가 파견됨
	└ 5도를 순방하며 지방관을 감찰하고 민생을 살폈어요.
양계	: 국경에 위치한 군사 행정 구역으로, 병마사가 파견됨
	└ 군사 업무뿐만 아니라 양계 지역 내의 민생 업무까지 총괄하였어요.
향·부곡·소	: 특수 행정 구역으로, 이곳의 주민들은 신분상 양민이지만 일반 군현의 양민에 비하여 차별을 받았음
	└ 향·부곡은 농업, 소는 수공업을 담당하였어요.

(3) 군사 제도

중앙군	: 2군(국왕의 친위 부대) 6위(수도와 국경의 방어를 담당함)로 구성됨
지방군	: 주현군(5도에 주둔한 예비군)과 주진군(양계에 주둔한 상비군)으로 구성됨

퀴즈로 개념 다지기

1. 왕과 왕의 업적을 알맞게 연결하세요.

(1) 태조 · · ⓐ 과거 제도 실시
[71·64·58·57·51회]

(2) 광종 · · ⓑ 사심관 제도 실시
[63·61·57·52·51회]

(3) 성종 · · ⓒ 국자감 설립
[66·50회]

2. 기출 키워드의 초성을 완성하세요.

(1) 고려가 후백제의 견훤이 이끄는 군대를 상대로 승리한 전투: ㄱㅊ 전투
[71·58·55회]

(2) 태조 왕건이 후대 왕들에게 제시한 10가지 도리: ㅎㅇ 10ㅈ
[71·63·58·54회]

(3) 광종이 호족과 공신 세력의 경제적·군사적 기반을 약화시키기 위해 시행한 정책: ㄴㅂㅇㄱㅂ
[71·69·64·63·61회]

(4) 성종이 설치한 지방 행정 조직: 12ㅁ
[64·61·55·52·51회]

(5) 국방·군사 문제를 담당한 고려의 임시 회의 기구: ㄷㅂㅁㅅ
[63·61·60·57·52회]

정답 1. (1) ⓑ (2) ⓐ (3) ⓒ
2. (1) 고창 (2) 훈요 10조
(3) 노비안검법 (4) 12목
(5) 도병마사

기출로 실전 감각 키우기
기출주제 12 고려의 후삼국 통일과 국가 기틀 마련

01 고려의 후삼국 통일 과정　　　　　55회 기출

(가)~(다)를 일어난 순서대로 옳게 나열한 것은? [2점]

① (가) - (나) - (다)　　② (가) - (다) - (나)
③ (나) - (가) - (다)　　④ (다) - (가) - (나)

02 고려 광종　　　　　71회 기출

(가)에 들어갈 내용으로 옳은 것은? [1점]

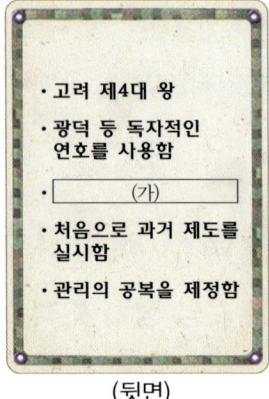

- 고려 제4대 왕
- 광덕 등 독자적인 연호를 사용함
- (가)
- 처음으로 과거 제도를 실시함
- 관리의 공복을 제정함

(앞면)　　　　　(뒷면)

① 녹읍을 폐지함
② 훈요 10조를 남김
③ 노비안검법을 시행함
④ 전민변정도감을 설치함

정답 길잡이

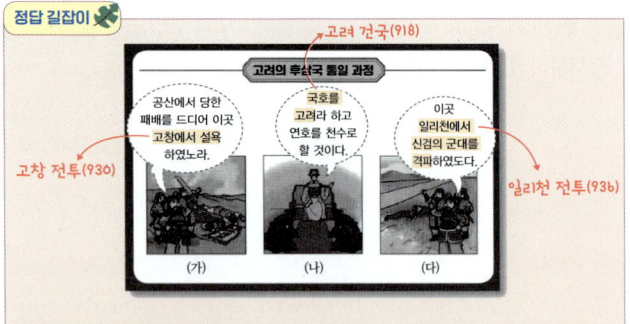

고려 건국(918) - 고창 전투(930) - 일리천 전투(936)

③ (나) - (가) - (다)

고려 건국(918) - 고창 전투(930) - 일리천 전투(936)

- **(나) 고려 건국:** 태조 왕건은 지나친 세금 수취와 공포 정치로 민심을 잃은 후고구려의 궁예를 몰아내고 왕위에 올라 고려를 건국하였어요(918).
- **(가) 고창 전투:** 건국 후 고려는 공산 전투에서 후백제에게 크게 패하였지만, 고창(안동)에서 후백제군을 격파(고창 전투, 930)하면서 후삼국의 주도권을 장악하였어요.
- **(다) 일리천 전투:** 후삼국의 주도권을 장악한 고려는 견훤의 아들 신검이 이끄는 후백제군을 상대로 일리천에서 크게 승리(일리천 전투, 936)하면서 후삼국을 통일하였어요.

📝 **이건 꼭! 암기**
고려의 후삼국 통일 과정 → 고려 건국 → 고창 전투 → 일리천 전투

정답 길잡이

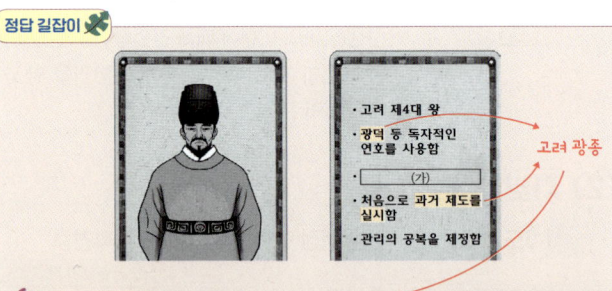

③ 노비안검법을 시행함

광종은 고려 제4대 왕으로, 왕권 강화를 위해 호족들이 불법적으로 노비로 삼은 사람들을 양인으로 해방하는 **노비안검법을 시행**하여 호족들의 경제적·군사적 기반을 약화시켰어요. 새로운 인재를 등용하기 위해 쌍기의 건의를 받아들여 처음으로 **과거 제도를 실시**하였으며, **광덕, 준풍** 등 독자적인 연호를 사용하여 왕의 권위를 높이기도 하였어요. 또한 백관(모든 관리)의 **공복**을 4개의 색으로 제정하였어요.

✅ **오답 체크**
① 녹읍을 폐지함 → 통일 신라 신문왕
② 훈요 10조를 남김 → 고려 태조 왕건
④ 전민변정도감을 설치함 → 고려 공민왕

📝 **이건 꼭! 암기**
고려 광종 → 노비안검법 시행, 과거 제도 실시, 연호 사용_광덕, 준풍

03 최승로의 시무 28조 건의 이후의 사실 55회 기출

다음 상황 이후에 일어난 사실로 옳은 것은? [2점]

① 상대등이 설치되었다.
② 12목에 지방관이 파견되었다.
③ 쌍기의 건의로 과거제가 실시되었다.
④ 웅천주 도독 김헌창이 반란을 일으켰다.

04 도병마사 61회 기출

학생들이 공통으로 이야기하는 기구로 옳은 것은? [2점]

① 도방 ② 어사대 ③ 의금부 ④ 도병마사

정답 길잡이

② 12목에 지방관이 파견되었다.

고려 성종 때 최승로는 유교 정치의 이념을 담아 **시무 28조**를 작성하여 성종에게 올렸어요. 성종은 이를 수용하여 유교를 나라를 다스리는 이념으로 삼았고, **연등회** 등 국가적인 불교 행사를 폐지하였어요. 또한 최승로는 지방관의 파견을 건의하였고, 성종은 이를 받아들여 **12목에 지방관을 파견**하였어요.

✅ 오답 체크
① 상대등이 설치되었다. → 신라 법흥왕
③ 쌍기의 건의로 **과거제가 실시**되었다. → 고려 광종
④ 웅천주 도독 **김헌창이 반란**을 일으켰다. → 통일 신라 헌덕왕

📝 이건 꼭! 암기
고려 성종 → 최승로의 시무 28조 수용, 12목에 지방관 파견

정답 길잡이

④ 도병마사

도병마사는 고려의 독자적인 정치 기구이자 회의 기구로, **중서문하성의 고위 관료인 재신과 중추원의 고위 관료인 추밀이 모여 국방과 군사 문제를 논의**하였어요. 한편 도병마사는 원 간섭기 **충렬왕 때 도평의사사로 확대**되어 국정을 총괄하는 최고 정무 기관이 되었습니다.

✅ 오답 체크
① 도방 → 고려 무신 집권기의 사병 집단
② 어사대 → 고려 시대의 감찰 기구
③ 의금부 → 조선 시대 국왕 직속의 사법 기관

📝 이건 꼭! 암기
도병마사 → 중서문하성과 중추원의 고위 관료들이 참여, 국방과 군사 문제 논의

기출주제 13 문벌 귀족 사회와 무신 정권

핵심 키워드 | #이자겸의 난 #묘청의 난 #무신 정변 #망이·망소이의 난 #최충헌 #교정도감 #만적의 난 #최우 #삼별초 #강화도 천도

스토리로 미리보기

S#1 왕의 장인 이자겸, 난을 일으키다!

[18회 기출]
모든 권력은 오직 나에게로! 십팔자위왕!
이자겸

엣헴, 내 **사위**가 누군지 알아? 바로 **왕(인종)**이라고! 그런데 사위 하는 꼴을 보아하니 나를 몰아내려고 하네? 뭔가 심상치 않은데 내가 먼저 선수를 쳐야겠군. **궁궐에 불**을 질러 왕을 가둬야겠어.

S#2 묘청이 서경 천도를 주장하다!

[27회 기출]
서경 묘청

나는 서경 토박이 **묘청**이오. 개경의 궁궐이 불탄 것을 보니 아무래도 개경은 기운이 다한 것 같소. 왕(인종)께 **서경**으로 도읍을 옮기자고 건의해야겠소.

S#3 무신들이 정변을 일으키다!

[27회 기출]
문신의 관을 쓴 자들을 죽이고 우리 무신이 권력을 차지하자!
정중부

묘청의 난 이후 왕과 문신들이 우리 **무신들을 너무 무시**하는구만. 월급도 제대로 안 주는데, 동료들을 모아서 무신들의 힘을 한 번 제대로 보여줘야겠어.

1 문벌 귀족 사회의 성립과 동요

(1) 문벌 귀족 사회의 성립

- **성립**: 초기 지방 호족이나 신라의 6두품 출신의 유학자들이 중앙 관료로 진출하였고, 여러 대에 걸쳐 고위 관직자를 배출한 가문이 문벌 귀족을 형성함
- **특징**
  - **정치 권력 장악**: 과거와 음서로 관직을 독점함
    - └ 고위 관료의 자손들이 별도의 시험 없이 관리가 될 수 있는 제도예요.
  - **경제 권력 장악**: 공음전의 혜택을 받음
    - └ 5품 이상의 고위 관료에게 지급한 토지로, 세습이 가능했어요.
  - **권력 유지**: 다른 문벌 귀족 가문이나 왕실과 폐쇄적인 혼인 관계를 형성함
- **대표 가문**: 경원 이씨(이자겸), 경주 김씨(김부식) 등

(2) 문벌 귀족 사회의 동요

꼭 알아두기 | 고려의 문벌 귀족 사회가 어떻게 몰락하게 되었는지 기억해두세요!

- **이자겸의 난**
  - **배경**: 이자겸이 인종의 즉위에 공을 세우고, 왕실의 외척(인종의 장인이자 외조부)이 되어 권력을 독점하면서 왕의 측근 세력 간의 정치적 대립이 발생함
  - **전개**: 인종이 이자겸 제거를 시도함 → 실패함 → **이자겸**과 척준경이 난을 일으켜 정권을 장악함 → 이자겸과 척준경이 권력 유지를 위해 금(여진)의 군신 관계 요구를 수용함 → 인종이 척준경을 회유하여 이자겸을 제거함 → 척준경을 제거하여 난을 진압함
  - **결과**: 왕궁이 불타며 왕실의 권위가 하락하자 서경 길지설이 떠오름
    - └ 풍수지리설에 근거해 서경이 명당이라는 주장이에요.

> **기출 사료 더보기** ○ **이자겸의 난** [43회]
> 내시지후 김찬과 내시녹사 안보린이 동지추밀원사 지녹연, 상장군 최탁, 오탁, 대장군 권수, 장군 고석 등과 함께 이자겸과 척준경을 암살하려고 시도하였으나 이루지 못하였다. 이자겸과 척준경이 군사를 동원하여 궁궐을 침범하였다. ―『고려사』
> **사료 해석**: 고려 인종 때 이자겸이 권력을 독점하자, 고려 인종은 이자겸을 제거하려고 하였으나 실패했어요. 이후 이에 반발한 이자겸과 척준경이 난을 일으켜 정권을 장악했어요.

- **묘청의 난**
  - **배경**: 이자겸의 난 이후 인종이 왕권 회복을 위한 개혁을 추진하면서 김부식으로 대표되는 개경파와 묘청·정지상 등의 서경파의 대립이 발생함
    - └ 왕을 황제로 칭하며 독자적인 연호를 사용하자는 주장이에요
  - **전개**: **묘청**이 **서경 천도**와 **금국**(여진) **정벌**, 칭제 건원을 주장함 → 김부식 등 개경파의 반대로 실패함 → 묘청이 국호는 대위국, 연호는 천개라 하며 서경에서 난을 일으킴 → 김부식이 이끄는 관군에 의해 진압됨
  - **결과**
    - **서경 몰락**: 서경파가 몰락하고 서경의 지위가 하락함
    - **무신에 대한 차별 심화**: 개경파 등의 보수적인 문신 세력이 득세하며 무신에 대한 차별이 심화되어 무신 정변이 일어나는 계기가 됨
  - **의의**: 민족주의 사학자 신채호가 '조선 역사상 일천년래 제일 대사건'으로 평가함

2 무신 정권의 성립과 전개

(1) 무신 정변

배경 : 묘청의 난 이후 무신을 하대하는 분위기가 지속되고 군인전을 제대로 지급 받지 못한 하급 군인들의 불만이 고조됨

전개 : 정중부·이의방 등의 **무신이 보현원에서 문신을 제거**함(무신 정변) → 의종을 폐위하고 거제도로 유배 보냄 → 명종을 임금으로 세우고, 정권을 장악함
└ 무신들의 회의 기구인 중방을 통해 권력을 행사했어요.

(2) 무신 정권 시기의 사실   꼭 알아두기 | 최충헌과 최우가 실시한 정책들에 대해 알아두세요!

정중부
- 무신 정변 이후 이의방과 갈등이 생겨 이의방 일파를 제거함
- **망이·망소이의 난**: 공주 명학소에서 망이·망소이가 가혹한 수탈에 저항하여 무리를 모아 봉기함

> **기출 사료 더보기 망이·망소이의 난** [46회]
> 명학소의 망이가 무리를 모아 공주를 공격하여 함락하자, 조정에서는 명학소를 충순현으로 승격시키고 현령과 현위를 두어 달래었다. 그 후 망이의 무리가 항복하였다가 다시 반란을 일으키자 곧 이 현을 폐지하였다. - 『고려사』
>
> **사료 해석**: 공주 명학소에서 망이와 망소이가 가혹한 수탈에 저항하여 봉기하자, 조정에서는 명학소를 충순현으로 승격시켜 이들을 달래고자 했어요.

이의민
- 천민 출신으로, 경대승이 죽은 후 집권하였다가 최충헌에 의해 제거됨
- **김사미·효심의 난**: 운문(김사미) 지역과 초전(효심) 지역을 중심으로 봉기함

최충헌
┌ 임금에게 올리는 글이에요.
- **봉사 10조 제시**: 명종에게 사회 개혁안을 올림(실제로 시행되지는 않음)
  ┌ 반대 세력 감시를 위해 설치한 임시 기구였어요.
- **교정도감 설치** ─ 최씨 무신 정권의 최고 권력 기구로 활용됨
                └ 교정도감의 장관인 교정별감이 되어 국정 전반을 장악함
- **도방 확대**: 최씨 정권의 군사적 기반을 확충하기 위해 사병 집단을 확대함
  └ 정중부를 제거하고 집권한 경대승에 의해 처음 설치된 사병 집단이에요.
- **만적의 난**: 최충헌의 노비 만적 등이 개경에서 신분 해방을 주장하며 봉기함

최우
- **정방 설치**: 인사 행정 담당 기구를 자신(최우)의 집에 설치함
- **삼별초 조직** ┌ 최우 때 설치된 야별초에서 유래됨
                └ 좌별초, 우별초, 신의군으로 구성된 특수군으로, 최씨 무신 정권의 군사적 기반 역할을 함
- **강화도 천도**: 몽골의 침략에 대비하기 위해 개경에서 강화도로 도읍을 옮김

> **기출 사료 더보기 만적의 난** [41회]
> 개경 북산에서 나무하던 노비들이 변란을 모의하였다. …… 약속한 날이 되어 노비들이 모였으나 그 수가 수백 명에 불과하였다. 모의가 성공하지 못할 것을 염려하여 보제사에서 다시 모이자고 약속하였다. …… 한충유의 노비인 순정이 주인에게 변란을 고하자 한충유가 최충헌에게 알렸다. 마침내 만적 등 100여 명을 체포하여 강에 던져버렸다.
>
> **사료 해석**: 최충헌의 노비인 만적을 비롯한 노비들이 개경에서 신분 해방을 주장하며 봉기하였으나, 사전에 들켜 실패했어요.

퀴즈로 개념 다지기

1. 아래에 제시된 사건을 순서대로 나열하세요.

ⓐ 묘청의 난 [67·64·58회]
ⓑ 무신 정변 [67·63·61회]
ⓒ 이자겸의 난 [71·69·67·63·60회]

[- -]

2. 기출 키워드의 초성을 완성하세요.

(1) 서경파의 주장: ㅅㄱ 천도, ㄱㄱ 정벌 [69·67·60회]

(2) 공주 명학소에서 일어난 난: ㅁㅇ·ㅁㅅㅇ의 난 [71·63·61·60회]

(3) 노비들이 개경에서 신분 해방을 주장하며 일으킨 난: ㅁㅈ의 난 [69·61회]

(4) 최충헌이 반대 세력 감시를 위해 설치한 기구: ㄱㅈㄷㄱ [71·69·66·60회]

(5) 최우가 설치한 인사 행정 담당 기구: ㅈㅂ [54·49·48회]

(6) 최씨 무신 정권의 군사적 기반이 된 특수군: ㅅㅂㅊ [67·63·58·57회]

정답 1. ⓒ - ⓐ - ⓑ
      2. (1) 서경, 금국 (2) 망이·망소이
         (3) 만적 (4) 교정도감
         (5) 정방 (6) 삼별초

기출로 실전 감각 키우기 기출주제 13 문벌 귀족 사회와 무신 정권

01 묘청의 난   54회 기출

다음 가상 인터뷰에 나타난 사건으로 옳은 것은?   [2점]

① 묘청의 난   ② 김흠돌의 난
③ 홍경래의 난   ④ 원종과 애노의 난

02 무신 정변 이후의 사실   61회 기출

다음 상황 이후에 일어난 사실로 옳은 것은?   [2점]

① 김헌창이 난을 일으켰다.
② 장문휴가 등주를 공격하였다.
③ 최치원이 시무 10여 조를 건의하였다.
④ 망이·망소이가 공주 명학소에서 봉기하였다.

정답 길잡이

① 묘청의 난

묘청의 난은 고려 인종 때 서경 출신의 승려 묘청 등이 일으킨 사건이에요. 이때 묘청은 풍수지리설을 내세워 **서경으로 수도를 옮기면 금이 스스로 항복할 것**이라고 주장하였어요. 그러나 김부식을 비롯한 개경파는 서경 천도에 크게 반대하였고, 이에 묘청을 비롯한 서경파가 서경에서 난을 일으켰어요.

✓ 오답 체크
② 김흠돌의 난 → 신라 중대에 김흠돌이 일으킴
③ 홍경래의 난 → 조선 후기에 서북인의 차별에 반발함
④ 원종과 애노의 난 → 신라 하대에 가혹한 수탈에 반발함

📓 이건 꼭! 암기
묘청의 난 → 서경 천도 주장, 서경에서 일으킴

정답 길잡이

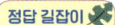 무신 정변

④ 망이·망소이가 공주 명학소에서 봉기하였다.
→ 망이·망소이의 난(정중부 집권기)

무신에 대한 차별 대우에 반발하여 무신들이 문신들을 제거한 **무신 정변** 이후, 무신 집권기가 전개되었어요. 이후 **정중부 집권기**에 **망이·망소이** 형제가 특수 행정 구역인 **공주 명학소**에서 가혹한 수탈에 저항하여 봉기하였어요(**망이·망소이의 난**).

✓ 오답 체크
① 김헌창이 난을 일으켰다. → 신라 하대
② 장문휴가 등주를 공격하였다. → 발해 무왕 때
③ 최치원이 시무 10여 조를 건의하였다. → 신라 하대

03 교정도감 60회 기출

다음 퀴즈의 정답으로 옳은 것은? [2점]

① 중방
② 교정도감
③ 도병마사
④ 식목도감

04 무신 정변과 삼별초의 항쟁 사이의 사실 48회 기출

(가) 시기에 있었던 사실로 옳은 것은? [3점]

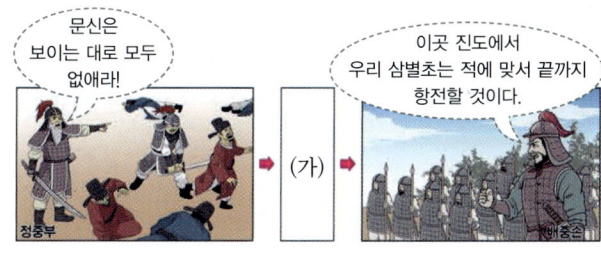

① 김헌창이 난을 일으켰다.
② 최우가 정방을 설치하였다.
③ 묘청이 금 정벌을 주장하였다.
④ 서희가 강동 6주를 획득하였다.

정답 길잡이

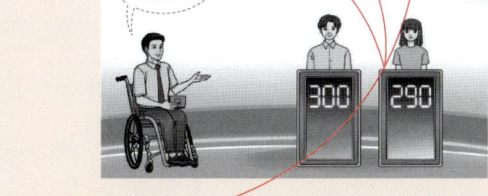

② **교정도감**

교정도감은 **최충헌**이 반대 세력을 제거하기 위해 설치한 임시 기구였으나, **무신 정권의 최고 권력 기구**로 발전하였어요. 한편 교정도감의 장관은 **교정별감**으로, 이는 최충헌을 비롯한 이후 무신 정권의 최고 집권자들에게 이어졌어요.

✓ 오답 체크
① 중방 → 고려 시대 무신들의 회의 기구
③ 도병마사 → 고려 시대의 임시 회의 기구
④ 식목도감 → 고려 시대의 임시 회의 기구

📝 이건 꼭! 암기
교정도감 → 고려 무신 정권기의 최고 권력 기구, 최충헌이 설치

정답 길잡이

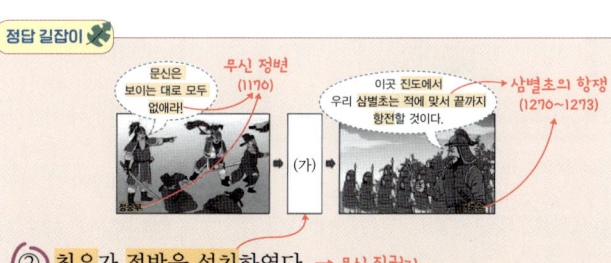

② **최우가 정방을 설치하였다.** → 무신 집권기

무신에 대한 차별 대우에 반발하여 **정중부** 등의 무신들이 문신들을 제거한 **무신 정변** 이후, 무신 집권기가 전개되었어요. 이 시기의 대표적인 집권자 중 한 명인 **최우**는 인사 행정 담당 기구인 **정방**을 설치하여 인사권을 장악하였고, 최씨 무신 정권의 군사적 기반으로 **삼별초를 조직**하였어요. 이후 삼별초는 몽골의 침입 당시 고려 정부가 몽골과 강화를 맺고 개경으로 환도하자, 이에 반발하여 배중손을 중심으로 진도에서 **독자적인 대몽 항쟁**을 전개하였어요.

✓ 오답 체크
모두 무신 정변 이전의 사실이에요.
① 김헌창이 난을 일으켰다. → 신라 하대
③ 묘청이 금 정벌을 주장하였다. → 문벌 귀족 집권기
④ 서희가 강동 6주를 획득하였다. → 문벌 귀족 집권기

기출주제 14. 원 간섭기와 공민왕의 개혁 정치

핵심 키워드 | #정동행성 #권문세족 #공민왕 #쌍성총관부 공격 #전민변정도감 #위화도 회군

스토리로 미리보기

S#1 고려의 어린 처녀들이 원에 끌려가다!

[31회 기출]

아이고, 겨우 15살인 우리 딸이 원나라에 **공녀**로 끌려가다니… 원나라가 우리 고려의 내정을 간섭하기 시작하더니 이렇게 사람까지 끌고가버리는구나! 옆 집 김씨네처럼 어린 나이에 혼인이라도 시켰어야 했는데…

S#2 공민왕이 철령 이북을 수복하다!

[36회 기출] 쌍성총관부를 공격하라!

나, **공민왕**. 원나라의 간섭을 벗어나기 위한 정책들을 실시 중이니라. **변발과 호복을 금지**하였으니, 이제는 영토를 되찾아야겠군. 당장 **쌍성총관부를 공격**하여 철령 이북을 수복하도록 하여라!

S#3 신진 사대부가 고려를 개혁하고자 하다!

[29회 기출] 새로운 국가를 세워야 합니다! 정도전

나, 신진 사대부 **정도전**. 지금의 고려로는 도저히 개혁을 이룰 수가 없겠소이다. 백성들을 위해서라면 새로운 국가를 세워야 하는데, 뜻이 맞는 **이성계** 장군을 설득해봐야겠소.

1 원 간섭기

└ 고종 때 태자(이후 원종)를 몽골에 보내 쿠빌라이를 배알(높은 사람을 찾아가 뵘)하고 강화를 맺으면서 시작됐어요.

(1) 원의 내정 간섭 ✎ 꼭 알아두기 | 원이 고려의 내정을 어떻게 간섭했는지 꼭 알아두세요!

부마국 체제 성립	고려 왕이 원의 공주와 결혼해 고려가 원의 부마(사위)국이 되면서 원의 명령에 의해 국왕이 자주 바뀌게 됨
왕실 호칭 격하	왕의 시호 앞에 '충성할 충(忠)'자를 쓰고, 폐하를 전하로, 태자를 세자로 바꿈
중앙 관제 격하	중앙 정치 조직인 2성을 첨의부로, 6부를 4사로 바꿈
★ 정동행성 설치	충렬왕 때 일본 원정을 위한 **정동행성**이 원에 의해 설치되었고, 일본 원정이 끝난 이후에도 존속되어 고려의 내정을 간섭함 (동쪽(일본)을 정벌하기 위한 관청이라는 뜻이에요.)
영토 상실	원이 우리 영토에 쌍성총관부(화주), 동녕부(평양), 탐라총관부(제주도)라는 통치 기관을 설치하고 이 지역을 직접 다스림
공녀 징발	**결혼도감**을 통해 고려의 처녀들이 원의 **공녀**로 징발됨 (공물로 바치는 여자라는 뜻이에요.) └ 국가의 중대사를 관장하기 위해 수시로 설립한 임시 관서예요.

(2) 원 간섭기의 사회 모습 ✎ 꼭 알아두기 | 원 간섭기에 변화된 사회 모습에 대해 알아두세요!

★ 사회 혼란	친원 세력인 **권문세족**이 고위 관직을 독점하고 농장을 확대하여 사회가 혼란해짐 (기존의 문벌 귀족, 몽골어를 익힌 역관 등이 포함됐어요.)
풍속 변화	**변발**, 족두리, **호복** 등의 몽골 풍습이 고려에서 유행함

> **기출 사료 더보기** 📍 **원 간섭기의 공녀 징발** [21회]
>
> 우리나라의 자녀들이 뽑혀서 서쪽(원나라)으로 들어가기를 거른 해가 없었다. 비록 왕실 친족같이 귀한 신분이라도 (자식을) 숨길 수 없고, 어미와 자식이 한 번 이별하면 아득하게 만날 기약이 없었다. 슬픔이 골수에 사무치고 심지어 병들어 죽는 이도 한둘이 아니었으니, 천하에 지극히 원통한 일로 이보다 더한 것이 어디 있겠는가? - 수령옹주 묘지명 중에서
>
> **사료 해석:** 원 간섭기에는 고려의 처녀들이 결혼도감을 통해 원에 공물로 바쳐졌어요.

2 공민왕의 개혁 정치

└ 원에서 볼모 생활을 하던 중 노국 대장 공주와 결혼하였으며, 이후 원에 의해 왕위에 올랐어요.

(1) 반원 자주 정책 ✎ 꼭 알아두기 | 공민왕이 실시한 반원 자주 정책의 내용을 기억하세요!

친원 세력 숙청	고려의 권문세족인 기철을 비롯한 **친원 세력을 숙청**함
기구 혁파	고려의 내정을 간섭하던 정동행성 이문소를 폐지함 (정동행성의 부속 관서예요.)
관제 복구	원의 연호 사용을 중지하고, 격하된 중서문하성과 상서성을 복구함
★ 영토 회복	**쌍성총관부를 공격**하여 원이 다스리던 **철령 이북의 땅을 수복**함
몽골풍 폐지	변발을 금지하고, 오랑캐의 복장(호복)을 폐지함

(2) 왕권 강화 정책

꼭 알아두기 | 공민왕이 왕권을 강화하고 권문세족을 약화시키기 위해 실시한 정책을 알아두세요!

- **정방 폐지**: 인사권을 장악하기 위해서 인사 행정을 담당하던 정방을 폐지함
- **전민변정도감 설치**
  - 권문세족의 경제적 기반을 약화시키기 위해 승려 **신돈을 등용**하고 전민변정도감을 둠
  - 불법적으로 빼앗긴 토지를 원래의 주인에게 돌려주거나, 억울하게 노비가 된 자들을 본래 신분으로 되돌려줌

기출 사료 더보기 전민변정도감 설치 [47회]

근래에 기강이 크게 무너져 권세가가 토지와 백성을 거의 다 빼앗아 점유하고, 크게 농장(農莊)을 두어 백성과 나라를 병들게 한다. 이제 도감을 설치하여 이를 바로 잡고자 하니, 잘못을 알고도 스스로 고치지 않는 자는 엄히 처벌하겠다. - 전민변정도감 판사 신돈

사료 해석: 공민왕은 신돈을 등용하고 권문세족이 불법적으로 빼앗긴 토지를 원래의 주인에게 돌려주기 위해 전민변정도감을 설치했어요.

3 고려 말의 정치 상황

(1) 신진 세력의 성장

- **신진 사대부의 성장**
  - 성장: 과거를 통해 중앙 관리로 진출한 새로운 정치 세력으로, 공민왕의 개혁 과정에서 크게 성장함
  - 활동: 성리학을 개혁 사상으로 삼아 권문세족의 횡포를 비판함
    - 유학의 한 갈래로, 인간의 심성을 우주의 원리와 연결하여 이해했어요.
  - 분화: 고려의 개혁 방향을 두고 분화됨
    - **온건파 사대부**: 점진적 개혁을 추구하고, 고려 왕조 유지를 주장함(역성 혁명 반대)
      - 포은 정몽주, 이색 등
    - **혁명파 사대부**: 급진적 개혁을 추구하고, 새로운 왕조 개창을 주장함(조선 건국 주도)
      - 삼봉 정도전, 조준 등
- **신흥 무인 세력의 성장**: 홍건적과 왜구의 침입을 격퇴하는 과정에서 최영, 이성계 등이 신흥 무인 세력으로 성장함
  - 홍산 대첩 / 황산 대첩

(2) 고려의 멸망

- **요동 정벌**: 우왕 때 명이 철령 이북에 철령위를 설치할 것임을 통보하자 최영이 요동 정벌을 주장하였고, 이성계는 4불가론을 들며 반대함
  - 군사 작전에 필요한 것들을 보급 및 지원하는 군영이에요.
  - 요동 정벌을 반대하는 4가지 이유예요.
- **위화도 회군**: 우왕과 최영이 요동 정벌을 명령하자 이성계가 위화도에서 회군을 단행함
- **멸망**: 위화도 회군으로 실권을 장악한 이성계가 혁명파 사대부와 함께 조선을 건국하며 고려가 멸망함

기출 사료 더보기 이성계의 4불가론 [47회]

우왕과 최영이 요동 공격을 결정하자 이성계가 이르기를 "지금 출병하는 것은 네 가지 이유로 불가합니다. 작은 나라가 큰 나라를 공격할 수 없는 것이 첫 번째요, 여름에 군사를 동원할 수 없는 것이 두 번째요, 왜구가 빈틈을 노릴 수 있는 것이 세 번째요, 장마철이어서 활은 아교가 풀어지고 질병이 돌 것이니 이것이 네 번째입니다."라고 하였다.

사료 해석: 이성계는 4가지 이유를 들어 우왕과 최영이 주장한 요동 정벌을 반대했어요.

퀴즈로 개념 다지기

1. 공민왕이 시행한 정책을 <보기>에서 모두 고르세요.

<보기>
ⓐ 노비안검법 실시 [71·69·64·63·61회]
ⓑ 친원 세력 숙청 [66·63·58·57회]
ⓒ 사심관 제도 실시 [63·61·57회]
ⓓ 정방 폐지 [57회]
ⓔ 교정도감 설치 [71·69·66·60회]
ⓕ 신돈 등용 [60·52회]

[, ,]

2. 기출 키워드의 초성을 완성하세요.

(1) 원의 일본 원정을 위해 설치된 기구: ㅈㄷㅎㅅ [67·57회]

(2) 원 간섭기의 지배층: ㄱㅁㅅㅈ [67·64·60회]

(3) 원 간섭기에 결혼도감을 통해 징발된 여인: ㄱㄴ [64회]

(4) 원 간섭기에 지배층을 중심으로 유행한 몽골 풍습: ㅂㅂ, ㅎㅂ [64·60회]

(5) 공민왕이 쌍성총관부를 공격하여 수복한 지역: ㅊㄹ 이북 [71·69·67·66·64회]

(6) 공민왕이 토지를 원래 주인에게 돌려주기 위해 설치한 기구: ㅈㅁㅂㅈㄷㄱ [71·67·64·63·61회]

정답 1. ⓑ, ⓓ, ⓕ
2. (1) 정동행성 (2) 권문세족
(3) 공녀 (4) 변발, 호복
(5) 철령 (6) 전민변정도감

기출로 실전 감각 키우기 기출주제 14 원 간섭기와 공민왕의 개혁 정치

01 원 간섭기의 모습 64회 기출

밑줄 그은 '이 시기'에 볼 수 있는 모습으로 적절하지 <u>않은</u> 것은? [2점]

① 매를 조련시키는 응방 관리
② 원에 공녀로 끌려가는 여인
③ 황룡사 구층 목탑을 세우는 목공
④ 권문세족에게 땅을 빼앗기는 농민

02 원 간섭기의 사실 63회 기출

밑줄 그은 '시기'에 있었던 사실로 옳은 것은? [2점]

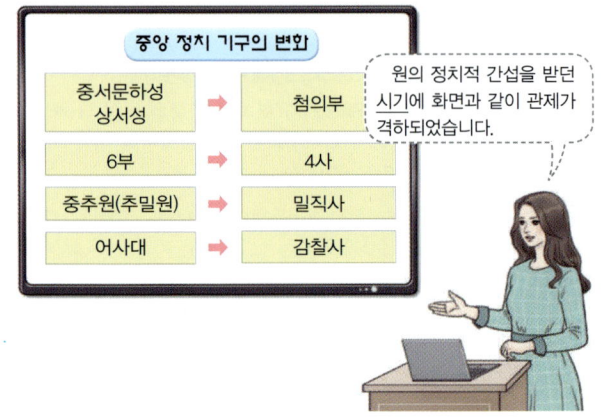

① 별무반이 편성되었다.
② 정동행성이 설치되었다.
③ 6조 직계제가 실시되었다.
④ 김흠돌의 난이 진압되었다.

정답 길잡이

③ **황룡사 구층 목탑**을 세우는 목공 → 삼국 시대(신라)

삼국 시대인 **신라 선덕 여왕** 때 승려 자장의 건의로 나라가 태평하기를 바라는 염원을 담은 **황룡사 구층 목탑이 건립**되었어요. 한편 황룡사 구층 목탑은 몽골의 3차 침입 때 소실되었어요.

✓ 오답 체크
① **원 간섭기**에 매 징발을 위해 매를 사냥하고 조련시키는 기구로 **응방이 설치**되었어요.
② **원 간섭기**에 결혼도감이라는 임시 관청을 통해 고려의 여성들이 원에 **공녀**로 끌려갔어요.
④ **원 간섭기**에 **권문세족**이 불법적으로 농민의 땅을 빼앗아 농장을 확대하였어요.

📌 이건 꼭! 암기
원 간섭기 → 변발과 호복, 응방, 권문세족, 결혼도감_공녀

정답 길잡이

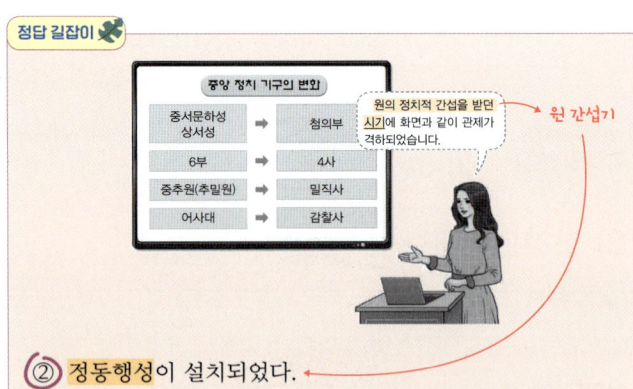

② **정동행성**이 설치되었다.

원 간섭기는 고려가 몽골이 세운 원나라의 간섭을 받은 시기로, 고려의 왕이 원의 공주와 혼인함으로써 고려는 원의 **부마국**(사위국)이 되었어요. 이 시기에 고려의 중앙 정치 기구인 중서문하성과 상서성(2성)은 **첨의부**로, 6부는 **4사로 통폐합**되었으며, 중추원은 밀직사로 격하되었어요. 또한 이 시기에는 일본 원정을 위한 기구로 **정동행성이 설치**되었으며, 이는 일본 원정 이후에도 남아 있어 고려의 내정을 간섭하였어요.

✓ 오답 체크
① 별무반이 편성되었다. → 고려 문벌 귀족 집권기
③ 6조 직계제가 실시되었다. → 조선 전기
④ 김흠돌의 난이 진압되었다. → 신라 중대

03 공민왕 재위 기간의 사실   66회 기출

밑줄 그은 '왕'의 재위 기간에 있었던 사실로 옳은 것은? [2점]

① 동북 9성을 축조하였다.
② 독서삼품과가 실시되었다.
③ 쌍성총관부를 공격하였다.
④ 백두산 정계비가 건립되었다.

정답 길잡이

③ 쌍성총관부를 공격하였다.

공민왕은 원에서 볼모 생활을 하던 중 **노국 대장 공주**와 결혼하였어요. 즉위 후에는 원의 간섭에서 벗어나기 위해 **기철 등 친원 세력을 제거**하였으며, 고려의 내정을 간섭하던 기구인 **정동행성 이문소를 혁파**하였어요. 또한 **쌍성총관부를 공격**해 철령 이북의 땅을 되찾았어요.

✓ 오답 체크
① 동북 9성을 축조하였다. → 고려 예종
② 독서삼품과가 실시되었다. → 통일 신라 원성왕
④ 백두산 정계비가 건립되었다. → 조선 숙종

04 공민왕   47회 기출

다음 조치가 내려진 시기를 연표에서 옳게 고른 것은? [3점]

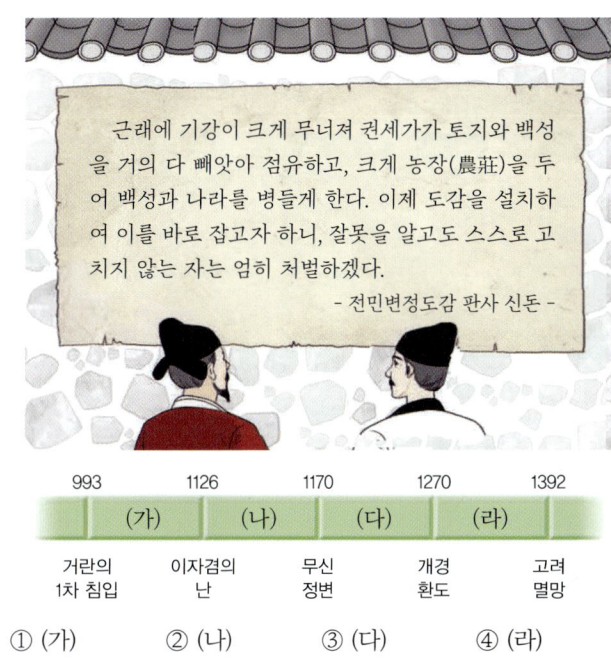

① (가)   ② (나)   ③ (다)   ④ (라)

정답 길잡이

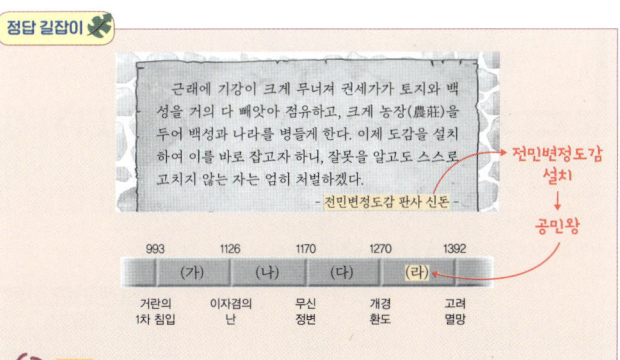

④ (라)

고려 정부가 몽골과 강화를 맺고 개경으로 환도한 이후, 본격적으로 **원 간섭기**가 전개되었어요. 원 간섭기에는 친원 세력인 권문세족이 고위 관직을 독점하고 농장을 확대하며 사회 혼란이 심화되었습니다. 이후 즉위한 **공민왕**은 원의 간섭이 약화된 시기를 이용해 개혁 정책을 실시하였습니다. 이에 **신돈을 등용**하고 **전민변정도감을 설치**하여 권문세족이 불법적으로 차지한 토지를 원래 주인에게 돌려주고, 강제로 노비가 된 자를 양인으로 해방하였어요.

기출주제 15 고려의 대외 관계

핵심 키워드 | #서희_외교 담판 #강동 6주 #귀주 대첩 #별무반 조직 #동북 9성 #처인성 전투 #삼별초 #진포 대첩

스토리로 미리보기

S#1 강감찬이 귀주에서 거란을 물리치다!

오랑캐 주제에 세 번이나 고려를 침입하다니! 이번에야말로 이 **강감찬**이 **거란**에게 본 때를 보여줘야겠어. 듣자 하니 소배압이라는 자가 군대를 10만이나 끌고 온다던데.. **귀주**로 유인해서 한꺼번에 쓸어버리자!!

S#2 여진 정벌을 위해 별무반이 조직되다!

국경에서 말썽만 부리던 **여진**에게 지고 말다니.. 이 대로 있기엔 자존심이 너무 상하는데.. 왕(숙종)에게 특별한 부대를 만들자고 건의해서 여진을 무찔러야겠어! 아 참, 부대에 말 타고 싸우는 병사는 꼭 넣자고 해야지.

S#3 몽골에 항전하고자 수도를 강화도로 옮기다!

휴, 선물까지 바쳐가면서 **몽골군**을 겨우 돌려 보냈는데 또 침입하면 나 **최우**의 위신이 위태로워지겠어. 몽골군이 쳐들어오기 어려운 섬으로 **도읍을 옮겨**서 전쟁 준비를 해야겠군. 어디로 옮기는 게 좋을까?

1 10~11세기 거란의 침입과 격퇴

> 꼭 알아두기 | 거란의 침입을 격퇴하는 과정에 대해 알아야 해요!

- **1차 침입(성종)**
  - 전개: 거란의 장수 소손녕의 군대가 고려를 공격함
    └ 고려의 대거란 강경책을 빌미로 삼았어요.
  - 결과: **서희**가 소손녕과의 **외교 담판**으로 **강동 6주** 지역을 획득함

- **2차 침입(현종)**
  - 전개: 고려의 무신 강조가 목종을 폐위하고 현종을 왕위에 올린 사건(강조의 정변)을 구실로 거란이 다시 침입함
  - 결과: 무신 양규가 흥화진 전투에서 승리하였고, 고려 현종의 입조를 조건으로 거란이 철수함
    └ 고려 왕이 거란 조정에 문안 인사를 하는 것이에요.

- **3차 침입(현종)**
  - 전개: 현종이 입조를 하지 않자, 거란의 장수 소배압이 10만 대군을 이끌고 강동 6주의 반환을 요구하며 침입함
  - 결과: **강감찬** 장군이 **귀주**에서 거란군을 격퇴함(귀주 대첩, 1019)

- **영향**
  - 나성 축조: 강감찬의 건의로 개경 주위에 도성을 에워싼 외성을 축조함
  - 천리장성 축조: 압록강 하구에서 도련포를 잇는 천리장성을 축조함

기출 사료 더보기 귀주 대첩 [41회]

거란군이 귀주를 통과하자 강감찬 등이 동쪽 들판에서 맞아 싸우니, …… 적의 시체가 들을 덮었고 사로잡은 포로, 노획한 말과 낙타, 갑옷, 병장기를 다 셀 수 없을 지경이었다.

사료 해석: 거란이 고려를 3차 침입하였을 때, 강감찬이 이끄는 고려군이 귀주에서 거란군과 싸워 승리하였어요.

2 12세기 여진 정벌과 금의 사대 요구 수용

(1) 여진 정벌 과정

> 꼭 알아두기 | 여진 정벌에 나섰던 윤관과 별무반을 꼭 기억하세요!

신기군(기병), 신보군(보병), 항마군(승병)으로 구성되었어요.

여진과의 전투 (숙종)	별무반 조직 (숙종, 1104)	여진 정벌과 동북 9성 축조 (예종, 1107)
고려가 기병(말을 탄 군사) 중심인 여진과의 전투에서 패배함	윤관이 숙종에게 기병을 양성할 것을 건의해 별무반을 조직함	윤관이 **별무반**을 이끌고 여진을 정벌함 → **동북 9성**을 축조함(관리가 어려워 2년 후 여진에게 동북 9성을 반환함)

(2) 금의 사대 요구 수용

- **금나라 건국**: 여진족이 세력을 키워 금나라를 건국함
- **사대 요구 수용**: 금나라가 거란의 요나라를 멸망시킨 후 고려에 군신 관계를 요구하였고, 당시 집권자였던 이자겸이 금의 사대 요구를 수용함(1126)

3 13세기 몽골의 침입과 대몽 항쟁

(1) 몽골의 침입과 대몽 항쟁 과정
꼭 알아두기 | 몽골 침입 때 일어난 주요 전투를 알아두세요!

- **몽골 제국 성립**: 몽골 부족들이 통합되어 몽골 제국이 성립됨
- ↓
- **저고여 피살 사건**: 고려에 왔던 몽골 사신 저고여가 국경에서 피살된 사건이 몽골 침입의 구실이 됨
- ↓
- **1차 침입**: 몽골이 저고여의 피살 사건을 구실로 침입하자, 박서가 귀주성에서 저항하였으나, 수도인 개경이 포위되어 고려 정부의 요청으로 강화를 맺고 돌아감
- ↓
- **강화 천도**: 대몽 항쟁을 위해 집권자인 최우의 주도로 개경에서 강화도로 수도를 옮김
- ↓
- **2차 침입**
  - 몽골이 고려의 강화 천도를 구실로 침입함
  - 승려 **김윤후**가 **처인성**에서 몽골 장수 **살리타(살례탑)를 사살**함 (처인성 전투)
- ↓
- **3차 침입**: 경주 황룡사 구층 목탑이 불에 탔으며(소실), 몽골군의 침입을 격퇴하려는 염원을 담아 대장도감을 설치하고 팔만대장경의 조판을 시작함
- ↓
- **5차 침입**: 김윤후가 충주산성에서 몽골군을 물리침
- ↓
- **몽골과의 강화와 개경 환도**: 고려 정부는 몽골과 강화를 맺고, 대몽 항쟁을 주장하던 무신 정권이 붕괴되자 개경으로 돌아옴(환도) → 고려가 몽골이 세운 원나라의 간섭을 받게 됨

(2) 삼별초의 항쟁 과정
꼭 알아두기 | 삼별초가 대몽 항쟁을 전개했던 지역을 알아두세요!

- **강화도**
  - 고려 정부의 개경 환도에 반발하여 배중손의 지휘 아래 대몽 항쟁을 펼침
  - 고려·원 연합군의 공격을 피해 진도로 이동함
- **진도**: **배중손**이 죽자 김통정의 지휘로 제주도로 이동함
- **제주도**: 김통정의 지휘 아래 제주도에서 싸웠으나 고려·원 연합군에 의해 진압됨
  - └ 항파두리에 성을 쌓고 몽골에 맞서 싸웠어요.

기출 사료 더보기 몽골의 1차 침입 [54회]

칸께서 살리타 등이 이끄는 군대를 너희에게 보내 항복할지 아니면 죽임을 당할지 묻고자 하신다. 이전에 칸께서 보낸 사신 저고여가 사라져서 다른 사신이 찾으러 갔으나, 너희들은 활을 쏘아 그를 쫓아냈다. 너희가 저고여를 살해한 것이 확실하니, 이제 그 책임을 묻고 있는 것이다.

사료 해석: 고려에 왔던 몽골 사신 저고여가 국경에서 피살당하는 사건이 발생하자, 몽골은 이를 구실로 고려를 1차 침입하였어요.

4 고려 말 홍건적과 왜구의 침입

- **홍건적의 침입 (공민왕)**
  - 개경이 함락되어 공민왕이 왕비인 노국 공주와 함께 복주(안동)로 피난을 감
  - 최영·이성계 등이 홍건적을 격퇴함
- **왜구의 침입 (우왕)**
  - **홍산 대첩**: 최영이 홍산에서 왜구를 격퇴함
  - **진포 대첩**: 최무선 등이 진포에서 화포를 이용하여 왜구를 격퇴함
  - **황산 대첩**: 이성계가 황산에서 왜구를 격퇴함

퀴즈로 개념 다지기

1. 외적의 침입에 대한 고려의 대응을 알맞게 연결하세요.

(1) 거란 · · ⓐ 별무반 조직 [71·67·66·64·60회]

(2) 여진 · · ⓑ 나성 축조 [66회]

(3) 몽골 · · ⓒ 강화 천도 [69·67·66·64·63회]

2. 기출 키워드의 초성을 완성하세요.

(1) 서희가 거란으로부터 획득한 지역: ㄱㄷ 6주 [71·69·66·64·61회]

(2) 여진을 정벌하고 지은 성: ㄷㅂ 9성 [71·69·66·61·60회]

(3) 김윤후가 몽골 장수 살리타를 사살한 전투: ㅊㅇㅅ 전투 [67·66·64·60·58회]

(4) 강화도와 진도에서 삼별초의 항쟁을 이끈 인물: ㅂㅈㅅ [64·54·52회]

(5) 화포로 왜구를 격퇴한 전투: ㅈㅍ 대첩 [71·67·66·64·63회]

정답 1. (1) ⓑ (2) ⓐ (3) ⓒ
2. (1) 강동 (2) 동북
(3) 처인성 (4) 배중손
(5) 진포

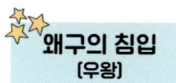

기출로 실전 감각 키우기 기출주제 15 고려의 대외 관계

01 서희 55회 기출

(가) 인물의 활동으로 옳은 것은? [1점]

① 강동 6주를 확보하였다.
② 동북 9성을 축조하였다.
③ 화통도감을 설치하였다.
④ 4군과 6진을 개척하였다.

02 윤관 50회 기출

(가) 인물의 활동으로 옳은 것은? [2점]

① 우산국을 정복하였다.
② 4군 6진을 설치하였다.
③ 강동 6주를 확보하였다.
④ 동북 9성을 축조하였다.

정답 길잡이

① **강동 6주를 확보**하였다.

서희는 **고려 성종** 때 활동한 외교가예요. 당시 고려는 중국 송과 친선 관계를 맺은 반면, 발해를 멸망시킨 거란은 적대하였어요. 이를 구실로 **거란이 고려를 침입**하자, 서희는 거란의 장수 **소손녕과 외교 담판**을 벌여 거란과 교류할 것을 약속하는 대신, 여진을 몰아내고 **강동 6주를 확보**하였어요.

오답 체크
② 동북 9성을 축조하였다. → 윤관
③ 화통도감을 설치하였다. → 최무선
④ 4군과 6진을 개척하였다. → 최윤덕, 김종서

📒 이건 꼭! 암기
서희 → 거란의 1차 침입에 맞섬, 소손녕과 외교 담판, 강동 6주 확보

정답 길잡이

④ **동북 9성을 축조**하였다.

윤관은 고려가 기병(말을 탄 군사) 중심인 여진군에게 패하자 숙종에게 특수 부대를 편성할 것을 건의하였어요. 이에 숙종 때 여진 정벌을 위해 신기군(기병), 신보군(보병), 항마군(승병)으로 구성된 **별무반이 조직**되었으며, 이후 예종 때 윤관이 별무반을 이끌고 **여진족을 정벌**한 뒤 **동북 9성을 축조**하였습니다.

오답 체크
① 우산국을 정복하였다. → 이사부
② 4군 6진을 설치하였다. → 최윤덕, 김종서
③ 강동 6주를 확보하였다. → 서희

📒 이건 꼭! 암기
윤관 → 별무반 편성 건의, 동북 9성 축조

03 고려의 대몽 항쟁 — 66회 기출

(가)에 들어갈 내용으로 가장 적절한 것은? [2점]

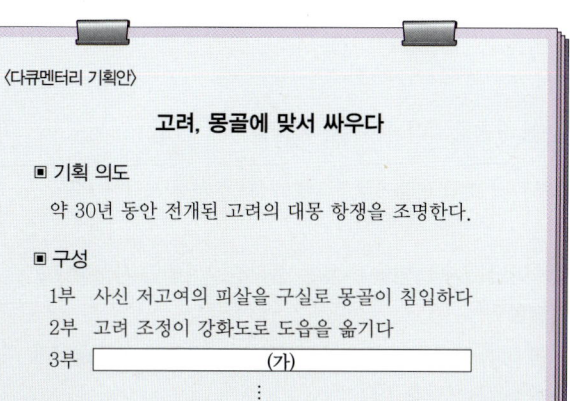

① 윤관이 별무반 편성을 건의하다
② 김윤후가 처인성 전투에서 활약하다
③ 을지문덕이 살수에서 적군을 물리치다
④ 서희가 외교 담판을 통해 강동 6주 지역을 확보하다

04 고려 대외 관계의 전개 — 52회 기출

(가)~(다)의 사건을 일어난 순서대로 옳게 나열한 것은? [3점]

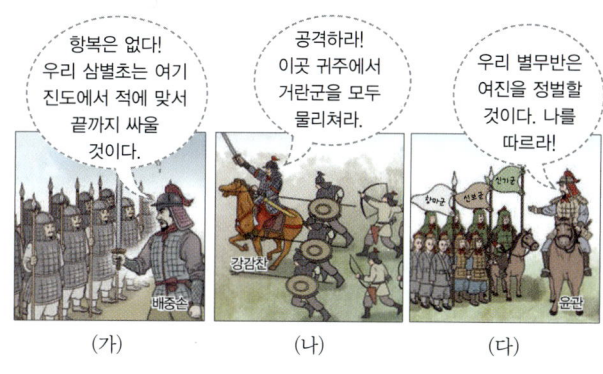

① (가) - (나) - (다)   ② (나) - (다) - (가)
③ (다) - (가) - (나)   ④ (다) - (나) - (가)

정답 길잡이

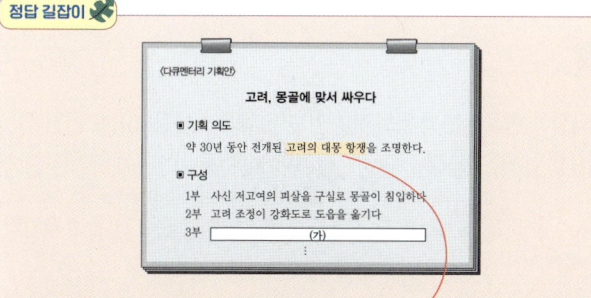

② 김윤후가 처인성 전투에서 활약하다

고려는 몽골 사신 저고여가 국경 지대에서 피살당한 사건을 계기로 **몽골의 1차 침입**을 받았어요. 이때 박서가 귀주성에서 몽골에 항전하였으나, 결국 수도인 개경이 포위되며 고려는 몽골과 강화를 맺었어요. 이후 장기적인 대몽 항쟁을 위해 고려는 개경에서 **강화도**로 도읍을 옮겼으나, 몽골이 이를 구실로 고려에 **2차 침입**하였어요. 이때 승려 김윤후가 처인성에서 몽골 장수 살리타를 사살하였어요(처인성 전투).

오답 체크
① 윤관이 **별무반 편성**을 건의하다 → 여진에 대한 고려의 대응
③ **을지문덕**이 살수에서 적군을 물리치다
  → 수에 대한 고구려의 대응
④ **서희**가 외교 담판을 통해 **강동 6주** 지역을 확보하다
  → 거란에 대한 고려의 대응

정답 길잡이

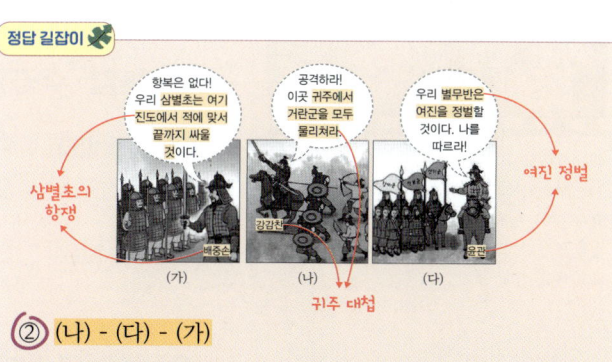

② (나) - (다) - (가)
귀주 대첩 - 여진 정벌 - 삼별초의 항쟁

- **(나) 귀주 대첩**: 11세기 초인 현종 때 거란은 강동 6주의 반환을 요구하며 고려를 세 번째로 침입하였어요. 이때 강감찬이 귀주 지역에서 거란군을 크게 격파하였습니다.
- **(다) 여진 정벌**: 12세기 초인 예종 때 윤관은 별무반을 이끌고 여진족을 정벌하였으며, 동북 지방 일대에 9성(동북 9성)을 쌓았어요.
- **(가) 삼별초의 항쟁**: 13세기에 최씨 무신 정권이 무너지고 고려 정부가 몽골과 강화를 맺자, 최씨 무신 정권의 사병 집단인 삼별초가 이에 반발하여 독자적으로 대몽 항쟁을 전개하였어요. 삼별초는 배중손의 지휘 아래 강화도에서 진도로 이동하여 항쟁을 이어갔어요.

기출주제 16. 고려의 경제와 사회

핵심 키워드 | #과전법 #건원중보 #해동통보 #은병(활구) #벽란도 #의창 #상평창

스토리로 미리보기

S#1 전시과라는 새로운 토지 제도가 시행되다!

우리는 고려의 공무원! 내일부터 일을 한 대가로 땅을 준다는데, **전시과**라나 뭐라나? 내 땅이 되는 건 아니고 대신 그 땅에서 곡식이랑 땔감을 거둬서 쓰라는데 야무지게 걷어야겠어.

S#2 무역 활동이 활발하게 이루어지다!

내래 **벽란도**에서 장사하는 상인입네다. 글쎄 어제는 **아라비아**라는 저 먼 곳에서 상인들이 와가지고 수은이랑 향료를 팔겠다고 아니 하겠소? 그리고 말을 잘 못하는지 우리나라를 '고려'인데 '코리아'라고 하지 뭡니까?

S#3 굶주리는 백성에게 곡식을 빌려주다!

아이고, 이를 어쩌나. 올해 농사가 망해서 당장 아이들 먹일 곡식이 없어 큰일이네. 그래도 나라에서 곡식을 빌려준다니 그거라도 받아야겠어. **의창**으로 같이 가봅시다!

1 고려의 경제

(1) 토지 제도

꼭 알아두기 | 고려가 실시한 토지 제도들을 구분할 수 있어야 해요!

- **역분전**: 공신들에게 인품과 공로에 따라 토지를 지급함
- **전시과**
  - 의미: 관리에게 관직 복무의 대가로 **전지**와 **시지**를 차등 지급한 제도
    - (농사를 짓는 땅이에요.)
    - (땔감을 얻을 수 있는 땅이에요.)
    - (처음에는 인품과 공복이 기준이었으나, 이후 관등만이 지급 기준이 되었어요.)
  - 특징: 소유권이 아닌 조세를 받을 수 있는 권리인 수조권만 지급하였으며, 세습이 불가능함
  - 붕괴: 무신 정변 이후 귀족들이 토지를 독점하고 세습하자, 관리들에게 지급할 토지가 부족해지면서 붕괴됨
- ⭐**과전법**
  - 목적: 국가 재정을 확보하고 신진 사대부의 경제적 기반을 마련하기 위함
  - 특징: 정도전, 조준 등의 주도로 시행되었으며, 경기 지역에 한정하여 수조권이 설정된 토지(과전)를 지급함

> **기출 사료 더보기** 📍**과전법** [63회]
> 전하께서는 무릇 수도에 거주하는 관료에게는 단지 **경기 안의 토지만을** 지급하고, 그 밖의 토지는 허락하지 마십시오. 이를 법으로 제정해서서 백성과 더불어 다시 시작하십시오. …… - 조준의 상소
>
> **사료 해석**: 고려 말 공양왕 때 국가 재정을 확보하고, 신진 사대부의 경제적 기반을 마련하기 위해 경기 지역에 한정하여 수조권이 설정된 토지를 지급하는 과전법이 시행되었어요.

(2) 농업·수공업의 발달

- **농업 기술 발달**
  - 목화 재배: 문익점이 원나라에서 목화씨를 가져와 재배에 성공하여 보급됨
  - 농서 보급: 고려 말 이암이 농서인 『농상집요』를 원나라로부터 소개하고 보급함
- **수공업의 발달**: 전기에는 관청 수공업과 소 수공업이 발달하였으며, 후기에는 가내 수공업과 사원 수공업이 발달함
  - (특수 행정 구역인 소의 주민들이 관청에 납부할 물건을 생산하는 것이에요.)
  - (승려들이 물건을 생산하는 형태예요.)

(3) 상업의 발달

꼭 알아두기 | 고려에서 사용된 동전에 대해 알아야 해요!

- **도시 상업 발달**
  - 시전 설치: 개경·서경에 시전(시가지에 있는 큰 상점)이 설치됨
  - 경시서 설치: 시전의 상행위를 감독하는 관청이 설치됨
- ⭐**화폐 주조**
  - **건원중보**: 성종 때 주조된 우리나라 최초의 화폐
  - 삼한통보·**해동통보**: 숙종 때 설치된 주전도감에서 주조된 화폐
  - **은병(활구)**: 숙종 때 우리나라의 지형을 본떠서 제작한 화폐
- **무역 활동**
  - 특징: 예성강 하구의 **벽란도**가 국제 무역항으로 발전하면서 발달함
  - 송과의 무역: 종이, 인삼 등을 수출하고 비단과 약재 등을 수입함
  - 거란·여진과의 무역: 농기구나 식량 등을 수출하고 모피와 말 등을 수입함
  - 아라비아와의 무역: 아라비아 상인들에게 수은과 향료 등을 수입함

기출 사료 더보기 📍**숙종 때의 화폐 주조** [46회]

○ 왕 6년, 은병을 화폐로 삼았는데, 은 1근으로 만들되 우리나라 지형을 본뜬 것으로 속칭 활구라 하였다.
○ 왕 7년, "화폐를 주조하는 법을 제정하니, 주조한 화폐 15,000관을 재추(宰樞)와 문무 양반 및 군인에게 하사하여 화폐 사용의 시초로 삼으며, 화폐의 명칭은 해동통보로 하라."라고 명하였다.

사료 해석: 고려 숙종 때 주전도감에서 해동통보와 은병(활구) 등의 화폐가 만들어졌어요.

2 고려의 사회

(1) 신분 제도

귀족
- **구성**: 왕족·공신과 5품 이상의 고위 관리로 구성됨
- **특권**: 음서와 공음전(5품 이상의 관리에게 지급된 토지)의 혜택을 받음
- **변천**: 호족 → 문벌 귀족 → 무신 → 권문세족 → 신진 사대부

중간 계층
- **특징**: 직역을 세습하고 그 대가로 국가로부터 토지인 외역전을 지급받음
- **향리**
  - **성장**: 지방 호족 세력 재편 과정에서 등장해 무신 집권 이후 중앙으로 진출함
  - **역할**: 지방 행정의 실무를 담당함 ← 향리직의 우두머리예요.
  - **구성**: 지방의 실질적인 지배층인 호장·부호장과 하층 향리로 구성됨
- **특징**: 기인제와 사심관제에 의한 통제를 받음

양민
- **백정**: 주로 농업에 종사하는 농민층으로, 과거 응시가 가능하였음
- **특수 집단민**: 향·부곡·소에 거주하며 일반 양민보다 세금을 많이 냄

천민: 대다수가 노비로, 매매·상속·증여의 대상이 됨

(2) 사회 모습
꼭 알아두기 | 고려 시대에는 사회적으로 여성도 남성과 동등한 대우를 받았어요!

사회 제도
- **제위보**: 광종 때 설치된 기구로, 기금을 만들어 이자로 빈민을 구제함
- 📍**의창**: 성종 때 설치된 구제 기구로, 곡식을 빌려줌
- **상평창**: 성종 때 설치된 물가 조절 기구

여성의 지위
- **상속과 제사**: 남녀 차별 없이 균등하게 상속되었으며, 딸도 제사를 지냄
- **혼인**: 여성의 이혼과 재가가 가능했으며, **여성도 호주가 될 수 있었음**
  └ 재가한 여성의 자식도 차별 받지 않았어요.
- **음서의 혜택**: 사위와 외손자에게까지 음서의 혜택이 있었음

기출 사료 더보기 📍**의창** [14회]

우리 태조께서 흑창을 설치하여 빈궁한 백성에게 진대하는 것을 일정한 법식으로 삼으셨다. 그런데 지금, 백성은 늘어 가는데 저축은 많아지지 않고 있으니, 쌀 1만 석을 더 보태고 **이름을 의창**이라 고친다.

사료 해석: 고려 성종 때 가난한 백성을 구제하기 위해 태조 때의 흑창을 확대하여 의창을 설치하였어요.

퀴즈로 개념 다지기

1. <보기>에서 알맞은 내용을 골라 빈칸을 채우세요.

<보기>
ⓐ 해동통보 [69·64·61회]
ⓑ 제위보 [60회]
ⓒ 상평창 [60·58·51·50회]

(1) 숙종 때 주조된 화폐로는 [　　]이/가 있다.

(2) 고려 시대에 기금을 만들어 이자로 빈민을 구제한 기구는 [　　](이)다.

(3) 고려 시대에 물가 조절 기구로 [　　]이/가 설치되었다.

2. 기출 키워드의 초성을 완성하세요.

(1) 관리에게 전지와 시지를 지급한 고려의 토지 제도: ㅈㅅㄱ
[64·63·60·58·57회]

(2) 우리나라 최초의 화폐: ㄱㅇㅈㅂ
[69·66·52회]

(3) 숙종 때 우리나라의 지형을 본떠 제작된 화폐: ㅇㅂ
[71·69·67·63·61회]

(4) 고려의 국제 무역항: ㅂㄹㄷ
[69·66·64·63·61회]

(5) 성종 때 백성에게 곡식을 빌려주기 위해 설치된 기구: ㅇㅊ
[61회]

정답 1. (1) ⓐ (2) ⓑ (3) ⓒ
2. (1) 전시과 (2) 건원중보
(3) 은병 (4) 벽란도 (5) 의창

기출로 실전 감각 키우기 기출주제 16 고려의 경제와 사회

01 전시과 58회 기출

(가)에 들어갈 내용으로 옳은 것은? [1점]

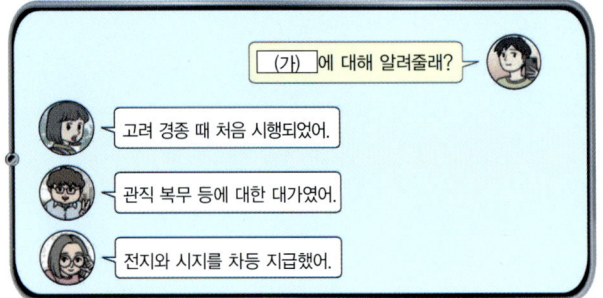

① 과전법
② 납속책
③ 전시과
④ 호포제

02 고려 시대의 경제 상황 66회 기출

다음 대화가 이루어진 시기의 경제 상황으로 가장 적절한 것은? [2점]

① 공인이 관청에 물품을 조달하였다.
② 모내기법이 전국적으로 확산되었다.
③ 벽란도가 국제 무역항으로 기능하였다.
④ 고추와 담배가 상품 작물로 재배되었다.

정답 길잡이

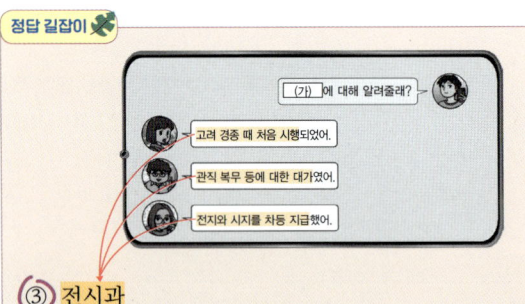

③ **전시과**
전시과는 **고려 시대**의 **토지 제도**로, **경종 때 처음 시행**되었어요. 이는 관리에게 **관직 복무 등의 대가**로 농사를 짓는 땅인 전지와 땔감을 얻을 수 있는 **시지를 차등 지급**하되, 소유권이 아닌 **수조권**(세금을 거둘 수 있는 권리)**만 지급**하는 제도였어요.

✓ 오답 체크
① 과전법 → 고려 말~조선 초의 토지 제도
② 납속책 → 조선 시대의 재정 보충 정책
④ 호포제 → 흥선 대원군 집권기의 군역 제도

📓 이건 꼭! 암기
전시과 → 관직 복무의 대가, 전지와 시지 차등 지급

정답 길잡이

고려 시대

③ **벽란도**가 국제 무역항으로 기능하였다.
고려는 광종 때에 **송나라**와 정식으로 **국교**를 맺어 활발한 교류를 하였어요. 이에 따라 송나라는 고려에 사신단을 파견하였고, 사신단이 고려에 올 때 물품을 많이 가져왔어요. 또한 고려는 **송**을 비롯한 여러 나라와의 국제 무역이 발달하여 수도 개경과 가까운 **예성강** 하구에 위치한 **벽란도**가 국제 무역항으로 번성하였어요.

✓ 오답 체크
① 공인이 관청에 물품을 조달하였다. → 조선 후기
② 모내기법이 전국적으로 확산되었다. → 조선 후기
④ 고추와 담배가 상품 작물로 재배되었다. → 조선 후기

📓 이건 꼭! 암기
고려 시대의 경제 → 벽란도_국제 무역항, 송과 국교를 맺음

03 고려의 경제 상황   71회 기출

교사의 질문에 대한 학생의 답변으로 옳은 것은? [2점]

정답 길잡이

② **활구라고 불리는 은병이 사용**되었어요.

고려는 **벽란도**가 국제 무역항으로 발달하고, **개경·서경** 등을 중심으로 **시전과 관영 상점, 경시서**가 설치되는 등 상업이 발달하였어요. 이러한 상업의 발달에 따라 **숙종** 때에는 **주전도감**을 설치하여 우리나라의 지형을 본떠서 만든 **활구**라는 은병이 사용되었으며, **해동통보, 삼한통보** 등의 화폐가 제작되었어요.

오답 체크
① 감자, 고구마 등의 작물이 널리 재배되었어요. → 조선
③ 시장을 감독하기 위한 **동시전**이 설치되었어요. → 신라
④ 만상, 내상 등이 무역을 하였어요. → 조선

04 고려의 사회 모습   54회 기출

교사의 질문에 대한 학생의 답변으로 옳지 <u>않은</u> 것은? [1점]

정답 길잡이

③ **골품제가 실시**되었습니다. → 신라

골품 제도는 **신라의 신분 제도**로 신라인들은 골품 제도에 의해 관등 승진에 제한을 받았으며, 집과 수레의 크기 등 일상 생활까지 규제 받았어요.

오답 체크
① **고려**에서는 **의창이 운영**되었습니다.
② **고려**에서는 **팔관회가 개최**되었습니다.
④ **고려**에서는 **여성이 호주**가 될 수 있었습니다.

📋 이건 꼭! 암기

고려의 사회 모습 → 의창 운영, 팔관회 개최, 여성도 호주 가능

기출주제 17 고려의 사상과 과학 기술의 발달

핵심 키워드 | #국자감 #『삼국사기』 #『삼국유사』 #의천 #지눌 #『직지심체요절』 #화통도감

스토리로 미리보기

S#1 예종이 관학 진흥책을 실시하다!

[16회 기출]
양현고를 두어 필요한 재정을 확충하시오!

나, **예종**. 위축된 관학 교육을 진흥시키고자 국자감에 **7재**를 설치하였더니 효과가 있다고 한다. 이번엔 **양현고**를 두어 장학 기금을 마련해야겠군!

S#2 일연이 『삼국유사』를 저술하다!

[33회 기출]
일연 스님, 『삼국유사』 소개 부탁드립니다.
이 책은 불교 관련 내용과 전설, 설화 등을 실은 역사서입니다.

나, 승려 **일연**. 마침내 삼국의 역사를 기록한 『**삼국유사**』의 저술을 끝냈습니다. 승려들이 한 일이나 불교에 대한 설화와 함께 우리 민족의 건국 신화인 **단군 신화**까지 이 책에 기록하였습니다.

S#3 화통도감에서 제작한 화포로 왜구를 물리치다!

[33회 기출]

나, **최무선**. 왜구를 물리치고자 왕에게 건의하여 **화통도감**을 설치하고 화약과 화포를 제작하였다. 드디어 이곳 **진포**에서 화포를 써볼 수 있겠군!

1 고려의 유학

(1) 유학의 발달 과정

- **고려 초기**
  - **특징**: 자주적·주체적 성격의 유교를 정치 이념으로 세움
  - **대표 학자**: 최승로(유교 사상을 통치의 근본으로 삼은 시무 28조 작성)

- **고려 중기**
  - **특징**: 문벌 귀족 사회의 발달로 유교 사상이 점차 보수적 성향이 됨
  - **대표 학자**
    - **최충**: 해동공자로 불림, 사립 교육 기관인 9재 학당을 건립함
    - **김부식**: 유교 사관에 입각하여 『삼국사기』를 저술함

- **고려 후기**
  - **성리학의 전래**: 충렬왕 때 안향이 성리학을 소개함
  - **성리학의 전파**: 이제현이 원의 연경에 설치된 만권당에서 원의 성리학자들과 교류한 뒤 귀국하여 이색 등에게 성리학을 전파함
  - **성리학의 확산**: 공민왕 때 이색이 정몽주, 정도전 등에게 성리학을 가르침

(2) 유학 교육 기관

> 꼭 알아두기 | 고려 시대에 발달한 관학과 사학의 유학 교육 기관에 대해 알아야 해요!

- **관학**: 국자감(국학)에서 유학과 기술학(율학·서학·산학) 교육을 실시함 *(고려의 최고 교육 기관이에요.)*
- **사학**: 최충의 문헌공도(9재 학당)를 포함한 12개의 사학(사학 12도)이 발달함
  → 사학에서 공부한 학생들이 과거에 많이 합격하면서 사학이 융성하자 관학이 위축되고, 국왕들이 관학을 진흥시키기 위해 여러 정책을 실시함
- **관학 진흥책**
  - **숙종**: 국자감에 출판을 담당하는 서적포를 두어 서적 간행을 활성화함
  - **예종**
    - 국자감(국학)에 전문 강좌인 7재를 설치함
    - 일종의 장학 재단인 양현고를 설치하여 장학 기금을 마련함

(3) 주요 역사서

> 꼭 알아두기 | 고려 시대에 편찬된 역사서의 종류와 특징을 알아야 해요!

- ★**『삼국사기』 (김부식)**
  - 현존하는 우리나라 최고(最古)의 역사서
  - 유교적 합리주의 사관에 기초하여 본기·열전 등 기전체로 편찬함 *(역사를 여러 항목으로 나누어 편찬하는 역사 서술 방식이에요.)*

- **『동명왕편』 (이규보)**
  - 고구려 건국 시조인 동명왕(주몽)의 일대기를 서사시 형태로 서술함
  → 고구려 계승 의식이 반영됨

- ★**『삼국유사』 (일연)**
  - 불교사를 중심으로 고대의 민간 설화, 삼국의 건국 신화 등을 수록함
  - 우리나라의 문화와 전통을 중시하였으며, **단군의 건국 이야기를 수록**함 *(단군의 건국 이야기가 수록되어 있어요.)*

- **『제왕운기』 (이승휴)**
  - 단군 조선부터 고려 충렬왕 때까지의 역사를 서사시로 정리함
  - 상권은 중국사, 하권은 우리나라 역사에 관한 내용을 서술함

> **기출 자료 더보기** 『삼국유사』 [60·54회]
> 이 책은 승려 일연이 쓴 역사서입니다. 「왕력」, 「기이」, 「흥법」 등 9편으로 구성되어 있으며, 단군의 고조선 건국 이야기가 실려 있습니다.

2 고려의 불교

(1) 불교 정책

- **태조**: 훈요 10조에서 연등회·**팔관회**의 성대한 개최를 당부함
  - └ 고려의 종교 행사이자 국가 행사예요.
- **광종**: 승과 제도, 국사·왕사(임금의 스승이 되었던 승려) 제도를 실시함
- **성종**: 최승로의 시무 28조를 수용하여 연등회·팔관회를 일시 폐지함

(2) 승려의 활동

꼭 알아두기 | 의천과 지눌의 활동을 기억하세요!

- **의천(대각국사)** (문종의 아들이자 숙종의 동생이에요.)
  - **교선 통합**: 불교 교단의 통합을 위해 국청사를 중심으로 해동 천태종을 창시하고 교종을 중심으로 선종 통합을 시도함
  - **주장**: 이론의 연마와 실천을 함께 강조하는 교관겸수를 주장함
    - └ 교리와 실천 수행법을 함께 닦아야 한다는 사상이에요.
  - **활동**
    - 화폐 유통의 필요성을 주장하며 숙종에게 주전도감의 설치를 건의함
    - 교장(속장경) 편찬을 위해『신편제종교장총록』을 편찬함
      - └ 송·요·일본의 불교 서적을 수집하여 그 목록을 정리한 책이에요.

- **지눌(보조국사)**
  - **수선사 결사 운동**: 불교계 개혁을 위해 순천 송광사(수선사)를 중심으로 독경과 선을 수행하자는 수선사 결사 운동을 전개함
    - └ 정혜결사가 개칭되었어요.
    - └ 선정과 지혜를 함께 닦아 수행해야 한다는 사상이에요.
  - **선교 일치 달성**: 결사 운동의 수행 방향으로 돈오점수와 **정혜쌍수**를 강조함 → 선종을 중심으로 교종을 통합함
    - └ 내가 부처임을 깨닫고 꾸준한 수행으로 이를 확인해야 한다는 사상이에요.
  - **저술**:『권수정혜결사문』을 작성함

- **혜심**: 유·불 일치설을 주장함
  - └ 유교와 불교의 뜻이 일치한다는 이론이에요.
- **요세**: 법화 신앙을 중심으로 강진 만덕사에서 백련 결사를 주도함
  - └ 자신의 행동에 대한 진정한 참회를 강조해요.

3 과학 기술의 발달

꼭 알아두기 | 고려 시대에 화포를 이용하여 왜구를 물리쳤다는 사실을 알아야 해요!

- **활판 인쇄술**:『**직지심체요절**』
  - 고려 말 우왕 때 **청주 흥덕사에서 간행**된 현존하는 가장 오래된 금속 활자본으로, 현재 프랑스 국립 도서관에 보관되어 있음
  - 2001년에 유네스코 세계 기록유산으로 등재됨

- **의술**:『향약구급방』(고려 고종 때 간행된 현존하는 우리나라 최고의 의서)

- **무기 제조술**
  - 고려 말의 무신 최무선이 원으로부터 화약 제조 기술을 습득하여 화약 및 화포 개발에 성공함
  - 최무선의 건의로 **화통도감**이 설치되어 이곳에서 화약과 화포를 제작함

- **천문학**
  - **담당 관청**: 담당 관청으로 사천대(원 간섭기 이후 서운관)가 설치되었고, 첨성대에서 관측을 함
  - **역법 연구**: 초기에는 당의 선명력을 사용하다 충선왕 때 원의 역법인 수시력을 채택함

기출 자료 더보기 | **최무선의 활동** [57·41회]

- 화통도감의 설치를 건의함
- 진포 싸움(진포 대첩)에서 왜구를 격퇴함
- 화약 제조법을 습득하고 화포를 제작함

퀴즈로 개념 다지기

1. 승려와 승려의 활동을 알맞게 연결하세요.

(1) 의천 · · ⓐ 백련 결사 주도 [45회]

(2) 지눌 · · ⓑ 수선사 결사 운동 전개 [69·64·60회]

(3) 요세 · · ⓒ 해동 천태종 창시 [64·60·58회]

2. 기출 키워드의 초성을 완성하세요.

(1) 고려의 관학 교육 기관: ㄱㅈㄱ [66·64·63·58·57회]

(2) 일연이 저술한 역사서:『ㅅㄱㅇㅅ』 [69·63·61·60·57회]

(3) 지눌이 주장한 수행 방법: ㄷㅇㅈㅅ, ㅈㅎㅆㅅ [64·54회]

(4) 현존하는 가장 오래된 금속 활자본:『ㅈㅈㅅㅊㅇㅈ』 [64·61·55회]

(5) 화약과 화포를 제작한 곳: ㅎㅌㄷㄱ [69·66·63·57·55회]

정답 1. (1) ⓒ (2) ⓑ (3) ⓐ
2. (1) 국자감 (2) 삼국유사
(3) 돈오점수, 정혜쌍수
(4) 직지심체요절
(5) 화통도감

기출로 실전 감각 키우기
기출주제 17 고려의 사상과 과학 기술의 발달

01 국자감
48회 기출

다음 퀴즈의 정답으로 옳은 것은? [1점]

① 경당 ② 향교 ③ 국자감 ④ 주자감

02 『삼국유사』
54회 기출

밑줄 그은 '이 책'으로 옳은 것은? [1점]

① 『발해고』 ② 『동국통감』
③ 『동사강목』 ④ 『삼국유사』

정답 길잡이

③ 국자감

국자감은 고려 **성종 때 설립**된 **고려의 최고 교육 기관**으로, 유학부와 **기술학부**가 있어 각각 유학과 기술 교육을 담당하였어요.

오답 체크
① 경당 → 고구려의 청소년 교육 기관
② 향교 → 조선의 중등 교육 기관
④ 주자감 → 발해의 최고 교육 기관

이건 꼭! 암기
국자감 → 고려 성종 때 설립, 고려의 최고 교육 기관, 유학과 기술 교육 담당

정답 길잡이

④ 『삼국유사』

『**삼국유사**』는 고려 원 간섭기인 충렬왕 때 **승려 일연이 쓴 역사서**로, 「왕력」, 「기이」 등 9편으로 구성되어 있어요. 단군을 우리 민족의 시조로 여겨 **단군의 고조선 건국 이야기**를 「기이」편에 실은 것이 특징이에요.

오답 체크
① 『발해고』 → 유득공이 저술한 조선 후기의 역사서
② 『동국통감』 → 서거정이 저술한 조선 전기의 역사서
③ 『동사강목』 → 안정복이 저술한 조선 후기의 역사서

이건 꼭! 암기
『삼국유사』 → 일연, 단군의 고조선 건국 이야기 수록

03 지눌 — 60회 기출

다음 가상 인터뷰의 (가)에 들어갈 내용으로 적절한 것은? [3점]

① 무애가를 지었습니다.
② 천태종을 개창하였습니다.
③ 수선사 결사를 제창하였습니다.
④ 『왕오천축국전』을 저술하였습니다.

정답 길잡이

③ 수선사 결사를 제창하였습니다.

보조국사 지눌은 고려의 승려로, 무신 집권기 이후 타락한 불교계를 바로잡고자 수선사 결사를 제창하여 독경과 선의 수행을 강조하였어요. 이때 지눌은 선종과 교종을 분리하지 않고 선정과 지혜를 함께 수행해야 한다는 정혜쌍수를 주장하였습니다.

오답 체크
① 무애가를 지었습니다. → 원효(신라)
② 천태종을 개창하였습니다. → 의천(고려)
④ 『왕오천축국전』을 저술하였습니다. → 혜초(신라)

이건 꼭! 암기
지눌 → 보조국사, 수선사 결사 제창, 정혜쌍수 주장

---

04 『직지심체요절』 — 50회 기출

(가)에 해당하는 문화유산으로 옳은 것은? [1점]

① 『신증동국여지승람』
② 『직지심체요절』
③ 『왕오천축국전』
④ 『무구정광대다라니경』

정답 길잡이

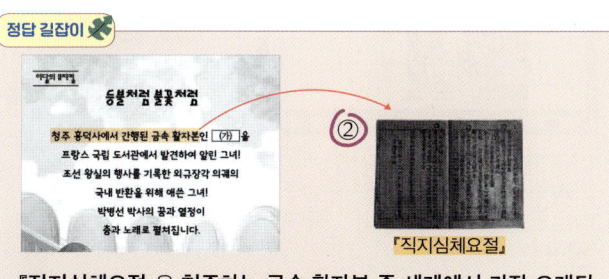

『직지심체요절』은 현존하는 금속 활자본 중 세계에서 가장 오래된 것으로, 고려 우왕 때 청주 흥덕사에서 간행되었어요. 현재 프랑스 국립 도서관에 보관되어 있으며, 그 가치를 인정받아 2001년 유네스코 세계 기록유산으로 등재되었습니다.

오답 체크
① 『신증동국여지승람』 → 지리서(조선)
③ 『왕오천축국전』 → 여행기(통일 신라)
④ 『무구정광대다라니경』 → 목판 인쇄본(통일 신라)

이건 꼭! 암기
『직지심체요절』 → 청주 흥덕사에서 간행, 프랑스 국립 도서관에 보관

기출주제 18 고려의 문화유산

핵심 키워드 | #영주 부석사 무량수전 #평창 월정사 팔각 구층 석탑 #논산 관촉사 석조 미륵보살 입상 #팔만대장경 #청자

스토리로 미리보기

S#1 원의 영향을 받은 탑이 만들어지다!

이 탑은 중국 원나라의 영향을 받아 만들어진 **경천사지 십층 석탑**이에요. 한때, 일본으로 무단 반출되었다가 되찾아 국립 중앙 박물관에 옮겨져 전시되고 있어요.

S#2 규모가 큰 불상이 만들어지다!

파주 용미리 마애이불 입상은 고려 시대에 만들어진 불상입니다. 이 시대에는 이와 같이 규모가 큰 불상이 만들어졌는데요, 이밖에도 **안동 이천동 마애여래 입상**이 대표적이에요.

S#3 비취색의 상감 청자가 제작되다!

우와, 이게 그 유명한 **고려 상감 청자**구나. 겉 부분을 파낸 후에 다른 색의 흙을 채워 무늬를 만들었다는데 정말 섬세하고 아름답네!

1 사원

> **꼭 알아두기** | 고려 시대에 지어진 불교 사원의 종류와 특징을 기억하세요!

안동 봉정사 극락전	영주 부석사 무량수전	예산 수덕사 대웅전
	 의상이 창건한 사찰이에요	
지붕의 무게를 받치기 위한 공포가 기둥 위에만 있는 건축 양식이에요.	항아리와 같은 기둥 형태예요.	측면 벽이 삼각형으로 된 지붕이에요.
주심포 양식의 건물로, 현재 남아 있는 가장 오래된 목조 건물	**주심포 양식**의 건물로, **배흘림 기둥**이 특징	주심포 양식의 건물로, 맞배 지붕이 특징

기출 자료 더보기 📍**영주 부석사 무량수전** [71·63회]

- 고려 시대의 목조 건축물
- 경상북도 영주에 소재하고 있음
- 처마의 무게를 받치기 위한 나무 부재인 공포가 기둥 위에만 있는 주심포 양식
- 기둥의 상하 양 끝보다 가운데가 볼록한 항아리 모양의 배흘림 기둥을 사용함
- 내부에 영주 부석사 소조 여래 좌상(아미타불)이 모셔져 있음

2 탑

> **꼭 알아두기** | 고려 시대에는 송과 원의 영향을 받은 다각 다층탑이 만들어졌다는 사실을 알아두세요!

평창 월정사 팔각 구층 석탑	개성 경천사지 십층 석탑

· 송의 영향을 받은 다각 다층탑 · 고려 전기의 대표적인 석탑	· 원의 영향을 받은 석탑으로, 대리석으로 만들어짐 · 조선의 원각사지 십층 석탑에 영향을 줌

기출 자료 더보기 📍**개성 경천사지 십층 석탑** [60·54회]

- 1348년(충목왕 4)에 세워짐
- 원의 영향을 받았으며, 대리석으로 만들어짐
- 기단과 탑신에는 부처, 보살, 풀꽃 무늬 등이 새겨져 있음
- 이 탑의 양식은 이후 원각사지 십층 석탑에 영향을 줌
- 대한 제국 시기인 1907년 일본 궁내대신이 탑을 강탈해가자, 베델과 헐버트가 일본의 약탈을 지속적으로 언론에 고발하여, 결국 석탑은 10여 년 만에 돌아오게 됨
- 현재 국립 중앙 박물관에 전시되어 있음

3 불상

꼭 알아두기 | 고려 시대에는 지방에 독특한 모양의 대형 철불이나 석불이 많이 만들어졌다는 사실을 기억하세요!

하남 하사창동 철조 석가여래 좌상	논산 관촉사 석조 미륵보살 입상	영주 부석사 소조 여래 좌상

고려 초기의 대형 철불	· 고려 시대 최대 규모의 석불 · 은진 미륵이라고 불림	· 통일 신라의 전통 양식을 계승한 불상 · 무량수전 내에 봉안되어 있음
안동 이천동 마애여래 입상	파주 용미리 마애이불 입상	하남 교산동 마애 약사여래 좌상

암벽에 몸을 새기고 머리는 따로 제작하여 올린 불상	· 거대한 암벽에 두 개의 불상을 새기고, 머리는 따로 제작하여 올림 · 돌로 만든 갓을 쓰고 있음	질병에서 중생을 구제하는 약사불을 절벽에 새긴 불상

4 대장경

꼭 알아두기 | 고려 시대에는 부처의 힘으로 외적의 침입을 물리치고자 대장경이 조판되었어요!

초조대장경
- 목적: 부처의 힘을 빌려 거란의 침입을 물리치고자 초조대장경을 간행함
- 소실: 몽골의 2차 침입 때 소실됨

팔만대장경 (재조대장경)
- 목적: 최씨 무신 집권기 때 몽골의 침입으로 소실된 초조대장경을 대신해 부처의 힘을 빌려 몽골의 침입을 극복하고자 간행함
- 특징: 현재 경남 합천 해인사에 있으며, 유네스코 세계 기록유산에 등재됨

5 공예

꼭 알아두기 | 고려 시대에 제작된 청자의 모양을 기억해두세요!

청자: 초기에는 별다른 장식이 없는 맑고 투명한 비취색의 순청자를 제작하다가, 점차 독창적인 **상감 기법**을 통해 제작하기 시작함
  └ 흙을 빚어 모양을 만든 뒤, 그 표면에 무늬를 새겨 파내고 다른 색의 흙으로 정교하게 메워 무늬를 내는 기법이에요.

나전 칠기: 나무 제품의 표면에 얇은 조개 껍데기로 장식하는 기법으로, 일상 생활 용품을 장식하는 데 사용됨

기출 자료 더보기 고려 청자 [71·66회]

▲ 청자 참외모양 병	▲ 청자 상감 운학문 매병	▲ 청자 상감 모란문 표주박 모양 주전자

퀴즈로 개념 다지기

1. 유물과 유물에 해당하는 설명을 알맞게 연결하세요.

(1) 영주 부석사 무량수전
[71·66회]

ⓐ 주심포 양식과 배흘림 기둥으로 만들어짐

(2) 평창 월정사 팔각 구층 석탑
[64·57회]

ⓑ 송의 영향을 받아 만들어짐

(3) 논산 관촉사 석조 미륵보살 입상
[61회]

ⓒ 은진 미륵이라고 불림

2. 기출 키워드의 초성을 완성하세요.

(1) 주심포 양식과 맞배 지붕이 특징인 목조 건물: 예산 ㅅㄷㅅ ㄷㅇㅈ [63회]

(2) 원의 영향을 받은 대리석 석탑: ㄱㅊㅅㅈ 십층 석탑 [66·60회]

(3) 고려 초기의 대형 철불: 하남 ㅎㅅㅊㄷ ㅊㅈ ㅅㄱㅇㄹ 좌상 [67회]

(4) 몽골의 침입을 극복하고자 간행된 대장경: ㅍㅁㄷㅈㄱ [69·66·64·61회]

(5) 표면을 파낸 후 다른 물질을 삽입해 만든 청자: ㅅㄱ ㅊㅈ [71·66·63회]

정답 1. (1) ⓐ (2) ⓑ (3) ⓒ
2. (1) 수덕사 대웅전 (2) 경천사지
(3) 하사창동 철조 석가여래
(4) 팔만대장경 (5) 상감 청자

기출로 실전 감각 키우기
기출주제 18 고려의 문화유산

01 영주 부석사 무량수전 63회 기출

(가)에 들어갈 문화유산으로 가장 적절한 것은? [2점]

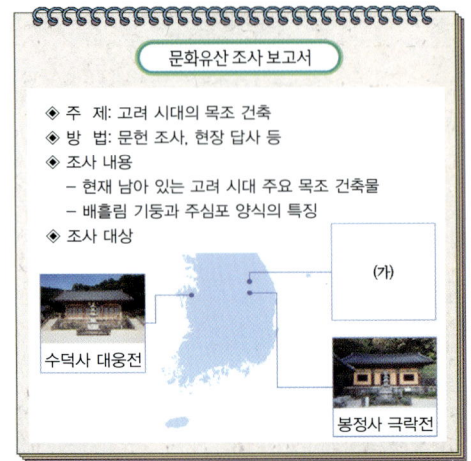

① 종묘 정전
② 경복궁 근정전
③ 법주사 팔상전
④ 부석사 무량수전

정답 길잡이

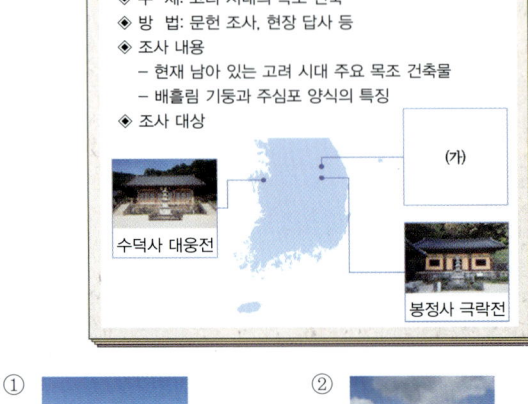

영주 부석사 무량수전은 경상북도 영주에 있는 **고려 시대의 목조 건축물**이에요. 공포(지붕 처마의 무게를 받치기 위한 나무 재료)가 기둥 위에만 있는 **주심포 양식**으로 축조되었으며, 기둥은 양 끝보다 가운데가 볼록한 **배흘림 기둥**을 사용하여 만들어진 것이 특징이에요.

오답 체크
① 종묘 정전 → 조선 왕조 사당인 종묘의 주요 건축물
② 경복궁 근정전 → 조선의 정궁인 경복궁의 주요 건축물
③ 법주사 팔상전 → 보은에 있는 조선 후기의 목조 건축물

02 평창 월정사 팔각 구층 석탑 57회 기출

밑줄 그은 '탑'으로 옳은 것은? [2점]

① 불국사 다보탑
② 신륵사 다층 전탑
③ 월정사 팔각 구층 석탑
④ 화엄사 사사자 삼층 석탑

정답 길잡이

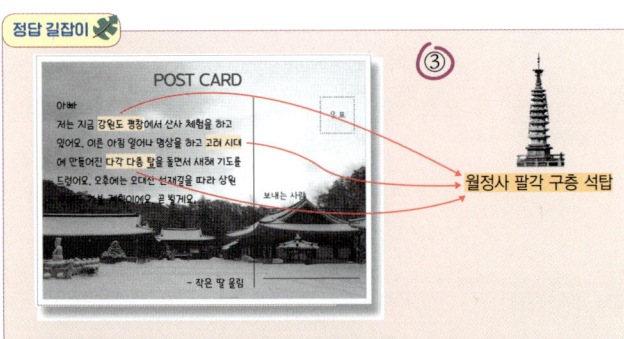

평창 월정사 팔각 구층 석탑은 **강원도 평창**의 월정사에 있는 **고려 시대의 석탑**이에요. 이 탑은 고려 전기에 송의 영향을 받아 **다각 다층**으로 만들어진 것이 특징이에요.

오답 체크
① 불국사 다보탑 → 통일 신라의 석탑
② 신륵사 다층 전탑 → 고려의 전탑
④ 화엄사 사사자 삼층 석탑 → 통일 신라의 석탑

🔖 이건 꼭! 암기
평창 월정사 팔각 구층 석탑 → 고려 시대의 석탑, 다각 다층 탑

03 고려의 문화유산　49회 기출

(가)에 들어갈 문화유산으로 옳은 것은? [2점]

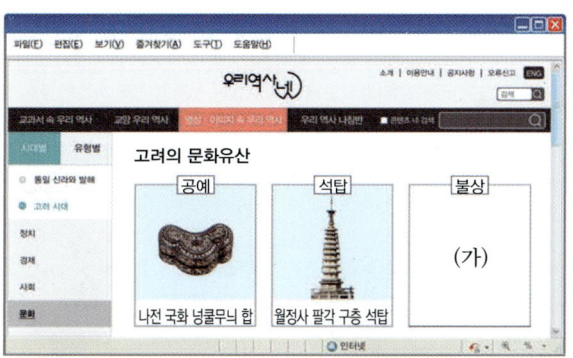

①
이불 병좌상

②
안동 이천동 마애여래 입상

③
석굴암 본존불상

④
서산 용현리 마애여래 삼존상

정답 길잡이

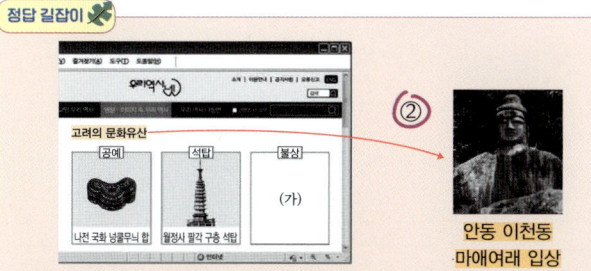

고려 시대에는 다양한 분야에서 문화가 발달하였어요. 특히 공예 분야에서는 바탕에 자개를 붙여 무늬를 나타내는 **나전 칠기 기술이 발달**하여 **나전 국화 넝쿨무늬 합**과 같은 공예품이 제작되었어요. 또한 석탑으로는 송의 영향을 받은 다각 다층탑인 **평창 월정사 팔각 구층 석탑**이 제작되었으며, **안동 이천동 마애여래 입상**과 같은 대형 석불(돌로 만든 불상)이 제작되었어요.

오답 체크
① 이불 병좌상 → 발해의 불상
③ 석굴암 본존불상 → 통일 신라의 불상
④ 서산 용현리 마애여래 삼존상 → 백제의 불상

04 청자 상감 모란문 표주박 모양 주전자　51회 기출

다음과 같은 기법으로 제작된 문화유산으로 옳은 것은? [2점]

도자기 표면에 무늬 새기기 → 무늬에 다른 색의 흙 메우기 → 다른 색 흙을 긁어내어 무늬 나타내기

①
기마 인물형 토기

②
백자 철화 끈무늬 병

③
청자 참외모양 병

④
청자 상감 모란문 표주박 모양 주전자

정답 길잡이

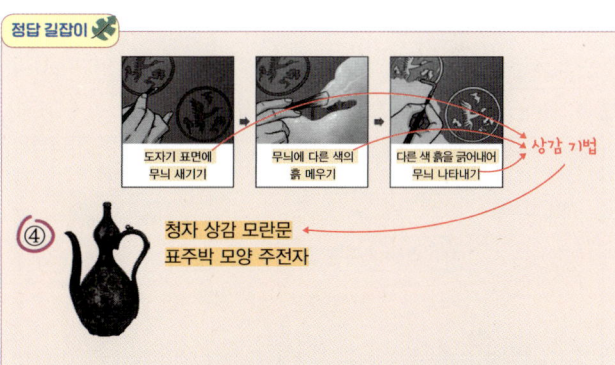

청자 상감 모란문 표주박 모양 주전자는 고려 시대의 청자 주전자로, 무늬를 표면에 새긴 후 다른 색의 흙으로 메워 무늬를 나타낸 **상감 기법**으로 구름과 학, 모란 등을 나타낸 것이 특징이에요.

오답 체크
① 기마 인물형 토기 → 신라의 토기
② 백자 철화 끈무늬 병 → 조선의 도자기
③ 청자 참외모양 병 → 고려의 도자기

III 고려 시대 기출로 마무리

01 다음 퀴즈의 정답으로 옳은 것은? [1점]

[66회 기출]

① 광종　② 문종　③ 성종　④ 예종

02 (가)에 들어갈 내용으로 가장 적절한 것은? [1점]

[67회 기출]

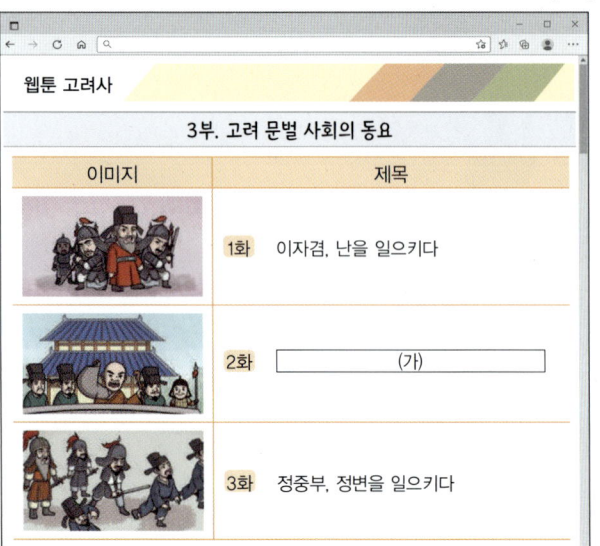

① 이괄, 도성을 점령하다
② 김흠돌, 반란을 도모하다
③ 묘청, 서경 천도를 주장하다
④ 이성계, 위화도에서 회군하다

03 밑줄 그은 '이 국가'의 경제 상황으로 옳은 것은? [3점]

[55회 기출]

① 전시과 제도가 실시되었다.
② 고구마, 감자가 널리 재배되었다.
③ 모내기법이 전국적으로 확산되었다.
④ 시장을 감독하기 위한 동시전이 설치되었다.

04 선생님의 질문에 대한 학생의 대답으로 옳지 <u>않은</u> 것은? [2점]

[60회 기출]

50회 기출

05 밑줄 그은 '왕'의 업적으로 옳은 것은? [2점]

① 교정도감을 설치하였다.
② 천리장성을 축조하였다.
③ 쓰시마 섬을 정벌하였다.
④ 쌍성총관부를 공격하였다.

69회 기출

06 (가) 시기에 있었던 사실로 옳은 것은? [3점]

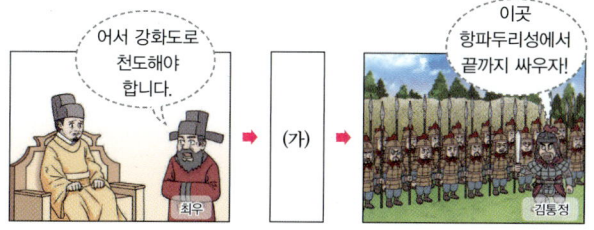

① 『삼국사기』가 편찬되었다.
② 이자겸의 난이 일어났다.
③ 팔만대장경판이 제작되었다.
④ 묘청이 서경 천도를 주장하였다.

57회 기출

07 (가)~(다) 학생이 발표한 내용을 일어난 순서대로 옳게 나열한 것은? [3점]

① (가) - (나) - (다)
② (가) - (다) - (나)
③ (나) - (가) - (다)
④ (다) - (가) - (나)

69회 기출

08 (가)에 들어갈 인물로 옳은 것은? [1점]

① 도선   ② 일연   ③ 의상   ④ 지눌

III 고려 시대 핵심 키워드로 단원 마무리

* 학습한 내용을 빈칸에 채워보세요. 정답은 오른쪽 페이지의 하단에 있습니다.

12 고려의 후삼국 통일과 국가 기틀 마련

후삼국 통일 과정	고려 건국 → 공산 전투 → 고창 전투 → 견훤의 투항 → 신라의 항복 → [1] → 후삼국 통일
태조 왕건	역분전 지급, 기인 제도 및 사심관 제도 실시, 『정계』, 『계백료서』 저술, 훈요 10조 반포
광종	광덕·준풍 연호 사용, [2] 실시, 노비안검법 실시, 공복 제정
성종	최승로의 [3] 수용 → 전국에 12목 설치(지방관 파견), 향리제 정비
중앙 정치 조직	• 2성(중서문하성, 상서성), 6부, 중추원(왕명 출납), 어사대(관리 감찰), 삼사(회계) • 회의 기구: [4] (국방·군사), 식목도감(법제·격식)
지방 행정 조직	5도(일반 행정 구역), 양계(군사 행정 구역), [5] (특수 행정 구역)
군사 조직	• 중앙군: 2군(국왕의 친위 부대), 6위(수도·국경 방어) • 지방군: 주현군(5도), 주진군(양계)

13 문벌 귀족 사회와 무신 정권

문벌 귀족 사회	• 이자겸의 난: 인종이 이자겸 제거를 시도했으나 실패 → 이자겸, 척준경이 난을 일으킴 → 진압 • 묘청의 난: 묘청 등이 [6] 천도를 주장 → 실패 → 묘청이 난을 일으킴 → 진압
무신 정권	• 무신 정변: 정중부·이의방 등의 무신이 문신을 제거하고 정권을 장악함 • 정중부 집권기: 공주 명학소에서 망이·망소이의 난 발생 • 최충헌 집권기: 교정도감 설치, [7] 의 난 발생 • 최우 집권기: 정방(인사 행정 담당) 설치, 야별초 설치(삼별초로 확대), 강화도 천도

14 원 간섭기와 공민왕의 개혁 정치

원 간섭기	• 원의 내정 간섭: 일본 원정 동원(정동행성 설치), 쌍성총관부 설치, 중앙 관제 및 왕실 호칭 격하 • 사회 모습: 공녀 징발, [8] (변발·호복) 유행
공민왕의 개혁 정치	• 반원 자주 정책: 친원 세력 숙청, 정동행성 이문소 폐지, 관제 복구, 쌍성총관부 수복 • 왕권 강화 정책: 정방 폐지, [9] 설치(신돈 등용)
고려 말의 상황	• 신흥 무인 세력(최영·이성계 등)과 신진 사대부의 성장 • [10]: 요동 정벌에 반대한 이성계가 회군하여 정권 장악

15 고려의 대외 관계

거란	• 1차 침입: 소손녕의 침입 → 서희의 외교 담판으로 [11] 획득 • 2차 침입: 강조의 정변을 구실로 침입 → 흥화진 전투 승리(양규), 개경 함락, 현종의 나주 피난 • 3차 침입: [12]이 귀주에서 거란군 격퇴(귀주 대첩)
여진	[13] 조직(숙종) → 여진 정벌 및 동북 9성 축조(예종) → 2년 후 여진에 반환
몽골	• 1차 침입: 몽골 사신 저고여 피살 → 귀주성 전투(박서) • 2차 침입: 최우의 강화 천도를 구실로 침입 → 처인성 전투([14]) • [15]의 항쟁: 고려 정부의 개경 환도에 반발하여 진도·제주도에서 대몽 항쟁

16 고려의 경제와 사회

경제	• 토지 제도: [16](관리에게 전지와 시지의 수조권 지급) • 상업과 무역의 발달: 시전 설치, 경시서(시전 상행위 감독) 설치, [17](국제 무역항) • 화폐 주조: 건원중보(성종), 주전도감 설치 및 해동통보·은병 등 주조(숙종)
사회	제위보(빈민 구제), 의창(곡식 대여), [18](물가 조절)

17 고려의 사상과 과학 기술의 발달

유학	국자감에 서적포 설치(숙종), 7재 개설 및 양현고 설치(예종)
역사서	『삼국사기』(김부식), 『동명왕편』(이규보), 『[19]』(일연), 『제왕운기』(이승휴)
불교	• 의천: 해동 천태종 창시, 교관겸수 제시 • [20]: 수선사 결사 운동, 정혜쌍수·돈오점수 주장
과학 기술	• 인쇄술: 팔만대장경(몽골의 침입을 막기 위해 제작), 『[21]』(현존하는 최고(最古)의 금속 활자본) • 화약: 최무선이 화통도감에서 화약과 화포를 제작함

18 고려의 문화유산

사원	안동 봉정사 극락전(주심포 양식), 영주 부석사 무량수전(주심포 양식, 배흘림 기둥)
탑	평창 월정사 팔각 구층 석탑(송의 영향), [22] 십층 석탑(원의 영향)
불상	하남 하사창동 철조 석가여래 좌상, 논산 관촉사 석조 미륵보살 입상

정답 | 1 일리천 전투 2 과거 제도 3 시무 28조 4 도병마사 5 향·부곡·소 6 서경 7 만적 8 몽골풍 9 전민변정도감 10 위화도 회군 11 강동 6주 12 강감찬 13 별무반 14 김윤후 15 삼별초 16 전시과 17 벽란도 18 상평창 19 삼국유사 20 지눌 21 직지심체요절 22 개성 경천사지

해커스 한국사능력검정시험 기본 2주 합격

IV 조선 시대

최근 3개년 기출 트렌드 *최근 3개년 회차인 기본 71~57회 기준입니다.

기출주제	출제 문항 수	
19 조선의 건국과 유교 정치의 실현	18문항	2위
20 조선의 통치 체제	3문항	
21 사화의 발생과 붕당의 형성	6문항	
22 왜란과 호란	20문항	1위
23 붕당 정치와 탕평 정치	7문항	
24 세도 정치와 사회 변혁의 움직임	8문항	
25 조선의 경제와 사회	13문항	3위
26 조선 전기의 문화	11문항	
27 실학의 등장과 국학 연구의 확대	9문항	
28 조선 후기의 문화	5문항	

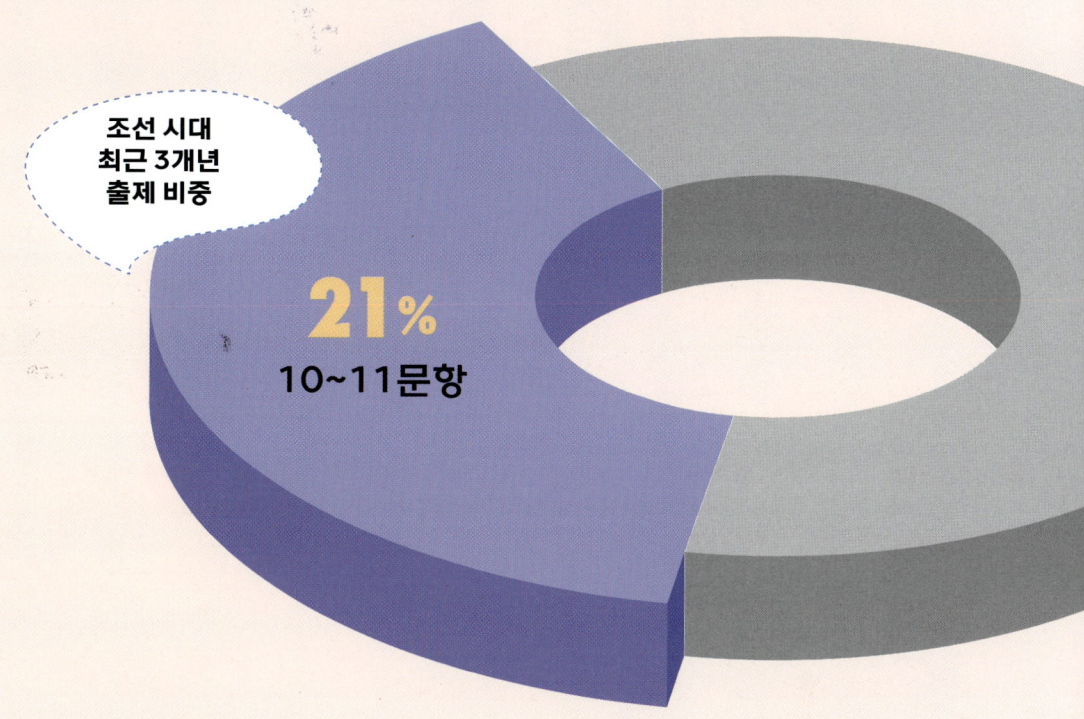

조선 시대
최근 3개년
출제 비중

21%
10~11문항

빈출 키워드 TOP3

세종, 성종, 정도전

사헌부, 홍문관, 승정원

기묘사화, 무오사화, 을사사화

임진왜란, 병자호란, 정묘호란

영조, 정조, 숙종

홍경래의 난, 임술 농민 봉기, 신유박해

대동법, 균역법, 상평통보

『조선왕조실록』, 이황, 이이

정약용, 홍대용, 박지원

진경 산수화, 풍속화, 보은 법주사 팔상전

학습 포인트

- **왜란과 호란**에서는 임진왜란과 병자호란의 특징을 구분해서 알아두어야 해요. 임진왜란은 일본이, 병자호란은 청이 조선을 침입한 사건임을 반드시 기억해 두세요!

- **조선의 건국과 유교 정치의 실현**은 조선 시대의 빈출 주제예요. 조선 초기 국왕의 업적을 구분해서 알아두고, 특히 세종과 성종의 업적은 꼼꼼히 학습하세요!

- **조선의 경제와 사회**는 조선 후기에 변화한 수취 제도와 경제 상황을 알아두어야 합니다. 특히 대동법과 균역법의 특징을 꼼꼼히 구분하여 학습하는 것이 중요합니다!

조선 시대 흐름 잡기

태조 이성계가 새 나라 조선을 세웠어요! 건국 이후 조선에 어떤 일이 있었는지 살펴볼까요?

1392년 조선 건국

경복궁 [52회]

조선 건국 이후 이성계는 조선의 수도를 명당으로 꼽히던 한양으로 옮겼어요. 그리고 한양에 조선의 정궁인 경복궁을 지었답니다.

1394년 한양 천도

왜란의 피해가 수습된 지 얼마 되지 않은 상황에서 조선은 청나라의 공격을 받게 되었어요. 당시 왕이었던 인조는 남한산성으로 피난하였지만, 결국 청나라에 항복했어요.

남한산성 [52회]

1636년 병자호란

탕평비 [52회]

붕당 정치의 폐단을 직접 겪은 영조는 붕당의 대립을 줄이고 왕권을 강화하고자 하였습니다. 이에 성균관 입구에 탕평비를 건립하고 탕평책을 시행하여 인재를 두루 등용하였습니다.

4위 1724년 영조 즉위

수원 화성 [30회]

이곳은 정조가 세운 수원 화성이에요. 할아버지인 영조의 뒤를 이어 즉위한 정조는 탕평책을 실시하면서 적극적인 개혁 정치를 실시했어요. 수원 화성은 정조의 개혁 정치를 뒷받침하기 위해 만들어진 도시였답니다.

3위 1776년 정조 즉위

한국사능력검정시험 전문 선생님의
무료 특강과 함께 시대 흐름 잡기

훈민정음 [52회]

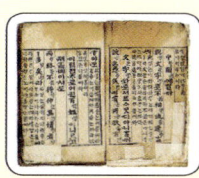

제4대 왕인 세종은 한자를 알지 못하는 백성들을 위해 새로운 문자인 훈민정음을 만들어 반포하였어요. 그 외에도 세종은 다양한 과학 기구를 제작하고, 서적을 편찬하는 등 백성들을 위한 많은 정책을 펼쳤답니다.

1위 1446년 세종, 훈민정음 반포

제9대 왕인 성종은 조선의 기본 법전인 『경국대전』을 반포하였어요. 이로써 조선은 『경국대전』에 따라 나라의 여러 제도들을 정비하여 나라의 기틀을 완성하였어요.

『경국대전』 [52회]

조선은 선조 때 일본의 갑작스러운 침입을 받게 되었어요. 초반에는 연이어 패배했지만 이순신이 이끄는 수군의 활약으로 일본군을 물리쳤답니다.

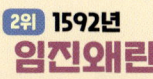

1485년 『경국대전』 반포

2위 1592년 임진왜란

순무영진도 [30회]

개혁을 펼치던 정조가 갑자기 세상을 떠나고 순조가 어린 나이에 왕이 되었어요. 그러자, 외척 가문이 권력을 장악하였는데, 이러한 정치를 세도 정치라고 해요. 세도 가문은 자신의 이익만을 중요시해서, 결국 사회가 점점 혼란해졌어요.

세도 정치 시기에 탐관오리의 수탈이 계속되자, 임술년에 경상도 진주에서 농민들이 봉기했어요. 이후 봉기는 여러 지역으로 확산되었답니다.

1800년 세도 정치 시작

5위 1862년 임술 농민 봉기

기출주제 19 조선의 건국과 유교 정치의 실현

핵심 키워드 | #위화도 회군 #과전법 실시 #6조 직계제 #호패법 #대마도 정벌 #이종무 #훈민정음 #직전법 #『경국대전』

스토리로 미리보기

S#1 이성계가 위화도에서 회군하다!

나 **이성계**, 이번 **요동 정벌**은 정말 반대했소. 하지만 우왕과 최영 장군의 명으로 어쩔 수 없이 정벌에 나서 압록강에 있는 **위화도**에 도착을 했소. 그런데 장마가 시작되어 물이 불어나 있는 것이 아니겠는가? 이건 하늘의 뜻이다. 군대를 돌려야겠다.

S#2 태종이 6조 직계제를 실시하다!

나 **이방원**, 내 손에 수많은 피를 묻혀가며 결국 왕위에 올랐으니, 이제는 아무도 나를 무시할 수 없게 왕권을 강하게 키울 것이다. 그러려면 저 거슬리는 의정부와 재상들의 힘을 먼저 눌러야겠다.

S#3 세종이 훈민정음을 반포하다!

나는 훌륭한 백성들을 굽어 살피는 조선의 임금 **세종**이오. 상왕이신 태종께서 다져 놓으신 기틀 위에 즉위하였으니, 과인은 백성들을 굽어 살피겠소. 백성들이 글자를 몰라 억울해 하는 일이 많아 보이니 새로운 글자를 만들어야겠소.

1 조선의 건국과 기틀 마련

(1) 조선의 건국 과정

> 꼭 알아두기 | 과전법은 조선 건국 전에 실시된 제도라는 것을 꼭 알아두세요!

- **위화도 회군** : 요동 정벌에 나섰던 이성계가 군대를 돌려 돌아와 권력을 장악함
  ↓
- **과전법 실시** : 정도전, 조준 등 혁명파 신진 사대부의 건의로 과전법을 실시하여 경제적 기반을 마련함
  └ 고려 왕조를 타파하고 새로운 왕조를 세워야 한다고 주장했어요.
  ↓
- **조선 건국** : 이성계와 정도전 등 혁명파 사대부가 정몽주 등 온건파 사대부를 제거함 → 이성계가 즉위하여 조선을 건국함
  └ 고려 왕조를 유지한 채로 점진적인 개혁을 주장했어요.
  ↓
- **한양 천도** : 수도를 개경에서 한양으로 옮기고, 한양에 경복궁과 종묘·사직단 등을 건설함

(2) 태조(이성계, 제1대 왕)

- **정도전 등용**
  - 조선의 기틀 마련: 경복궁과 근정전 등 주요 전각의 이름을 지음
    └ '항상 부지런히 정사를 돌보는 전각'이라는 뜻이에요.
  - 저서: 『조선경국전』(재상 중심의 정치를 주장한 법전)과 『불씨잡변』(불교의 폐단을 비판한 책)을 저술함
- **제1차 왕자의 난** : 세자 책봉에 불만을 품은 이방원이 세자인 이복동생 이방석을 죽이고, 개국 공신인 정도전과 남은 등을 제거함
  └ 두 차례 왕자의 난을 통해 즉위하였어요.

(3) 태종(이방원, 제3대 왕)

> 꼭 알아두기 | 태종은 두 차례 왕자의 난을 거쳐 왕이 되었기 때문에 왕권 강화를 위해 6조 직계제와 사병 혁파 등을 실시하였다는 점을 기억하세요!

- **6조 직계제 실시** : 6조에서 나랏일을 국왕에게 직접 보고하게 하여 나라의 정책을 심의·결정하던 의정부의 기능을 약화시키고 왕권을 강화함
- **사병 혁파** : 공신과 왕족들이 소유한 사병을 혁파하여 군사권을 장악함
- **사간원 설치** : 언론 기능을 담당하는 사간원을 설치하여 왕실 외척 세력을 견제함
- **호패법 시행** : 호패법을 시행하여 조세·군역 부과에 활용함
  └ 16세 이상의 양인 남자에게 신분증인 호패를 가지고 다니게 하던 제도예요.
- **전국 8도 구분** : 전국을 8도로 나누고 관리를 파견함
- **신문고 설치** : 신문고를 처음 설치하여 백성들의 억울함을 풀어주고자 함
  └ 백성들의 억울한 일을 해결하여 줄 목적으로 대궐 밖에 달았던 북이에요.
- **계미자 주조** : 활자 주조 관청인 주자소를 설치하고 계미자(활자)를 주조함
- **혼일강리역대국도지도 제작** : 우리나라에서 제작된 세계 지도 중 가장 오래된 혼일강리역대국도지도를 제작함

> **기출 자료 더보기** 📍 **호패** [50회]
>
> - 16세 이상의 남자들이 신분을 증명하기 위해 몸에 차고 다녔던 일종의 신분증
> - 백성의 유망을 막고 전국의 인구 동태를 파악하여 조세 징수와 군역 부과에 활용하고자 함

2 세종 ~ 성종 대의 유교 정치 실현

(1) 세종(제4대 왕)

> 꼭 알아두기 | 세종은 아버지인 태종이 다져놓은 왕권을 바탕으로 훈민정음 창제, 서적 편찬 등 다양한 문화 정책을 실시했다는 점을 꼭 알아두세요!

집현전 확대·개편	유학 연구 기관인 집현전을 확대하고, 경연을 관장하게 함
4군 6진 설치	여진족을 몰아내고 국경 지역에 4군 6진을 설치하여 북방 영토를 개척함
대마도 정벌	**이종무**를 파견하여 왜구의 소굴인 대마도를 정벌함
⭐ 훈민정음 창제	**훈민정음(한글)을 창제**하고, 「용비어천가」 등의 한글 서적을 간행함
과학 기구 제작	장영실에게 명하여 측우기(강우량 측정), 앙부일구(해시계), 자격루(물시계), 혼천의(천체 관측) 등의 과학 기구를 제작함
⭐ 서적 편찬	📍「칠정산」「내·외편」(역법), **「농사직설」(농업)**, 「삼강행실도」(윤리), 「향약집성방」(의학) 등의 서적을 편찬함

기출 자료 더보기 📍「칠정산」「내·외편」 [34회]

▲ 「칠정산」「내편」

- 중국의 역법을 따르면서 생기는 문제점을 해결하기 위해 한양을 기준으로 천체 운동을 계산한 역법서
- 세종 때 이순지, 정인지 등에 의해 편찬됨
- 동양의 역법을 참고하여 만든 「내편」과 서양의 역법을 참고하여 만든 「외편」으로 구성됨
- 이를 통해 일식과 월식 등을 보다 정확히 알 수 있게 됨

(2) 세조(수양 대군, 제7대 왕)

> 꼭 알아두기 | 세조는 조카 단종을 몰아내고 왕이 되었기 때문에 태종과 같이 왕권 강화를 위한 정책을 실시하였다는 점을 기억하세요!

계유정난 주도	계유정난을 통해 정권을 장악한 후 조카인 단종을 몰아내고 즉위함 └ 계유년(1453)에 수양 대군이 한명회, 권람 등과 함께 김종서 등을 제거한 사건이에요.
⭐ 6조 직계제 재실시	강력한 왕권 행사를 위해 세종 때 폐지된 것을 다시 실시함
집현전·경연 폐지	집현전 학사(성삼문·박팽년)들이 상왕인 단종의 복위 운동을 벌이자 집현전과 경연을 폐지함 └ 왕위에서 물러난 임금을 말해요.
⭐ 직전법 실시	관리에게 지급할 토지가 부족해지자 **직전법을 실시**하여 현직 관리에게만 토지의 수조권을 지급함

(3) 성종(제9대 왕)

⭐ 📍「경국대전」 완성	조선의 기본 법전을 완성·편찬하여 국가의 통치 규범을 마련함 └ 조선 건국에 참여하였고, 세조 즉위에 공을 세운 세력을 의미해요.
사림 등용	훈구 세력을 견제하기 위해 김종직 등의 사림을 등용함
관수 관급제 실시	소재지의 관청에서 직접 전세를 거둔 뒤 관리들에게 나누어 지급함
서적 편찬	「동문선」(문학), 「동국여지승람」(지리), 「악학궤범」(음악), 「국조오례의」(의례) 등을 편찬함 └ 국가와 왕실의 각종 행사를 유교의 예법에 맞게 정리하여 완성한 의례서예요.

기출 자료 더보기 📍「경국대전」 [55·46회]

- 편찬 과정: 세조 때 시작하여 성종 때 완성함
- 체제: 이전(吏典), 호전(戶典) 등 6전으로 구성함
- 내용: 국가 조직, 재정, 의례, 군사 제도 등 통치 전반에 걸친 법령과 규정을 수록함

퀴즈로 개념 다지기

1. 조선 초기의 왕이 실시한 정책을 알맞게 연결하세요.

(1) 태종 · · ⓐ 4군 6진 개척 [67·66·64회]

(2) 세종 · · ⓑ 사병 혁파 [71회]

(3) 세조 · · ⓒ 직전법 실시 [71·67·66회]

(4) 성종 · · ⓓ 「경국대전」 완성 [71·69·67회]

2. 기출 키워드의 초성을 완성하세요.

(1) 이성계가 군대를 돌려 정권을 장악한 사건: ㅇㅎㄷ ㅎㄱ [69·67·66·63회]

(2) 태종이 조세·군역을 부과하기 위해 실시했던 법: ㅎㅍ법 [71·66·64·63·58회]

(3) 세종 때 대마도를 정벌했던 인물: ㅇㅈㅁ [71·69·64·61회]

(4) 세종 때 간행된 농서: 「ㄴㅅㅈㅅ」 [71·67·63·54회]

(5) 세조가 왕권 강화를 위해 다시 실시한 정책: 6ㅈ ㅈㄱㅈ [67·61·57회]

(6) 성종 때 완성·반포된 법전: 「ㄱㄱㄷㅈ」 [71·69·67회]

정답
1. (1) ⓑ (2) ⓐ (3) ⓒ (4) ⓓ
2. (1) 위화도 회군 (2) 호패
(3) 이종무 (4) 농사직설
(5) 6조 직계제 (6) 경국대전

기출로 실전 감각 키우기
기출주제 19 조선의 건국과 유교 정치의 실현

01 조선의 건국 과정 52회 기출

(가)에 들어갈 내용으로 옳은 것은? [2점]

① 비변사 혁파
② 위화도 회군
③ 『대전회통』 편찬
④ 훈민정음 창제

02 태종 71회 기출

(가) 국왕의 재위 시기에 있었던 사실로 옳은 것은? [2점]

이곳은 태조 이성계의 계비 신덕 왕후의 무덤인 정릉입니다. 왕자의 난을 일으켜 신덕 왕후가 낳은 동생들을 제거하고 사병을 혁파했던 (가) 이/가 즉위 후 원래 정동에 있던 것을 지금의 위치로 옮겼습니다.

① 현량과가 실시되었다.
② 호패법이 시행되었다.
③ 『경국대전』이 반포되었다.
④ 5군영 체제가 완성되었다.

정답 길잡이

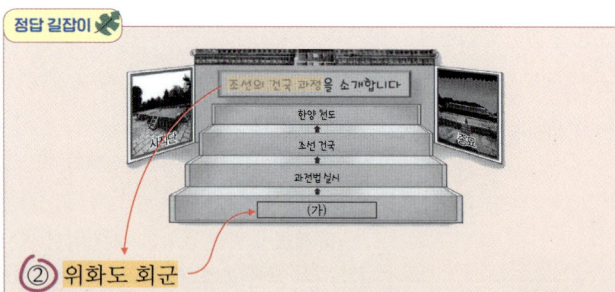

② **위화도 회군**

위화도 회군은 고려 말 요동 정벌을 위해 출정했던 **이성계**가 위화도에서 군대를 돌려 우왕과 최영을 몰아내고 권력을 장악한 사건입니다. 정권을 장악한 이성계와 새로운 국가 건설을 주장한 혁명파 사대부는 **과전법을 제정**하여 신진 사대부의 경제적 기반을 마련하였어요. 이를 바탕으로 **조선을 건국**한 이성계는 개경에서 **한양으로 천도**하였어요.

오답 체크
① 비변사 혁파 → 흥선 대원군의 개혁 정책, 조선 건국 이후
③ 『대전회통』 편찬 → 흥선 대원군의 개혁 정책, 조선 건국 이후
④ 훈민정음 창제 → 세종의 문화 정책, 조선 건국 이후

📖 이건 꼭! 암기
조선의 건국 과정 → 위화도 회군, 과전법 실시, 조선 건국, 한양 천도

정답 길잡이

② **호패법이 시행되었다.**

태종은 조선의 제3대 왕으로, 즉위 전 **제1차 왕자의 난**을 일으켜 신덕 왕후가 낳은 동생들을 제거하고 권력을 장악하였어요. 이후 공신·왕족들의 **사병을 혁파**하였어요. 또한 조세·군역의 부과를 위해 16세 이상 양인 남성에게 일종의 신분증인 호패를 차게 하는 **호패법**을 시행하였어요.

오답 체크
① 현량과가 실시되었다. → 중종
③ 『경국대전』이 반포되었다. → 성종
④ 5군영 체제가 완성되었다. → 숙종

📖 이건 꼭! 암기
태종 → 왕자의 난, 사병 혁파, 호패법

03 세종   67회 기출

다음 가상 대화에 등장하는 왕의 업적으로 옳지 <u>않은</u> 것은? [2점]

① 자격루를 제작하였다.
② 『농사직설』을 간행하였다.
③ 『악학궤범』을 완성하였다.
④ 『삼강행실도』를 편찬하였다.

04 세조   67회 기출

밑줄 그은 '왕'에 대한 설명으로 옳은 것은? [3점]

○ 왕께서 명하기를, "집현전을 파하고 경연을 정지하며, 거기에 소장하였던 서책은 모두 예문관에서 관장하게 하라."라고 하였다.

○ 왕께서 명령을 내려, "전날 성삼문 등이 상왕도 모의에 참여하였다고 말하였으니 …… 상왕을 노산군으로 낮추고, 궁에서 내보내 영월에 거주시키도록 하라."라고 하였다.

① 시헌력을 도입하였다.
② 탕평책을 실시하였다.
③ 한양으로 도읍을 옮겼다.
④ 6조 직계제를 시행하였다.

기출주제 20 조선의 통치 체제

핵심 키워드 #삼사 #사헌부 #사간원 #홍문관 #승정원 #수령 #유향소

스토리로 미리보기

S#1 중앙 정치 조직을 의정부와 6조로 구성하다!

[33회 기출] 앞으로는 6조의 판서가 과인에게 업무를 직접 아뢰도록 하시오.

전하께서 이제부터 6조의 업무를 의정부의 논의 없이 바로 보고하라고 명하셨다. 아무래도 의정부의 힘이 세지면 왕권이 약해질 수도 있어서 그런 것 같다.

S#2 사헌부가 관리의 감찰을 담당하다!

[40회 기출] 어떤 업무를 하시나요? / 관리들의 비리를 감찰하는 일 등을 담당합니다.

나는 이번에 사헌부의 장령에 임명되었다. 내가 일하게 될 사헌부에서는 관리들의 비리를 감찰하고, 백성들의 억울한 사정을 풀어주는 일을 담당하고 있다.

S#3 수령이 왕의 대리인으로 지방에 파견되다!

[13회 기출] 그대는 임무를 잘 알고 있는가? / 예, 전하. 첫째, 농사와 양잠을 발전시키고, 둘째, 호구를 늘리고, …… 일곱째, 소송을 공정히 하는 것 등입니다.

나, 수령. 정부의 뜻에 따라 지방을 다스리라는 전하의 명을 받았다. 앞으로 내가 힘써야 할 일곱 가지 업무를 잘 기억하여 좋은 평가를 받아야겠군. 우선 농사를 발전시키고, 세금을 잘 걷어야겠다.

1 중앙 정치 조직

> 꼭 알아두기 | 조선의 각 중앙 정치 조직이 어떠한 역할을 하였는지 구분하여 알아두세요!

- **왕**
  - **의정부**: 재상(영의정·좌의정·우의정)의 합의를 통해 국정을 총괄한 최고 권력 기구
    - **6조** ─ 정책을 집행한 행정 기구
      ─ 이조·호조·예조·병조·형조·공조로 구성됨
  - ─ 수장: 도승지
  - **승정원**: **왕명의 출납을 담당**한 국왕의 비서 기구, 은대라고도 불림
  - **의금부**: 반역죄, 강상죄 등 국가의 대역 죄인을 심판한 국왕 직속의 사법 기관
  - ─ 수장: 판사 ─ 유교 윤리를 어긴 죄를 뜻해요.
  - **사헌부**: 관리의 비리를 감찰함
  - ─ 수장: 대사헌
  - **사간원**: 정책에 대한 간언·간쟁을 담당함
  - ─ 수장: 대사간
  - **양사**: 서경권을 행사함 ─ 5품 이하 관리의 임명에 대한 동의권이에요.
    ─ 양사의 관리를 대간이라 불러요.
  - **홍문관** ─ 집현전을 계승한 국왕의 자문 기구
    ─ 경연을 주관하였으며, 옥당·옥서라고도 불림
    ─ 왕에게 『대학』 등의 유학 경서를 강론하는 제도로, 세조와 연산군 때 일시 중단되었어요.
  - **삼사**: 언론을 담당한 청요직 ─ 청빈함을 요구하는 직책이라는 뜻이에요.
  - **한성부**: 수도의 행정과 치안을 담당한 기구
  - **춘추관**: 『실록』을 보관하고 관리하는 업무를 담당한 기구
  - **성균관**: 유학을 가르친 최고 교육 기관

> **기출 자료 더보기** 📍**홍문관** [61·50·42회]
> - 궁궐 내의 서적을 관리함
> - 왕의 자문에 응하고 경연에 참여하였음
> - **사헌부, 사간원과 함께 삼사로 불림**
> - 대제학, 부제학 등의 관직을 두었음
> - 옥당, 옥서라는 별칭으로도 불림

2 지방 행정 조직

(1) 지방 행정 구역

- **8도** ─ 지방의 최고 행정 구역으로, 태종 때 **전국을 8도로 나눔**
  ─ 관찰사가 파견되어 관할 고을의 수령을 감독함
- **부·목·군·현** ─ 8도 아래의 행정 구역으로, 수령을 파견함
  ─ 수령이 모든 군현에 파견되어 지방의 행정·사법·군사권을 행사함

▲ 조선의 8도

(2) 지방 행정 조직의 운영

> 꼭 알아두기 | 관찰사와 수령이 어느 지역에 파견되었는지 구분하여 학습하세요!

- **관찰사**: 8도에 파견된 지방관으로, 관할 고을의 수령을 감독함
- **수령**
  - 부·목·군·현에 파견된 지방관으로, 지방의 행정·사법·군사권을 행사함
  - 농업 발전, 교육 진흥, 공정한 부세 수취 등 7가지 업무를 수행함
- **향리** ─ 고려 시대에 비해 지위가 낮아졌어요.
  - 6방의 조직을 갖추어 수령의 행정 실무를 보좌함
  - 직역을 세습하여 중인층을 형성함

(3) 향촌 사회 통제 기구

> 꼭 알아두기 | 유향소가 향촌 사회에서 어떤 역할을 하였는지 중심으로 암기하세요!

- **유향소**: 좌수와 별감이라는 임원을 선출하여, **수령을 보좌하고 향리를 감찰**함
- **경재소**
  - 지방의 유향소를 통제하기 위해 중앙에 설치된 기구
  - 고위 관리가 자신의 출신 지역 경재소를 관장함

기출 자료 더보기 📍**유향소** [44회]
- 조선 시대 **향촌의 양반들로 구성**된 향촌 자치 기구
- **수령을 보좌하고 향리를 감찰**하는 역할을 함
- **좌수와 별감** 등의 향임직을 두었음
- 향사당·향청이라는 별칭이 있음

3 관리 등용 제도

(1) 과거 제도

- **문과**
  - 문신을 선발하기 위한 시험으로, 탐관오리의 자제·서얼·재가한 여자의 자손은 응시가 불가함
  - ─ 생원 혹은 진사라고 불렸어요.
  - 종류
    - **소과**: 소과 급제자에게 성균관 입학 및 대과 응시 자격이 주어짐
    - **대과**: 대과 급제자는 관직에 임용됨
- **무과**: 무신을 선발하기 위한 시험
- **잡과**: 역과, 의과 등 기술관 선발을 위한 시험으로 주로 중인이 응시함
  - ─ 통역관을 뽑기 위한 시험이에요.

(2) 기타 관리 등용 제도

- **음서 제도**
  - 고관 자제가 시험을 치르지 않고도 관직에 등용될 수 있었던 제도
  - 문과에 합격하지 않으면 고관으로 승진하는 것이 불가하였음
- **천거 제도**: 과거를 치르지 않고 고관의 추천을 받아 관직에 등용한 제도
  - ─ 기존의 관리를 대상으로 실시되었어요.

4 군사 제도

- **중앙군**: 5위로 구성되어, 궁궐과 수도의 방어를 담당함
- **지방군**
  - **영진군 체제**: 국방상 요지인 영이나 진에 소속되어 복무한 체제
  - **진관 체제**: 지역 단위의 방어 체제로, 각 도의 요충지에 성을 쌓아 방어함

퀴즈로 개념 다지기

1. 조선 시대 중앙 정치 조직의 역할을 알맞게 연결하세요.

(1) 의정부 · · ⓐ 대역 죄인 재판 [66·61회]

(2) 의금부 · · ⓑ 경연 주관 [61회]

(3) 홍문관 · · ⓒ 국정 총괄 [69·63회]

(4) 성균관 · · ⓓ 유학 교육 [58·52회]

2. 기출 키워드의 초성을 완성하세요.

(1) 관리의 비리를 감찰한 기관: ㅅㅎㅂ [66·60·58회]

(2) 국왕의 비서 기관: ㅅㅈㅇ [60·51·50회]

(3) 정책에 대한 간언·간쟁을 담당한 기구: ㅅㄱㅇ [51회]

(4) 수도의 행정과 치안을 담당한 기구: ㅎㅅㅂ [61·60회]

(5) 전국을 8도로 나눈 왕: ㅌㅈ [54·52회]

(6) 수령을 보좌한 향촌 자치 기구: ㅇㅎㅅ [44·39회]

정답 1. (1) ⓒ (2) ⓐ (3) ⓑ (4) ⓓ
2. (1) 사헌부 (2) 승정원
(3) 사간원 (4) 한성부 (5) 태종
(6) 유향소

기출로 실전 감각 키우기 기출주제 20 조선의 통치 체제

01 승정원 51회 기출

다음 학생이 생각하고 있는 기구로 옳은 것은? [2점]

① 사간원 ② 사헌부 ③ 승정원 ④ 홍문관

02 사헌부 60회 기출

(가) 기구에 대한 설명으로 옳은 것은? [2점]

① 왕명 출납을 관장하였다.
② 수도의 행정과 치안을 맡았다.
③ 외국어 통역 업무를 담당하였다.
④ 사간원, 홍문관과 함께 삼사로 불렸다.

정답 길잡이

③ **승정원**

승정원은 **조선의 중앙 정치 기구**이자 **국왕의 비서 기구**입니다. 승정원에는 우두머리인 도승지를 포함한 **6명의 승지**가 있었으며, 주요 관청에 왕명을 전달하고 관청에서 작성한 문서를 왕에게 전달하는 **왕명 출납**의 업무를 수행하였어요.

오답 체크
① 사간원 → 정책에 대한 간언
② 사헌부 → 관리의 비리 감찰
④ 홍문관 → 국왕에 자문, 경연 주관

📖 이건 꼭! 암기

승정원 → 6명의 승지, 왕명 출납, 국왕의 비서 기구

정답 길잡이

④ 사간원, 홍문관과 함께 삼사로 불렸다.

사헌부는 조선 시대의 중앙 정치 기구로, **관리들의 비리를 규찰**하고 풍속을 바로잡으며, 백성들의 억울한 사정을 풀어주는 일 등을 담당하였어요. 또한 사간원, 홍문관과 함께 **삼사**라 불리며 여론을 모으는 **언론 기능을 수행**하였습니다.

오답 체크
① **왕명 출납**을 관장하였다. → 승정원
② **수도의 행정과 치안**을 맡았다. → 한성부
③ **외국어 통역** 업무를 담당하였다. → 사역원

📖 이건 꼭! 암기

사헌부 → 관리들의 비리 규찰, 삼사, 언론 기능 수행, 대사헌

03 홍문관　　　　　61회 기출

(가)에 들어갈 내용으로 옳은 것은?　　[2점]

> 옥당이라 쓰여 있는 이 현판은 창덕궁 내의 홍문관 청사에 걸려있던 것입니다. 홍문관은 활발한 언론 활동을 통해 사헌부·사간원과 함께 3사라고 불렸습니다. 또한 ____(가)____

① 수원 화성에 외영을 두었습니다.
② 한양의 치안과 행정을 맡았습니다.
③ 재정의 출납과 회계를 관장하였습니다.
④ 왕의 정책 자문과 경연을 담당하였습니다.

정답 길잡이

④ 왕의 정책 자문과 경연을 담당하였습니다.

홍문관은 조선 성종 때 **집현전을 계승**하여 설치된 **국왕의 자문 기구**로, **옥당, 옥서**라는 별칭으로도 불렸어요. 이곳은 주로 **궁중의 서적을 관리**하거나 **왕의 자문에 응하는 일**을 담당하였으며, 왕에게 유학의 사상과 교리를 가르쳐주는 **경연을 주관**하기도 하였어요. 또한 홍문관은 **사헌부, 사간원과 함께 3사**로 불리며 **언론 기능을 담당**하였습니다.

오답 체크
① 수원 화성에 외영을 두었습니다. → 장용영
② 한양의 치안과 행정을 맡았습니다. → 한성부
③ 재정의 출납과 회계를 관장하였습니다. → 호조

이건 꼭! 암기
홍문관 → 옥당, 국왕의 정책 자문 기관, 경연 담당, 삼사

04 수령　　　　　29회 기출

다음 가상 편지를 쓴 인물의 관직으로 옳은 것은?　　[3점]

> 그리운 어머님께
> 　그간 평안하셨는지요? 제가 이 고을에 부임해 온 지도 벌써 일 년이 되어갑니다.
> 　그동안 고을의 책임자로서 농업과 교육을 장려하기 위해 애써왔습니다. 오늘은 백성들의 살림살이를 살펴보기 위해 육방들과 함께 여러 마을을 둘러보았습니다. 처음에는 서툰 점도 많았지만 이방을 비롯한 육방이 잘 도와주어서 지금은 모든 것이 순조롭게 진행되고 있습니다.
> 　다시 소식 올릴 때까지 건강하십시오.
> 　　　　　　　○○○○년 ○○월 ○○일
> 　　　　　　　　　　　막내 아들 올림

① 수령　② 역관　③ 암행어사　④ 포도대장

정답 길잡이

① 수령

수령은 조선 시대에 **부·목·군·현에 파견**된 지방관으로, **지방의 행정·사법·군사권을 행사**하였어요. 수령은 부임한 지역의 **농업 발전, 교육 진흥, 공정한 조세 수취** 등 **수령 7사**라고 불리는 7가지 업무를 수행하였습니다.

오답 체크
② 역관 → 통역을 담당하는 관리
③ 암행어사 → 왕명으로 비밀리에 지방에 파견된 관리
④ 포도대장 → 치안을 담당하는 포도청의 장관

이건 꼭! 암기
수령 → 부·목·군·현에 파견, 행정·사법·군사권 행사

기출주제 21 사화의 발생과 붕당의 형성

핵심 키워드 | #무오사화 #「조의제문」 #조광조 #소격서 폐지 #현량과 실시 #기묘사화 #을사사화 #동인과 서인

스토리로 미리보기

S#1 연산군이 김종직과 그 제자들을 처벌하다!

나는 세조의 손자 **연산군**, 사림 **김일손**이라는 자가 증조 할아버지(세조)를 비판한 스승의 글을 후대까지 전해질 기록으로 남겼다고 하는군. 안 그래도 쓴 소리만 하는 것이 눈엣가시였는데, 이번 일로 그 일당을 모두 처벌해야겠어.

S#2 조광조가 공신들의 위훈 삭제를 건의하다!

저는 옳다고 생각하는 건 무조건 해야 하는 **조광조**입니다. 관직에 올라보니 신하들이 너무나도 부패하였길래 열심히 개혁을 추진하였습니다. 그런데 전하께서 즉위하실 때 도움이 되지 않은 자도 **거짓 공훈**(위훈)으로 공신이 되어 있더군요. 두고 볼 수만은 없습니다.

S#3 명종 때 도적 임꺽정이 활약하다!

나 **명종**은 어린 나이에 즉위하여, 클 때까지 어머니 **문정 왕후**께서 대신 정치를 해주셨다네. 그런데 외삼촌 **윤원형**이 어머니를 믿고 온갖 비리를 저지른 데다 흉년까지 겹쳐, 결국 여기저기서 도적 떼가 출몰하게 되었다네. 그중 특히 **임꺽정** 그 자가 가장 두렵구만.

1 사림의 대두와 사화의 전개

(1) 훈구와 사림

구분	훈구	사림
형성	세조의 즉위에 공을 세우며 세력을 확장함	성종 때부터 등용되어 선조 때부터 집권함
특징	· 막대한 토지를 소유한 대지주 출신 · 중앙 집권과 부국강병을 추구함	· 향촌의 중소 지주 출신 · 향촌 자치와 왕도 정치를 추구함

(2) 무오사화(연산군)

> 꼭 알아두기 | 무오사화의 단골 키워드인 「조의제문」을 반드시 암기하세요!

원인	사림 김일손이 스승 **김종직**이 쓴 「**조의제문**」을 실록의 초안인 「사초」에 기록한 것을 훈구가 문제삼음
전개	연산군이 다수의 사림을 처형하거나 유배보내 사림이 큰 피해를 입음

└ 중국 초나라의 왕 의제의 죽음을 애도하며 쓴 글로, 훈구는 단종을 쫓아내고 왕위를 차지한 세조(연산군의 증조 할아버지)를 비판하는 내용이라고 주장했어요.

(3) 갑자사화(연산군)

원인	연산군의 측근 세력이 연산군에게 폐비 윤씨 사사 사건을 고발함
전개	사건을 주도한 훈구와 이와 관련된 사림이 제거됨

└ 연산군의 어머니인 폐비 윤씨가 사약을 받아 죽은 사건이에요.

(4) 중종반정

원인	두 차례의 사화를 비롯하여 연산군이 폭정을 저지름
전개	연산군이 폐위되고 중종이 즉위하였으며, 중종 즉위에 공을 세운 훈구가 권력을 장악함

(5) 조광조의 개혁 정치

> 꼭 알아두기 | 조광조의 활동을 물어보는 문제가 자주 출제되므로 조광조가 추진한 현량과 실시, 소격서 폐지, 위훈 삭제의 내용을 꼭 알아두세요!

배경	중종이 훈구를 견제하기 위해 조광조를 비롯한 사림을 등용함
개혁 내용	┌ **현량과 실시**: 신진 사림을 등용하기 위한 일종의 추천제를 실시함 ├ **소격서 폐지**: 도교의 제사인 초제를 담당하였던 소격서를 폐지함 └ **위훈 삭제**: 중종 반정 공신의 거짓 공훈(위훈)을 삭제할 것을 주장함

기출 자료 더보기 📍**조광조** [51회]

- 1482년 한성에서 출생
- 1515년 문과에 급제
- 1518년 현량과 실시를 건의
   대사헌에 임명됨
- 1519년 위훈 삭제를 건의
   기묘사화로 사약을 받음

(6) 기묘사화(중종)

원인 : 조광조의 개혁 정치와 위훈 삭제에 대한 훈구의 반발이 심화됨

전개 : 조광조를 포함한 사림 세력이 제거됨

> **기출 사료 더보기** 📍**기묘사화** [43회]
>
> 조광조가 귀양 간 지 한 달 남짓 되어도 왕(중종)의 노여움은 아직 풀리지 않았으나, 그를 죽이자고 청하는 사람이 없으므로 흔쾌히 결단하지 못하였다. 생원 황이옥 등이 상소하여 조광조를 헐뜯었다. 왕이 상소를 보고 곧 조광조 등에게 사약을 내리고, 황이옥 등을 칭찬하며 술을 내려 주라고 명하였다.
>
> **사료 해석** : 중종은 중종반정을 통해 즉위한 이후 훈구 세력을 견제하기 위해 조광조 등 사림 세력을 등용하였어요. 하지만 조광조 등 사림 세력의 급진적인 개혁에 부담을 느낀 중종은 훈구 세력의 건의를 받아들여 조광조를 비롯한 사림 세력을 숙청하였어요.

(7) 을사사화(명종)

배경 : 중종의 뒤를 이어 즉위한 인종이 일찍 죽고 어린 명종이 즉위함
　　　　　(인종과 이복형제였어요.)

원인 : 윤임 등 인종의 외척(대윤)과 윤원형 등 명종의 외척(소윤) 사이에 권력 다툼이 발생함

전개 : 대윤 세력이 제거되고, 이와 연관된 사림까지 피해를 입음

결과 : 윤원형 등 권세가들의 부패가 심해져 임꺽정과 같은 도적이 나타남

2 붕당의 형성과 분화

> **꼭 알아두기** | 사림이 동인과 서인으로 나뉘어 붕당을 형성하였고, 이후 동인은 다시 한 번 남인과 북인으로 나뉘었다는 것을 잘 기억하세요!

사림의 정국 주도 : 서원과 향약을 통해 세력을 확대한 사림이 선조 때 다시 중앙 정계에 진출하여 정국을 주도함
　　　(향촌 질서를 유지하기 위한 향촌 사회의 자치 규약이에요.)

사림의 분화 (사림 → 동인, 서인)
- 원인: **이조 전랑** 임명 문제를 둘러싸고 김효원과 심의겸이 대립함
　　　(삼사의 관리에 대한 인사권과 후임자 추천권을 가져 중요한 자리였어요.)
- 결과: **사림이 동인**(김효원 일파)**과 서인**(심의겸 일파)**으로 나뉘어** 붕당을 형성함
　　　(학문적·정치적 입장을 같이하는 양반들이 모여 구성한 정치 집단을 의미해요.)

동인과 서인
- 동인: 이황·조식의 제자들로, 김효원 등 신진 사림이 중심이 됨
- 서인: 이이·성혼의 제자들로, 심의겸 등 기성 사림이 중심이 됨

동인의 분화 (동인 → 북인, 남인) : 정여립 모반 사건으로 동인이 피해를 입고(기축옥사), 건저의 사건(정철이 광해군을 왕세자로 책봉할 것을 건의하자 동인이 정철을 공격함)을 계기로 서인에 대한 처리를 두고 **동인이 북인과 남인으로 분화**됨
　　　(동인 정여립의 역모 사건을 서인 정철이 확대하였어요.)

북인과 남인
- 북인: 조식의 제자들이 주류를 이루며, 서인의 강력한 처벌을 주장함
- 남인: 이황의 제자들이 주류를 이루며, 서인의 처벌에 온건한 입장을 취함

북인 집권 : 광해군이 즉위하자 북인이 집권하여 정국을 주도함
　　　(광해군은 제주도로 유배되었어요.)

인조반정 : 서인과 남인이 함께 주도한 인조반정으로 광해군이 폐위되고 북인이 소멸함

공존 체제 형성 (남인 + 서인)
- 서인의 주도 하에 남인 일부가 연합하여 정국을 주도함
- 현종 때까지 붕당의 상호 비판적인 공존 체제가 지속됨

퀴즈로 개념 다지기

1. 사화와 그 원인을 알맞게 연결하세요.

(1) 무오사화 ·　　　· ⓐ 위훈 삭제 주장 [69·66·63회]

(2) 갑자사화 ·　　　· ⓑ 「조의제문」 [67회]

(3) 기묘사화 ·　　　· ⓒ 폐비 윤씨 사사 사건 [32회]

(4) 을사사화 ·　　　· ⓓ 외척 간의 다툼 [64회]

2. 기출 키워드의 초성을 완성하세요.

(1) 조광조가 실시한 일종의 추천제
: ㅎㄹㄱ [71·67·66·61·60회]

(2) 조광조의 건의로 폐지된 도교 행사 기관: ㅅㄱㅅ [66·52·51회]

(3) 사림이 분화되는 계기가 된 관직
: ㅇㅈㅈㄹ [47회]

(4) 광해군과 북인이 몰락한 사건
: ㅇㅈㅂㅈ [66·61·57·55·52회]

정답　1. (1) ⓑ (2) ⓒ (3) ⓐ (4) ⓓ
　　　2. (1) 현량과 (2) 소격서 (3) 이조 전랑
　　　　 (4) 인조반정

기출로 실전 감각 키우기
기출주제 21 사화의 발생과 붕당의 형성

01 무오사화
67회 기출

(가)에 들어갈 사건으로 옳은 것은? [2점]

이곳은 조선 시대 문신인 김종직이 살았던 집터에 후손들이 지은 밀양 추원재입니다. 그가 쓴 「조의제문」은 연산군 때 일어난 (가) 의 빌미가 되기도 하였습니다.

① 경신환국   ② 기해예송   ③ 무오사화   ④ 신유박해

02 조광조
66회 기출

(가) 인물의 활동으로 옳은 것은? [2점]

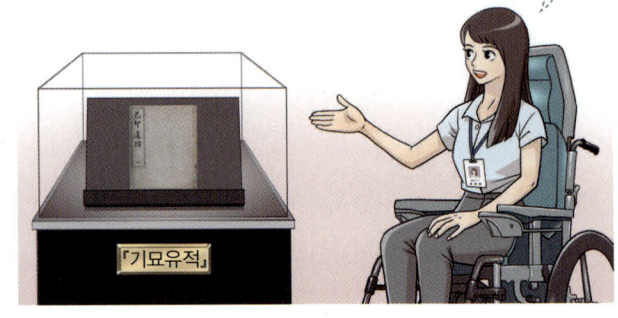

이 책은 기묘사화의 전말을 다룬 「기묘유적」입니다. 현량과 실시와 위훈 삭제를 주장한 (가) 이/가 관직에서 쫓겨나는 과정이 잘 기록되어 있습니다.

① 「발해고」를 저술하였다.
② 대동여지도를 제작하였다.
③ 백운동 서원을 건립하였다.
④ 소격서 폐지를 건의하였다.

정답 길잡이

③ 무오사화

무오사화는 **김종직**이 쓴 **「조의제문」**이 발단이 되어 일어난 사건입니다. **연산군** 때 사림이었던 **김일손**은 스승인 김종직이 쓴 「조의제문」을 「조선왕조실록」의 바탕이 되는 **사초**에 기록하였어요. 이에 이극돈 등의 훈구가 「조의제문」의 내용이 연산군의 증조 할아버지인 세조의 왕위 찬탈을 비판하는 내용이라며 문제 삼았어요. 그 결과 김일손을 비롯한 **사림 세력이 제거**되었어요.

오답 체크
① 경신환국 → 숙종 때 남인이 축출된 사건
② 기해예송 → 현종 때 자의 대비의 상복 기간을 두고 일어난 논쟁
④ 신유박해 → 순조 때 천주교를 탄압한 사건

이건 꼭! 암기
무오사화 → 김종직, 「조의제문」, 연산군, 훈구vs사림

정답 길잡이

④ 소격서 폐지를 건의하였다.

조광조는 중종 때 **등용된 사림**으로, 각종 개혁 정책을 추진하였어요. 그는 일종의 추천제인 **현량과를 실시**할 것과 도교의 행사를 담당하는 **소격서를 폐지**할 것을 주장하였어요. 또한 중종반정 공신의 거짓된 공훈은 무효로 해야 한다는 **위훈 삭제를 건의**하였는데, 이를 계기로 **기묘사화**가 발생하여 조광조를 비롯한 사림 세력이 제거되었어요.

오답 체크
① 「발해고」를 저술하였다. → 유득공
② 대동여지도를 제작하였다. → 김정호
③ 백운동 서원을 건립하였다. → 주세붕

03 을사사화 _{64회 기출}

(가)에 해당하는 사건으로 옳은 것은? [2점]

이곳은 유네스코 세계유산에 등재된 필암 서원으로 인종의 스승이었던 김인후를 배향하고 있습니다. 그는 명종 즉위 후 왕의 외척들 간 권력 다툼으로 (가) 이/가 일어나자, 고향으로 돌아와 성리학 연구와 후학 양성에 힘썼습니다.

① 경신환국
② 기해예송
③ 병인박해
④ 을사사화

04 이조 전랑 임명 문제 이후의 사실 _{47회 기출}

다음 대화 이후에 전개된 사실로 옳은 것은? [3점]

이조 전랑 김효원의 후임으로 심충겸을 추천했으면 합니다.

심충겸은 외척이므로 이조 전랑에 마땅치 않습니다.

① 기묘사화가 일어났다.
② 신진 사대부가 등장하였다.
③ 수양 대군이 권력을 장악하였다.
④ 사림이 동인과 서인으로 나뉘었다.

정답 길잡이

④ 을사사화

을사사화는 **명종 때 왕의 외척들 간의 권력 다툼**이 원인이 되어 일어난 사건이에요. 조선 중종의 뒤를 이어 즉위한 인종이 일찍 죽고 어린 명종이 즉위하자, **왕의 외척들 간의 권력 다툼이 발생**하였어요. 이때 명종의 외척 세력(윤형원 등 소윤 세력)이 선왕인 인종의 외척 세력(윤임 등 대윤 세력)을 역적으로 몰아 숙청하였으며, 연루된 사림 세력까지 피해를 보게 되었어요.

오답 체크
① 경신환국 → 숙종 때 남인이 축출된 사건
② 기해예송 → 현종 때 자의 대비의 상복 기간을 두고 일어난 논쟁
③ 병인박해 → 천주교 신자와 프랑스인 선교사들을 처형한 사건

📋 이건 꼭! 암기

을사사화 → 명종, 왕의 외척들 간의 권력 다툼, 대윤vs소윤

정답 길잡이

이조 전랑 임명 문제

④ **사림이 동인과 서인으로 나뉘었다.** → 사림의 동·서 분당

이조 전랑 임명 문제는 사림이 동인과 서인으로 나뉘는 계기가 되었어요. 이조 전랑 임명을 두고 기성 사림인 **심의겸**은 동생인 심충겸을 추천하였지만, 김효원이 이에 반대하면서 서로 대립이 심화되었어요. 결국 사림 세력은 **동인**(김효원 일파)과 **서인**(심의겸 일파)으로 나뉘어 붕당을 형성하였습니다.

오답 체크
① **기묘사화**가 일어났다. → 조선 중종, 이조 전랑 임명 문제 이전
② **신진 사대부가** 등장하였다.
　→ 고려 공민왕, 이조 전랑 임명 문제 이전
③ **수양 대군이** 권력을 장악하였다.
　→ 조선 단종, 이조 전랑 임명 문제 이전

📋 이건 꼭! 암기

사림의 동·서 분당 → 이조 전랑, 김효원_동인, 심의겸_서인

기출주제 22 왜란과 호란

핵심 키워드 | #곽재우 #이순신 #한산도 대첩 #권율 #행주 대첩 #명량 해전 #대동법 #병자호란 #북벌

스토리로 미리보기

S#1 이순신의 수군이 한산도에서 왜군을 물리치다!

왜군의 함선은 70여 척, 주변도 좁고 조류도 역류여서 이전처럼 항구에 정박한 왜군을 포위하려 했다간 오히려 우리 함선끼리 부딪히겠어. 그래, 왜군을 유인해서 **한산도** 앞바다로 들어서면, 우리 수군 3개 부대에 **학익진**을 펼치고 포위하는 거야. 왜군을 완전히 섬멸하고야 말겠어.

S#2 인조가 남한산성으로 피난하다!

속보입니다! **병자년 12월, 청나라가 침략**하여 우리 조선의 한성이 함락될 위기에 처했다는 소식입니다. **인조**께서는 일부 신하들과 함께 **남한산성**으로 급히 피신하셨고, 청에 대한 저항을 이어 간다고 합니다.

S#3 효종이 북벌을 추진하다!

나 **효종**은, 병자호란으로 형님이신 소현 세자와 함께 청에 인질로 끌려 갔었다. 그런데 먼저 돌아오신 형님이 갑자기 세상을 떠나서, 급히 조선으로 돌아왔고 결국 둘째 아들인 내가 왕이 되었다. **북벌**을 추진해서 병자호란과 볼모 생활의 치욕을 반드시 설욕하리라.

1 왜란 - 임진왜란과 정유재란

(1) 왜란의 전개 과정

꼭 알아두기 | 주요 전투인 탄금대 전투, 진주 대첩, 행주 대첩, 명량 해전의 순서를 암기하세요!

- **임진왜란 발발** : 왜군이 침입하자, 부산진 첨사 정발과 동래부 부사 송상현이 왜군에 맞서 싸웠으나 패배함(1592)
- ↓
- **충주 탄금대 전투** : 충주 **탄금대**에서 **신립**이 배수진을 치고 항전하였으나 패함(1592)
- ↓
- ☆ **한산도 대첩** : 이순신의 수군이 한산도에서 학익진 전법으로 승리함
- ↓
- **의병의 활약** : **곽재우**, 고경명 등이 의병장으로 활약함
- ↓
- ☆☆ **진주 대첩** : 진주성에서 진주 목사 김시민이 큰 승리를 거둠
- ↓
- **평양성 탈환** : 조·명 연합군이 일본군에 승리하면서 평양성을 탈환함
- ↓
- ☆ **행주 대첩** : **권율**이 **행주산성**에서 크게 승리함(1593)
- ↓
- **휴전 협상 시작** : 일본이 휴전을 제의하여 명과 일본이 휴전 협상을 펼침
- ↓
- **훈련도감 설치** ─ 조선이 휴전 협상 중 왜군의 조총 부대에 맞서 훈련도감을 설치함
  └ 훈련도감은 포수(총)·사수(활)·살수(창·칼)의 삼수병으로 편성됨
- ↓
- **정유재란 발발** : 3년여에 걸친 휴전 협상이 결렬되자 일본이 조선을 재침입함(1597)
- ↓
- ☆ **명량 해전** : **이순신**이 명량에서 **12척의 배로 일본의 수군**을 크게 무찌름(1597)
- ↓
- **노량 해전** : 일본군과의 마지막 해전으로, 이 전투에서 이순신이 전사함

(2) 왜란 이후의 상황

- 📍**비변사의 기능 강화** : 임진왜란 이후 비변사의 조직과 기능이 확대되어 모든 정무를 총괄하는 국정 최고 기구로 자리 잡음
- **기유약조 체결** : 광해군 때 일본과 기유약조를 체결함(제한된 범위 내에서 교섭 허용)
- **통신사 파견** ─ 19세기 초까지 조선의 선진 문물을 일본에 전파하는 역할을 함
  └ 조선 통신사 관련 기록물이 2017년 유네스코 세계 기록유산으로 등재됨

> 일본 에도 막부가 쇼군이 바뀔 때마다 권위를 인정받기 위해 통신사 파견을 요청하였어요.

기출 자료 더보기 📍**비변사의 기능 강화** [58회]

비변사는 본래 외적의 침입에 대비하고자 설치한 **임시 군사 회의 기구**였으나, 양 난을 계기로 **국방뿐만 아니라 국정 전반을 총괄하는 최고 기구**가 되었습니다. 이로 인해 기존의 의정부와 6조가 유명무실해졌습니다.

자료 해석 : 비변사는 중종 때 외적에 대비하기 위해 설치된 임시 기구였으나, 임진왜란 이후 기능이 확대·강화되어 국정 전반을 총괄하게 되었어요.

2 광해군

> 꼭 알아두기 | 왜란 이후에 광해군이 시행한 대동법과 중립 외교의 내용을 꼭 알아두세요!

- **대동법 시행** : 공납을 특산물 대신 소유한 토지 결수에 따라 쌀, 동전 등으로 납부하게 함
- **「동의보감」 완성** : 허준이 전통 한의학을 정리한 의서인 「동의보감」을 완성함
- **중립 외교 실시** : 명이 쇠퇴하고 후금이 성장하고 있는 상황에서 명이 조선에 군대를 요청함 → 강홍립을 파견하여 전투 상황에 따라 대처하도록 명령함 → 후금의 침입은 모면했지만 인조반정의 빌미가 됨
- **인조반정** : 서인이 광해군의 중립 외교와 폐모살제에 반발하여 **광해군을 폐위**하고 인조를 즉위시킴
  └ 광해군이 계모인 인목 대비를 내치고, 이복동생인 영창 대군을 죽인 사건을 뜻해요.

기출 사료 더보기 **광해군의 중립 외교** [44회]

왕이 도원수 강홍립에게 지시하였다. "원정군 가운데 1만은 평안도와 함경도의 정예병만을 훈련하여 이제 장수와 병사들이 서로 익숙하니 지금에 와서 경솔히 바꾸기는 곤란하다. 그대는 명나라 장수들의 명령을 그대로 따르지만 말고 오직 스스로 판단하여 패하지 않도록 노력하라."

사료 해석 : 세력을 키운 후금이 명을 공격하자, 명은 조선에 지원병을 요청하였어요. 광해군은 후금과 명 사이에서 실리적인 중립 외교를 선택하여 피해를 최소화 하였지만, 이를 빌미로 서인이 일으킨 인조반정으로 폐위되었어요.

3 호란 – 정묘호란과 병자호란

(1) 정묘호란

- **원인** ┬ 서인 정권이 친명 배금 정책을 실시하여 후금을 자극함
  └ 이괄의 난 이후 잔여 세력들이 후금으로 도망가 인조 즉위의 부당함을 알림
  └ 인조반정 때 공을 세운 이괄이 공신 책봉에 불만을 품고 일으킨 난이에요.
- **전개** : 후금이 광해군을 위해 보복한다는 명분으로 침입함 → 인조가 강화도로 피난하고, 정봉수(용골산성)와 이립(의주)이 의병을 이끌고 항전함
- **결과** : 후금과 정묘약조를 체결하여 형제 관계를 맺음

(2) 병자호란

> 꼭 알아두기 | 병자호란 때 인조가 피난한 곳이 남한산성임을 기억하세요!

- **원인** : 후금이 국호를 청으로 바꾸고 군신 관계를 요구함 → 조선 내에서 주전론이 우세해지자 청이 조선에 침입함
  └ 임금과 신하의 관계를 뜻해요. └ 전쟁하기를 주장하는 의견이에요.
- **전개** : **인조가 남한산성으로 피난**하여 항전하고, 임경업이 백마산성에서 항전함
- **결과** ┬ 인조가 삼전도에서 항복하고 청과 군신 관계를 맺음(삼전도의 굴욕)
  └ **소현 세자와 봉림 대군** 등이 **청나라 심양에 볼모**(인질)로 끌려감
  └ 이후 효종으로 즉위해요.

4 양 난 이후 청과의 관계
└ 왜란과 호란

(1) 효종

> 꼭 알아두기 | 청에 볼모로 끌려 갔었던 효종(봉림 대군)이 북벌을 추진했다는 점을 기억하세요!

- **북벌 추진** : 효종이 송시열 등을 중심으로 청에 대한 치욕을 갚자는 **북벌을 추진**함
- **나선 정벌** : 효종 때 청의 요청으로 나선 정벌에 조총 부대를 파병함
  └ 러시아가 청을 자극하자 청이 조선에 원병을 요청하였어요.

(2) 숙종

- **백두산 정계비 건립** : 간도 지역을 두고 청과 국경 분쟁이 발생하자, 숙종 때 양국 대표가 백두산 일대를 답사한 뒤 국경을 확정하고 백두산 정계비를 건립함

퀴즈로 개념 다지기

1. 조선 후기의 왕들이 실시한 정책을 알맞게 연결하세요.

(1) 광해군 · · ⓐ 친명 배금 정책 실시 [61·49회]

(2) 인조 · · ⓑ 중립 외교 실시 [49·48회]

(3) 효종 · · ⓒ 백두산 정계비 건립 [71·69·66회]

(4) 숙종 · · ⓓ 북벌 추진 [67·66·63회]

2. 기출 키워드의 초성을 완성하세요.

(1) 신립이 배수진을 치고 항전한 곳 : 충주 ㅌㄱㄷ [66·64회]

(2) 임진왜란 때 권율이 대승을 거둔 전투 : ㅎㅈ 대첩 [67·63·57회]

(3) 이순신이 12척의 배로 승리한 전투 : ㅁㄹ 해전 [71·67회]

(4) 광해군이 처음 실시한 수취 제도 : ㄷㄷㅂ [69·67·66회]

(5) 병자호란 때 인조가 항전한 곳 : ㄴㅎㅅㅅ [69·67·64회]

정답 1. (1) ⓑ (2) ⓐ (3) ⓓ (4) ⓒ
2. (1) 탄금대 (2) 행주 (3) 명량 (4) 대동법 (5) 남한산성

기출로 실전 감각 키우기 기출주제 22 왜란과 호란

01 임진왜란 64회 기출

(가) 전쟁에 대한 설명으로 옳지 <u>않은</u> 것은? [3점]

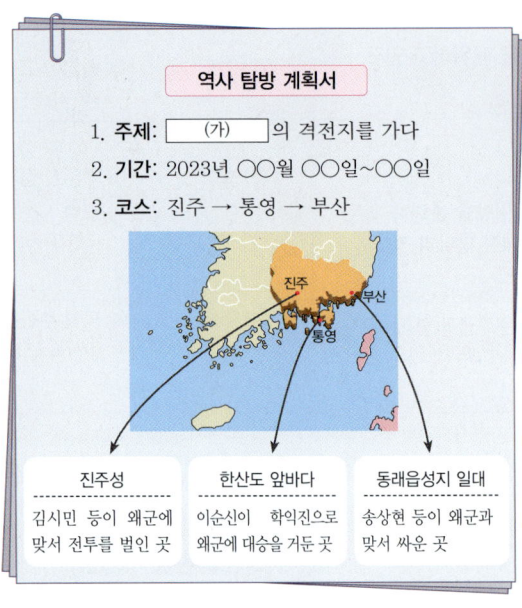

① 조헌이 금산에서 의병을 이끌었다.
② 임경업이 백마산성에서 항전하였다.
③ 곽재우가 의병을 일으켜 정암진에서 싸웠다.
④ 신립이 탄금대에서 배수의 진을 치고 전투를 벌였다.

정답 길잡이

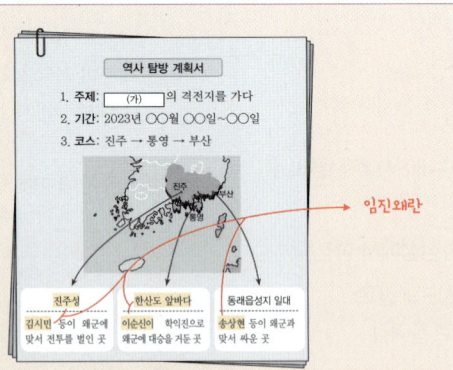

② 임경업이 백마산성에서 항전하였다. → 병자호란

인조 때 청의 침략으로 **병자호란**이 일어나자, 인조는 남한산성으로 피난하여 청군에 항전하였고, **임경업**이 **백마산성**에서 **청군에 항전**하였어요.

✅ 오답 체크
① 임진왜란 때 **조헌**이 **금산**에서 의병을 이끌고 왜군에게 항전하였어요.
③ 임진왜란 때 **곽재우**가 **의병**을 일으켜 의령의 정암진에서 왜군에 싸워 대승을 거두었어요.
④ 임진왜란 때 **신립**이 탄금대에서 배수의 진을 치고 왜군과 전투를 벌였으나, 패배하였어요.

02 광해군 54회 기출

(가) 왕의 재위 기간에 있었던 사실로 옳은 것은? [2점]

이곳은 제주 행원 포구입니다. 인조반정으로 폐위되어 강화도 등지로 유배되었던 (가) 은/는 이후 이곳을 통해 제주도로 들어와 유배 생활을 이어가다가 생을 마감하였습니다.

① 집현전이 설치되었다.
② 비변사가 폐지되었다.
③ 대동법이 시행되었다.
④ 4군 6진이 개척되었다.

정답 길잡이

 → 광해군

③ 대동법이 시행되었다.

광해군은 임진왜란으로 입은 피해를 복구하기 위해 노력한 왕입니다. 우선 민생 안정책으로 대동법을 시행하여 백성들이 집집마다 특산물로 납부하던 공납을 소유한 토지 결 수에 따라 쌀, 동전 등으로 납부하게 함으로써 부담을 줄여주었어요. 한편 광해군은 **명과 후금 사이에서 중립 외교**를 펼쳐 국가의 피해를 줄이고자 하였어요. 하지만 이에 반발한 서인들에 의해 인조반정이 일어나 폐위되었어요.

✅ 오답 체크
① 집현전이 설치되었다. → 세종
② 비변사가 폐지되었다. → 흥선 대원군(고종)
④ 4군 6진이 개척되었다. → 세종

📖 이건 꼭! 암기
광해군 → 대동법, 중립 외교, 인조반정으로 폐위

03 병자호란 58회 기출

밑줄 그은 '이 전쟁' 중에 있었던 사실로 옳은 것은? [3점]

> **문학으로 만나는 한국사**
>
> 청석령을 지났느냐 초하구는 어디쯤인가
> 북풍도 차다 차다 궂은비는 무슨 일인가
> 그 누가 내 행색 그려내어 임 계신 데 드릴까
>
> 위 시조는 이 전쟁 당시 인조가 삼전도에서 항복한 뒤 봉림대군이 청에 볼모로 끌려가며 지었다는 이야기가 전해집니다. 청의 심양으로 끌려가는 비참함과 처절한 심정이 잘 표현되어 있습니다.

① 왕이 남한산성으로 피신하였다.
② 양헌수가 정족산성에서 항전하였다.
③ 김윤후가 적장 살리타를 사살하였다.
④ 조·명 연합군이 평양성을 탈환하였다.

04 병자호란 이후의 사실 63회 기출

다음 상황 이후에 전개된 사실로 옳은 것은? [2점]

> 남한산성을 나와 삼전도에 도착한 왕께서 청 황제 앞에 나아가 항복의 예를 행하였다. 예를 마치고 해 질 무렵이 되자 청 황제가 왕에게 도성으로 돌아가도록 허락하였다. 포로로 사로잡힌 이들이 도성으로 돌아가는 왕을 보고 "우리 임금이시여, 우리 임금이시여. 우리를 버리고 가십니까."라며 울부짖는데, 그 수가 만 명을 헤아렸다.

① 북벌이 추진되었다.
② 강화도로 천도하였다.
③ 쓰시마 섬을 정벌하였다.
④ 최씨 무신 정권이 붕괴하였다.

정답 길잡이

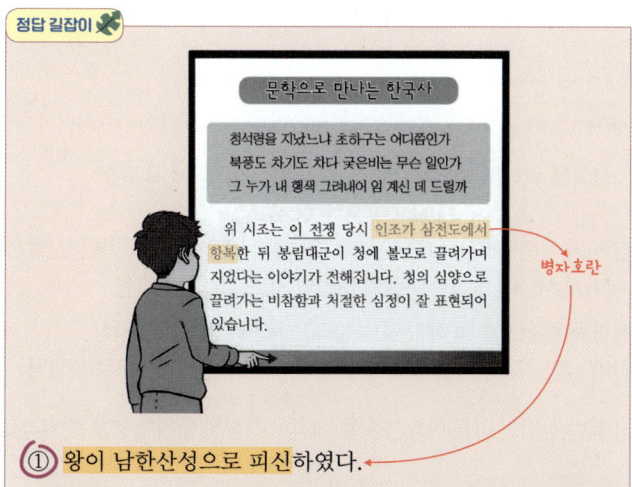

① **왕이 남한산성으로 피신**하였다.

조선 인조 때 청의 침략으로 **병자호란**이 일어나자 인조는 **남한산성으로 피신**하였어요. 그러나 조선은 청의 공격을 막아내지 못하였고, 이에 **인조가 삼전도에 직접 나가 청에 항복**하였어요. 병자호란의 결과 조선은 청과 **군신 관계**를 맺었고, **소현 세자와 봉림 대군**(훗날 효종) 등이 심양에 볼모(인질)로 끌려가게 되었어요.

오답 체크
② 양헌수가 **정족산성에서 항전**하였다. → 병인양요
③ 김윤후가 적장 **살리타를 사살**하였다. → 처인성 전투
④ 조·명 연합군이 **평양성을 탈환**하였다. → 임진왜란

정답 길잡이

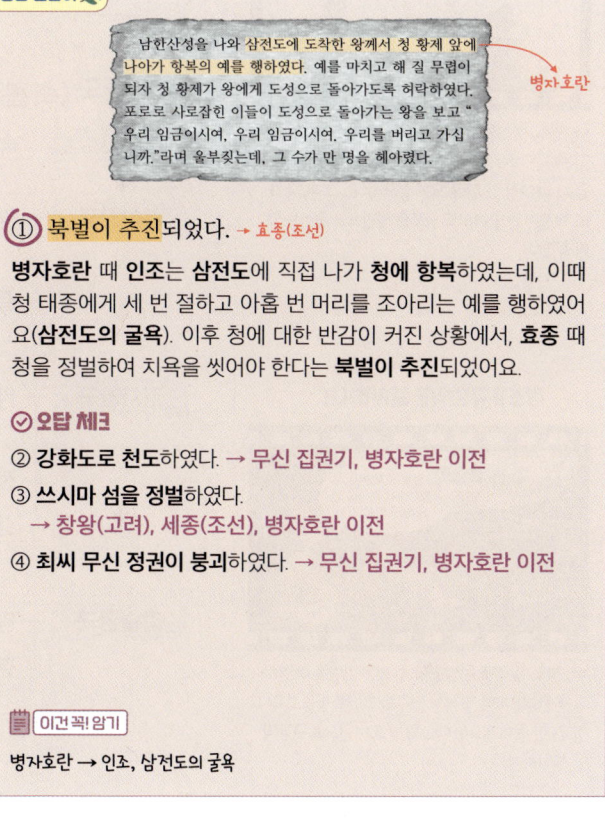

① **북벌이 추진**되었다. → 효종(조선)

병자호란 때 **인조**는 **삼전도**에 직접 나가 **청에 항복**하였는데, 이때 청 태종에게 세 번 절하고 아홉 번 머리를 조아리는 예를 행하였어요(**삼전도의 굴욕**). 이후 청에 대한 반감이 커진 상황에서, 효종 때 청을 정벌하여 치욕을 씻어야 한다는 **북벌이 추진**되었어요.

오답 체크
② **강화도로 천도**하였다. → 무신 집권기, 병자호란 이전
③ **쓰시마 섬을 정벌**하였다.
  → 창왕(고려), 세종(조선), 병자호란 이전
④ **최씨 무신 정권이 붕괴**하였다. → 무신 집권기, 병자호란 이전

📖 **이건 꼭! 암기**

병자호란 → 인조, 삼전도의 굴욕

기출주제 23 붕당 정치와 탕평 정치

핵심 키워드 | #예송 #경신환국 #탕평비 건립 #균역법 #규장각 #장용영 #초계문신제 #수원 화성 건설

스토리로 미리보기

S#1 서인이 몰락하고 희빈 장씨가 왕비가 되다!!

[32회 기출]
희빈 장씨의 아들의 명호를 원자로 정한 것은 너무 이른 처사입니다!
— 송시열

나 송시열, 서인의 대표로서 숙종 전하가 희빈 장씨의 아들을 원자로 정하신 것에 대해, 너무 성급한 결정이라고 상소를 올렸다. 그런데, 왕께서 그렇게까지 분노하시다니. 남인들도 합세하여 나를 몰아세우고. 아, 이제 나와 서인은 끝났군.

S#2 영조가 균역법을 시행하다!

[23회 기출]
분부대로 하겠사옵니다.
백성들의 생활을 위해 군포를 1필로 줄이시오!
— 영조

나, 영조. 백성들이 군포 때문에 어려움을 많이 겪는다는 이야기를 들었다. 백성들의 생활이 조금 더 나아질 만한 방도가 있으려나... 그래, 국가의 재정이 좀 줄더라도 군포를 절반으로 줄이는 것이 좋겠군.

S#3 정조가 규장각을 설치하다!

[28회 기출]
왕실 도서관인 규장각에서 학문을 연구하게 하시오!
— 정조

나, 정조. 왕권을 뒷받침할 수 있는 기반을 마련하고자 한다! 개혁 정책을 연구하고 신하들을 교육시킬 만한 곳이 필요한데... 그래, 왕실 도서관으로 규장각을 설치하자!

1 붕당 정치의 전개와 변질

(1) 예송(현종)
예를 둘러싼 논쟁이라는 의미예요.

꼭 알아두기 | 서인과 남인이 대립한 예송이 언제, 무엇을 두고 일어났는지 꼭 알아두세요!

- **발단**: 효종과 효종비의 사망 후 자의 대비의 상복 착용 기간을 두고, 서인과 남인 간에 예법을 둘러싼 문제가 발생함
  - 인조의 계비였어요.
  - 인조의 둘째 아들인 효종의 왕위 계승에 대한 정통성 문제와 관련이 있어요.

- **서인과 남인의 입장**
  - 서인: 왕과 사대부는 같은 예법을 따라야 한다고 주장함
  - 남인: 왕과 사대부는 다른 예법을 따라야 한다고 주장함

- **1차 예송 (기해예송)**
  - 발생 시기: 효종의 사망 후에 발생함
  - 주장: 서인은 기년복(1년), 남인은 삼년복(3년)을 주장함
  - 결과: 서인의 주장이 받아들여져 자의 대비가 기년복을 입음

- **2차 예송 (갑인예송)**
  - 발생 시기: 효종비의 사망 후에 발생함
  - 주장: 서인은 9개월복(대공설), 남인은 기년복(1년)을 주장함
  - 결과: 남인의 주장이 받아들여져 자의 대비가 기년복을 입음

기출 자료 더보기 | 1차 예송 [44회]
- 송시열(서인): 효종 대왕께서는 둘째 아들이시므로, 대왕대비께서는 **1년 간 복상**을 하여야 한다고 주장함
- 허목(남인): 효종 대왕께서는 왕위를 계승하셨으므로 장자에 준한다고 보아, 대왕대비께서는 **3년 간 복상**을 하여야 한다고 주장함

(2) 환국(숙종)
집권 붕당과 이를 견제하는 붕당이 서로 교체되어 정국이 급격히 전환되는 상황을 의미해요.

꼭 알아두기 | 숙종 때 일어난 세 차례의 환국으로 어떤 붕당이 집권하였는지를 잘 기억하세요!

- **원인**: 숙종이 왕권 강화를 위하여 의도적으로 집권 붕당을 급격하게 교체함

↓

- **경신환국**
  - 원인: 허적(남인)이 숙종의 허락 없이 왕실의 천막을 무단으로 사용하여 불신을 샀고, 때마침 서인이 허적의 아들인 허견의 역모 사건을 고발함
  - 결과
    - 허적과 윤휴 등 남인들이 대거 숙청되고 서인이 권력을 장악함
    - 서인이 남인 처벌 문제를 두고 노론(강경파)과 소론(온건파)으로 분열됨

↓

- **기사환국**
  - 원인: 숙종이 희빈 장씨의 아들(이후 경종)을 세자로 책봉하기 위해 명호를 원자로 정함
    - 지위를 표시하는 명칭이에요.
    - 아직 세자에 책봉되지 않은 왕의 맏아들을 의미해요.
  - 전개: 서인 송시열이 원자의 명호를 정한 것이 이르다며 상소를 올림
  - 결과
    - 송시열 등 서인이 숙청되고 남인이 권력을 장악함
    - 인현 왕후가 폐위되고 **희빈 장씨가 왕비로 책봉**됨
      - 서인 계열이었어요. / 남인 계열이었어요.

↓

- **갑술환국**
  - 원인: 남인이 인현 왕후 복위 운동을 빌미로 서인을 제거하려다 실패함
  - 결과
    - 중전 장씨가 다시 희빈으로 강등되고, 인현 왕후가 복위함
    - 남인이 몰락하고, 노론과 소론이 정국을 주도함

2 탕평 정치와 개혁 정책

(1) 영조

> 꼭 알아두기 | 영조가 탕평의 의지를 드러내고자 탕평비를 세웠다는 점을 꼭 암기하세요!

탕평책 실시
- 온건하고 타협적인 탕평파를 등용하여 왕권을 뒷받침하도록 함
- 성균관 입구에 **탕평비를 건립**하여 붕당의 폐해를 경계하게 함

임금의 정치가 어느 한 쪽에 치우치지 않고 공정한 상태로 이루어지는 것을 뜻해요.

▲ 탕평비

균역법 실시
- 백성들의 군역 부담을 줄여주기 위해 군포를 1년에 2필에서 1필로 줄여줌
- 부족한 재정은 결작과 선무군관포 등을 징수하고, 잡세를 국가 재정에 포함시켜 보충함 *어장세·소금세 등이 있어요.*

「속대전」 편찬 : 『경국대전』 이후의 법령을 모아 정리한 법전을 편찬하여, 통치 체제를 재정비함

기출 사료 더보기 📍**영조의 탕평비 건립** [52회]

영조가 '두루 원만하고 치우치지 않음이 군자의 공정한 마음이요, 치우치고 두루 원만하지 못함이 소인의 사사로운 마음이다.'라는 내용을 담은 **탕평비를 성균관 입구에 세우게 하였다.**

사료 해석: 영조는 붕당끼리 싸움이 지속되어 정치 운영이 제대로 이루어지지 않고 왕권까지 위협하자, 붕당의 폐해를 일깨우기 위해 성균관 입구에 탕평비를 세웠어요.

---

(2) 정조

> 꼭 알아두기 | 정조의 아버지가 사도 세자, 어머니는 혜경궁 홍씨라는 점이 문제에 힌트로 자주 나오니 꼭 기억하세요!

탕평책 실시
- 사도 세자의 아들인 정조는 왕세손 시절부터 붕당 정치의 폐해를 직접 겪음
- 붕당의 입장을 떠나 능력 있는 사람을 등용하여 왕권을 강화함

영조의 아들이자 정조의 아버지로, 영조 재위 시기에 붕당 정치에 휘말려 죽임을 당했어요.

초계문신제 실시 : 유능한 인재를 양성하기 위해 **젊고 유능한 문신을 초계문신으로 선발**하여 재교육하고 학문 연구에 힘쓰도록 함

수원 화성 건설
- **수원에 화성을 건립**하고 정치적 이상을 실현하는 도시로 육성함
- 정약용이 발명한 **거중기를 활용**해 건설함

한양에는 내영을, 수원 화성에는 외영을 두었어요.

장용영 설치 : 왕권 강화를 위해 **국왕의 친위 부대인 장용영**을 설치함

규장각 설치
- 왕실 도서관으로 설치한 후, 학문과 정책 연구를 담당하는 기구로 발전시킴
- **규장각 검서관에 박제가**, 유득공 등 능력 있는 **서얼 출신을 등용**함

허가 받지 않은 상인(난전)의 활동을 금지할 수 있었던 권리예요.

신해통공 발표 : 시전 상인의 특권을 축소하기 위해 **육의전을 제외한 시전 상인의 금난전권을 폐지**함

한양 종로에 있던 6개의 시전이에요.

「대전통편」 편찬 : 『경국대전』, 『속대전』 등 여러 법령을 통합하여 왕조의 통치 규범을 재정비한 법전을 편찬함

기출 자료 더보기 📍**규장각** [44회]

정조가 창덕궁 후원에 세운 주합루에는 **왕실 도서를 보관하는 규장각**이 있었다. 정조는 규장각에 **학술 및 정책 연구 기능을 부여**하고 서얼 출신인 이덕무, 유득공 등을 검서관으로 등용하였다.

퀴즈로 개념 다지기

1. 왕의 재위 시기에 있었던 사실을 알맞게 연결하세요.

(1) 현종 · · ⓐ 예송 발생 [69·67·64회]

(2) 숙종 · · ⓑ 수원 화성 건립 [57·54회]

(3) 영조 · · ⓒ 경신환국 발생 [67·64·61·60회]

(4) 정조 · · ⓓ 『속대전』 편찬 [67·50회]

2. 기출 키워드의 초성을 완성하세요.

(1) 1차 예송 때 기년복을 주장한 붕당 : ㅅㅇ [54회]

(2) 희빈 장씨가 왕비로 책봉되는 결과를 가져온 사건: ㄱㅅㅎㄱ [69회]

(3) 영조가 성균관 입구에 건립한 비 : ㅌㅍㅂ [69·66·63·61·60회]

(4) 정조의 아버지: ㅅㄷㅅㅈ [71·67회]

(5) 정조가 설치한 국왕의 친위 부대 : ㅈㅇㅇ [71·69·67·66·64회]

정답 1. (1) ⓐ (2) ⓒ (3) ⓓ (4) ⓑ
2. (1) 서인 (2) 기사환국 (3) 탕평비
   (4) 사도 세자 (5) 장용영

기출로 실전 감각 키우기 기출주제 23 붕당 정치와 탕평 정치

01 예송   50회 기출

교사의 질문에 대한 학생의 답변으로 옳지 <u>않은</u> 것은? [3점]

02 기해예송과 탕평비 건립 사이의 사실   60회 기출

(가), (나) 사이의 시기에 있었던 사실로 옳은 것은?   [3점]

> (가) 효종이 죽자 자의 대비의 상복 입는 기간을 두고 예송이 발생하였다.
> (나) 신하들이 언제라도 탕평의 의미를 되새기라는 뜻에서 왕이 성균관 앞에 탕평비를 세웠다.

① 비변사가 폐지되었다.
② 훈련도감이 설치되었다.
③ 경신환국으로 서인이 집권하였다.
④ 무오사화로 김일손 등이 처형되었다.

정답 길잡이

② 조광조 일파가 축출되는 결과를 가져왔어요. → 기묘사화

기묘사화는 조선 전기인 **중종** 때 일어난 사건으로, **위훈 삭제를 주장**한 **조광조 일파**가 축출되는 결과를 가져왔어요.

✓ 오답 체크
① 예송은 **서인과 남인이 예법을 둘러싸고 대립**한 것이에요.
③ 예송은 **자의 대비가 상복을 입는 기간**이 문제가 되었어요.
④ 예송은 **효종과 효종비가 죽은 뒤** 각각 일어났어요.

📔 이건 꼭! 암기
예송 → 자의 대비, 서인, 남인

정답 길잡이

(가) 효종이 죽자 자의 대비의 상복 입는 기간을 두고 예송이 발생하였다. → 기해예송 (현종)
(나) 신하들이 언제라도 탕평의 의미를 되새기라는 뜻에서 왕이 성균관 앞에 탕평비를 세웠다. → 탕평비 건립 (영조)

③ **경신환국**으로 **서인이 집권**하였다. → 숙종

기해예송(1659)은 효종이 죽고 현종이 즉위하면서 서인과 남인 사이에 발생한 전례 문제예요. **자의 대비**(인조의 계비)**의 상복 착용 기간**을 두고 남인은 삼년복을 주장한 반면 서인은 기년복(1년복)을 주장하면서 대립하였어요. 이후 현종의 뒤를 이은 **숙종** 때 남인인 허적의 서자 허견의 역모 사건을 계기로 허적과 윤휴 등 남인들이 대거 숙청된 **경신환국**이 일어났으며(1680), 그 결과 **서인이 집권**하였어요. 이후 붕당 간의 대립이 더욱 심해졌어요. 이러한 붕당의 폐해 속에서 즉위한 **영조**는 성균관 앞에 **탕평비를 세워** 탕평의 의지를 밝혔어요(1742).

✓ 오답 체크
① 비변사가 폐지되었다. → 고종, (나) 이후
② 훈련도감이 설치되었다. → 선조, (가) 이전
④ 무오사화로 김일손 등이 처형되었다. → 연산군, (가) 이전

03 영조

69회 기출

(가) 왕에 대한 설명으로 옳은 것은? [2점]

① 규장각을 설치하였다.
② 균역법을 실시하였다.
③ 비변사를 폐지하였다.
④ 훈민정음을 창제하였다.

정답 길잡이

② 균역법을 실시하였다.

영조는 즉위 이후 붕당 간의 대립을 완화시키기 위하여 **탕평 정치**를 전개하였어요. 이에 각 붕당의 인재를 고루 등용하는 탕평책을 적극적으로 실시하였으며, 붕당의 폐해를 일깨우기 위해 성균관 앞에 **탕평비를 건립**하였어요. 또한 영조는 백성들의 군역 부담을 줄여주기 위해 군포 납부액을 1년에 2필에서 1필로 줄인 **균역법을 실시**하였어요.

오답 체크
① 규장각을 설치하였다. → 정조
③ 비변사를 폐지하였다. → 흥선 대원군(고종)
④ 훈민정음을 창제하였다. → 세종

📖 이건 꼭! 암기

영조 → 탕평비 건립, 균역법 실시

04 정조

71회 기출

밑줄 그은 '국왕'의 업적으로 옳은 것은? [3점]

지지대비가 있는 이곳은 수원에서 의왕으로 넘어가는 지지대 고개입니다. 아버지 사도 세자의 무덤에 참배하고 이 고개를 넘어 돌아가던 국왕이 아버지를 그리워하며 신하들에게 천천히 가자 했다는 기록이 전합니다. 이에 늦을 지(遲) 자 두 개를 써서 이곳을 지지대 고개라고 부르게 되었습니다.

① 『삼국사기』를 편찬하였다.
② 훈민정음을 창제하였다.
③ 초계문신제를 실시하였다.
④ 통리기무아문을 설치하였다.

정답 길잡이

③ 초계문신제를 실시하였다.

정조는 **사도 세자와 혜경궁 홍씨**의 아들로, 사도 세자의 무덤을 수원으로 옮기고 이곳에 **화성**을 건설하였어요. 또한 신진 인물이나 중·하급 관리 중 유능한 인물들을 재교육하는 **초계문신제를 실시**하였어요. 이외에도 왕실 도서관이자 학문 연구 기관으로 **규장각**과 왕의 친위 부대인 **장용영**을 설치하였어요.

오답 체크
① 『삼국사기』를 편찬하였다. → 고려 인종
② 훈민정음을 창제하였다. → 조선 세종
④ 통리기무아문을 설치하였다. → 조선 고종

📖 이건 꼭! 암기

정조 → 아버지_사도 세자, 초계문신제

기출주제 24. 세도 정치와 사회 변혁의 움직임

핵심 키워드 | #안동 김씨 #삼정의 문란 #홍경래의 난 #임술 농민 봉기 #삼정이정청 #최제우 #『동경대전』

스토리로 미리보기

S#1 어린 아이에게도 군포를 걷는 등 삼정이 문란해지다!

아이고, 우리 아들이 태어난 지 갓 한 달도 되지 않았는데 **군포**를 걷어가다니... 너무 하는 거 아닙니까! 얼마 전 돌아가신 옆집 **최씨네 아버지**에게도 군포를 걷더니 이거 정말 너무 합니다.

S#2 진주에서 수탈을 견디지 못한 농민들이 봉기하다!

옆 동네 **진주**가 시끌벅적 하다는 소리를 들었소. 아니 글쎄, 탐관오리 **백낙신**이 불법 수탈과 부정 축재를 하도 일삼아서 농민들이 들고 일어났단다. 우리 수령도 만만치 않은데, 빨리 동네 사람들을 모아서 쳐들어 가야겠어.

S#3 최제우가 동학을 창시하다!

에휴, 조상님께 제사도 못 지내게 하는 서학이 다 들어오고, 세상이 어떻게 되려고 그러는지 흉흉하구먼. 그나저나 얼마 전 **최제우**라는 양반이 **모든 사람은 평등**하다면서 우리 것을 지키자고 얘기하던 게 참 마음에 들긴 했는데...

1 세도 정치

> 소수의 특정 가문이 권력을 독점하는 정치 형태를 뜻해요.

(1) 세도 정치의 전개

> 꼭 알아두기 | 세도 정치 시기에 권력을 독점하였던 대표 가문이 안동 김씨였다는 것을 잘 기억하세요!

순조	정조의 뒤를 이어 어린 나이에 즉위한 순조가 강력한 왕권을 펼치지 못하자, **외척인 안동 김씨** 가문이 권력을 장악하면서 세도 정치가 시작됨
↓	
헌종	헌종이 어린 나이로 즉위하자 외척인 풍양 조씨 가문이 득세함
↓	
철종	철종이 즉위하면서 안동 김씨 가문이 다시 권력을 장악함

(2) 세도 정치의 폐해

비변사의 강화	비변사가 양 난 이후 국정 총괄 기구로 자리잡고, 소수의 외척 가문이 **비변사의 주요 관직을 독점**하여 권력을 장악함
★ 삼정의 문란	**전정**: 토지에 부과하는 세금으로, 토지에 대한 세금 외에 여러 가지 잡세를 추가하여 징수함
	군정: 군역에 부과하는 세금으로, 백골징포, 황구첨정 등의 폐단이 발생함
	└ 죽은 사람에게 군포를 부과했어요.
	└ 15세 이하 어린 아이에게 군포를 징수했어요.
	환곡: 강제로 곡식을 빌려주고 지나치게 비싼 이자를 받는 고리대로 변질됨
	└ 춘궁기에 곡식을 빌리고 추수기에 갚게 하는 제도예요.
농민의 저항 확산	삼정의 문란, 자연재해 등으로 고통받던 농민들이 봉기를 일으킴

2 민중 봉기

(1) 홍경래의 난 (순조)

> 꼭 알아두기 | 홍경래의 난이 일어난 지역인 평안도(서북 혹은 관서)가 힌트로 잘 나온다는 점을 잊지 마세요!

★ 원인	세도 정치 시기의 수탈과 평안도(관서) 지역에 대한 차별 대우가 원인이 됨
	└ 서북 지역이라고도 해요.
전개	몰락 양반인 **홍경래와 우군칙**을 중심으로 일어났으며 영세 농민·중소 상인·광산 노동자 등이 합세함
	가산을 시작으로 청천강 이북 지역을 거의 장악하였으나 관군에게 진압됨

> **기출 사료 더보기** 📍**홍경래의 난** [51회]
>
> 평서대원수는 급히 격문을 띄우노니 **관서 지역의 모든 사람들은 들으라**. …… 조정에서는 관서 지역을 썩은 흙과 같이 버렸다. 심지어 권세가의 노비들도 관서 사람을 보면 반드시 '**평안도 놈**'이라고 한다. 어찌 억울하고 원통하지 않겠는가.
>
> **사료 해석**: 홍경래의 난은 세도 정치 시기인 순조 때 삼정의 문란과 평안도(관서) 지역에 대한 차별 대우로 불만이 폭발하여 일어났어요. 몰락 양반인 홍경래를 중심으로 한 반란군은 한때 청천강 이북 지역을 거의 장악하는 등 위세를 떨쳤지만, 결국 지도부의 내분으로 관군에게 진압되었어요.

(2) 임술 농민 봉기 (철종)

꼭 알아두기 | 임술 농민 봉기와 연관된 인물인 '백낙신', '유계춘', '박규수'의 이름을 꼭 암기하세요!

- **원인** : 경상 우병사 **백낙신의 수탈**이 원인이 됨
- **전개**
  - 몰락 양반 **유계춘**을 중심으로 진주에서 봉기하여 전국으로 확산됨
  - 사건의 처리를 위해 파견된 임시 관직이에요.
  - 사건의 수습을 위해 **박규수**가 안핵사로 파견됨
  - 정부가 박규수의 건의에 따라 **삼정이정청을 설치**하고, 삼정의 문란을 시정할 것을 약속함

기출 사료 더보기 📍**임술 농민 봉기** [37회]

경상도 안핵사 박규수가 아뢰기를 "금번 **진주의 난민들이 소동을 일으킨 것은 오로지 전(前) 우병사 백낙신**이 탐욕을 부려 수탈하였기 때문입니다. …… 이 때문에 고을 인심이 들끓고 여러 사람의 노여움이 한꺼번에 폭발하여 전에 듣지 못하던 변란이 갑자기 일어난 것입니다."라고 하였다.
- 『철종실록』

사료 해석: 철종 때 경상 우병사 백낙신의 수탈이 계속되자, 진주의 농민들이 봉기하였어요. 이에 사건 수습을 위해 박규수가 안핵사로 파견되었어요.

3 새로운 사상의 등장

(1) 천주교 (서학)

서쪽에서 온 학문이라는 뜻이에요.

- **도입** : 17세기에 청에 다녀온 사신들에 의해 학문(서학)으로 소개됨
- **확대** : 18세기 후반에 남인들이 신앙 활동을 전개하면서 신자들이 점차 증가함
- **탄압** : 조상에 대한 제사와 신주를 모시는 것을 거부하여 정부의 탄압을 받음
- **주요 사건**
  - **신해박해(정조)**: 진산에서 조상의 신주를 불태운 윤지충 등이 처형됨
  - **신유박해(순조)**: 순조 즉위 직후 이승훈을 비롯한 수많은 신자들이 처형되고, 정약용 등이 유배됨
  - **황사영 백서 사건(순조)**: 신유박해 당시 황사영이 사건의 전말을 백서에 적어 베이징 주재 주교에게 보고하려다 발각됨
  - **병인박해(고종)**: 프랑스 선교사들과 수천 명의 신자들이 처형됨

(2) 동학

꼭 알아두기 | 동학의 창시자와 경전, 주요 사상을 정리해두세요!

모양이 달랐던 서양 세력의 배를 뜻해요.

- **배경** : 이양선의 출몰과 천주교의 확산으로 위기 의식이 고조되고, 지배층의 수탈로 백성들의 고통이 심해짐
- **창시** : 철종 때 경주의 몰락 양반 **최제우**가 서학에 반대한다는 의미로 동학을 창시함
- **주요 사상**
  - **시천주**: 누구나 마음 속에 한울님을 모시고 있음
  - **인내천**: '사람이 곧 하늘'이므로 모든 사람은 평등함
- **탄압** : 고종 때 교조(1대 교주) 최제우가 혹세무민의 죄목으로 처형됨
  - 세상을 어지럽히고 백성을 현혹하는 것을 의미해요.
- **정비** : 2대 교주 최시형이 **동학의 경전인 『동경대전』**과 『용담유사』를 간행하고, 교세를 더욱 확대함

퀴즈로 개념 다지기

1. 세도 정치 시기의 주요 사건과 원인을 알맞게 연결하세요.

(1) 홍경래의 난 · · ⓐ 천주교 확산
[51회]

(2) 임술 농민 봉기 · · ⓑ 백낙신의 수탈
[67·60·58회]

(3) 동학 창시 · · ⓒ 서북 지역민 차별
[69·67회]

2. 기출 키워드의 초성을 완성하세요.

(1) 세도 정치 시기에 세도 가문이 요직을 장악한 기구: ㅂㅂㅅ
[58·57회]

(2) 홍경래의 난이 시작된 지역: ㄱㅅ
[47회]

(3) 임술 농민 봉기 수습을 위해 설치된 기구: ㅅㅈㅇㅈㅊ
[67·66·63·58·54회]

(4) 이승훈 등이 처형된 천주교 박해: ㅅㅇ 박해 [67·61·57회]

(5) 동학을 창시한 인물: ㅊㅈㅇ
[66회]

(6) 동학의 경전: 『ㄷㄱㄷㅈ』
[51·50회]

정답 1. (1) ⓒ (2) ⓑ (3) ⓐ
2. (1) 비변사 (2) 가산 (3) 삼정이정청
(4) 신유 (5) 최제우 (6) 동경대전

기출로 실전 감각 키우기 기출주제 24 세도 정치와 사회 변혁의 움직임

01 세도 정치 시기의 상황   51회 기출

다음 격문이 작성된 시기의 상황으로 옳은 것은? [2점]

> 평서대원수는 급히 격문을 띄우노니 관서 지역의 모든 사람들은 들으라. …… 조정에서는 관서 지역을 썩은 흙과 같이 버렸다. 심지어 권세가의 노비들도 관서 사람을 보면 반드시 '평안도 놈'이라고 한다. 어찌 억울하고 원통하지 않겠는가.

① 무신들이 정권을 장악하였다.
② 신식 군대인 별기군이 창설되었다.
③ 최치원이 시무 10여 조를 건의하였다.
④ 수령과 향리의 수탈로 삼정이 문란하였다.

02 홍경래의 난   64회 기출

밑줄 그은 '사건'에 대한 설명으로 옳은 것은? [2점]

정주성공함작전도(모사본)

"이 지도는 홍경래가 주도하여 일으킨 사건을 진압하기 위해 관군이 정주성을 포위한 상황을 보여주고 있습니다."

① 보국안민, 제폭구민을 기치로 내걸었다.
② 한성 조약이 체결되는 결과를 가져왔다.
③ 서북 지역민에 대한 차별에 반발하여 일어났다.
④ 전개 과정에서 선혜청과 일본 공사관을 공격하였다.

정답 길잡이

> 평서대원수는 급히 격문을 띄우노니 관서 지역과 모든 사람들은 들으라. …… 조정에서는 관서 지역을 썩은 흙과 같이 버렸다. 심지어 권세가의 노비들도 관서 사람을 보면 반드시 '평안도 놈'이라고 한다. 어찌 억울하고 원통하지 않겠는가.
→ 홍경래의 난 / 세도 정치 시기

④ 수령과 향리의 수탈로 **삼정이 문란**하였다.

세도 정치 시기에는 수령과 향리의 **수탈**로 전정·군정·환곡의 **삼정이 문란**하였는데, 이로 인해 여러 지역에서 반란이 일어났어요. 그 중 **평안도**에서 일어난 **홍경래의 난**은 관서(평안도) 지역에 대한 차별로 인해 일어났어요. **홍경래** 등은 **영세 농민, 중소 상인, 광산 노동자들을** 모아 난을 일으켰으나, 관군에게 진압되며 실패로 끝났어요.

오답 체크
① **무신들이 정권을 장악**하였다. → 고려 무신 집권기
② 신식 군대인 **별기군이 창설**되었다. → 근대 개항기
③ **최치원**이 **시무 10여 조**를 건의하였다. → 신라 하대

📘 이건 꼭! 암기
세도 정치 시기 → 삼정의 문란, 홍경래의 난

정답 길잡이

정주성공함작전도(모사본)

"이 지도는 홍경래가 주도하여 일으킨 사건을 진압하기 위해 관군이 정주성을 포위한 상황을 보여주고 있습니다."
→ 홍경래의 난

③ **서북 지역민에 대한 차별에 반발하여 일어났다.**

홍경래의 난은 순조 때 세도 정권의 수탈과 **서북(평안도) 지역에 대한 차별에 반발**하여 일어났습니다. 당시 서북 지역 사람들은 세도 정권에 부당한 수탈을 당했으며, 관직 진출에도 차별을 받았어요. 이에 **홍경래** 등이 주도하여 봉기를 일으켜 청천강 이북 지역을 거의 장악하였으나, 5개월 만에 **정주성**에서 **관군에 의해 진압**되었어요.

오답 체크
① **보국안민, 제폭구민**을 기치로 내걸었다. → 동학 농민 운동
② **한성 조약**이 체결되는 결과를 가져왔다. → 갑신정변
④ 전개 과정에서 **선혜청과 일본 공사관**을 공격하였다. → 임오군란

📘 이건 꼭! 암기
홍경래의 난 → 서북(평안도) 지역에 대한 차별, 정주성

03 임술 농민 봉기
67회 기출

학생들이 공통으로 이야기하고 있는 사건에 대한 설명으로 옳은 것은? [2점]

① 청군의 개입으로 진압되었다.
② 박규수가 안핵사로 파견되었다.
③ 조선 형평사의 주도로 전개되었다.
④ 서북 지역민에 대한 차별이 원인이 되었다.

04 동학
51회 기출

(가)에 들어갈 종교로 옳은 것은? [1점]

① 동학 ② 대종교 ③ 원불교 ④ 천주교

기출주제 25 조선의 경제와 사회

핵심 키워드 | #과전법 #직전법 #영정법 #대동법 #균역법 #모내기법 #덕대 #상평통보 #송상 #만상 #납속책

스토리로 미리보기

S#1 광해군이 대동법을 실시하다!

나 광해군, 듣자 하니 토산물 세금을 대신 내주고 비싼 이자를 챙겨가는 사람들이 있다던데, 백성들 부담이 아주 크겠어. **토산물 대신 구하기 쉬운 쌀**을 세금으로 내게 하면 백성들의 근심이 줄어들 수 있겠어.

S#2 영조 때 군포가 1필로 줄다!

야호! 매년 2필이나 내던 **군포**를 이제 1필만 내도 된다! 왕(영조)께서 나 같은 백성을 위해 군포를 무려 절반으로 줄여주셨어. 줄어드는 국가 재정을 보충하는 방안도 있다 하니, 걱정할게 없구면~♬

S#3 모내기법이 전국으로 확대되다!

아아~ **모내기법**으로 진작 농사 지을걸. 김매기(잡초뽑기)가 이렇게 쉽다니! 서넛이 하던 걸 나 혼자 해도 전부 커버가 가능해. 게다가 겨울에는 보리도 심을 수 있게 되었어. 나, 이러다 부자 되는 거 아닌가 몰라, 허허허!

1 조선 전기의 경제

(1) 토지 제도의 변화

> 꼭 알아두기 | 과전법은 전·현직 관리에게, 직전법은 현직 관리에게만 토지를 지급하였다는 것을 구분하여 알아두세요!

- **과전법 (고려 공양왕)** : **전·현직 관리**에게 **경기 지역에 한정**하여 토지(과전)에 대한 수조권을 지급함
  └ 해당 토지를 경작하는 농민으로부터 세금을 거둘 수 있는 권리예요.
- **직전법 (세조)** : 과전법 체제에서 관리에게 지급할 토지가 부족해지자 **현직 관리에게만 토지에 대한 수조권**을 지급함
- **관수 관급제 (성종)** : 관리들이 퇴직에 대비하여 농민들로부터 세금을 과다하게 걷자, 관청이 관리 대신 세금을 걷고 관리에게 지급하게 함

> 기출 자료 더보기 | **과전법** [31회]
> 고려 공양왕 때 농민 생활을 안정시키고 부족한 국가 재정을 확보하기 위해 시행되었다. **전·현직 관리에게 경기 일대 토지에 대한 수조권 지급**을 원칙으로 하였다. 관리가 죽거나 반역하면 국가에 반환하도록 하였으나 **수신전, 휼양전 등의 이름으로 세습**이 이루어지는 경우도 있었다.

(2) 수취 제도

- **전세** : 토지에 부과되는 세금으로, 세종 때 전세를 거두는 방법으로 공법(전분 6등법, **연분 9등법**)을 실시함
  └ 풍흉에 따라 9등급으로 구분했어요. └ 토지의 비옥도에 따라 6등급으로 구분했어요.
- **공납**
  - 가호(집)를 기준으로 특산물을 징수함
  - 토산물을 대신 납부해주고 농민들에게 그 대가를 받는 방납이 성행하였는데, 대가를 비싸게 받는 등 폐단이 크게 발생함
- **군역과 요역**
  - 군역: 군사 훈련과 전쟁에 동원되거나, 군대에 소요되는 비용을 부담함
  - 요역: 성, 왕릉, 저수지 등의 공사에 동원됨

2 조선 후기의 경제

(1) 수취 제도

> 꼭 알아두기 | 조선 후기에 바뀐 세 가지 수취 제도의 특징을 구분하여 알아두세요!

- **영정법 (인조)** : 풍흉에 관계없이 전세를 **토지 1결당 4~6두**로 고정함
- **대동법 (광해군)**
  - 방납의 폐단을 해결하기 위해 **광해군 때 경기도에서 처음 시행**되었으며 효종 때 김육 등에 의해 확대되었고 숙종 때 전국으로 확대 시행됨
  - 토지 결수에 따라 특산물 대신 **쌀, 베, 동전** 등으로 납부하게 함
  - 담당 관청인 **선혜청**에서 거두어들인 세금을 공인에게 주고, 공인은 각 관청에 필요한 물품을 조달하는 방식으로 운영됨
  └ 관청에 필요한 물품을 납부하는 상인
- **균역법 (영조)**
  - 백성의 군역 부담을 줄이기 위해 1년에 2필씩 내던 **군포를 절반인 1필로 줄임**
  - 부족해진 재정을 보충하기 위해 **결작**과 **선무군관포**를 징수하고 잡세를 국가 재정에 포함시킴
  └ 토지 소유자인 지주에게 1결당 미곡 2두를 부과했어요.
  └ 일부 상류층에게 명예직을 주고 1년에 군포 1필을 징수했어요.
  └ 어장세·소금세 등이 있어요.

(2) 경제 상황
> 꼭 알아두기 | 조선 후기의 경제 상황은 모든 내용이 고르게 출제되니, 모두 꼼꼼히 암기하세요!

농업
- **모내기법**(이앙법)이 전국적으로 보급되어 적은 노동력으로 많은 땅을 농사지을 수 있게 됨
  └ 못자리에서 모를 어느 정도 키운 다음에 그 모를 논에 옮겨 심는 재배 방법이에요.
- 담배, 인삼 등 소득이 높은 상품 작물이 재배됨

광업 : 광산 경영 전문가인 **덕대**가 등장하여 광산을 전문적으로 경영함
└ 조선 후기 각 지방의 장시를 연결하면서 물품을 교역하고, 각지에 거점을 두어 상권을 장악한 상인이에요.

상업
- 사상이 발달하여 **송상**(개성), 내상(부산), **만상**(의주) 등이 크게 성장함
- 화폐인 **상평통보**가 전국적으로 유통됨
- 전국 곳곳에서 정기적으로 **장시**가 열림

기출 사료 더보기 📍**상평통보** [43회]

허적, 권대운 등의 대신들이 **동전을 만들어 통용**할 것을 청하였다. 왕이 여러 신하에게 물으니, 신하들이 모두 그 편리함을 말하였다. 왕이 그 말에 따라 호조 등에 명하여 **상평통보를 주조**하고, 동전 4백 문(文)을 은 1냥 값으로 정하여 시중에 유통하게 하였다.

사료 해석: 조선 후기에 상업이 발달함에 따라 교환의 매개로 동전인 상평통보가 주조 및 유통되었어요.

3 조선의 사회

(1) 신분 제도

양반	문반+무반의 관료를 뜻하였으나, 이후 그 가문까지 칭하는 신분으로 정착됨
중인	기술직 중인(역관·기술관·의관)과 향리, 서얼 등으로 구성됨
상민	농민·수공업자·상인 등이 속함
천민	노비, 백정, 무당, 광대 등으로 구성됨

└ 양반과 첩 사이의 자식으로 과거 응시가 제한되었어요.

(2) 사회 구조의 변동
납속책은 일정 금액을 내면 그 대가로 신분을 상승시켜 주거나 벼슬을 주는 정책이었고, 공명첩은 재물을 받고 형식상의 관직을 주는 일종의 백지 임명장이었어요.

양반 증가
- **납속책과 공명첩**: 임진왜란 이후 모자란 국가 재정을 확충하기 위해 일부 상민들에게 돈을 받고 관직을 주면서 양반이 증가함
- **족보 위조**: 세금과 역을 면제 받기 위해 족보를 위조하여 양반이 증가함

향전의 발생 : 향촌 운영을 둘러싸고 기존 양반인 구향과 새롭게 양반이 된 신향의 대립이 격화됨

공노비 해방
- **배경**: 상민이 양반으로 신분 상승을 하자, 상민의 수가 줄어들어 국가 재정이 감소함
- **내용**: 세금을 내는 상민층을 늘리기 위해 공노비를 해방함

(3) 여성의 삶

신사임당	조선 전기의 화가이자 율곡 이이의 어머니로, 「초충도」 등의 작품을 남김
김만덕	조선 후기의 제주도 상인으로, 제주도에 큰 흉년이 들자 자신의 재산으로 육지의 곡식을 구매하여 백성들에게 나눠 주어 정조에게 포상을 받음

퀴즈로 개념 다지기

1. 각 시기의 경제 상황을 알맞게 연결하세요.

(1) 조선 전기 ·
 · ⓐ 직전법 실시 [71·67·66·64·61회]

 · ⓑ 상평통보 유통 [71·69·67·66·64회]

(2) 조선 후기 ·
 · ⓒ 영정법 실시 [71·67·66·64·63회]

 · ⓓ 연분 9등법 실시 [50회]

2. 기출 키워드의 초성을 완성하세요.

(1) 성종 때 지방 관청이 관리를 대신하여 세금을 거둔 제도: ㄱㅅ ㄱㄱㅈ [50회]

(2) 토지 결수를 기준으로 공납을 부과한 제도: ㄷㄷㅂ [69·67·66·64·63회]

(3) 균역법 실시로 부족한 재정을 보충하기 위해 토지 소유자에게 부과한 세금: ㄱㅈ [51회]

(4) 조선 후기에 전국적으로 확산된 농법: ㅁㄴㄱ법 [66·61·57·55·52회]

(5) 정부가 일정 금액을 받고 그 대가로 신분을 상승시켜 준 제도: ㄴㅅㅊ [58·48회]

정답 1. (1) ⓐ, ⓓ (2) ⓑ, ⓒ
2. (1) 관수 관급제 (2) 대동법 (3) 결작 (4) 모내기 (5) 납속책

기출로 실전 감각 키우기 기출주제 25 조선의 경제와 사회

01 대동법 67회 기출

(가) 제도에 대한 설명으로 옳은 것은? [3점]

> (가) 은/는 실로 백성을 구제하는 데 절실합니다. 경기도와 강원도에서 이미 시행하고 있으니, 우리 충청도에서도 시행하면 좋겠습니다.

김육

① 군포를 2필에서 1필로 줄였다.
② 양반에게도 군포를 부과하였다.
③ 전세를 1결당 4~6두로 고정하였다.
④ 특산물 대신 쌀, 베 등으로 납부하게 하였다.

정답 길잡이

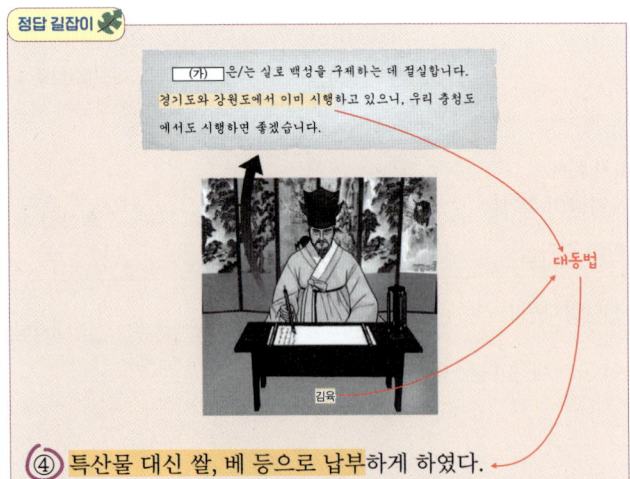

④ 특산물 대신 쌀, 베 등으로 납부하게 하였다.

대동법은 조선 후기 **광해군 때 방납의 폐단을 해결**하기 위해 시행된 제도예요. 이 제도에 따라 백성들은 공납을 **특산물 대신 쌀이나 베 등으로 납부**할 수 있게 되었어요. 또한 대동법은 광해군 때 경기도에서 시범적으로 실시되었으며, 이후 효종 때 **김육**의 건의로 **충청도까지 확대**되었어요.

오답 체크
① 군포를 2필에서 1필로 줄였다. → 균역법
② 양반에게도 군포를 부과하였다. → 호포제
③ 전세를 1결당 4~6두로 고정하였다. → 영정법

02 균역법 66회 기출

(가)에 들어갈 제도로 옳은 것은? [1점]

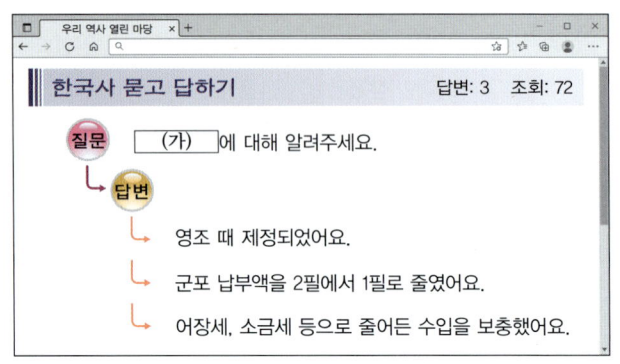

① 과전법   ② 균역법   ③ 대동법   ④ 영정법

정답 길잡이

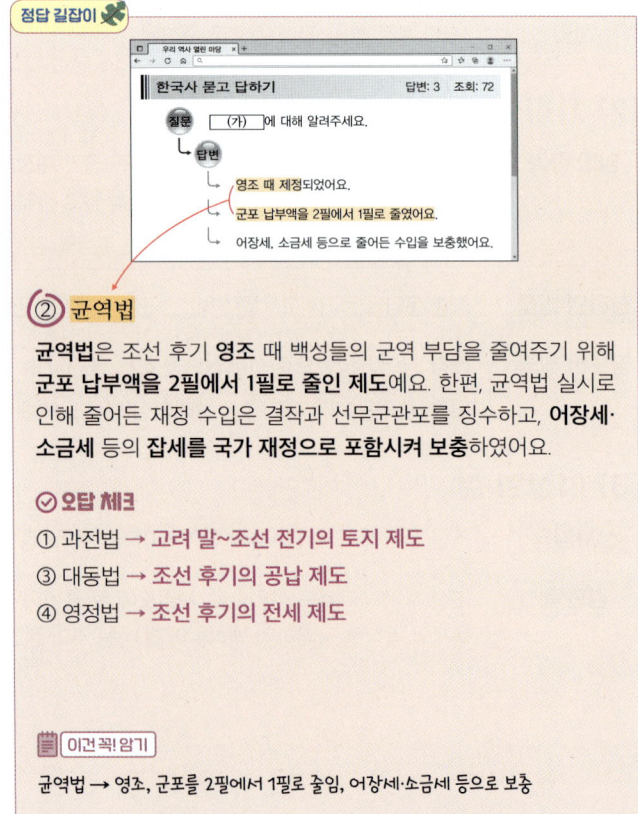

② 균역법

균역법은 조선 후기 **영조** 때 백성들의 군역 부담을 줄여주기 위해 **군포 납부액을 2필에서 1필로 줄인 제도**예요. 한편, 균역법 실시로 인해 줄어든 재정 수입은 결작과 선무군관포를 징수하고, **어장세·소금세** 등의 잡세를 국가 재정으로 포함시켜 보충하였어요.

오답 체크
① 과전법 → 고려 말~조선 전기의 토지 제도
③ 대동법 → 조선 후기의 공납 제도
④ 영정법 → 조선 후기의 전세 제도

📒 **이건 꼭! 암기**

균역법 → 영조, 군포를 2필에서 1필로 줄임, 어장세·소금세 등으로 보충

03 조선 후기의 경제 상황   64회 기출

선생님의 질문에 대한 학생의 대답으로 옳지 않은 것은? [2점]

04 납속책   48회 기출

다음 퀴즈의 정답으로 옳은 것은? [2점]

정답 길잡이

④ **벽란도**에서 활발한 국제 무역이 이루어졌어요. → 고려 시대

고려 시대에는 수도 개경과 가까운 예성강 하구의 **벽란도**가 국제 무역항으로 발전하면서 송을 비롯한 여러 나라와 활발한 국제 무역이 이루어졌어요.

오답 체크
① 조선 후기에 정기 시장인 **장시**가 전국 각지에서 열렸어요.
② 조선 후기에는 관청에 물품을 조달하는 **공인이 활동**했어요.
③ 조선 후기에는 **송상**이 전국 각지에 **송방이라는 지점을 설치**하였어요.

📒 이건 꼭! 암기
조선 후기의 경제 상황 → 장시, 공인 활동, 송방 설치, 상평통보

정답 길잡이

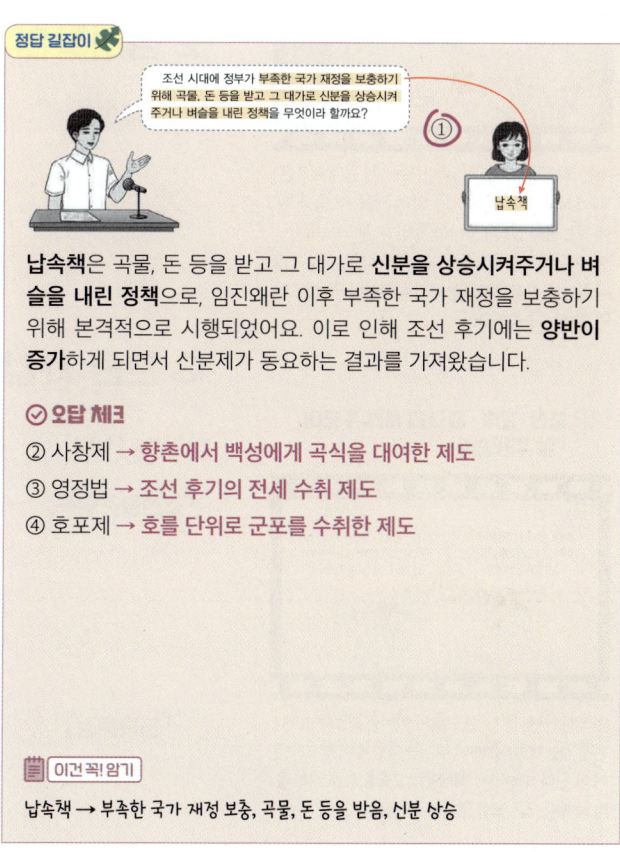

납속책은 곡물, 돈 등을 받고 그 대가로 **신분을 상승시켜주거나 벼슬을 내린 정책**으로, 임진왜란 이후 부족한 국가 재정을 보충하기 위해 본격적으로 시행되었어요. 이로 인해 조선 후기에는 **양반이 증가**하게 되면서 신분제가 동요하는 결과를 가져왔습니다.

오답 체크
② 사창제 → 향촌에서 백성에게 곡식을 대여한 제도
③ 영정법 → 조선 후기의 전세 수취 제도
④ 호포제 → 호를 단위로 군포를 수취한 제도

📒 이건 꼭! 암기
납속책 → 부족한 국가 재정 보충, 곡물, 돈 등을 받음, 신분 상승

기출주제 26 조선 전기의 문화

핵심 키워드 | #성균관 #『성학집요』 #『조선왕조실록』 #경복궁

스토리로 미리보기

S#1 유네스코 세계 기록유산, 『조선왕조실록』

저는 **춘추관**의 관원입니다. 며칠 전, 전하께서 승하하셔서 실록을 편찬하기 위해 임시로 설치된 **실록청**에서 일하는 중입니다. 전하가 살아계시는 동안 기록된 「**사초**」, 「**시정기**」, 「**승정원일기**」를 정리하여 편찬하려니 양이 엄청나게 많습니다.

S#2 농민들의 경험을 담은 농사 지침서, 『농사직설』

저는 조선의 젊은 농부입니다. 얼마 전 동네 어르신께서 노하우라며 농사법을 알려주셨는데, 중국 책에 있는 농사법보다 농사가 훨씬 더 잘 되지 뭡니까. 아무래도 중국의 농사법은 우리 상황에 맞지 않나 봅니다. **우리나라의 농사법**이 정리된 책이 있다면 얼마나 좋을까요?

S#3 충신·효자·열녀의 사례를 모아, 『삼강행실도』

여보게 자네, 얼마 전 아들이 아비를 죽였다는 얘기 들었는가? 세종께서 다시는 이런 일이 생기지 않아야 된다 하시면서 백성들의 교육을 위해 여러 **윤리 사례**를 모은 책을 만들라 하셨네.

1 조선의 교육 기관

꼭 알아두기 | 성균관과 서원의 특징을 반드시 구분할 수 있어야 해요!

(1) 관립 교육 기관

성균관
- 정의: 한양에 설치된 조선 **최고의 학부**이자 고등 교육 기관
- 입학 자격: 소과 합격자(생원, 진사)
- 주요 건물: 대성전(공자 사당이자 성현에게 제사를 지내는 곳), 명륜당(강의실), 동재·서재(기숙사), 존경각(도서관) 등

4부 학당: 한양에 설치된 **중등 교육 기관**

향교
- 정의: 지방의 각 고을에 하나씩 설립된 중등 교육 기관
- 특징: 중앙에서 교관인 교수와 훈도를 파견함

(2) 사립 교육 기관

서원
- 정의: 지방 **사림**이 선현 제사와 성리학 연구를 위해 설립한 교육 기관
- 시초: 풍기 군수 주세붕이 세운 백운동 서원을 시작으로 서원이 설립됨
- 발전: 국왕으로부터 편액(간판)과 함께 서적 등을 받는 사액 서원이 등장함

서당: 지방에 설치된 초등 교육 기관으로, 선비와 평민의 자제를 가르침

2 성리학의 발전

─ 중국 송나라에서 성립된 유교 철학이에요.

꼭 알아두기 | 이황과 이이의 활동을 비교하여 알아두세요!

퇴계 이황
- 주세붕이 세운 백운동 서원을 사액 서원으로 공인할 것을 건의함
- 군주의 도를 도식으로 설명한 『성학십도』를 저술하여 선조에게 바침

─ 쌀로 공납을 바치는 납부 방법이에요.

율곡 이이
- 공납의 문제점을 시정하기 위해 선조에게 **수미법을 제안**함
- 군주가 수양해야 할 덕목을 제시한 『**성학집요**』를 저술하여 선조에게 바침

강릉 오죽헌에서 태어났어요.

3 편찬 사업

(1) 역사서

꼭 알아두기 | 「사초」와 「시정기」를 바탕으로 편찬된 『조선왕조실록』을 꼭 기억하세요!

『조선왕조실록』
- 임금이 왕위에 있는 동안 조정에서 일어나는 일을 시간 순서대로 기록한 책
- 춘추관의 실록청에서 「**사초**」와 「**시정기**」 등을 바탕으로 편찬함
- 임진왜란 이전에는 4대 사고(춘추관, 성주, 충주, 전주)에서 보관되다가 임진왜란 때 전주 사고본을 제외하고 모두 소실됨 → 조선 후기에는 5대 사고(춘추관, 오대산, 태백산, 마니산, 묘향산)에서 보관됨

『동국통감』: 성종 때 서거정이 고조선부터 고려까지의 역사를 기록함

(2) 지도·지리서

혼일강리역대국도지도	: 태종 때 제작된 우리나라 최초의 세계 지도
「동국여지승람」	: 성종 때 각 도의 지리와 풍속, 단군 신화 등을 수록하여 만듦

(3) 윤리·의례서

「삼강행실도」	: 세종 때 모범이 될 충신·효자·열녀 등의 행적을 글과 그림으로 설명한 윤리서
「국조오례의」	: 성종 때 신숙주 등이 국가의 여러 행사에 필요한 의례를 정비한 의례서

(4) 농서

「농사직설」	: 세종 때 농민들의 경험을 토대로 우리 풍토에 맞는 농법을 정리한 농서
「금양잡록」	: 성종 때 강희맹이 직접 농사를 지은 경험을 바탕으로 농사법을 정리한 농서

4 문화유산

(1) 건축

정도전이 큰 복을 받으시라는 뜻으로 이름을 지었어요.

경복궁	─ 임금이 정무를 보고 생활한 **조선의 법궁**
	└ 주요 건물: **근정전**(조회 실시), **경회루**(외국 사신 접대)
창덕궁	: 태종 때 한양으로 재천도하기 위해 지은 궁궐로, 유네스코 세계 문화유산에 등재됨
종묘	: 역대 조선의 왕과 왕비를 모신 사당으로, 유네스코 세계 문화유산에 등재됨

기출 자료 더보기 ❖ 조선 전기의 건축물 [38·19·13회]

▲ 경복궁

▲ 창덕궁

▲ 종묘

(2) 그림

몽유도원도	: 안견이 안평대군의 꿈 이야기를 듣고 그린 작품
고사관수도	: 강희안이 바위에 기대어 물을 바라보는 선비를 그린 작품

기출 자료 더보기 ❖ 조선 전기의 그림 [49·45회]

▲ 몽유도원도

▲ 고사관수도

(3) 공예

분청사기	: 청자에 분을 칠하여 만든 회청색의 도자기
백자	: 깨끗하고 담백한 분위기가 선비와 어울려 널리 사용된 자기

퀴즈로 개념 다지기

1. 조선 전기의 문화유산에 대한 설명을 알맞게 연결하세요.

(1) 경복궁 · · ⓐ 조선의 정궁 [69·66회]

(2) 종묘 · · ⓑ 왕과 왕비를 모신 사당 [69회]

(3) 몽유도원도 · · ⓒ 강희안의 작품 [71회]

(4) 고사관수도 · · ⓓ 안견의 작품 [66·64회]

2. 기출 키워드의 초성을 완성하세요.

(1) 한양에 설치된 조선의 최고 교육 기관: ㅅㄱㄱ [64·58·55·54·52회]

(2) 한양에 설치된 조선의 중등 교육 기관: 4ㅂ ㅎㄷ [64·58·51회]

(3) 이황이 군주의 도를 도식으로 설명한 책: 「ㅅㅎㅅㄷ」 [63회]

(4) 이이가 군주가 수양해야 할 덕목을 제시한 책: 「ㅅㅎㅈㅇ」 [69·54회]

(5) 「사초」와 「시정기」를 바탕으로 편찬한 역사서: 「ㅈㅅㅇㅈㅅㄹ」 [67·64·55·54회]

정답 1. (1) ⓐ (2) ⓑ (3) ⓓ (4) ⓒ
2. (1) 성균관 (2) 4부 학당
(3) 성학십도 (4) 성학집요
(5) 조선왕조실록

기출로 실전 감각 키우기 기출주제 26 조선 전기의 문화

01 조선 시대의 교육 기관   51회 기출

교사의 질문에 대한 학생의 답변으로 옳지 않은 것은? [2점]

02 율곡 이이   54회 기출

(가) 인물의 활동으로 옳은 것은? [3점]

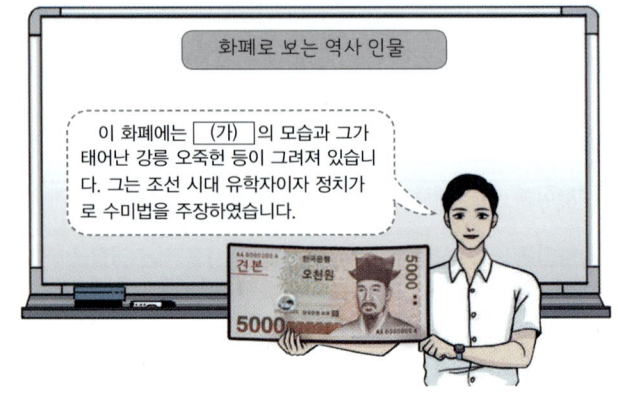

① 앙부일구를 제작하였다.
②『성학집요』를 저술하였다.
③ 시무 28조를 건의하였다.
④ 화통도감 설치를 제안하였다.

정답 길잡이

① 책을 읽고 활쏘기를 익히는 **경당**이 있었어요. → 고구려

고구려에는 **지방의 교육 기관**으로 책을 읽고 활쏘기를 익히는 **경당**이 있었어요.

✅ **오답 체크**
② 조선 시대의 교육 기관으로는 서울에서 중등 교육을 담당했던 **4부 학당**이 있었어요.
③ 조선 시대의 교육 기관으로는 최고 교육 기관인 **성균관**이 있었어요.
④ 조선 시대 교육 기관으로는 **사림이 세운 서원**이 있었어요.

📌 이건 꼭! 암기
조선 시대의 교육 기관 → 성균관, 4부 학당, 향교, 서원

정답 길잡이

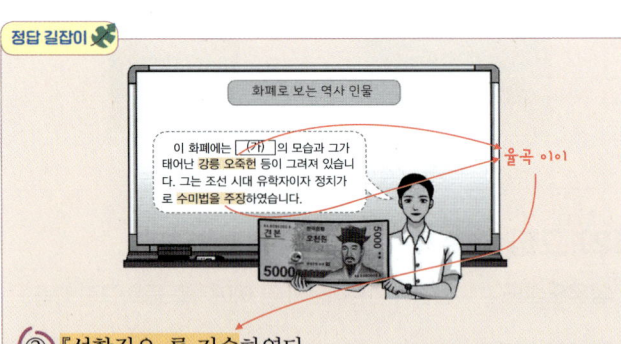

② 『성학집요』를 저술하였다.

율곡 이이는 조선 전기의 여성 화가인 신사임당의 아들로, **강릉에 있는 오죽헌**에서 태어났어요. 성인이 되어서는 관직에 나아가 공납을 특산물 대신 쌀로 거두도록 하는 **수미법**을 주장하였어요. 이에 더해 국왕이 수양해야 할 덕목을 제시한 『**성학집요**』를 저술하여 **조선의 성리학 발전에 기여**하였어요.

✅ **오답 체크**
① 앙부일구를 제작하였다. → 장영실
③ 시무 28조를 건의하였다. → 최승로
④ 화통도감 설치를 제안하였다. → 최무선

📌 이건 꼭! 암기
율곡 이이 → 강릉 오죽헌, 수미법, 『성학집요』

03 『조선왕조실록』 54회 기출

(가)에 해당하는 책으로 옳은 것은? [1점]

이곳은 전주 사고(史庫)입니다. 『사초』와 『시정기』 등을 바탕으로 편찬한 (가) 을/를 보관하였던 여러 사고 중 하나입니다. 전주 사고의 (가) 은/는 전란 중에도 소실되지 않았고, 그로 인해 우리의 귀중한 역사가 전해질 수 있었습니다.

①  『동의보감』
②  『경국대전』
③  『삼강행실도』
④  『조선왕조실록』

정답 길잡이

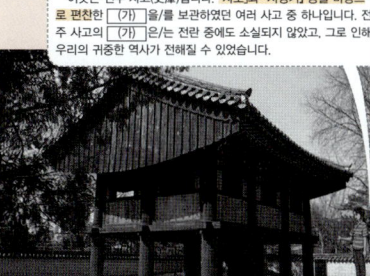 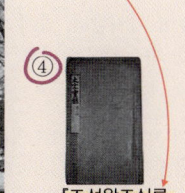
④ 『조선왕조실록』

『조선왕조실록』은 태조에서 철종까지의 역사를 시간 순으로 정리한 **편년체 형식의 역사서**로, 춘추관의 실록청에서 왕의 사후에 **『사초』, 『시정기』 등을 바탕으로 편찬**하였어요. 임진왜란 이전에는 **전주 사고(史庫)**를 비롯한 4대 사고에서 보관되다가, 임진왜란 이후에는 5대 사고를 만들어 보관하였어요. 한편 『조선왕조실록』은 그 가치를 인정받아 1997년 **유네스코 세계 기록유산에 등재**되었어요.

오답 체크
① 『동의보감』 → 광해군 때 편찬된 의학서
② 『경국대전』 → 성종 때 편찬된 법전
③ 『삼강행실도』 → 세종 때 편찬된 윤리서

04 경복궁 61회 기출

(가)에 들어갈 문화유산으로 옳은 것은? [1점]

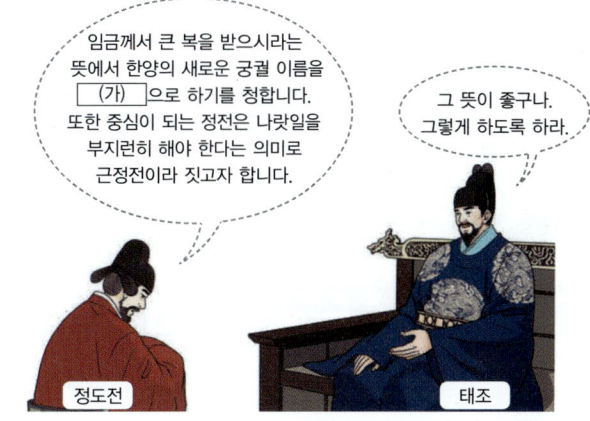

임금께서 큰 복을 받으시라는 뜻에서 한양의 새로운 궁궐 이름을 (가) 으로 하기를 청합니다. 또한 중심이 되는 정전은 나랏일을 부지런히 해야 한다는 의미로 근정전이라 짓고자 합니다.

그 뜻이 좋구나. 그렇게 하도록 하라.

정도전 / 태조

① 경복궁 ② 경운궁 ③ 경희궁 ④ 창경궁

정답 길잡이

① 경복궁

경복궁은 태조 때 한양으로 천도하면서 지어진 **조선의 법궁**(임금이 정무를 보고 생활하는 궁궐)으로, **정도전**이 임금께서 **큰 복을 받으시라는 뜻으로 경복궁**이라는 이름을 지었어요. 경복궁에 있는 **근정전**은 경복궁의 정전으로 신하들이 조회를 하거나 공식적인 의식을 치르던 곳이었어요.

오답 체크
② 경운궁 → 대한 제국의 정궁
③ 경희궁 → 조선의 서궐
④ 창경궁 → 조선의 동궐

📖 이건 꼭! 암기

경복궁 → 정도전, 근정전

기출주제 27 실학의 등장과 국학 연구의 확대

핵심 키워드 | #정약용 #홍대용 #박지원 #대동여지도

스토리로 미리보기

S#1 정약용이 거중기를 발명하다!

42회 기출

"내가 이 거중기를 만들었다네."

나, **정약용**. 정조 전하께서 **수원에 화성**을 짓는다고 하셔서 공사를 빨리 끝내고자 **거중기**를 만들었다. 무거운 돌도 쉽게 옮길 수 있으니 공사가 훨씬 수월해지겠군.

S#2 정조가 서얼 박제가를 규장각에 등용하다!

43회 기출

"박제가! 넌 여기서 일해." - 정조

서얼 출신이라 높은 관직에 오르는 것은 꿈도 꾸지 못했던 나, **박제가**! 정조 전하께서 이런 나를 **규장각 검서관**이라는 중요한 역할로 캐스팅하셨다. 규장각은 전하가 이끄는 핵심 기구인 만큼 열심히 해서 전하의 기대에 꼭 부응해야지 ♡♡

S#3 김정호가 대동여지도를 제작하다!

39회 기출

우와, 이 지도가 바로 **김정호**가 만든 **대동여지도**이구나. 책처럼 접을 수 있는데 펼치면 이렇게나 커서 **전국을 한 번에 볼 수 있다**니! 정말 멋지다!

1 실학

(1) 실학의 등장(17~18세기)

배경	양 난 이후 경제·사회적 문제가 발생하자, 학문을 실생활에 활용하여 현실 문제를 해결하려는 실학이 등장함
성격	**중농학파**: 자영농의 육성을 강조하며 농업 중심의 개혁론을 제시함 **중상학파**: 상공업의 활성화를 추구하며 상업 중심의 개혁론을 제시함

(2) 중농학파 실학자

> 꼭 알아두기 | 중농학파 실학자들은 농업과 가장 연관이 높은 "토지"에 대한 개혁론을 제시했다는 점을 기억하세요!

반계 유형원	**균전론 주장**: 자영농 육성을 위해 신분에 따른 토지의 차등 분배를 주장함 주요 저서: 『반계수록』
성호 이익	**한전론 주장**: 자영농의 몰락을 막기 위해 영업전 설정과 토지 매매의 제한을 주장함 주요 저서: 『성호사설』, 『곽우록』
⭐다산 정약용	**여전론 주장**: 마을 단위의 토지 분배와 공동 경작, 노동량에 따른 수확물의 차등 분배를 주장함 → 이후 타협안으로 정전론을 주장함 **거중기 제작**: 『기기도설』을 참고하여 거중기를 제작하고, 이를 수원 화성 건설에 이용함 주요 저서: 『목민심서』(수령의 덕목 제시) 등

- 한전론: 한 가정이 생활을 유지하는 데 필요한 일정한 토지예요.
- 정전론: 토지를 정(井)자로 나눈 후 경작하여 노동력에 따라 토지를 차등 지급하는 것이에요.

기출 사료 더보기 — 중농학파 실학자의 토지 개혁론 [42·31회]

- **유형원의 균전론**
  농부 한 사람마다 1경(頃)을 받아 차지한다. 법에 의거하여 조세를 거두고 4경마다 군인 1명을 차출한다. 선비로서 처음 입학한 자는 2경을 받고, 내사(內舍)에 들어간 자는 4경을 받는데 군인 차출을 면제한다. - 『반계수록』

  사료 해석: 유형원은 사·농·공·상의 신분에 따른 토지의 차등 분배를 주장하였는데, 모든 농민에게 토지를 지급함으로써 자신의 땅을 농사 짓는 자영농을 육성하고자 하였어요.

- **이익의 한전론**
  국가는 마땅히 한 집의 재산을 헤아려 토지 몇 부(負)를 한정하여 1호(戶)의 영업전(永業田)으로 삼는다. …… 영업전보다 많이 소유한 자의 것을 줄이거나 빼앗지 않고, 영업전에 모자라게 소유한 자라고 해서 더 주지 않는다. - 『성호선생전집』

  사료 해석: 이익은 한 가정이 가져야 할 최소한의 토지를 영업전으로 설정하고 토지 매매를 금지함으로써 자영농이 몰락하는 것을 막고자 하였어요.

- **정약용의 여전론**
  1여(閭)의 토지는 1여의 사람들로 하여금 공동으로 경작하게 하고, 가을이 되면 오곡의 수확물을 모두 여장의 집으로 보내어 분배한다. 먼저 국가에 바치는 공세와 여장의 녹봉을 제외하고, 그 나머지는 날마다 일한 것을 기록한 장부에 의거하여 여민들에게 분배한다.

  사료 해석: 정약용은 토지 개혁론으로 마을 사람들이 공동으로 토지를 소유하여 농사를 짓고, 각자 일한 양에 따라 농작물을 나눠 가져가는 여전론을 주장하였어요.

(3) 중상학파 실학자

> 꼭 알아두기 | 중상학파 실학자들이 저술한 책의 이름을 반드시 암기하세요!

담헌 홍대용
- 지전설과 무한 우주론을 주장하여 중국 중심의 세계관을 비판함
  └ 지구가 우주의 중심이 아니라 무수한 별 중 하나라는 주장이에요.
- 혼천의 제작: 천체의 운행과 위치를 측정하는 기구인 혼천의를 제작함
- 주요 저술: 『의산문답』

연암 박지원
- 청의 문물 수용을 주장하였으며, 수레와 선박의 이용을 강조함
- 주요 저술: 『열하일기』(연행사를 따라 청에 다녀온 후 집필한 일기), 『양반전』(양반의 위선을 풍자한 소설), 『허생전』(조선 후기 경제 상황을 비판한 소설) 등

초정 박제가
- 생산과 소비의 관계를 우물에 비유하여 절약보다 소비를 강조함
- 서얼 출신으로 정조 때 규장각 검서관에 등용됨
- 주요 저술: 『북학의』(청의 제도와 문물을 소개하고 수레와 선박의 이용을 권장함)

[기출 자료 더보기] 📍담헌 홍대용 [63·44회]

- 생몰: 1731년~1783년
- 호: 담헌(湛軒)
- 대표 저술: 『의산문답』
- 주요 활동
  - 지전설 및 무한 우주론 제시
  - 천문 관측 기구인 혼천의 제작
  - 중국 중심의 화이론적 세계관 비판

2 국학

(1) 지리 연구

> 꼭 알아두기 | 동국지도와 대동여지도를 제작한 인물의 이름을 꼭 기억하세요!

『택리지』: 이중환이 각 지방의 산천, 인물, 풍속 등을 수록한 지리지

동국지도: 정상기가 영조 때 최초로 100리 척(尺)을 사용하여 제작한 지도

📍대동여지도: 김정호가 10리마다 눈금으로 거리를 표시하여 거리를 알 수 있게 만든 지도

[기출 자료 더보기] 📍대동여지도 [54·45회]

- 김정호가 제작한 총 22첩의 목판본 지도
- 10리마다 눈금을 표시하여 거리를 알 수 있게 함
- 역참, 봉수 등 주요 시설물을 기호로 표기하여 다양한 지리 정보를 전달함

(2) 역사 연구

『동사강목』: 안정복이 고조선부터 고려까지의 역사를 정리한 역사서

『연려실기술』: 이긍익이 조선 왕조의 역사를 서술한 역사서

『발해고』: 유득공이 통일 신라와 발해를 합쳐 남북국이라는 용어를 처음 사용함

『금석과안록』: 김정희가 북한산비가 진흥왕 순수비임을 고증함
  └ 추사체라는 독특한 서체를 창안하였어요.

퀴즈로 개념 다지기

1. 실학자의 저서를 알맞게 연결하세요.

(1) 이익 · · ⓐ 『의산문답』 [63회]

(2) 정약용 · · ⓑ 『북학의』 [58·54·47회]

(3) 홍대용 · · ⓒ 『목민심서』 [69·67·66회]

(4) 박제가 · · ⓓ 『성호사설』 [45회]

2. 기출 키워드의 초성을 완성하세요.

(1) 신분에 따른 토지의 차등 분배를 주장한 유형원의 토지 개혁론: ㄱㅈㄹ [60·40회]

(2) 영업전의 매매 금지를 주장한 이익의 토지 개혁론: ㅎㅈㄹ [45회]

(3) 정약용이 『기기도설』을 참고하여 설계한 기계: ㄱㅈㄱ [66·63·60·57·54회]

(4) 박지원이 청에 다녀온 후 집필한 일기: 『ㅇㅎㅇㄱ』 [69·66·61회]

(5) 서얼 출신으로 규장각 검서관에 등용된 인물: ㅂㅈㄱ [63·60·55회]

(6) 김정호가 10리마다 눈금을 표시하여 제작한 지도: ㄷㄷㅇㅈㄷ [69·66·63·60회]

정답
1. (1) ⓓ (2) ⓒ (3) ⓐ (4) ⓑ
2. (1) 균전론 (2) 한전론 (3) 거중기 (4) 열하일기 (5) 박제가 (6) 대동여지도

기출로 실전 감각 키우기 기출주제 27 실학의 등장과 국학 연구의 확대

01 정약용 66회 기출

(가) 인물의 활동으로 옳은 것은? [2점]

① 거중기를 설계하였다.
② 몽유도원도를 그렸다.
③ 『동의보감』을 완성하였다.
④ 『열하일기』를 저술하였다.

정답 길잡이

① 거중기를 설계하였다.

정약용은 **조선 후기의 중농학파 실학자**로, 다양한 분야에 걸쳐 방대한 학문적 업적을 남겼어요. 그는 목민관(지방관)이 지켜야 할 지침을 밝히면서 지방 행정의 개혁안을 담은 『**목민심서**』를 저술하였어요. 또한 그는 과학 기술에도 관심을 가져 서양 선교사가 펴낸 『기기도설』을 참고하여 **거중기를 설계**하였으며, 수원 화성 건설에 이를 이용하였어요.

오답 체크
② 몽유도원도를 그렸다. → 안견
③ 『동의보감』을 완성하였다. → 허준
④ 『열하일기』를 저술하였다. → 박지원

📖 이건 꼭! 암기
정약용 → 『목민심서』, 거중기

02 홍대용 63회 기출

밑줄 그은 '이 인물'에 대한 설명으로 옳은 것은? [2점]

① 추사체를 창안하였다.
② 지전설을 주장하였다.
③ 사상 의학을 정립하였다.
④ 대동여지도를 제작하였다.

정답 길잡이

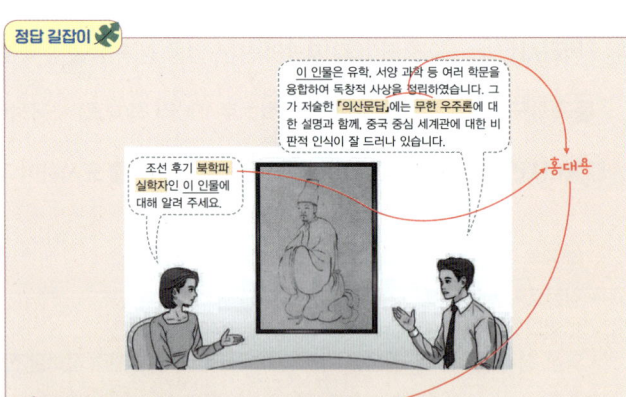

② 지전설을 주장하였다.

담헌 **홍대용**은 조선 후기의 **북학파 실학자**이자, 과학 사상가로 활동한 인물이에요. 그는 자신의 저서인 『**의산문답**』에서 **지전설**과 지구가 우주의 중심이 아닌 무수한 별 중 하나라는 **무한 우주론**을 주장하며 중국 중심의 세계관에서 벗어나고자 하였어요.

오답 체크
① 추사체를 창안하였다. → 김정희
③ 사상 의학을 정립하였다. → 이제마
④ 대동여지도를 제작하였다. → 김정호

📖 이건 꼭! 암기
홍대용 → 북학파 실학자, 『의산문답』, 지전설, 무한 우주론 주장

03 박지원 50회 기출

다음 인물에 대한 설명으로 옳은 것은? [2점]

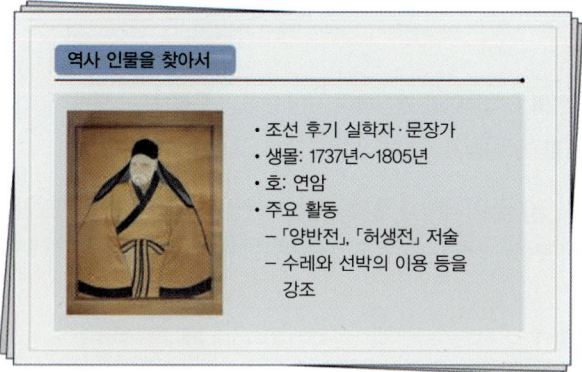

① 몽유도원도를 그렸다.
② 『열하일기』를 저술하였다.
③ 사상 의학을 정립하였다.
④ 대동여지도를 제작하였다.

04 대동여지도 54회 기출

(가)에 들어갈 지도로 옳은 것은? [1점]

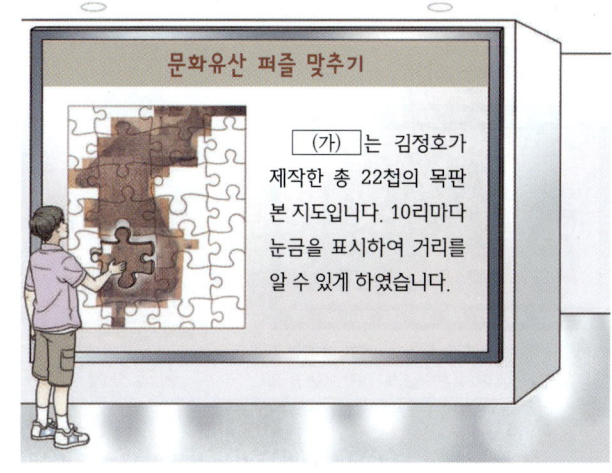

① 동국지도
② 대동여지도
③ 곤여만국전도
④ 혼일강리역대국도지도

정답 길잡이

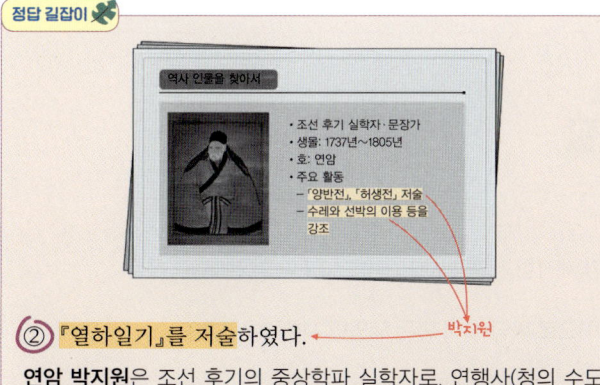

② 『열하일기』를 저술하였다. → 박지원

연암 박지원은 조선 후기의 중상학파 실학자로, 연행사(청의 수도인 연경에 간 사신)를 따라 청에 다녀온 후 『**열하일기**』를 저술하여 청의 문물을 소개하였으며, 「양반전」과 「허생전」 등을 저술하였어요. 또한 그는 상공업의 발전을 중요시하여 **수레와 선박의 이용을 강조**하였습니다.

오답 체크
① 몽유도원도를 그렸다. → 안견
③ 사상 의학을 정립하였다. → 이제마
④ 대동여지도를 제작하였다. → 김정호

이건 꼭! 암기
박지원 → 「양반전」, 「허생전」 저술, 수레와 선박의 이용 강조, 『열하일기』 저술

정답 길잡이

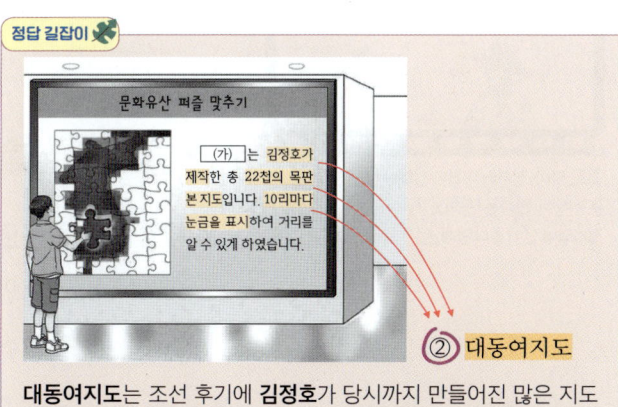

② 대동여지도

대동여지도는 조선 후기에 **김정호**가 당시까지 만들어진 많은 지도들을 종합하여 제작한 전국 지도로, **10리마다 눈금을 표시**하여 거리를 알 수 있게 하였어요. 이에 더해 총 **22첩의 목판본으로 제작**하여 한 번에 많이 찍어낼 수 있었으며, 접고 펼 수 있게 만들어 가지고 다니기에 편리하도록 하였어요.

오답 체크
① 동국지도 → 조선 후기에 정상기가 제작한 지도
③ 곤여만국전도 → 조선 후기에 중국에서 제작된 세계 지도
④ 혼일강리역대국도지도 → 조선 전기 태종 때 제작된 세계 지도

이건 꼭! 암기
대동여지도 → 김정호, 22첩 목판본, 10리마다 눈금 표시

기출주제 28. 조선 후기의 문화

핵심 키워드 | #시사 #전기수 #진경 산수화 #풍속화 #보은 법주사 팔상전

스토리로 미리보기

S#1 서민들 사이에서 탈놀이가 유행하다!

[20회 기출]

어제 송파장에 갔다가 탈을 쓴 사람들이 하는 공연을 구경했는데 어찌나 재밌던지 시간 가는 줄 모르고 봤네. 특히나 양반들을 풍자하던 부분이 참 재밌고 속이 다 시원했다!

S#2 허준이 『동의보감』을 편찬하다!

[31회 기출]

- 기침은 어떻게 고쳐야 하나?
- 『동의보감』에서 처방을 찾아보게.

콜록, 얼마 전부터 기침이 심해져서 큰일이구만. 허준 선생이 썼다는 『동의보감』에 온갖 치료법이 쉽게 정리되어 있어 좋다던데, 얼른 책을 구해봐야겠군.

S#3 풍속화가 신윤복이 활약하다!

[28회 기출] 조선 후기의 의학

지금 보시는 이 그림은 조선 후기의 풍속화가인 **신윤복**이 그린 **미인도**입니다. 보시는 바와 같이 신윤복은 주로 **양반들의 풍류와 여성들의 생활 모습**을 그렸답니다.

1 서민 문화의 발달

(1) 공연의 성행

> 꼭 알아두기 | 조선 후기에는 서민적인 판소리와 탈춤이 유행했다는 사실을 기억하세요!

- **판소리**
  - 특징: 감정 표현이 직접적이고 솔직하여 서민 문화의 중심으로 성장함
  - 대표 작품: 「춘향가」, 「심청가」, 「흥보가」 등
- **탈춤(탈놀이)**
  - 얼굴에 탈을 쓴 광대들이 해학과 풍자로 양반의 위선과 사회 모순을 비판함
  - 사람들이 많이 모이는 장터나 포구 등에서 공연되어 큰 호응을 얻음

(2) 문학의 발달

> 꼭 알아두기 | 조선 후기의 문학 역시 서민 문학이 발달했다는 것을 알아두세요!

- **한글 소설**
  - 특징: 신분 차별의 비합리성, 이상 사회의 건설 등을 묘사함
  - 대표 작품: 「홍길동전」, 「춘향전」 등
- **사설 시조**: 기존의 시조 형식에서 벗어나 서민의 감정을 솔직하게 표현함
- **시사**: 중인 이하의 계층이 문예 모임인 **시사를 조직**하여 활동함
- **전기수**: 소설을 읽어 주고 일정한 보수를 받는 **전기수**가 등장함

기출 자료 더보기 | 판소리 [14회]

한 사람의 타령으로 긴 서사적인 이야기를 고수의 북장단에 맞추어 노래와 말로 엮고 몸짓을 곁들여 부른다. 지금은 '춘향가', '심청가', '흥부가', '적벽가', '수궁가' 등이 전해진다.

2 과학 기술의 발달

(1) 서양 문물의 수용

- **곤여만국전도**: 마테오 리치가 제작한 세계 지도인 곤여만국전도가 전래됨
- **시헌력 도입**: 김육 등의 노력으로 아담 샬이 만든 역법인 시헌력을 도입함

(2) 의학

- **『동의보감』**: 허준이 우리나라의 전통 한의학을 집대성함(백과사전식 의서)
- **사상 의학 정립**: 이제마가 사람의 체질을 구분하는 사상 의학을 정립함

(3) 농서

- **『농가집성』**: 벼농사 중심의 농법을 소개하고 이앙법(모내기법)의 보급에 공헌함
- **『색경』**: 인삼이나 고추와 같은 상품 작물 재배법을 소개함
- **『임원경제지』**: 농촌 생활의 백과사전으로 농업 혁신 기술 방안을 제시함

3 문화유산

(1) 그림
꼭 알아두기 | 정선과 김홍도, 신윤복의 그림을 구분하여 반드시 알아두세요!

진경 산수화 : **겸재 정선**을 중심으로 자연을 사실적으로 표현한 진경 산수화가 유행함

인왕제색도(겸재 정선)	금강전도(겸재 정선)
 (표의 왼쪽 그림)	(표의 오른쪽 그림)

풍속화
- **단원 김홍도** — 서민 생활을 소탈하고 익살스럽게 묘사한 풍속화가
  - 대표작: 씨름, 무동, **서당**
- **혜원 신윤복** — 양반과 부녀자의 생활과 유흥, 남녀 사이의 애정을 감각적으로 묘사한 풍속화가
  - 대표작: 단오풍정, 월하정인, 미인도

민화 : 서민의 미적 감각과 소박한 정서를 표현한 민화가 많이 그려짐

기타

영통동구도(강세황)	세한도(김정희)

기출 자료 더보기 ▶ 조선 후기의 풍속화

 ▲ 씨름(김홍도)　 ▲ 무동(김홍도)　 ▲ 서당(김홍도)　 ▲ 월하정인(신윤복)

(2) 건축

불교 건축 : 김제 금산사 미륵전, 구례 화엄사 각황전, **보은 법주사 팔상전** 등이 건축됨
> 우리나라에 남아 있는 가장 오래된 목조 오층탑으로, 내부에 석가모니의 생애를 그린 불화가 있어요.

김제 금산사 미륵전	구례 화엄사 각황전	보은 법주사 팔상전

(3) 공예·서예

청화 백자 : 백자 위에 청색(코발트) 안료로 무늬를 넣는 **청화 백자**가 유행함

추사체 : 추사 김정희가 자신만의 독특한 서체를 창안함

퀴즈로 개념 다지기

1. 조선 후기 화가의 작품을 알맞게 연결하세요.

(1) 김홍도 ·　　· ⓐ 세한도 [64회]

(2) 신윤복 · 　　· ⓑ 서당 [54회]

(3) 강세황 · 　　· ⓒ 영통동구도 [64회]

(4) 김정희 · 　　· ⓓ 월하정인 [71회]

2. 기출 키워드의 초성을 완성하세요.

(1) 대표 작품으로 「춘향가」, 「심청가」 등이 있는 공연: ㅍㅅㄹ [71·67·63회]

(2) 중인 이하의 계층이 조직한 문예 모임: ㅅㅅ [50·43·42회]

(3) 허준이 전통 한의학을 집대성하여 저술한 의서: 『ㄷㅇㅂㄱ』 [71·69·67·66·64회]

(4) 겸재 정선이 그린 진경 산수화: ㅇㅇㅈㅅㄷ, ㄱㄱㅈㄷ [64·45회]

(5) 우리나라에 남아 있는 가장 오래된 목조 오층탑: 보은 ㅂㅈㅅ ㅍㅅㅌ [71·63·58회]

(6) 청색 안료로 무늬를 넣은 백자: ㅊㅎ 백자 [54·46·43회]

정답　1. (1) ⓑ (2) ⓓ (3) ⓒ (4) ⓐ
　　　2. (1) 판소리 (2) 시사 (3) 동의보감
　　　　 (4) 인왕제색도, 금강전도
　　　　 (5) 법주사 팔상전 (6) 청화

기출로 실전 감각 키우기 기출주제 28 조선 후기의 문화

01 조선 후기의 모습 — 54회 기출

밑줄 그은 '이 그림'이 그려진 시기에 볼 수 있는 모습으로 적절하지 않은 것은? [2점]

> 이 그림은 서당의 모습을 그린 김홍도의 풍속화입니다. 훈장 앞에서 훌쩍이는 학생과 이를 바라보는 다른 학생들의 모습이 생생하게 표현되어 있습니다.

① 한글 소설을 읽는 여인
② 청화 백자를 만드는 도공
③ 판소리 공연을 하는 소리꾼
④ 초조대장경을 제작하는 장인

정답 길잡이

④ 초조대장경을 제작하는 장인 → 고려 시대

고려 시대에 부처의 힘을 빌려 거란의 침입을 물리치고자 **초조대장경**을 간행하였어요.

✓ 오답 체크
① **조선 후기**에는 여인들이 **한글 소설**을 읽었어요.
② **조선 후기**에는 도공들이 **청화 백자**를 만들었어요.
③ **조선 후기**에는 소리꾼이 **판소리** 공연을 하였어요.

📖 이건 꼭! 암기
조선 후기의 모습 → 한글 소설, 청화 백자, 판소리 공연

---

02 조선 후기의 상황 — 50회 기출

다음 대화가 이루어진 시기의 상황으로 옳지 않은 것은? [2점]

말풍선: "임경업 장군이 칼을 휘~~익! 휘두르자……." / "전기수. 자네 왜 이야기를 하다 멈추는가?" / "다음 이야기를 들을 수 있게 얼른 상평통보를 주게나."

① 중인층의 시사 활동이 활발하였다.
② 「춘향가」 등의 판소리가 성행하였다.
③ 기존 형식에서 벗어난 사설시조가 유행하였다.
④ 단군의 건국 이야기를 담은 『제왕운기』가 저술되었다.

정답 길잡이

④ 단군의 건국 이야기를 담은 『제왕운기』가 저술되었다. → 고려 시대

고려 시대에는 단군의 건국 이야기를 담은 『제왕운기』가 저술되었어요.

✓ 오답 체크
① **조선 후기**에는 **중인층의 시사 활동**이 활발하였다.
② **조선 후기**에는 「춘향가」 등의 **판소리**가 성행하였다.
③ **조선 후기**에는 기존 형식에서 벗어난 **사설시조**가 유행하였다.

03 인왕제색도   64회 기출

다음 특별전에서 볼 수 있는 작품으로 옳은 것은? [2점]

①  영통동구도
②  인왕제색도
③  세한도
④ 몽유도원도

정답 길잡이

 → 인왕제색도

인왕제색도는 조선 후기에 **진경 산수화**를 개척한 **겸재 정선**의 대표적인 작품으로, 비에 젖은 서울 인왕산의 모습을 사실적으로 표현한 것이 특징이에요. 한편, 진경 산수화는 우리나라의 산천을 소재로 하여 자연을 사실적으로 표현한 그림으로, 조선 후기에 유행하였어요.

오답 체크
① 영통동구도 → **강세황의 작품**
③ 세한도 → **추사 김정희의 작품**
④ 몽유도원도 → **안견의 작품**

📖 이건 꼭! 암기
인왕제색도 → 조선 후기, 진경 산수화, 겸재 정선

04 보은 법주사 팔상전   57회 기출

다음 퀴즈의 정답으로 옳은 것은? [2점]

이것은 충북 보은군에 소재한 조선 후기 건축물입니다. 내부에는 석가모니의 생애를 여덟 장면으로 그린 불화가 있으며, 현재 우리나라에 남아 있는 가장 오래된 5층 목탑입니다. 이것은 무엇일까요?

①  금산사 미륵전
②  법주사 팔상전
③  봉정사 극락전
④  부석사 무량수전

정답 길잡이

 → 법주사 팔상전

보은 법주사 팔상전은 충청북도 보은군에 있는 **조선 후기의 목조 건축물**로, 현재 우리나라에 남아 있는 **가장 오래된 5층 목탑**이에요. 임진왜란 때 불타 없어진 이후 조선 후기 인조 때 다시 만들어졌으며, 건물 **내부에 석가모니의 생애를 여덟 장면으로 그린 불화**가 있는 것이 특징이에요.

오답 체크
① 금산사 미륵전 → 김제에 있는 조선 후기의 목조 건축물
③ 봉정사 극락전 → 안동에 있는 고려 시대의 목조 건축물
④ 부석사 무량수전 → 영주에 있는 고려 시대의 목조 건축물

IV 조선 시대 기출로 마무리

01 밑줄 그은 '왕'의 재위 시기에 있었던 사실로 옳은 것은? [2점]

이 책은 정초, 변효문 등이 왕의 명을 받아 편찬한 농서입니다. 우리 풍토에 맞는 농법을 보급하기 위해 각 지역에 있는 노련한 농부들의 경험을 수집하여 간행하였습니다.

『농사직설』

① 자격루가 제작되었다.
② 화통도감이 설치되었다.
③ 『삼국유사』가 저술되었다.
④ 백두산 정계비가 건립되었다.

02 (가)에 들어갈 기구로 옳은 것은? [2점]

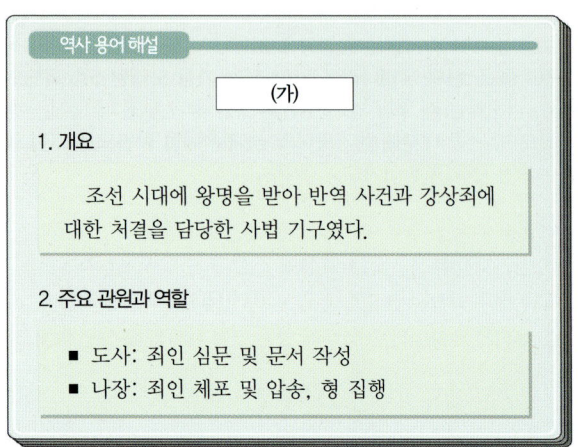

역사 용어 해설

(가)

1. 개요
   조선 시대에 왕명을 받아 반역 사건과 강상죄에 대한 처결을 담당한 사법 기구였다.

2. 주요 관원과 역할
   ■ 도사: 죄인 심문 및 문서 작성
   ■ 나장: 죄인 체포 및 압송, 형 집행

① 사헌부   ② 의금부   ③ 춘추관   ④ 홍문관

03 밑줄 그은 '이 전쟁' 중에 있었던 사실로 옳은 것은? [3점]

『쇄미록』은 오희문이 이 전쟁 중에 있었던 일을 적은 일기입니다. 개인 일기인 까닭에 주로 사생활을 기록한 부분이 많지만 왜군의 침입과 약탈을 비롯해 곽재우, 김덕령 등 의병장의 활동도 기록되어 있습니다.

네, 그렇습니다. 이 일기를 통해 전란으로 인한 피란민의 생활 등 당시의 사회상도 알 수 있어 그 가치가 더욱 크다고 할 수 있습니다.

① 별기군 창설
② 2군 6위 편성
③ 훈련도감 설치
④ 나선 정벌 단행

04 밑줄 그은 '이 전쟁'에 대한 설명으로 옳은 것은? [2점]

지금 촬영하는 곳은 남한산성입니다. 적의 공격을 방어하기 유리한 지형에 세워진 산성으로 이 전쟁 때 인조가 피신하였습니다.

① 김시민 장군이 활약하였다.
② 별무반을 편성하여 적과 싸웠다.
③ 전쟁 후 청과 군신 관계를 맺었다.
④ 이여송이 이끄는 명의 지원군이 파병되었다.

05 밑줄 그은 '봉기'에 대한 설명으로 옳은 것은? [2점]

① 전개 과정에서 집강소가 설치되었다.
② 서북 지역민에 대한 차별이 원인이 되었다.
③ 흥선 대원군이 재집권하는 결과를 가져왔다.
④ 사태 수습을 위해 박규수가 안핵사로 파견되었다.

07 다음 상황이 나타난 시기에 볼 수 있는 모습으로 적절하지 않은 것은? [2점]

① 민화를 그리는 화가
② 탈춤을 공연하는 광대
③ 판소리를 구경하는 상인
④ 팔관회에 참가하는 외국 사신

06 밑줄 그은 '제도'로 옳은 것은? [2점]

① 과전법 ② 균역법 ③ 대동법 ④ 영정법

08 다음 가상 인터뷰에 등장하는 인물로 옳은 것은? [2점]

① 김정희 ② 박지원 ③ 송시열 ④ 유득공

IV 조선 시대 — 핵심 키워드로 단원 마무리

* 학습한 내용을 빈칸에 채워보세요. 정답은 오른쪽 페이지의 하단에 있습니다.

19 조선의 건국과 유교 정치의 실현

조선 건국 과정	위화도 회군 → 과전법 실시 → 정몽주 등 온건파 사대부 제거 → 조선 건국
태조 이성계	• 조선 건국 후 **한양 천도** • 정도전 등용: 『**불씨잡변**』(불교 비판), 『　　1　　』(통치 제도 정리) 등 저술
태종	• 두 차례 **왕자의 난**을 통해 집권함 • 6조 직계제 실시, 문하부 낭사를 　2　 으로 독립시킴 • **호패법** 실시, 주자소 설치 및 계미자 주조, 혼일강리역대국도지도 제작, 신문고 설치
세종	• 집현전 확대·개편 • 대외 정책: **4군 6진 설치**(여진), 대마도 정벌(일본) • 과학 기구 제작(측우기, 앙부일구 등), 　　3　　 창제, 『**칠정산**』(역법), 『**농사직설**』(농업), 『**향약집성방**』(의학) 등 편찬
세조	• **계유정난**을 통해 정권 장악 → 조카인 단종을 몰아내고 즉위 • 6조 직계제 재실시, 집현전·경연 폐지 • **직전법** 실시(현직 관리에게만 수조권 지급)
성종	• 사림 등용, 관수 관급제 실시 • 『　　4　　』(법전), 『**국조오례의**』(예법), 『**악학궤범**』(음악), 『**동국여지승람**』(지리) 등 편찬

20 조선의 통치 체제

중앙 정치 조직	• **의정부**(최고 권력 기구), 6조(이·호·예·병·형·공조), **승정원**(왕의 비서 기구), 의금부(국왕 직속 사법 기구) • 　5　: **사헌부**(관리 감찰), **사간원**(간언·간쟁), **홍문관**(왕의 자문 기구)
지방 행정 조직	• 관찰사(8도에 파견, 수령을 관리·감독), **수령**(부·목·군·현에 파견, 지방의 행정·사법·군사권 행사) • 　6　: 수령의 행정 실무 보좌, 직역 세습(중인층 형성)

21 사화의 발생과 붕당의 형성

무오사화	연산군 때 김종직의 『　　7　　』을 빌미로 김일손 등 사림이 제거됨
갑자사화	연산군 때 **폐비 윤씨 사사 사건**이 원인이 되어 훈구와 김굉필 등 사림이 제거됨, 중종반정의 계기가 됨
8	중종 때 조광조의 급진적 개혁(현량과 실시, **위훈 삭제** 등)이 원인이 되어 조광조 등 사림 세력이 제거됨
을사사화	명종 때 대윤(인종의 외척)과 소윤(명종의 외척)의 대립으로 대윤(윤임 일파) 및 사림 세력이 제거됨
붕당의 형성	선조 때 이조 전랑 임명 문제(김효원 vs 심의겸)로 사림이 동인과 　9　 으로 분화됨
동인의 분화	선조 때 　10　 모반 사건(기축옥사), 건저의 사건으로 동인이 북인과 남인으로 분화됨

22 왜란과 호란

왜란 (선조)	임진왜란 발발 → 충주 탄금대 전투(신립) → ⬜11 (이순신) → 의병의 활약(곽재우, 고경명 등) → **진주 대첩**(김시민) → 조·명 연합군의 평양성 탈환 → **행주 대첩**(권율) → 휴전 협상 → 정유재란 발발 → **명량 해전**(이순신) → 노량 해전(이순신 전사)	
광해군	• 민생 안정책: 대동법 실시, 『⬜12』 완성(허준) • **중립 외교** 정책: 명과 후금 사이에서 중립 외교 → **인조반정**의 빌미가 됨	
호란 (인조)	정묘호란	후금의 침입 → 인조의 강화 피난 → ⬜13 와 이립의 항전 → 정묘약조 체결(형제 관계)
	병자호란	청의 군신 관계 요구 → 조선 내 주전론의 우세 → 청의 침입 → 인조의 ⬜14 피난 → **삼전도의 굴욕**, 청과 군신 관계 체결
	호란 이후 청과의 관계	• 효종: 청에 볼모로 끌려 갔다가 즉위한 후 나선 정벌에 조총 부대 파병 • 숙종: 백두산 정계비 건립

23 붕당 정치와 탕평 정치

(1) 붕당 정치

예송 (현종)	• 원인: **효종**(인조의 차남)과 **효종비** 사후 **자의 대비**(인조의 계비)**의 상복 착용 기간**에 대한 의견 대립 • 1차(기해)예송: 서인의 1년설이 받아들여짐(남인은 3년설 주장) • 2차(갑인)예송: 남인의 1년설이 받아들여짐(서인은 9개월설 주장)
환국 (숙종)	• 경신환국: 남인 허적의 왕실 천막 무단 사용, 허견의 역모 사건 등을 계기로 **남인 축출**, 서인 집권 • ⬜15 : 희빈 장씨 아들의 원자 명호 문제로 송시열 등 서인 축출, 남인 집권, 희빈 장씨의 왕비 책봉 • 갑술환국: 남인이 인현 왕후 복위 운동을 구실로 서인 제거를 시도하였으나 실패, **남인 몰락**

(2) 탕평 정치

영조	• 성균관 입구에 ⬜16 건립 • **균역법** 시행(군포 감면), 신문고 부활, **준천사**(청계천 준설 사업 관청) 설치 • 『동국문헌비고』(역대 문물 정리), 『⬜17』(통치 체제 정비) 편찬
정조	• **초계문신제** 실시(인재 양성) • **규장각** 설치 및 서얼 출신 학자의 검서관 등용, **수원 화성** 건설, ⬜18 (국왕 친위 부대) 설치 • ⬜19 반포(육의전을 제외한 시전 상인의 금난전권 폐지) • 『**대전통편**』(통치 체제 정비) 편찬

정답 | 1 조선경국전 2 사간원 3 훈민정음 4 경국대전 5 삼사 6 향리 7 조의제문 8 기묘사화 9 서인 10 정여립 11 한산도 대첩 12 동의보감
13 정봉수 14 남한산성 15 기사환국 16 탕평비 17 속대전 18 장용영 19 신해통공

IV 조선 시대 핵심 키워드로 단원 마무리

24 세도 정치와 사회 변혁의 움직임

세도 정치	• 소수 외척 가문(안동 김씨, 풍양 조씨)의 권력 독점 • 비변사의 권력 독점, [20]의 문란	
민중 봉기	홍경래의 난	세도 정치기의 수탈과 평안도(서북) 지역에 대한 차별 대우에 반발
	임술 농민 봉기	경상 우병사 백낙신의 수탈 → 박규수가 안핵사로 파견, [21] 설치
새로운 사상의 등장	천주교	• 17세기에 청에 다녀온 사신들에 의해 [22]으로 소개됨 • 신해박해(정조) → **신유박해**(순조) → 병인박해(고종)
	동학	• 철종 때 몰락 양반 **최제우**가 서학에 반대한다는 의미로 창시함 • 시천주(마음 속에 하느님을 모심), [23](사람이 곧 하늘임) 주장

25 조선의 경제와 사회

(1) 조선 전기의 경제

토지 제도의 변화	**과전법**(고려 공양왕, 전·현직 관리에게 경기 지역의 토지 수조권 지급, 수신전·휼양전 지급) → [24](세조, 현직 관리에게만 토지의 수조권 지급, 수신전·휼양전 폐지) → **관수관급제** 실시(성종, 관청에서 세금을 거두어 관리에게 지급)	
수취 제도	전세	**공법**: 세종 때 시행, 전분 6등법(비옥도), [25](풍흉)에 따라 징수

(2) 조선 후기의 경제

수취 제도	전세	영정법: 인조 때 시행, 풍흉에 관계 없이 전세를 토지 1결당 4~6두로 고정
	공납	[26]: 광해군 때 경기도에서 처음 시행, 토지 결수에 따라 쌀·베·동전 등으로 납부, **공인** 등장의 배경
	역	**균역법**: 영조 때 시행, 군포를 1년에 2필에서 1필로 줄임, 부족한 재정은 선무군관포, 결작 등으로 보충
경제 상황	농업	**모내기법** 확대, [27](담배·면화 등) 재배
	광업	광산 경영 전문가인 [28] 등장
	상업	**송상**(개성), 만상(의주) 등의 사상이 등장, 장시와 보부상의 발달, 상평통보 등 화폐 유통

(3) 조선의 사회

조선 전기	양반, 중인(서얼, 기술직 중인, 향리), 상민, 천민(노비, 백정 등)의 네 개 신분으로 나뉨
조선 후기	양반 증가(**공명첩** 발급, 족보 위조) 및 노비 감소(순조 때 [29]) 현상이 나타남

26 조선 전기의 문화

교육 기관	• 관립 교육 기관
	  - ___30___: 조선 최고의 학부이자 고등 교육 기관, 소과 합격자가 입학, 대성전·명륜당 등으로 구성
	  - 향교: 전국 부·목·군·현에 하나씩 설립된 지방 교육 기관, 중앙에서 교수와 훈도를 파견함
	• 사립 교육 기관
	  - 서원: 지방 사림이 주로 설립, 선현 제사와 성리학 연구를 담당, 주세붕이 세운 백운동 서원이 시초

성리학의 발전	• 이황: 『성학십도』 저술 • 이이: 『성학집요』, 『동호문답』 저술
편찬 사업	• 역사서: 『조선왕조실록』, 『동국통감』 등 • 지도·지리서: 혼일강리역대국도지도, 『동국여지승람』 등 • 윤리·의례서: 『삼강행실도』, 『국조오례의』 등 • 농서: 『농사직설』(우리 풍토에 맞는 농법을 정리), 『금양잡록』(실제 경험을 바탕으로 농법을 정리)

27 실학의 등장과 국학 연구의 확대

실학 연구	중농학파	• 유형원: 『반계수록』에서 균전론(신분에 따라 토지를 차등 분배) 주장 • 이익: 『곽우록』에서 한전론(토지 매매 제한) 주장, 『성호사설』 편찬 • ___31___: 여전론(마을 단위의 토지 분배와 공동 경작) 주장, 거중기 제작, 『목민심서』(지방 행정 개혁안) 등 저술
	중상학파	• ___32___: 지전설과 무한 우주론 주장, 혼천의 제작, 『의산문답』 저술 • 박지원: 수레와 선박 이용 강조, 『열하일기』, 『양반전』 등 저술 • 박제가: 『북학의』에서 절약보다 소비 권장, 규장각 검서관으로 활동함
국학 연구	지리 연구	『택리지』(이중환), 동국지도(정상기), 대동여지도(김정호)
	역사 연구	『발해고』(유득공), 『금석과안록』(김정희)

28 조선 후기의 문화

서민 문화	판소리, 한글 소설 등 유행, 중인들의 시사 조직, 전기수 등이 등장
과학 기술	• 의학: 『동의보감』(허준), 사상 의학 정립(이제마) • 농서: 『농가집성』(신속), 『색경』(박세당), 『임원경제지』(서유구)
문화유산	• 그림: 진경 산수화(겸재 정선), 풍속화(김홍도, 신윤복) 등이 유행 • 건축: ___33___ 팔상전(현존하는 가장 오래된 목조 오층탑) 등이 건축 • 공예: 청화 백자가 유행

정답 | 20 삼정　21 삼정이정청　22 서학　23 인내천　24 직전법　25 연분 9등법　26 대동법　27 상품 작물　28 덕대　29 공노비 해방　30 성균관　31 정약용　32 홍대용　33 보은 법주사

해커스 한국사능력검정시험 기본 2주 합격

V 근대

🌱 최근 3개년 기출 트렌드 *최근 3개년 회차인 기본 71~57회 기준입니다.

기출주제		출제 문항 수	
29	흥선 대원군의 개혁과 개항	11문항	2위
30	개화 정책의 추진과 반발	12문항	1위
31	동학 농민 운동과 개혁의 추진	5문항	
32	갑오개혁과 을미개혁	5문항	
33	독립 협회와 대한 제국	6문항	
34	국권 피탈 과정과 항일 운동	3문항	
35	항일 의병 운동과 애국 계몽 운동	9문항	3위
36	근대의 경제와 문화	8문항	

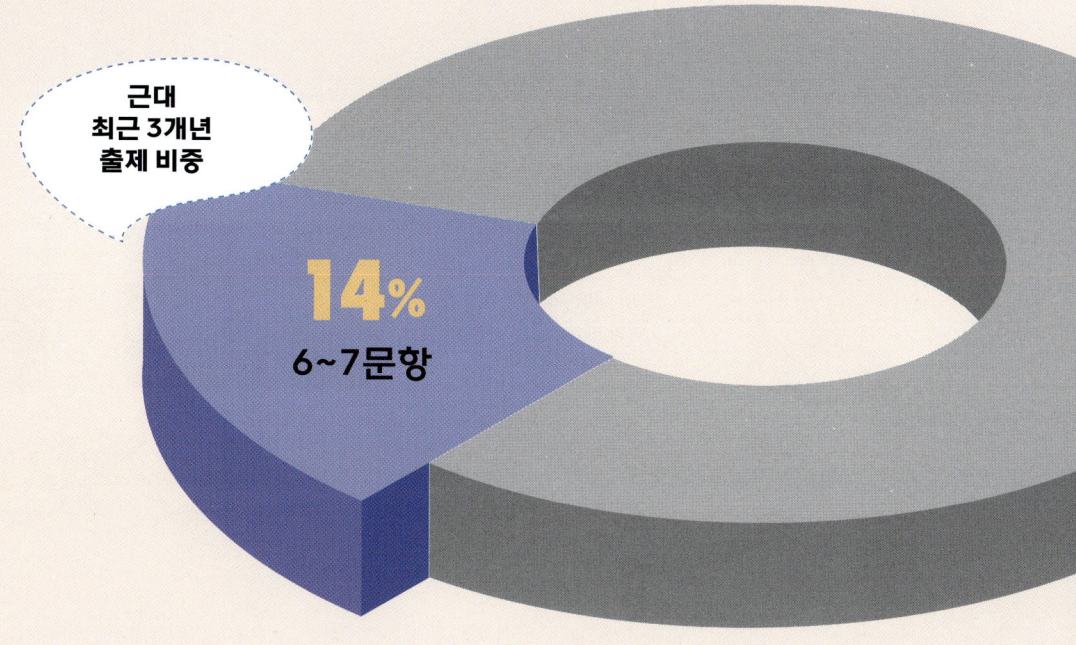

근대
최근 3개년 출제 비중

14%
6~7문항

빈출 키워드 TOP3

서원 철폐, 병인양요, 강화도 조약

통리기무아문, 갑신정변, 임오군란

전주 화약, 집강소, 우금치 전투

군국기무처, 홍범 14조, 태양력

헌의 6조, 대한국 국제, 지계 발급

을사늑약, 헤이그 특사 파견, 한·일 신협약

13도 창의군, 안중근, 신민회

국채 보상 운동, 독립신문, 육영 공원

학습 포인트

- **개화 정책의 추진과 반발**은 빈출 키워드인 통리기무아문, 영남 만인소, 임오군란이 많이 출제되니, 이 내용은 잊지 말고 꼭 기억해 두세요!

- **흥선 대원군의 개혁과 개항**은 근대의 빈출 주제예요. 흥선 대원군의 개혁 내용과 병인양요, 신미양요 등 외세의 침입의 순서, 각 나라와 체결한 조약의 내용을 꼭 파악하세요!

- **항일 의병 운동과 애국 계몽 운동**은 항일 의병 운동, 의거 활동을 주도한 주요 인물과 애국 계몽 운동 단체를 묻는 문제가 많이 출제되니 각 인물과 주요 단체의 활동을 기억해두세요!

근대 흐름 잡기

흥선 대원군

아들이 없던 철종의 뒤를 이어 고종이 어린 나이에 왕위에 오르자, 고종의 아버지인 흥선 대원군이 권력을 잡고 여러 가지 새로운 정책을 실시했어요.

문수산성 [54회]

어재연 장군 수자기

흥선 대원군은 미국의 통상 수교 요구 역시 거부하였어요. 이에 미국 역시 강화도를 공격하였답니다.

1863년 흥선 대원군 집권(고종)

흥선 대원군이 프랑스와의 통상 수교를 거부하자, 프랑스는 강화도를 공격하였어요.

4위 1866년 병인양요

1871년 신미양요

러시아 공사관에서 경운궁(덕수궁)으로 돌아온 고종은 스스로 황제에 올라 대한 제국을 선포하였어요.

환구단 [47회]

1897년 대한 제국 수립

일본은 고종의 동의없이 강제로 을사늑약을 체결하였어요. 이로 인해 대한 제국은 외교권을 일본에 빼앗겼답니다.

국채 보상 운동 기념비 [50회]

1905년 을사늑약 체결

1907년 국채 보상 운동

일본의 경제적 간섭으로 나라의 빚이 증가하자, 국민이 빚을 갚아 주권을 회복하자는 국채 보상 운동이 일어났어요.

한국사능력검정시험 전문 선생님의
무료 특강과 함께 시대 흐름 잡기

강화도 조약 체결

흥선 대원군이 물러나고 고종이 직접 정치를 시작한 무렵, 일본이 문호 개방을 요구하였어요. 결국 조선은 일본과 강화도 조약을 체결하였습니다.

1876년 강화도 조약 체결

개화가 시작되자 구식 군인들은 신식 군인인 별기군에 비해 차별을 받았어요. 이러한 분노가 폭발하여 구식 군인들이 난을 일으켰답니다.

1위 1882년 임오군란

급진 개화파[41회]

조선 정부의 소극적인 개화 정책에 불만을 품은 김옥균 등 급진 개화파는 갑신년에 정변을 일으켰어요.

2위 1884년 갑신정변

전봉준

개항 이후 일본과 서양 국가의 경제 침탈로 농민들의 조세 부담이 점점 심해지자, 동학을 중심으로 농민들이 봉기하였어요.

3위 1894년 동학 농민 운동

정미의병[50회]

고종이 강제로 퇴위 당하고, 대한 제국의 군대가 해산되자, 정미의병이 일어났어요. 운동은 더욱 거세져 서울 진공 작전이 추진되었어요.

1907년 정미의병

안중근[46회]

안중근이 만주 하얼빈역에서 초대 통감 이토 히로부미를 사살하였어요.

5위 1909년 안중근 의거

기출주제 29 흥선 대원군의 개혁과 개항

핵심 키워드 #호포제 #병인양요 #척화비 #운요호 사건 #강화도 조약 #조·미 수호 통상 조약

스토리로 미리보기

S#1 흥선 대원군이 경복궁을 중건하다!

휴, 쌀 가격이 엄청나게 올라버렸지 뭐야. 나라에서 **경복궁을 다시 짓느라** 모자란 돈을 채운다고 '**당백전**'이라는 고액 화폐를 잔뜩 찍어내다가 화폐 양이 너무 많아져서 그렇다는데. 안 그래도 궁궐 공사에 나갔다 와서 힘든데, 밥도 제대로 못 먹게 생겼잖아!

S#2 흥선 대원군이 척화비를 세우다!

자네, 이 **척화비를** 보았나? 흥선 대원군이 **신미양요** 이후 이곳뿐만 아니라 전국에 세웠다고 하네. 읽어보니 서양 오랑캐와는 절대 통상하지 않겠다는 의지가 드러나있군 그래.

S#3 일본과 강화도 조약을 체결하다!

일본이 작년에 일어난 **운요호 사건**을 빌미로 조약 체결을 요구하여 결국 조선이 조약을 체결하였다고 한다. 조선에 불리한 조약 내용이 많던데, 걱정이군.

1 흥선 대원군의 개혁과 서양 세력의 침입

고종이 12세의 나이로 왕위에 오르자, 고종의 아버지인 흥선 대원군이 대신 나라를 다스리게 되었어요.

(1) 흥선 대원군의 개혁

꼭 알아두기 | 흥선 대원군이 실시한 개혁의 내용을 기억하세요!

- **비변사 폐지**: 비변사를 축소·폐지하여 의정부(정치)의 기능을 회복하고 삼군부(군사)를 부활시킴
  - 조선 초기에 군사 업무를 관장하던 관청이에요.
- **법전 편찬**: 통치 체제를 정비하기 위해 『대전회통』 등의 법전을 편찬함
- **경복궁 중건**
  - 목적: 임진왜란 중 소실된 경복궁을 중건하여 왕실의 권위를 회복하기 위함
  - 내용: 궁궐 공사비 마련을 위해 **당백전**을 발행하고 기부금인 원납전을 강제로 징수함
    - 고액 화폐로, 대량으로 발행하여 물가가 급등하였어요.
- **서원 철폐**
  - 목적: 지방 양반들의 거점이자 백성을 수탈하던 서원을 철폐하여, 국가의 통제력을 강화하고자 함
    - 임진왜란 때 조선을 도와준 명나라 황제의 제사를 지내던 곳이에요.
  - 내용: 전국의 서원을 47개소만 남기고, 만동묘를 철폐함
  - 결과: 최익현 등 양반들이 서원 철폐에 대해 비판하는 상소를 올림
    - 이 상소를 계기로 흥선 대원군이 물러나고 고종이 직접 정치를 하였어요.
- ⭐ **호포제 실시**: 군정의 문란을 해결하기 위해 **양반에게도 군포를 부과함**
- **사창제 실시**: 환곡 대신 향촌민들이 자치적으로 운영하는 사창제를 실시함

(2) 서양 세력의 침입

꼭 알아두기 | 흥선 대원군이 서양 세력의 침입을 격퇴하는 과정을 순서대로 알아두세요!

- **병인박해**(1866): 흥선 대원군이 프랑스 선교사들과 수천 명의 천주교도를 처형함
- **제너럴셔먼호 사건**(1866)
  - 전개: 미국 상선 제너럴셔먼호가 조선에 통상을 요구했다가 거부당하자 조선의 관리를 살해하고 민가를 약탈함
  - 결과: 평안도 관찰사 박규수가 평양 군민들과 함께 제너럴셔먼호를 불태워 침몰시킴
- ⭐ **병인양요**(1866)
  - 배경: 프랑스가 병인박해를 구실로 삼아 조선과의 통상 수교를 시도함
  - 전개: 프랑스 함대가 강화도를 공격하자, **한성근**(문수산성), **양헌수**(정족산성) 부대가 프랑스 군대를 격퇴함
  - 결과: 프랑스군이 퇴각하는 과정에서 『의궤』를 포함한 외규장각의 도서 등 각종 문화재를 약탈함
    - 강화도에 설치된 규장각의 부속 도서관이에요.
- **오페르트 도굴 사건**(1868): 독일 상인 오페르트가 남연군(흥선 대원군의 아버지)의 묘를 도굴하여 이를 미끼로 통상을 요구하려고 하였으나 도굴에 실패함
- **신미양요**(1871)
  - 배경: 미국이 제너럴셔먼호 사건을 구실로 조선과 통상 수교를 시도함
  - 전개: 미군이 강화도로 침입하여 초지진과 덕진진을 점령하고 광성보를 공격하였으나, 어재연이 이끄는 조선 수비대가 결사적으로 저항함
  - 결과: 미군이 퇴각하면서 어재연 장군 수자기 등 수많은 전리품을 약탈함
- ⭐ **척화비 건립**(1871): 흥선 대원군이 외세에 대한 척화 의지를 분명히 하기 위해 전국 각지에 **척화비를 건립함**

| 기출 사료 더보기 | **제너럴셔먼호 사건** [46회] |

경고와 위협에도 불구하고 대동강을 거슬러 올라 평양까지 갔다. …… 그리하여 **격침 명령**이 내려졌고, 배는 불덩어리를 실은 뗏목과 함께 타 버렸으며 선원들은 육지에 오르자마자 목숨을 잃었다.
- 『대한제국멸망사』

사료 해석: 조선이 통상 수교 요구를 거부하자 제너럴셔먼호는 조선의 관리를 살해하고 민가를 약탈하는 등 난동을 부렸어요. 이에 평안도 관찰사 박규수와 평양 군민들이 제너럴셔먼호를 불태워 침몰시켰어요. 이후 미국은 이 제너럴셔먼호 사건을 구실로 신미양요를 일으켰어요.

2 개항과 불평등 조약의 체결

(1) 강화도 조약(1876)

> 꼭 알아두기! 일본이 운요호 사건을 일으켜 맺은 강화도 조약의 내용을 기억하세요!

- **배경**: 일본 군함 **운요호**가 강화도에 접근하여 무력 시위를 벌임(**운요호 사건**, 1875)
- **주요 내용**
  - 조선에 대한 청의 종주권을 부인함(조선은 자주국)
  - 부산·원산·인천에 개항장을 설치함
  - 치외 법권을 인정함
    - 외국인이 체류하는 국가의 법 대신 본국의 법에 따라 재판 받을 수 있는 권리예요.
- **성격**: 외국과 맺은 최초의 근대적 조약이자 불평등 조약
- **부속 조약**: 방곡령을 규정한 조·일 통상 장정 개정(1883) 등의 부속 조약을 체결함
  - 곡물의 수출을 금지하는 명령으로, 방곡령 시행 1개월 전에 지방관이 일본 영사관에 통보해야 했어요.

| 기출 사료 더보기 | **강화도 조약** [33회] |

제4관 조선국 **부산** 초량항에는 오래 전에 일본 공관이 세워져 있어 두 나라 백성의 통상 지구가 되었다. …… **두 곳의 항구를 별도로 개항**하여 일본국 인민이 오가면서 통상하도록 허가하며, 해당 지역에서 임차한 터에 가옥을 짓거나 혹은 임시로 거주하는 사람들의 집은 각각 그 편의에 따르게 한다.

사료 해석: 강화도 조약은 강화도 연무당에서 조선이 외국과 맺은 최초의 근대적 조약이었어요. 이 조약을 통해 부산을 비롯하여 원산과 인천에 개항장을 설치하였어요. 또한 일본의 치외 법권을 인정하는 불평등 조약이기도 하였습니다.

(2) 조·미 수호 통상 조약(1882)

> 꼭 알아두기! 조·미 수호 통상 조약이 맺어진 우리나라 안팎의 배경과 조약의 주요 내용을 기억하세요!

- **배경**
  - **『조선책략』의 유포**: 2차 수신사로 파견되었던 김홍집이 일본에서 『조선책략』이라는 책을 국내에 들여옴 → 조선이 러시아를 막기 위해서는 미국과 외교 관계를 맺어야 한다는 내용이 들어있어, 조선에서 미국의 역할에 대한 기대감이 상승함
  - **청의 알선**: 청이 조선에 대한 종주권을 확인하고 러시아와 일본을 견제하기 위해 미국과의 조약 체결을 알선함
- **주요 내용**
  - 양국 중 한 나라가 위협을 받으면 서로 도울 것을 규정함(거중조정)
  - 외국에 대한 최혜국 대우를 처음으로 규정하였으며 치외법권을 허용함
- **성격**: 조선이 **서양 국가와 맺은 최초의 근대적 조약**이자 불평등 조약
- **결과**: 조약 체결 이후 조선은 미국 공사의 파견에 대한 답례로 전권대신 민영익 등을 **보빙사**라는 사절단으로 미국에 파견함

퀴즈로 개념 다지기

1. 사건과 그 배경을 알맞게 연결하세요.

(1) 병인양요 · · ⓐ 병인박해 [66·64회]

(2) 신미양요 · · ⓑ 제너럴셔먼호 사건 [69회]

(3) 강화도 조약 · · ⓒ 운요호 사건 [67·66·64회]

(4) 조·미 수호 통상 조약 · · ⓓ 『조선책략』 유포 [71회]

2. 기출 키워드의 초성을 완성하세요.

(1) 양반에게도 군포를 부과한 제도 : ㅎㅍㅈ [67·63회]

(2) 흥선 대원군 때 프랑스군이 강화도를 공격한 사건: ㅂㅇㅇㅇ [71·67회]

(3) 신미양요 때 광성보에서 항전한 인물: ㅇㅈㅇ [71·69·66·61·60회]

(4) 흥선 대원군이 외세에 대한 척화 의지를 밝히기 위해 세운 비석 : ㅊㅎㅂ [71·66·64·63·61회]

(5) 일본 군함이 강화도에 접근하여 무력 시위를 벌인 사건: ㅇㅇㅎ 사건 [66·64·61·58·54회]

(6) 조·미 수호 통상 조약의 결과로 미국에 파견된 사절단: ㅂㅂㅅ [66·63·61·58·55회]

정답
1. (1) ⓐ (2) ⓑ (3) ⓒ (4) ⓓ
2. (1) 호포제 (2) 병인양요 (3) 어재연 (4) 척화비 (5) 운요호 (6) 보빙사

기출로 실전 감각 키우기
기출주제 29 흥선 대원군의 개혁과 개항

01 흥선 대원군
71회 기출

(가) 인물의 활동으로 옳은 것은? [2점]

> 우리 전하께서는 어린 나이에 왕으로 즉위하셔서 (가) (으)로 하여금 백성을 돌보고 살피게 하셨습니다. 그런데 (가) 이/가 경복궁 중건을 위해 부유한 자에게 원납전을 거두었으나 부족하였습니다. 또한 새롭게 당백전까지 주조하여 백성들의 삶을 힘들게 하였습니다.

① 척화비를 건립하였다.
②『동의보감』을 완성하였다.
③ 신해통공을 실시하였다.
④ 나선 정벌을 단행하였다.

02 병인양요
67회 기출

(가) 사건에 대한 설명으로 옳은 것은? [2점]

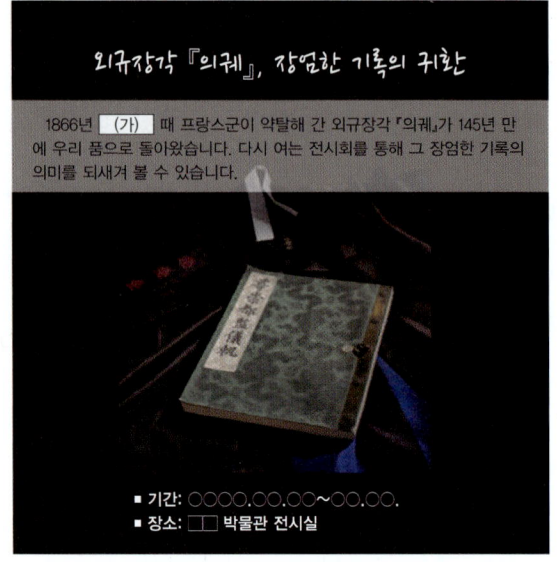

① 제너럴셔먼호 사건의 배경이 되었다.
② 강화도 조약이 체결되는 계기가 되었다.
③ 오페르트가 남연군 묘 도굴을 시도하였다.
④ 양헌수 부대가 정족산성에서 활약하였다.

03 강화도 조약 71회 기출

밑줄 그은 '조약'으로 옳은 것은? [1점]

① 기유약조
② 한성 조약
③ 정미 7조약
④ 강화도 조약

04 조·미 수호 통상 조약 체결 이후의 사실 49회 기출

(가) 조약 이후에 있었던 사실로 옳은 것은? [2점]

① 보빙사가 파견되었다.
② 별기군이 창설되었다.
③ 탕평비가 건립되었다.
④ 통리기무아문이 설치되었다.

정답 길잡이

④ 강화도 조약

강화도 조약은 **조선**과 **일본** 사이에 체결된 조약으로, **우리나라 최초의 근대적 조약**이에요. 1875년 일본은 **운요호 사건**을 일으키고 이를 빌미로 조선에 개항을 강요하였어요. 이 조약은 **부산 외 2곳(원산, 인천)의 항구 개항**, 해안 측량권과 치외 법권 인정 등을 주요 내용으로 담고 있어요.

오답 체크
① 기유약조 → X
② 한성 조약 → 갑신정변의 결과
③ 정미 7조약 → 대한 제국 군대 해산의 배경

정답 길잡이

① 보빙사가 파견되었다. → 1883년

조·미 수호 통상 조약은 조선이 **서양 국가와 맺은 최초의 근대적 조약**이에요(1882). 이 조약은 러시아의 침입을 막기 위해 조선이 미국과 연계해야 한다는 **『조선책략』**이 국내에 유포되고, 청이 알선하면서 체결되었어요. 이후 조선 정부는 미국 공사 부임에 대한 답례로 미국에 민영익, 홍영식 등을 **보빙사**로 파견하였어요(1883).

오답 체크
② **별기군**이 창설되었다. → 1881년
③ **탕평비**가 건립되었다. → 1742년
④ **통리기무아문**이 설치되었다. → 1880년

기출주제 30 개화 정책의 추진과 반발

핵심 키워드 | #통리기무아문 #수신사 #보빙사 #왜양 일체론 #영남 만인소 #임오군란 #갑신정변

스토리로 미리보기

S#1 수신사 김홍집이 『조선책략』을 들여오다!

[41회 기출]
- 이 책에 대해 소개해주세요.
- 청나라 외교관 황준헌이 쓴 『조선책략』입니다.

나, **김홍집**, **수신사**로 일본에 파견되어 다녀오면서 청나라 외교관 황준헌이 건네준 『**조선책략**』을 가져왔다. 책을 읽은 유생들이 엄청나게 반발하고 있어 걱정이 많군.

S#2 구식 군인들이 난을 일으키다!

[15회 기출]
- 구식 군인들을 차별하지 마라!

저는 급료를 오랫동안 받지 못한 **구식 군인**입니다. 새로 생긴 **별기군**한테는 좋은 군복과 무기를 주면서, 우리는 완전 찬밥 신세입니다. 그런데 오늘 월급을 준대서 봤더니 쌀에 모래와 곡식 껍질이 섞여있는 거 아니겠습니까? 이제 더 이상은 못참겠습니다!

S#3 개화당이 갑신정변을 일으키다!

[19회 기출]
우정총국
박영효 김옥균 서재필

우리 조선이 자주적인 독립과 근대화를 이루려면 청의 간섭에서 벗어나야 한다. **급진 개화파**로서 우리 **개화당**은 개혁에 방해되는 민씨 세력과 온건 개화파를 제거하고 정권을 잡을 것이다! 하지만 정변을 일으키려면 일본의 도움이 좀 필요할 것 같다.

1 개화 정책의 추진

(1) 개화 세력의 형성

초기 개화파 형성
- 중인 역관 출신 오경석이 청에서 『해국도지』, 『영환지략』 등을 들여옴
- 양반 관료인 박규수가 통상 개화론을 통해 문호 개방의 필요성을 주장함

개화 세력 형성: 박규수 등 초기 개화파의 지도로 성장한 김옥균, 박영효 등 개화파가 1880년 대에 정계로 진출함

(2) 개화 정책

> 꼭 알아두기 | 개화 정책 초기에 통리기무아문을 중심으로 추진한 개혁의 내용을 알아두세요!

⭐ 통리기무아문 설치
- 역할: 개화 정책을 총괄하는 핵심 기구로 **통리기무아문**을 설치함
- 소속 부서: 사대사·교린사(외교), 군무사(군사), 통상사(통상) 등의 12사를 두어 개화 관련 업무를 분담시킴

별기군 창설: 신식 군대인 별기군을 창설하여 근대적인 훈련을 실시함

근대 시설 설치: 기기창(근대 무기 제조 공장), 박문국(인쇄 담당), 전환국(화폐 발행) 등

> **기출 자료 더보기** 📍**통리기무아문** [41회]
> - 1880년(고종17)에 개화 정책을 총괄하기 위해 설치된 기구로, 의정부, 6조와는 별도로 운영됨
> - 소속 부서로 사대사, 교린사, 군무사, 기계사 등 12개의 사(司)를 둠

사절단 파견
- **수신사(일본)**: 2차 수신사(1880) 김홍집이 『조선책략』을 국내에 들여옴
- 조사 시찰단(일본): 개화 반대 여론으로 인해 박정양, 홍영식 등이 암행어사의 형태로 비밀리에 파견됨(1881)
- 영선사(청): 청의 근대 기술을 도입하기 위해 파견된 사절단(1881)으로, 귀국 후 근대 무기 제조 공장인 기기창을 설립하는 데 기여함
- **보빙사(미국)**: 조·미 수호 통상 조약 체결 후 조선 주재 미국 공사가 파견된 것에 대한 답례로 파견된 우리나라 최초의 구미 사절단
  - 미국 대통령 아서를 접견하고, 여러 문물 등을 시찰했어요.

2 개화 정책에 대한 반발

(1) 위정척사 운동

> 꼭 알아두기 | 위정척사 운동의 순서를 기억하세요!

통상 반대 운동 (1860년대)
- 계기: 프랑스가 병인양요를 일으키며 통상을 요구함
- 전개: **이항로**, 기정진 등이 서양과 끝까지 싸워야 한다고 주장함

개항 반대 운동 (1870년대)
- 계기: 일본이 운요호 사건을 일으키며 개항을 요구함
- 전개: **최익현** 등이 **왜양 일체론**을 주장하며 일본과의 수교에 반대함
  - 왜(일본)와 양(서양)의 실체가 같다는 주장이에요.

⭐ 개화 반대 운동 (1880년대)
- 계기: 『조선책략』이 국내에 유포됨
- 전개: **이만손**과 영남 지역 유생들이 **영남 만인소**를 올려 개화 정책 및 미국과의 수교를 반대함

(2) 임오군란

- **배경** : **구식 군인들**이 신식 군대인 별기군과 **차별 대우**를 받아 불만이 쌓임
- **전개** : 급료로 지급된 쌀에 겨와 모래가 섞여있자, 불만이 폭발한 구식 군인들이 일본 공사관을 습격하고 일본인 교관을 살해함 → 고종이 군란 수습을 흥선 대원군에게 맡김 → 민씨 정권의 요청을 받은 **청의 군대가 난을 진압**함
- **결과**
  - 제물포 조약: 조선 정부는 일본 정부에 배상금을 지불하고 일본 공사관에 일본 경비병이 주둔하는 것을 인정함
  - 조·청 상민 수륙 무역 장정: 조선을 청의 '속방(종속국)'으로 규정함, 청나라 상인의 내지 통상권을 최초로 규정함
  - 청의 내정 간섭 본격화: 청 군대 조선 상주, 마젠창(내정 고문)과 독일인 묄렌도르프(외교 고문)를 고문 자격으로 조선에 파견함

3 갑신정변과 이후 국내외 정세

(1) 갑신정변

- **배경**
  - 국내 정세 — 청의 내정 간섭과 민씨 정권의 견제로 개화 정책이 지연됨
    - 급진 개화파가 추진한 정책의 실패로 입지가 축소됨
      김옥균, 박영효 등이 중심 인물로, 급진적 개혁을 주장했어요.
  - 국외 정세 — 청·프 전쟁으로 조선에 주둔하던 청의 군대 일부가 베트남으로 이동함
    - 일본 공사가 급진 개화파에게 정변 지원을 약속함
- **전개**
  - 갑신정변 발발: 김옥균, 박영효, 홍영식 등 급진 개화파가 **우정총국 개국 축하연**을 기회로 정변을 일으킴
    정부가 근대적인 우편 업무를 실시하기 위해 세운 관청
  - 14개조 혁신정강 발표: 청에 대한 사대 관계 폐지, 혜상공국 혁파 등 근대적 개화 정책을 추진하기 위한 14개조 혁신 정강을 발표함
    개항 이후 상업 활동에 어려움을 겪던 보부상을 보호하기 위해 설치된 기관이에요.
  - 정변 실패: 일본의 배신과 청의 군사 개입으로 정변이 3일 만에 종결됨
- **결과** : 한성 조약의 체결로 조선은 일본에 배상금을 지불하고, 일본 공사관 신축 비용을 부담함

(2) 갑신정변 이후의 정세

- **거문도 사건** : 조선이 청을 견제하기 위해 러시아와 교섭을 시도하자, 영국이 러시아의 남하를 견제하기 위하여 조선의 거문도를 불법으로 점령함(1885~1887)
- **한반도 중립화론** : 한반도를 둘러싼 열강의 경쟁이 심화되자, 유길준이 한반도 중립화론을 주장함

기출 자료 더보기 📍**유길준** [41회]

- 개화 사상가, 정치가
- 생몰: 1856년~1912년
- 주요 활동
  - 일본, 미국에서 유학
  - 조사 시찰단, 보빙 사절단에 참여
  - 을미개혁 때 단발령 주도
- 저서: 『서유견문』, 『노동야학독본』 등

▲ 유길준

퀴즈로 개념 다지기

1. 사절단과 사절단에 대한 설명을 알맞게 연결하세요.

(1) 수신사 · · ⓐ 암행어사의 형태로 파견 [66회]

(2) 조사 시찰단 · · ⓑ 『조선책략』 국내 반입 [71·61·57회]

(3) 영선사 · · ⓒ 귀국 후 기기창 설립에 기여 [66회]

(4) 보빙사 · · ⓓ 우리나라 최초의 구미 사절단 [66·63·61·58회]

2. 기출 키워드의 초성을 완성하세요.

(1) 개화 정책을 총괄하는 핵심 기구
: ㅌㄹㄱㅁㅇㅁ [71·69·61회]

(2) 개화 정책으로 설치된 신식 군대
: ㅂㄱㄱ [71·63·61·54회]

(3) 영남 만인소를 주도한 인물
: ㅇㅁㅅ [69·57·52회]

(4) 제물포 조약 체결의 원인이 된 사건
: ㅇㅇㄱㄹ [71·69·67·66·64회]

(5) 김옥균 등 급진 개화파가 우정총국 개국 축하연을 기회로 일으킨 사건
: ㄱㅅㅈㅂ [71·69·67·66·63회]

정답 1. (1) ⓑ (2) ⓐ (3) ⓒ (4) ⓓ
2. (1) 통리기무아문 (2) 별기군 (3) 이만손 (4) 임오군란 (5) 갑신정변

기출로 실전 감각 키우기
기출주제 30 개화 정책의 추진과 반발

01 통리기무아문 50회 기출

(가)에 들어갈 내용으로 옳은 것은? [2점]

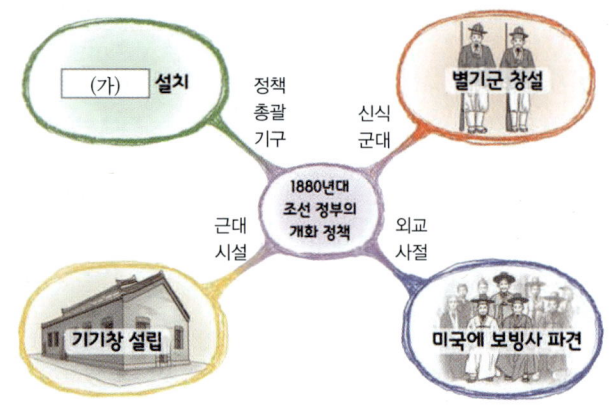

① 교정청
② 군국기무처
③ 도평의사사
④ 통리기무아문

02 위정척사 운동 52회 기출

(가)~(다) 학생이 발표한 내용을 일어난 순서대로 옳게 나열한 것은? [3점]

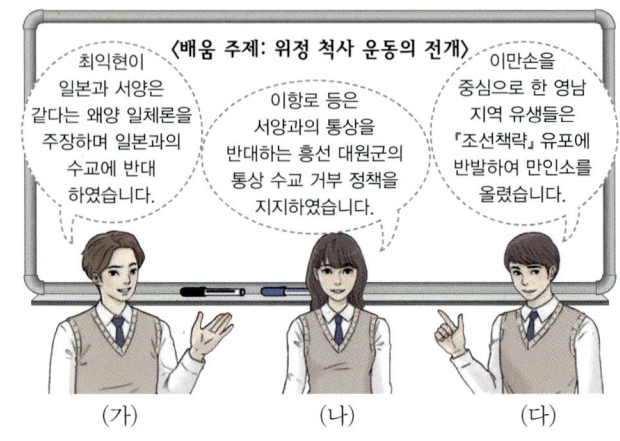

① (가) - (나) - (다)
② (가) - (다) - (나)
③ (나) - (가) - (다)
④ (다) - (가) - (나)

정답 길잡이

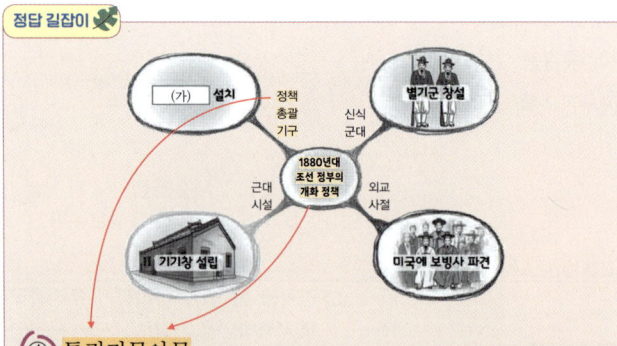

④ 통리기무아문

통리기무아문은 조선 정부가 1880년에 **개화 정책을 총괄**하기 위해 설치한 기구입니다. 기존의 의정부, 6조와는 별도로 운영되었으며, 하부 조직으로 **12사**를 두어 외교·통상·군사 등의 업무를 분담하도록 하였어요.

오답 체크
① 교정청 → 근대의 내정 개혁 추진 기관
② 군국기무처 → 제1차 갑오개혁 추진 기구
③ 도평의사사 → 고려 원 간섭기 최고 정무 기관

📋 **이건 꼭! 암기**
통리기무아문 → 개화 정책 총괄, 12사

정답 길잡이

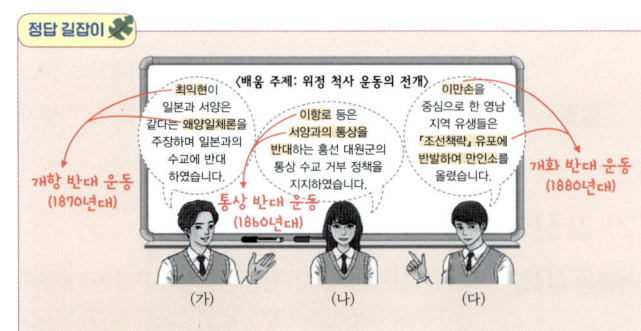

③ (나) - (가) - (다)
통상 반대 운동(1860년대) - 개항 반대 운동(1870년대) - 개화 반대 운동(1880년대)

(나) **통상 반대 운동**: 1860년대에 프랑스가 병인양요를 일으키며 통상을 요구하자, 이항로 등이 서양과의 통상 반대 운동을 전개하며 흥선 대원군의 통상 수교 거부 정책을 지지하였습니다.
(가) **개항 반대 운동**: 1870년대에 일본이 개항을 요구하자, 최익현 등이 왜양 일체론(일본과 서양은 실체가 같다는 주장)을 주장하며 개항 반대 운동을 전개하였습니다.
(다) **개화 반대 운동**: 1880년대에 미국과의 연대를 주장하는 『조선책략』이 유포되자, 이만손을 비롯한 영남 지역의 유생들이 만인소를 올려 개화 정책 및 미국과의 수교를 반대하였습니다.

📋 **이건 꼭! 암기**
위정척사 운동 → 통상 반대 운동(이항로) → 개항 반대 운동(최익현) → 개화 반대 운동(이만손)

03 임오군란 58회 기출

밑줄 그은 '이 사건'의 결과로 옳은 것은? [2점]

> 이것은 민응식의 옛 집터 표지석입니다. 구식 군인들이 별기군과의 차별 등에 반발하여 일으킨 이 사건 당시, 궁궐을 빠져나온 왕비가 피란하였던 곳임을 알려주고 있습니다.

① 집강소가 설치되었다.
② 조사 시찰단이 파견되었다.
③ 외규장각 도서가 약탈되었다.
④ 청의 내정 간섭이 심화되었다.

04 갑신정변 66회 기출

밑줄 그은 '비상 수단'에 해당하는 사건으로 옳은 것은? [2점]

> 나라를 어지럽히는 신하를 살해하고, 국왕을 보호하여 정령(政令)*의 남발을 막을 수밖에 없었다. 그러므로 희생을 무릅쓰고 비상 수단을 쓰기로 결심한 것이다.
>
> 홍영식: 모의를 총괄한 제1인자
> 박영효: 실행 총지휘
> 서광범: 거사 계획 수립
> 김옥균: 일본 공사관과의 교섭 및 통역
> 서재필: 병사 통솔
>
> — 박영효의 회고
>
> *정령(政令): 정치상의 명령

① 갑신정변　　② 을미사변
③ 삼국 간섭　　④ 아관 파천

정답 길잡이

④ 청의 내정 간섭이 심화되었다.

임오군란은 신식 군대인 별기군과의 차별 등에 반발한 구식 군인들이 일으킨 사건이에요. 밀린 봉급을 겨와 모래가 섞인 쌀로 지급받은 것에 분노한 구식 군인들은 **선혜청**과 **일본 공사관**을 습격하였어요. 민씨 세력의 요청을 받고 파견된 **청군에 의해 진압**되었으나, 이로 인해 **조선에 대한 청의 내정 간섭이 심화**되었어요.

오답 체크
① 집강소가 설치되었다. → 제1차 동학 농민 운동
② 조사 시찰단이 파견되었다. → 초기 개화 정책
③ 외규장각 도서가 약탈되었다. → 병인양요

정답 길잡이

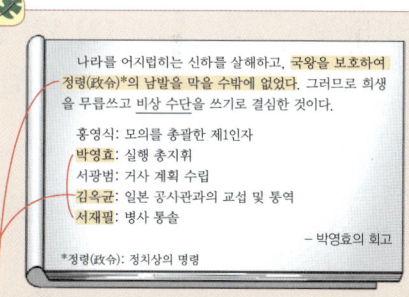

① 갑신정변

갑신정변은 김옥균, 박영효, 서재필 등의 **급진 개화파**가 **우정총국 개국 축하연**을 이용해 일으킨 사건이에요. 집권 세력이었던 민씨 일파를 제거하고 정권을 장악한 이들은 개혁 정책을 담은 **14개조 혁신 정강**을 발표하였으나, 청군의 개입으로 3일 만에 실패로 끝났어요.

오답 체크
② 을미사변 → 일본 자객들이 명성 황후를 시해한 사건
③ 삼국 간섭 → 러시아·프랑스·독일의 일본 견제
④ 아관 파천 → 고종이 러시아 공사관으로 거처를 옮긴 사건

📌 이건꼭! 암기
갑신정변 → 급진 개화파_김옥균, 박영효, 서재필, 14개조 혁신 정강 발표

기출주제 31 동학 농민 운동과 개혁의 추진

핵심 키워드 | #전봉준 #백산 집결 #전주 화약 #집강소 #우금치 전투

스토리로 미리보기

S#1 동학 농민군이 백산에서 봉기하다!

얼마 전, 고부 군수 **조병갑**이 횡포를 부리길래 우리 농민들이 봉기를 일으켰지요. 그런데 사건을 조사하러 온 안핵사가 되려 더 탄압하는 것 아니겠습니까? 도저히 못살겠습니다. **전봉준** 선생을 따라 **백산**으로 가 농민의 힘을 보여줘야겠습니다!

S#2 동학 농민군이 전주성을 점령하다!

와아아! **황토현**과 **황룡촌**에서 관군에 승리한 우리 동학 농민군이 기세를 몰아 **전주성**까지 점령했다! 이제 조선 정부에 우리의 요구 사항을 전달하자!

S#3 동학 농민군이 우금치 전투에서 패배하다!

경복궁을 점령하고 청·일 전쟁에서 승리한 일본이 우리 나랏일에 엄청난 간섭을 하고 있단다. 그래서 우리 동학 농민군이 다시 뭉쳤다. 삼례에서 집결하여, 지금은 여기 **공주 우금치**에서 일본과 싸우고 있다. 그런데, 일본군의 기관총이 너무 세서 당해낼 수 없을 것 같다.

1 동학의 교세 확대와 교조 신원 운동

(1) 동학의 교세 확대

교세 확대: 2대 교주 최시형의 포교 활동과 포접제의 활용으로 동학의 교세가 삼남 지방을 중심으로 확대됨
└ 교주를 중심으로 그 아래 조직(포와 접)을 이루는 제도예요.

기출 자료 더보기 ▸동학 2대 교주 최시형 [45회]

- 종교인, 동학의 제2대 교주
- 주요 활동
  - 동학 교단 정비
  - 『동경대전』, 『용담유사』 간행
  - 삼례 집회, 보은 집회 주도

▲ 최시형

(2) 교조 신원 운동
└ 1대 교주(교조)인 최제우의 명예 회복과 포교의 자유를 획득하기 위한 운동이에요.

삼례 집회: 삼례에서 교조 신원과 동학 탄압 중지를 요구하는 집회를 개최함
└ 일본과 서양 세력을 배척하여 의병을 일으킨다는 뜻이에요.

보은 집회: 보은에서 보국안민, 척왜양창의를 주장하는 집회를 개최함
└ 나라를 돕고 백성을 편하게 한다는 뜻이에요.

2 동학 농민 운동

(1) 1차 동학 농민 운동의 전개(1894)

꼭 알아두기 | 동학 농민 운동의 전개 과정을 순서대로 기억해두세요!

고부 민란
- 원인: 고부 군수 조병갑이 횡포를 부림
- 전개: **전봉준**이 농민들을 이끌고 고부 관아를 습격한 후 만석보를 파괴함

↓

백산 집결
- 원인: 고부 민란을 수습하기 위한 안핵사 이용태가 오히려 농민들을 탄압함
- 전개: 전봉준이 보국안민과 제폭구민을 기치로 내걸고 **백산**에 집결하여 격문과 **4대 강령**을 발표함
└ 폭정을 제거하고 백성을 구한다는 뜻이에요.

▲ 전봉준

↓

황토현 전투: 동학 농민군이 황토현에서 관군에게 승리를 거둠

↓

황룡촌 전투: 동학 농민군이 황룡촌에서 중앙에서 파견한 정부군을 격파함

↓

전주성 점령
- 전개: 황룡촌 전투 이후 동학 농민군은 계속 북상하여 **전주성을 점령**함
- 결과: 동학 농민군을 진압하지 못한 정부는 청에 군사 지원을 요청하였고, 청군이 아산만에 상륙하자 일본군도 톈진 조약을 구실로 제물포에 상륙함

(2) 전주 화약 체결

꼭 알아두기 | 전주 화약을 결과로 설치된 집강소와 교정청의 명칭을 알아두세요!

배경	: 동학 농민군은 외국 군대의 철수와 사회 문제 해결을 위한 폐정 개혁을 조건으로 조선 정부와 **전주 화약**을 체결함
결과	: 동학 농민군은 군대를 해산하고 **집강소**를 설치하여 **폐정 개혁안**을 실천하고, 정부는 개혁안을 수용하고 자주적 개혁을 추진하기 위해 교정청을 설치함

※ 토지의 균등 분배, 신분제 철폐 등

기출 사료 더보기 📍**교정청 설치** [34회]

우리 정부는 왕명을 받들어 교정청을 설치하여 당상관 15명을 두고 먼저 폐정 몇 가지를 개혁하니, 이는 모두 동학당[東黨]이 호소한 일이다.

사료 해석: 조선 정부는 1차 동학 농민 운동 이후 교정청을 설치하여 농민군이 제시한 폐정 개혁안을 수용하고 자주적인 개혁을 추진하였어요.

(3) 2차 동학 농민 운동의 전개

일본의 경복궁 점령	: 일본이 무력을 동원하여 경복궁을 점령하고 조선 정부에 내정 개혁을 강요함
↓	
청·일 전쟁 발발	- 전개: 일본군이 청군을 먼저 공격하면서 청·일 전쟁이 발발함 - 결과: 일본이 승리함, 청과 일본 사이에 시모노세키 조약이 체결됨
↓	
삼례 집결 (2차 봉기)	: 일본의 내정 간섭이 심해지자 전봉준이 동학 농민군의 삼례 집결을 주도하여 동학 농민군이 재봉기함
↓	
남·북접 논산 집결	: 전봉준의 남접과 손병희의 북접이 논산에서 연합하여 조직적으로 전개함
↓	※ 충청도 지역의 조직 / 전라도 지역의 조직
우금치 전투	: 동학 농민군은 보국안민을 내세우며 **공주 우금치**에서 신식 무기로 무장한 일본군과 관군에 맞서 싸웠으나 패배함
↓	
동학군의 패배	- 우금치 전투의 패배 이후 동학 농민군은 각지에서 치러진 전투에서도 패배함 - 전봉준이 전라도 순창에서 체포되고 다른 동학 지도자들도 체포·처형되면서 동학 농민 운동은 실패함

(4) 동학 농민 운동의 영향

청·일 전쟁	: 동학 농민 운동은 청·일 전쟁의 도화선이 되었고, 전쟁에서 승리한 일본이 조선의 내정에 간섭하는 계기가 됨
제1차 갑오개혁	: 폐정 개혁안 12개조의 내용 중 신분제 폐지, 과부 재가 허용 등이 제1차 갑오개혁에 반영됨

퀴즈로 개념 다지기

1. <보기>에서 알맞은 내용을 골라 빈칸을 채우세요.

<보기>
ⓐ 전주 화약 [71·57회]
ⓑ 우금치 전투 [71·66회]
ⓒ 백산 집결 [69·57회]
ⓓ 고부 민란 [66회]

(1) 조병갑의 횡포로 인해 [ ]이/가 일어났어요.

(2) [ ] 때 전봉준이 4대 강령을 발표하였어요.

(3) 동학 농민군은 조선 정부와 [ ]을/를 체결하였어요.

(4) [ ]에서 동학 농민군은 일본군과 관군에 패배하였어요.

2. 기출 키워드의 초성을 완성하세요.

(1) 전봉준이 동학 농민 운동을 일으키며 백산에서 내세운 주장
: ㅂㄱㅇㅁ, ㅈㅍㄱㅁ [64회]

(2) 동학 농민군이 중앙에서 파견한 정부군을 격퇴한 전투: ㅎㄹㅊ 전투 [71·61·55회]

(3) 동학 농민군이 전주 화약 체결 이후 설치한 농민 자치 기구: ㅈㄱㅅ [69·67·61·58·55회]

(4) 정부가 전주 화약 체결 이후 자주적 개혁을 추진하기 위해 설치한 기구: ㄱㅈㅊ [50회]

(5) 우금치 전투 이후 체포된 동학 농민 운동의 지도자: ㅈㅂㅈ [71·67회]

정답 1. (1) ⓓ (2) ⓒ (3) ⓐ (4) ⓑ
2. (1) 보국안민, 제폭구민 (2) 황룡촌
(3) 집강소 (4) 교정청 (5) 전봉준

기출로 실전 감각 키우기 기출주제 31 동학 농민 운동과 개혁의 추진

01 동학 농민 운동 67회 기출

(가) 사건에 대한 설명으로 옳은 것은? [2점]

① 9서당을 창설하는 계기가 되었다.
② 청산리에서 일본군과 전투를 벌였다.
③ 집강소를 통해 폐정 개혁을 추진하였다.
④ 제물포 조약이 체결되는 결과를 가져왔다.

02 동학 농민 운동 71회 기출

(가) 운동 중에 있었던 사실로 옳은 것은? [2점]

① 독립 협회가 창립되었다.
② 전주 화약이 체결되었다.
③ 백두산 정계비가 건립되었다.
④ 박규수가 안핵사로 파견되었다.

정답 길잡이

③ 집강소를 통해 폐정 개혁을 추진하였다.

동학 농민 운동은 **고부 민란**을 수습하기 위해 파견된 **이용태**가 관련자들을 탄압한 것이 원인이 되어 일어났어요. **전봉준**의 주도로 백산에 집결한 동학 농민군은 **황토현·황룡촌 전투**에서 승리하고 **전주성**까지 점령하였어요. 이에 정부는 동학 농민군과 **전주 화약**을 체결하였고, 동학 농민군은 **집강소**를 설치하여 **폐정 개혁**을 추진하였어요. 한편 2023년에 동학 농민 운동 관련 기록물인 전봉준 「공초」, 개인 일기와 문집, 각종 임명장 등이 **유네스코 세계 기록유산으로 지정**되었어요.

오답 체크
① 9서당을 창설하는 계기가 되었다. → X
② 청산리에서 일본군과 전투를 벌였다. → 청산리 전투
④ 제물포 조약이 체결되는 결과를 가져왔다. → 임오군란

정답 길잡이

② 전주 화약이 체결되었다.

동학 농민 운동은 **고부 민란**을 수습하기 위해 파견된 **이용태**가 관련자들을 탄압한 것이 원인이 되어 일어났어요. **전봉준**의 주도로 **백산에 집결**한 동학 농민군은 **황토현·황룡촌 전투**에서 승리하고 **전주성**까지 점령하였어요. 이에 정부는 폐정 개혁 등을 조건으로 동학 농민군과 **전주 화약을 체결**하였어요.

오답 체크
① 독립 협회가 창립되었다. → 이권 수호 운동
③ 백두산 정계비가 건립되었다. → X
④ 박규수가 안핵사로 파견되었다. → 임술 농민 봉기

이건 꼭! 암기
동학 농민 운동 → 전봉준, 황토현·황룡촌 전투, 전주 화약

03 집강소   51회 기출

다음 가상 편지의 (가)에 들어갈 기구로 옳은 것은? [2점]

> 사랑하는 딸에게
> 아빠는 농민군의 일원으로 나라와 백성을 구하기 위해 싸우고 있단다. 전주에서 정부와 화해하고 우리가 (가) 을/를 설치하여 탐관오리를 처벌하는 등의 활동을 할 때에는 새로운 세상이 머지않아 보였어. 그런데 일본이 군대를 동원하여 궁궐을 점령하고 조정을 압박하니 농민군이 다시 나서게 되었지. 우리의 무기는 비록 변변치 못하지만 전봉준 장군을 중심으로 단결하여 기세는 하늘을 찌르고 있단다.
> 네 모습이 무척 그립구나. 아빠가 곧 집으로 돌아갈 터이니 엄마 말씀 잘 듣고 건강히 지내렴.
>   아빠가

① 기기창
② 집강소
③ 도평의사사
④ 통리기무아문

04 동학 농민 운동   45회 기출

밑줄 그은 '이 운동'의 전개 과정에서 있었던 일로 옳지 않은 것은? [3점]

① 집강소가 설치되었다.
② 한성 조약이 체결되었다.
③ 백산에서 4대 강령이 발표되었다.
④ 농민군이 황토현에서 승리를 거두었다.

정답 길잡이

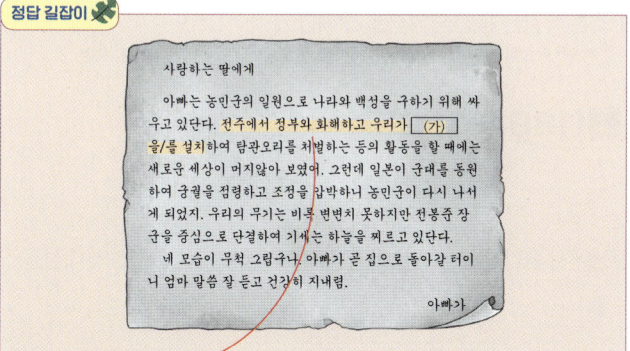

② **집강소**
집강소는 제1차 동학 농민 운동 이후 **농민군이 설치한 자치 기구**예요. 제1차 동학 농민 운동 때 정부의 요청으로 청이 군대를 파견하자, 일본도 조선에 군대를 파병하였어요. 이에 동학 농민군은 **외국 군대의 철수**와 **폐정 개혁**을 조건으로 조선 정부와 **전주 화약을 체결**하고, 전라도 지역에 자치 기구인 **집강소를 설치**하여 탐관오리를 처벌하는 등의 활동을 하였어요.

✓ 오답 체크
① 기기창 → 근대 무기 제조 공장
③ 도평의사사 → 고려 원 간섭기 국가 최고 정무 기구
④ 통리기무아문 → 근대 개항기 개화 정책 총괄 기구

정답 길잡이

② 한성 조약이 체결되었다. → 갑신정변의 결과

갑신정변의 결과, 조선은 일본과 **한성 조약**을 체결하여 일본에 **배상금을 지불**하고, **일본 공사관 신축 비용을 부담**하였어요.

✓ 오답 체크
① **동학 농민 운동** 때 농민군은 **집강소를 설치**하고 **폐정 개혁**을 추진하였어요.
③ **동학 농민 운동** 때 **전봉준**의 주도로 **백산**에 집결하여 **4대 강령**을 발표하였어요.
④ **동학 농민 운동** 때 농민군은 **황토현 전투**에서 관군에게 승리를 거두었어요.

📖 **이건꼭! 암기**
동학 농민 운동 → 전봉준의 주도, 백산–4대 강령 발표, 황토현 전투, 집강소 설치

기출주제 32 갑오개혁과 을미개혁

핵심 키워드 | #제1차 갑오개혁 #군국기무처 #과거제·신분제 폐지 #을미개혁 #단발령 #아관 파천

스토리로 미리보기

S#1 제1차 갑오개혁으로 신분제가 폐지되다!

오늘 개혁을 실시한다는 내용의 벽보가 동네에 붙었어요. **신분제를 폐지**한다고 하네요. 저는 여태 차별 당하며 살아 온 천민인데요, 그럼 이제부터는 다른 양인들처럼 차별 없는 세상에서 살 수 있는 건가요?

S#2 정부가 교육 입국 조서를 반포하다!

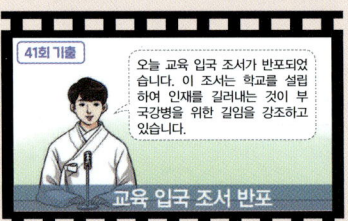

고종께서 **교육 입국 조서**라는 것을 반포하셨다. 교육이 국가 중흥의 기본이므로, 앞으로 학교도 많이 세우고, 선생님도 많이 양성한다고 한다. 그래, 우리 아이들을 학교에 보내서 나라를 위한 인재로 키워야겠다.

S#3 을미개혁 때 강제로 단발령을 실시하다!

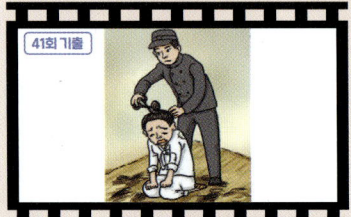

흑흑.. 어찌 부모님께 받은 소중한 **머리를 강제로 자른단 말인가**! 고종께서도 일본의 강요에 못 이겨 자르셨다는데. 얼마 전엔 감히 명성 황후까지 시해한 일본군! 부들부들! 이대로 가만히 있을 순 없다. 맞서 싸워야 한다!

1 제1차 갑오개혁(1894)

(1) 개혁 추진

> **꼭 알아두기** | 제1차 갑오개혁은 군국기무처를 중심으로 추진되었다는 사실을 기억하세요!

| 김홍집 내각 수립 | 일본이 무력으로 경복궁을 점령하고 김홍집 내각을 수립하여 내정 개혁을 강요함 |

└ 동학 농민 운동 이후 조선 정부가 자주적 개혁을 추진하기 위해 설치한 기구예요.

★★ **군국기무처 설치**: 교정청이 폐지되고 개혁을 추진하는 최고 결정 기구로 **군국기무처**가 설치됨

▲ 군국기무처의 회의 모습

(2) 개혁 내용

> **꼭 알아두기** | 제1차 갑오개혁 때 실시된 다양한 개혁의 내용을 기억하세요!

독자적 연호 사용: 청의 연호를 폐지하고 개국 기원을 사용함
└ 조선이 건국된 해를 기준으로 연도를 세요.

★★ **과거제 폐지**: **과거제를 폐지**하고 신분의 구별 없이 새로운 관리 임용 제도를 실시함

경제 개혁
- 재정을 일원화하여 탁지아문이 재정에 관한 모든 일을 관할하도록 함
- 조세의 금납제를 실시하여 **세금을 화폐로 징수**함
- 길이, 부피, 무게 등의 단위를 재는 방법인 **도량형을 통일**함

사회 개혁
- **신분제(공·사 노비제)를 폐지**함
- 과부의 재가를 허용함
   └ 일찍 혼인하는 것을 의미해요.
- 연좌제·조혼과 같은 봉건적 악습을 철폐함
   └ 범죄를 저지른 사람과 가족 관계인 사람에게 연대 책임을 지게 하고 처벌하는 제도예요.

2 제2차 갑오개혁(1894~1895)

(1) 배경

일본의 내정 간섭: 청·일 전쟁에서 승기를 잡은 일본이 군국기무처를 폐지하고 조선의 내정을 간섭함

(2) 개혁 추진

> **꼭 알아두기** | 제2차 갑오개혁 때 홍범 14조가 반포되었어요!

홍범 14조 반포: 고종이 종묘에 나가 홍범 14조를 반포하여 개혁의 기본 방향을 제시함

(3) 개혁 내용

행정 조직 개편
- 중앙: 의정부를 내각으로 개편하고 8아문을 7부로 개편함
- 지방: 지방 행정 구역을 8도에서 23부로 개편함

근대 교육 제도 마련
- 근대적 교육의 중요성을 강조하는 내용을 담은 교육 입국 조서를 반포함
- 교원 양성을 위해 한성 사범 학교를 설립함

3 을미개혁(1895~1896)

(1) 배경

삼국 간섭 (러시아, 독일, 프랑스)
- 배경: 청·일 전쟁에서 승리한 일본이 시모노세키 조약을 통해 청의 요동 반도(랴오둥 반도) 등을 획득하고 대륙으로 세력을 확대함
- 전개: 러시아가 독일·프랑스와 함께 일본에 압력을 넣어 요동 반도를 포기하게 하면서 일본의 국제적 위상이 추락함

을미사변
- 배경: 고종과 명성 황후(민비)가 러시아 세력과 손잡고 일본 세력을 견제함
- 전개: 위기를 느낀 일본이 경복궁을 습격하여 명성 황후를 시해함
- 결과: 을미사변으로 조선 내의 영향력을 회복한 일본이 친일 내각을 수립하고 개혁 추진을 강요함

> **기출 사료 더보기 | 을미사변 [32회]**
> 미우라 고로는 "20년간 지속되어 온 조선의 화근을 제거하고자 하는데, 실로 이 한 번의 거사에 달려 있다."라고 말하고, 마침내 **궁궐에 들어가 왕후를 시해하라는 뜻**을 교사하였다. …… 자객들은 여러 방을 샅샅이 조사하여 마침내 조금 더 깊은 방안에서 **왕후를 찾아내고는, 칼날로 베어 그 자리에서 시해**하였다. - 「대한계년사」
>
> **사료 해석:** 고종과 명성 황후(민비)의 친러 정책에 위기를 느낀 일본은 경복궁을 습격하여 명성 황후를 시해하였어요.

(2) 개혁 내용

꼭 알아두기 | 을미개혁 때 추진된 사회 개혁의 내용을 기억하세요!

- **정치**: '건양' 연호를 제정하고, 군대로 친위대(중앙)·진위대(지방)를 설치함
  ('양력으로 세운다'는 뜻으로, 태양력 채택에 맞춰 제정하였어요.)
- **사회**: 머리카락을 짧게 자르는 **단발령을 시행**함, 태양을 기준으로 한 역법인 **태양력을 채택**함, 근대적 초등 교육 기관인 소학교를 설립함

4 아관 파천(1896)
(러시아 공사관을 의미해요.)

- **배경**: **을미사변 이후** 고종은 신변의 위협을 느꼈고, 러시아는 조선에서의 영향력을 강화하고자 함
- **전개**: 고종에 대한 일본의 압력이 강해지자 친러파가 러시아 공사 베베르와 함께 고종의 거처를 **러시아 공사관**으로 옮기는 아관 파천을 단행함
- **결과**:
  - 친러 내각이 성립되고 러시아의 내정 간섭과 열강의 이권 침탈이 본격화됨
  - 친일 내각이 붕괴되면서 을미개혁이 중단됨

> **기출 사료 더보기 | 아관 파천 [49회]**
> 아침 7시가 될 무렵 **왕과 세자는 궁녀들이 타는 가마를 타고 몰래 궁을 떠났다.** 탈출은 치밀하게 계획된 것이었다. 1주일 전부터 궁녀들은 몇 채의 가마를 타고 궐문을 드나들어서 경비병들이 궁녀들의 잦은 왕래에 익숙해지도록 했다. 그래서 이른 아침 시종들이 두 채의 궁녀 가마를 들고 나갈 때도 경비병들은 특별히 신경 쓰지 않았다. **왕과 세자는 긴장하며 러시아 공사관에 도착했다.** - F. A. 매켄지의 기록
>
> **사료 해석:** 을미사변으로 명성 황후(민비)가 시해되자, 고종은 신변의 위협을 느끼고 러시아 공사관으로 거처를 옮겼어요.

퀴즈로 개념 다지기

1. 개혁과 개혁 내용을 알맞게 연결하세요.

(1) 제1차 갑오개혁 · · ⓐ 소학교 설립 [49·45·40회]

(2) 제2차 갑오개혁 · · ⓑ 신분제 폐지 [55회]

(3) 을미개혁 · · ⓒ 개국 기원 사용 [49·42회]

· ⓓ 한성 사범 학교 설립 [50회]

2. 기출 키워드의 초성을 완성하세요.

(1) 제1차 갑오개혁을 추진한 최고 결정 기구: ㄱㄱㄱㅁㅊ [71·64회]

(2) 제2차 갑오개혁 때 고종이 반포한 개혁의 기본 방향: ㅎㅂ 14ㅈ [61·60·54회]

(3) 제2차 갑오개혁 때 반포된 근대적 교육의 중요성을 강조하는 내용의 조서: ㄱㅇ ㅇㄱ 조서 [71회]

(4) 을미개혁 때 머리를 짧게 자르도록 한 명령: ㄷㅂㄹ [67·54회]

(5) 고종이 러시아 공사관으로 거처를 옮긴 사건: ㅇㄱ ㅍㅊ [69·66·63회]

정답
1. (1) ⓑ, ⓒ (2) ⓓ (3) ⓐ
2. (1) 군국기무처 (2) 홍범 14조 (3) 교육 입국 (4) 단발령 (5) 아관 파천

기출로 실전 감각 키우기 기출주제 32 갑오개혁과 을미개혁

01 군국기무처 54회 기출

(가)에 들어갈 기구로 옳은 것은? [2점]

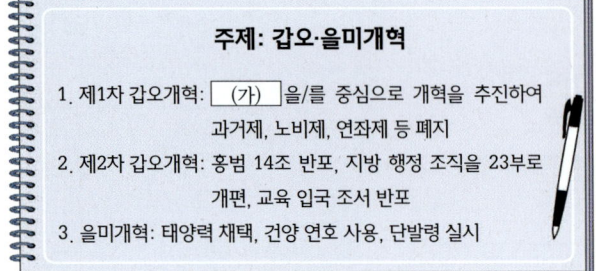

① 정방
② 교정도감
③ 군국기무처
④ 통리기무아문

02 제1차 갑오개혁 55회 기출

밑줄 그은 '개혁'의 내용으로 옳지 <u>않은</u> 것은? [3점]

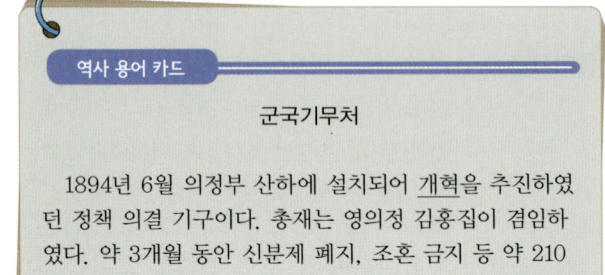

① 지계를 발급하였다.
② 과거제를 폐지하였다.
③ 도량형을 통일하였다.
④ 연좌제를 금지하였다.

정답 길잡이

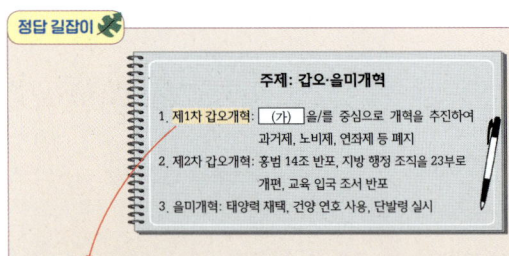

③ 군국기무처

군국기무처는 **제1차 갑오개혁** 시기에 개혁을 추진한 최고 결정 기구예요. 제1차 갑오개혁 때에는 군국기무처를 중심으로 다양한 개혁이 추진되어 **과거제, 노비제가 폐지**되었고, 죄를 지은 사람의 가족에게도 책임을 묻는 **연좌제가 폐지**되었어요.

오답 체크
① 정방 → 고려 무신 집권기의 인사·행정 담당 기구
② 교정도감 → 고려 무신 집권기의 최고 권력 기구
④ 통리기무아문 → 근대 개항기의 개화 정책 총괄 기구

이건꼭! 암기
군국기무처의 개혁 추진 → 과거제 폐지, 노비제 폐지, 연좌제 폐지

정답 길잡이

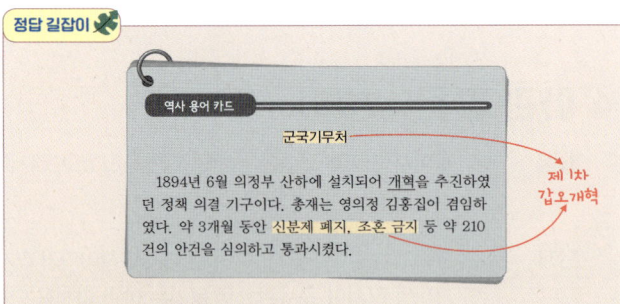

① 지계를 발급하였다. → **광무개혁**

대한 제국이 실시한 **광무개혁** 때 근대적 토지 소유 증명서인 **지계**를 토지 소유자에게 발급하였어요.

오답 체크
② **제1차 갑오개혁** 때 **과거제를 폐지**하고 신분의 구별이 없는 새로운 관리 임용 제도를 실시하였어요.
③ **제1차 갑오개혁** 때 길이, 부피, 무게의 단위를 재는 법인 **도량형을 통일**하였어요.
④ **제1차 갑오개혁** 때 범죄자뿐만 아니라 친족 관계인 사람도 연대 책임으로 처벌하는 제도인 **연좌제를 금지**하였어요.

03 갑오개혁 · 69회 기출

(가)에 들어갈 내용으로 옳은 것은? [1점]

① 3·1 운동 ② 갑오개혁 ③ 광무개혁 ④ 아관 파천

04 아관 파천 · 49회 기출

다음 사건이 일어난 시기를 연표에서 옳게 고른 것은? [3점]

> 아침 7시가 될 무렵 왕과 세자는 궁녀들이 타는 가마를 타고 몰래 궁을 떠났다. 탈출은 치밀하게 계획된 것이었다. 1주일 전부터 궁녀들은 몇 채의 가마를 타고 궐문을 드나들어서 경비병들이 궁녀들의 잦은 왕래에 익숙해지도록 했다. 그래서 이른 아침 시종들이 두 채의 궁녀 가마를 들고 나갈 때도 경비병들은 특별히 신경 쓰지 않았다. 왕과 세자는 긴장하며 러시아 공사관에 도착했다.
> – F. A. 매켄지의 기록

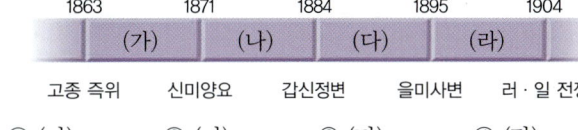

① (가) ② (나) ③ (다) ④ (라)

정답 길잡이

② 갑오개혁

갑오개혁은 2차례에 걸쳐 추진되었어요. 먼저 **제1차 갑오개혁** 때 **공·사 노비제**와 **연좌제** 등을 폐지하고, **과부의 재가를 허용**하였어요. 이때 신분제가 법적으로 폐지되었으나, 여전히 **백정에 대한 제도적, 사회적 차별**은 남아 있었어요. 이후 **제2차 갑오개혁** 때 교원 양성을 위해 **한성 사범 학교가 설립**되었고, **재판소를 설치**해 사법권을 독립시켰어요.

⊘ 오답 체크
① 3·1 운동 → 1919년에 발생한 만세 운동
③ 광무개혁 → 대한 제국 시기에 추진된 개혁
④ 아관 파천 → 고종이 러시아 공사관으로 피신한 사건

정답 길잡이

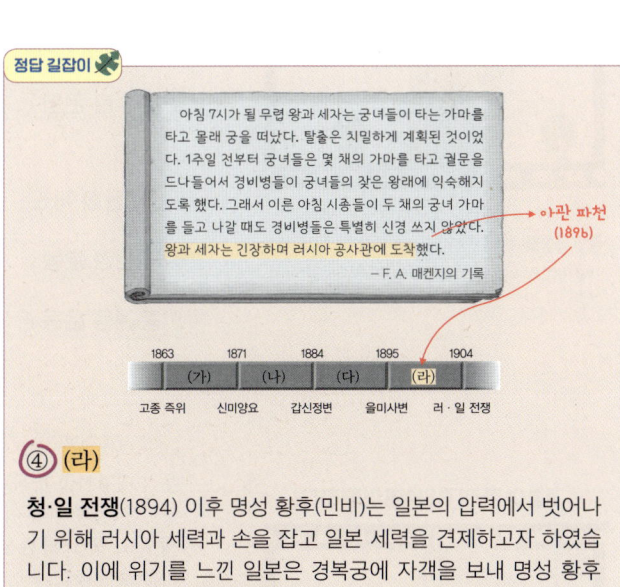

④ (라)

청·일 전쟁(1894) 이후 명성 황후(민비)는 일본의 압력에서 벗어나기 위해 러시아 세력과 손을 잡고 일본 세력을 견제하고자 하였습니다. 이에 위기를 느낀 일본은 경복궁에 자객을 보내 명성 황후(민비)를 시해하는 **을미사변**(1895)을 일으켰어요. 을미사변으로 신변의 위협을 느낀 고종은 몰래 궁을 떠나 **러시아 공사관**으로 거처를 옮겼어요(**아관 파천**, 1896).

📖 이건 꼭! 암기

아관 파천 → 러시아 공사관, 을미사변 이후

기출주제 33 독립 협회와 대한 제국

핵심 키워드 | #독립 협회 #독립신문 #만민 공동회 #독립문 건립 #대한 제국 #환구단 #대한국 국제

스토리로 미리보기

S#1 독립 협회가 만민 공동회를 열다!

31회 기출

독립 협회가 이곳 종로에서 **만민 공동회**를 열어 수 많은 사람들이 자유롭게 단상에 올라 연설하고 있다. 러시아의 침략 정책에 반대하는 내용이 가장 많이 나오고 있군!

S#2 독립 협회가 주장한 헌의 6조가 채택되다!

27회 기출

드디어 우리 독립 협회의 요구가 반영된 **헌의 6조**가 **관민 공동회**에서 채택되었습니다. 황제께서도 받아들이셨으니 힘을 합쳐 나라를 위해 힘써 봅시다!

S#3 고종이 황제 즉위식을 거행하다!

39회 기출

나, **고종**. 황제 즉위식을 통해 황제에 올랐으니 오늘부터 우리 조선을 **대한 제국**이라 고쳐 부르기로 한다. 황제국에 걸맞는 개혁도 추진해야겠군!

1 독립 협회(1896~1898)

(1) 독립신문 창간

독립신문 창간 : 갑신정변 실패 후 미국으로 망명한 서재필이 귀국하여 정부의 지원을 받아 **독립신문**을 창간함
└ 우리나라 최초의 민간 신문이에요.

(2) 창립

배경 : 아관 파천 이후 러시아를 비롯한 열강의 이권 침탈이 심화되어 열강에 대한 반감이 확산됨

창립 : **서재필**, 윤치호 등이 자주 독립 국가 건설을 목표로 독립 협회를 창립함

> **기출 자료 더보기** ♦**서재필** [26회]
> 서재필은 정변 실패 후 일본을 거쳐 미국으로 망명하여 의사로 활동하다가 정부의 요청으로 귀국하였다. 그 후 독립신문을 창간하고, 개화 지식인들과 협력하여 독립 협회를 창립하였다.
>
>
> ▲ 서재필

(3) 활동

꼭 알아두기 | 독립 협회가 만민 공동회와 관민 공동회를 개최하고 어떤 활동을 했는지 기억하세요!

만민 공동회 개최 : 근대적인 민중 집회인 **만민 공동회**를 열어 민권 신장을 추구함
└ 저탄소(석탄 창고) 기지 건설을 위해 부산 절영도의 땅을 빌려줄 것을 요구했어요.

이권 수호 운동 : **러시아의 절영도 조차 요구를 저지함**, 러시아 재정 고문과 군사 교관 철수 등을 요구함
└ 주요 내용으로 탁지부에서 국가 재정 전담, 외국에 의존하지 말고 관민이 협력하여 전제 황권을 공고히 할 것 등이 있어요.

관민 공동회 개최 : 관민 공동회를 개최(1898)하여 헌의 6조를 결의하고 고종의 재가를 받음

자주 민권 운동 : 국민의 기본권과 참정권을 보장할 것을 주장함

민중 계몽 운동 ┬ 독립 의식을 고취하기 위해 **독립문**과 **독립관**을 건립함
└ 토론회·강연회를 개최하여 민중에게 새로운 지식과 교양을 보급함

> **기출 사료 더보기** ♦**독립 협회의 활동** [48회]
> 우리 대조선국이 독립국이 되어 세계 여러 나라와 어깨를 나란히 하니, 우리 동포 이천만이 오늘날 맞이한 행복이다. 여러 사람의 의견으로 **독립 협회**를 조직하여 옛 영은문 자리에 독립문을 새로 세우고, 옛 모화관을 고쳐 독립관이라 하고자 한다. 이는 지난날의 치욕을 씻고 후손들에게 본보기를 보여 주고자 함이다.
>
> **사료 해석** : 자주 독립 국가 건설을 목표로 설립된 독립 협회는 독립 의식을 고취하기 위해 청의 사신을 맞이하던 문인 영은문이 있던 자리 부근에 독립문을 건립하고 중국 사신을 접대하던 모화관을 독립관으로 개조하였어요.

2 대한 제국과 광무개혁

(1) 대한 제국의 성립(1897)

> 꼭 알아두기 | 러시아 공사관에서 경운궁(덕수궁)으로 돌아온 뒤 대한 제국 성립을 선포했다는 것을 기억하세요!

배경	국민들의 열망에 따라 고종이 아관 파천을 단행한 지 약 1년 만에 러시아 공사관에서 경운궁(덕수궁)으로 환궁함
대한 제국 성립(1897)	고종은 연호를 '광무'로 고친 후 **환구단에서 황제 즉위식을 거행**하고 국호를 '**대한 제국**'으로 선포함 └ 황제가 하늘에 제사를 지내던 제단이에요.

기출 자료 더보기 📍 **환구단** [47회]
- 1897년 고종이 하늘에 제사를 지내고 황제 즉위식을 거행한 장소
- 국권 피탈 이후 일제가 헐어버려, 현재는 부속 건물인 황궁우가 남아 있음

▲ 환구단

(2) 광무개혁

> 꼭 알아두기 | 대한 제국을 선포하고 황제에 오른 고종이 실시한 광무개혁의 내용을 기억하세요!

성격	구본신참의 원칙 아래 복고적인 성향을 띤 점진적인 개혁을 추진함 └ 옛 제도를 근본으로 하여 새로운 제도를 참고한다는 의미예요.
📍 **대한국 국제 반포**	**대한국 국제**를 반포(1899)하여 대한 제국이 전제 정치 국가이며, 황제권은 무한함을 강조함
양전 사업과 지계 발급	- 양지아문을 설치하여 근대적인 토지 소유권 제도를 확립하기 위한 양전 사업을 실시함 - 지계아문을 설치(1901)하여 토지 소유자에게 지계를 발급함 → 1904년에 발발한 러·일 전쟁으로 지계 발급이 중단됨 └ 근대적 토지 소유 증명서예요.
원수부 설치	황제의 군사권을 강화하기 위해 황제 직속 군사 기관인 원수부를 설치(1899)하고, 군사의 수를 대폭으로 증강함
교육 기관 설립	관립 실업 학교인 상공 학교(1899)와 기술 교육 기관을 설립함
간도 관리사 임명	북간도 지역으로 이주한 교민들을 보호하기 위해 북간도에 간도 관리사로 이범윤을 임명함
대한 제국 칙령 제41호 반포	울릉도를 울도군으로 승격시키고 독도가 울도군의 관할 영토임을 명시함

기출 사료 더보기 📍 **대한국 국제** [22회]

제1조. 대한국은 세계 만국이 공인한 자주 독립 제국이다.
제2조. 대한 제국의 정치는 **만세 불변의 전제 정치**이다.
제3조. **대한국 대황제는 무한한 군권**을 누린다.

사료 해석: 1899년에 반포된 대한국 국제는 대한 제국이 전제 정치 국가이며, 황제권은 무한하다는 내용을 담고 있어요.

퀴즈로 개념 다지기

1. 단체 혹은 국가와 그 활동을 알맞게 연결하세요.

- (1) 독립 협회 ·
- (2) 대한 제국 ·

- · ⓐ 대한국 국제 반포 [71회]
- · ⓑ 러시아의 절영도 조차 요구 저지 [52·45회]
- · ⓒ 헌의 6조 결의 [67회]
- · ⓓ 칙령 제41호 반포 [66·64회]

2. 기출 키워드의 초성을 완성하세요.

(1) 독립 협회가 영은문을 헐고 건립한 문: ㄷㄹㅁ [67·64·60회]

(2) 독립 협회가 개최한 근대적 민중 집회: ㅁㅁ ㄱㄷㅎ [69·66·64·63·60회]

(3) 구본신참의 원칙을 내세운 개혁: ㄱㅁ 개혁 [47회]

(4) 대한 제국에서 토지 소유자에게 발급한 증명서: ㅈㄱ [69·64·61회]

(5) 광무개혁으로 설치된 황제 직속 군사 기관: ㅇㅅㅂ [63회]

정답
1. (1) ⓑ, ⓒ (2) ⓐ, ⓓ
2. (1) 독립문 (2) 만민 공동회 (3) 광무 (4) 지계 (5) 원수부

기출로 실전 감각 키우기 기출주제 33 독립 협회와 대한 제국

01 독립 협회 67회 기출

(가) 단체의 활동으로 옳은 것은? [2점]

① 광혜원을 설립하였다.
② 태극 서관을 운영하였다.
③ 독립문 건설을 주도하였다.
④ 파리 강화 회의에 대표를 파견하였다.

02 독립 협회 61회 기출

(가)에 들어갈 단체로 옳은 것은? [1점]

① 신민회
② 독립 협회
③ 대한 자강회
④ 조선어 학회

정답 길잡이

③ **독립문 건설**을 주도하였다.

독립 협회는 서재필 등이 중심이 되어 창립한 단체로, **근대적 자주 독립 국가의 건설을 목표**로 하였어요. 독립 협회는 정부 관료도 참석한 **관민 공동회**를 개최하여 **헌의 6조**를 결의하였으며, 독립 의식을 고취하기 위해 청의 사신을 맞이하던 영은문을 철거하고 **독립문 건설**을 주도하였어요.

오답 체크
① 광혜원을 설립하였다. → 알렌
② 태극 서관을 운영하였다. → 신민회
④ 파리 강화 회의에 대표를 파견하였다. → 신한청년당

📌 이건 꼭! 암기
독립 협회 → 관민 공동회, 헌의 6조, 독립문 건설

정답 길잡이

② **독립 협회**

독립 협회는 서재필, 윤치호 등의 신지식인이 중심이 되어 창립한 단체로, **독립 신문을 발행**하여 민중들에게 계몽 사상을 전파하였어요. 또한 근대적인 민중 집회인 **만민 공동회**를 열어 **러시아의 절영도 조차 요구 등을 저지**하기도 하였어요.

오답 체크
① 신민회 → 대성 학교, 오산 학교를 설립함
③ 대한 자강회 → 고종의 강제 퇴위 반대 운동을 전개함
④ 조선어 학회 → 한글 맞춤법 통일안을 제정함

03 대한 제국 시기의 사실   64회 기출

(가) 시기에 있었던 사실로 옳은 것은? [2점]

> 고종이 러시아 공사관에서 경운궁으로 돌아와 황제로 즉위하고 국호를 (가) (으)로 선포한 이후에 사용한 어새입니다.

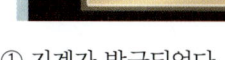
(가) 고종 황제 어새와 내함

① 지계가 발급되었다.
② 척화비가 건립되었다.
③ 육영 공원이 설립되었다.
④ 군국기무처가 설치되었다.

04 환구단   47회 기출

(가)에 들어갈 문화유산으로 옳은 것은? [1점]

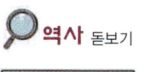 역사 돋보기

(가) 1897년 고종이 하늘에 제사 지내고 황제 즉위식을 거행한 장소이다. 국권 피탈 이후 일제가 헐어버렸고, 현재는 부속 건물인 황궁우가 남아 있다.

①  종묘
②  광혜원
③  사직단
④  환구단

기출주제 34

국권 피탈 과정과 항일 운동

핵심 키워드 | #을사늑약 #통감부 설치 #외교권 박탈 #헤이그 특사 파견 #고종 강제 퇴위 #대한 제국 군대 해산

스토리로 미리보기

S#1 일제가 러·일 전쟁을 일으키고 한·일 의정서를 체결하다!

일본이 러시아와 전쟁을 일으킨 후 한성을 장악하고 한·일 의정서 체결을 강요하였다고 한다. 우리나라의 국외 중립 선언까지 무시하다니! 앞으로가 걱정되는군.

S#2 일제가 을사늑약으로 우리나라의 외교권을 빼앗다!

러·일 전쟁에서 이긴 일제가 이완용 등 일부 대신들을 앞세워서 조약 체결을 강요하고 있다. 조약 내용에 외교권을 빼앗는다는 내용이 있어.

S#3 고종이 헤이그에 특사를 파견하다!

짐은 이상설, 이위종, 이준을 네덜란드 헤이그에서 열리는 만국 평화 회의에 특사로 파견하노라. 부디 을사늑약의 부당함을 세계에 널리 알리기를 바라는 바이다.

1 대한 제국을 둘러싼 러·일의 갈등

| 러·일 전쟁 | : 일본이 제물포(인천)에서 러시아를 선제 공격하면서 한반도와 만주의 지배권을 둘러싸고 러·일 간에 전쟁이 발발함 |

2 일제의 국권 피탈 과정

(1) 한·일 의정서(1904. 2.)

| 체결 | : 러·일 전쟁을 일으킨 일본이 대한 제국의 국외 중립 선언을 무시하고 강제로 체결함 |
| 내용 | : 일본이 군사상 필요한 대한 제국의 군사적 요지와 시설을 사용할 수 있음 |

(2) 제1차 한·일 협약(1904. 8.)

| 체결 | : 러·일 전쟁 중 전세가 유리해진 일본이 제1차 한·일 협약을 체결함 |
| 내용 | : 외교에 스티븐스, 재정에 메가타를 고문으로 파견하여 고문 정치를 실시함, 해외에 주재하는 한국 공사를 철수시킴 |

(3) 러·일 전쟁 중 열강의 일본 침략 묵인

| 미국 | : 가쓰라·태프트 밀약을 체결하여 미국의 필리핀 지배와 일본의 한반도 지배를 서로 인정함(1905. 7.) |
| 영국 | : 제2차 영·일 동맹을 맺어 영국의 인도 지배와 일본의 한반도 지배를 서로 인정함(1905. 8.) |

(4) 포츠머스 조약(1905. 9.)

| 체결 | : 일본이 러·일 전쟁에서 승리하고 러시아와 포츠머스 조약을 체결함 |
| 내용 | : 일본이 러시아로부터 대한 제국에 대한 이권을 인정받음 |

(5) 을사늑약(1905. 11.)

> 꼭 알아두기 | 을사늑약으로 통감부가 설치되고 대한 제국의 외교권이 박탈되었다는 사실을 잘 기억해두어야 해요!

| 체결 | : 일본이 덕수궁 중명전에서 고종의 비준 없이 을사늑약(제2차 한·일 협약)을 강제로 체결함 |

— 초대 통감으로 이토 히로부미가 부임하였어요.

| 내용 | ┬ **통감부를 설치**하여 보호 정치(통감 정치)를 실시함 |
| | └ **대한 제국의 외교권을 박탈**함 |

저항	┬ 항일 순국: 민영환, 조병세 등이 자결로써 항거함
	├ 5적 암살 시도: 나철과 오기호 등은 자신회를 조직하여 을사늑약에 찬성한 5적의 처단을 시도함
	└ 헐버트 파견: 고종은 헐버트를 미국에 파견하여 을사늑약의 무효함을 전달함

| 기출 사료 더보기 | **을사늑약** [45·33회] |

제2조 일본국 정부는 한국과 타국 사이에 현존하는 조약의 실행을 완수할 임무가 있으며, **한국 정부는 지금부터 일본국 정부의 중개를 거치지 않고서는 국제적 성질을 가진 어떤 조약이나 약속을 맺지 않을 것을 약속**한다.

제3조 일본국 정부는 그 대표자로서 한국 황제 폐하의 아래에 1명의 통감을 두되, **통감은 전적으로 외교에 관한 사항을 관리**하기 위해 서울에 주재하며 직접 한국 황제 폐하를 알현할 권리를 가진다.

사료 해석: 일본은 강제로 대한 제국과 을사늑약을 맺어 외교권을 빼앗고, 통감부를 설치하여 일본에서 파견된 통감이 대한 제국의 외교권을 갖게 하였어요.

| 기출 자료 더보기 | **호머 헐버트** [47회] |

호머 헐버트는 육영 공원의 교사로 초빙되어 우리나라와 처음 인연을 맺었다. 그는 1905년 일제에 의해 을사늑약이 강제로 체결되자, 그 부당성을 알리기 위해 파견된 헤이그 특사의 활동을 지원하였다.

▲ 호머 헐버트

(6) 헤이그 특사 파견(1907)

꼭 알아두기 | 일본이 헤이그 특사 파견을 구실로 고종을 강제 퇴위 시켰다는 사실을 반드시 알아두세요!

- **배경**: 고종이 **이상설, 이준, 이위종**을 네덜란드 헤이그에서 열리는 **만국 평화 회의에 파견**하여 을사늑약의 무효와 일제의 침략적 행위를 알리게 함
- **결과**: 일본이 헤이그 특사 파견을 구실로 **고종을 강제로 퇴위**시킴

(7) 한·일 신협약(1907)

꼭 알아두기 | 한·일 신협약의 부속 밀약을 통해 대한 제국의 군대가 강제로 해산되었다는 사실을 기억해두세요!

- **체결**: 고종의 뒤를 이어 즉위한 순종을 압박하여 한·일 신협약을 강제로 체결함
- **내용**:
  - 통감의 내정 간섭 권한이 강화됨
  - 부속 밀약을 통해 대한 제국 각 부서에 일본인 차관을 파견하여 차관 정치를 실시하고, **대한 제국의 군대를 강제로 해산**함

(8) 한·일 병합 조약(경술국치, 1910)

- **체결**: 통감인 데라우치와 총리 대신 이완용이 체결함
- **내용**: 일본이 대한 제국의 국권을 피탈함
- **결과**: 일본의 식민 통치가 시작되어 일본은 통치 기관으로 조선 총독부를 설치하고, 데라우치를 초대 총독으로 임명함

| 기출 사료 더보기 | **한·일 병합 조약** [45회] |

제1조 한국 황제 폐하는 한국 전부에 관한 일체의 **통치권을 완전하고 영구히 일본국 황제 폐하에게 양여**한다.

사료 해석: 1910년 일본군이 서울의 곳곳에 배치된 삼엄한 분위기 속에서 대한 제국의 총리 대신 이완용과 조선 통감 데라우치 사이에 한·일 병합 조약이 체결되었어요. 이로 인해 대한 제국은 일본의 식민지로 전락하였어요.

퀴즈로 개념 다지기

1. <보기>의 조약을 순서대로 나열하세요.

<보기>
ⓐ 한·일 신협약
ⓑ 제1차 한·일 협약
ⓒ 한·일 의정서
ⓓ 포츠머스 조약

[- - -]

2. 기출 키워드의 초성을 완성하세요.

(1) 을사늑약의 결과로 설치된 통치 기관: ㅌㄱㅂ [63·61·52회]

(2) 을사늑약의 결과 대한 제국이 빼앗긴 권리: ㅇㄱㄱ [61회]

(3) 을사오적을 처단하기 위해 조직된 단체: ㅈㅅㅎ [49·44회]

(4) 을사늑약의 부당함을 알리기 위해 파견된 특사: ㅎㅇㄱ 특사 [71·69·67·66회]

(5) 한·일 신협약 이후의 조치: 대한 제국 ㄱㄷ 해산 [69·61회]

정답 1. ⓒ-ⓑ-ⓓ-ⓐ
2. (1) 통감부 (2) 외교권 (3) 자신회
(4) 헤이그 (5) 군대

기출로 실전 감각 키우기 기출주제 34 국권 피탈 과정과 항일 운동

01 을사늑약
51회 기출

밑줄 그은 '새 조약'에 대한 설명으로 옳은 것은? [2점]

> 나인영은 진술하기를 "광무 9년 11월에 우리 대한 제국의 외교권을 일본에 넘겨준 새 조약은 일본의 강제에 따른 것으로 황제 폐하가 윤허하지 않았고, 참정대신이 동의하지도 않았습니다. 슬프게도 5적 이지용, 이근택, 박제순 등이 제멋대로 가(可)하다고 쓰고 속여 2천만 민족을 노예로 내몰았습니다."라고 하였다.

① 운요호 사건을 계기로 체결되었다.
② 최혜국 대우를 처음으로 규정하였다.
③ 통감부가 설치되는 결과를 가져왔다.
④ 외국과 맺은 최초의 근대적 조약이었다.

02 헤이그 특사
55회 기출

밑줄 그은 '특사'에 대한 설명으로 옳은 것은? [2점]

① 서양에 파견된 최초의 사절단이었다.
② 『조선책략』을 국내에 처음 소개하였다.
③ 기기국에서 무기 제조 기술을 배우고 돌아왔다.
④ 을사늑약의 부당함을 전 세계에 알리고자 하였다.

정답 길잡이

> 을사늑약
> 나인영은 진술하기를 "광무 9년 11월에 우리 대한 제국의 외교권을 일본에 넘겨준 새 조약은 일본의 강제에 따른 것으로 황제 폐하가 윤허하지 않았고, 참정대신이 동의하지도 않았습니다. 슬프게도 5적 이지용, 이근택, 박제순 등이 제멋대로 가(可)하다고 쓰고 속여 2천만 민족을 노예로 내몰았습니다."라고 하였다.

③ **통감부가 설치**되는 결과를 가져왔다.

을사늑약(제2차 한·일 협약)은 1905년(광무 9년) 고종의 동의 없이 강제적으로 체결된 조약이에요. 을사늑약의 결과 대한 제국은 **외교권을 일본에 넘겨주었고, 통감부가 설치**되어 **이토 히로부미**가 초대 통감으로 부임하였어요.

✓ 오답 체크
① 운요호 사건을 계기로 체결되었다. → 강화도 조약
② 최혜국 대우를 처음으로 규정하였다. → 조·미 수호 통상 조약
④ 외국과 맺은 최초의 근대적 조약이었다. → 강화도 조약

📝 **이건 꼭! 암기**
을사늑약 → 외교권 박탈, 통감부 설치

정답 길잡이

④ **을사늑약의 부당함**을 전 세계에 알리고자 하였다.

헤이그 특사는 고종이 **을사늑약의 부당함과 무효함**을 알리기 위해 네덜란드 헤이그에서 열린 **만국 평화 회의에 파견한 특사**예요. **이상설, 이준, 이위종이 특사로 파견**되었으나 일본의 방해를 받아 실패로 끝났어요. 이후 고종은 헤이그 특사 파견을 빌미로 일본에 의해 **강제 퇴위**당하였어요.

✓ 오답 체크
① 서양에 파견된 최초의 사절단이었다. → 보빙사
② 『조선책략』을 국내에 처음 소개하였다. → 제2차 수신사
③ 기기국에서 무기 제조 기술을 배우고 돌아왔다. → 영선사

03 이준   60회 기출

(가)에 들어갈 인물로 옳은 것은? [2점]

이번에 답사할 곳은 (가) 묘역입니다. 그는 이상설, 이위종과 함께 헤이그 만국 평화 회의에 특사로 파견되었습니다.

① 이준   ② 손병희   ③ 여운형   ④ 홍범도

04 국권 피탈 과정   49회 기출

(가)~(다)를 일어난 순서대로 옳게 나열한 것은? [3점]

(가)  역사 신문 — 박승환 대대장, 군대 해산에 항의하며 순국하다

(나) 역사 신문 — 헤이그 특사, 을사늑약의 부당성을 폭로하다

(다)  역사 신문 — 고종, 일본에 의해 강제 퇴위되다

① (가) - (나) - (다)   ② (가) - (다) - (나)
③ (나) - (다) - (가)   ④ (다) - (가) - (나)

정답 길잡이

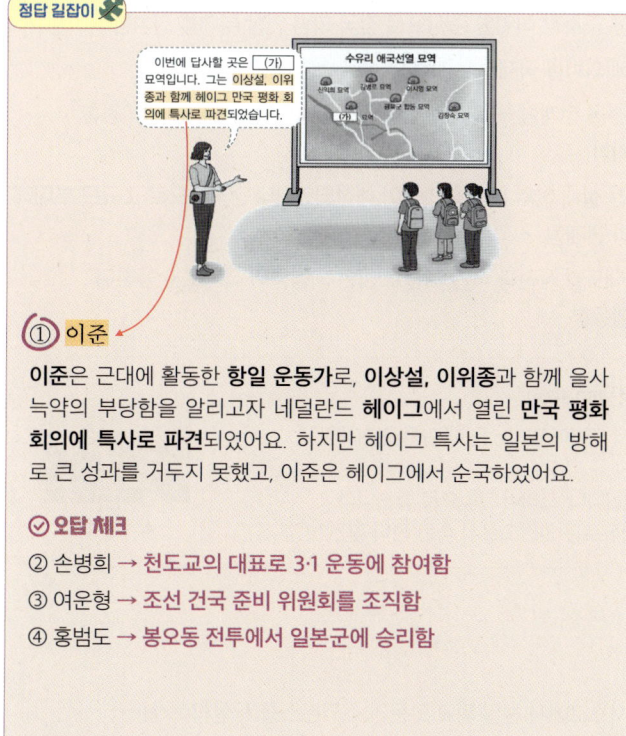

① 이준

이준은 근대에 활동한 **항일 운동가**로, **이상설, 이위종**과 함께 을사늑약의 부당함을 알리고자 네덜란드 **헤이그**에서 열린 **만국 평화 회의에 특사**로 파견되었어요. 하지만 헤이그 특사는 일본의 방해로 큰 성과를 거두지 못했고, 이준은 헤이그에서 순국하였어요.

오답 체크
② 손병희 → 천도교의 대표로 3·1 운동에 참여함
③ 여운형 → 조선 건국 준비 위원회를 조직함
④ 홍범도 → 봉오동 전투에서 일본군에 승리함

정답 길잡이

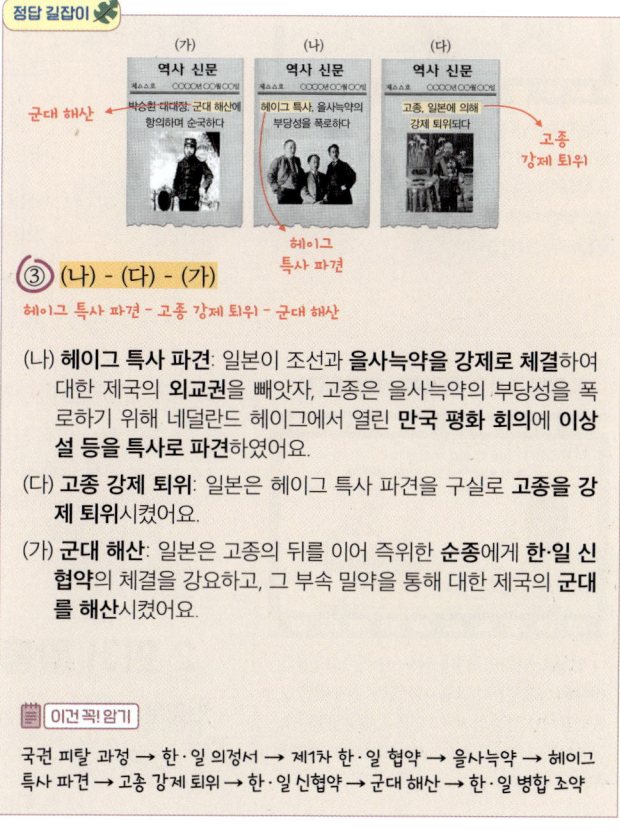

③ (나) - (다) - (가)
헤이그 특사 파견 - 고종 강제 퇴위 - 군대 해산

(나) **헤이그 특사 파견**: 일본이 조선과 **을사늑약을 강제**로 체결하여 대한 제국의 **외교권**을 빼앗자, 고종은 을사늑약의 부당성을 폭로하기 위해 네덜란드 헤이그에서 열린 **만국 평화 회의에 이상설** 등을 특사로 파견하였어요.

(다) **고종 강제 퇴위**: 일본은 헤이그 특사 파견을 구실로 **고종을 강제 퇴위**시켰어요.

(가) **군대 해산**: 일본은 고종의 뒤를 이어 즉위한 **순종**에게 **한·일 신협약**의 체결을 강요하고, 그 부속 밀약을 통해 대한 제국의 **군대를 해산**시켰어요.

이건 꼭! 암기
국권 피탈 과정 → 한·일 의정서 → 제1차 한·일 협약 → 을사늑약 → 헤이그 특사 파견 → 고종 강제 퇴위 → 한·일 신협약 → 군대 해산 → 한·일 병합 조약

기출주제 35 항일 의병 운동과 애국 계몽 운동

핵심 키워드 | #을미의병 #정미의병 #안중근 #보안회 #신민회

스토리로 미리보기

S#1 해산된 대한 제국의 군인들이 정미의병에 합류하다!

일제가 고종 황제를 강제로 퇴위시킨 것도 모자라, 갑자기 군대를 소집하더니 멋대로 해산식을 해버렸다. 하지만 우리 군인들이 의병에 합류하면 의병의 군사력이 더 강해질 거야. 다함께 서울에 있는 일본군을 몰아내자!

S#2 안중근이 이토 히로부미를 저격하다!

나는 **안중근**입니다. 2월 14일, 오늘, 저는 사형 선고를 받았습니다. 작년에 하얼빈에서 **이토 히로부미를 살해**했다는 죄목입니다. 나에게 죄가 있다면 어질고 약한 대한 제국의 백성인 것이 죄입니다. 나는 죽음이 두렵지 않습니다.

S#3 비밀 결사인 신민회가 창립되다!

나 **안창호**, 나라의 독립을 위해서는 민족의 힘을 길러야 한다고 믿는다! 요즘 여러 단체들에 대한 일본의 감시가 점점 심해지고 있으니, **비밀 단체**를 조직해야겠다. 학교도 세우고, 회사도 세워서 우리 민족의 실력을 크게 키워야겠다.

1 항일 의병 운동

(1) 을미의병(1895)

- **원인**: 을미사변과 단발령(을미개혁) 시행 등에 대한 반발로 일어남
- **주도 세력**: 위정척사 사상을 가진 유생 출신 유인석, 이소응 등이 주도하고 일반 농민들도 참여함
- **해산**
  - 아관 파천으로 친일 정권이 무너지면서 단발령이 철회됨
  - 고종의 해산 권고 조칙에 따라 해산함

(2) 을사의병(1905)

- **원인**: 일본의 강요로 을사늑약이 체결되어 대한 제국의 외교권이 박탈되고 통감부가 설치되자, 조약 폐기 및 친일 내각 타도를 요구하며 거병함
- **주도 세력**: 유생 의병장 최익현, 민종식 등이 중심이 되었지만 평민 의병장(신돌석)이 등장할 만큼 농민들의 참여도 증가함

(3) 정미의병(1907)

> 꼭 알아두기 | 정미의병에는 해산된 대한 제국의 군인들이 합류하였어요. 이때 13도 창의군이 결성되었다는 사실을 알아두세요!

- **원인**
  - 헤이그 특사 파견을 구실로 고종 황제가 강제 퇴위됨
  - 한·일 신협약의 부속 밀약에 따라 **대한 제국의 군대가 해산**됨
- **특징**: 해산된 군인이 의병에 합류하면서 군사력이 강화됨
- **13도 창의군**
  - 총대장 이인영, 군사장 허위를 중심으로 전국 의병 연합 부대를 결성함
  - 각국 영사관에 의병을 국제법상 교전 단체로 승인해 줄 것을 요구함
  - 서울 진공 작전을 전개함 → 동대문 일대까지 진격하였으나 일본군의 강한 반격으로 후퇴함
- **쇠퇴**
  - 서울 진공 작전 실패 이후 13도 창의군이 해산되었으나 전국적으로 소규모 부대에 의한 유격전이 전개됨
  - 일본의 남한 대토벌 작전과 국권 피탈로 많은 의병들이 국외로 이동하여 독립군으로 활동함

기출 자료 더보기 | 정미의병 [50·36회]

- 군대 해산 이후 전국 각지에서 의병이 일어났을 때 그들을 취재한 영국 기자 매켄지가 찍은 사진
- "우리는 죽을 수밖에 없을 것입니다. 그러나 그것으로 좋습니다. 일본의 노예로 살기보다는 자유로운 인간으로서 죽는 편이 훨씬 낫습니다."

▲ 정미의병

2 의거 활동

- **전명운·장인환**: 미국 샌프란시스코에서 친일 외교 고문인 스티븐스를 사살함(1908)
- **안중근**
  - 만주 하얼빈 역에서 초대 통감인 이토 히로부미를 사살함(1909)
  - 뤼순 감옥에 수감되어 『동양평화론』을 저술하던 중 순국함

기출 자료 더보기 ❖ 안중근 [54·48·46·37회]

▲ 안중근

- 연해주에서 조국의 독립과 동양의 평화를 위해 단지 동맹을 맺음
- 하얼빈 역에서 이토 히로부미를 저격하여 거사에 성공함
- 의거 이후 뤼순 감옥에 수감되어 『동양평화론』을 집필함
- 광복이 되면 자신의 유해를 고국에 묻어달라고 유언하였으나, 오늘날까지 찾지 못해 서울 효창 공원의 삼의사 묘역에 가묘가 조성되어 있음

3 애국 계몽 운동

(1) 성격

주도 세력: 실력 양성 운동을 통한 국권 회복을 위해 진보적 지식인과 관료, 개혁적 유학자 등이 애국 계몽 운동을 주도함

목표: 실력 양성 운동을 통한 국권 회복을 목표로 활동함

(2) 주요 단체

꼭 알아두기 | 보안회, 대한 자강회, 헌정 연구회, 신민회 등 주요 애국 계몽 운동 단체의 활동을 구분해서 기억해두어야 해요!

보안회: 일본의 황무지 개간권 요구를 저지하기 위한 운동을 펼쳐 이를 철회시킴

대한 자강회
- 교육 진흥과 산업 개발, 강연회 개최, 월보 간행 등을 통해 국권 회복 운동을 전개함
- 고종의 강제 퇴위 반대 운동을 전개하다가 보안법 위반으로 해산됨

서북 학회: 안창호, 이갑 등을 중심으로 서우학회와 한북학회를 통합하여 한성(서울)에서 조직되었던 단체로, 월보를 간행하는 등 교육 운동을 전개함

헌정 연구회: 독립 협회를 계승하여 입헌 군주제 수립을 주장함

신민회
- 조직: **안창호, 양기탁** 등을 지도부로 하여 조직된 **비밀 결사 단체**(1907)
- 목표: 실력 양성을 통한 **국권 회복, 공화 정치 체제**의 근대 국가 수립
- 활동
  - 안창호는 대성 학교(평양), 이승훈은 오산 학교(정주)를 설립함
  - 평양에 **자기 회사**를 설립하여 민족 산업을 육성함
  - **태극 서관**을 개설하여 계몽 서적을 출판·보급함
  - 국권 피탈 이후 서간도 삼원보에 독립운동 기지를 건설하고, 독립군 양성 기관으로 신흥 강습소를 설립하여 독립군을 양성함
    └ 이후 신흥 무관 학교로 발전하였어요.
- 해산: 일제가 조작한 105인 사건으로 와해됨(1911)
  └ 조선 총독부가 신민회를 비롯한 민족 운동 지도자들을 탄압하기 위하여 조작한 사건이에요.

기출 자료 더보기 ❖ 신민회 [50회]

- 안창호, 양기탁 등이 중심이 되어 조직한 비밀 결사로, 국권 회복과 공화 정체의 근대 국가 건설을 목표로 함
- 국내에서는 교육 진흥, 국민 계몽, 산업 진흥을 강조함
- 국외에서는 독립운동 기지 건설을 통한 군사적 실력 양성을 꾀함
- 일제가 날조한 105인 사건으로 국내 조직이 해산됨

퀴즈로 개념 다지기

1. 애국 계몽 운동 단체와 그 활동을 알맞게 연결하세요.

(1) 대한 자강회 · · ⓐ 입헌 군주제 수립 주장 [37회]

(2) 보안회 · · ⓑ 월보 간행 [37회]

(3) 헌정 연구회 · · ⓒ 일본의 황무지 개간권 요구 저지 [51·50·48회]

(4) 신민회 · · ⓓ 자기 회사 설립 [50·44·43회]

2. 기출 키워드의 초성을 완성하세요.

(1) 을사의병 때 활약한 평민 의병장 : ㅅㄷㅅ [67·66회]

(2) 정미의병 때 조직된 군대 : 13ㄷ ㅊㅇㄱ [69·67·61회]

(3) 안중근이 뤼순 감옥에서 집필한 책 : 『ㄷㅇㅍㅎㄹ』 [69·67회]

(4) 안창호, 이갑 등을 중심으로 조직된 학회: ㅅㅂ 학회 [45회]

(5) 신민회가 계몽 서적을 보급했던 서점: ㅌㄱ ㅅㄱ [67·52·50회]

정답 1. (1) ⓑ (2) ⓒ (3) ⓐ (4) ⓓ
2. (1) 신돌석 (2) 13도 창의군
(3) 동양평화론 (4) 서북
(5) 태극 서관

기출로 실전 감각 키우기 기출주제 35 항일 의병 운동과 애국 계몽 운동

01 을미의병 60회 기출

밑줄 그은 '의병'이 일어난 시기를 연표에서 옳게 고른 것은? [3점]

역적들이 국모를 시해하고 억지로 머리카락을 깎게 하니 백성들이 의병을 일으켰다. 하지만 이제는 단발을 편한 대로 하게 하였으니 백성들은 흩어져 돌아가 생업에 종사하라.

1862	1875	1882	1894	1910
(가)	(나)	(다)	(라)	
임술 농민 봉기	운요호 사건	임오 군란	청·일 전쟁 발발	국권 피탈

① (가) ② (나) ③ (다) ④ (라)

02 안중근 69회 기출

(가) 인물에 대한 설명으로 옳은 것은? [2점]

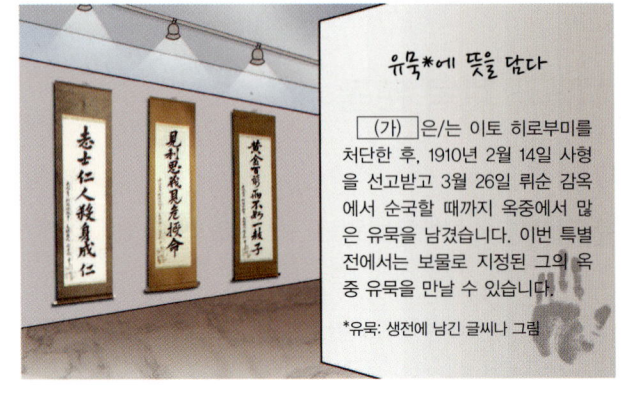

유묵*에 뜻을 담다

(가) 은/는 이토 히로부미를 처단한 후, 1910년 2월 14일 사형을 선고받고 3월 26일 뤼순 감옥에서 순국할 때까지 옥중에서 많은 유묵을 남겼습니다. 이번 특별전에서는 보물로 지정된 그의 옥중 유묵을 만날 수 있습니다.

*유묵: 생전에 남긴 글씨나 그림

① 『동양평화론』을 저술하였다.
② 한인 애국단을 조직하였다.
③ 「조선혁명선언」을 작성하였다.
④ 청산리 전투를 승리로 이끌었다.

정답 길잡이

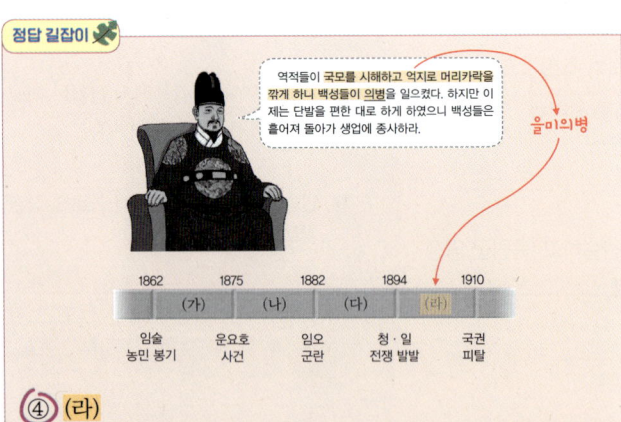

④ (라)

청·일 전쟁(1894) 이후 고종과 명성 황후가 러시아와 손을 잡고 일본을 견제하자, 이에 위기를 느낀 일본이 경복궁을 습격하여 **명성 황후를 시해**하였어요(**을미사변**). 이에 더해 일본이 친일 내각을 수립하고 **을미개혁을 추진**하여 **단발령** 등을 시행하자, 유생 출신인 **유인석·이소응** 등은 이에 반발해 의병을 일으켰어요(**을미의병, 1895**).

📖 **이건 꼭! 암기**
을미의병 → 을미사변, 단발령, 유인석, 이소응

정답 길잡이

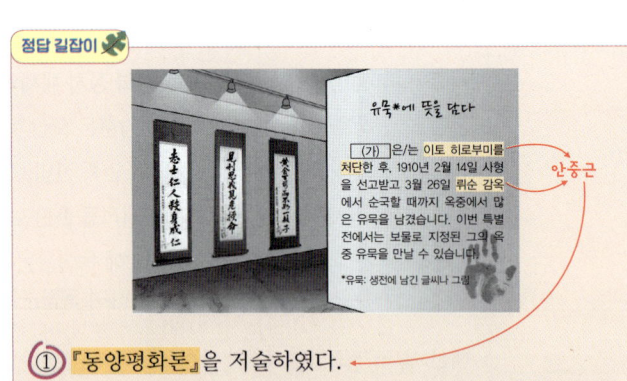

① 『동양평화론』을 저술하였다.

안중근은 대한 제국 말에 활동한 독립운동가로, **1909년 만주 하얼빈역**에서 초대 통감이었던 **이토 히로부미를 처단**하였어요. 그는 이토 히로부미를 처단한 직후 체포되어 **중국 뤼순(여순) 감옥에 수감**되었어요. 안중근은 뤼순 감옥에 수감되어 『**동양평화론**』을 집필하던 중 **순국**하였어요.

✅ **오답 체크**
② 한인 애국단을 조직하였다. → 김구
③ 「조선혁명선언」을 작성하였다. → 신채호
④ 청산리 전투를 승리로 이끌었다. → 김좌진

📖 **이건 꼭! 암기**
안중근 → 이토 히로부미 처단, 뤼순 감옥, 『동양평화론』 저술

03 보안회

47회 기출

다음 주장을 펼친 단체로 옳은 것은? [2점]

① 권업회 ② 근우회 ③ 보안회 ④ 토월회

04 신민회

50회 기출

(가) 단체의 활동으로 옳은 것은? [2점]

> **(가)**, 애국 계몽 운동을 펼치다.
>
> 안창호, 양기탁 등이 중심이 되어 조직한 비밀 결사로, 국권 회복과 공화 정체의 근대 국가 건설을 목표로 하였다.
> 이를 위해 국내에서는 교육 진흥, 국민 계몽, 산업 진흥을 강조하였다. 국외에서는 독립운동 기지 건설을 통한 군사적 실력 양성을 꾀하였다.
> 일제가 날조한 105인 사건으로 국내 조직이 해산되었다.
>
> 안창호

① 독립신문을 창간하였다.
② 한성 사범 학교를 설립하였다.
③ 태극 서관, 자기 회사를 운영하였다.
④ 일본의 황무지 개간권 요구를 저지하였다.

정답 길잡이

③ **보안회**

보안회는 **애국 계몽 운동** 단체 중 하나로, **실력 양성 운동**을 통한 국권 회복을 목표로 활동하였어요. 이 단체는 **일본이 국가와 황실 소유의 황무지에 대한 개간권을 요구**하며 토지를 약탈하려는 움직임을 보이자, 이에 대한 반대 운동을 벌여 **일본의 황무지 개간권 요구를 철회**시키는 데 성공하였어요.

오답 체크
① 권업회 → 연해주의 한인 자치 단체
② 근우회 → 여성 운동 단체
④ 토월회 → 연극 모임 단체

정답 길잡이

③ **태극 서관, 자기 회사를 운영하였다.**

신민회는 안창호, 양기탁 등이 조직한 비밀 결사 단체로, **실력 양성을 통한 국권 회복**과 **공화 정치 체제의 근대 국가 건설**을 목표로 하였어요. 이를 위해 **태극 서관**을 통해 계몽 서적을 보급하였으며, **자기 회사**를 운영하여 민족 산업을 육성하였어요. 뿐만 아니라 **신흥 강습소**를 설립해 독립군을 양성하기도 하였어요. 그러나 신민회는 일제가 조작한 **105인 사건**으로 해산되었어요.

오답 체크
① 독립신문을 창간하였다. → 서재필
② 한성 사범 학교를 설립하였다. → 제2차 갑오개혁
④ 일본의 황무지 개간권 요구를 저지하였다. → 보안회

이건 꼭! 암기

신민회 → 안창호, 국권 회복, 공화 정체, 105인 사건, 태극 서관, 자기 회사

기출주제 36 근대의 경제와 문화

핵심 키워드 | #방곡령 #국채 보상 운동 #독립신문 #대한매일신보 #육영 공원

스토리로 미리보기

S#1 나라의 빚을 갚기 위한 운동을 펼치다!

일제에 진 빚이 1300만 원이나 되다니! 국민들의 힘으로 빚을 갚아 국력을 회복합시다! 우리 모두 담배와 술을 끊고 그 돈을 성금으로 냅시다!

S#2 박문국에서 한성순보를 발행하다!

박문국이라는 관청에서 열흘에 한 번 한성순보라는 신문을 발행하고 있다. 신문이란 게 궁금해서 구독한 지 어느덧 한 달, 순 한문밖에 없어 천천히 읽어야 한다. 기사의 절반 이상이 외국 소식이라 세상 돌아가는 형세를 알 수 있어 좋긴 하다.

S#3 육영 공원이 설립되다!

정부가 세운 근대식 학교가 있다는 이야기를 들었다! 육영 공원이라고 영재를 기르는 공립 학교라는 뜻이란다. 외국인 선생님이 영어와 수학을 가르친다는데, 높은 집 자녀들만 다닌단다. 우리 아이도 보내고 싶은데...

1 근대의 경제

(1) 열강의 경제 침탈

조·청 상민 수륙 무역 장정: 청 상인이 내지 통상권을 최초로 보장받아 조선에서의 상권을 확대함
→ 청 상인과 일본 상인 간의 경쟁이 치열해짐

일본의 철도 부설권 독점: 경인선, 경의선 등 철도 부설권을 일본이 독점함
└ 철도를 건설할 수 있는 권리예요.

화폐 정리 사업
- 내용: 대한 제국의 경제를 일본에 예속시키기 위해 일본 화폐를 본위 화폐(기준이 되는 화폐)로 지정하고, 조선 화폐인 구 백동화를 등급에 따라 일본 화폐로 교환하도록 강요함
  └ 개항 이후 설치된 전환국에서 주조된 화폐예요.
- 결과: 대부분의 조선인들이 제대로 된 보상을 받지 못하고, 국내 상공업자들이 큰 타격을 입었음

동양 척식 주식회사 설립: 동양 척식 주식회사를 설립하여 토지를 수탈하고자 함
└ 일제가 한국의 토지와 자원을 수탈할 목적으로 설립한 식민지 착취 기관이에요.

(2) 경제적 구국 운동

꼭 알아두기 | 국채 보상 운동은 시험에 자주 출제돼요. 국채 보상 운동의 배경, 전개, 결과에 대해서는 꼭 기억해두세요!

방곡령 시행
- 전개: 일본으로의 곡물 유출로 조선 내 식량이 부족해지고 곡물 가격이 폭등하자, 함경도와 황해도의 지방관이 방곡령을 선포함
- 결과: 일본은 절차상의 문제를 구실로 방곡령 철회와 거액의 배상금을 요구함

황무지 개간권 요구 철회 운동
- 보안회가 반대 운동을 전개하여 일본의 황무지 개간권 요구를 철회시킴
- 민간 실업인과 관리들이 일본의 토지 약탈을 막고자 농광 회사를 설립함

상권 수호 운동: 시전 상인들이 황국 중앙 총상회를 조직하고 상권 수호 운동을 전개함

⭐ **국채 보상 운동**
- 배경: 일본이 차관(빌린 자금)을 강요하여 외채가 증가하자, 국민의 성금을 모아 경제적 주권을 회복하기 위한 국채 보상 운동이 추진됨
- 전개: 대구에서 서상돈, 김광제 등의 발의로 시작되었으며, 서울에서 국채 보상 기성회가 조직되고, 대한매일신보가 후원하면서 전국적으로 확산됨
- 결과: 일진회와 통감부의 방해와 탄압으로 실패함
  └ 친일 단체예요.

기출 자료 더보기 📍 **국채 보상 운동** [66·50회]
- 국채 보상 기성회가 주도함
- 당시 여성들은 비녀와 가락지를 모아 성금으로 내기도 함
- 담배를 끊어 나랏빚을 갚자는 노래인 「단연상채광고가」가 유행함
- 대한매일신보 등 언론의 지원을 받음

▲ 국채 보상 운동 기념비

2 근대의 문화

(1) 주요 시설과 건축물

광혜원 (제중원)	─ 미국인 알렌의 건의로 세워진 최초의 근대식 병원(1885) └ 이후 제중원(1885), 세브란스 병원(1904)으로 계승됨
덕수궁	: 석조전(서양식 건물, 1910)과 중명전(을사늑약이 체결된 건물, 1901) 등 근대 건축물이 세워짐

기출 자료 더보기 근대의 주요 시설과 건축물 [47·37회]

▲ 광혜원

▲ 덕수궁 석조전

(2) 신문

꼭 알아두기 | 한성순보, 독립신문, 대한매일신보 등 근대에 발행된 신문들의 특징을 구분해서 알아두세요!

한성순보	: 박문국에서 순 한문으로 발행한 우리나라 최초의 근대 신문
독립신문	─ 서재필 등이 정부의 지원을 받아 발행한 우리나라 최초의 민간 신문 └ 한글판과 영문판을 함께 발행하여 외국인도 읽을 수 있도록 함
제국신문	: 순 한글로 발행되어 부녀자 및 일반 서민들에게 인기가 있었던 신문
황성신문	: 유생층을 대상으로 한 민족주의적 성격의 국·한문 혼용 신문
대한매일신보	─ 양기탁과 영국인 베델이 창간하였으며 가장 많은 독자층을 보유함 └ 의병 운동을 호의적으로 보도하였고 국채 보상 운동의 확산에 기여함

(3) 교육 기관

꼭 알아두기 | 근대의 교육 기관에서는 육영 공원이 자주 출제돼요. 육영 공원이 정부가 설립한 최초의 근대식 관립 학교라는 점을 기억해두세요!

원산 학사	: 우리나라 최초의 근대식 사립 학교(1883)로 근대 학문과 무술 교육을 실시함
동문학	: 묄렌도르프가 정부의 지원을 받아 설립한 통역관 양성소
육영 공원	: 정부가 설립한 최초의 **근대식 관립 학교**(1886)로, **헐버트, 길모어** 등을 교사로 초빙하여 젊은 관리나 양반 자제에게 외국어와 근대 학문을 교육함
한성 사범 학교	: 교육 입국 조서 반포를 계기로 설립된 관립 학교로, 교원 양성을 목적으로 함
기타	: 개신교 선교사들이 선교를 목적으로 배재 학당(아펜젤러, 1885), 이화 학당(스크랜튼, 1886) 등의 사립 학교를 설립함

기출 자료 더보기 육영 공원 [55·43회]

- 1886년에 정부가 영어, 수학 등 근대 학문을 가르치기 위해 설립함
- 외국인 3명을 교사로 초빙함(헐버트, 길모어, 벙커 등)
- 7품 이하의 젊은 현직 관리나 15~20세의 양반 자제를 선발하여 영어, 수학, 자연 과학 등을 가르침

(4) 문화 활동

국문 연구소	─ 대한 제국 학부의 내부 기구로 설립된 국어 연구 기관 └ 국문 연구소에서 주시경(한힌샘)·지석영 등이 한글 연구를 체계화함
연극	: 최초의 서양식 극장인 원각사(1908)에서 은세계, 치악산 등이 공연됨

퀴즈로 개념 다지기

1. 근대의 교육 기관과 그에 대한 설명을 알맞게 연결하세요.

(1) 이화 학당 · · ⓐ 우리나라 최초의 근대식 사립 학교 [66회]

(2) 원산 학사 · · ⓑ 교원 양성을 목적으로 설립된 학교 [52·50·43회]

(3) 한성 사범 학교 · · ⓒ 통역관 양성소 [64·52회]

(4) 동문학 · · ⓓ 스크랜튼이 설립한 사립 학교 [66·61·55회]

2. 기출 키워드의 초성을 완성하세요.

(1) 곡식을 외부로 유출하지 못하도록 하는 조치: ㅂㄱㄹ [69·61회]

(2) 국채 보상 운동을 후원한 신문: ㄷㅎㅁㅇㅅㅂ [71·69·67·60·55회]

(3) 서재필이 발행한 우리나라 최초의 민간 신문: ㄷㄹㅅㅁ [63·61·54·50회]

(4) 정부가 설립한 최초의 근대식 관립 학교: ㅇㅇ ㄱㅇ [66·64·61·60회]

(5) 대한 제국 학부에 설립된 국어 연구 기관: ㄱㅁ ㅇㄱㅅ [66회]

정답 1. (1) ⓓ (2) ⓐ (3) ⓑ (4) ⓒ
2. (1) 방곡령 (2) 대한매일신보 (3) 독립신문 (4) 육영 공원 (5) 국문 연구소

기출로 실전 감각 키우기 기출주제 36 근대의 경제와 문화

01 방곡령   51회 기출

다음 검색창에 들어갈 용어로 옳은 것은?   [2점]

- 조·일 통상 장정
- 배상금
- 함경도
- 조병식

백과사전
조선의 지방관이 직권으로 그 지방에서 생산된 곡식을 타지방이나 타국으로 유출하는 것을 금지하는 조치를 말한다. 개항 후 함경도와 황해도에서 시행되기도 하였다.
……
○○백과

① 단발령   ② 방곡령   ③ 삼림령   ④ 회사령

02 국채 보상 운동   60회 기출

밑줄 그은 '이 운동'에 대한 설명으로 옳은 것은?   [2점]

(여기가 국채 보상 기성회에서 모금하고 있는 곳이군요.)
(저는 이 운동에 참여하려고 비녀를 팔았어요.)
(저는 담배를 끊어 성금을 마련했어요.)

① 만민 공동회를 개최하였다.
② 대한매일신보 등 언론의 지원을 받았다.
③ 조선 사람 조선 것이라는 구호를 내세웠다.
④ 백정에 대한 사회적 차별 철폐를 주장하였다.

정답 길잡이

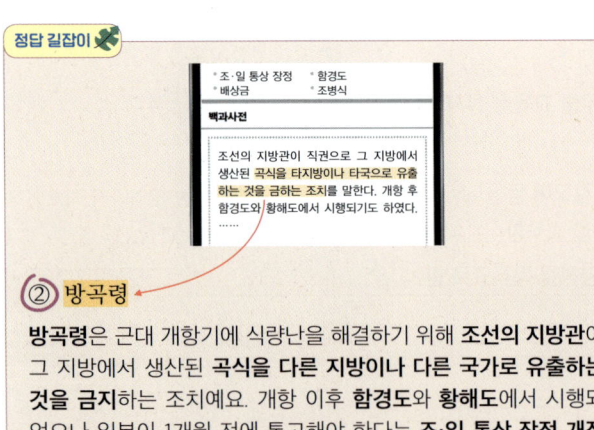

② 방곡령

방곡령은 근대 개항기에 식량난을 해결하기 위해 **조선의 지방관이 그 지방에서 생산된 곡식을 다른 지방이나 다른 국가로 유출하는 것을 금지**하는 조치예요. 개항 이후 **함경도와 황해도**에서 시행되었으나 일본이 1개월 전에 통고해야 한다는 **조·일 통상 장정 개정**을 구실로 오히려 거액의 배상금을 요구하였어요.

오답 체크
① 단발령 → 을미개혁 때 성년 남자의 머리를 짧게 깎도록 한 명령
③ 삼림령 → 일제 강점기에 임야를 약탈하기 위해 제정한 법령
④ 회사령
 → 일제 강점기에 민족 자본의 성장을 억제하기 위해 제정한 법령

이건 꼭! 암기
방곡령 → 곡식 유출 금지, 함경도, 황해도

정답 길잡이

→ 국채 보상 운동

② 대한매일신보 등 언론의 지원을 받았다.

국채 보상 운동은 일본의 강요로 도입된 **차관(빌린 자금)을 갚기 위해 전개된 운동**으로, 1907년 **대구**에서 시작되었어요. 이는 **대한매일신보 등 언론의 지원**을 받아 전국적으로 확산되었으며, 서울에서는 **국채 보상 기성회**를 조직하여 성금을 모금하였어요. 또한 **여성들은 비녀와 가락지를 팔고 남성들은 담배를 끊어** 국채 보상 운동에 참여하였어요.

오답 체크
① 만민 공동회를 개최하였다. → 독립 협회
③ 조선 사람 조선 것이라는 구호를 내세웠다. → 물산 장려 운동
④ 백정에 대한 사회적 차별 철폐를 주장하였다. → 형평 운동

03 독립신문 63회 기출

밑줄 그은 '이 신문'에 대한 설명으로 옳은 것은? [2점]

① 천도교의 기관지였다.
② 박문국에서 발간하였다.
③ 한글판과 영문판으로 발행되었다.
④ 시일야방성대곡이라는 논설을 실었다.

정답 길잡이

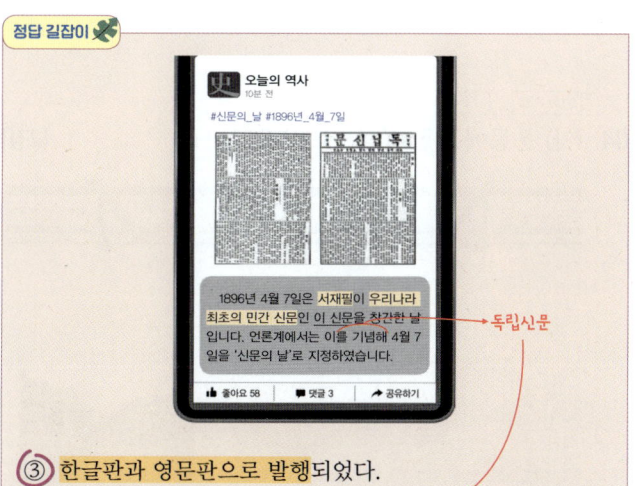

③ 한글판과 영문판으로 발행되었다.

독립신문은 **서재필** 등이 정부의 지원을 받아 창간한 **우리나라 최초의 민간 신문**이에요. 민중 계몽을 위해 **순한글**로 발행하였으며, 조선의 사정을 국내에 있는 외국인에게 정확하게 알리기 위해 **영문판**도 함께 발행하였어요.

오답 체크
① **천도교의 기관지**였다. → 만세보
② **박문국**에서 발간하였다. → 한성순보
④ **시일야방성대곡**이라는 논설을 실었다. → 황성신문

04 육영 공원 55회 기출

(가)에 들어갈 근대 교육 기관으로 옳은 것은? [2점]

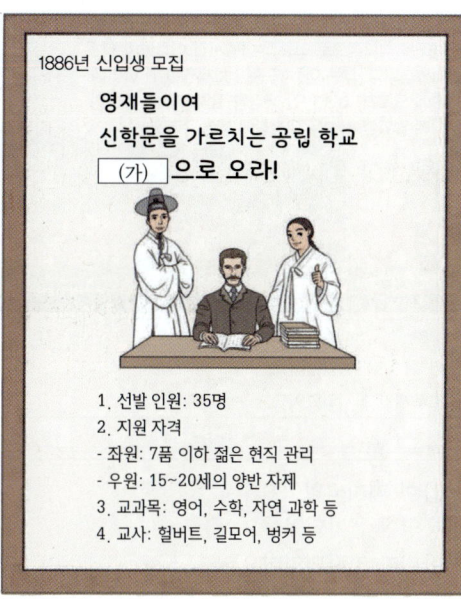

① 서전서숙
② 배재 학당
③ 육영 공원
④ 이화 학당

정답 길잡이

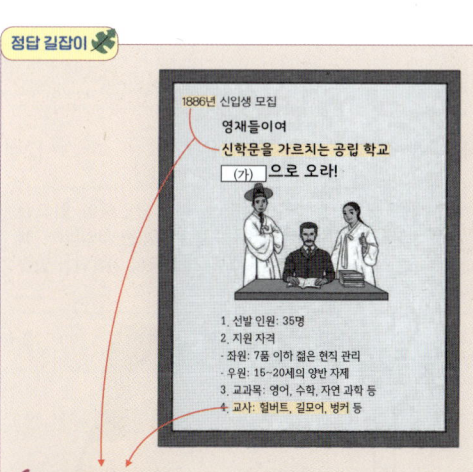

③ 육영 공원

육영 공원은 '영재를 기른다'는 뜻을 가진 근대 교육 기관으로, 1886년 **정부의 주도로 설립된 최초의 근대식 공립 학교**였어요. 이곳에서는 미국인 **헐버트, 길모어** 등을 교사로 초빙하여 젊은 현직 관리나 상류층(양반) 자제에게 근대 학문과 외국어 등을 가르쳤어요.

오답 체크
① 서전서숙 → 이상설이 설립한 민족 교육 기관
② 배재 학당 → 선교사 아펜젤러가 설립한 근대식 사립 학교
④ 이화 학당 → 선교사 스크랜튼이 설립한 여성 교육 기관

V 근대 기출로 마무리

63회 기출

01 (가)에 들어갈 내용으로 가장 적절한 것은? [2점]

① 녹읍이 폐지되었어요.
② 장용영이 설치되었어요.
③ 척화비가 건립되었어요.
④ 요동 정벌이 추진되었어요.

54회 기출

02 (가) 사건에 대한 설명으로 옳은 것은? [2점]

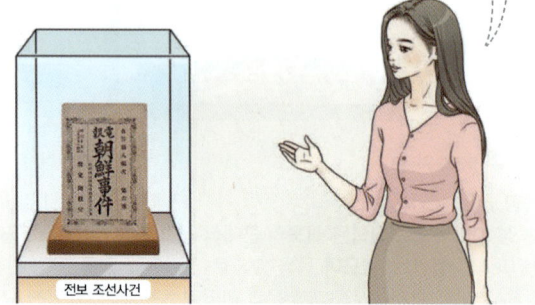

① 청군의 개입으로 진압되었다.
② 『조선책략』이 유입되는 결과를 가져왔다.
③ 우금치에서 일본군과의 전투가 벌어졌다.
④ 우정총국 개국 축하연에서 정변이 일어났다.

50회 기출

03 (가)에 들어갈 내용으로 옳은 것은? [3점]

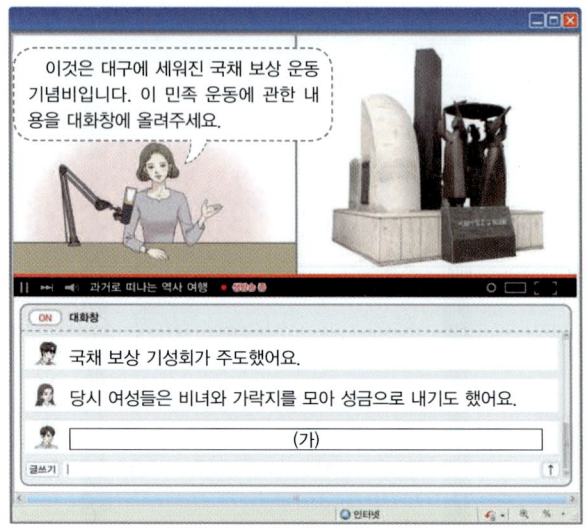

① 근우회의 후원으로 확산되었어요.
② 조선 총독부의 방해로 실패했어요.
③ 김홍집 등이 중심이 되어 활동했어요.
④ 대한매일신보 등 언론의 지원을 받았어요.

61회 기출

04 (가) 운동에 대한 설명으로 옳은 것은? [2점]

① 박규수가 안핵사로 파견되었다.
② 전개 과정에서 집강소가 설치되었다.
③ 한성 조약이 체결되는 결과를 가져왔다.
④ 평안도 지역 차별에 반발하여 일어났다.

05 (가) 시기에 있었던 사실로 옳은 것은? [2점]

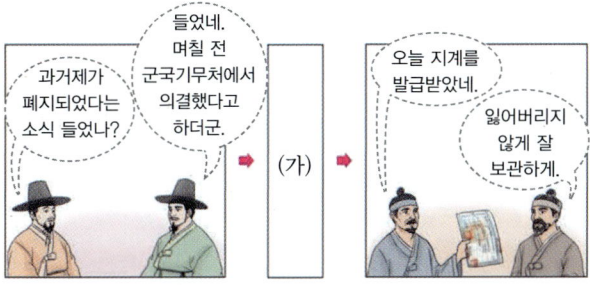

① 당백전이 발행되었다.
② 동시전이 설치되었다.
③ 『속대전』이 편찬되었다.
④ 태양력이 채택되었다.

07 밑줄 그은 '이 단체'로 옳은 것은? [2점]

① 보안회
② 신민회
③ 대한 자강회
④ 헌정 연구회

06 (가) 의병에 대한 설명으로 옳은 것은? [2점]

① 최익현이 주도하였다.
② 13도 창의군을 결성하였다.
③ 백산에서 4대 강령을 발표하였다.
④ 제물포 조약이 체결되는 계기가 되었다.

08 밑줄 그은 ㉠에 해당하는 내용으로 적절하지 않은 것은? [3점]

① 극장인 원각사가 세워졌다.
② 덕수궁에 중명전이 건립되었다.
③ 박문국에서 한성순보가 발행되었다.
④ 서울과 부산을 잇는 경부선 철도가 부설되었다.

V 근대 핵심 키워드로 단원 마무리

* 학습한 내용을 빈칸에 채워보세요. 정답은 오른쪽 페이지의 하단에 있습니다.

29 흥선 대원군의 개혁과 개항

(1) 흥선 대원군의 개혁과 서양 세력의 침입

흥선 대원군의 개혁	비변사 폐지, 『대전회통』 편찬, [1] 중건, 서원 철폐, 호포제·사창제 실시
외세의 침입	병인박해(1866) → 제너럴셔먼호 사건(1866) → 병인양요(프, 1866) → 오페르트 도굴 사건(독, 1868) → [2](미, 1871)

(2) 개항과 불평등 조약의 체결

강화도 조약	• 배경: [3] 사건 • 주요 내용: 청의 종주권 부인, 부산·원산·인천에 개항장 설치, 치외 법권
조·미 수호 통상 조약	• 배경: 『조선책략』 유포 • 주요 내용: 거중조정, [4] 대우

30 개화 정책의 추진과 반발

개화 정책	통리기무아문 설치, [5] 창설, 수신사(일본)·조사 시찰단(일본)·영선사(청)·보빙사(미국) 등 사절단 파견
위정척사 운동	통상 반대 운동(이항로, 척화 주전론) → 개항 반대 운동(최익현, [6]) → 개화 반대 운동(이만손, 영남 만인소)
임오군란	구식 군인들의 봉기 → 왕비(명성 황후)의 피신 → 흥선 대원군의 재집권 → 청의 진압 및 흥선 대원군 청 압송 → 조·청 상민 수륙 무역 장정(조-청), [7](조-일) 체결
갑신정변	김옥균 등 급진 개화파가 우정국 개국 축하연 때 정변 단행 → 개화당 정부 수립 → 14개조 혁신 정강 발표 → 청의 진압으로 실패 → 한성 조약(조-일) 체결

31 동학 농민 운동과 개혁의 추진

1차 동학 농민 운동	고부 민란 → 백산 봉기 → 황토현·황룡촌 전투 → 전주성 점령 → 청·일의 군사 파견 → [8] 체결 → 집강소(농민군)·교정청(정부) 설치
2차 동학 농민 운동	일본의 경복궁 점령 → 남·북접 논산 집결 → [9] 전투 → 동학군의 패배(전봉준 체포)

32 갑오개혁과 을미개혁

제1차 갑오개혁	[10] 설치, 개국 기원(개국 기년) 연호 사용, 과거제 폐지, 공·사 노비법 혁파, 과부 재가 허용 등
제2차 갑오개혁	홍범 14조 반포, 교육 입국 조서 반포, [11] 학교 설립
을미개혁	건양 연호 제정, 단발령 시행, 태양력 채택 → 아관 파천으로 중단

33 독립 협회와 대한 제국

독립 협회	만민 공동회 개최, 러시아의 절영도 조차 요구 저지, 관민 공동회 개최([12] 결의), 독립문과 독립관 건립
대한 제국	• 성립: 국호 '대한 제국', 연호 '광무'로 변경, [13] 에서 황제 즉위식 거행 • 광무개혁: 대한국 국제 반포, 양전 사업 실시 및 [14] 발급, 원수부 설치, 대한 제국 칙령 제41호 반포

34 국권 피탈 과정과 항일 운동

제1차 한·일 협약	외교(스티븐스), 재정(메가타) 고문을 파견
을사늑약	[15] 설치, 대한 제국 외교권 박탈
헤이그 특사 파견	을사늑약의 무효를 알리기 위해 고종이 네덜란드 헤이그에서 열리는 만국 평화 회의에 파견
한·일 신협약	통감 권한 강화, 일본인 차관 임명, 대한 제국의 군대 강제 해산
한·일 병합 조약	대한 제국 국권 피탈

35 항일 의병 운동과 애국 계몽 운동

항일 의병 운동	• 을미의병: 을미사변과 [16] 에 반발, 유생 출신 유인석·이소응 등이 주도 • 을사의병: 을사늑약 체결에 반발, 최익현·민종식 등이 주도 • 정미의병: 고종 강제 퇴위, 대한 제국 군대 해산에 반발, [17] 의 서울 진공 작전
의거 활동	안중근: 이토 히로부미 사살(만주 하얼빈) → 「 [18] 」 저술 중 순국
애국 계몽 운동	• 보안회: 일본의 황무지 개간권 요구 반대 운동 전개 • [19] : 안창호·양기탁 등이 결성, 공화 정치 체제의 근대 국가 수립, 대성 학교(평양), 오산 학교(정주), 자기 회사 및 태극 서관, 신흥 강습소(서간도) 설립, 105인 사건으로 와해

36 근대의 경제와 문화

경제	• 경제 침탈: 일본의 철도 부설권 독점, 화폐 정리 사업(메가타 주도), 동양 척식 주식회사 설립 • 경제적 구국 운동: 방곡령 시행, 황무지 개간권 요구 반대 운동(보안회), [20] (대구에서 시작, 대한 매일신보 등 언론의 지원)
문화	• 주요 시설과 건축물: 광혜원(최초의 근대식 병원), 덕수궁 석조전(서양식 건물) • 신문: [21] (박문국 발행), 독립신문(우리나라 최초의 민간 신문), 대한매일신보(양기탁과 베델 창간) • 교육 기관: 원산학사, 육영 공원(정부 설립), 한성 사범 학교 등 • 국어 연구: 주시경 등이 국문 연구소에서 한글 연구 체계화

정답 | 1 경복궁 2 신미양요 3 운요호 4 최혜국 5 별기군 6 왜양 일체론 7 제물포 조약 8 전주 화약 9 우금치 10 군국기무처 11 한성 사범 12 헌의 6조 13 환구단 14 지계 15 통감부 16 단발령 17 13도 창의군 18 동양평화론 19 신민회 20 국채 보상 운동 21 한성순보

해커스 한국사능력검정시험 기본 2주 합격

VI 일제 강점기

최근 3개년 기출 트렌드
*최근 3개년 회차인 기본 71~57회 기준입니다.

기출주제		출제 문항 수	
37	1910년대 일제의 통치와 독립운동	9문항	3위
38	3·1 운동과 대한민국 임시 정부	10문항	2위
39	1920년대 일제의 통치와 독립운동	8문항	
40	1920년대 실력 양성 운동과 사회 운동	8문항	
41	1920년대 대중 운동과 신간회	4문항	
42	1930년대 이후 일제의 통치	9문항	3위
43	1930년대 이후의 독립운동	12문항	1위
44	일제 강점기의 문화 활동	5문항	

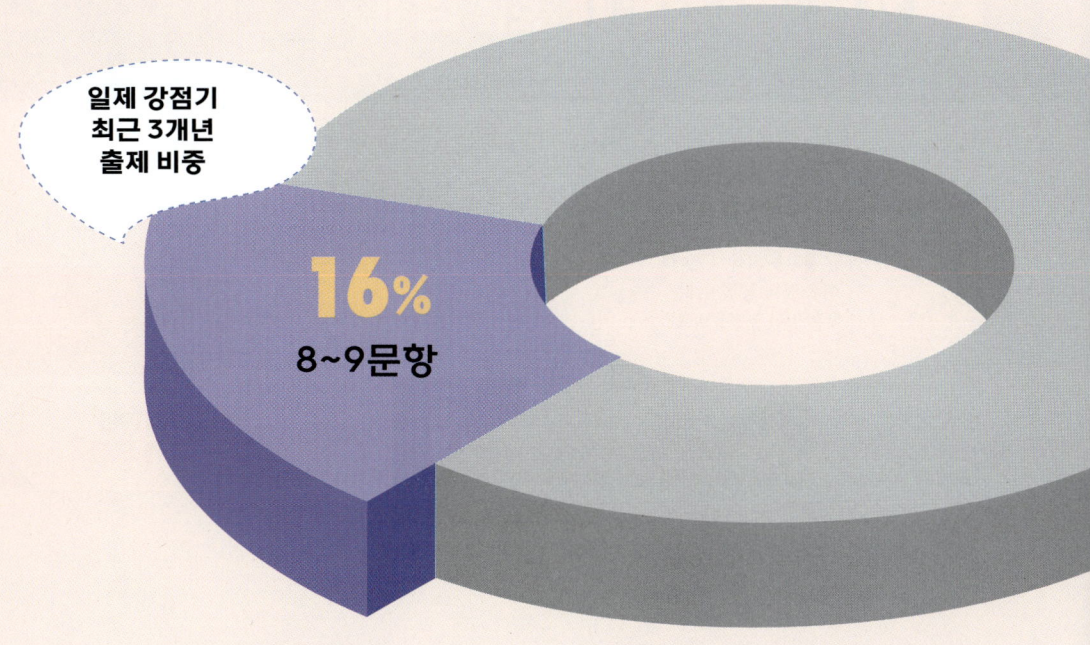

일제 강점기 최근 3개년 출제 비중
16%
8~9문항

빈출 키워드 TOP3

헌병 경찰제, 대한 광복회, 신흥 강습소

3·1 운동, 대한민국 임시 정부, 국민 대표 회의

치안 유지법, 의열단, 봉오동 전투

물산 장려 운동, 원산 노동자 총파업, 형평 운동

6·10 만세 운동, 신간회, 광주 학생 항일 운동

민족 말살 통치, 황국 신민 서사, 국가 총동원법

한국 독립군, 한인 애국단, 조선 의용대

박은식, 조선어 학회, 이육사

학습 포인트

- **1930년대 이후의 독립운동**에서는 독립운동 단체에 대해 묻는 문제가 많이 출제되니, 각 단체의 지도자와 활동에 대해 구분하는 연습이 필요합니다!

- **3·1 운동과 대한민국 임시 정부**는 자주 출제되는 주제예요. 특히 3·1 운동의 내용과 임시 정부의 활동은 자주 출제되는 내용이니 꼭 알아 두세요!

- **1910년대 일제의 통치와 독립운동, 1930년대 이후 일제의 통치**에서는 일제의 시기별 통치 방식에 대해 묻는 문제가 많이 출제되니, 통치 시기별 내용을 구분하여 공부하세요!

일제 강점기 흐름 잡기

대한 제국의 국권을 강제로 빼앗은 일제는 1910년대에 무력으로 다스리는 무단 통치를 시작하였어요. 이후 일제 강점기에는 무슨 일이 있었을까요?

2위 1910년 무단 통치 시작

3·1 운동 독립 선언서[43회]

1919년 3·1 운동

일제의 무단 통치가 계속되자, 우리 민족의 분노가 점차 커졌어요. 결국 1919년 3월 1일, 고종의 장례일을 계기로 우리 민족은 만세 운동을 펼쳐 독립 의지를 전세계에 알렸어요.

6·10 만세 운동을 계기로 사상이 다른 두 세력이 힘을 하나로 합치자는 민족 유일당 운동을 펼쳤어요. 그 결과, 신간회라는 단체가 창립되었답니다.

1927년 신간회 창립

6·10 만세 운동의 열기가 가시기 전, 광주에서 일어난 일본인 학생과 한국인 학생 충돌 사건을 계기로 항일 운동이 일어나, 전국으로 확산됐어요.

1929년 광주 학생 항일 운동

윤봉길[67회]

김구가 침체된 임시 정부에 활기를 불어넣고자 한인 애국단을 조직하였어요. 단원인 이봉창과 윤봉길이 의거 활동을 펼쳐 독립운동에 활기를 불어넣었답니다.

4위 1931년 한인 애국단 조직

한국사능력검정시험 전문 선생님의
무료 특강과 함께 시대 흐름 잡기

대한민국 임시 정부 독립 공채[69회]

3·1 운동을 계기로 통일된 독립운동을 펼치기 위해 대한민국 임시 정부를 수립하였어요. 대한민국 임시 정부는 비밀 조직을 두고 국내와 연락하며 독립운동을 이끌었고, 외교 활동에도 힘썼어요.

3위 1919년 대한민국 임시 정부 수립

북로 군정서[22회]

3·1 운동 이후 만주에서 독립군 부대가 활발한 무장 투쟁을 펼쳤어요. 그리하여 독립군 부대는 봉오동 전투와 청산리 전투에서 일본군에 크게 승리하였습니다.

1위 1920년 봉오동·청산리 전투

순종의 인산일 모습[25회]

순종의 장례일인 6월 10일에 다시 만세 운동이 일어났어요. 3·1 운동처럼 전국으로 확산되지는 못하였지만, 우리 민족들 간의 연대 가능성이 발견되었어요.

1926년 6·10 만세 운동

일제는 전세계적인 경제 위기를 침략 전쟁으로 이겨내고자 했어요. 이를 위해 한반도를 병참 기지로 삼았으며, 국가 총동원법을 제정하여 인력과 물자를 수탈하였어요.

5위 1938년 국가 총동원법 제정

대한민국 임시 정부는 충칭에 정착한 후, 산하 부대로 한국광복군을 창설했어요. 총사령관 지청천이 이끌었으며, 국내 진공 작전을 계획하기도 하였어요.

1940년 한국광복군 창설

기출주제 37 1910년대 일제의 통치와 독립운동

핵심 키워드 | #헌병 경찰제 #토지 조사 사업 #회사령 #대한 광복회 #신흥 강습소 #대한인 국민회 #대조선 국민 군단

스토리로 미리보기

S#1 일제가 조선 태형령을 실시하다!

[41회 기출]

아이고, 엉덩이야. 일하다 잠시 더워 웃통을 벗었는데 일본 헌병대에 끌려가 태형을 당했다네. 재판도 하지 않았는데 바로 태형을 받다니!

S#2 일제가 토지 조사 사업을 실시하다!

[26회 기출]

어느 날부터 일본인들이 나타나 토지를 측량하고 있다. 토지 조사 사업을 하는 것이라던데, 내가 가진 땅도 정해진 기한 내에 신고해야 제대로 인정받을 수 있다고 한다. 그런데 기한이 너무 짧고 복잡해서 제대로 신고를 할 수 있으려나 모르겠네.

S#3 서간도에 신흥 강습소가 설립되다!

[41회 기출]

나 이회영, 신민회의 회원으로 전 재산을 팔아 서간도로 떠났지. 일제에 맞서 싸우기 위해서는 아무래도 독립군을 양성할 필요가 있지 않겠어? 그래서 나는 많은 독립군을 길러내기 위해 서간도에 신흥 강습소를 설립하였어. 훌륭한 독립군들을 많이 양성하여 일제에 맞서 싸워야지!

1 1910년대 일제의 정책

(1) 무단 통치

꼭 알아두기 | 일제가 무단 통치를 위해 실시한 "헌병 경찰제", "조선 태형령"을 기억하세요!

- **조선 총독부 설치**: 일제가 설치한 **식민 통치의 중심 기관**으로, 조선 총독은 일본 군인 중에서 임명됨
  └ 김영삼 정부 때 역사 바로 세우기 사업의 일환으로 철거되었어요.

- **헌병 경찰제 실시**
  - 강압적 통치를 목적으로 **헌병 경찰제**를 실시함
  - 군인인 헌병이 경찰 역할을 하며 일반 경찰의 업무까지 담당함
  - 헌병 경찰은 범죄 즉결례를 통해 즉결 처분권을 행사하여 독립운동가를 색출·처단함
    └ 재판 없이 한국인을 처벌할 수 있는 권리예요.

- **조선 태형령 시행**: 한국인에 한하여 재판 없이 태형을 가할 수 있는 법령을 제정하여 독립운동가를 탄압함
  └ 작은 곤장으로 볼기를 때리는 형벌이에요.

- **공포 분위기 조성**: 일반 관리는 물론 교사에게도 제복을 입고 **칼을 착용**하도록 강요하여 공포 분위기를 조성함

- **제1차 조선 교육령 제정**
  - 식민지 교육 방침을 규정하기 위해 실시함
  - 보통학교의 수업 연한을 일본(6년)보다 짧은 4년으로 함
  - 실업 교육 위주로 한정하여 한국인에게 하급 기술을 가르치는 데 목적을 둠

(2) 경제 수탈

- **토지 조사 사업**
  - 목적: 근대적 토지 소유권 확립을 명분으로 안정적으로 지세를 확보하여, 식민지 통치의 재정 기반을 확대하고, 조선의 토지를 약탈하기 위함
  - 방법: **토지 조사령**을 제정하여 기한 내에 토지를 신고하게 함 → 신고 기간이 짧고 절차가 복잡해 미신고 토지가 많았음 → 미신고 토지를 총독부에 귀속시킴
  - 결과: 조선 총독부의 재정 수입 증대, 동양 척식 주식회사의 보유 토지 확대, 만주·연해주로 이주하는 농민 증가

- **회사령 제정**: 회사 설립 시 총독의 허가를 받도록 함(민족 자본의 성장 억제)

> **기출 사료 더보기** 회사령 [58회]
>
> 제1조 회사의 설립은 조선 총독의 허가를 받아야 한다.
> 제2조 조선 외에서 설립한 회사가 조선에 본점이나 또는 지점을 설립하고자 할 때는 조선 총독의 허가를 받아야 한다.
>
> **사료 해석**: 일제는 회사령을 제정하여 한국인의 경제 활동을 억압하고 민족 자본의 성장을 억제하기 위해 1910년부터 1920년까지 회사를 설립할 때 조선 총독의 허가를 받도록 했어요.

2 1910년대의 독립운동

(1) 국내의 독립운동

> 꼭 알아두기 | 독립 의군부는 복벽주의를 목표로 하였고, 대한 광복회는 공화 정체를 목표로 하였음을 구분해서 알아두세요!

독립 의군부
- **조직**: 임병찬이 고종의 밀지를 받아 유생들과 함께 비밀 단체를 결성함
- **특징**: 복벽주의를 내세우며 전국적인 의병 전쟁을 준비함
  └ 나라를 되찾고 군주정을 회복할 것을 주장하였어요.
- **활동**: 조선 총독부에 국권 반환 요구서를 제출하려 함

대한 광복회 ⭐
- **조직**: **박상진** 등이 **대구**에서 의병 계열(풍기 광복단)과 애국 계몽 운동 계열(조선 국권 회복단)을 통합하여 조직함
- **특징**: **공화 정체**의 국민 국가 수립을 목표로 삼음
  └ 군주가 아닌 국민이 뽑은 대표가 정치를 주도하는 정치 형태예요.
- **활동**: 독립군 양성을 위한 **군자금을 모금**하고, **친일파를 처단**함

(2) 국외의 독립운동

> 꼭 알아두기 | 국외의 각 지역에서 조직된 독립운동 단체들은 반드시 구분해서 기억해두세요!

서간도 ⭐
- **삼원보**: 국권 피탈 이후 신민회 계열이 중심이 되어 세운 독립운동 기지
- **경학사**: 이회영, 이동녕 등이 삼원보에 설립한 한인 자치 기구
- **신흥 강습소**: 독립군을 양성하기 위해 설립된 교육 기관으로, 이후 신흥 무관 학교로 개편됨
  └ 군사 훈련을 실시하고, 독립군 간부를 양성하는 데 큰 역할을 하였어요.

북간도
- **중광단**: 대종교 신자들이 중심이 되어 조직한 항일 무장 단체 → 김좌진 중심의 북로 군정서로 확대·개편됨
- **민족 교육 실시**: 서전서숙(이상설), 명동 학교(김약연) 등의 학교가 건립됨

연해주
- **신한촌**: 블라디보스토크의 한인 집단 거주 지역이자 독립운동 기지
- **한민회**: 을사늑약 체결 이후 조직되었고, 해조신문을 발행함
- **권업회**: 최재형 등이 의병 계열과 애국 계몽 운동 계열을 통합하여 신한촌에 조직한 자치 기관으로, 권업신문을 발행함
  (안중근의 하얼빈 의거를 지원하였어요.)
- **대한 광복군 정부**
  - **조직**: 권업회가 블라디보스토크에서 수립한 임시 정부
  - **구성**: 이상설과 이동휘를 정·부통령으로 선임함
  - **활동**: 무장 독립 투쟁을 준비함
  - **의의**: 대한민국 임시 정부 탄생의 계기를 마련함

중국 상하이: 여운형을 중심으로 상하이에서 신한청년당이 조직되어 파리 강화 회의에 김규식을 파견함

미주
- **대한인 국민회**: 미국에서 결성된 독립운동 단체로 샌프란시스코에 중앙 총회를 두었으며, 외교 활동을 전개함
- **흥사단**: 안창호가 재미 한인을 중심으로 샌프란시스코에서 조직한 단체
- **대조선 국민 군단**: **박용만**이 하와이에서 조직한 단체로, 군사 훈련을 하면서 파인애플·사탕수수 농사를 병행함
- **숭무 학교**: 멕시코에 설립된 학교로, 독립군을 양성함

일본 도쿄: 도쿄의 유학생들을 중심으로 결성된 조선 청년 독립단이 2·8 독립 선언서를 발표하여, 3·1 운동에 영향을 줌

기출 자료 더보기 📍**이상설** [43회]
- 1905년 을사늑약 반대 상소를 올림
- 1906년 북간도에 서전서숙 설립
- 1907년 헤이그에 특사로 파견
- 1914년 대한 광복군 정부 수립을 주도

▲ 이상설

퀴즈로 개념 다지기

1. 국외 지역과 독립운동 단체·기구를 알맞게 연결하세요.

(1) 서간도 · · ⓐ 권업회 [67·60회]

(2) 북간도 · · ⓑ 중광단 [64·58회]

(3) 연해주 · · ⓒ 대한인 국민회 [68·67·66회]

(4) 미주 · · ⓓ 신흥 강습소 [66·64·60회]

2. 기출 키워드의 초성을 완성하세요.

(1) 일제가 무단 통치 시기에 실시한 경찰 제도: ㅎㅂ ㄱㅊ 제 [69·67·66·61·60회]

(2) 일제가 1910년대에 실시한 경제 정책: ㅌㅈ ㅈㅅ 사업 [69·66·64·61·60회]

(3) 박상진이 공화 정체의 국민 국가 수립을 목표로 조직한 단체: ㄷㅎ ㄱㅂㅎ [69·67·60·58회]

(4) 이상설이 북간도에 설립한 민족 교육 기관: ㅅㅈㅅㅅ [67·64회]

(5) 박용만이 하와이에서 조직한 군사 단체: ㄷㅈㅅ ㄱㅁ ㄱㄷ [55·54·51회]

정답
1. (1) ⓓ (2) ⓑ (3) ⓐ (4) ⓒ
2. (1) 헌병 경찰 (2) 토지 조사 (3) 대한 광복회 (4) 서전서숙 (5) 대조선 국민 군단

기출로 실전 감각 키우기 기출주제 37 1910년대 일제의 통치와 독립운동

01 조선 총독부   55회 기출

(가)에 들어갈 기구로 옳은 것은? [1점]

저는 지금 일제 식민 통치의 최고 기구였던 (가) 청사 철거 현장에 나와 있습니다. 정부는 광복 50주년을 맞아 '역사 바로 세우기' 사업의 일환으로 이번 철거를 진행한다고 밝혔습니다.

① 조선 총독부 ② 종로 경찰서
③ 서대문 형무소 ④ 동양 척식 주식회사

02 무단 통치 시기   71회 기출

(가) 정책이 추진된 시기에 있었던 사실로 옳은 것은? [2점]

이것은 (가) 을/를 위해 설치된 임시 토지 조사국의 국원 양성소 졸업생 사진입니다. 조선 총독부는 식민 통치에 필요한 지세 수취 등을 목적으로 (가) 을/를 시행하였습니다. 이를 위해 임시 토지 조사국원 양성소를 두어 토지 측량 등 실무 담당 인력을 배출하였습니다.

① 회사령이 시행되었다.
② 관민 공동회가 열렸다.
③ 원산 총파업이 일어났다.
④ 국가 총동원법이 제정되었다.

정답 길잡이

① 조선 총독부

조선 총독부는 일제가 조선의 국권을 빼앗은 후 **식민 통치**를 위해 설치한 **최고 통치 기구**예요. 조선 총독부 건물은 경복궁 안에 세워졌으며, 광복 이후에는 국립 중앙 박물관 등으로 사용되다가 **김영삼 정부** 때 **역사 바로 세우기 사업의 일환으로 철거**되었어요.

오답 체크
② 종로 경찰서 → 의열단원 김상옥이 폭탄을 던진 곳
③ 서대문 형무소 → 근대적 시설을 갖춘 한국 최초의 감옥
④ 동양 척식 주식회사
 → 일본이 조선의 토지와 자원을 수탈하기 위해 설치한 기관

정답 길잡이

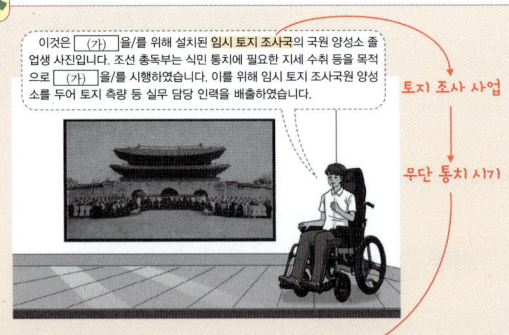

① 회사령이 시행되었다.

무단 통치 시기인 1910년대에 일제는 근대적 토지 소유권 확립이라는 명목 하에 식민 통치를 위한 재정을 확보하고 조선의 토지를 약탈하기 위해 조선 총독부 내에 임시 토지 조사국을 두어 **토지 조사 사업**을 실시하였어요. 또한 일제는 회사 설립 시 총독의 허가를 받도록 하는 **회사령**을 시행해 민족 자본의 성장을 억제하고자 하였어요.

오답 체크
② 관민 공동회가 열렸다. → 국권 피탈 이전
③ 원산 총파업이 일어났다. → 문화 통치 시기
④ 국가 총동원법이 제정되었다. → 민족 말살 통치 시기

03 대한 광복회
69회 기출

(가)에 해당하는 단체로 옳은 것은? [2점]

오늘 이곳 대구 복심 법원에서 박상진에 대한 판결이 내려질 예정입니다. 그는 지난 1915년 비밀 결사인 (가) 을/를 조직하고, 독립 전쟁 자금 모금과 친일 부호 처단을 주도하다 1918년 체포된 바 있습니다.

① 의열단
② 대한 광복회
③ 독립 의군부
④ 대한인 국민회

04 미주 지역의 독립운동
54회 기출

(가) 지역에서 있었던 독립운동에 대한 설명으로 옳은 것은? [3점]

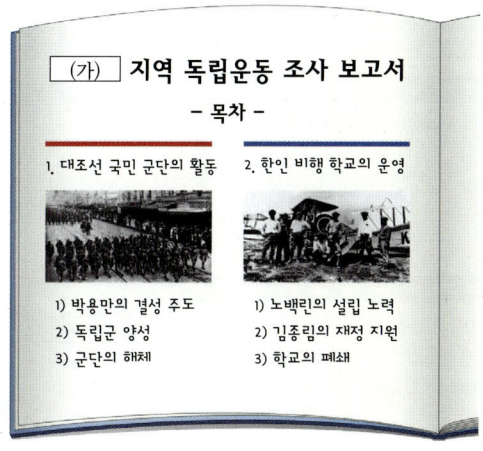

(가) 지역 독립운동 조사 보고서
- 목차 -
1. 대조선 국민 군단의 활동
2. 한인 비행 학교의 운영
1) 박용만의 결성 주도
2) 독립군 양성
3) 군단의 해체
1) 노백린의 설립 노력
2) 김종림의 재정 지원
3) 학교의 폐쇄

① 서전서숙이 세워졌다.
② 권업회가 조직되었다.
③ 신흥 강습소가 설립되었다.
④ 대한인 국민회가 결성되었다.

정답 길잡이

② **대한 광복회**

대한 광복회는 박상진 등이 1915년에 **대구에서 조직한 비밀 결사 단체**로, 1910년대에 국내에서 활동한 항일 독립운동 단체예요. 이 단체는 군주 정치가 아닌 **공화 정치**를 목표로 하였어요. 또한 독립군 양성을 위한 **군자금 모금**과 **친일 부호 처단** 등의 활동을 하였어요. 그러나 1918년에 주요 인물들이 체포되어 조직이 와해되었어요.

오답 체크
① 의열단 → 김원봉이 조직한 의열 단체
③ 독립 의군부 → 임병찬이 조직한 독립운동 단체
④ 대한인 국민회 → 미주 지역에서 조직된 독립운동 단체

정답 길잡이

미주 지역의 독립운동

④ **대한인 국민회**가 결성되었다.

미주 지역에서는 장인환과 전명훈이 친일 인사였던 미국인 스티븐스를 저격한 사건을 계기로 미주 지역의 한인 단체를 통합한 **대한인 국민회**가 결성되었어요. 이밖에도 **박용만**은 하와이에서 **대조선 국민 군단**을 조직하여 독립군을 양성하였으며, **노백린**은 **김종림**의 지원을 받아 캘리포니아에 **한인 비행 학교를 설립**하고 한인 비행사를 양성하였어요.

오답 체크
① 서전서숙이 세워졌다. → 북간도
② 권업회가 조직되었다. → 연해주
③ 신흥 강습소가 설립되었다. → 서간도

📖 이건꼭! 암기

미주 지역의 독립운동 → 대조선 국민 군단, 박용만, 한인 비행 학교, 대한인 국민회

기출주제 38. 3·1 운동과 대한민국 임시 정부

핵심 키워드 | #3·1 운동 #독립 선언서 #제암리 학살 #대한민국 임시 정부 #독립 공채 #연통제 #교통국 #구미 위원부

스토리로 미리보기

S#1 탑골 공원에서 독립 선언문을 발표하다!

[13회 기출]

3월 1일, 오늘은 **만세 시위**를 하기로 한 날이다. 민족 대표들은 태화관에서 독립 선언서를 낭독한 후 스스로 경찰서에 연락해서 잡혀갔다고 한다. 우리 학생, 시민도 이곳 탑골 공원에서 **독립 선언서**를 낭독하고 행진하자!

S#2 3·1 운동으로 일제의 통치 방식이 변화하다!

[30회 기출]

대한 독립 만세! 대한 독립 만세! 우리의 **3·1 운동**으로 일제는 무단 통치를 끝내고 **문화 통치**를 시작했다. 우리 민족을 무력과 강압으로 지배할 수 없음을 깨닫게 된 거지.

S#3 대한민국 임시 정부가 수립되다!

[25회 기출]

상하이에서 통합된 대한민국 임시 정부가 수립된다고 하네.
3월에 일어난 독립 만세 운동의 결과라고 볼 수 있지.

3·1 운동을 이끌 지도부만 있었어도 실패하진 않았을 텐데! 독립운동을 하려면 분산된 힘을 하나로 모아야 해. 그래서인지 연해주, 상하이, 서울에 있던 **임시 정부**들이 **상하이**에서 하나로 통합하려는 움직임을 보인다고 한다.

1 3·1 운동

> **꼭 알아두기** | 3·1 운동이 만주와 연해주 등 해외까지 확산되었다는 점을 기억해두세요!

(1) 배경

| 국외 | — 미국 대통령 윌슨이 파리 강화 회의에서 민족 자결주의를 제창함 *(모든 민족에게는 정치적 운명을 스스로 결정할 권리가 있으며 다른 민족의 간섭을 받을 수 없다고 주장하였어요.)*
— 일본 도쿄 유학생들이 조선 청년 독립단을 결성하여 2·8 독립 선언서를 발표함 |
| 국내 | 무단 통치에 대한 반발과 고종 독살설의 유포로 국민들의 분노가 커짐 |

(2) 준비 및 전개 과정

독립 선언서 발표
- 천도교·기독교·불교 단체 대표와 학생 세력이 연합하여 고종의 인산일(장례일)에 맞춰 독립운동을 계획함
- 3월 1일에 민족 대표 33인 중 29인이 태화관에서 독립 선언서를 발표함
- 학생·시민들이 **탑골 공원**에서 **독립 선언서를 낭독**한 후 **만세 시위**를 전개함

만세 시위의 확산
- 학생들의 주도로 지방 도시를 중심으로 비폭력 만세 시위가 확산됨
- 농민들의 참여로 시위가 농촌으로 확산되며 무력 저항 운동으로 바뀜
- 만주와 연해주, 미국, 일본 등 **해외까지 만세 시위가 확산**됨

일제의 탄압
- 일제가 군대를 동원하여 만세 시위를 전개하는 군중을 탄압함
- 수원(현재 화성시) **제암리**에서 일본군이 주민들을 교회에 감금한 후 무차별 학살을 자행함 → 선교사 **스코필드**에 의해 세계에 알려짐
- 유관순 열사가 3·1 운동에 참여하였다가 체포된 후 옥중에서 순국함

기출 자료 더보기 📍 프랭크 스코필드 [67·52회]

- 출생-사망: 1889-1970
- 영국 태생 캐나다 의학자
- 1968년 건국 훈장 독립장
- 3·1 운동 당시 일제가 저지른 제암리 학살 사건의 참상을 외국 언론에 제보하여 일제의 만행을 세계에 폭로함
- 국립 서울 현충원에 안장된 최초의 외국인

▲ 프랭크 스코필드

(3) 의의 및 영향

의의: 3·1 운동은 각계각층의 전 국민이 동참한 만세 운동이었음

영향
- 일제가 무단 통치에서 이른바 문화 통치를 실시하는 배경이 됨
- 상하이에 대한민국 임시 정부가 수립되는 계기가 됨
- 중국의 5·4 운동 등 해외의 반제국주의 민족 운동에 영향을 줌

2 대한민국 임시 정부

(1) 임시 정부의 수립과 초기 활동

> 꼭 알아두기! | 대한민국 임시 정부의 독립운동 자금 마련 방법을 꼭 기억하세요!

대한민국 임시 정부 수립
- 배경: 3·1 운동 직후 대한 국민 의회, 상하이 임시 정부, 한성 정부가 수립되었고(연해주/서울), 독립운동을 조직적으로 추진하고자 하는 필요성이 대두됨
- 수립: 상하이에서 3권 분립에 입각한 통합 임시 정부가 수립됨(1919. 9)
- 지도부: 대통령에 이승만, 국무총리에 이동휘가 선임됨

비밀 연락망 조직
- 연통제: 국내 비밀 행정 조직으로, 독립운동 자금을 모음
- 교통국: 통신 기관으로, 국내와의 연락을 취함

독립 공채 발행: 해외의 동포들에게 **독립 공채**를 발행하여 독립운동 자금을 마련함

구미 위원부 설치: 미국에 **구미 위원부**를 설치하여 외교 활동을 추진함

「한·일관계사료집」 편찬: 임시 사료 편찬회를 두어 「한·일관계사료집」을 편찬함
└ 국제 연맹에 한국 독립의 당위성을 호소하기 위해 편찬하였어요.

기출 사료 더보기 📍**대한민국 임시 정부 수립** [44회]

1. 상하이와 러시아령에서 설립한 정부들을 일체 해소하고 오직 국내에서 13도 대표가 창설한 한성 정부를 계승할 것이니 국내의 13도 대표가 민족 전체의 대표임을 인정함이다.
2. 정부의 위치는 아직 상하이에 둘 것이니 각지의 연락이 비교적 편리하기 때문이다.
   :
4. 정부의 명칭은 대한민국 임시 정부라고 할 것이니 독립 선언 이후에 각지를 원만히 대표하여 설립된 역사적 사실을 살리기 위함이다.

사료 해석: 3·1 운동 이후 독립운동을 조직적으로 추진하기 위해 한성 정부의 정통성을 계승하여 상하이에 대한민국 임시 정부를 수립하였어요.

---

(2) 국민 대표 회의와 임시 정부의 재정비

국민 대표 회의
- 배경
  - 일제의 탄압으로 비밀 연락망인 연통제와 교통국이 발각됨
  - 이승만이 미국 정부에 국제 연맹이 대한민국을 위임 통치해 줄 것을 건의한 위임 통치 청원서를 보낸 것이 논란이 됨
- 개최: 독립운동이 나아갈 방향을 논의하기 위해 개최됨
- 결과: 회의가 성과 없이 결렬되고, 많은 독립운동가들이 임시 정부에서 이탈하여 임시 정부가 침체됨

한인 애국단 조직: 임시 정부의 침체를 극복하기 위해 김구의 주도로 상하이에서 조직됨
→ 의열 투쟁으로 일제의 공격을 받게 되자 상하이를 떠나 이동하게 됨

한국광복군 창설: 중국 국민당 정부가 있는 충칭에 정착한 이후 지청천(총사령관)과 김구 등이 충칭에서 중국 국민당 정부의 지원을 받아 창설함

건국 강령 발표: 조소앙의 삼균주의에 기초한 건국 강령을 발표함
└ 정치, 경제, 교육 각 분야의 균등을 통해 개인과 민족, 국가의 균등을 이루자는 새로운 국가 건설 이념이에요.

퀴즈로 개념 다지기

1. 대한민국 임시 정부의 기구와 그 역할을 알맞게 연결하세요.

(1) 구미 위원부 · · ⓐ 국내 비밀 행정 조직 [58·54·50회]

(2) 교통국 · · ⓑ 미국에서 외교 활동 추진 [69·58·57회]

(3) 임시 사료 편찬회 · · ⓒ 국내와의 연락 담당 [54·42·40회]

(4) 연통제 · · ⓓ 「한·일관계사료집」 편찬 [49·42회]

2. 기출 키워드의 초성을 완성하세요.

(1) 3·1 운동에 참여하였다가 체포된 후 옥중에서 순국한 인물: ㅇㄱㅅ 열사 [63·61회]

(2) 3·1 운동 때 일제가 주민들을 교회에 감금한 후 학살한 사건: ㅈㅇㄹ 학살 사건 [67·60회]

(3) 임시 정부가 독립운동 자금을 마련하기 위해 발행한 것: ㄷㄹ ㄱㅊ [69·66·58회]

(4) 독립운동이 나아갈 방향을 논의하기 위해 개최된 회의: ㄱㅁ ㄷㅍ 회의 [60·50회]

정답 1. (1) ⓑ (2) ⓒ (3) ⓓ (4) ⓐ
2. (1) 유관순 (2) 제암리 (3) 독립 공채 (4) 국민 대표

기출로 실전 감각 키우기   기출주제 38   3·1 운동과 대한민국 임시 정부

01   3·1 운동   71회 기출

(가) 민족 운동에 대한 설명으로 옳은 것은? [2점]

이것은 고종의 장례 행렬 모습이 담긴 사진입니다. 고종의 장례 기간 중 일어난 (가) 은/는 탑골 공원 등에서 학생과 시민들의 만세 시위로 시작하여 전국으로 확산하였습니다.

① 청군의 개입으로 진압되었다.
② 대한매일신보의 후원을 받았다.
③ 황국 중앙 총상회를 중심으로 전개되었다.
④ 대한민국 임시 정부 수립의 계기가 되었다.

02   3·1 운동   52회 기출

다음 상황이 일어난 시기를 연표에서 옳게 고른 것은? [2점]

나는 충격적인 사건이 발생한 제암리에 와 있다. 이곳에서 일본군은 교회에 마을 사람들을 모이게 하고 사격을 가한 후 불을 질렀다고 한다.

1875		1897		1910		1932		1945
	(가)		(나)		(다)		(라)	
운요호 사건		대한 제국 수립		국권 피탈		윤봉길 의거		8·15 광복

① (가)   ② (나)   ③ (다)   ④ (라)

정답 길잡이

3·1 운동

④ 대한민국 임시 정부 수립의 계기가 되었다.

3·1 운동은 **1919년에 일어난 만세 운동**으로, 일제 강점기에 일어난 최대 규모의 항일 민족 운동이에요. **고종의 인산일(장례일)**을 계기로 민족 대표들은 **태화관에서 독립 선언서를 낭독**하였으며, **학생과 시민들은 탑골 공원(파고다 공원)에서 독립 선언서를 낭독**한 후 만세 시위를 전개하였어요. 이후 3·1 운동의 영향으로 조직적인 독립운동의 필요성이 제기되면서 **상하이에 대한민국 임시 정부가 수립**되는 계기가 되었어요.

⊘ 오답 체크
① 청군의 개입으로 진압되었다. → 임오군란, 갑신정변 등
② 대한매일신보의 후원을 받았다. → 국채 보상 운동
③ 황국 중앙 총상회를 중심으로 전개되었다. → 상권 수호 운동

정답 길잡이

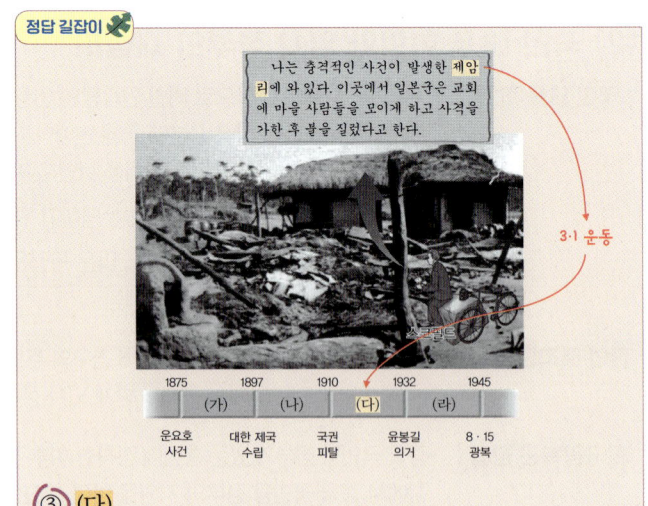

③ (다)

국권 피탈(1910) 이후 일제는 **무단 통치**를 통해 한국인을 강압적으로 통치하여 국내에서는 이에 대한 반발이 고조되고 있었어요. 이로 인해 고종의 인산일(장례일)을 즈음하여 **3·1 운동**이 전개되자, 일제는 무력을 동원하여 진압하였어요. 특히 화성 제암리의 주민들을 교회에 감금한 후 무차별 학살한 사건(**제암리 학살**)이 당시 선교사로 한국에 왔던 **스코필드**에 의해 세계에 알려졌어요.

03 대한민국 임시 정부 69회 기출

(가) 정부의 활동으로 옳은 것은? [2점]

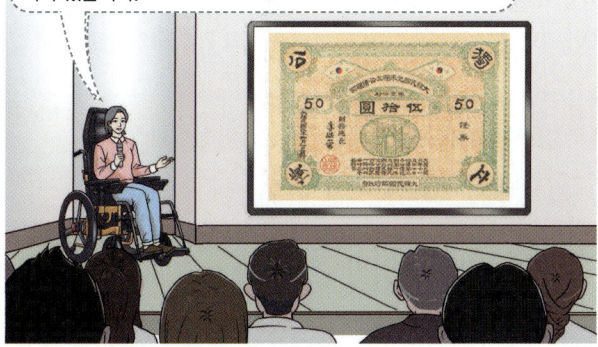

상하이에서 수립된 (가) 이/가 발행한 독립 공채입니다. 공채는 대부분 해외 교민을 대상으로 발매되었으며, 우리나라가 완전히 독립한 후에 이자를 더하여 상환하겠다고 기재되어 있습니다.

① 한성순보를 발행하였다.
② 구미 위원부를 설치하였다.
③ 만민 공동회를 개최하였다.
④ 신흥 무관 학교를 설립하였다.

정답 길잡이

② **구미 위원부를 설치**하였다.

대한민국 임시 정부는 3·1 운동 이후 국내외의 독립운동가들이 조직적인 독립운동을 추진하기 위해 **상하이**에 수립되었어요. 임시 정부는 항일 독립운동을 전개하기 위해 해외의 동포들에게 **독립 공채**를 발행하여 독립 운동 자금을 조달하고, 미국에는 **구미 위원부**를 두어 외교 활동을 추진하였어요.

오답 체크
① 한성순보를 발행하였다. → 조선 정부
③ 만민 공동회를 개최하였다. → 독립 협회
④ 신흥 무관 학교를 설립하였다. → 신민회

---

04 대한민국 임시 정부 58회 기출

밑줄 그은 '정부'의 활동으로 옳지 않은 것은? [3점]

할머니, 이 건물은 무엇인가요?

3·1 운동을 계기로 수립된 정부가 상하이에 있을 때 청사로 사용했던 건물이란다.

① 연통제를 실시하였다.
② 독립 공채를 발행하였다.
③ 구미 위원부를 설치하였다.
④ 대한국 국제를 반포하였다.

정답 길잡이

④ **대한국 국제를 반포**하였다. → 대한 제국

대한 제국은 **고종**이 아관 파천 이후 경운궁(덕수궁)으로 돌아온 뒤, 연호를 광무로 고치고 **황제에 올라 수립을 선포한 나라**입니다. 이 시기에는 **광무개혁을 실시**하고 황제권의 무한함을 강조한 헌법인 **대한국 국제를 반포**하였어요.

오답 체크
① **대한민국 임시 정부**는 **연통제를 실시**하여 국내와의 비밀 연락망을 두었어요.
② **대한민국 임시 정부**는 독립운동 자금을 모으기 위해 **독립 공채**를 발행하였어요.
③ **대한민국 임시 정부**는 외교 업무를 위해 미국 워싱턴에 **구미 위원부를 설치**하였어요.

기출주제 39

1920년대 일제의 통치와 독립운동

핵심 키워드 | #산미 증식 계획 #의열단 #「조선혁명선언」 #봉오동 전투 #청산리 전투

스토리로 미리보기

S#1 일제가 문화 통치를 실시하다!

3·1 운동의 거센 모습에 놀란 일본 총독이 앞으로 조선인들의 생활이 나아지게 하겠다고 약속하였다. 그런데 가만 들어보니, **친일파를 양성**해서 **우리 민족을 분열**시키려는 정책인 것 같다. 일제의 눈속임에 넘어가지 말아야지!

S#2 신채호가 「조선혁명선언」을 작성하다!

나 **신채호**, 의열단장 김원봉의 부탁으로 **의열단**의 활동 지침인 「**조선혁명선언**」을 작성하였지! 어떤 내용이냐고? 일본을 쫓아내기 위해서는 민중의 직접 혁명이 중요하다는 내용이라네. 앞으로 의열단이 어떤 모습을 보여줄지 기대되는군!

S#3 독립군 연합 부대가 청산리에서 일본군에 대승을 거두다!

봉오동 전투에서 패한 일본군이 우리 독립군 부대를 대대적으로 공격할 준비를 하고 있는 것 같다. 우리에게는 **김좌진** 장군이 이끄는 **북로 군정서**와 **홍범도** 장군이 이끄는 **대한 독립군**이 있다네! 병력은 적어도 일본군을 이기는 것은 문제 없다!

1 1920년대 일제의 정책

(1) 문화 통치

배경	3·1 운동으로 식민 통치에 대한 한국인의 반발이 표출되고 일제에 대한 국제 여론이 악화되자, 총독 사이토 마코토가 문화 통치를 실시함
친일파 양성	우리 민족을 분열시키기 위해 친일파를 양성함 → 일제의 문화 통치에 동조하여 자치론과 타협론을 주장하는 지식인들이 등장함
헌병 경찰제 폐지	헌병 경찰제를 폐지하고 보통 경찰제를 실시하였으나 경찰 인원이 크게 증가함
치안 유지법 제정	사회주의 운동 탄압을 위해 치안 유지법을 제정함
경성 제국 대학 설립	조선 내의 민립 대학 설립 운동을 무마시키고, 조선에 거주하는 일본인들의 고등 교육을 진행함 (우리의 손으로 대학을 설립하고자 일어난 운동이에요.)

> **기출 사료 더보기** 📍**치안 유지법** [46회]
> …… 소위 치안 유지법은 어제 12일부터 조선에서도 실시하게 되었다. …… 일본에 있어서는 보통 선거법을 실시한 결과 정치계의 급격한 변혁을 예방키 위하여 사상에 관한 법안을 통과한다는 것이 넉넉히 이러한 악법을 변호하는 구실거리가 되겠지만, 조선에 있어서 과연 이 법안을 실시할 만한 근거나 이유가 있는가? ……
>
> **사료 해석:** 일제는 1920년대에 조선에 치안 유지법을 실시하여 사회주의 운동을 비롯한 독립운동을 탄압하는 데 이용하였어요.

(2) 경제 수탈

꼭 알아두기 | 일제가 산미 증식 계획을 실시한 목적을 꼭 알아두세요!

산미 증식 계획	목적: 조선의 쌀 생산량을 늘려 수탈하여 **일본의 식량 부족을 해결**하고 쌀값을 안정화하고자 함
	방법: 비료를 사용하여 토지를 개량하고 수리 시설을 개선함
	결과: 쌀 생산량이 목표량에 미달하였음에도 불구하고 목표량만큼 쌀을 일본으로 반출함 → 국내의 식량 부족이 심화되고 농민이 몰락함
회사령 폐지	회사령을 폐지하고 회사 설립을 신고제로 변경함
관세 철폐	일본 상품에 대한 관세를 철폐함

> **기출 자료 더보기** 📍**산미 증식 계획** [51·44회]
> - 일제가 조선을 자국의 식량 공급 기지로 만들기 위해 1920년부터 추진한 농업 정책
> - 일제는 급격한 공업화와 농촌의 황폐화로 자국의 식량 사정이 악화되자, 조선을 이용하여 식량 부족 문제를 해결하려 함
> - 많은 농민들은 수리 조합비를 비롯한 경제적 부담의 증가로 토지를 상실하고 도시나 국외로 이주하기도 함

2 1920년대의 독립운동

(1) 의열 투쟁

> 꼭 알아두기 | 의열단 단원의 의거 내용을 꼭 외워두세요!

의열단
- 조직: 3·1 운동 이후 **김원봉** 등이 조직함
- 활동 지침: 신채호의 「**조선혁명선언**」을 활동 지침으로 삼음
  └ 민중의 직접 혁명을 주장하였어요.
- 주요 단원
  - 박재혁(부산 경찰서에 폭탄 투척, 1920)
  - **김익상**(조선 총독부에 폭탄 투척, 1921)
  - 김상옥(종로 경찰서에 폭탄 투척, 1923)
  - **나석주**(동양 척식 주식회사와 조선 식산 은행에 폭탄 투척, 1926)

강우규 의거: 노인 동맹단원 강우규가 총독 사이토 마코토에게 폭탄을 투척함

(2) 국외의 무장 투쟁

> 꼭 알아두기 | 1920년대 국외 무장 투쟁의 전개 과정을 기억하세요!

봉오동 전투
- 배경: 국외 독립군 부대들이 활발한 국내 진입 작전을 감행함
- 참가 부대: **홍범도**의 대한 독립군을 중심으로 독립군 부대가 연합함
- 전개: 독립군 연합 부대가 **봉오동**을 급습한 **일본군에 승리**를 거둠

↓

청산리 전투
- 배경: 일본군이 봉오동 전투에 대한 보복을 위해 일본군을 만주에 투입함
- 참가 부대: **북로 군정서**(김좌진, 이범석)를 비롯한 **대한 독립군**(홍범도) 등이 연합함
- 전개: 백운평 등 **청산리 일대**에서 **일본군을 격퇴**함

↓

간도 참변
- 배경: 일본군이 봉오동 전투 등에서 패배한 후 보복하고자 함
- 전개: 일제는 독립군 근거지를 소탕한다는 명분으로 간도(연길)의 한인 촌락을 습격하여 한국인들을 학살함
- 결과: 간도의 한인 사회가 초토화되고, 독립군들은 간도를 탈출함

↓

자유시 참변
- 배경: 간도에서 탈출한 독립군들이 밀산에서 집결하여 자유시로 이동함
- 전개: 러시아 자유시에서 독립군 부대의 내부 분쟁이 일어나자, 무장 해제를 요구하는 러시아 적색군에 의해 독립군들이 희생됨

↓

3부 성립
- 배경: 자유시 참변 이후 만주로 돌아온 독립군이 통합 운동을 추진함
- 성립: 만주에 육군 주만 참의부, 정의부, 신민부가 성립됨

↓

미쓰야 협정: 일제가 독립군의 활동을 위축시키고자 중국(만주)의 군벌 장작림(장쭤린)과 미쓰야 협정을 체결함(중국 관리가 독립운동가를 잡아 일본에 넘긴다는 내용)

↓

3부 통합 운동
- 배경: 민족 독립운동 전선의 통일을 위해 3부 통합 운동이 추진됨
- 결과: 혁신 의회(북만주, 한국 독립당)와 국민부(남만주, 조선 혁명당)로 통합됨
- 한계: 3부가 두 세력으로 나뉘어 완전한 통합은 이루지 못함

기출 사료 더보기 📍**미쓰야 협정** [42회]

<불령선인의 단속 방법에 관한 조선 총독부와 봉천성 간의 협정>
제2조 **중국 관헌은 각 현에 명령하여 거류하는 조선인이 무기를 휴대하고 조선에 침입하는 것을 엄금**한다. 위반하는 자는 이를 체포하여 조선 총독부 관헌에게 인도한다.
제3조 불령선인(不逞鮮人)* 단체를 해산하고 소유한 총기를 수색하여 이를 몰수하고 무장을 해제한다.
└ 일제에 따르지 않는 불온한 조선 사람이라는 뜻이에요.

사료 해석: 일제는 중국의 만주 군벌 장작림(장쭤린)과 미쓰야 협정을 체결하여 만주에서 우리 민족의 독립운동을 탄압하였어요.

 **퀴즈로 개념 다지기**

1. 의열단의 주요 단원과 그 활동을 알맞게 연결하세요.

(1) 박재혁 · · ⓐ 동양 척식 주식회사에 폭탄 투척 [67·64·61회]

(2) 김익상 · · ⓑ 조선 총독부에 폭탄 투척 [58회]

(3) 김상옥 · · ⓒ 부산 경찰서에 폭탄 투척 [34회]

(4) 나석주 · · ⓓ 종로 경찰서에 폭탄 투척 [52·50회]

2. 기출 키워드의 초성을 완성하세요.

(1) 민립 대학 설립 운동을 무마시키기 위해 설립된 학교 : ㄱㅅ ㅈㄱ ㄷㅎ [66회]

(2) 일제가 사회주의 운동 탄압을 위해 제정한 법: ㅊㅇ ㅇㅈ 법 [71·61·57회]

(3) 1920년대에 실시한 일제의 경제 정책: ㅅㅁ ㅈㅅ 계획 [71·69·64·61·57회]

(4) 홍범도의 대한 독립군을 중심으로 일본에게 승리한 전투: ㅂㅇㄷ 전투 [71·69·64·58회]

(5) 백운평 등에서 일본군을 격퇴한 전투: ㅊㅅㄹ 전투 [71·69·67·64·63회]

(6) 러시아에서 독립군 부대의 내분으로 발생한 사건: ㅈㅇㅅ 참변 [60회]

정답
1. (1) ⓒ (2) ⓑ (3) ⓓ (4) ⓐ
2. (1) 경성 제국 대학 (2) 치안 유지 (3) 산미 증식 (4) 봉오동 (5) 청산리 (6) 자유시

기출로 실전 감각 키우기 기출주제 39 1920년대 일제의 통치와 독립운동

01 산미 증식 계획 69회 기출

밑줄 그은 '이 정책'으로 옳은 것은? [1점]

① 방곡령
② 남면북양 정책
③ 산미 증식 계획
④ 토지 조사 사업

02 의열단 52회 기출

밑줄 그은 '이 단체'로 옳은 것은? [1점]

① 근우회   ② 보안회   ③ 의열단   ④ 중광단

정답 길잡이

③ 산미 증식 계획

산미 증식 계획은 문화 통치 시기인 **1920년대**에 일제가 **조선을 자국의 식량 공급지로 삼기 위해 추진**한 정책이에요. 산미 증식 계획의 실시 결과 **쌀 생산량은 늘어났지만, 일제가 늘어난 생산량보다 더 많은 쌀을 일본으로 가져가** 우리나라의 식량 사정은 더 나빠졌어요.

오답 체크
① 방곡령 → 근대 개항기에 곡물의 수출을 금지한 명령
② 남면북양 정책
  → 일제가 공업 원료의 생산을 늘리기 위해 실시한 정책
④ 토지 조사 사업
  → 일제가 조선의 토지를 약탈하기 위해 실시한 정책

정답 길잡이

③ 의열단

의열단은 일제 강점기에 만주 지린(길림)에서 **김원봉**을 중심으로 조직된 의열 단체예요. 이 단체는 **식민 통치 기관의 파괴와 일제의 주요 요인 처단**을 목표로 부산 경찰서(박재혁), 조선 총독부(김익상), 종로 경찰서(김상옥) 등에 폭탄을 투척하였어요. 한편 의열단은 신채호가 작성한 「**조선혁명선언**」을 활동 지침으로 삼았습니다.

오답 체크
① 근우회 → 일제 강점기의 여성 단체
② 보안회 → 국권 피탈기의 애국 계몽 운동 단체
④ 중광단 → 일제 강점기의 항일 무장 단체

📖 이건 꼭! 암기
의열단 → 김원봉, 「조선혁명선언」, 식민 통치 기관 파괴, 일제의 주요 요인 처단

03 봉오동 전투　　　　　　　　　71회 기출

(가)에 들어갈 전투로 옳은 것은?　　　　[1점]

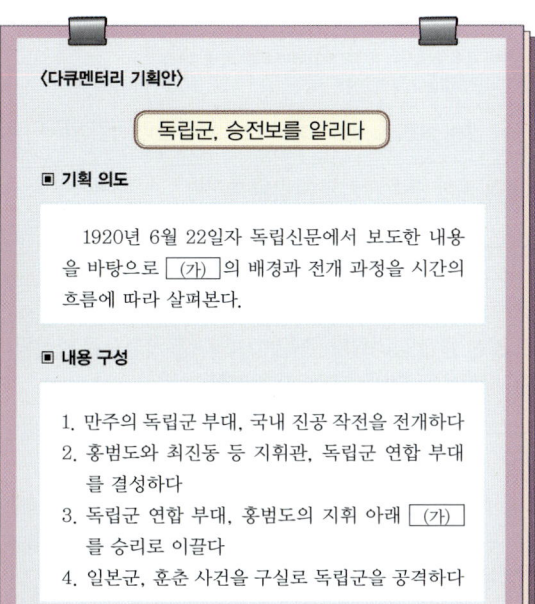

① 봉오동 전투　　② 쌍성보 전투
③ 우금치 전투　　④ 청산리 전투

정답 길잡이

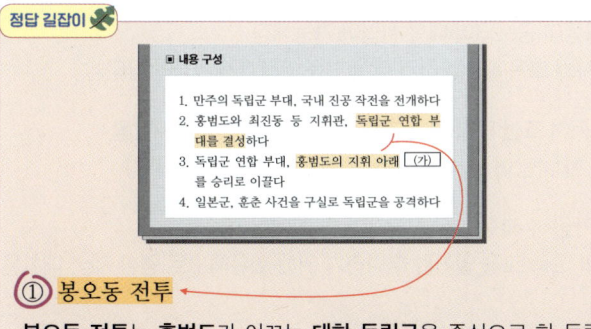

① 봉오동 전투

봉오동 전투는 홍범도가 이끄는 **대한 독립군**을 중심으로 한 독립군 연합 부대가 1920년 6월에 **일본군을 상대로 봉오동에서 큰 승리를 거둔 전투**예요. 1919년 3·1 운동 이후 국외에 있던 독립군 부대들이 국내 진공 작전을 시도하였고, 독립군 부대를 추격하던 일본군을 봉오동으로 유인하여 **홍범도**의 지휘 아래 독립군 연합 부대가 크게 승리하였어요. 이에 대한 보복으로 일본군이 **훈춘 사건**을 조작하여 만주에 진입해 독립군을 공격하였어요.

오답 체크
② 쌍성보 전투 → 한국 독립군과 항일 중국군의 연합
③ 우금치 전투 → 제2차 동학 농민 운동 때 일어난 전투
④ 청산리 전투 → 북로 군정서 등의 독립군 연합

04 청산리 전투　　　　　　　　　64회 기출

(가)에 들어갈 전투로 옳은 것은?　　　　[1점]

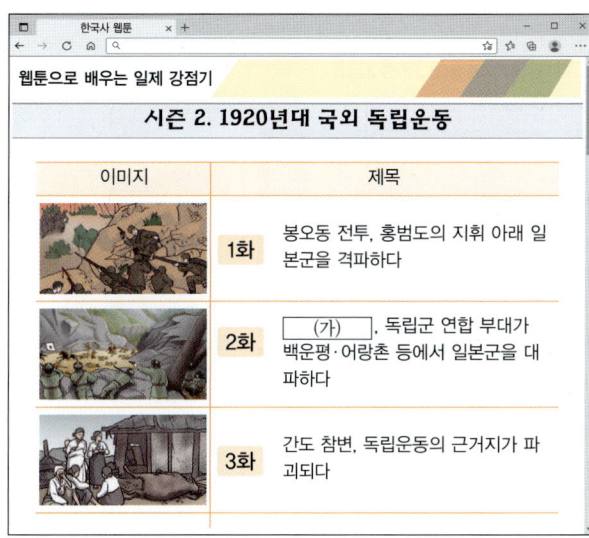

① 영릉가 전투　　② 청산리 전투
③ 흥경성 전투　　④ 대전자령 전투

정답 길잡이

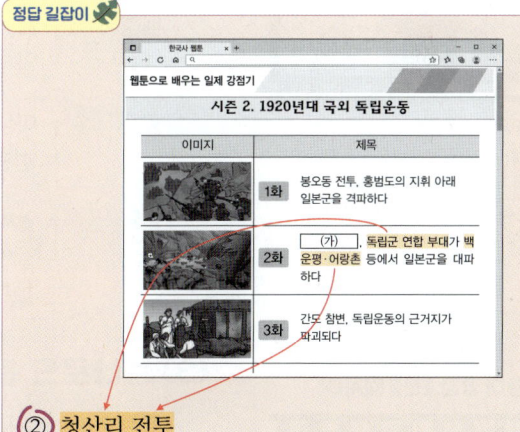

② 청산리 전투

청산리 전투는 1920년 일제가 봉오동 전투의 패배에 대한 보복으로 대규모의 군대를 만주로 보내면서 시작되었어요. 이에 일제에 대항하여 **김좌진의 북로 군정서**와 **홍범도의 대한 독립군** 등 여러 독립군 부대들이 연합하였고, 독립군 연합 부대는 **백운평, 어랑촌**, 고동하 등지에서 대승을 거두며 **일본군을 격퇴**하였어요.

오답 체크
① 영릉가 전투 → 조선 혁명군이 참가한 전투
③ 흥경성 전투 → 조선 혁명군이 참가한 전투
④ 대전자령 전투 → 한국 독립군이 참가한 전투

기출주제 40. 1920년대 실력 양성 운동과 사회 운동

핵심 키워드 | #물산 장려 운동 #민립 대학 설립 운동 #원산 총파업 #소년 운동 #형평 운동

스토리로 미리보기

S#1 조만식이 물산 장려 운동을 이끌다!

나, **조만식**은 **토산품**(국산품)을 애용하는 것이 우리 민족의 경제를 지켜내는 길이라 생각한다. 외국 물건 대신 토산품을 사서 쓰면 우리 민족의 기업이 더욱 발전할 것이다! 이곳 **평양**에서 사람들을 모아 단체를 만들고 운동을 펼쳐 나갈 것이다.

S#2 방정환이 소년 운동을 펼치다!

나 **방정환**, 마냥 뛰어 놀아도 모자랄 아이들이 공장에 나가 일하는 모습을 보니 마음이 아프다. 아이들은 마땅히 존중 받아야 하는 존재이거늘! 아이들을 존중하라는 뜻에서 '**어린이**'라고 부르도록 널리 알려야겠다.

S#3 백정들이 형평 운동을 펼치다!

갑오개혁 때 신분 제도가 폐지되었는데 **백정** 출신이라는 이유로 왜 아직도 차별을 받아야 합니까! 우리는 반드시 저울처럼 평등(**형평**)한 세상을 만들 것입니다. 백정이라는 모욕적인 말을 폐지하고, 차별 대우를 철폐해주십시오.

1 실력 양성 운동

(1) 물산 장려 운동

> 꼭 알아두기 | 물산 장려 운동이 평양에서 조만식을 중심으로 시작되었다는 점을 잘 알아두세요!

배경	: 일제의 회사령 폐지와 관세 철폐 움직임으로 조선 기업가들의 위기 의식이 심화됨
목적	: **토산품(국산품) 애용**을 통한 민족 산업의 자립을 추구함
구호	: '조선 사람 조선 것', '내 살림 내 것으로' 등의 구호를 내세움
전개	┌ **평양**에서 조만식의 주도로 조선 물산 장려회가 조직(1920)되면서 시작됨 → 이후 서울에서도 조선 물산 장려회가 발족(1923)되며 전국적으로 확산됨 └ 자작회와 토산 애용 부인회 등 다양한 단체가 참여함

기출 사료 더보기 **물산 장려 운동** [51회]

물산 장려에 대한 운동의 새로운 풍조가 시작된 이래로 …… 반드시 토산으로 원료를 삼아 학생모, 중절모 등을 제조하는 것이 좋겠다. …… 현재 인도에서는 간디캡이 크게 유행한다는데 간디 씨가 발명, 제조한 순 인도산의 재료로 순 인도인이 만든 모자라고 한다.

사료 해석: 일제가 회사령 폐지와 관세 철폐 움직임을 보이자, 조선 기업가들의 위기 의식이 심화되어 민족 산업의 자립을 추구하는 물산 장려 운동이 전개되었어요.

(2) 민립 대학 설립 운동

배경	┌ 제2차 조선 교육령이 공포되어 대학 설립이 가능해짐 └ 일제의 식민지 차별 교육에 대항하기 위해 고등 교육의 필요성이 나타남
활동	┌ 이상재, 이승훈 등이 **조선 민립 대학 기성회**를 조직(1923)하며 시작됨 └ '한민족 1천만이 한 사람이 1원씩'이라는 구호로 모금 운동을 전개함
결과	┌ 일제의 방해와 가뭄·수해 등으로 모금 운동이 실패함 └ 일제는 한국인의 고등 교육 열기를 무마하기 위해 회유책으로 경성 제국 대학을 설립함(1924)

(3) 브나로드 운동

> 어리석은 백성으로 만드는 것을 의미해요.

| 배경 | : 일제의 우민화 교육으로 한국인의 문맹률이 증가한 상황에서 농촌 계몽에 대한 관심이 증가함 |
| 활동 | ┌ '배우자! 가르치자! 다 함께! 브나로드!'라는 표어 아래 전개됨
└ 동아일보를 중심으로 문맹 타파와 근검절약, 미신 타파 등의 계몽 운동을 전개함 |

2 사회 운동

(1) 농민 운동
- **주장**: 소작료 인하와 소작권 이전 반대를 요구함
- **주요 사건**: 신안군 암태도의 소작인들이 고율의 소작료를 징수한 지주 문재철의 횡포에 맞서 소작 쟁의를 전개한 신안 암태도 소작 쟁의(1923)가 발생함 → 소작료 인하에 성공함

(2) 노동 운동
- **주장**: 임금 인상과 노동 조건 개선을 요구함
- **주요 사건**: 원산에 위치한 **라이징 선 석유 회사**의 일본인 감독이 한국인 노동자를 구타한 사건을 계기로 **원산 총파업**(1929)이 발생함

(3) 소년 운동
> 꼭 알아두기 | 소년 운동은 천도교 소년회의 방정환 등이 주도했어요. 이들의 활동을 잘 기억해두세요!

- **주도**: **천도교 소년회**의 **방정환**, 김기전 등이 주도함
- **활동**:
  - **어린이날**을 제정하고 잡지 『어린이』를 간행함
  - '잘 살려면 어린이를 위하라'라는 표어를 내세움

기출 사료 더보기 - 소년 운동 [43회]
가. 어른에게 전하는 부탁
1. 어린이를 내려다보지 마시고 반드시 쳐다보아 주시오.
2. 어린이를 늘 가까이하여 자주 이야기하여 주시오.
3. 어린이에게 경어를 쓰시되 늘 부드럽게 하여 주시오.
4. 이발이나 목욕 또는 옷 갈아입는 것 같은 일은 때 맞춰 하도록 하여 주시오.

사료 해석: 방정환 등 천도교 소년회는 소년 운동을 통해 어린이를 온전한 인격체로 대하고자 하였어요.

(4) 여성 운동
- **주도**: **근우회**를 중심으로 진행됨 (민족 유일당 운동으로 조직되었어요.)
- **활동**: 여성의 계몽과 차별 철폐, 구습 타파를 주장하였고, 강연회를 개최함

(5) 형평 운동
> 꼭 알아두기 | 형평 운동에 사용되었던 포스터도 함께 알아두면 문제를 풀기 더 쉬워질 거예요!

- **배경**: 신분제가 폐지된 이후에도 백정에 대한 사회적 편견과 차별이 존재함
- **목적**: **백정**에 대한 **사회적 차별 철폐**와 모욕적 칭호 폐지, 교육 장려 등을 목표로 함
- **전개**:
  - 진주에서 결성된 조선 형평사를 중심으로 전국으로 확산됨
  - 1920년대 중반 이후 사회주의와 연계하여 민족 해방 운동으로 발전함

▲ 형평사 제6회 전 조선 정기 대회 포스터

퀴즈로 개념 다지기

1. 실력 양성 및 사회 운동과 그 주도 단체를 알맞게 연결하세요.

(1) 물산 장려 운동 · · ⓐ 근우회 [67·66·64회]

(2) 민립 대학 설립 운동 · · ⓑ 조선 형평사 [67·66·63회]

(3) 여성 운동 · · ⓒ 조선 물산 장려회 [71·69·67회]

(4) 형평 운동 · · ⓓ 조선 민립 대학 기성회 [71·69회]

2. 기출 키워드의 초성을 완성하세요.

(1) 동아일보를 중심으로 전개된 농촌 계몽 운동: ㅂㄴㄹㄷ 운동 [69·67·60·58회]

(2) 라이징 선 석유 회사의 일본인 감독이 한국인 노동자를 구타한 사건을 계기로 발생한 노동 운동: ㅇㅅ ㅊㅍㅇ [71·63·60회]

(3) 신안군의 소작인들이 전개한 농민 운동: ㅇㅌㄷ 소작 쟁의 [60·58회]

(4) 소년 운동을 주도한 인물: ㅂㅈㅎ [71·57회]

정답 1. (1) ⓒ (2) ⓓ (3) ⓐ (4) ⓑ
2. (1) 브나로드 (2) 원산 총파업 (3) 암태도 (4) 방정환

기출로 실전 감각 키우기 기출주제 40 1920년대 실력 양성 운동과 사회 운동

01 물산 장려 운동 67회 기출

(가)에 들어갈 민족 운동으로 옳은 것은? [2점]

① 브나로드 운동
② 물산 장려 운동
③ 국채 보상 운동
④ 민립 대학 설립 운동

02 원산 총파업 50회 기출

다음 자료에 나타난 사건으로 옳은 것은? [2점]

① 6·3 시위
② 새마을 운동
③ 원산 총파업
④ 제주 4·3 사건

정답 길잡이

② **물산 장려 운동**

물산 장려 운동은 토산품을 애용하여 민족 산업을 육성하고자 한 운동이에요. 1920년대에 일제가 **회사령 폐지**와 **관세 철폐** 움직임을 보이자 조선 기업가들의 위기 의식이 높아졌어요. 이에 **평양**에서 **조만식**의 주도로 **조선 물산 장려회**가 조직되면서 물산 장려 운동이 시작되었고, 이후 **서울을 비롯한 전국으로 확산**되었어요. 이 운동은 '**조선 사람 조선 것**', '**내 살림 내 것으로**' 등의 구호 아래 전개되었어요.

오답 체크
① 브나로드 운동 → 동아일보가 주도한 농촌 계몽 운동
③ 국채 보상 운동 → 서상돈 등이 주도한 운동
④ 민립 대학 설립 운동 → 이상재 등이 주도한 운동

정답 길잡이

③ **원산 총파업**

원산 총파업은 **1929년 원산**에 위치한 라이징 선 석유 회사의 일본인 감독이 **조선인 노동자를 구타**한 사건을 계기로 발생하였어요. 이 사건에 분노한 노동자들은 일본인 감독 파면을 비롯한 8시간 노동제 실시, 최저 임금제 확립 등의 **노동 조건 개선**을 주장하며 파업하였어요.

오답 체크
① 6·3 시위 → 한·일 국교 정상화 반대(1964)
② 새마을 운동 → 농촌 환경 개선(1970)
④ 제주 4·3 사건 → 남한만의 단독 정부 수립 반대(1948)

이건 꼭! 암기
원산 총파업 → 라이징 선 석유 회사, 노동 조건의 개선 주장

03 방정환 71회 기출

(가)에 들어갈 내용으로 옳은 것은? [1점]

① 의열단 창설을 주도함
② 베를린 올림픽에 참가함
③ 어린이날 제정에 기여함
④ 헤이그에 특사로 파견됨

정답 길잡이

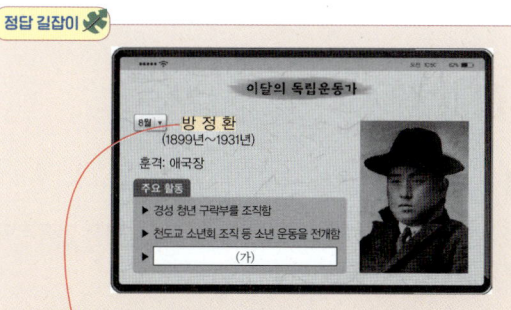

③ 어린이날 제정에 기여함

방정환은 일제 강점기에 '잘 살려면 어린이를 위하라'라는 표어를 내세우며 **소년 운동**을 주도한 인물이에요. 그는 **천도교 소년회**를 조직하여 **어린이날**을 제정하고, 잡지인 『어린이』를 간행하는 등의 활동을 펼쳤어요.

오답 체크
① 의열단 창설을 주도함 → 김원봉
② 베를린 올림픽에 참가함 → 손기정
④ 헤이그에 특사로 파견됨 → 이준, 이위종, 이상설

이건 꼭! 암기
방정환 → 천도교 소년회 조직, 어린이날 제정, 소년 운동 전개

04 형평 운동 50회 기출

(가)에 들어갈 자료로 옳은 것은? [2점]

①  ②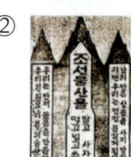

③  ④

정답 길잡이

형평 운동은 일제 강점기에 백정들이 저울처럼 평등한 사회를 만들고자 일으켰던 운동이에요. 백정들은 제1차 갑오개혁 당시 신분제가 폐지되었음에도 여전히 사회적인 차별을 받았어요. 이에 백정에 대한 사회적 차별 철폐를 목표로 **진주**에서 **조선 형평사가 창립**되어 **형평 운동**을 전개하였어요.

오답 체크
② 물산 장려 운동 → 민족 산업의 경제적 자립 운동
③ 소년 운동 → 어린이를 온전한 인격체로 대하자는 운동
④ 브나로드 운동 → 농촌 계몽 운동

이건 꼭! 암기
형평 운동 → 백정, 평등한 사회, 조선 형평사

기출주제 41 | 1920년대 대중 운동과 신간회

핵심 키워드 | #6·10 만세 운동 #순종의 인산일 #신간회 #광주 학생 항일 운동 #진상 조사단

스토리로 미리보기

S#1 순종의 장례일에 6·10 만세 운동이 일어나다!

대한 제국의 마지막 황제이신 **순종** 황제가 세상을 떠나셨다. 고종 황제가 떠나신 후 3·1 운동이 일어났던 것처럼 이번에도 **인산일**(장례일)에 맞춰 학생들과 여러 단체가 만세 시위를 준비 중인 것 같다. 일제에게 우리 민족의 정신을 또 한 번 보여줄 수 있을 것 같다.

S#2 신간회가 창립되다!

이제 우리는 독립운동을 위해서 서로 다른 사상을 가졌더라도 힘을 합쳐야 합니다! 이에 새로운 단체의 창립을 선포하고, 단체의 이름을 '민족 운동의 새로운 줄기가 될 조직'이라는 뜻에서 **신간회**라 칭하겠습니다. 우리의 3대 강령은 반드시 기억합시다!

S#3 광주 학생 항일 운동이 일어나다!

뭐야, 일본인 학생이 잘못한 건데 왜 한국 학생만 처벌한 거야? 이건 차별이야! 절대 그냥 못 넘어가! **광주의 학생**들에게 함께 모여 항의하자고 해야겠어!

1 6·10 만세 운동

> 꼭 알아두기 | 순종의 인산일을 기회삼아 일어난 6·10 만세 운동이 민족 유일당 운동에 끼친 영향을 알아야 해요!

배경	─ 일제의 수탈과 식민지 차별 교육 정책에 대한 반발이 심화됨 ─ 대한 제국의 마지막 황제였던 순종이 서거함
계획	사회주의 세력과 천도교 일부 세력(민족주의 계열), 학생 단체들이 연합하여 **순종의 인산일**(6월 10일)을 기회로 삼아 대규모 시위를 계획함
전개	사회주의 세력과 천도교 연합의 계획이 사전에 발각됨 → 조선 학생 과학 연구회 등 학생 단체의 시위는 예정대로 진행되어 서울에서 만세 시위가 전개됨
의의	만세 시위를 계획하는 과정에서 사회주의 세력과 민족주의 세력이 연합함으로써 국내에서 **민족 유일당 운동이 전개되는 계기**가 됨

▲ 6·10 만세 운동 [25회]

> **기출 사료 더보기** 📍**6·10 만세 운동** [37회]
>
> 이날은 **순종 황제의 인산(因山)일**(장례일)이었다. 그의 가는 길에 한줄기 눈물이라도 뿌리려고 각처에서 군중들이 모여들었다. 이것이 어찌 나라를 잃고서 원망만 받던 그의 죽음이 슬퍼서이겠는가. 망국 최후 주권자의 마지막 길을 조상(弔喪)하는 것이다. 자주 독립의 새 나라를 세우려는 사람들의 갈망이 대한 독립 만세의 외침으로 분출되었다.
>
> **사료 해석**: 6·10 만세 운동은 대한 제국의 마지막 황제인 순종 황제의 인산일(장례일)에 맞춰 전개된 만세 운동이었어요.

2 민족 유일당 운동과 신간회

(1) 민족 유일당 운동의 배경

민족주의 세력 분열	민족주의 세력 중 일부가 자치론을 주장하자, 민족주의 세력이 타협적 민족주의 세력과 비타협적 민족주의 세력으로 분열됨
사회주의 세력 약화	치안 유지법으로 탄압받던 사회주의 세력이 민족주의 세력과의 연합을 고려함

※ 자치론: 일제의 지배를 인정하는 범위 내에서 자치권을 획득하자는 주장으로, 민족운동의 분열을 가져왔어요.
※ 비타협적 민족주의 세력: 자치론을 반대하고 완전한 독립을 주장하는 민족주의 세력이에요.

(2) 국내 민족 유일당 운동의 전개

> 꼭 알아두기 | 민족 유일당 운동의 전개 과정을 기억해두세요!

6·10 만세 운동(1926. 6.)	사회주의 세력과 민족주의 세력의 연대 가능성을 발견함
정우회 선언 (1926. 11.)	정우회가 사회주의 세력의 활동 방향을 밝힘 → 비타협적 민족주의 세력과의 연대를 주장함
신간회 창립 (1927)	비타협적 민족주의 세력과 사회주의 세력이 연합하여 합법적인 단체인 **신간회**를 창립함

(3) 신간회의 활동

꼭 알아두기 | 신간회의 활동 강령과 활동 내용을 기억하세요!

- **활동 강령**: 민족의 정치적·경제적·사회적 각성, 민족 대단결, **기회주의 일체 부인**
- **활동**
  - **광주 학생 항일 운동에 진상 조사단을 파견**하고 민중 대회를 준비함
  - 전국에 140여 개의 지회를 설치하고, 원산 총파업을 지원함
- **자매 단체: 근우회**
  - 여성 단체들의 민족 유일당 운동의 결과 신간회의 자매 단체로 창립됨
  - 기관지로 『근우』를 발행하고, 여성 계몽과 차별, 구습 타파를 주장함
- **해소**: 사회주의 세력이 민족주의 계열과의 연합을 중단하는 노선으로 바꾸고 단체에서 이탈하면서 신간회가 해소됨

기출 사료 더보기 | 신간회 강령 [47회]

1. 우리는 정치적·경제적 각성을 촉진함.
1. 우리는 단결을 공고히 함.
1. 우리는 기회주의를 일체 부인함.

사료 해석: 신간회는 비타협적 민족주의 세력과 사회주의 세력이 민족 유일당 운동을 전개하여 조직한 단체예요. 신간회는 기회주의적인 타협적 민족주의 계열을 비판하여 강령에도 기회주의를 부인한다는 것을 드러내었어요.

3 광주 학생 항일 운동

꼭 알아두기 | 광주 학생 항일 운동의 전개 과정에 대해 알아두세요!

- **발단**: 광주에서 나주로 가는 통학 열차 안에서 **일본 남학생이 한국 여학생을 희롱**하여 한·일 학생 간의 충돌이 발생함 → 일본 경찰이 편파적으로 수사하여 한국 학생들의 불만이 고조됨
- **전개**
  - 광주에서 검거자 탈환, 식민지 차별 교육 철폐, 한국인 본위의 교육 제도 확립 등을 요구하며 일어난 학생 시위가 전국적인 항일 투쟁으로 확산됨
  - **신간회가 진상 조사단을 파견**하고 민중 대회를 개최할 것을 계획하였으나 일제에 의해 실패함
- **의의**
  - 3·1 운동 이후에 일어난 최대 규모의 민족 운동
  - 전국 각지에서 동맹 휴학이 일어나게 되는 도화선이 됨

기출 사료 더보기 | 광주 학생 항일 운동 [43회]

지난 10월 30일에 광주 여자 고등보통학교 학생 박기옥이 광주에서 돌아와 나주역을 나오려 할 때, 광주 중학교 학생 후쿠다 등이 앞을 막고 희롱하였다. 이에 박기옥의 사촌 동생인 광주 고등보통학교 학생 박준채가 그 무리들을 질책하니 일본인 중학생들은 도리어 고함을 치며 덤벼들었다.

사료 해석: 광주 학생 항일 운동은 일본인 남학생이 한국인 여학생을 희롱한 사건에서 시작되어 전국 각지에서 동맹 휴학이 일어나는 등 전국적인 항일 민족 운동으로 발전하였어요.

퀴즈로 개념 다지기

1. 1920년대에 전개된 대중 운동과 사건을 순서대로 나열하세요.

ⓐ 정우회 선언 [45·43·42회]
ⓑ 6·10 만세 운동 [69·67·66·63회]
ⓒ 광주 학생 항일 운동 [69·63·60회]
ⓓ 신간회 창립 [71·69·67회]

[- - -]

2. 기출 키워드의 초성을 완성하세요.

(1) 6·10 만세 운동이 일어난 날
: ㅅㅈ 의 인산일(장례일)
[69·67·60회]

(2) 6·10 만세 운동 당시 시위를 주도한 학생 단체:
조선 학생 ㄱㅎ ㅇㄱㅎ [50회]

(3) 신간회의 강령
: ㄱㅎㅈㅇ 일체 부인 [58·54회]

(4) 신간회의 자매 단체: ㄱㅇㅎ
[67·66·64·63·57회]

(5) 신간회가 광주 학생 항일 운동에 파견한 것: ㅈㅅ ㅈㅅㄷ
[69·67·60회]

정답
1. ⓑ - ⓐ - ⓓ - ⓒ
2. (1) 순종 (2) 과학 연구회
   (3) 기회주의 (4) 근우회
   (5) 진상 조사단

기출로 실전 감각 키우기 기출주제 41 1920년대 대중 운동과 신간회

01 1920년대 항일 민족 운동 57회 기출

(가)에 들어갈 사진으로 옳은 것은? [2점]

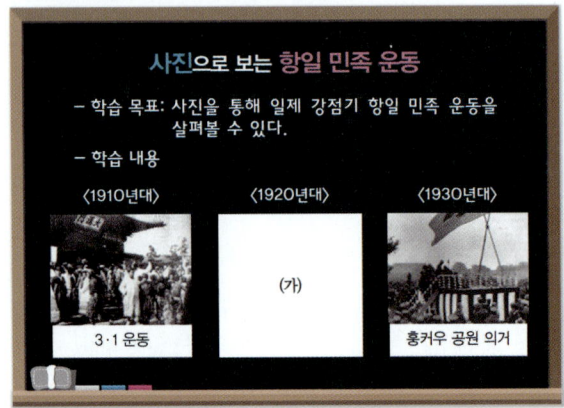

①
②
③
④

정답 길잡이

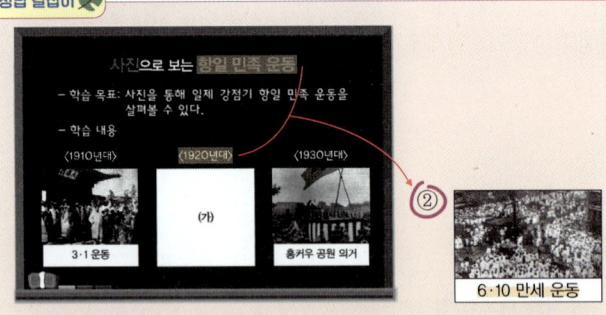

6·10 만세 운동은 일제 강점기인 1920년대에 일어난 **항일 민족 운동**이에요. 1926년에 대한 제국의 마지막 황제였던 순종이 서거하자, **사회주의 세력과 천도교 계열의 민족주의 세력, 학생 단체가 연합**하여 순종의 인산일(장례일)을 기회로 삼아 시위를 계획하였어요. 사회주의 세력과 천도교 계열의 민족주의 세력이 세운 계획은 사전에 발각되었으나, 학생 단체의 시위는 예정대로 진행되어 서울에서 **만세 시위**가 전개되었어요.

오답 체크
① 정미의병 → 1907년
③ 조선 의용대 창설 → 1938년
④ 헤이그 특사 파견 → 1907년

02 6·10 만세 운동 50회 기출

(가)에 들어갈 민족 운동에 대한 설명으로 옳은 것은? [3점]

① 신간회 창립의 계기가 되었다.
② 을미사변에 반발하여 일어났다.
③ 대한민국 임시 정부 수립에 영향을 끼쳤다.
④ 동아일보의 적극적인 지원을 받아 진행되었다.

정답 길잡이

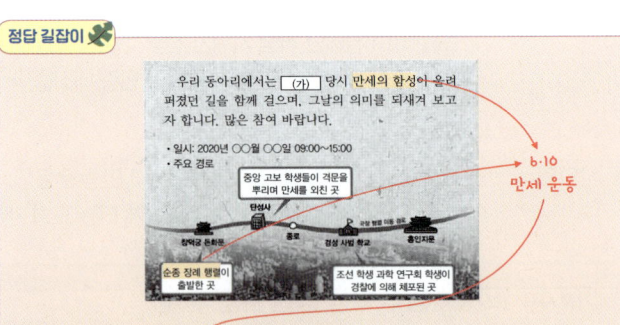

① **신간회 창립의 계기가 되었다.**

6·10 만세 운동은 1926년 **순종의 장례일**에 맞춰 일어난 만세 운동이에요. 준비 과정에서 민족주의 세력과 사회주의 세력의 만세 운동 계획이 발각되어 시위는 **조선 학생 과학 연구회**를 비롯한 학생 단체들을 중심으로 전개됐어요. 비록 전국적인 시위로 확대되지는 못하였지만, 민족주의 세력과 사회주의 세력의 연대 가능성이 발견되어 **신간회가 창립되는 계기**가 되었어요.

오답 체크
② 을미사변에 반발하여 일어났다. → 을미의병
③ 대한민국 임시 정부 수립에 영향을 끼쳤다. → 3·1 운동
④ 동아일보의 적극적인 지원을 받아 진행되었다. → 브나로드 운동

이건꼭! 암기
6·10 만세 운동 → 순종 장례일, 민족주의 세력과 사회주의 세력의 연대, 신간회

03 신간회   54회 기출

다음 가상 뉴스의 (가)에 들어갈 단체로 옳은 것은? [2점]

① 보안회   ② 신간회   ③ 진단 학회   ④ 조선 형평사

04 광주 학생 항일 운동   69회 기출

(가) 민족 운동에 대한 설명으로 옳은 것은? [2점]

① 대한매일신보의 지원을 받았다.
② 통감부의 탄압으로 실패하였다.
③ 순종의 인산일을 계기로 일어났다.
④ 신간회에서 진상 조사단을 파견하였다.

정답 길잡이

② 신간회

신간회는 6·10 만세 운동 이후 민족주의 세력 일부와 사회주의 세력의 **민족 유일당 운동**으로 결성된 단체예요. 초대 회장으로는 **이상재**가 선출되었고, **'정치적·경제적 각성'**과 **'일체의 기회주의를 부인함'** 등을 활동 강령으로 내세웠어요.

오답 체크
① 보안회 → 대한 제국 시기의 애국 계몽 운동 단체
③ 진단 학회 → 일제 강점기에 실증주의 사학을 연구한 학술 단체
④ 조선 형평사 → 일제 강점기의 사회적 민족 운동 단체

📖 **이건 꼭! 암기**
신간회 → 민족 유일당 운동, 이상재, 광주 학생 항일 운동

정답 길잡이

④ 신간회에서 진상 조사단을 파견하였다.

광주 학생 항일 운동은 광주에서 나주로 가는 통학 열차 안에서 일본 남학생이 한국 여학생을 희롱하여 발생한 **한·일 학생 간의 충돌**이 원인이 되어 일어났어요. 수사 과정에서 차별 받은 **광주 학생들**이 **'검거자 탈환, 식민지 차별 교육 철폐'** 등을 요구하며 **시위를 시작**하였고, **신간회가 진상 조사단을 파견**하는 등 운동을 지원하여 전국적인 항일 투쟁 투쟁으로 확산되었어요.

오답 체크
① 대한매일신보의 지원을 받았다. → 국채 보상 운동
② 통감부의 탄압으로 실패하였다. → 국채 보상 운동
③ 순종의 인산일을 계기로 일어났다. → 6·10 만세 운동

기출주제 42 1930년대 이후 일제의 통치

핵심 키워드 | #민족 말살 통치 #황국 신민 서사 #국가 총동원법 #미곡 공출제 #여자 정신 근로령

스토리로 미리보기

S#1 일본이 한국인의 이름을 일본식으로 바꾸려 하다!

자네 그 소식 들었는가? 일제가 우리의 **성과 이름**을 모두 **일본식**으로 바꾸라고 강요하고 있다네. 부모님이 지어주신 소중한 이름을 일본식으로 바꿔야 한다니 정말 화가 나는군!

S#2 일제가 놋그릇까지 공출해가다!

아이고. **일제가 전쟁**을 일으키더니 물자가 부족하다는 이유로 집에 있는 수저와 **놋그릇**까지 싹싹 가져갔다. 이러다가는 집에 금속류가 남아나지 않겠구만!

S#3 일제가 한국인을 전쟁에 동원하다!

일제가 갑자기 **육군 특별 지원병** 제도가 생겼다며 한국인도 국방 의무를 질 수 있게 되었다고 한다. 일제를 위해 전쟁에 나가라고 하는데, 안 나갈 수도 없고 걱정이다.

1 민족 말살 통치

(1) 배경과 목적

- **배경**: 일제가 경제 공황의 상황을 해결하기 위해 만주 사변(1931), 중·일 전쟁(1937), 태평양 전쟁(1941) 등 침략 전쟁을 일으킴
  - *일제가 만주를 중국 침략의 발판으로 만들기 위해 벌인 침략 전쟁이에요.*
- **목적**
  - 조선을 전쟁을 수행하기 위한 병참 기지로 만들어 침략 전쟁에 필요한 군수 물자를 생산하게 함
  - 한국인의 민족 의식을 말살하여 침략 전쟁에 원활하게 동원하기 위함

(2) 통치 내용

꼭 알아두기 | 일제가 한국인의 민족성을 말살시키기 위해 어떤 정책을 실시했는지 기억해야 해요!

- **황국 신민화 정책**
  - **특징**: 한국인을 일왕에 충성하는 백성으로 만들고자 함
  - **내선일체**: 내지(일본)와 조선이 하나라고 주장함
  - **일선동조론**: 일본인과 조선인(한국인)의 조상이 같다고 주장함
- **황국 신민 서사 암송**: 일왕에게 충성을 맹세하는 내용의 **황국 신민 서사**를 강제로 외우게 함

> **기출 사료 더보기** 📍**황국 신민 서사** [51회]
>
> 1. 우리들은 대일본 제국의 신민입니다.
> 2. 우리들은 마음을 합하여 천황 폐하에게 충의를 다합니다.
>
> **사료 해석**: 황국 신민 서사는 일왕에게 충성을 맹세하는 내용으로, 일제는 한국인들에게 이를 외우도록 강요하였어요.
>
>

- **신사 참배**: 전국에 일본의 신을 모신 **신사를 세우고 강제로 참배**하게 함
- **창씨 개명**: 한국인의 성과 이름을 일본식으로 바꾸는 **창씨 개명**을 강요함(1939)

> **기출 사료 더보기** 📍**창씨 개명** [17회]
>
> …… 어린 김군은 새 이름을 알아보기 위해 집으로 달려갔다. 집으로 가는 길에 줄곧 '나의 이름을 잃게 되는구나. 우리들 모두 이름을 잃게 되는구나.'라는 생각에 사로잡혀 있었다. 김군과 그의 아버지는 경찰서로 가서 새로운 이름을 등록해야 했다. 새 이름은 귀에 설게 들렸다. ……
>
> **사료 해석**: 민족 말살 통치 시기에 일제는 한국인의 이름을 일본식으로 바꾸도록 강요하였어요.

- **교육 통제**
  - **제3차 조선 교육령**: 조선어를 선택 과목으로 바꿈
  - **국민학교령**: 소학교의 명칭을 '황국 신민의 학교'라는 뜻인 **국민학교**로 변경함
  - **제4차 조선 교육령**: 조선어와 조선사 과목을 폐지함
- **독립운동 탄압**
  - **조선 사상범 보호 관찰령**(1936): 독립운동가들을 감시하고 탄압함
  - **조선 사상범 예방 구금령**(1941): 독립운동가들을 재판 없이 구치소나 교도소에 가두어 둘 수 있음
- **신문 폐간**: 조선일보와 동아일보 등 우리말 신문을 폐간하여 언론을 탄압함

2 경제 수탈

(1) 1930년대의 경제 수탈

농촌 진흥 운동
- 배경: 경제 공황으로 농촌 경제가 어려워지자 소작 쟁의가 빈번하게 일어남
- 내용: 조선 농지령(1934) 등을 제정하여 농민의 불만을 무마하고자 함
  - 농민의 소작권 확립을 보호하기 위해 제정되었으나 큰 효과는 없었어요.
- 한계: 농민들의 반발을 무마하고 통제를 강화하기 위한 회유책이었음

병참 기지화 정책
- 목적: 한반도를 전쟁 물자를 생산하는 병참 기지로 삼고자 함
- 내용: 석탄, 철 등 지하 자원이 풍부한 한반도 북부 지방을 중심으로 군수 산업을 육성함

(2) 중·일 전쟁(1937) 이후의 경제 수탈

> 꼭 알아두기 | 일제가 한국의 인적·물적 자원을 어떻게 수탈했는지 알아야 해요!

배경: 중·일 전쟁 발발(1937) 이후 일본의 침략 전쟁이 본격화됨

국가 총동원법 제정: 일제가 조선의 인력과 물자 수탈을 강화하기 위해 제정함(1938)

기출 사료 더보기 · 국가 총동원법 [33회]

제4조 정부는 전시에 **국가 총동원상** 필요한 경우에는 칙령이 정하는 바에 따라 **제국 신민을 징용**하여 총동원 업무에 종사시킬 수 있다.

제8조 정부는 ...... 물자의 생산, 수리, 배급, 양도, 그 밖의 처분, 사용, 소비, 소지 및 이동에 관하여 필요한 명령을 할 수 있다.

사료 해석: 일제는 침략 전쟁을 수행하기 위해 국가 총동원법을 제정하여 조선의 인력과 물자를 마음대로 수탈하였어요.

물적 수탈
- 산미 증식 계획 재개: 중단되었던 산미 증식 계획을 재개하여 군량을 확보함
- 공출 제도 실시: 군량을 마련하기 위하여 **미곡 공출제**를 시행함
  - 국가의 필요에 따라 물자나 식량을 의무적으로 납부하게 하는 제도예요.
- 금속류 회수령: 전쟁 물자가 부족해지자 농기구와 놋그릇 등 금속 제품까지 공출함(1941)
- 식량 통제: 식량 소비를 규제하기 위하여 식량 배급제를 실시함

인적 수탈
- 징병: 육군 특별 지원병제(1938), 학도 지원병제(1943), **징병제**(1944)를 실시함
- 징용: **국민 징용령**(1939)을 제정하여 공사, 광산 등에 노동력을 동원함
- 여성
  - **여자 정신 근로령**(1944)을 제정하여 여성들을 군수 공장에 강제로 동원함
  - 젊은 여성을 일본군 '**위안부**'로 전쟁터에 강제 동원함

기출 자료 더보기 · 중·일 전쟁 이후의 경제 수탈 [33회]

▲ 놋그릇 공출

▲ 강제 징병

퀴즈로 개념 다지기

1. 민족 말살 통치 시기의 통치 내용을 알맞게 연결하세요.

(1) 신사 참배 · · ⓐ 조선어 과목 폐지 [58회]

(2) 창씨 개명 · · ⓑ 성과 이름을 일본식으로 변경 [64회]

(3) 제4차 조선 교육령 · · ⓒ 일왕에게 충성 맹세 [71·64·63·61·60회]

(4) 황국 신민 서사 암송 · · ⓓ 일본의 신을 강제로 참배 [71회]

2. 기출 키워드의 초성을 완성하세요.

(1) 일제가 인력, 물자 수탈을 위해 제정한 법: ㄱㄱ ㅊㄷㅇ법 [71·57회]

(2) 일제가 물자 수탈을 위해 실시한 법령: ㅁㄱ ㄱㅊ제 [69·58·57회]

(3) 일제가 공사, 광산 등에 한국인의 노동력을 동원하기 위해 제정한 법: 국민 ㅈㅇㄹ [66·64·61회]

(4) 여성들을 강제 동원한 법: 여자 ㅈㅅ ㄱㄹ령 [69회]

정답 1. (1) ⓓ (2) ⓑ (3) ⓐ (4) ⓒ
2. (1) 국가 총동원 (2) 미곡 공출 (3) 징용령 (4) 정신 근로

기출로 실전 감각 키우기 기출주제 42 1930년대 이후 일제의 통치

01 민족 말살 통치 시기 71회 기출

밑줄 그은 '시기'에 있었던 사실로 옳은 것은? [2점]

충남의 한 읍성 발굴 조사 현장에서 황국 신민 서사가 새겨진 돌기둥이 발견되었습니다. 황국 신민 서사는 일제가 중·일 전쟁을 일으켜 침략 전쟁을 확대하던 시기에 만들어져 한국인들에게 암송하도록 강요되었습니다. 돌기둥이 발견된 장소가 과거 초등학교 부지였던 것으로 보아 아동을 대상으로 제작된 것으로 추정됩니다.

황국 신민 서사 돌기둥 발견

① 신간회가 창립되었다.
② 신사 참배가 강요되었다.
③ 교육 입국 조서가 발표되었다.
④ 동양 척식 주식회사가 설립되었다.

02 민족 말살 통치 시기 64회 기출

밑줄 그은 '이 시기'에 볼 수 있는 모습으로 적절하지 <u>않은</u> 것은? [3점]

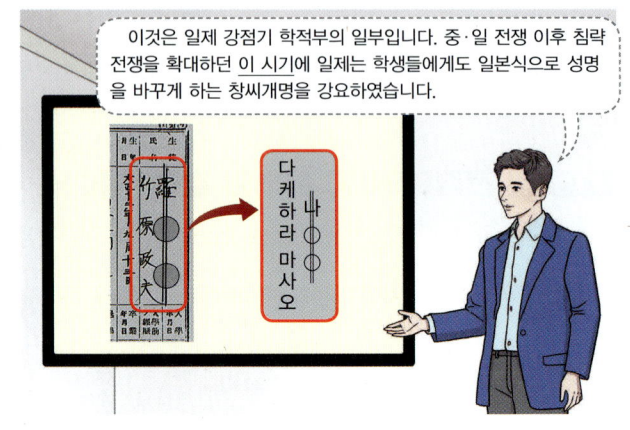

이것은 일제 강점기 학적부의 일부입니다. 중·일 전쟁 이후 침략 전쟁을 확대하던 이 시기에 일제는 학생들에게도 일본식으로 성명을 바꾸게 하는 창씨개명을 강요하였습니다.

① 공출을 독려하는 애국반 반장
② 황국 신민 서사를 암송하는 학생
③ 국민 징용령에 의해 끌려가는 청년
④ 회사령을 공포하는 조선 총독부 관리

정답 길잡이

민족 말살 통치 시기

황국 신민 서사 돌기둥 발견

② 신사 참배가 강요되었다.

민족 말살 통치 시기에 일제는 **중·일 전쟁**을 일으켜 침략 전쟁을 확대하였어요. 또한 이 시기에는 한국인의 민족 의식을 말살하기 위해 일왕에게 충성을 맹세하는 **황국 신민 서사를 암송**하게 하고, 전국에 일본의 신을 모신 신사를 세우고 **신사 참배**를 강요하였어요.

오답 체크
① 신간회가 창립되었다. → 문화 통치 시기
③ 교육 입국 조서가 발표되었다. → 국권 피탈 이전
④ 동양 척식 주식회사가 설립되었다. → 국권 피탈 이전

정답 길잡이

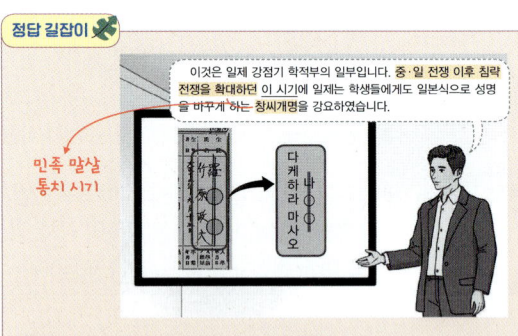

민족 말살 통치 시기

④ 회사령을 공포하는 조선 총독부 관리 → 무단 통치 시기

무단 통치 시기인 1910년대에 일제는 회사 설립 시 총독의 허가를 받도록 하는 **회사령을 공포**하였어요. 이를 통해 일제는 민족 자본의 성장을 억제하고자 하였어요. 한편 회사령은 1920년에 폐지되었어요.

오답 체크
① 민족 말살 통치 시기에 일제는 침략 전쟁 수행을 위한 식량과 전쟁 물자를 확보하기 위해 **공출제**를 실시하였어요.
② 민족 말살 통치 시기에 일제는 학생은 물론 일반인에게도 일왕에 충성을 맹세하는 내용의 **황국 신민 서사**를 암송하게 하였어요.
③ 민족 말살 통치 시기에 일제는 **국민 징용령**을 제정하여 공사, 광산 등에 노동력을 동원하였어요.

03 국가 총동원법 제정 이후 일제의 정책 49회 기출

다음 법령이 제정된 이후 시행된 일제의 정책으로 옳은 것은? [2점]

> 제4조 정부는 전시에 국가 총동원상 필요한 경우에는 칙령이 정하는 바에 따라 제국 신민을 징용하여 총동원 업무에 종사시킬 수 있다.
> ……
> 제8조 정부는 …… 물자의 생산, 수리, 배급, 양도, 그 밖의 처분, 사용, 소비, 소지 및 이동에 관하여 필요한 명령을 할 수 있다.

① 징병제를 실시하였다.
② 조선 태형령을 제정하였다.
③ 토지 조사령을 공포하였다.
④ 헌병 경찰제를 시행하였다.

04 민족 말살 통치 시기 69회 기출

밑줄 그은 '이 시기'에 일제가 추진한 정책으로 가장 적절한 것은? [2점]

이 사진은 일본 나고야 미쓰비시 중공업에 강제 동원된 조선 여자 근로 정신대 여성들의 모습입니다. 일제는 중·일 전쟁 이후 침략 전쟁을 확대하던 이 시기에 한국인을 탄광, 군수 공장 등으로 끌고 가 열악한 환경에서 혹사시켰습니다.

① 지계를 발급하였다.
② 조선 태형령을 공포하였다.
③ 미곡 공출제를 시행하였다.
④ 헌병 경찰 제도를 실시하였다.

정답 길잡이

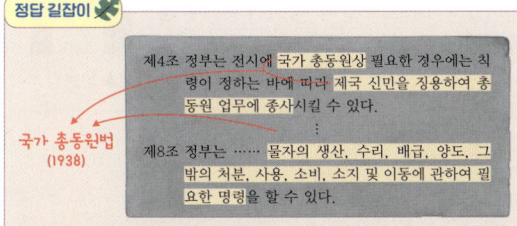

국가 총동원법 (1938)

① 징병제를 실시하였다. → 1944년

일제는 중·일 전쟁을 일으켜 침략 전쟁을 확대하고, **국가 총동원법**(1938)을 제정하여 전쟁에 필요한 인적·물적 자원을 수탈했어요. 이에 따라 **학도 지원병제**(1943), **징병제**(1944) 등을 통해 조선의 청년들을 침략 전쟁에 강제로 동원하였으며, **여자 정신 근로령**(1944)을 통해 여성들을 군수 공장에 강제로 동원하였어요.

오답 체크
② 조선 태형령을 제정하였다. → 1912년
③ 토지 조사령을 공포하였다. → 1912년
④ 헌병 경찰제를 시행하였다. → 1910년대

이건 꼭! 암기
민족 말살 통치 시기 → 국가 총동원법, 징병제, 학도 지원병제, 여자 정신 근로령

정답 길잡이

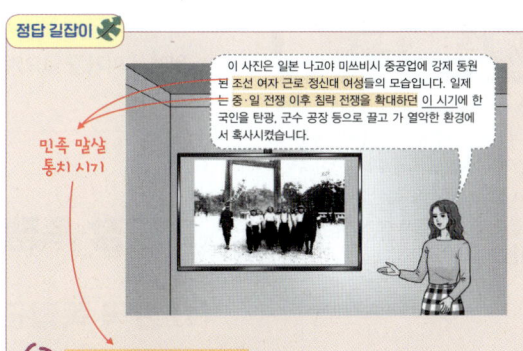

민족 말살 통치 시기

③ 미곡 공출제를 시행하였다.

민족 말살 통치 시기에 일제는 **중·일 전쟁**을 일으켜 침략 전쟁을 확대하였어요. 이에 일제는 전쟁에 필요한 인력을 동원하기 위해 **국민 징용령**(1939), **징병제**(1944) 등을 실시하였으며, **여자 정신 근로령**(1944)을 통해 여성들을 군수 공장에 강제로 동원하였어요. 또한 일제는 군량을 마련하기 위해 **미곡 공출제**를 시행하였어요.

오답 체크
① 지계를 발급하였다. → 대한 제국 시기
② 조선 태형령을 공포하였다. → 무단 통치 시기
④ 헌병 경찰 제도를 실시하였다. → 무단 통치 시기

기출주제 43 1930년대 이후의 독립운동

핵심 키워드 | #한인 애국단 #이봉창 #윤봉길 #조선 의용대 #한국광복군 #국내 진공 작전

스토리로 미리보기

S#1 김구가 한인 애국단을 조직하다!

함께 하던 많은 독립운동가들이 의견 차이로 임시 정부를 떠났다. 침체된 **임시 정부에 활기**를 불어 넣을 방도가 필요하다!

S#2 윤봉길이 훙커우 공원에서 폭탄을 던지다!

나는 **윤봉길**입니다. 조국의 독립을 위해 **한인 애국단**에 가입했습니다. 오늘 나는 상하이 훙커우 공원에서 열리는 일왕 생일 축하식에서 폭탄을 던지려 합니다. 그나저나 김구 선생의 시계가 많이 낡아 보이네요. 내 시계를 드려야겠습니다. 내 시계는 한 시간 밖에 쓸 수 없을 테니.

S#3 한국광복군이 창설되다!

우리는 대한민국 임시 정부 산하의 **한국광복군** 소속 군인입니다. 총사령관은 만주에서 활약하신 **지청천** 장군이십니다. 곧 있으면 **김원봉** 선생이 이끄는 조선 의용대도 한국광복군에 합류한다고 하니, 우리의 군사력이 더욱 강해질 것 같습니다.

1 한인 애국단

(1) 조직과 목적

조직	김구의 주도로 상하이에서 조직됨(1931)
목적	국민 대표 회의가 결렬된 이후 침체된 임시 정부에 활기를 불어넣기 위함

(2) 주요 단원

> 꼭 알아두기 | 한인 애국단의 단원인 이봉창과 윤봉길의 의거 활동에 대해 알아두세요!

이봉창
- 의거: 이봉창이 일본 도쿄에서 일왕 히로히토의 마차에 폭탄을 투척함(1932)
- 영향: 이봉창의 의거에 대해 당시 중국 신문이 '안타깝게도 일본 국왕이 죽지 않았다'라는 식으로 표현하자, 일제가 이에 대한 보복으로 상하이를 공격하여 점령함(상하이 사변)

▲ 이봉창

윤봉길
- 의거: **윤봉길**이 **상하이 훙커우 공원**에서 열린 일왕 탄생 축하 겸 상하이 점령 축하식에서 단상에 폭탄을 던져 일본군 장군과 고위 관리를 처단함(1932)
- 영향: 윤봉길의 의거로 일본의 탄압이 강화되어 대한민국 임시 정부가 상하이를 떠나게 됨

기출 자료 더보기 | 윤봉길 [51회]

윤봉길(1908~1932)은 **한인 애국단**에 가입하며, 조국의 독립과 자유를 회복하기 위하여 일제 장교를 처단하겠다는 선서문을 작성하였다. 그리고 3일 후, **상하이 훙커우 공원에서 의거**를 일으켜 한국인의 독립 의지를 만방에 알렸다.

▲ 윤봉길

2 무장 투쟁

(1) 한국 독립군과 조선 혁명군

배경	일제가 만주 사변을 일으키자, 만주의 독립군과 중국군이 연합 전선을 형성함

한국 독립군
- 총사령관 **지청천**을 중심으로 한 한국 독립당의 군사 조직
- 북만주 일대에서 중국 호로군 등과 연합 작전을 수행하여 쌍성보·**대전자령 전투** 등에서 일본군을 격퇴함
- 이후 지청천 등이 임시 정부에 합류하자 세력이 약화됨

| 기출 자료 더보기 | **한국 독립군** [49회] |

지청천 장군이 이끄는 **한국 독립군은 중국 호로군과 연합하여 일본군을 대전자령에서 물리치고** 많은 전리품을 노획하였다. 전투에 앞서 지청천 장군은 "대전자령의 공격은 이천만 대한 인민을 위하여 원수를 갚는 것이다. 제군은 만대 자손을 위하여 최후까지 싸우라."고 말하며 사기를 북돋운 것으로 전해진다.

조선 혁명군
- 총사령관 양세봉을 중심으로 한 조선 혁명당의 군사 조직
- 남만주 일대에서 중국 의용군 등과 연합하여 영릉가·흥경성 전투에서 일본군을 격파함

| 기출 자료 더보기 | **조선 혁명군의 영릉가 전투** [44회] |

때는 해동 무렵이어서 얼음이 풀린 소자강은 수심이 깊었다. 게다가 얼음덩이가 뗏목처럼 흘러내렸다. 하지만 앞에 있는 이 강을 건너지 못하면 **영릉가**로 쳐들어갈 수 없었다. 밤 12시까지 영릉가에 들어가 반드시 공격을 알리는 신호탄을 울려야만 했다. **양세봉** 사령은 전사들에게 소자강을 건너라고 명령하고 자기부터 강물에 뛰어들었다.

(2) 조선 의용대

> 꼭 알아두기 | 김원봉이 조직한 조선 의용대의 특징을 반드시 외워두세요!

- **창설**: 김원봉이 중국 한구(우한)에서 중국 측의 지원을 받아 창설함(1938)
- **특징**: 중국 관내(關內)에서 결성된 최초의 한인 무장 부대
- **활동**: 일본군에 대한 심리전이나 후방 공작 활동을 펼침
- **개편**:
  - 보다 적극적인 항일 투쟁을 위해 일부가 중국 화북 지역으로 이동하여 조선 의용대 화북 지대를 결성함
  - 김원봉과 남은 세력은 한국광복군에 합류함

(3) 한국광복군

> 꼭 알아두기 | 한국광복군이 독립을 위해 전개한 무장 독립 투쟁의 내용을 알아두세요!

- **창설**: **대한민국 임시 정부**가 지청천과 김구 등을 중심으로 하여 **충칭**에 창설함
  └ 총사령관으로 활동했어요.
- **통합**: 일본군에서 탈출한 학도병과 김원봉이 이끄는 조선 의용대 일부를 흡수하여 전력을 보강함
- **대일 선전 포고**: 태평양 전쟁이 일어나자 대일 선전 포고문을 발표함
- **인도·미얀마 전선 투입**:
  - 영국군의 요청에 따라 연합군의 일원으로 투입됨
  - 전선에서 포로 심문, 암호문 번역 등을 담당함
- **국내 진공 작전 계획**:
  - **미국 전략 정보국(OSS)**과 연계하여 **국내 진공 작전**을 계획함
  - 일본의 무조건 항복으로 실현하지 못함

| 기출 자료 더보기 | **한국광복군의 국내 진공 작전 계획** [43회] |

드디어 3개월 간에 걸친 제1기 50명의 미국 전략 정보국(OSS) 특수 공작 훈련이 끝났다. …… **국내로 진입**한다는 것은 죽음을 각오해야만 하는 것이기 때문에 50명 모두 굳은 각오로 자원하였다. 야음을 틈타 낙하산을 타고 투하된다든가 잠수함으로 상륙시킨다든가 하는 구체적인 작전까지 결정되어 있었다.

자료 해석: 한국광복군은 미국 전략 정보국(OSS)과 연계하여 국내 진공 작전을 계획하였으나, 작전에 투입되기 전에 일본이 무조건 항복하면서 실행되지 못하였어요.

퀴즈로 개념 다지기

1. 1930년대의 독립운동 단체와 주요 인물을 알맞게 연결하세요.

(1) 한인 애국단 · · ⓐ 김원봉 [71·67·66회]

(2) 조선 혁명군 · · ⓑ 지청천 [69·61·60회]

(3) 조선 의용대 · · ⓒ 윤봉길 [69·67·63·61회]

(4) 한국광복군 · · ⓓ 양세봉 [69·63·58회]

2. 기출 키워드의 초성을 완성하세요.

(1) 일왕의 마차에 폭탄을 투척한 한인 애국단원: ㅇㅂㅊ [71·67·64·61회]

(2) 한국 독립군이 승리한 전투: ㄷㅈㅈㄹ 전투 [64·61·57회]

(3) 조선 혁명군이 승리한 전투: ㅇㄹㄱ 전투 [69·64·61회]

(4) 한국광복군이 창설된 지역: ㅊㅊ [64·57회]

(5) 한국광복군이 미국과 연계한 작전: ㄱㄴ ㅈㄱ 작전 [61·60회]

정답 1. (1) ⓒ (2) ⓓ (3) ⓐ (4) ⓑ
2. (1) 이봉창 (2) 대전자령 (3) 영릉가 (4) 충칭 (5) 국내 진공

기출로 실전 감각 키우기 기출주제 43 1930년대 이후의 독립운동

01 한인 애국단 71회 기출

(가)에 들어갈 단체로 옳은 것은? [2점]

① 보안회 ② 독립 의군부
③ 조선어 학회 ④ 한인 애국단

정답 길잡이

④ **한인 애국단**
한인 애국단은 **김구**가 침체된 대한민국 임시 정부의 독립운동에 활기를 불어넣기 위해 **1931년**에 상하이에서 조직한 단체예요. 주요 단원으로는 **이봉창**과 **윤봉길**이 있어요. **이봉창**은 일본 도쿄에서 **일왕의 마차**를 향해 폭탄을 던졌으며, 윤봉길은 **상하이 훙커우 공원**에서 의거를 일으켜 **일본군 장성과 고위 관리를 처단**하였어요.

오답 체크
① 보안회 → 1904년에 결성된 애국 계몽 운동 단체
② 독립 의군부 → 1912년 결성된 비밀 결사 단체
③ 조선어 학회 → 1931년에 결성된 국어 연구 단체

02 대전자령 전투 49회 기출

다음 전투가 일어난 시기를 연표에서 옳게 고른 것은? [3점]

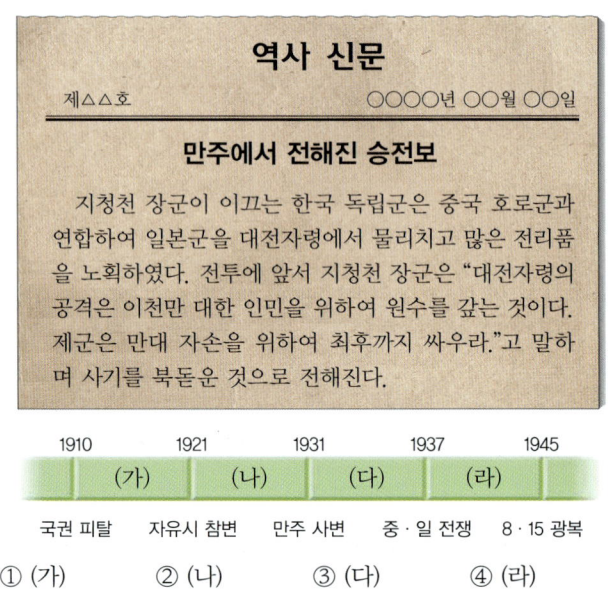

① (가) ② (나) ③ (다) ④ (라)

정답 길잡이

③ (다)

일제가 **만주 사변(1931)**을 일으키고 만주국을 수립하여 만주 일대를 장악하자, 중국 내에서는 반일 감정이 고조되었어요. 이에 만주 지역의 독립군은 항일 투쟁을 전개하는 중국군과 연합 전선을 형성하였는데, **지청천**이 이끄는 **한국 독립군**은 중국 호로군과 연합하여 **대전자령 전투(1933)**에서 일본군에 승리하였어요.

📝 이건 꼭! 암기
대전자령 전투 → 한국 독립군, 지청천, 중국 호로군과 연합

03 조선 의용대
66회 기출

(가)에 들어갈 군사 조직으로 옳은 것은? [2점]

① 대한 독립군
② 북로 군정서
③ 조선 의용대
④ 조선 혁명군

정답 길잡이

③ **조선 의용대**

조선 의용대는 김원봉 등이 창설한 군사 조직으로, **중국 측의 지원을 받아 조직**되었어요. 이 군사 조직은 **중국 관내에서 조직된 최초의 한인 무장 조직**으로, 주로 일본군에 대한 심리전 등의 활동을 펼쳤어요. 이후 조선 의용대의 **일부는 중국 화북으로 이동**하였으며, 김원봉과 남은 세력은 대한민국 임시 정부의 산하 부대인 **한국광복군에 합류**하였어요.

오답 체크
① 대한 독립군 → 홍범도가 이끈 독립군 부대
② 북로 군정서 → 김좌진이 이끈 독립군 부대
④ 조선 혁명군 → 양세봉이 이끈 독립군 부대

04 한국광복군
61회 기출

(가) 군대에 대한 설명으로 옳은 것은? [2점]

① 고종의 밀지를 받아 조직되었다.
② 「조선혁명선언」을 활동 지침으로 삼았다.
③ 지청천을 총사령관으로 하여 창설되었다.
④ 영릉가 전투에서 한·중 연합 작전을 전개하였다.

정답 길잡이

③ **지청천을 총사령관으로 하여 창설되었다.**

한국광복군은 **대한민국 임시 정부 산하**의 부대로, **지청천을 총사령관으로 하여 중국 충칭에서 창설**되었어요. 태평양 전쟁이 일어나자 한국광복군은 **연합군의 일원으로 참전**하였어요. 또한 **미국 전략 정보국(OSS)과 연계하여 국내 진공 작전을 추진**하였으나, 일본의 무조건 항복으로 실행에 옮기지는 못했어요.

오답 체크
① 고종의 밀지를 받아 조직되었다. → 독립 의군부
② 「조선혁명선언」을 활동 지침으로 삼았다. → 의열단
④ 영릉가 전투에서 한·중 연합 작전을 전개하였다. → 조선 혁명군

이건꼭! 암기
한국광복군 → 대한민국 임시 정부 산하 부대, 총사령관 지청천, 국내 진공 작전_미국 OSS와 합작

기출주제 44 일제 강점기의 문화 활동

핵심 키워드 | #박은식 #신채호 #조선어 학회 #한글 맞춤법 통일안 #『조선말 큰사전』 #천도교 #어린이날 제정 #대종교 #중광단

스토리로 미리보기

S#1 조선어 학회가 국어 연구에 힘쓰다!

17회 기출 / 이윤재

나, **이윤재**. 일제가 일본어 사용을 강요하고 있어 우리 말과 글을 지키기 위해 노력 중이다. 내가 활동 중인 **조선어 학회**에서 열심히 한글을 연구하고 있는데, 한창 『**조선말 큰 사전**』 편찬을 준비하고 있다.

S#2 나운규가 만든 영화 아리랑이 개봉하다!

19회 기출 / 아리랑 감독 나운규

오늘 **단성사**에서 개봉한 영화 아리랑을 보고 왔다. **나운규**가 감독과 주연을 맡았는데, 식민 지배를 받던 한국인의 고통스러운 삶이 잘 표현되어 있어 마음이 아팠다.

S#3 손기정이 올림픽에서 마라톤 금메달을 받다!

31회 기출 / 고대 그리스 청동 투구 (보물 제904호)

이 투구는 1936년에 **손기정** 선수가 베를린 올림픽 마라톤에서 우승한 기념으로 받은 청동 투구입니다. 우승 소식을 보도한 일부 신문은 시상식 사진의 **일장기**를 지운 것 때문에 **탄압**을 받았습니다.

1 한국사 연구

(1) 민족주의 사학

> 꼭 알아두기 | 일제에 나라를 빼앗긴 상황에서 우리 문화의 우수성을 강조한 민족주의 사학의 활동 내용을 기억하세요!

특징 : 우리 문화의 우수성과 한국사의 주체적 발전을 강조함

박은식
- 국혼 강조: '혼'이 담겨 있는 민족 역사의 중요성을 강조함
- 『한국통사』 저술: 일제의 침략 과정을 다룬 역사서를 저술하여 국혼을 강조함
- 『한국독립운동지혈사』 저술: 우리 민족의 독립 투쟁 과정을 정리함

신채호
- 고대사 연구: 고대사에 관심을 가졌으며, 우리 민족의 전통과 정신을 강조함
- 「독사신론」 저술: 민족을 역사 서술의 중심에 둔 글을 대한매일신보에 연재함
- 『조선상고사』 저술: 우리나라의 고대 역사를 저술함
- 「조선혁명선언」 작성: 김원봉의 요청으로 의열단의 활동 지침을 작성하여 민중의 직접 혁명을 강조함

조선학 운동
- 계기: 다산 정약용 서거 99주기를 맞아 진행한 『여유당전서』 간행 사업이 계기가 됨
- 주요 인물: 정인보, 문일평, 안재홍 등 민족주의 사학자들이 중심이 됨
- 특징: 한국 역사와 문화의 독자성과 주체성을 탐구함

(2) 사회 경제 사학

특징 : 사회주의의 영향을 받아 유물 사관의 입장에서 한국사를 연구하고자 함
> 역사 발전의 힘을 물질적인 생산력과 생산 관계의 변화로 보는 역사적 관점이에요.

백남운 : 식민 사학의 정체성론을 반박하는 『조선사회경제사』, 『조선봉건사회경제사』를 저술함
> 한국은 왕조 교체를 거치면서도 사회·경제적으로 큰 진전없이 정체된 상태에 있다는 주장이에요.

2 국어 연구

(1) 조선어 연구회

> 대한 제국 시기에 주시경, 지석영 등이 활동한 한글 연구 기관이에요.

조직 : 국문 연구소의 전통을 계승하여 창립됨

활동
- 한글 기념일인 '가갸날'을 제정하고, 잡지 『한글』을 간행함
- 강습회·강연회 등을 통하여 한글 보급 운동을 전개함

(2) 조선어 학회

> 조선어 연구회를 개편하여 조직되었어요.

> 꼭 알아두기 | 우리말을 지키기 위해 노력한 조선어 학회의 활동을 기억하세요!

주요 회원 : 이극로, 최현배, 이윤재 등이 활동함

활동
- 한글 교재를 편찬하고 강연회를 개최하여 한글을 보급함
- **한글 맞춤법 통일안**과 **외래어 표기법 통일안**을 제정함
- 『**조선말 큰사전**』의 편찬을 시도함(광복 이후 편찬됨)

탄압 : 일제가 조선어 학회를 독립운동 단체로 간주하여 회원들을 체포·투옥한 조선어 학회 사건(1942)으로 인해 해산됨

> **기출 자료 더보기** 📍『조선말 큰사전』 [40회]
> 1945년 9월 8일, 서울역 화물 창고에서 『조선말 큰사전』 원고가 발견되었다. 이것은 **조선어 학회**에서 사전 편찬을 위해 작성한 원고로, 1942년 조선어 학회 사건의 증거물로 일본 경찰에게 압수되었던 것이다. 이 원고의 발견으로 사전 편찬 작업이 본격적으로 재개되었으며, 1947년 한글날에 『조선말 큰사전』 1권이 발간되었다.

3 문화 활동

(1) 종교 활동

꼭 알아두기 | 일제의 탄압에 저항한 종교계의 민족 운동과 사회 운동의 내용을 알아두세요!

천도교
- 손병희(동학의 제3대 교주)가 동학을 바탕으로 발전시킨 종교로, 3·1 운동을 주도함
- 방정환 중심의 천도교 소년회가 매년 5월 1일을 **어린이날**로 제정하고, 잡지 『어린이』를 발간하는 등 소년 운동을 전개함
- 기관지인 만세보, 잡지인 『**개벽**』과 『**신여성**』 등을 간행함
  └ 국권 피탈 이전인 1906~1907년에 발행하였어요.

대종교
- 나철이 단군 신앙을 기반으로 창시한 종교(1909)
- 국권 피탈 후 북간도로 교단을 옮겨 항일 무장 단체인 중광단을 결성함
- 이후 중광단은 북로 군정서로 개편되어 청산리 전투에 참여함

불교 : 한용운의 주도로 조선 불교 유신회를 조직하여 사찰령 폐지 운동을 전개함
└ 일제가 한국 불교를 억압하고 민족 정신을 말살하기 위해 제정한 법령이에요.

개신교
- 국권 피탈 전 배재 학당, 이화 학당 등의 학교를 설립하여 신학문 보급에 기여함
- 신사 참배 강요를 금지해달라는 청원 운동을 벌임

천주교 : 만주에서 항일 무장 단체인 의민단을 조직하여 무장 투쟁을 펼침

원불교 : 박중빈을 중심으로 간척 사업을 추진하고 새 생활 운동을 전개함
└ 저축 운동, 허례허식 폐지, 금주·단연 등을 주장했어요.

(2) 문학 활동

└ 독립운동으로 대구 형무소에 갇혔을 때의 수인 번호(264)를 따서 호를 '육사'라고 지었어요.

이육사 : 의열단에 가입하여 활동하였으며, 「**광야**」, 「절정」 등의 작품을 남김

윤동주 : 독립운동 혐의로 후쿠오카 형무소에서 옥사하였고, 「서시」, 「별 헤는 밤」 등을 남김

심훈 : 소설가이자 시인으로, 시 「그날이 오면」과 소설 『상록수』를 남김

한용운 : 승려이자 독립운동가로, 저항시인 「님의 침묵」을 남김

> **기출 자료 더보기** 📍이육사 「광야」 [61회]
> …
> 다시 천고의 뒤에
> 백마 타고 오는 초인이 있어
> 이 광야에서 목놓아 부르게 하리라
>
> **자료 해석:** 이육사는 독립운동가이자 저항 시인으로, 조국 광복에 대한 염원이 담긴 시인 「광야」를 남겼어요.

(3) 예술·체육 활동

└ 단성사라는 극장에서 상영되었어요.

영화 : 나운규가 영화 아리랑을 제작하여 식민 지배를 받던 한국인의 고통스러운 삶을 표현함

연극 : 연극 모임인 토월회가 발족되면서 신극 운동이 일어남

체육 : 손기정이 1936년 베를린 올림픽 마라톤에서 우승함
└ 남승룡은 동메달을 획득했어요.

퀴즈로 개념 다지기

1. 일제 강점기의 종교와 그 활동을 알맞게 연결하세요.

(1) 천도교 · · ⓐ 의민단 조직 [49회]

(2) 대종교 · · ⓑ 새 생활 운동 전개 [50회]

(3) 원불교 · · ⓒ 만세보 발행 [63회]

(4) 천주교 · · ⓓ 중광단 결성 [64·58회]

2. 기출 키워드의 초성을 완성하세요.

(1) 「독사신론」을 저술한 민족주의 사학자: ㅅㅊㅎ [71·67·60회]

(2) 한글 맞춤법 통일안을 마련한 단체: ㅈㅅㅇ ㅎㅎ [61·58·57·52회]

(3) 잡지 『개벽』, 『신여성』을 간행한 종교: ㅊㄷㄱ [58회]

(4) 시인 이육사의 대표 작품: 「ㄱㅇ」 [71·61회]

(5) 베를린 올림픽 마라톤에서 우승한 인물: ㅅㄱㅈ [71회]

정답 1. (1) ⓒ (2) ⓓ (3) ⓑ (4) ⓐ
2. (1) 신채호 (2) 조선어 학회 (3) 천도교 (4) 광야 (5) 손기정

기출로 실전 감각 키우기
기출주제 44 일제 강점기의 문화 활동

01 신채호
51회 기출

(가) 인물의 활동으로 옳은 것은? [3점]

① 「조선혁명선언」을 집필하였다.
② 파리 강화 회의에 파견되었다.
③ 대조선 국민 군단을 창설하였다.
④ 『조선말 큰사전』 편찬을 주도하였다.

정답 길잡이

→ 신채호

① 「**조선혁명선언**」을 집필하였다.

신채호는 일제의 식민사학에 맞서 우리 민족의 주체적인 역사를 강조한 **민족주의 사학자**예요. 그는 민족주의 사관을 반영하여 대한매일신보에 **「독사신론」**이라는 글을 발표하였고, 역사서인 **『조선상고사』**를 저술했어요. 또한 의열단장 김원봉의 부탁을 받고 의열단의 행동 강령인 **「조선혁명선언」**을 집필하여 일본을 쫓아내고 독립하기 위해 민중에 의한 직접 혁명을 강조했어요.

오답 체크
② 파리 강화 회의에 파견되었다. → 김규식
③ 대조선 국민 군단을 창설하였다. → 박용만
④ 『조선말 큰사전』 편찬을 주도하였다. → 이극로, 최현배 등

📌 **이건 꼭! 암기**
신채호 → 「독사신론」, 『조선상고사』, 「조선혁명선언」

02 조선어 학회
49회 기출

다음 퀴즈의 정답으로 옳은 것은? [1점]

①  보안회
②  독립 협회
③  대한 광복회
④  조선어 학회

정답 길잡이

→ 조선어 학회

조선어 학회는 일제 강점기에 활동한 국어 연구 단체로, 한글 교재를 편찬하고 한글을 보급했어요. 또한 **한글 맞춤법 통일안**과 **외래어 표기법 통일안**을 제정하여 한글 표준화에 기여하였어요. 이밖에도 **『조선말 큰사전』** 편찬 작업에 착수하였으나, 일제가 조작한 **조선어 학회 사건**으로 조선어 학회가 해산되면서 편찬이 중단되었어요.

오답 체크
① 보안회 → 애국 계몽 운동 단체
② 독립 협회 → 근대적 시민 단체
③ 대한 광복회 → 1910년대 국내의 비밀 결사 단체

📌 **이건 꼭! 암기**
조선어 학회 → 한글 맞춤법 통일안, 『조선말 큰사전』, 조선어 학회 사건

03 천도교 49회 기출

(가)에 들어갈 내용으로 옳은 것은? [1점]

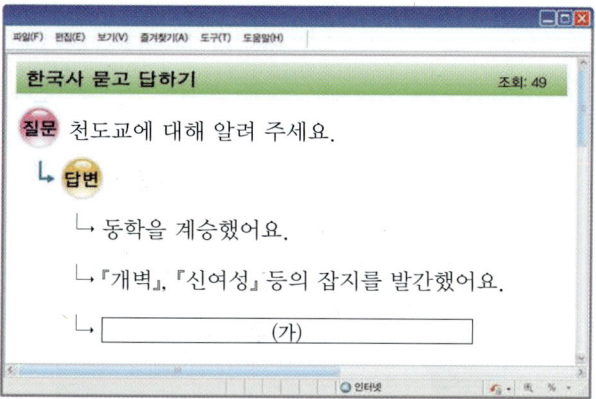

① 어린이날 제정에 기여했어요.
② 여성 교육을 위해 이화 학당을 설립했어요.
③ 을사오적 처단을 위해 자신회를 결성했어요.
④ 항일 무장 투쟁 단체인 의민단을 조직했어요.

정답 길잡이

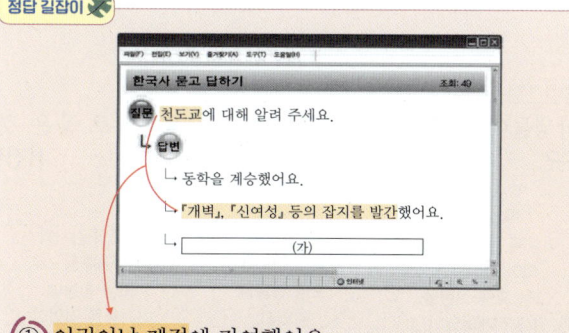

① **어린이날 제정**에 기여했어요.

천도교는 동학을 계승한 종교로, 『**개벽**』, 『**신여성**』 등의 잡지를 발간하여 민중 계몽 운동을 펼쳤어요. 뿐만 아니라 방정환을 중심으로 천도교 소년회를 조직하여 **어린이날 제정**에 기여하고, 아동 잡지인 『**어린이**』를 창간하는 등 **소년 운동**을 전개했어요.

오답 체크
② 여성 교육을 위해 **이화 학당을 설립**했어요. → 개신교
③ 을사오적 처단을 위해 **자신회를 결성**했어요. → 나철, 오기호 등
④ 항일 무장 투쟁 단체인 **의민단을 조직**했어요. → 천주교

이건 꼭! 암기
천도교 → 『개벽』, 『신여성』, 어린이날 제정

04 이육사 71회 기출

밑줄 그은 '나'로 옳은 것은? [2점]

① 김원봉 ② 신채호 ③ 이육사 ④ 한용운

정답 길잡이

③ **이육사**

이육사는 일제 강점기의 **독립운동가**이자 **저항 시인**으로, 의열단에서 활동하다가 조선은행 대구 지점 폭파 사건에 연루되어 대구 형무소에 투옥되었어요. 이때 형무소에서의 수인 번호였던 264를 따와 호를 '**육사**'라고 지었어요. 이후 그는 시와 글을 통해 조국의 독립의 의지를 드러내었는데, 「광야」와 「절정」이 그의 대표 작품이에요.

오답 체크
① 김원봉 → 의열단 조직
② 신채호 → 「조선혁명선언」 작성
④ 한용운 → 「님의 침묵」 등 저술

VI 일제 강점기 기출로 마무리

50회 기출

01 (가)~(다)를 일어난 순서대로 옳게 나열한 것은? [2점]

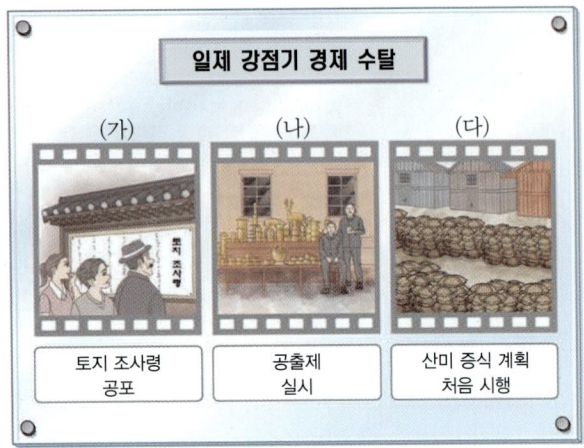

① (가) - (나) - (다) ② (가) - (다) - (나)
③ (나) - (가) - (다) ④ (다) - (나) - (가)

67회 기출

02 밑줄 그은 '만세 시위'에 대한 설명으로 옳은 것은? [2점]

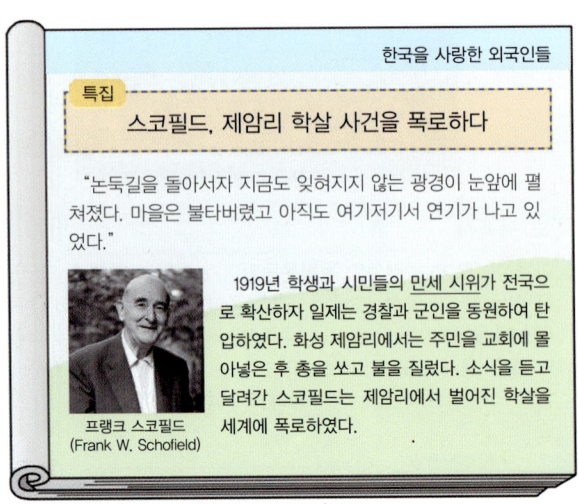

① 순종의 인산일에 전개되었다.
② 대한매일신보의 후원을 받았다.
③ 대한민국 임시 정부 수립의 계기가 되었다.
④ 신간회에서 진상 조사단을 파견하여 지원하였다.

66회 기출

03 (가)의 활동으로 옳은 것은? [2점]

① 독립 공채를 발행하였다.
② 만민 공동회를 개최하였다.
③ 신흥 강습소를 설립하였다.
④ 잡지 『어린이』를 발간하였다.

71회 기출

04 학생들이 공통으로 이야기하는 민족 운동으로 옳은 것은? [1점]

① 새마을 운동
② 국채 보상 운동
③ 물산 장려 운동
④ 민립 대학 설립 운동

05 다음 다큐멘터리에서 볼 수 있는 장면으로 적절하지 않은 것은? [3점]

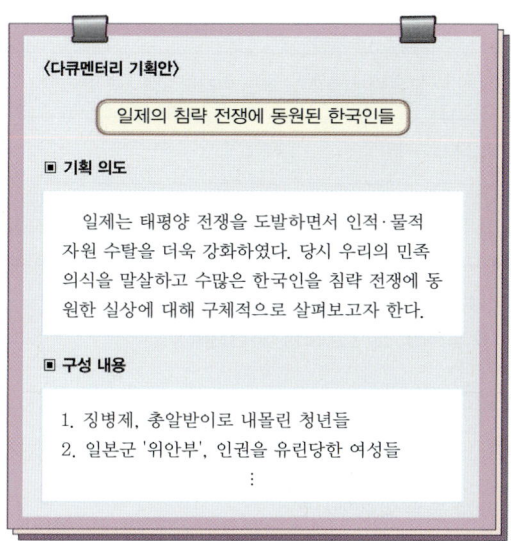

① 태형을 집행하는 헌병 경찰
② 강제 징용으로 끌려가는 청년
③ 공출로 가마솥을 빼앗기는 농민
④ 황국 신민 서사를 암송하는 학생

06 (가)~(다)를 일어난 순서대로 옳게 나열한 것은? [2점]

(가) 안중근, 이토 히로부미 저격

(나) 홍범도, 봉오동 전투 승리

(다) 윤봉길, 훙커우 공원 의거

① (가) - (나) - (다)
② (가) - (다) - (나)
③ (나) - (가) - (다)
④ (다) - (나) - (가)

07 (가)에 해당하는 군사 조직으로 옳은 것은? [1점]

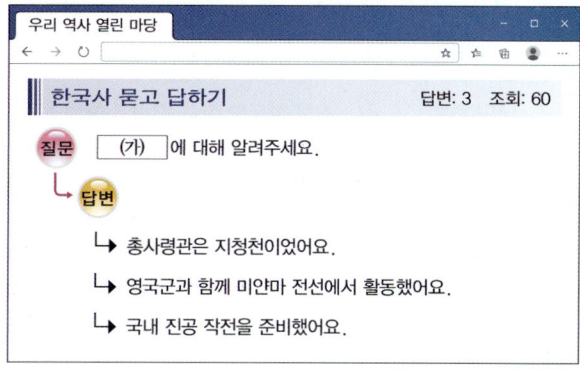

질문: (가) 에 대해 알려주세요.
답변:
↳ 총사령관은 지청천이었어요.
↳ 영국군과 함께 미얀마 전선에서 활동했어요.
↳ 국내 진공 작전을 준비했어요.

① 북로 군정서
② 조선 의용대
③ 조선 혁명군
④ 한국광복군

08 (가)에 들어갈 단체로 옳은 것은? [1점]

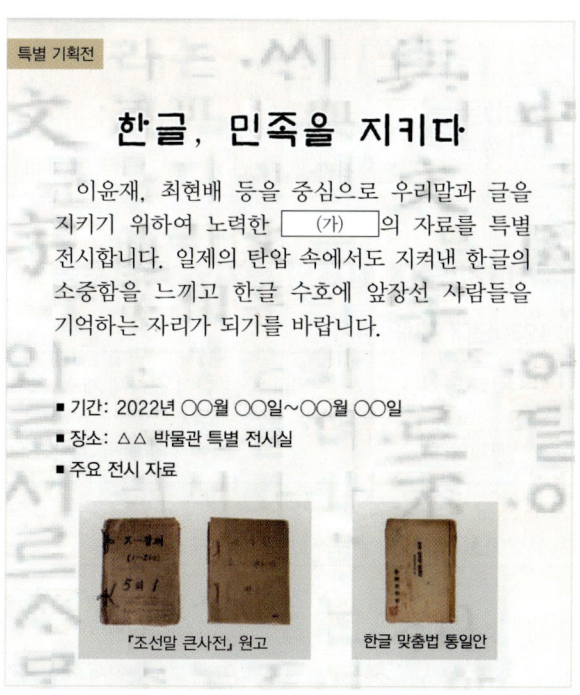

① 토월회
② 독립 협회
③ 대한 자강회
④ 조선어 학회

VI 일제 강점기   핵심 키워드로 단원 마무리

* 학습한 내용을 빈칸에 채워보세요. 정답은 오른쪽 페이지의 하단에 있습니다.

37 1910년대 일제의 통치와 독립운동

(1) 1910년대 일제의 통치

무단 통치	조선 총독부 설치, **헌병 경찰제** 실시, **조선 태형령** 시행, 제1차 조선 교육령(보통 학교 수업 연한을 4년으로 함) 제정
경제 수탈	_____¹(근대적 토지 소유권 확립 명분), **회사령** 제정(허가제)

(2) 1910년대의 독립운동

국내	• **독립 의군부**: 임병찬 주도, 복벽주의 표방, 조선 총독부에 국권 반환 요구서 제출 시도 • _____²: 박상진 주도, 공화 정체의 국민 국가 수립 목표, 군자금 모금 및 친일파 처단
국외	• 서간도: 삼원보(독립운동 기지), _____³(독립군 양성 기관) • 북간도: **중광단**(북로 군정서로 개편), 서전서숙(민족 교육 실시) • 연해주: **권업회**(권업신문 발간), 대한 광복군 정부 • 미주: 대한인 국민회(샌프란시스코), _____⁴(하와이), 숭무 학교(멕시코)

38 3·1 운동과 대한민국 임시 정부

3·1 운동	• 계획: 종교 단체와 학생들이 고종의 인산일(장례일)에 맞춰 계획 • 전개: 민족 대표들의 독립 선언서 발표 → 학생·시민들이 **탑골 공원**에서 독립 선언서 낭독, **만세 시위** 전개 → 지방과 해외로 확산 • 탄압: 일제의 화성 _____⁵ 학살 등
대한민국 임시 정부	• 수립: **상하이**에서 수립, 대통령 이승만, 국무총리 이동휘 선임 • 활동: **연통제·교통국** 조직, 독립 공채 발행, 구미 위원부 설치, 「_____⁶」 편찬 • 재정비: _____⁷(독립운동의 방향 논의) → 한인 애국단 조직 → 한국광복군 창설 → 건국 강령(삼균주의) 발표

39 1920년대 일제의 통치와 독립운동

(1) 1920년대 일제의 통치

문화 통치	친일파 양성, 헌병 경찰제 폐지(↔ 경찰 인원 및 장비 증가), **치안 유지법** 실시 등
경제 수탈	_____⁸ 계획 실시, 회사령 폐지

(2) 1920년대의 독립운동

의열단	• 조직: **김원봉** 등이 만주 지린성에서 조직 • 활동 지침: 신채호의 「_____⁹」 • 단원: 박재혁(부산 경찰서 의거), 김익상(조선 총독부 의거), 나석주(동양 척식 주식회사와 조선 식산 은행 의거) 등
국외 무장 투쟁	_____¹⁰(홍범도의 대한 독립군) → **청산리 전투**(김좌진의 북로 군정서 등) → 간도 참변 → 대한 독립 군단 결성 → 자유시 참변 → 3부(참의부·정의부·신민부) 성립 → **미쓰야 협정**

40 1920년대 실력 양성 운동과 사회 운동

실력 양성 운동	• ___11___: 조만식 주도(평양) → 전국 확산(자작회·토산 애용 부인회 등 참여) • 민립 대학 설립 운동: ___12___ 등이 조선 민립 대학 기성회 조직 → 모금 운동 전개 → 일제의 경성 제국 대학 설립
사회 운동	• 소년 운동: **방정환** 등 천도교 소년회 주도, ___13___ 제정, 잡지 『어린이』 발간 • 형평 운동: **조선 형평사** 주도, 백정에 대한 사회적 차별 철폐 주장

41 1920년대 대중 운동과 신간회

6·10 만세 운동	• **순종의 인산일**을 기회로 민족주의·사회주의 계열·학생 단체의 시위 계획, 학생 단체만 예정대로 시위 • 국내에서 민족 유일당 운동이 전개되는 계기가 됨
신간회	___14___ 선언 이후 비타협적 민족주의·사회주의 계열이 창립, **광주 학생 항일 운동에 진상 조사단 파견**
광주 학생 항일 운동	한·일 학생 간의 충돌 → 일본 경찰의 편파 수사 → **광주에서 학생 시위 전개** → 전국적인 항일 투쟁으로 확산

42 1930년대 이후 일제의 통치

민족 말살 통치	___15___ 암송, 신사 참배, 창씨 개명, 조선 사상범 보호 관찰령·조선 사상범 ___16___ 제정
전시 동원 체제	**국가 총동원법** 제정, 공출 제도 실시, 징병제 실시, 국민 징용령·여자 ___17___ 제정, 일본군 '위안부' 강제 동원

43 1930년대 이후의 독립운동

국외 무장 투쟁	한국 독립군(지청천, 북만주, 쌍성보·대전자령 전투), 조선 혁명군(양세봉, 남만주, 영릉가·흥경성 전투), 조선 의용대(김원봉, 중국 관내)
의거 활동	김구가 조직한 한인 애국단(이봉창, 윤봉길)의 의거
한국 광복군	**대한민국 임시 정부 산하의 부대**, 총사령관 지청천, 인도·미얀마 전선 투입, ___18___ 계획

44 일제 강점기의 문화 활동

한국사 연구	___19___ (『한국통사』 저술), 신채호(『독사신론』, 『조선상고사』 저술)
국어 연구	**조선어 학회**: 한글 맞춤법 통일안과 표준어 제정, 『___20___』 편찬 시도, 조선어 학회 사건으로 해산
종교	천도교(『개벽』, 『신여성』 등 발행), 대종교(중광단), 불교(사찰령 폐지 운동), 천주교(의민단), 원불교(새 생활 운동)
문학	이육사(『광야』), ___21___(『서시』) 등

정답 | 1 토지 조사 사업 2 대한 광복회 3 신흥 무관 학교 4 대조선 국민 군단 5 제암리 6 한·일관계사료집 7 국민 대표 회의 8 산미 증식 9 조선혁명선언 10 봉오동 전투 11 물산 장려 운동 12 이상재 13 어린이날 14 정우회 15 황국 신민 서사 16 예방 구금령 17 정신 근로령 18 국내 진공 작전 19 박은식 20 조선말 큰사전 21 윤동주

해커스 한국사능력검정시험 기본 2주 합격

VII 현대

최근 3개년 기출 트렌드
*최근 3개년 회차인 기본 71~57회 기준입니다.

기출주제		출제 문항 수	
45	대한민국 정부 수립과 제헌 국회의 활동	12문항	2위
46	이승만 정부	8문항	
47	박정희 정부	9문항	
48	전두환 정부 ~ 이명박 정부	22문항	1위

현대
최근 3개년
출제 비중

10%
5~6문항

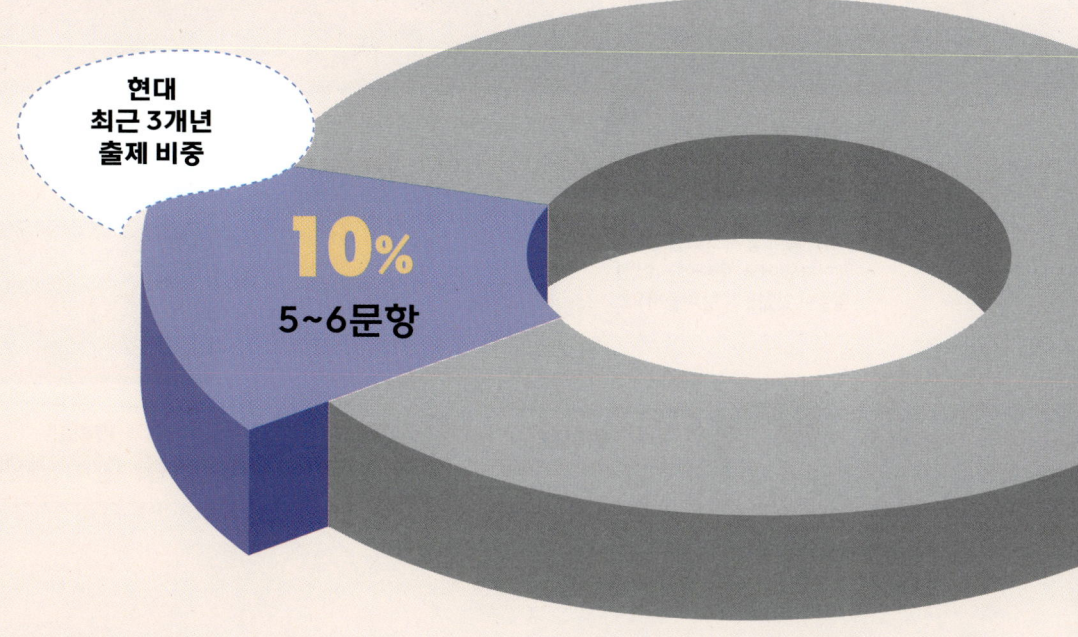

빈출 키워드 TOP3

좌·우 합작 위원회, 5·10 총선거, 반민족 행위 처벌법

인천 상륙 작전, 발췌 개헌, 4·19 혁명

유신 헌법, 7·4 남북 공동 성명, 경제 개발 5개년 계획

5·18 민주화 운동, 6월 민주 항쟁, 금융 실명제

학습 포인트

- **전두환 정부~이명박 정부**는 각 정부의 업적과 정부 시기 일어난 민주화 운동에 대해 묻는 문제가 많이 출제되니, 각 정부 시기의 사실을 구분하여 공부하세요!

- **대한민국 정부 수립과 제헌 국회의 활동**은 사건의 순서를 묻는 사실이 많이 출제되니, 대한민국 정부 수립을 위한 각 단체와 인물들의 활동 순서를 잘 암기하세요!

현대 흐름 잡기

우리 민족이 꿈에 그리던 광복을 맞이하였어요. 현대에는 어떤 일들이 있었는지 살펴볼까요?

1945년 8·15 광복

모스크바 삼국 외상 회의 모습 [69회]

광복 이후 미국, 영국, 소련의 대표가 한반도에 대한 신탁 통치를 결정하였어요. 이를 둘러싸고 좌익과 우익의 대립이 심해졌답니다.

1945년 모스크바 삼국 외상 회의

이승만 정부가 장기 집권을 위해 3·15 부정 선거를 실시하자, 이에 저항하여 학생과 시민들이 시위를 펼쳤어요. 그 결과 이승만이 하야하고 대통령직에서 물러났어요.

4·19 혁명_대학 교수단 시위 [67회]

2위 1960년 4·19 혁명

박정희 정부의 강압적인 유신 체제에 대한 국민들의 저항이 커져, 부산과 마산에서 민주화를 요구하는 항쟁이 일어났어요. 이는 유신 체제가 무너지는 계기가 되었지요.

3위 1979년 부·마 민주 항쟁
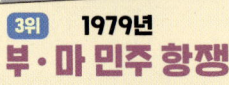

5·18 민주화 운동 [71회]
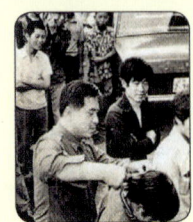

전두환 등 신군부가 정권을 장악한 후 비상 계엄을 전국으로 선포하자, 광주에서 시민들이 민주화를 요구하는 시위를 펼쳤어요.

1980년 5·18 민주화 운동

한국사능력검정시험 전문 선생님의
무료 특강과 함께 시대 흐름 잡기

좌·우 합작 위원회_여운형 [58회]

남북 분단의 조짐이 보이자, 여운형 등 중도파 인물들이 좌·우 합작 위원회를 조직하여 통일 정부를 수립하기 위한 운동을 펼쳤어요.

**1946년
좌·우 합작 위원회 조직**

5·10 총선거 [61회]

결국 남한에서만 단독 총선거가 실시됨에 따라 제헌 국회가 수립되었어요. 이어 제헌 국회에서 이승만을 대통령으로 선출하여 대한민국 정부가 수립되었어요.

**3위 1948년
5·10 총선거**

6·25 전쟁_인천 상륙 작전 [67회]

북한의 기습 남침으로 전쟁이 일어났어요. 남한에게 불리했던 전세는 인천 상륙 작전으로 역전되었지만, 전쟁이 장기화되어 휴전 협정이 체결되었어요.

**5위 1950년
6·25 전쟁**

6월 민주 항쟁 [36회]

전두환 정부의 4·13 호헌 조치에 반발하여 직선제 개헌을 요구하는 시위가 전국으로 확산되었어요. 그 결과 5년 단임의 직선제 개헌이 이뤄졌어요.

**1위 1987년
6월 민주 항쟁**

제1차 남북 정상 회담 [50회]

김대중 정부는 '햇볕 정책'이라는 대북 화해 협력 정책을 추진하였어요. 그 결과 최초로 남북 정상 회담을 성사시켰어요.

**2000년
제1차 남북 정상 회담**

기출주제 45 대한민국 정부 수립과 제헌 국회의 활동

핵심 키워드 | #조선 건국 준비 위원회 #모스크바 삼국 외상 회의 #미·소 공동 위원회 #제헌 국회 #반민족 행위 특별 조사 위원회 #농지 개혁법

스토리로 미리보기

S#1 모스크바 삼국 외상 회의가 개최되다!

미국, 영국, 소련 세 나라가 모스크바에 모여 한반도 문제에 대해 논의했다고 한다. 회의에서 신탁 통치를 실시하는 것이 결정되었다고 하는데, 이를 두고 사람들의 의견이 갈라져 걱정이다.

S#2 김구가 남북 협상에 참석하다!

나, 김구. 그토록 꿈꾸던 광복을 이뤄냈지만 남북 분단의 조짐이 보여 근심이 많다. 남북한 통일 정부를 수립하고자 평양에 가서 북측 인사들과 협상을 펼치고 왔다.

S#3 친일파 청산을 위한 법을 제정하다!

드디어 친일파에게 벌을 주는 반민족 행위 처벌법이 제헌 국회를 통과했다고 한다. 일본이 물러간 후에도 처벌은 커녕 떵떵거리며 살더니, 이제 법이 통과되었으니 응당한 대가를 치르겠지.

1 광복 직후의 상황과 좌·우의 대립

(1) 광복(1945. 8. 15.) 직후의 상황

- **미·소 군정 실시**: 한반도에 설정된 38도선의 남쪽은 미군, 북쪽은 소련군이 통치함
- **조선 건국 준비 위원회 조직**
  - 조직: 여운형이 중심이 되어 조선 건국 동맹을 바탕으로 조직함
    - 좌·우익 세력이 광복 이전에 일제의 패망과 광복에 대비하여 결성한 단체예요.
  - 활동: 치안대를 조직하고, 조선 인민 공화국 수립 등의 활동을 펼침
    - 미군정이 이를 부인하였어요.

기출 사료 더보기 | 조선 건국 준비 위원회 강령 [34회]

- 우리는 완전한 독립 국가의 건설을 기함
- 우리는 전 민족의 정치적·경제적·사회적 기본 요구를 실현할 수 있는 민주주의 정권의 수립을 기함
- 우리는 일시적 과도기에 있어서 국내 질서를 자주적으로 유지하며 대중 생활의 확보를 기함

사료 해석: 여운형은 광복 직후에 사회의 질서를 유지하고 독립 국가를 건설하기 위해 조선 건국 준비 위원회를 조직하였어요.

(2) 모스크바 삼국 외상 회의와 좌·우 대립

> 꼭 알아두기 | 모스크바 삼국 외상 회의 이후 전개된 사실을 순서대로 알아두세요!

- **모스크바 삼국 외상 회의 개최**
  - 개최: 3국(미국·영국·소련)의 외상이 한반도 문제에 대해 협의함(1945. 12.) ← 외무 장관
  - 결정 사항: **임시 민주 정부의 수립**, 최고 5년간 4개국(미국·영국·중국·소련)의 **신탁 통치 실시, 미·소 공동 위원회 설치** 등이 결정됨
    - 유엔 감독 하에 자격을 갖춘 국가가 일정한 지역을 통치하는 제도예요.
  - 영향: 신탁 통치를 두고 우익(반탁)과 좌익(찬탁) 세력의 대립이 심해짐
    - 김구, 이승만 등이 있어요.

- **제1차 미·소 공동 위원회 개최**: 미국과 소련이 임시 민주 정부 수립을 위한 협의에 참여할 단체 범위를 두고 대립하다가 결렬됨(미국: 찬·반탁 세력 모두 포함 ↔ 소련: 찬탁 세력만 포함)
  - 덕수궁 석조전에서 개최되었어요.

- **정읍 발언**: 이승만이 정읍에서 남한만의 단독 정부 수립을 주장함(1946. 6.)

- **좌·우 합작 위원회 조직**
  - 조직: 중도파인 여운형(좌익)과 김규식(우익)이 조직함(1946. 7.)
  - 활동: 민주주의 임시 정부의 수립, 토지 개혁, 친일파 처리 등을 주요 내용으로 한 좌·우 합작 7원칙을 발표함(1946. 10.)
  - 실패: 냉전 강화로 인한 미 군정의 지원 철회와 여운형의 암살로 운동이 실패함
    - 제2차 세계 대전 이후 벌어진 자본주의와 공산주의 진영 간의 갈등을 의미해요.

기출 사료 더보기 | 이승만의 정읍 발언 [51회]

미·소 공동 위원회가 결렬된 이후 다시 열릴 기미가 보이지 않습니다. 통일 정부가 수립되길 원했으나 뜻대로 되지 않으니, **남방만이라도 임시 정부 혹은 위원회를 조직**하고, 38도선 이북에서 소련이 물러가도록 세계에 호소해야 합니다.

사료 해석: 이승만은 제1차 미·소 공동 위원회가 참여 단체 문제를 두고 대립하다 결렬되자, 남한만의 단독 정부를 수립해야 한다고 주장하였어요.

2 대한민국 정부 수립 과정

> 꼭 알아두기 | 대한민국 정부 수립 과정의 순서를 정확하게 외워야 해요!

한반도 문제의 유엔 상정: 제2차 미·소 공동 위원회(1947. 5.)가 완전히 결렬되자, 미국의 제안으로 한반도 문제가 유엔(국제 연합)에 넘어가게 됨(1947. 9.)

↓

유엔 총회의 결의: 유엔 총회에서 인구 비례에 따른 남북한 총선거 실시를 결의(1947. 11.)하고, 유엔 한국 임시 위원단을 파견하였으나 소련과 북한이 입북을 거부함

↓

유엔 소총회의 결의: 유엔 소총회에서 남한만의 단독 선거 실시를 결의함(1948. 2.)

↓

제주 4·3 사건 (2000년에 희생자들의 명예 회복을 위한 특별법이 제정되었어요.)
- 전개: **남한만의 단독 선거 실시에 반대**하는 세력이 봉기(1948. 4. 3.)하자, 미 군정이 무력 진압하는 과정에서 **무고한 제주도민들까지 희생**됨
- 결과
  - 5·10 총선거 때 제주도의 일부 지역에서 선거가 무효 처리됨
  - 대한민국 정부 수립 이후 여수·순천 10·19 사건이 발생함
    - 제주 4·3 사건 진압을 위해 출동시킨 여수 주둔 군대가 이를 거부하면서 여수·순천을 점령한 사건이에요.

↓

📍**남북 협상**: 남북 분단을 우려한 김구, 김규식 등이 북측과 남북 협상을 펼침(1948. 4.)

↓

⭐**5·10 총선거 실시**
- 실시: 남한에서만 **우리나라 최초로 민주적인 보통 선거**가 실시됨(1948. 5. 10.)
- 결과: 2년 임기의 제헌 국회의원을 선출함(전체 의석 수 200석)
- 한계: 38도선 이남 지역에서만 실시되었고, 제주도 일부 지역의 선거가 무효 처리됨

↓

제헌 헌법 공포: 제헌 국회에서 대통령 간선제 등의 내용을 담은 제헌 헌법을 공포함(1948. 7.)

↓

대한민국 정부 수립: 제헌 국회에서 **이승만을 대통령**, 이시영을 부통령으로 선출하여 **대한민국 정부 수립**을 선포함(1948. 8. 15.)

기출 자료 더보기 📍**남북 협상에 참여하는 김구** [42회]

내가 30년 동안 조국을 그리다가 겨우 이 반쪽에 들어온 지도 벌써 만 2년 반에 가까웠다. 그 동안에 또 다시 안타깝게 그리던 조국의 저 반쪽을 찾아가서 이제 38선을 넘게 되었다. …… 조국을 위하여 민주 자주의 통일 독립을 전취하는 현 단계에 처한 우리에게는 벌써 우리의 원칙과 노선이 명백히 규정되어 있는 까닭이다.

---

3 제헌 국회의 활동

> 꼭 알아두기 | 제헌 국회가 제정한 반민족 행위 처벌법과 농지 개혁법의 내용을 정확하게 알아두세요!

5·10 총선거를 통해 구성된 2년 임기의 국회로, 1948~1950년까지 활동하였어요.

친일파 청산
- 내용: 반민족 행위 처벌법 제정, **반민족 행위 특별 조사 위원회**(반민특위) 출범
  - 한·일 병합에 협력한 자, 한국의 주권을 침해하는 데 도움을 준 자, 일본 치하 독립운동가나 그 가족을 살상·박해한 자 등을 처벌하였어요.
- 한계: 친일파 청산보다 반공을 내세운 이승만 정부가 비협조적인 태도를 보임

⭐⭐**농지 개혁법 제정**
- 내용: 한 가구 당 3정보 이상 토지 소유 금지, **유상 매수·유상 분배**의 원칙을 정함
  - 정부가 지가 증권을 발급하여 초과분을 매입하였어요.
- 결과: 소작농이 감소하고 **자작농이 증가**하면서 경자유전의 원칙을 실현함
  - 농사 짓는 사람이 밭(땅)을 소유한다는 뜻이에요.

퀴즈로 개념 다지기

1. 대한민국 정부 수립 과정의 주요 사건을 순서대로 나열하세요.

ⓐ 5·10 총선거 [61·55회]
ⓑ 모스크바 삼국 외상 회의 [69·60회]
ⓒ 남북 협상 [64·60회]
ⓓ 제1차 미·소 공동 위원회 개최 [61·60·58회]

[- - -]

2. 기출 키워드의 초성을 완성하세요.

(1) 광복 직후 여운형 등이 조직한 단체:
ㅈㅅ ㄱㄱ ㅈㅂ 위원회 [71·69·63·60·58회]

(2) 한반도의 신탁 통치를 결정한 회의:
ㅁㅋㅂ ㅅㄱ ㅇㅅ 회의 [69·60회]

(3) 남한만의 단독 선거 실시에 반대한 세력을 진압하다가 무고한 주민들이 희생된 사건: ㅈㅈ 4·3 사건 [67·60회]

(4) 제헌 국회가 친일파 청산을 위해 제정한 법: ㅂㅁㅈ ㅎㅇ 처벌법 [71·69·66·64·63·61회]

(5) 자작농이 증가하는 계기가 된 법: ㄴㅈ ㄱㅎ법 [71·67·64·63회]

정답 1. ⓑ-ⓓ-ⓒ-ⓐ
2. (1) 조선 건국 준비
(2) 모스크바 삼국 외상
(3) 제주 (4) 반민족 행위
(5) 농지 개혁

기출로 실전 감각 키우기
기출주제 45 대한민국 정부 수립과 제헌 국회의 활동

01 모스크바 삼국 외상 회의
69회 기출

밑줄 그은 '이 회의'가 개최된 시기를 연표에서 옳게 고른 것은? [3점]

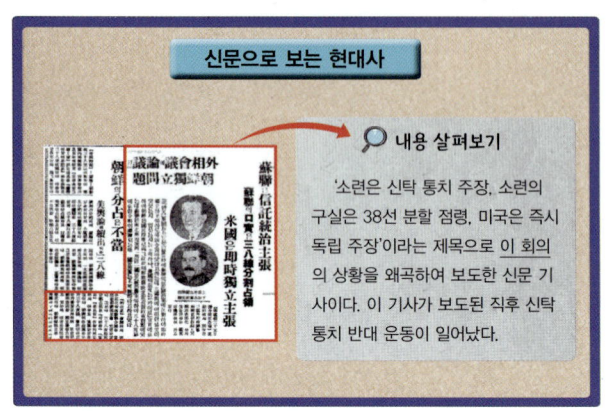

1945	1948	1954	1960	1964
(가)	(나)	(다)	(라)	
8·15 광복	대한민국 정부 수립	사사오입 개헌	4·19 혁명	6·3 시위

① (가) ② (나) ③ (다) ④ (라)

02 대한민국 정부 수립 과정
52회 기출

(가)에 들어갈 사진으로 옳은 것은? [3점]

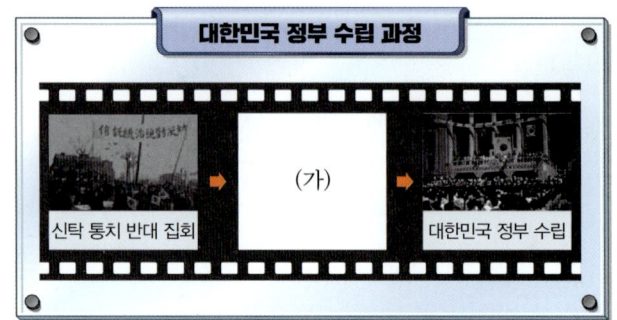

①  경부 고속도로 개통

②  4·19 혁명

③  유신 헌법 공포

④  5·10 총선거

정답 길잡이

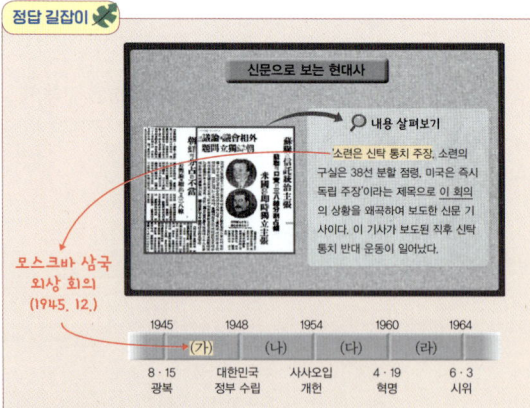

모스크바 삼국 외상 회의 (1945. 12.)

① (가)

8·15 광복 이후에 **미국·영국·소련**의 3국이 한반도 문제를 포함한 제2차 세계 대전 이후의 전후 처리 문제를 논의하기 위해 1945년 12월에 **모스크바 삼국 외상 회의**를 개최하였어요. 이 회의에서 '**대한민국의 임시 정부 수립**', '**미·소 공동 위원회 설치**', '**최고 5년간 미국·영국·중국·소련 4개국의 신탁 통치**' 등이 결정되었어요. 그러나 그 중 신탁 통치에 대한 내용만 부각되어 국내에 전달되면서 신탁 통치에 반대하는 운동이 일어났어요.

📋 **이건 꼭! 암기**
모스크바 삼국 외상 회의 → 미국·영국·소련, 신탁 통치

정답 길잡이

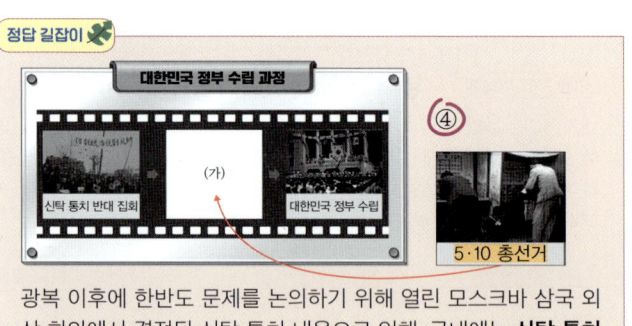

④ 5·10 총선거

광복 이후에 한반도 문제를 논의하기 위해 열린 모스크바 삼국 외상 회의에서 결정된 신탁 통치 내용으로 인해, 국내에는 **신탁 통치에 반대하는 운동**이 확산되었어요. 이후 한국 문제는 유엔에 넘어가 유엔 총회에서 남북한 총선거 실시를 위한 유엔 한국 임시 위원단이 파견되었으나, 소련의 거부로 남한에서만 **5·10 총선거**가 실시되었습니다. 총선거를 통해 구성된 제헌 국회는 이승만을 대통령으로 선출하고 **대한민국 정부 수립**을 선포하였어요.

✅ **오답 체크**
① 경부 고속도로 개통 → 박정희 정부
② 4·19 혁명 → 이승만 정부
③ 유신 헌법 공포 → 박정희 정부

03 제주 4·3 사건   67회 기출

(가)에 들어갈 사건으로 옳은 것은? [2점]

영상 속 역사

학생들이 제작한 영상의 배경이 된 (가) 은/는 미군정기에 시작되어 이승만 정부 수립 이후까지 지속되었습니다. 당시에 남한만의 단독 정부 수립에 반대하는 무장대와 토벌대 간의 무력 충돌과 그 진압 과정에서 많은 주민이 희생되었습니다.

제작: ○○ 역사 동아리

① 6·3 시위
② 제주 4·3 사건
③ 2·28 민주 운동
④ 5·16 군사 정변

04 제헌 국회   66회 기출

밑줄 그은 '국회'의 활동으로 적절하지 않은 것은? [3점]

이 자료는 유엔 결의에 따라 치러진 총선거로 출범한 국회 개회식 광경을 담은 화보입니다.

① 제헌 헌법을 제정하였다.
② 반민족 행위 처벌법을 가결하였다.
③ 한·미 상호 방위 조약을 비준하였다.
④ 이승만을 초대 대통령으로 선출하였다.

정답 길잡이

② 제주 4·3 사건

제주 4·3 사건은 미군정기인 1948년에 좌익 세력 중심의 무장대가 남한만의 단독 정부 수립 반대 등을 주장하며 제주도에서 봉기하자, 미군정이 동원한 **토벌대가 대규모 진압 작전**을 벌이는 과정에서 일어났어요. 이로 인해 제주도에서는 5·10 총선거가 정상적으로 치러지지 못하였고, **정부 수립 이후에도 무차별적인 진압이 계속**되어 **수많은 주민이 희생**되었어요.

오답 체크
① 6·3 시위 → 한·일 국교 정상화 반대
③ 2·28 민주 운동 → 이승만 정부의 선거 개입에 저항
④ 5·16 군사 정변 → 일부 군인 세력이 일으킨 정변

이건 꼭! 암기
제주 4·3 사건 → 남한만의 단독 정부 수립 반대, 제주도 주민 희생

정답 길잡이

제헌 국회 (1948~1950)

③ 한·미 상호 방위 조약을 비준하였다. → 제2대 국회

제2대 국회(1950~1954)는 1950년 5월 30일에 실시된 제2대 국회의원 선거를 통해 구성되었어요. 6월 19일에 개원한 제2대 국회는 개원한지 일주일 만에 **6·25 전쟁이 발발**하여 제대로 된 국회의 기능을 하지 못하였어요. 6·25 전쟁 휴전 협정 체결 이후에 제2대 국회는 대한민국과 미국이 서로의 군사적 안전을 보장하는 내용의 **한·미 상호 방위 조약**(1954)을 비준하였어요.

오답 체크
① 제헌 국회는 우리나라 최초의 헌법인 **제헌 헌법을 제정**하였어요.
② 제헌 국회는 친일파 청산을 위해 **반민족 행위 처벌법을 가결**하였어요.
④ 제헌 국회는 이승만을 초대 대통령, 이시영을 초대 부통령으로 선출하여 **대한민국 정부 수립을 선포**하였어요.

기출주제 46 이승만 정부

핵심 키워드 | #6·25 전쟁 #인천 상륙 작전 #4·19 혁명 #김주열 #이승만 하야

스토리로 미리보기

S#1 북한군의 남침으로 6·25 전쟁이 발발하다!

평화롭게 지내던 어느 날, 갑자기 라디오에서 **북한군이 새벽에 38도선을 넘어 전면 남침**했다는 속보가 들려왔다. 라디오에서는 안심하라는 대통령 각하의 목소리가 흘러나오지만 모두들 남쪽으로 피난을 가야 한다고 한다. 우리도 짐을 싸야겠어.

S#2 장기 집권을 위한 사사오입 개헌이 통과되다!

이승만 정부가 **반올림(사사오입)**이라는 이상한 논리를 펼쳐 헌법 개정안을 억지 통과시켰다! 장기 집권을 하려고 이런 어이없는 주장을 펼치다니!

S#3 3·15 부정 선거에 항의하는 시위가 일어나다!

선거 전부터 온갖 부정을 일삼은 이승만 정부를 더 이상 보고 있을 수 없다! 민주주의를 망가뜨리는 **3·15 부정 선거는 무효**다! 이승만 물러나라!

1 6·25 전쟁

꼭 알아두기 | 6·25 전쟁 관련 문제에서는 힌트로 "동족상잔"과 "이산가족"이라는 키워드가 자주 나오니 꼭 알아두세요!
└ 동족상잔(같은 민족끼리 서로 죽이고 싸움)의 비극이라고도 해요.

(1) 전쟁 전의 한반도 정세

| 북한의 상황 | 북한이 소련과 군사 비밀 협정을 체결하여 무기 지원을 약속받음 |
| 남한의 상황 | 주한 미군이 한반도에서 철수하였으며, 미국이 애치슨 선언을 발표함 |

└ 미국의 극동 방위선에서 한반도와 대만(타이완)을 제외한다는 내용이었어요.

(2) 전쟁의 전개 과정

북한군의 남침: **북한군의 기습 남침**으로 전쟁이 발발(1950. 6. 25.)하여 3일 만에 서울이 함락됨 → 정부는 부산으로 피난하여 낙동강 방어선을 구축함
└ 6·25 전쟁 중에 임시 수도의 역할을 하기도 했어요.

↓

유엔군 참전: 유엔 안전 보장 이사회의 결정에 따라 **16개국으로 구성된 유엔군이 참전**함 (1950. 7.)

↓

인천 상륙 작전 및 서울 탈환: 국군과 유엔군이 맥아더 장군의 지휘 하에 **인천 상륙 작전**(1950. 9.)을 펼쳐 서울을 탈환하고, 평양·압록강까지 진격함

↓

중국군 참전: 중국군이 대규모 군대를 파견하여 북한군을 지원함(1950. 10.)

↓

흥남 철수 및 1·4 후퇴
- 흥남 철수: 중국군의 개입으로 전세가 역전되자, 국군과 유엔군이 흥남 철수 작전을 전개하여 후퇴함(1950. 12.)
- 1·4 후퇴: 국군과 유엔군의 후퇴로 북한에게 서울을 다시 빼앗기게 됨(1951. 1.)

↓

휴전 회담 시작: 소련의 제의로 휴전 회담이 시작되었으나, 군사 분계선의 설정과 포로 송환 문제를 두고 회담이 지체됨 → 휴전 협정에 반대한 이승만이 거제도의 반공 포로를 석방하기도 함
└ 공산주의에 반대한 포로예요.

↓

휴전 협정 체결
- 체결: **판문점**에서 유엔군 총사령관과 조선 인민군 최고 사령관(북한 측), 중국 인민 지원군 사령원 사이에서 휴전(정전) 협정이 체결됨(1953. 7.)
- 내용: 군사 분계선을 확정하고 비무장 지대를 설정함
└ 군사 분계선 남북 각각 2km 지역이에요.

(3) 전쟁 이후의 상황

한·미 상호 방위 조약 체결	대한민국과 미국이 서로의 군사적 안전을 보장하는 조약을 체결함(1953. 10.)
삼백 산업 발달	미국의 경제 원조로 원조 물자(밀가루·설탕·면화)를 가공하는 삼백(제분·제당·면방직) 산업 중심의 소비재 산업이 발달함
인적·물적 피해	수백만 명에 달하는 인명 피해, 전쟁 고아, **이산가족이 발생**함 주요 사회 시설이 파괴되고 식량과 생필품이 부족해짐
민족 간 대립 심화	전쟁 중 좌익과 우익의 이념 대립이 심해지고, 남북 간의 적대감이 커짐

2 장기 집권의 추진과 4·19 혁명

(1) 장기 집권의 추진

꼭 알아두기 | 이승만 정부가 장기 집권을 위해 통과시킨 두 개헌안의 내용을 구분하여 알아두세요!

발췌 개헌 (제1차 개헌, 1952)
- 배경: 이승만이 간선제로는 재선이 어렵다고 느껴 자유당을 창당하고, 직선제 개헌을 시도하였으나 통과되지 못함 └ 국민들이 직접 선출하는 선거 제도예요.
- 과정: 6·25 전쟁 중 임시 수도였던 부산에서 계엄령을 선포한 후 통과시킴
- 내용: 정·부통령 직선제, 내각 책임제 등
- 결과: 제2대 대통령 선거(1952)에서 이승만이 재선에 성공함

사사오입 개헌 (제2차 개헌, 1954)
- 배경: 6·25 전쟁 이후 자유당이 이승만의 장기 집권을 추진함
- └ 국회 재적 의원의 3분의 2 이상의 찬성표를 받아야 했어요.
- 과정: 개헌 의석 수를 1표 차이로 넘기지 못해 개헌안이 통과되지 않음 → 여당인 자유당이 **사사오입(반올림)의 논리로 개헌안을 통과**시킴
- 내용: 개헌 당시의 대통령(이승만)에 한하여 중임 제한이 철폐됨

진보당 사건 (1958. 1.)
- └ 평화 통일론을 주장하며 진보당을 창당하였어요.
- 배경: 제3대 대통령 선거에서 조봉암이 유효표의 30%를 득표하여 선전함
- 전개: 조봉암과 진보당 간부들을 북한의 간첩과 내통하고 북한의 통일 방안(평화 통일론)을 주장했다는 혐의로 구속한 후, 조봉암을 처형함

(2) 4·19 혁명(1960. 4. 19.)

꼭 알아두기 | 4·19 혁명이 일어나게 된 원인(3·15 부정 선거)과 결과(이승만 하야)를 잘 기억하세요!

⭐⭐ **3·15 부정 선거**: 자유당이 부통령에 이기붕을 당선시키기 위해 **1960년 3월 15일에 실시된 정·부통령 선거**에서 사전 투표, 투표함 바꿔치기 등의 부정 선거를 실시함

↓

마산 시위
- **마산**에서 3·15 부정 선거에 대한 항의 시위가 전개되었고, 정부의 무력 진압으로 인해 많은 사상자가 발생함
- 이후 시위에 참가했던 **김주열**의 시신이 발견되면서 시위가 확산됨

↓

⭐⭐ **4·19 혁명**
- 학생들과 시민들을 중심으로 대규모 시위가 발생함
- 이승만 정부가 계엄령을 선포하고 시민들을 향해 무차별 총격을 가함
- 대학 교수단이 이승만의 퇴진을 요구하는 시국 선언문을 발표하고 시위 행진을 전개함

↓

이승만 하야: **이승만** 대통령이 **하야 성명을 발표**함

↓

허정 과도 정부 수립: 외무 장관 허정을 수반으로 하는 과도 정부가 수립됨
└ 완전한 정부를 수립할 때까지 일시적으로 성립하는 정부를 의미해요.

↓

제3차 개헌: 허정 과도 정부가 제3차 개헌에서 **내각 책임제**와 양원제(참의원·민의원) 국회를 주요 내용으로 헌법을 개정함
└ 대통령은 형식적 권한을 가지고, 국회의원이 내각을 구성해 실질적인 행정을 담당하는 방식이에요.

↓

장면 내각 수립: 내각 책임제에 따라 국회에서 윤보선이 대통령으로 선출되고, **장면이 국무총리**로 선출됨

퀴즈로 개념 다지기

1. 이승만 정부 시기의 주요 사건을 순서대로 나열하세요.

ⓐ 사사오입 개헌 [71·69회]
ⓑ 3·15 부정 선거 [71·69·67·60·58회]
ⓒ 발췌 개헌 [69·64회]
ⓓ 4·19 혁명 [71·66·61·58회]

[-   -   -   ]

2. 기출 키워드의 초성을 완성하세요.

(1) 6·25 전쟁이 일어나자 정부가 피난하여 임시 수도의 역할을 수행한 지역: ㅂㅅ [67회]

(2) 6·25 전쟁 중 맥아더의 지휘 하에 펼친 작전: ㅇㅊㅅㄹ 작전 [69·67·64·60·58회]

(3) 중국군의 개입으로 전세가 역전되어 국군과 유엔군이 북한에게 서울을 다시 빼앗긴 사건: 1·4 ㅎㅌ [69·64회]

(4) 제3차 개헌의 주요 내용: ㄴㄱㅊㅇㅈ [46회]

(5) 제3차 개헌 직후 국무총리로 선출된 인물: ㅈㅁ [45·40회]

정답 1. ⓒ-ⓐ-ⓑ-ⓓ
2. (1) 부산 (2) 인천 상륙
(3) 1·4 후퇴 (4) 내각 책임제
(5) 장면

기출로 실전 감각 키우기 기출주제 46 이승만 정부

01 6·25 전쟁 69회 기출

(가) 전쟁 중에 있었던 사실로 옳지 <u>않은</u> 것은? [2점]

① 유엔군이 참전하였다.
② 발췌 개헌안이 통과되었다.
③ 인천 상륙 작전이 전개되었다.
④ 반민족 행위 처벌법이 제정되었다.

정답 길잡이

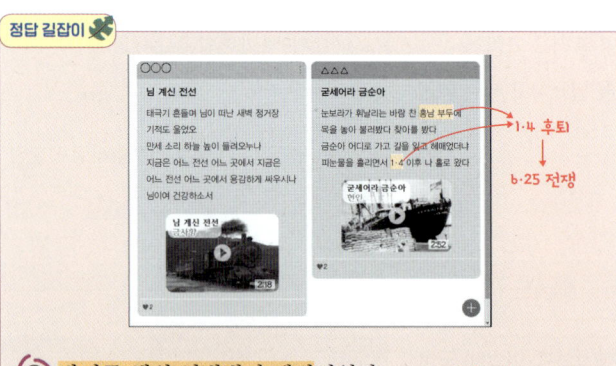

④ **반민족 행위 처벌법이 제정**되었다. → 6·25 전쟁 이전

대한민국 정부 수립 이후인 **1948년 9월**에 제헌 국회는 친일파를 **청산하고자 반민족 행위 처벌법을 제정**하고, **반민족 행위 특별 조사 위원회(반민특위)를 설치**하였어요. 그러나 이승만 정부가 반민특위에 비협조적인 태도를 보이며, 친일파 청산은 결국 좌절되었습니다.

✓ 오답 체크

① 6·25 전쟁 중 유엔 안전 보장 이사회가 유엔군 파견을 결정하고 대한민국에 16개국의 **유엔군이 참전**하였어요.
② 6·25 전쟁 중인 1952년에 임시 수도 부산에서 대통령 직선제를 골자로 한 **발췌 개헌안(제1차 개헌안)이 통과**되었어요.
③ 6·25 전쟁 중 유엔군과 국군은 맥아더 장군의 지휘 아래 **인천 상륙 작전**을 전개하여 서울을 탈환하였어요.

02 이승만 정부 시기의 사실 50회 기출

(가) 정부 시기에 있었던 사실로 옳은 것은? [3점]

① 금융 실명제를 실시하였다.
② 중국, 소련 등과 수교하였다.
③ 사사오입 개헌안을 가결하였다.
④ 개성 공단 건설 사업을 실현하였다.

정답 길잡이

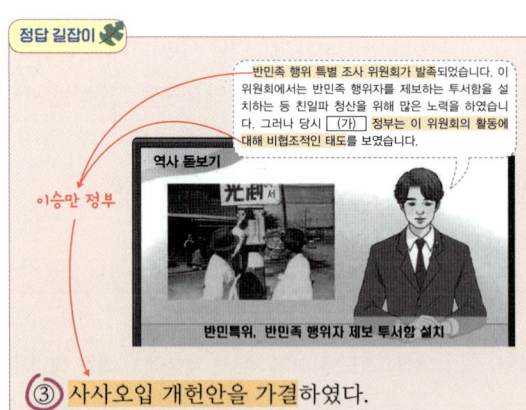

③ **사사오입 개헌안을 가결**하였다.

이승만 정부 시기에 제헌 국회는 친일파를 청산하고자 반민족 행위 처벌법을 제정하고, **반민족 행위 특별 조사 위원회(반민특위)를 설치**하였어요. 그러나 이승만 정부가 반민특위에 비협조적인 태도를 보이며, 친일파 청산은 결국 좌절되었습니다. 한편 이승만 정부는 **초대 대통령인 이승만에 한해 중임 제한을 철폐**한다는 내용의 개헌안을 통과시켜(**사사오입 개헌**) 제3대 대통령에 당선되었어요.

✓ 오답 체크

① 금융 실명제를 실시하였다. → 김영삼 정부
② 중국, 소련 등과 수교하였다. → 노태우 정부
④ 개성 공단 건설 사업을 실현하였다. → 노무현 정부

03 4·19 혁명 — 58회 기출

(가)에 들어갈 민주화 운동으로 옳은 것은? [2점]

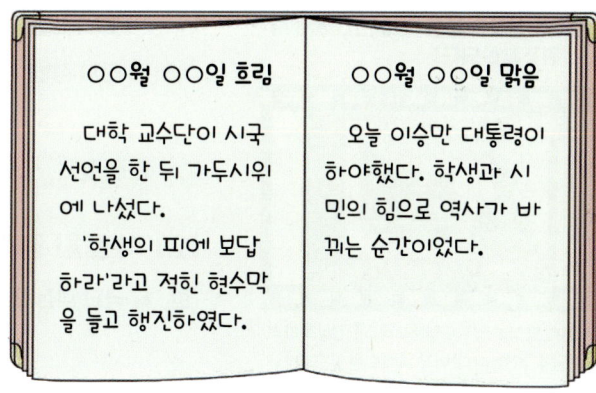

① 4·19 혁명
② 6월 민주 항쟁
③ 부·마 민주 항쟁
④ 5·18 민주화 운동

정답 길잡이

① 4·19 혁명

4·19 혁명은 이승만 정부가 장기 집권을 위해 자행한 3·15 부정 선거에 항의하며 일어났어요. 이승만 정부는 부통령에 여당 후보인 이기붕을 당선시키기 위해 부정 선거를 저질렀어요(**3·15 부정 선거**). 이에 이승만 정부의 독재에 저항하는 시위가 전국적으로 전개되었고, 결국 **이승만**은 **대통령직에서 하야**하였어요.

오답 체크
② 6월 민주 항쟁 → 4·13 호헌 조치에 저항
③ 부·마 민주 항쟁 → 유신 체제에 저항
④ 5·18 민주화 운동 → 신군부의 계엄령 확대에 저항

📌 이건 꼭! 암기
4·19 혁명 → 3·15 부정 선거에 항의, 이승만 하야

04 4·19 혁명 — 67회 기출

다음 가상 일기에 나타난 민주화 운동에 대한 설명으로 옳은 것은? [2점]

① 신군부의 무력 진압에 저항하였다.
② 대통령 직선제 개헌을 이끌어 냈다.
③ 유신 체제가 붕괴하는 계기가 되었다.
④ 3·15 부정 선거에 항의하여 일어났다.

정답 길잡이

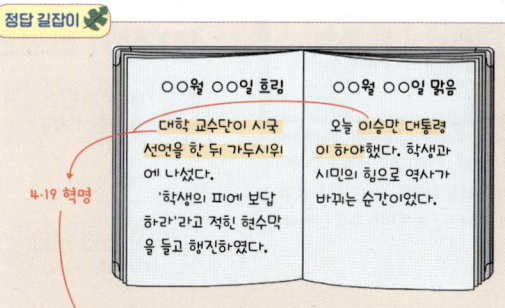

4·19 혁명

④ 3·15 부정 선거에 항의하여 일어났다.

4·19 혁명은 이승만 정부가 장기 집권을 위해 자행한 **3·15 부정 선거에 항의**하며 일어났어요. 이승만 정부는 부통령에 여당 후보인 이기붕을 당선시키기 위해 부정 선거를 저질렀어요(**3·15 부정 선거**). 이에 이승만 정부의 독재에 저항하는 시위가 전개되었고, **대학 교수단**이 이승만의 퇴진을 요구하는 **시국 선언문을 발표**하였어요. 결국 **이승만은 대통령직에서 하야**하고, 허정 과도 정부가 수립되었어요.

오답 체크
① 신군부의 무력 진압에 저항하였다. → 5·18 민주화 운동
② 대통령 직선제 개헌을 이끌어 냈다. → 6월 민주 항쟁
③ 유신 체제가 붕괴하는 계기가 되었다. → 부·마 민주 항쟁

기출주제 47 박정희 정부

핵심 키워드 | #6·3 시위 #베트남 파병 #유신 헌법 #부·마 민주 항쟁 #경제 개발 5개년 계획 #전태일 #7·4 남북 공동 성명

스토리로 미리보기

S#1 한·일 국교 정상화에 반대하는 시위가 확산되다!

[51회 기출] 정부의 한·일 국교 정상화 추진에 반대하는 시위가 확산되고 있습니다.

세상에, 박정희 정부가 **일본과 국교를 정상화**하려고 회담을 추진하다니! 아직 제대로 된 일본의 사과를 받지도 못했는데, 이렇게 굴욕적인 외교를 펼치는 정부를 그대로 두고 볼 수는 없지.

S#2 명동 성당에서 3·1 민주 구국 선언이 발표되다!

[38회 기출]

이곳이 바로 민주화의 성지라 불리는 명동 성당입니다. 여기에서 **박정희 정부**의 장기 집권을 강화시킨 유신 헌법에 반대하는 **3·1 민주 구국 선언**이 발표되었습니다.

S#3 경부 고속도로가 준공되다!

[41회 기출] 경부 고속도로 준공

오늘 서울과 부산을 이어주는 국내 최장의 **경부 고속도로가** 드디어 **준공**되었습니다. **박정희 정부**가 경제 성장을 본격적으로 추진한 결과, 경부 고속도로와 같은 사회 간접 자본이 확충되고 있습니다.

1 박정희 정부

(1) 박정희 정부의 수립 과정

- **5·16 군사 정변**: 박정희 중심의 군부 세력이 군사 정변을 일으켜 장면 내각을 붕괴시킴
  → 군사 혁명 위원회가 반공을 국시로 내건 혁명 공약을 발표함
  └ 5·16 군사 정변 당시의 군사 혁명 위원회가 재편된 것으로, 최고 통치 기구의 역할을 수행하였어요.
- **군정 실시**: 국가 재건 최고 회의와 중앙정보부를 창설하여 군정을 실시함

(2) 박정희 정부의 정책

> **꼭 알아두기** | 박정희 정부 시기의 한·일 국교 정상화와 베트남 파병은 경제 발전에 필요한 자금을 마련하기 위한 정책이었다는 것을 알아두세요!

- **한·일 국교 정상화**
  - **6·3 시위**: 국민들이 **굴욕적인 한·일 국교 정상화에 반대**하는 시위를 전개함
    └ 중앙정보부장 김종필과 일본 외상 오히라가 국교 정상화를 위해 진행한 한·일 회담 내용이 세상에 알려졌어요.
  - 정부가 비상 계엄령을 선포하여 시위를 무력으로 진압함
  - **한·일 협정**: 일본이 독립 축하금이라는 명목으로 무상 3억 달러·유상 2억 달러·민간 차관 1억 달러 제공에 합의하면서 국교가 정상화됨

- **베트남 파병**
  - **파병**: 미국의 요청에 따라 **베트남전**(월남전)에 국군을 파병함
  - **브라운 각서 체결**: 추가 파병에 대한 대가로 경제 발전을 위한 원조를 받음
    └ 미국 정부가 보상 조치 내용을 한국에 보낸 각서예요.

2 장기 집권 추진과 유신 체제

(1) 장기 집권의 추진과 유신 체제의 성립

- **📍3선 개헌** (6차 개헌, 1969)
  - **내용**: 대통령의 **3선 연임을 허용**하는 헌법 개정을 추진함
  - **결과**: 야당과 학생 등이 반대 투쟁을 전개하였으나, 정부가 편법으로 개헌안을 통과시킴 → 제7대 대선에서 박정희가 김대중을 누르고 당선됨

- **유신 헌법 제정** (7차 개헌, 1972)
  └ 유신 헌법에 의해 설치된 헌법 기관이에요.
  - **장기 독재 체제 마련**: 통일 주체 국민회의에서 간접 선거로 대통령을 선출하고, 대통령 임기를 6년(중임 제한 폐지)으로 연장함
  - **대통령 권한 강화**: 대통령에게 **긴급 조치권**, 국회의원 1/3 선출권, 국회 해산권 등을 부여함
    └ 국민의 기본권을 제한할 수 있는 권리예요.

> **기출 사료 더보기** 📍**박정희 정부의 3선 개헌** [45회]
>
> 이번의 국민 투표는 단적으로 말해서 누구든지 두 번까지만 대통령을 할 수 있는 현행 헌법 조항을 고쳐서 세 번까지 할 수 있는 길을 열어 줄 것이냐 아니냐 하는 개헌 국민 투표이며, …… 이 정부에 대한 신임 투표이기도 한 것입니다. ……
>
> **사료 해석**: 박정희 정부는 대통령의 3선 연임을 허용하는 헌법 개정을 추진하여 이를 통과시켰어요.

(2) 유신 체제에 대한 저항과 탄압

저항
- 장준하 등이 개헌 청원 100만인 서명 운동을 전개함
- 재야 인사들이 긴급 조치 철폐 등을 요구하는 **3·1 민주 구국 선언**을 발표함

탄압 : 인민 혁명당 재건위 사건을 발표하고, 관련자들을 영장 없이 체포함
- 박정희 정부가 북한의 지령을 받은 인민 혁명당이 국가 변란을 계획하였다고 조작한 사건이에요.

(3) 유신 체제의 붕괴 과정

> 꼭 알아두기 | 부·마 민주 항쟁이 유신 체제를 끝내는 계기가 되었다는 것을 잘 기억하세요!

YH 무역 사건 : YH 무역 노조가 부당한 폐업 조치에 항의하며 농성하던 중 여성 노동자가 사망하였고, 이후 노동 운동과 민주화 운동이 결합됨(1979)

부·마 민주 항쟁 : YH 무역 사건을 비판한 **야당의 신민당 총재 김영삼이 국회에서 제명**되자, 부산·마산에서 유신 체제 반대 시위를 전개함(1979)

붕괴 : 부·마 민주 항쟁의 진압을 둘러싸고 박정희 정부 내에서 갈등이 발생함
→ 김재규가 박정희를 살해한 10·26 사태로 유신 체제가 붕괴됨
- 당시 중앙정보부장이었어요.

3 박정희 정부의 경제·사회와 통일 정책

(1) 박정희 정부의 경제

> 꼭 알아두기 | 박정희 정부가 경제 성장을 위해 총 네 차례 "경제 개발 5개년 계획"을 실시하였다는 점을 잘 알아두세요!

제1~4차 경제 개발 5개년 계획
- 1~2차는 경공업 중심, **3~4차는 중화학 공업 중심**으로 실시함
- **경부 고속도로**가 개통되고 포항 종합 제철 공장이 준공됨
- 중화학 공업의 성장으로 **수출 100억 달러**를 달성함

새마을 운동 : 1970년대부터 농촌 근대화를 목적으로 새마을 운동이 전개됨

(2) 박정희 정부의 사회

전태일 분신 : 전태일이 근로 기준법의 준수를 주장하며 분신함

경범죄 처벌법 개정 : 장발, 미니스커트 착용을 단속할 수 있도록 함

(3) 박정희 정부의 통일 정책

> 꼭 알아두기 | 박정희 정부의 통일 정책은 '7·4 남북 공동 성명', '남북 조절 위원회' 두 키워드만 알아두면 문제를 풀기 쉬워져요!

남북 적십자 회담 제안 : 남한의 대한 적십자사가 이산가족 찾기를 위한 남북 적십자 회담을 제안하였고, 북한이 수용하면서 분단 이후 최초로 남북 대화가 시작됨(1971)

7·4 남북 공동 성명 발표
- 내용
  - 한반도의 통일은 **자주·평화·민족 대단결의 원칙**에 입각하여 이루어져야 함을 천명함(1972)
    - 7·4 남북 공동 성명의 합의 사항을 추진하고 통일 문제를 해결할 목적으로 설치된 공식 협의 기구예요.
  - 상설 직통 전화 개설과 **남북 조절 위원회** 설치에 합의함
- 의의 : 통일에 관해 최초로 남북이 합의한 내용을 공동 성명 형식으로 동시 발표함
- 한계 : 남북이 공동 성명을 독재 체제 강화에 이용함

기출 자료 더보기 ▶ **7·4 남북 공동 성명** [52회]

남북한 당국이 통일 방안에 관한 합의를 서울과 평양에서 동시에 발표하였다. 남북한의 당국자들이 비밀리에 상호 방문한 끝에 남과 북은 자주, 평화, 민족 대단결의 통일 원칙에 합의하였고, 통일 문제 해결을 위한 남북 조절 위원회를 구성·운영하기로 하였다.

퀴즈로 개념 다지기

1. 박정희 정부 시기의 주요 사건과 내용을 알맞게 연결하세요.

(1) 6·3 시위 · · ⓐ 한·일 국교 정상화 반대 [67·60회]

(2) YH 무역 사건 · · ⓑ 농촌 근대화 [71·64·57회]

(3) 부·마 민주 항쟁 · · ⓒ 부당한 폐업 조치에 항의 [34회]

(4) 새마을 운동 · · ⓓ 유신 체제 붕괴 [69·67회]

2. 기출 키워드의 초성을 완성하세요.

(1) 미국의 요청으로 전쟁에 국군이 파병된 나라: ㅂ ㅌ ㄴ [58·57회]

(2) 유신 독재에 저항한 민주화 운동: ㅂ·ㅁ ㅁㅈ ㅎㅈ [69·67·66·61회]

(3) 근로 기준법 준수를 주장하며 분신한 인물: ㅈㅌㅇ [67·57회]

(4) 남북이 자주·평화·민족 대단결의 원칙에 합의한 발표: 7·4 ㄴㅂ ㄱㄷ ㅅㅁ [71·67·66·61·60회]

정답 1. (1) ⓐ (2) ⓒ (3) ⓓ (4) ⓑ
2. (1) 베트남 (2) 부·마 민주 항쟁 (3) 전태일 (4) 7·4 남북 공동 성명

기출로 실전 감각 키우기   기출주제 47 박정희 정부

01 박정희 정부   51회 기출

밑줄 그은 '정부' 시기의 사실로 옳지 않은 것은? [2점]

> 우리 정부가 일본의 사과와 반성 없이 한·일 국교 정상화를 추진한다는 사실이 알려지면서 대학생과 시민들을 중심으로 굴욕적 대일 외교에 반대하는 시위가 확산하고 있습니다.
>
> 한일 회담 반대 시위 확산

① 3선 개헌안이 통과되었다.
② 베트남에 국군이 파병되었다.
③ 경제 개발 5개년 계획이 추진되었다.
④ 한·일 월드컵 축구 대회가 개최되었다.

02 부·마 민주 항쟁   50회 기출

다음 대화에 나타난 민주화 운동으로 옳은 것은? [3점]

> 이것은 1979년 야당 총재의 국회 의원직 제명으로 촉발되어 유신 독재에 저항한 민주화 운동을 기념한 조형물입니다.
>
> 2019년 정부는 이 운동이 민주화에 기여한 점을 인정하여 시위가 시작된 날을 국가 기념일로 지정하였습니다.

① 4·19 혁명
② 6월 민주 항쟁
③ 부·마 민주 항쟁
④ 5·18 민주화 운동

정답 길잡이

④ 한·일 월드컵 축구 대회가 개최되었다. → 김대중 정부

김대중 정부 시기에 2002 한·일 월드컵 등 국제 스포츠 대회가 개최되었어요.

오답 체크
① 박정희 정부 시기에 대통령의 3선 연임을 허용하는 **3선 개헌안이 통과**되었어요.
② 박정희 정부 시기에 미국의 요청에 따라 **베트남에 국군이 파병**되었어요.
③ 박정희 정부 시기에 총 네 차례에 걸쳐 **경제 개발 5개년 계획이 추진**되었어요.

이건 꼭! 암기
박정희 정부 → 한·일 국교 정상화, 3선 개헌, 베트남 파병, 경제 개발 5개년 계획

정답 길잡이

③ 부·마 민주 항쟁

부·마 민주 항쟁은 박정희 정부 시기인 1979년에 **부산과 마산** 지역에서 유신 독재에 저항해 일어난 민주화 운동입니다. 당시 유신 체제를 비판한 야당 총재 **김영삼이 국회 의원직에서 제명**되자, 김영삼의 정치적 본거지인 부산을 시작으로 마산 지역에서도 유신 체제에 대한 반대 시위가 확대되었어요.

오답 체크
① 4·19 혁명 → 이승만 정부의 3·15 부정 선거로 일어난 운동
② 6월 민주 항쟁 → 전두환 정부의 4·13 호헌 조치에 대한 항쟁
④ 5·18 민주화 운동 → 전두환을 중심으로 한 신군부에 대한 저항

03 박정희 정부 시기의 경제 71회 기출

(가) 정부 시기의 경제 상황으로 옳은 것은? [2점]

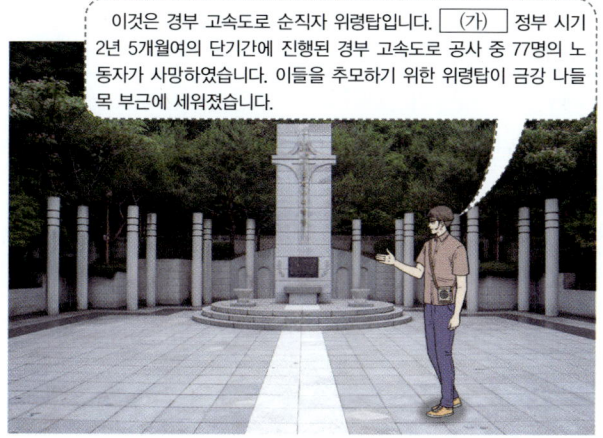

이것은 경부 고속도로 순직자 위령탑입니다. (가) 정부 시기 2년 5개월여의 단기간에 진행된 경부 고속도로 공사 중 77명의 노동자가 사망하였습니다. 이들을 추모하기 위한 위령탑이 금강 나들목 부근에 세워졌습니다.

① 금융 실명제가 전면 실시되었다.
② 칠레와 자유 무역 협정(FTA)이 체결되었다.
③ 제2차 경제 개발 5개년 계획이 시행되었다.
④ 저금리·저유가·저달러의 3저 호황이 있었다.

04 박정희 정부 시기의 통일 노력 66회 기출

다음 뉴스가 보도된 정부 시기의 통일 노력으로 옳은 것은? [3점]

분단 26년 만에 처음으로 남측 자유의 집과 북측 판문각을 연결하는 직통 전화가 개설되었습니다. 이로써 남북 적십자 회담을 열기 위한 대화의 통로가 마련되었습니다.

남북 직통 전화 개설

① 금강산 관광 사업을 시작하였다.
② 남북한이 유엔에 동시 가입하였다.
③ 7·4 남북 공동 성명을 발표하였다.
④ 최초로 남북 정상 회담을 개최하였다.

정답 길잡이

박정희 정부

③ **제2차 경제 개발 5개년 계획이 시행**되었다.

박정희 정부 시기에는 **경부 고속도로**를 준공하여 사회 간접 자본을 확충하였어요. 또한 경제 성장을 위해 **제1~4차 경제 개발 5개년 계획**이 시행되었는데, 제1·2차 경제 개발 5개년 계획은 **경공업 중심**으로 시행되었어요.

오답 체크
① 금융 실명제가 전면 실시되었다. → 김영삼 정부
② 칠레와 자유 무역 협정(FTA)이 체결되었다. → 노무현 정부
④ 저금리·저유가·저달러의 3저 호황이 있었다. → 전두환 정부

📌 이건 꼭! 암기
박정희 정부의 경제 정책 → 경제 개발 5개년 계획, 경부 고속도로 준공

정답 길잡이

박정희 정부

③ **7·4 남북 공동 성명을 발표**하였다.

박정희 정부 시기에는 평화 공존의 분위기가 형성되어 **남북 대화가 시작**되었고 **판문각에 남북 상설 직통 전화를 개설**하였어요. 이로써 남북 적십자 회담을 위한 통로가 마련되었고, 1차 본회담이 개최되었어요. 또한 자주, 평화 민족 대단결의 통일 원칙을 명시한 **7·4 남북 공동 성명을 발표**하고 통일 문제를 협의하기 위한 기구로 **남북 조절 위원회를 설치**하였어요.

오답 체크
① 금강산 관광 사업을 시작하였다. → 김대중 정부
② 남북한이 유엔에 동시 가입하였다. → 노태우 정부
④ 최초로 남북 정상 회담을 개최하였다. → 김대중 정부

기출주제 48 : 전두환 정부 ~ 이명박 정부

핵심 키워드 | #5·18 민주화 운동 #6월 민주 항쟁 #남북 기본 합의서 #금융 실명제 #6·15 남북 공동 선언 #개성 공단
#한·미 자유 무역 협정(FTA)

스토리로 미리보기

S#1 6월 민주 항쟁이 일어나다!

[39회 기출]
6월 민주 항쟁 때 최루탄에 맞아 희생된 이한열 열사가 신었던 운동화를 복원한 거야.
이 신발은 누구거야?

오늘은 **이한열** 기념관에 다녀왔다. 거기서 이한열 열사의 운동화를 봤다. 세월의 풍화로 운동화 바닥이 부서져 버려서 복원한 것이란다. 뜨거웠던 **6월 민주 항쟁**의 열기를 간접적으로나마 느낄 수 있었다.

S#2 직선제 개헌을 약속한 6·29 선언이 발표되다!

[19회 기출]
노태우가 직선제 개헌을 약속했군!

와, 6월 내내 거리에서 '호헌 철폐, 독재 타도'를 외친 보람이 있군. 여당의 노태우가 **직선제 개헌**을 약속했으니 대통령을 우리 손으로 뽑을 수 있겠어! 이제 진정한 민주주의가 시작되는건가?

S#3 김영삼 정부가 금융 실명제를 실시하다!

[23회 기출]
오늘 김영삼 대통령은 금융 실명제를 긴급명령으로 전격 발표하였습니다.
금융실명제 전격 실시

TV에서 **김영삼** 대통령의 **금융 실명제** 발표 뉴스가 나오고 있다. 쉽게 말하면, 통장 만들 때 딴 사람 이름은 안되고, 본인 이름만 써야 한다는 것이다. 신분증도 꼭 필요하고. 동생 이름으로 만들어 놓은 비상금 통장을 앞으로 어떻게 해야 할지, 고민이네.

1 민주화 운동과 전두환 정부

(1) 5·18 민주화 운동(1980)

> 꼭 알아두기 | 5·18 민주화 운동 문제에서는 "신군부", "계엄", "시민군" 키워드가 자주 출제되니 꼭 알아두세요!

배경	─ 전두환, 노태우 등의 신군부가 쿠데타를 일으켜 정권을 장악함(12·12 사태) ─ **신군부가 비상 계엄을 전국으로 확대**하고 김대중 등 주요 정치 인사와 학생 운동 지도부를 체포·구속함
전개 과정	광주에서 계엄령 확대와 무력 진압에 저항하는 시위가 발생함 → 신군부가 공수부대를 동원하여 무력 진압 → 일부 시민들이 **시민군을 조직**해 대항하였으나, 신군부 세력에 무력으로 진압됨 └ 시민군 대표 윤상원이 희생되었으며, 이후 임을 위한 행진곡이라는 노래가 헌정되었어요.
영향	5·18 민주화 운동 관련 기록물이 유네스코 세계 기록유산으로 등재됨

(2) 신군부의 정권 장악과 전두환 정부

전두환 정부 수립	제8차 개헌 이후 대통령 선거인단에 의한 간선제를 통해 전두환이 대통령으로 선출됨
주요 정책	─ **강압 정책**: 언론 통제, 민주화 운동 탄압, 삼청 교육대 운영 └ 신군부 시기에 사회 정화라는 구실로 설치된 기관이에요. ─ **유화 정책**: **프로 야구·축구단 창단**, 중학교 의무 교육 실시, 교복 자율화 등 ─ **경제 성장**: 3저(저달러·저유가·저금리) 호황으로 물가가 안정되고 수출이 증가함 ─ **통일 정책**: 최초의 남북 이산가족 고향 방문과 예술 공연단 교환을 실현함

(3) 6월 민주 항쟁(1987)

> 꼭 알아두기 | 6월 민주 항쟁의 결과 5년 단임의 대통령 직선제 개헌이 이뤄졌다는 내용을 반드시 연결하여 알아두세요!

박종철 고문 치사 사건	직선제 개헌 요구 운동 과정에서 박종철이 경찰의 고문으로 사망함
4·13 호헌 조치	전두환 정부가 현행 헌법을 유지하겠다는 4·13 호헌 조치를 발표함 └ 현행 헌법인 대통령 간선제를 유지하겠다는 내용이었어요.
이한열 피격 사건	시위 도중 연세대 학생 이한열이 최루탄에 맞아 쓰러지는 사건이 발생함
6·10 국민 대회	전국의 시민과 학생들이 호헌 철폐·독재 타도를 구호로 시위를 전개함
결과	─ 노태우가 대통령 직선제 개헌을 약속한 6·29 민주화 선언을 발표함 └ 당시 여당의 대통령 후보였어요. ─ 여야의 합의로 **5년 단임의 대통령 직선제 개헌**(제9차 개헌)이 이루어짐

> **기출 자료 더보기** ◎ **6·10 국민 대회** [44회]
>
> 6·10 국민 대회 행동 요강
> (1) 오후 6시 국기 하강식을 기하여 전 국민은 있는 자리에서 애국가를 제창하고,
> (2) 애국가가 끝난 후 자동차는 경적을 울리고,
> (3) 전국 사찰, 성당, 교회는 타종을 하고,
> (4) 국민들은 형편에 따라 만세 삼창(민주 헌법 쟁취 만세, 민주주의 만세, 대한민국 만세)을 하든지 제자리에서 1분 간 묵념을 함으로써 민주 쟁취의 결의를 다진다.
>
> **자료 해석**: 6·10 국민 대회는 4·13 호헌 조치에 반발한 야당과 재야, 종교계 인사들에 의해 개최되었으며, 이때 전 국민과 함께 시위를 전개할 수 있도록 행동 요강을 제시하였어요.

2 노태우 정부 ~ 이명박 정부

(1) 노태우 정부

> **꼭 알아두기** | 노태우 정부가 소련, 중국 등 공산권 국가들과 국교를 맺으면서, 북한과의 관계도 개선되어 남북 기본 합의서를 채택하였다는 흐름을 잘 기억해두세요!

- **서울 올림픽 개최**: **서울 올림픽**의 개최로 국민의 일체감을 높이고 국제적 지위를 향상시킴
- **북방 외교**: 북방 외교를 추진하여 **중국, 소련 등 공산권 국가들과 외교 관계**를 수립함
- ⭐ **통일 노력**
  - 남북한이 **유엔에 동시 가입**함(1991)
  - 남북 고위급 회담에서 남북 기본 합의서를 채택함(1991)
    - └ 상호 불가침, 교류·협력 확대 등에 대한 내용이 담겨 있어요.
  - 남북 양측이 한반도를 비핵화하여 핵 전쟁의 위험을 제거하고, 평화 통일의 기반을 다지기 위해 한반도 비핵화 공동 선언을 채택함(1991)

(2) 김영삼 정부

> **꼭 알아두기** | "금융 실명제", "외환 위기"는 김영삼 정부 문제에서 자주 나오는 키워드이니 꼭 암기하세요!

- **역사 바로 세우기 운동**
  - 조선 총독부 건물을 철거하고, 전직 대통령인 전두환과 노태우를 구속함
  - 5·18 민주화 운동 관련 특별법을 제정하고, 국민학교를 초등학교로 개칭함
- ⭐ **금융 실명제**: 대통령 긴급 명령으로 **모든 금융 거래 시 실제 명의를 사용**하는 금융 실명제를 전격 실시함
- **OECD 가입**: 경제 협력 개발 기구(OECD)에 가입해 시장 개방 정책을 추진함
- **외환 위기**: 국제 경제의 악화와 외환 부족으로 경제 위기를 맞이하여 국제 통화 기금(IMF)에 지원을 요청함

(3) 김대중 정부

> **꼭 알아두기** | 김대중 정부가 "햇볕 정책"을 추진한 결과, 최초로 남북 정상 회담을 개최하였다는 점을 잘 알아두세요!

- **국민 기초 생활 보장법 제정**: 생활이 어려운 국민의 최저 생활을 보장하고자 국민 기초 생활 보장법을 제정함
- **외환 위기 극복**: 금 모으기 운동을 전개하여 국제 통화 기금(IMF)의 지원 자금을 조기 상환함
- **국제 스포츠 대회 개최**: 2002 한·일 월드컵 축구 대회와 2002 부산 아시안 게임을 개최함
- ⭐ **통일 노력**
  - 대북 화해 협력 정책인 **햇볕 정책**을 추진함
  - 최초로 남북 정상 회담을 실시하고(제1차 남북 정상 회담), 6·15 남북 공동 선언을 채택함
  - 남북한의 교류 협력을 위한 **개성 공업 지구 건설에 합의**하고, 경의선(서울과 신의주) 복원 공사, 이산가족 상봉 등을 진행함

(4) 노무현 정부

- **호주제 폐지**: 양성 평등의 실현을 위해 호주제를 폐지함
  - └ 호주를 중심으로 가족 구성원들의 출생·혼인·사망 등의 신분 변동을 기록하는 제도예요.
- **FTA 체결**: 칠레, 미국 등과 자유 무역 협정(FTA)을 체결함
- ⭐ **통일 노력**
  - 남북 간 경제 교류 활성화를 위한 **개성 공단**이 건설됨
  - 제2차 남북 정상 회담을 실시하여 10·4 남북 공동 선언을 채택함
    - └ 6·15 남북 공동 선언을 재확인하고 경제 협력 사업의 활성화에 합의하였어요.

(5) 이명박 정부

- **G20 정상 회의 개최**: 2010년에 서울에서 국제 경제 협의 기구인 G20 정상 회의가 개최됨

퀴즈로 개념 다지기

1. 정부가 실시한 정책을 알맞게 연결하세요.

(1) 전두환 정부 · · ⓐ 프로 야구단 창단 [63회]

(2) 노태우 정부 · · ⓑ 2002 한·일 월드컵 개최 [71·64·61회]

(3) 김영삼 정부 · · ⓒ 서울 올림픽 개최 [67·63회]

(4) 김대중 정부 · · ⓓ OECD 가입 [71·69·67회]

2. 기출 키워드의 초성을 완성하세요.

(1) 5·18 민주화 운동의 배경: ㅅㄱㅂ 의 비상 계엄 전국 확대 [67·61·60회]

(2) 전두환 정부가 현행 헌법을 유지하겠다고 발표한 조치: 4·13 ㅎㅎ 조치 [55·45회]

(3) 노태우 정부의 북방 외교 정책: ㅅㄹ 및 ㅈㄱ 과 국교 수립 [67·61·60회]

(4) 김영삼 정부가 긴급 명령으로 실시한 정책: ㄱㅇ ㅅㅁㅈ [71·66·64·63·60회]

(5) 남북 경제 교류 활성화를 위해 설치한 공단: ㄱㅅ 공단 [67·58·57회]

(6) 미국과 한·미 자유 무역 협정(FTA)을 체결한 정부: ㄴㅁㅎ 정부 [71·69·67·63·60회]

정답 1. (1) ⓐ (2) ⓒ (3) ⓓ (4) ⓑ
2. (1) 신군부 (2) 4·13 호헌
(3) 소련, 중국 (4) 금융 실명제
(5) 개성 (6) 노무현

기출로 실전 감각 키우기 기출주제 48 전두환 정부 ~ 이명박 정부

01 5·18 민주화 운동 71회 기출

(가)에 들어갈 민주화 운동으로 옳은 것은? [1점]

① 4·19 혁명
② 6월 민주 항쟁
③ 부마 민주 항쟁
④ 5·18 민주화 운동

02 6월 민주 항쟁 69회 기출

(가) 민주화 운동에 대한 설명으로 옳은 것은? [2점]

① 유신 체제가 붕괴하는 계기가 되었다.
② 3·15 부정 선거에 항의하여 일어났다.
③ 5년 단임의 대통령 직선제 개헌을 이끌어냈다.
④ 전개 과정에서 시민군이 자발적으로 조직되었다.

정답 길잡이

④ **5·18 민주화 운동**

5·18 민주화 운동은 12·12 사태를 일으킨 **신군부 세력이 계엄령을 전국으로 확대**하자, 광주의 학생과 시민들이 반발하여 일어난 **민주화 운동**이에요. 신군부는 광주로 **계엄군**을 보내어 무력으로 진압하고자 하였고, 광주 시민들도 **시민군**을 조직하여 계엄군에 대항하였어요. 그러나 5·18 민주화 운동은 곧 신군부 세력에 의해 진압되었어요.

오답 체크
① 4·19 혁명 → 3·15 부정 선거에 대한 저항
② 6월 민주 항쟁 → 4·13 호헌 조치에 대한 저항
③ 부·마 진주 항쟁 → 박정희 정부의 유신 체제에 대한 저항

📖 이건꼭! 암기
5·18 민주화 운동 → 신군부, 계엄령, 광주, 시민군

정답 길잡이

③ **5년 단임의 대통령 직선제 개헌**을 이끌어냈다.

6월 민주 항쟁은 전두환 정부의 **4·13 호헌 조치에 반발**하여 1987년에 일어났어요. 정부가 박종철의 고문 치사 사건을 은폐하였다는 사실이 드러난 것에 더해, 시위 도중 **이한열**이 경찰이 쏜 최루탄에 맞아 쓰러지자, 시민들은 6·10 국민 대회를 개최하고 '**호헌 철폐, 독재 타도**'를 외치며 시위를 전개하였어요. 이에 당시 여당 대통령 후보였던 노태우가 **6·29 민주화 선언을 발표**하였으며, 5년 단임의 대통령 직선제로의 개헌(제9차 개헌)이 이루어졌어요.

오답 체크
① 유신 체제가 붕괴하는 계기가 되었다. → 부·마 민주 항쟁
② 3·15 부정 선거에 항의하여 일어났다. → 4·19 혁명
④ 전개 과정에서 시민군이 자발적으로 조직되었다.
→ 5·18 민주화 운동

03 김영삼 정부   61회 기출

밑줄 그은 '정부' 시기에 있었던 사실로 옳은 것은?   [3점]

□□신문

제△△호   ○○○○년 ○○월 ○○일

국민학교 명칭, 역사 속으로 사라지다

정부는 광복 50주년을 맞이하여 일제 강점기에 황국 신민의 양성을 목적으로 지어진 국민학교 명칭을 초등학교로 변경한다고 발표했다. 이에 따라 내년 2월 말까지 전국 국민학교의 간판을 초등학교로 바꿔 달고 학교의 직인과 생활기록부 등에 적혀 있는 국민학교라는 명칭도 모두 바꾸기로 하였다.

① 삼청 교육대가 운영되었다.
② 조선 총독부 건물이 철거되었다.
③ 반민족 행위 처벌법이 제정되었다.
④ 서울에서 G20 정상 회의가 개최되었다.

04 김대중 정부의 통일 노력   64회 기출

밑줄 그은 '정부'의 통일 노력으로 옳은 것은?   [2점]

① 남북 기본 합의서를 채택하였다.
② 남북한이 유엔에 동시 가입하였다.
③ 6·15 남북 공동 선언을 발표하였다.
④ 최초로 남북 간 이산가족 상봉을 성사시켰다.

정답 길잡이

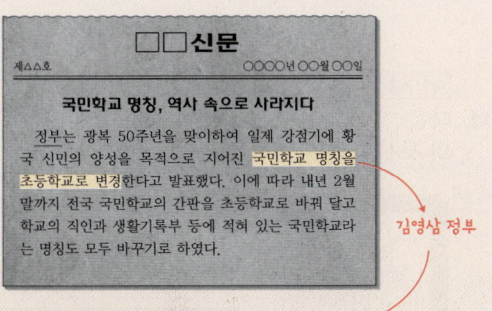

② **조선 총독부 건물이 철거**되었다.

김영삼 정부는 역사 바로 세우기 운동을 전개하여 **조선 총독부 건물을 철거**하고, 전직 대통령인 **전두환과 노태우를 구속**하였어요. 또한 5·18 민주화 운동 관련 특별법을 제정하고, 일제의 잔재를 없애기 위해 **국민학교를 초등학교로 개칭**하였어요.

✓ 오답 체크
① 삼청 교육대가 운영되었다. → 전두환 정부
③ 반민족 행위 처벌법이 제정되었다. → 이승만 정부
④ 서울에서 G20 정상 회의가 개최되었다. → 이명박 정부

📌 이건 꼭! 암기
김영삼 정부 → 역사 바로 세우기 운동, 조선 총독부 건물 철거, 국민학교를 초등학교로 개칭

정답 길잡이

③ **6·15 남북 공동 선언**을 발표하였다.

김대중 정부는 외환 위기가 발생한 상황에서 출범하였어요. 이를 극복하기 위해 정부는 노사정 위원회를 설치하였고, 국민들은 금 모으기 운동을 전개하여 **국제 통화 기금(IMF)의 지원 자금을 조기 상환**하였어요. 또한 김대중 정부 시기에는 대북 화해 협력 정책인 햇볕 정책의 실시로, 1998년에 **정주영** 현대건설 명예 회장이 두 차례에 걸쳐 **소 떼를 몰고 북한을 방문**하였으며, 2000년에 김대중 대통령이 평양을 방문하여 **최초의 남북 정상 회담을 개최**하고, **6·15 남북 공동 선언을 발표**하였어요. 한편 2002년에는 **한·일 월드컵 축구 대회**가 개최되기도 했답니다.

✓ 오답 체크
① 남북 기본 합의서를 채택하였다. → 노태우 정부
② 남북한이 유엔에 동시 가입하였다. → 노태우 정부
④ 최초로 남북 간 이산가족 상봉을 성사시켰다. → 전두환 정부

VII 현대 기출로 마무리

60회 기출

01 다음 성명서가 발표된 이후의 사실로 옳은 것은? [2점]

① 한인 애국단이 결성되었다.
② 제1차 미·소 공동 위원회가 열렸다.
③ 평양에서 남북 협상이 진행되었다.
④ 모스크바 3국 외상 회의가 개최되었다.

57회 기출

02 밑줄 그은 '선거'가 실시된 시기를 연표에서 옳게 고른 것은? [2점]

① (가) ② (나) ③ (다) ④ (라)

64회 기출

03 (가) 전쟁 중에 있었던 사실로 옳지 <u>않은</u> 것은? [2점]

① 흥남 철수 전개
② 발췌 개헌안 통과
③ 인천 상륙 작전 개시
④ 반민족 행위 처벌법 제정

67회 기출

04 다음 가상 뉴스에서 보도하는 사건이 일어난 정부 시기의 사실로 옳은 것은? [2점]

① 농지 개혁법을 제정하였다.
② 경부 고속도로를 개통하였다.
③ 경제 협력 개발 기구(OECD)에 가입하였다.
④ 미국과 자유 무역 협정(FTA)을 체결하였다.

05 (가)에 들어갈 내용으로 옳은 것은? [1점]

① 4·19 혁명 ② 부·마 민주 항쟁
③ 6월 민주 항쟁 ④ 5·18 민주화 운동

06 (가) 정부 시기에 있었던 사실로 옳은 것은? [3점]

① 야간 통행 금지가 해제되었다.
② 베트남 전쟁에 국군이 파병되었다.
③ 한·미 상호 방위 조약이 체결되었다.
④ 제1차 경제 개발 5개년 계획이 실시되었다.

07 (가) 시기에 있었던 사실로 옳은 것은? [3점]

① 개성 공단 조성에 합의하였다.
② 남북 기본 합의서가 채택되었다.
③ 남북 조절 위원회가 설치되었다.
④ 6·15 남북 공동 선언이 발표되었다.

08 다음 뉴스가 보도된 정부 시기의 경제 상황으로 옳은 것은? [2점]

① 경부 고속도로를 준공하였다.
② 세계 무역 기구(WTO)에 가입하였다.
③ 제1차 경제 개발 5개년 계획이 추진되었다.
④ 국제 통화 기금(IMF)의 구제 금융을 조기 상환하였다.

VII 현대 핵심 키워드로 단원 마무리

* 학습한 내용을 빈칸에 채워보세요. 정답은 오른쪽 페이지의 하단에 있습니다.

45 대한민국 정부 수립과 제헌 국회의 활동

(1) 대한민국 정부 수립 과정

광복 직후의 상황	미·소 군정 실시, 조선 건국 준비 위원회 결성(여운형)
모스크바 삼국 외상 회의와 좌·우 대립	• ▢¹ 회의: 임시 민주 정부 수립 지원, 신탁 통치 실시, 미·소 공동 위원회 설치 등(1945. 12.) • 제1차 미·소 공동 위원회 개최(1946. 3.) → 결렬 • 좌·우 합작 위원회: 여운형과 김규식이 조직(1946. 7.), ▢² 발표(1946. 10.)
대한민국 정부의 수립	한반도 문제의 유엔 상정 → 유엔 총회 결의(남북한 총선거) → 유엔 소총회의 결의(남한만의 단독 선거) → ▢³ 발생 → 남북 협상 → ▢⁴ 실시(우리나라 최초의 민주적인 보통 선거) → 제헌 헌법 공포 → 대한민국 정부 수립(대통령 이승만)

(2) 제헌 국회의 활동

친일파 청산	반민족 행위 처벌법 제정, ▢⁵ 위원회 설치
농지 개혁법 제정	유상 매수·유상 분배 원칙을 정함 → 자영농 육성

46 이승만 정부

(1) 6·25 전쟁

전쟁 전의 정세	미국의 애치슨 선언 발표
전개 과정	북한군 남침 → 유엔군 참전 → ▢⁶ 및 서울 수복 → 중국군 참전 → 흥남 철수 → 1·4 후퇴 → 서울 재탈환 → 휴전 회담 시작 → 거제도 반공 포로 석방 → 휴전 협정 체결
전쟁 이후의 상황	한·미 상호 방위 조약 체결, 삼백 산업 발달(미국의 경제 원조), 이산가족 발생, 민족 간 대립 심화

(2) 장기 집권 추진과 4·19 혁명

장기 집권 추진	• 제1차 개헌(발췌 개헌, 1952): 대통령 간선제를 직선제로 개헌 • 제2차 개헌(사사오입 개헌, 1954): 개헌 당시 대통령(이승만)에 한해 중임 제한 철폐 • ▢⁷: 제3대 대통령 선거에서 선전한 조봉암 처형
4·19 혁명	• 배경: 3·15 부정 선거 → 마산 시위 → ▢⁸ 시신 발견 • 전개: 학생과 시민들이 시위 전개 → 이승만 정부의 계엄령 선포 → 대학 교수단의 대통령 퇴진 요구 → 이승만 하야 • 결과: 허정 과도 정부 수립 → 제3차 개헌(의원 내각제, 양원제) → ▢⁹ 내각 수립

47 박정희 정부

수립 과정과 주요 정책		• 5·16 군사 정변 → 군정 실시 • 한·일 국교 정상화(__10__ → 한·일 협정), 베트남 파병(브라운 각서 체결)
장기 집권 추진과 유신 체제		• **3선 개헌** 추진: 대통령의 3선 연임 허용 • **유신 헌법** 제정: __11__ 에서 간선제로 대통령 선출, 대통령에게 국회 해산권과 긴급 조치권 부여 • 저항: 개헌 청원 100만인 서명 운동, **3·1 민주 구국 선언** • 붕괴: YH 무역 사건 → __12__ 항쟁 → 10·26 사태 → 유신 체제 붕괴
경제·사회·통일 정책	경제	제1~4차 경제 개발 5개년 계획 추진, 경부 고속도로 개통, 수출 100억 달러 달성
	사회	전태일 분신, 경범죄 처벌법 개정(장발, 미니스커트 착용 등을 단속)
	통일	__13__ (자주·평화·민족 대단결) 발표, **남북 조절 위원회** 설치 합의

48 전두환 정부~이명박 정부

(1) 민주화 운동과 전두환 정부

5·18 민주화 운동	12·12 사태 → 전두환 등 신군부의 비상 계엄 확대 → **광주**에서 계엄령 확대에 저항하는 시위 발생 → 신군부가 무력 진압 → 일부 시민이 **시민군**을 조직하여 대항 → 진압
전두환 정부	• 강압 정책(**언론 통폐합**), 유화 정책(**프로 야구·축구단 창단**, 중학교 의무 교육 등) • 경제 성장: 3저 호황(저달러·저유가·저금리)으로 경제 성장 • 통일 노력: 최초의 남북 이산가족 고향 방문과 예술 공연단 교환 실현
6월 민주 항쟁	박종철 고문 치사 사건 → 전두환 정부의 __14__ 조치 발표 → 이한열 피격 사건 → **6·10 국민 대회**(호헌 철폐·독재 타도 요구) → __15__ 발표(노태우) → 5년 단임의 대통령 직선제 개헌(제9차 개헌)

(2) 노태우 정부 ~ 이명박 정부

노태우 정부	• 정책: __16__ 개최, 북방 외교(중국·소련 등 공산권 국가와 국교 수립) • 통일 노력: 남북한 유엔 동시 가입, __17__ 채택, **한반도 비핵화 공동 선언** 채택
김영삼 정부	역사 바로 세우기 운동(조선 총독부 철거, 국민학교 → 초등학교), __18__ 실시, 경제 협력 개발 기구(OECD) 가입, 외환 위기
김대중 정부	• 정책: 국민 기초 생활 보장법 제정, 외환 위기 극복(금 모으기 운동, 노사정 위원회 설치), 한·일 월드컵 및 부산 아시안 게임 개최 • 통일 노력: 햇볕 정책 추진, **제1차 남북 정상 회담**(__19__ 채택), 개성 공단 건설 합의
노무현 정부	• 정책: 호주제 폐지, 미국·칠레 등과 **자유 무역 협정(FTA)** 체결 • 통일 노력: **제2차 남북 정상 회담**(__20__ 채택)
이명박 정부	서울에서 G20 정상 회의 개최

정답 | 1 모스크바 삼국 외상 2 좌·우 합작 7원칙 3 제주 4·3 사건 4 5·10 총선거 5 반민족 행위 특별 조사 6 인천 상륙 작전 7 진보당 사건 8 김주열 9 장면 10 6·3 시위 11 통일 주체 국민회의 12 부·마 민주 13 7·4 남북 공동 성명 14 4·13 호헌 15 6·29 민주화 선언 16 서울 올림픽 17 남북 기본 합의서 18 금융 실명제 19 6·15 남북 공동 선언 20 10·4 남북 공동 선언

해커스 한국사능력검정시험 2주 합격 기본

VIII 통합 주제

최근 3개년 기출 트렌드 *최근 3개년 회차인 기본 71~57회 기준입니다.

기출주제	출제 문항 수
49 지역사	12문항 1위
50 세시 풍속과 민속놀이	8문항

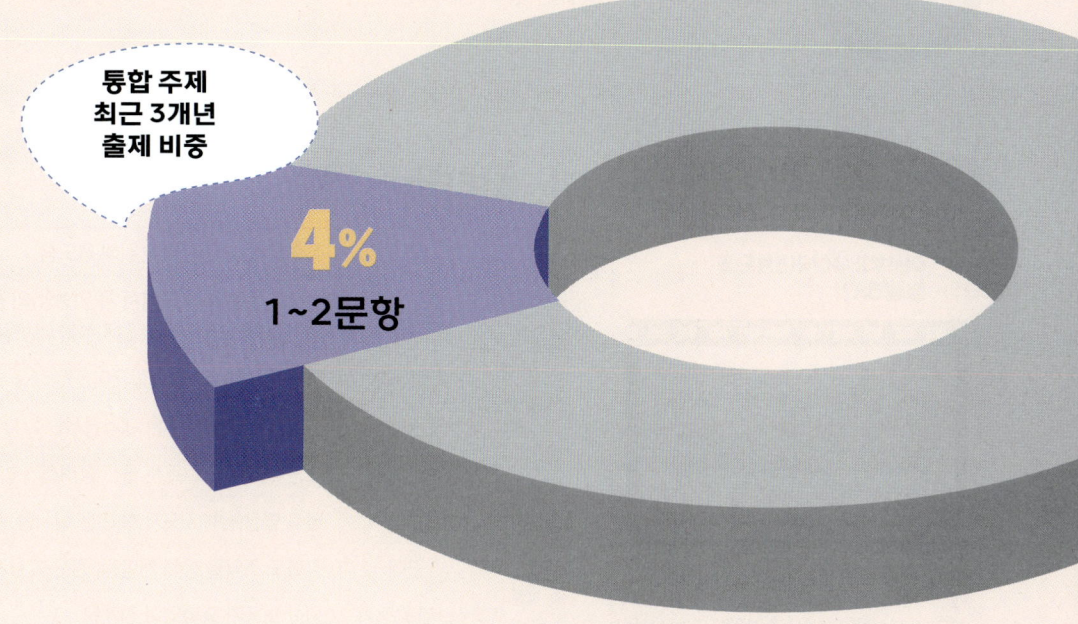

통합 주제
최근 3개년
출제 비중

4%
1~2문항

빈출 키워드 TOP3

전주, 부산, 독도

단오, 추석, 동지

학습 포인트

- **지역사**에서는 전주, 부산, 독도가 자주 출제되니, 해당 지역의 역사는 꼭 기억해두세요!

- **세시 풍속과 민속놀이**에서는 각 세시 풍속별로 날짜와 풍속의 특징들을 구분하여 학습하는 것이 중요합니다!

기출주제 49 지역사

핵심 키워드 | #평양 #개성 #인천 #공주 #전주 #독도

스토리로 미리보기

S#1 이사부가 우산국(울릉도)을 정벌하다!

17회 기출

"항복하지 않으면 이 맹수를 풀어 놓겠다!"
이사부

나는 신라 장군 **이사부**. **지증왕**의 명을 받아 **우산국(울릉도)**을 정벌하러 왔는데, 이 나라 사람들이 어리석고 사나워 항복받기 어려울 것 같다. 그래서 나무로 사자를 만들어 겁을 줬는데, 작전이 성공했는지 바로 항복했다!

S#2 어부 안용복이 울릉도와 독도가 조선 땅임을 밝히다!

46회 기출

"일본으로 가 울릉도와 독도가 조선의 영토임을 확실히 밝혔습니다."

저는 조선의 어부 **안용복**입니다. 울릉도와 독도 근처에서 일본 어부들이 제멋대로 고기잡이를 하길래, 이대로는 안되겠다 싶어 일본에 건너갔습니다. 거기서 "**울릉도와 독도는 조선 땅**이다!"라고 확실하게 못을 박고 왔죠.

S#3 대한 제국이 칙령 제41호를 내려 독도를 관리하게 하다!

39회 기출

"울릉도를 울도군으로 승격하고, 울도 군수가 독도까지 관리하도록 하라."
대한 제국 칙령 제41호
고종

독도 인근에 일본인의 출몰이 잦다는 이야기를 듣고, 대한 제국의 황제로서 나 고종은 **칙령 제41호**를 내렸다. 울릉도를 울도로 승격시켜 울도 군수가 울릉도와 독도를 직접 관리하도록 한 것이다. 황제가 칙령을 발표하였으니 독도가 대한 제국의 영토임을 일본도 제대로 알았겠지.

1 한반도

평양 (서경) ⭐⭐	고대	장수왕이 남진 정책을 위해 천도함
	고려 시대	• 태조가 훈요 10조에서 서경(평양)의 중요성을 강조함 • 인종 때 묘청이 서경 길지설을 내세워 서경 천도 운동을 전개함
	조선 시대	임진왜란 때 조·명 연합군이 평양성을 탈환함
	근대	신미양요의 발단이 된 제너럴셔먼호 사건이 발생함, 대성 학교가 설립됨
	일제 강점기	조만식의 주도로 조선 물산 장려회가 발족되어 물산 장려 운동이 전개됨
	현대	남북 협상(남북 지도자 회의)을 실시함, 제1, 2차 남북 정상 회담이 개최됨
원산	근대	강화도 조약을 통해 개항됨, 원산 학사가 설립됨
	일제 강점기	원산 노동자 총파업이 전개됨
개성 (개경)	고대	궁예가 후고구려를 건국함(송악)
	고려 시대	• 고려의 수도로, 만월대 등의 문화유산이 있음 • 만적의 난이 발생함, 정몽주가 개성 선죽교에서 이방원에 의해 피살됨
	조선 시대	송상의 근거지
	현대	개성 공단이 건설됨
서울	고대	고구려 장수왕에 의해 백제의 수도 한성이 함락됨
	조선 시대	• 태조 이성계가 천도한 후 조선의 수도 • 선농단(국왕이 신농, 후직에게 제사지내는 곳), 사직단(토지신과 곡물신에게 제사지내는 곳), 동관왕묘(중국 촉의 장수인 관우의 제사를 지내는 곳) 등의 문화유산이 있음
	근대	시전 상인들이 황국 중앙 총상회를 조직함
인천	고대	백제 시조 온조의 형 비류가 처음 터를 잡은 곳
	근대	강화도 조약으로 개항됨
	현대	• 6·25 전쟁 때 인천 상륙 작전이 전개됨 • 2014년에 아시안 게임(아시아 경기 대회)이 개최됨
공주	선사 시대	공주 석장리 유적
	고대	• 백제: 문주왕 때 천도한 백제의 두 번째 수도(웅진), 송산리 고분군 • 통일 신라: 김헌창(웅천주 도독)의 난이 발생함
	고려 시대	공주 명학소에서 망이·망소이가 난을 일으킴
	근대	제2차 동학 농민 운동 때 우금치 전투가 전개됨
충주	고대	충주 고구려비가 위치해 있음
	조선 시대	임진왜란 때 탄금대에서 신립이 배수의 진을 치고 왜군에 항전함
청주	고대	신라 촌락 문서(민정문서)의 소재지임
	고려 시대	흥덕사에서 『직지심체요절』이 간행됨
논산	고대	김유신의 신라군과 계백의 백제군 사이에서 황산벌 전투가 전개됨
	고려 시대	왕건이 후삼국 통일 이후 개태사를 지음, 논산 관촉사 석조 미륵보살 입상이 있음

안동 (고창)	고려 시대	고창 전투, 공민왕의 피난처, 이천동 마애여래 입상과 봉정사 극락전이 있음
	조선 시대	도산 서원, 병산 서원이 위치해 있음
대구	고려 시대	공산 전투 (후백제 vs 고려)
	근대	서상돈, 김광제의 주도로 국채 보상 운동이 시작됨
진주	조선 시대	임진왜란 때 진주 대첩(김시민)이 전개됨, 임술 농민 봉기가 일어남
	일제 강점기	형평 운동을 주도한 조선 형평사가 조직됨
⭐⭐ 부산	조선 시대	• 임진왜란 때 송상현이 동래성에서 순절함 • 초량 왜관을 중심으로 내상이 일본과 무역을 전개함
	근대	강화도 조약을 통해 개항됨
	현대	• 6·25 전쟁 때의 임시 수도 • 2002년에 아시안 게임(아시아 경기 대회)이 개최됨
⭐⭐ 전주	고대	견훤이 후백제를 건국함
	조선 시대	• 태조 이성계의 어진(왕의 초상화)을 모신 경기전이 설치됨 • 『조선왕조실록』 등을 보관하던 사고가 설치됨
	근대	동학 농민 운동 당시에 동학 농민군과 정부군이 전주 화약을 맺음
강진	고려 시대	요세가 백련 결사를 전개함
	조선 시대	정약용의 유배지(다산 초당)

2 섬

강화도	선사 시대	고인돌 유적지
	고려 시대	• 몽골 침입기의 임시 수도, 삼별초의 항쟁이 전개됨 • 팔만대장경이 조판됨
	조선 시대	강화 학파가 형성됨
	근대	병인·신미양요, 운요호 사건이 일어남, 강화도 조약이 체결됨
⭐⭐ 울릉도·독도	고대	신라 지증왕 때 이사부가 우산국(울릉도)을 정벌함
	조선 시대	• 『세종실록』「지리지」에 우리나라 영토로 기재됨 • 숙종 때 안용복이 일본으로 건너가 우리나라 영토임을 확인받고 돌아옴
	근대	• 대한 제국 칙령 제41호를 통해 울릉도를 울도군으로 승격시키고, 울도 군수가 독도를 관할하도록 함 • 일본이 러·일 전쟁 중 불법으로 독도를 자국 영토에 편입함
제주도	고려 시대	삼별초의 마지막 근거지, 원 간섭기에 탐라총관부가 설치됨
	조선 시대	김만덕이 빈민 구제 활동을 전개함, 하멜 일행이 표류하다 도착함
	현대	제주 4·3 사건이 발생하여 많은 주민이 희생됨
기타	절영도	근대에 러시아가 조차를 요구한 곳
	진도	고려 시대에 삼별초가 용장성을 쌓고 대몽 항쟁을 전개한 곳
	거문도	근대에 영국이 러시아의 남하를 구실로 불법 점령함(거문도 사건)
	완도	통일 신라 때 장보고가 해군 무역 기지인 청해진을 설치함
	거제도	6·25 전쟁 때 포로 수용소가 설치됨
	흑산도	조선 후기 정약전의 유배지로, 『자산어보』가 저술됨

퀴즈로 개념 다지기

1. 지역과 역사적 사실을 알맞게 연결하세요.

(1) 개성 ·   · ⓐ 국채 보상 운동이 시작됨 [61회]

(2) 대구 ·   · ⓑ 2014 아시안 게임이 개최됨 [52회]

(3) 인천 ·   · ⓒ 임진왜란 때 신립이 왜군에 항전함 [64회]

(4) 충주 ·   · ⓓ 송상의 근거지 [45회]

2. 기출 키워드의 초성을 완성하세요.

(1) 장수왕이 남진 정책을 위해 천도한 지역: ㅍㅇ [66·57회]

(2) 백제의 두 번째 수도였던 지역: ㄱㅈ [57회]

(3) 삼국 시대에 황산벌 전투가 전개된 지역: ㄴㅅ [44회]

(4) 조선 시대에 초량 왜관을 통해 일본과 무역을 전개했던 지역: ㅂㅅ [67회]

(5) 근대에 동학 농민군이 정부와 화약을 맺은 지역: ㅈㅈ [71·69·66·63·58회]

(6) 조선 시대에 안용복이 일본에 가서 우리 영토임을 확인받은 섬: ㄷㄷ [64·63·60·58회]

(7) 통일 신라 때 장보고가 청해진을 설치한 섬: ㅇㄷ [71·69·67·66·64회]

정답 1. (1) ⓓ (2) ⓐ (3) ⓑ (4) ⓒ
2. (1) 평양 (2) 공주 (3) 논산 (4) 부산
(5) 전주 (6) 독도 (7) 완도

기출로 실전 감각 키우기 기출주제 49 지역사

01 평양
54회 기출

다음 퀴즈의 정답으로 옳은 것은? [1점]

1단계	장수왕이 새로운 도읍으로 삼은 곳
2단계	물산 장려 운동이 시작된 곳
3단계	남북 정상 회담이 최초로 개최된 곳

제시된 단계별 힌트를 종합하여 알 수 있는 지역은 어디일까요?

① 원산   ② 서울   ③ 파주   ④ 평양

02 청주
58회 기출

학생들이 공통으로 이야기하는 지역으로 옳은 것은? [2점]

① 상주   ② 원주   ③ 전주   ④ 청주

정답 길잡이

④ 평양

평양은 삼국 시대에 **고구려 장수왕**이 남진 정책을 본격화하기 위해 **새로운 도읍으로 삼은** 지역이며, 일제 강점기에는 조만식의 주도로 우리 민족이 만든 물건을 사용하자는 **물산 장려 운동**이 시작된 곳이에요. 이후 현대에 와서는 **김대중 정부** 때 **최초의 남북 정상 회담**이 평양에서 개최되었어요.

오답 체크
① 원산 → 원산 학사가 설립된 지역
② 서울 → 조선 시대 이후부터 우리나라의 수도인 지역
③ 파주 → 파주 용미리 마애이불 입상이 있는 지역

정답 길잡이

④ 청주

충청북도 청주는 통일 신라 때 **서원경**이라 불렸는데, 이 일대 4개 촌락의 경제 상황이 적힌 **신라 촌락 문서**가 남아 있답니다. 또한 **청주 흥덕사**에서는 현존하는 가장 오래된 금속 활자본인 『**직지심체요절**』이 간행되기도 하였어요.

오답 체크
① 상주 → 신라 하대에 원종·애노의 난이 일어난 지역
② 원주 → 통일 신라의 북원경에 해당하는 지역
③ 전주 → 후백제의 수도였던 지역

03 부산

67회 기출

(가) 지역에 있었던 사실로 옳은 것은? [3점]

뚜벅뚜벅 역사 여행

- 주제: (가) 에서 만나는 시간과 공간, 그리고 사람들
- 일자: 2023년 ○○월 ○○일
- 답사 경로: 동삼동 패총 전시관 – 초량 왜관 – 임시 수도 기념관 – 민주 공원

① 이봉창이 의거를 일으켰다.
② 망이·망소이가 봉기하였다.
③ 장보고가 청해진을 설치하였다.
④ 송상현이 동래성에서 순절하였다.

정답 길잡이

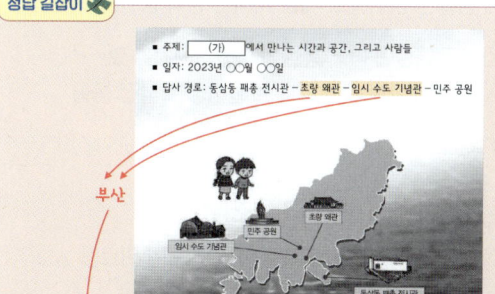

④ **송상현**이 **동래성**에서 순절하였다.

부산은 신석기 시대의 조개무지 유적인 **동삼동 패총**이 있는 지역으로, 조선 시대에 **임진왜란**이 일어나자 동래부사 **송상현**이 왜군을 막다가 **동래성**에서 순절하였어요. 조선 후기에는 **내상**이 부산 동래의 **초량 왜관**을 활동 근거지로 삼아 일본과 무역하였어요. 이후 **이승만 정부** 때 6·25 전쟁이 일어나자, 부산을 **임시 수도**로 정했어요.

오답 체크

① 이봉창이 의거를 일으켰다. → 일본 도쿄
② 망이·망소이가 봉기하였다. → 공주
③ 장보고가 청해진을 설치하였다. → 완도

04 독도

64회 기출

밑줄 그은 '이 섬'에 대한 설명으로 옳은 것은? [1점]

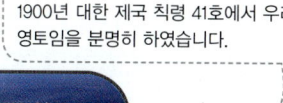

우리나라 동쪽 끝에 있는 이 섬은 1900년 대한 제국 칙령 41호에서 우리 영토임을 분명히 하였습니다.

① 정약전이 『자산어보』를 저술한 섬이다.
② 하멜 일행이 표류하다 도착한 섬이다.
③ 이종무가 왜구를 소탕하기 위해 정벌한 섬이다.
④ 안용복이 일본에 가서 우리 영토임을 확인받은 섬이다.

정답 길잡이

④ **안용복**이 일본에 가서 우리 영토임을 확인받은 섬이다.

독도는 우리나라 동쪽 끝에 있는 섬으로, 신라 지증왕이 우산국을 복속한 이후부터 우리 영토였어요. 조선 숙종 때는 **안용복**이 일본으로 건너가 독도가 우리나라 영토임을 확인받고 돌아오기도 하였어요. 이후 대한 제국 시기에는 **대한 제국 칙령 제41호**를 통해 울릉도를 군으로 승격시키고 울도 군수가 독도를 관할하게 하여, 독도가 우리 영토임을 대내외적으로 선포하였어요.

오답 체크

① 정약전이 『자산어보』를 저술한 섬이다. → 흑산도
② 하멜 일행이 표류하다 도착한 섬이다. → 제주도
③ 이종무가 왜구를 소탕하기 위해 정벌한 섬이다. → 대마도

이건 꼭! 암기

독도 → 안용복, 대한 제국 칙령 제41호

기출주제 50 세시 풍속과 민속놀이

핵심 키워드 | #설날 #정월 대보름 #한식 #단오 #추석 #씨름

스토리로 미리보기

S#1 까치까치 설날엔 세배를 드려요!

[42회 기출]

오늘은 새해 첫 날! 일어나자마자 새 옷을 입고 할머니, 할아버지께 세배를 드렸다. 그러고 나서 떡국을 두 그릇이나 먹었다. 그럼 난 2살 더 먹은 건가?

S#2 오늘은 창포물에 머리 감는 단옷날!

[43회 기출]

오늘은 음력 5월 5일, 양기가 가장 왕성한 **단옷날**이다! 친구들과 함께 창포물에 머리도 감고, 신나게 **그네뛰기**도 했다. 하지만 단옷날의 꽃은 **씨름** 구경이지!

S#3 견우와 직녀가 만나는 오늘은 칠석!

[46회 기출]

오늘은 음력 7월 7일, **칠석**! 하늘의 **견우**와 **직녀**가 1년에 한 번 오작교를 건너 만나는 날이라고 한다! 옷장 속 옷가지와 책장의 책들을 꺼내 햇빛에 말리고, 직녀처럼 **바느질**을 잘 하게 해달라고 소원도 빌었다.

1 세시 풍속

설날 (음력 1월 1일)
- 한 해의 시작인 **음력 정월 초하루**
- 어른에게 **세배**하고 떡국을 먹으며, 윷놀이·널뛰기 등을 즐김

정월 대보름 (음력 1월 15일) ⭐
- 1년 중 첫 보름달이 뜨는 날
- 부스럼 예방을 위한 부럼 깨기, 해충 피해 방지를 위한 쥐불놀이, 액운을 물리치고 복을 기원하는 달집 태우기, 차전놀이 등을 하며, 보름달에 소원을 빎
- 귀밝이술·오곡밥·묵은 나물·부럼 등을 먹음

삼짇날 (음력 3월 3일)
- 강남 갔던 제비 오는 날이라고도 하며, 각시놀음, 활쏘기 대회 등을 함
- 진달래꽃으로 화전을 부쳐먹음

한식 (양력 4월 5·6일경) ⭐⭐
- 동지부터 105일째 되는 날로, 불을 피우지 않고 찬 음식을 먹는 풍습이 있음
- 차례를 지내고 성묘를 함

단오 (음력 5월 5일) ⭐⭐⭐
- 1년 중 양기가 가장 왕성한 날로 여겨지며 수릿날, 중오절, 천중절 등으로 불림
- 여자들은 **창포 삶은 물로 머리**를 감고, 창포 뿌리를 깎아 비녀를 만듦
- 씨름·널뛰기·그네뛰기·석전 등을 즐김
- 수레바퀴 모양의 수리취떡이나 앵두로 화채 등을 만들어 먹음
- 임금은 신하들에게 무더위를 잘 견디라는 의미로 부채(단오선)를 선물함
- 강릉 단오제가 유네스코 인류 무형 문화유산에 등재됨

유두 (음력 6월 15일)
- 일가 친지들이 맑은 시내에 가서 몸을 닦은 후 가지고 간 음식을 먹으면서 서늘하게 하루를 보냄
- 조상과 농신(農神)에게 정갈한 음식물로 제를 지내 안녕과 풍년을 기원함

칠석 (음력 7월 7일)
- 옷과 책을 햇볕에 말리며 직녀성에 바느질 솜씨가 좋아지기를 빎
- 의복과 서적 말리기·시짓기·칠석제 등을 지내고 밀전병·호박전 등을 만들어 먹음

백중 (음력 7월 15일)
- 호미 씻는 날, 머슴날 등으로 불림
- 동네 머슴들을 하루 쉬게 하고 돈을 주어 즐기게 함
- 농사가 가장 잘 된 집의 머슴을 뽑아 소에 태워 마을을 돌며 위로함

추석 (음력 8월 15일) ⭐⭐
- 중추절, 가배, 한가위라고도 불리는 대표적인 명절
- **보름달에 소원을 빎**
- 새로 수확한 곡식(햇곡식)과 과일로 차례를 지내고, **송편**을 만들어 먹음
- 줄다리기·씨름·**강강술래** 등을 즐김

중양절 (음력 9월 9일)
- 강남에서 온 제비가 다시 돌아가는 날이라고도 함
- 국화주를 마심

동지 (양력 12월 22일경) ⭐⭐
- 1년 중 가장 밤이 길고 낮이 가장 짧은 날로 작은 설이라고도 불림
- 귀신을 쫓기 위해 새알심이 들어간 팥죽을 먹고, 집 안 곳곳에 팥죽을 뿌림

섣달 그믐 (음력 12월 31일)
- 음력으로 한 해의 마지막 날
- 일가 친척을 방문해 묵은 세배를 함

| 기출 자료 더보기 | 📍단오 [39회] |

- 별칭: 수릿날, 천중절, 중오절
- 시기: 음력 5월 5일
- 내용: 조선 시대의 명절 중 하나로, 1년 중 양기가 가장 왕성한 날이라 여겨졌다. 이날, 왕은 무더위를 잘 견디라는 의미로 신하들에게 부채를 선물했다는 기록이 있다. 또한 여자들은 그네를 뛰고 남자들은 씨름을 하는 풍속이 전해진다.

2 민속놀이

| 쥐불놀이 | : 논밭 두렁에 쥐불을 놓으며 노는 정월 대보름의 민속놀이 |

📍달집 태우기
- 정월 대보름날 밤 생솔가지나 나뭇더미를 쌓아 달집을 짓고, 달이 떠오르면 불을 질러 태우는 민속놀이
- 액운을 물리치고 건강을 기원하였음

차전놀이: 태조 왕건이 안동(고창) 사람들의 지원을 받아 후백제 견훤에게 크게 승리한 것을 기념하여 시작된 놀이

그네뛰기
- 중국에서 들어온 놀이로 고려 시대에 궁중이나 상류층에서 즐겼으나 이후 조선 시대에는 민중 사이에서 크게 유행함
- 단오에 부녀자들이 그네를 뛰면서 즐기는 놀이

석전: 많은 사람들이 두 편으로 나뉘어 서로 돌팔매질을 하며 승부를 겨루는 놀이로, 주로 정월 대보름날 밤에 행해짐

강강술래
- 임진왜란 당시 이순신이 아군의 수가 적은 것을 드러내지 않기 위해 부녀자들에게 춤을 추며 원을 돌도록 한 전술에서 유래되었다고 전해짐
- 2009년 유네스코 인류 무형 문화유산으로 지정됨

씨름
- 두 사람이 상대방의 **샅바**나 바지의 허리춤을 잡고 상대를 바닥에 넘어뜨리는 민속놀이
- 2018년 남북 공동으로 **유네스코 인류 무형 문화유산**으로 등재됨

승경도놀이: 윤목(나무 막대)을 굴려 종이 말판 위에서 누가 먼저 높은 관직에 오르는지를 겨루는 놀이

놋다리밟기
- 경북 안동 등지에서 정월 대보름날 밤에 부녀자들이 하는 민속놀이
- 고려 공민왕이 노국 공주와 함께 안동 지방에 피난가던 중 개울을 건널 때 마을의 소녀들이 나와 등을 굽히고 그 위로 공주를 건너게 한 데에서 시작됨

남사당 놀이
- 남자들로 구성되어 여러 곳을 다니며 공연을 하는 광대극
- 풍물, 줄타기, 가면극 등으로 구성됨
- 2009년에 유네스코 인류 무형 문화 유산에 등재됨

| 기출 자료 더보기 | 📍달집 태우기 [25회] |

생솔가지나 나뭇더미를 쌓아 달집을 짓고 달이 떠오르면 불을 놓아 액을 멀리하고 복을 기원하는 풍속이다. 이 놀이는 풍요의 상징인 달과 사악한 기운을 없애는 불을 통해 질병과 근심이 없는 한 해를 보내고자 하는 염원을 담고 있다.

퀴즈로 개념 다지기

1. 민속놀이와 그에 대한 설명을 알맞게 연결하세요.

(1) 쥐불놀이 · · ⓐ 여러 곳을 다니며 공연을 하는 광대극 [52회]

(2) 남사당 놀이 · · ⓑ 논밭 두렁에 불을 놓는 민속 놀이 [58회]

(3) 차전놀이 · · ⓒ 왕건이 견훤에게 승리한 것을 기념하여 시작 [26회]

(4) 강강술래 · · ⓓ 임진왜란 당시의 전술에서 유래 [36회]

2. 기출 키워드의 초성을 완성하세요.

(1) 1년 중 첫 보름달이 뜨는 날: ㅈㅇ ㄷㅂㄹ [69·63·57회]

(2) 진달래꽃으로 화전을 부쳐 먹는 날: ㅅㅈㄴ [69·60·57회]

(3) 1년 중 가장 밤이 길고 낮이 가장 짧은 날: ㄷㅈ [69·67·66회]

(4) 불을 피우지 않고 찬 음식을 먹는 날: ㅎㅅ [67·63·61·60회]

(5) 상대방의 샅바를 잡고 상대를 바닥에 넘어뜨리는 민속놀이: ㅆㄹ [61회]

정답 1. (1) ⓑ (2) ⓐ (3) ⓒ (4) ⓓ
2. (1) 정월 대보름 (2) 삼짇날 (3) 동지 (4) 한식 (5) 씨름

기출로 실전 감각 키우기 — 기출주제 50 세시 풍속과 민속놀이

01 설날 54회 기출

(가) 명절에 행해지는 세시 풍속으로 가장 적절한 것은? [1점]

> **역사 신문**
> 제△△호   1989년 ○○월 ○○일
>
> **(가)의 부활, 3일 연휴 확정**
>
> 우리나라에서는 전통적으로 음력에 근거하여 새해의 첫날을 명절로 보내왔다. 하지만 양력이 사용된 후 일제 강점기를 거치며 음력 새해의 첫날은 '구정(舊正)'으로 불리는 등 등한시 되었다. 그럼에도 음력으로 명절을 쇠는 전통은 사라지지 않았고, 1985년에 정부는 이날을 '민속의 날'이라는 이름의 국가 공휴일로 지정하였다. 그리고 1989년 드디어 (가) (이)라는 고유의 명칭으로 변경하고, 연휴로 하는 방안을 확정하였다.

① 화전놀이
② 세배하기
③ 창포물에 머리 감기
④ 보름달 보며 소원 빌기

02 정월 대보름 51회 기출

(가)에 들어갈 내용으로 옳은 것은? [1점]

① 동지
② 추석
③ 삼짇날
④ 정월 대보름

정답 길잡이

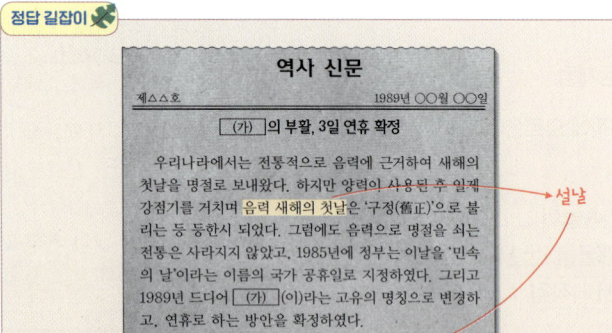

② 세배하기

설날은 음력 **새해의 첫날**로, 설날에는 새해를 맞이하여 웃어른께 문안 인사를 드리는 세배를 하였어요. 한편 설날은 양력이 사용된 후 일제 강점기를 거치면서 구정으로 불리는 등 등한시 되었으나, 1980년대부터 다시 국가 공휴일로 지정되었어요.

✓ **오답 체크**
① 화전놀이 → 삼짇날
③ 창포물에 머리 감기 → 단오
④ 보름달 보며 소원 빌기 → 정월 대보름, 추석

정답 길잡이

④ 정월 대보름

정월 대보름은 **음력 1월 15일**로, 1년 중 첫 보름달이 뜨는 날이에요. 이 날에는 **귀밝이술과 오곡밥, 부럼** 등을 먹는 풍습이 있었으며, 부스럼 예방을 위해 **부럼 깨기**, 해충 피해 방지를 위한 **쥐불놀이**, 액운을 물리치고 건강과 풍년을 기원하는 **달집 태우기** 등을 하며 보름달에 소원을 빌었어요.

✓ **오답 체크**
① 동지 → 양력 12월 22·23일경
② 추석 → 음력 8월 15일
③ 삼짇날 → 음력 3월 3일

03 동지

67회 기출

(가)에 들어갈 내용으로 옳은 것은? [1점]

한국의 세시 풍속

일 년 중 밤이 가장 긴 날
(가)

(가) 은/는 24절기의 하나로 '작은 설'이라고도 불렀어요.

이날에는 나쁜 기운을 물리치기 위해 팥죽을 쑤어 먹었어요. 또 대문이나 담장 벽에 팥죽을 뿌렸어요.

① 단오 ② 동지 ③ 칠석 ④ 한식

04 씨름

52회 기출

다음에 해당하는 문화유산으로 옳은 것은? [1점]

① 씨름 ② 택견 ③ 강강술래 ④ 남사당놀이

정답 길잡이

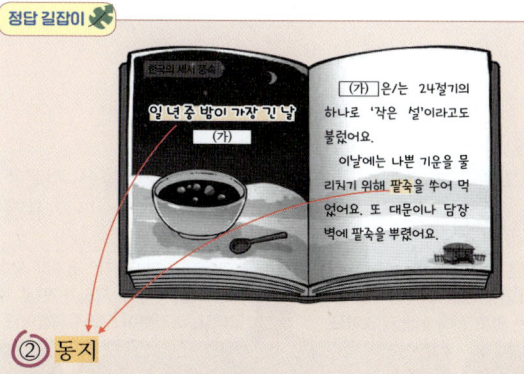

② 동지

동지는 **양력 12월 22·23일경**으로, 일 년 중 밤이 가장 길고 낮이 가장 짧은 날이에요. 동지에는 귀신의 기운이 강해진다고 하여 귀신을 쫓는 음식인 **팥죽**을 먹었으며, 팥죽을 집안 곳곳에 뿌려두기도 하였어요.

오답 체크
① 단오 → 음력 5월 5일
③ 칠석 → 음력 7월 7일
④ 한식 → 양력 4월 5·6일경

이건 꼭! 암기
동지 → 양력 12월 22·23일경, 일 년 중 밤이 가장 긴 날, 팥죽

정답 길잡이

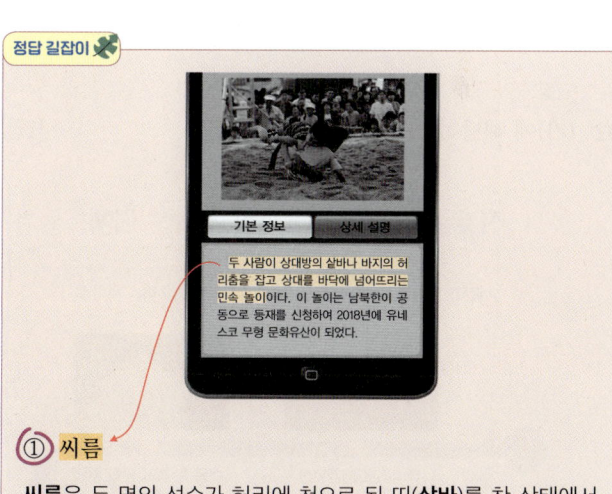

① 씨름

씨름은 두 명의 선수가 허리에 천으로 된 띠(**샅바**)를 찬 상태에서 서로의 허리띠를 잡고 상대를 바닥에 넘어뜨리기 위해 다양한 기술을 사용하는 우리의 **민속놀이**로, 2018년 **유네스코 무형 문화유산**에 남북 공동으로 등재되었어요.

오답 체크
② 택견 → 춤과 같은 동작을 사용하는 한국의 전통 무술
③ 강강술래 → 손을 맞잡고 둥그렇게 원을 만들어 도는 민속놀이
④ 남사당놀이 → 남자들로 구성된 예술인들이 행하던 전통 민속 공연

VIII 통합 주제 기출로 마무리

[51회 기출]

01 밑줄 그은 '이 지역'을 지도에서 옳게 찾은 것은? [2점]

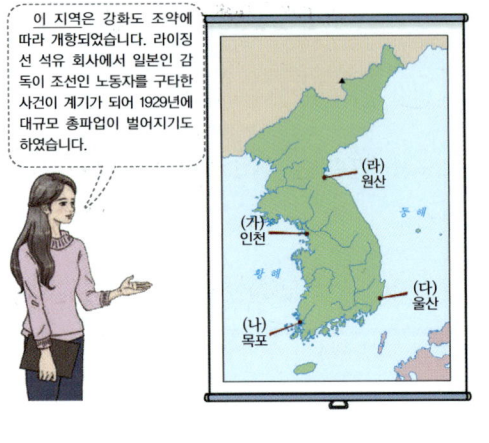

이 지역은 강화도 조약에 따라 개항되었습니다. 라이징 선 석유 회사에서 일본인 감독이 조선인 노동자를 구타한 사건이 계기가 되어 1929년에 대규모 총파업이 벌어지기도 하였습니다.

① (가) ② (나) ③ (다) ④ (라)

[69회 기출]

03 (가)에 들어갈 지역으로 옳은 것은? [1점]

(가) 여행 홍보를 위한 SNS 인증샷 이벤트

#경기전 #태조 어진
#전라 감영 선화당 #동학 농민군과 정부군의 화약
#전동 성당 #신해박해 순교지

- 참여 기간: 2024년 ○○월 ○○일~○○월 ○○일
- 경품: 비빔밥 2인 식사권
- 당첨자 발표: 2024년 ○○월 ○○일
- 참여 방법: 여행 사진에 해시태그를 달아 SNS에 올리기

① 경주 ② 순천 ③ 전주 ④ 청주

[60회 기출]

02 (가)에 해당하는 지역으로 옳은 것은? [1점]

지붕 없는 박물관, (가) 역사 여행
- 일시: 매주 토요일 10시
- 출발지: ○○ 버스 터미널

출발 → 유네스코 세계유산 부근리 지석묘 → 대몽 항쟁기 왕의 무덤 홍릉 → 병인양요의 격전지 정족산성 → 조·일 수호 조규 체결 장소 연무당 옛터 → 도착

① 진도 ② 거제도 ③ 강화도 ④ 울릉도

[66회 기출]

04 밑줄 그은 '그날'에 해당하는 세시 풍속으로 옳은 것은? [1점]

일 년 중 한번 직녀님을 만나는 그날이 곧 오네요. 그녀를 만날 생각에 소 치는 일도 전혀 힘들지 않아요.

까치와 까마귀가 많이 모여 오작교를 놓아야 저희가 만날 수 있어요. 여러분이 도와주시겠어요?

① 단오 ② 동지 ③ 추석 ④ 칠석

05 (가)에 들어갈 지역으로 옳은 것은? [2점]

① 대구　② 안동　③ 울산　④ 청주

07 (가)에 들어갈 세시 풍속으로 옳은 것은? [1점]

① 단오　② 칠석　③ 한식　④ 삼짇날

06 (가)에 들어갈 섬으로 옳은 것은? [1점]

① 독도　② 진도　③ 거문도　④ 제주도

08 학생들이 공통으로 이야기하는 지역으로 옳은 것은? [2점]

① 강릉　② 군산　③ 대구　④ 진주

Ⅷ 통합 주제 핵심 키워드로 단원 마무리

* 학습한 내용을 빈칸에 채워보세요. 정답은 오른쪽 페이지의 하단에 있습니다.

 지역사

(1) 한반도

평양	• 고대: 고구려 장수왕이 천도함 • 고려 시대: 묘청의 서경 천도 운동 전개 • 근대: _____¹ 사건 발생, 대성 학교 설립
원산	• 근대: 강화도 조약을 통해 개항, 원산 학사 설립 • 일제 강점기: 원산 노동자 총파업 전개
개성	• 고대: 궁예의 후고구려 건국 • 고려 시대: 고려의 수도, 만적의 난 발생, 정몽주가 선죽교에서 이방원에 의해 피살됨 • 조선 시대: 송상의 근거지 • 현대: _____² 건설
서울	• 조선의 수도, 선농단·사직단 등의 문화유산이 있음 • 근대: 시전 상인들이 황국 중앙 총상회를 조직함
인천	• 근대: 강화도 조약을 통해 개항 • 현대: 6·25 전쟁 때 인천 상륙 작전 전개
공주	• 고대: 백제의 두 번째 수도, 통일 신라 때 _____³ 의 난 발생 • 고려 시대: 망이·망소이의 난 발생 • 근대: 제2차 동학 농민 운동 때 우금치 전투 전개
충주	• 고대: 충주 고구려비 설립 • 조선 시대: 임진왜란 때 탄금대에서 신립이 배수의 진을 치고 왜군에 항전함
청주	• 고대: 신라 촌락 문서의 소재지 • 고려 시대: 흥덕사에서 『_____⁴』 간행
부산	• 조선 시대: 임진왜란 때 첨사 정발과 부사 송상현이 순절함, 초량 왜관 설치 • 근대: 강화도 조약을 통해 개항 • 현대: 6·25 전쟁 때의 임시 수도
전주	• 고대: 견훤이 _____⁵ 를 건국함 • 조선 시대: 경기전(태조 이성계의 어진 보관) 설치, 사고(『조선왕조실록』 보관) 설치 • 근대: 동학 농민 운동 당시에 동학 농민군과 정부군이 전주 화약을 맺음

274 무료 시대흐름잡기 특강 history.Hackers.com

(2) 섬

강화도	• 고려 시대: 몽골 침입기의 임시 수도, [6]의 항쟁이 시작됨 • 근대: 병인양요·신미양요·운요호 사건 등이 일어남, 강화도 조약 체결
울릉도·독도	• 고대: 신라 지증왕 때 이사부가 우산국(울릉도)과 부속 섬(독도)을 정벌 • 조선 시대: 숙종 때 [7]이 일본으로 건너가 우리나라 영토임을 확인받고 돌아옴 • 근대: 대한 제국 칙령 제41호 반포, 러·일 전쟁 중 일본이 불법으로 자국 영토에 편입
진도	고려 시대: 삼별초가 용장성을 쌓고 대몽 항쟁 전개
거문도	근대: 영국이 러시아의 남하를 막는다는 구실로 불법 점령(거문도 사건)
완도	고대: 통일 신라 때 장보고가 해군 무역 기지인 [8] 설치
거제도	현대: 6·25 전쟁 때 포로 수용소가 설치됨

50 세시 풍속과 민속놀이

(1) 세시 풍속

설날 (음력 1월 1일)	• 한 해의 시작인 음력 정월 초하루 • 어른에게 세배하고 떡국을 먹으며, 윷놀이·널뛰기 등을 즐김
정월 대보름 (음력 1월 15일)	• 1년 중 첫 보름달이 뜨는 날 • 부럼 깨기, 쥐불놀이, 달집 태우기, 차전놀이 등을 함
한식 (양력 4월 5·6일경)	• 동지부터 105일째 되는 날 • 불을 피우지 않고 찬 음식을 먹는 풍습이 있음
단오 (음력 5월 5일)	• 1년 중 양기가 가장 왕성한 날로 여겨지며 [9], 중오절, 천중절 등으로 불림 • 창포 삶은 물로 머리를 감고, 씨름·널뛰기·그네뛰기·석전 등을 즐김
추석 (음력 8월 15일)	• 중추절, 가배, 한가위라고도 불리는 대표적인 명절 • 새로 수확한 곡식과 과일로 차례를 지내고 송편을 만들어 먹음, 줄다리기·씨름·강강술래 등을 즐김
동지 (양력 12월 22·23일경)	• 1년 중 밤이 가장 길고 낮이 가장 짧은 날 • 귀신을 쫓기 위해 새알심이 들어간 [10]을 먹음

(2) 민속놀이

쥐불놀이	정월 대보름에 눈밭 두렁에 쥐불을 놓으며 노는 민속놀이
그네뛰기	단오에 부녀자들이 즐기는 놀이
씨름	두 사람이 상대방의 샅바 등을 잡고 상대를 바닥에 넘어뜨리는 민속놀이

정답 | 1 제너럴셔먼호 2 개성 공단 3 김헌창 4 직지심체요절 5 후백제 6 삼별초 7 안용복 8 청해진 9 수릿날 10 팥죽

한국사 단기합격의 모든 것,
해커스한국사

history.Hackers.com

해커스 한국사능력검정시험
기본 **2주 합격**

실력 점검 기출 모의고사

빈출 포인트만 모은
기출 모의고사로
실력을 점검하여
실전 대비!

문제 풀기 전에
필기도구와 시계 준비하는 것
잊지 말아요~

한국사능력검정시험 기본

실력 점검 기출 모의고사

01 (가) 시대의 생활 모습으로 옳은 것은? [1점]

여러분은 (가) 시대의 벼농사를 체험하고 있습니다. 이 시대에는 처음으로 금속 도구를 만들었으나, 농기구는 여러분이 손에 들고 있는 반달 돌칼과 같이 돌로 만들었습니다.

① 우경이 널리 보급되었다.
② 철제 무기를 사용하였다.
③ 주로 동굴이나 막집에 살았다.
④ 지배자의 무덤으로 고인돌을 만들었다.

02 다음 퀴즈의 정답으로 옳은 것은? [2점]

한국사 퀴즈 대회

제시된 힌트를 종합하여 알 수 있는 나라의 이름은 무엇일까요?

1단계: 단궁, 과하마, 반어피 등이 특산물이었습니다.
2단계: 무천이라는 제천 행사를 열었습니다.
3단계: 책화의 풍습이 있었습니다.

① 동예   ② 마한   ③ 부여   ④ 옥저

03 밑줄 그은 '이 왕'의 업적으로 옳은 것은? [2점]

부여 나성 발굴 과정에서 성의 북문 터가 확인되었습니다. 부여 나성은 백제 사비 도성을 감싸는 방어 시설로, 수도를 웅진에서 사비로 옮긴 이 왕 때 축조된 것으로 추정됩니다.

부여 나성 북문 터 확인

① 동진으로부터 불교를 받아들였다.
② 고흥에게 역사서인 『서기』를 편찬하게 하였다.
③ 진흥왕과 연합하여 한강 유역을 회복하였다.
④ 대야성을 비롯한 신라의 40여 개 성을 빼앗았다.

04 (가) 국가의 문화유산으로 옳지 않은 것은? [2점]

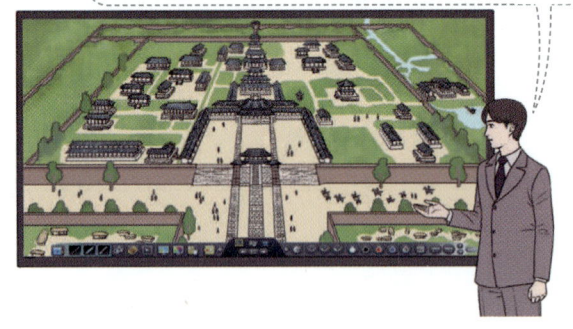

(가) 은/는 여러 번 도읍을 옮겼지만, 이곳 상경성을 가장 오랫동안 도읍으로 삼았습니다. 문왕은 당의 도읍 장안성의 구조를 본떠 상경성을 만들었습니다.

①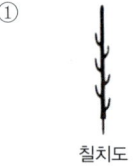
칠지도

②
이불 병좌상

③
영광탑

④
정효 공주 무덤 벽화

05 (가)~(다) 사건을 일어난 순서대로 옳게 나열한 것은?
[3점]

① (가) - (나) - (다) ② (가) - (다) - (나)
③ (나) - (가) - (다) ④ (다) - (가) - (나)

06 (가) 국가에 대한 설명으로 옳은 것은? [3점]

① 독서삼품과를 실시하였다.
② 지배자를 마립간이라고 불렀다.
③ 정사암에서 국가 중대사를 결정하였다.
④ 태학과 경당을 두어 인재를 양성하였다.

07 (가) 왕의 업적으로 옳은 것은? [2점]

① 국학을 설립하였다.
② 대가야를 정복하였다.
③ 불교를 공인하였다.
④ 김헌창의 난을 진압하였다.

08 (가)~(라)에 들어갈 내용으로 옳은 것은? [3점]

① (가) - 『십문화쟁론』을 저술함.
② (나) - 해동 천태종을 창시함.
③ (다) - 세속 5계를 지음.
④ (라) - 수선사 결사를 제창함.

09 밑줄 그은 '이 나라'에 대한 설명으로 옳은 것은? [2점]

이 나라의 김해 대성동 고분군, 고령 지산동 고분군, 함안 말이산 고분군 등에서 나온 유물을 통해 당시 사람들의 뛰어난 세공 기술을 엿볼 수 있습니다.

① 지방에 22담로를 두었다.
② 한의 침략을 받아 멸망하였다.
③ 낙랑과 왜에 철을 수출하였다.
④ 화백 회의에서 중요한 일을 결정하였다.

10 밑줄 그은 '이 시기'에 볼 수 있는 모습으로 가장 적절한 것은? [2점]

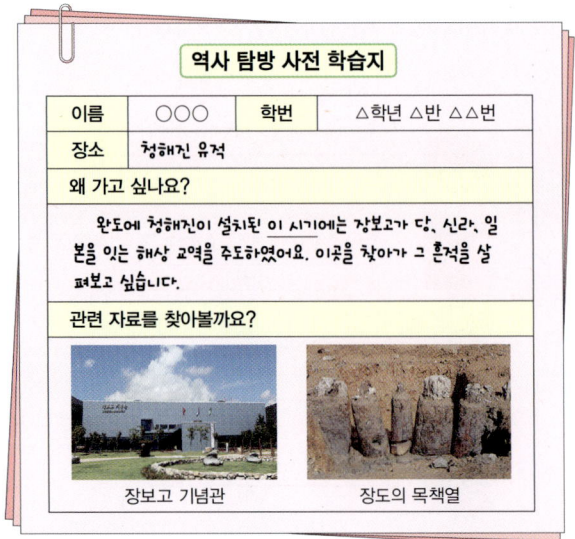

① 분청사기를 만드는 도공
② 녹읍을 지급받는 진골 귀족
③ 장시에서 책을 읽어주는 전기수
④ 금속 활자를 주조하는 장인

11 (가)에 들어갈 내용으로 옳은 것은? [2점]

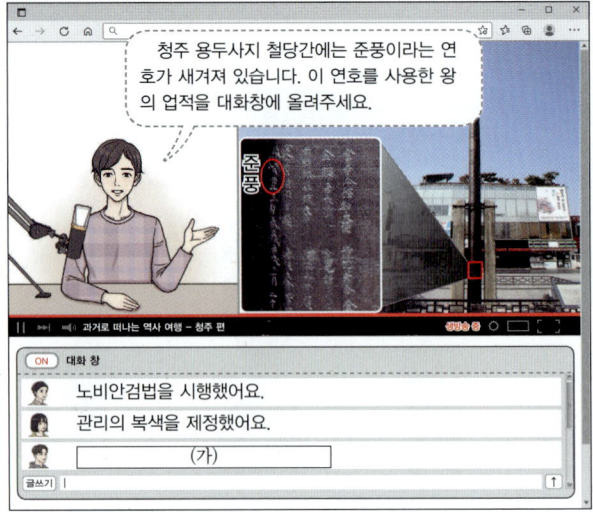

청주 용두사지 철당간에는 준풍이라는 연호가 새겨져 있습니다. 이 연호를 사용한 왕의 업적을 대화창에 올려주세요.

- 노비안검법을 시행했어요.
- 관리의 복색을 제정했어요.
- (가)

① 강화도로 천도했어요.
② 훈요 10조를 남겼어요.
③ 지방에 12목을 설치했어요.
④ 과거제를 처음으로 시행했어요.

12 (가)에 들어갈 내용으로 옳은 것은? [1점]

한국사 탐구 계획서

■ 주제: 외세의 침략을 물리친 전투
■ 목적: 우리 역사 속에서 외세의 침략에 맞서 승리한 전투를 시대별로 살펴보고, 그 역사적 의미와 교훈을 되새겨 본다.
■ 방법: 문헌 조사, 인터넷 검색 등
■ 시대별 탐구 내용

시대	탐구 내용
삼국 시대	을지문덕의 지략으로 수의 침략을 물리친 살수 대첩
고려 시대	강감찬의 지휘로 거란의 대군을 섬멸한 (가)
조선 시대	이순신이 학익진으로 왜군을 격퇴한 한산도 대첩

① 귀주 대첩 ② 진포 대첩
③ 행주 대첩 ④ 황산 대첩

13 밑줄 그은 '이 시기'에 있었던 사실로 옳지 않은 것은? [2점]

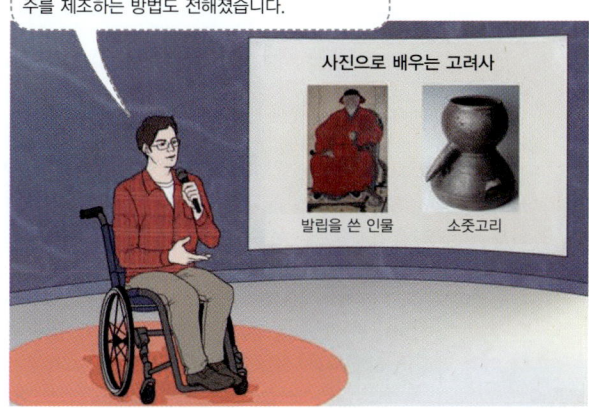

① 정동행성이 설치되었다.
② 권문세족이 높은 관직을 독점하였다.
③ 여진 정벌을 위해 별무반이 편성되었다.
④ 결혼도감을 통해 여성들이 공녀로 보내졌다.

14 (가)에 들어갈 문화유산으로 옳은 것은? [2점]

오늘 합천 해인사에서는 (가) 을 머리에 이고 가는 정대불사가 진행되었습니다. 이 행사는 부처의 힘으로 몽골의 침략을 물리치고자 만든 (가) 을 강화도에서 해인사로 옮긴 것을 기념하기 위해 시작되었습니다.

해인사에서 정대불사 기념행사 열려

① 초조대장경
② 『직지심체요절』
③ 팔만대장경판
④ 『무구정광대다라니경』

15 (가) 국가의 경제 상황으로 옳은 것은? [2점]

① 모내기법이 전국적으로 확산되었다.
② 벽란도가 국제 무역항으로 번성하였다.
③ 담배, 인삼 등의 상품 작물이 재배되었다.
④ 시장을 감독하기 위한 동시전이 설치되었다.

16 학생들이 공통으로 이야기하고 있는 왕의 업적으로 옳은 것은? [2점]

① 과전법을 시행하였다.
② 동북 9성을 축조하였다.
③ 『삼강행실도』를 편찬하였다.
④ 철령 이북의 땅을 되찾았다.

17 밑줄 그은 '나'에 해당하는 인물로 옳은 것은? [2점]

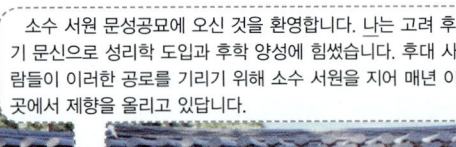

소수 서원 문성공묘에 오신 것을 환영합니다. 나는 고려 후기 문신으로 성리학 도입과 후학 양성에 힘썼습니다. 후대 사람들이 이러한 공로를 기리기 위해 소수 서원을 지어 매년 이곳에서 제향을 올리고 있답니다.

① 안향　② 김부식　③ 이규보　④ 최치원

18 (가) 왕의 재위 기간에 있었던 사실로 옳은 것은? [2점]

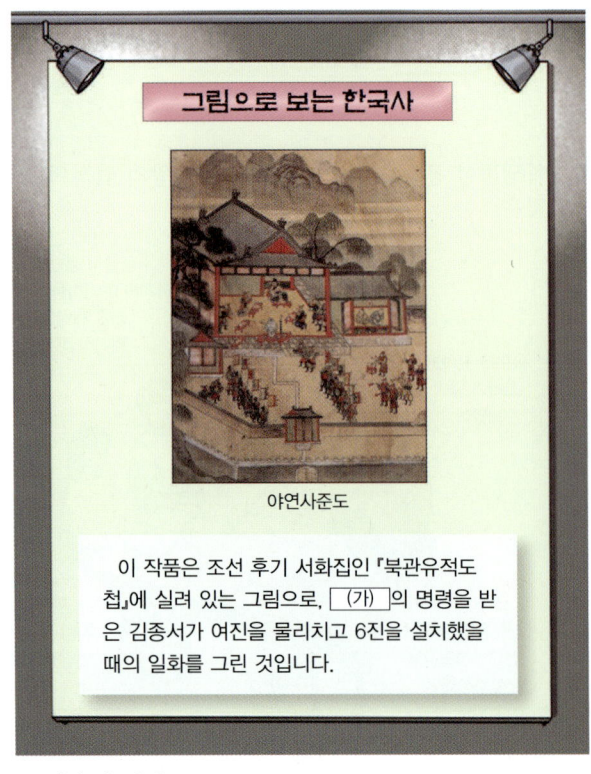

그림으로 보는 한국사

야연사준도

이 작품은 조선 후기 서화집인 『북관유적도첩』에 실려 있는 그림으로, (가) 의 명령을 받은 김종서가 여진을 물리치고 6진을 설치했을 때의 일화를 그린 것입니다.

① 장용영 설치
② 『칠정산』 편찬
③ 『경국대전』 완성
④ 나선 정벌 단행

19 (가)에 들어갈 행사로 옳은 것은? [1점]

역사 신문

(가) , 개경에서 성대하게 열리다

며칠 전 고려의 국가 행사인 (가) 이/가 개경 궁궐에서 성대하게 열렸다. 일찍이 태조는 부처를 받들고 여러 신들을 즐겁게 하는 이 행사의 중요성을 후대 왕들에게 강조하였다고 전한다. 행사 기간 동안 왕은 태조의 제사를 지내고 신하들과 함께 춤과 노래 등 공연을 즐겼다. 주변 여러 나라의 상인과 사신들도 찾아와 특산물을 바쳤다.

① 영고　　　　② 단오제
③ 팔관회　　　④ 종묘 제례

20 (가)에 해당하는 인물로 옳은 것은? [2점]

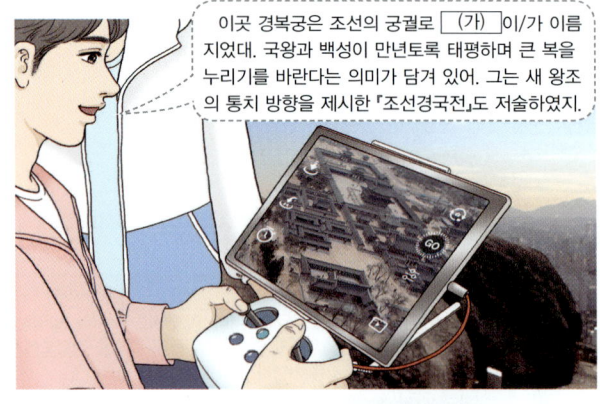

이곳 경복궁은 조선의 궁궐로 (가) 이/가 이름 지었대. 국왕과 백성이 만년토록 태평하며 큰 복을 누리기를 바란다는 의미가 담겨 있어. 그는 새 왕조의 통치 방향을 제시한 『조선경국전』도 저술하였지.

①  송시열
②  채제공
③  정몽주
④  정도전

21 밑줄 그은 '이 전쟁' 중에 있었던 사실로 옳은 것은? [2점]

① 조·명 연합군이 평양성을 탈환하였다.
② 어재연이 광성보에서 항전하였다.
③ 이종무가 쓰시마 섬을 정벌하였다.
④ 인조가 남한산성으로 피란하였다.

22 밑줄 그은 '왕'의 업적으로 옳은 것은? [1점]

① 당백전을 발행하였다.
② 『속대전』을 편찬하였다.
③ 훈민정음을 반포하였다.
④ 초계문신제를 시행하였다.

23 (가) 인물에 대한 설명으로 옳은 것은? [2점]

① 여전론을 주장하였다.
② 추사체를 창안하였다.
③ 『북학의』를 저술하였다.
④ 몽유도원도를 그렸다.

24 다음 가상 대화가 이루어진 시기에 볼 수 있는 모습으로 적절하지 않은 것은? [2점]

① 상평통보로 거래하는 상인
② 판소리 공연을 구경하는 농민
③ 시사(詩社)를 조직하여 활동하는 중인
④ 황룡사 구층 목탑을 만드는 목수

25 밑줄 그은 '봉기'에 대한 설명으로 옳은 것은? [2점]

① 김부식이 이끄는 관군에 진압되었다.
② 삼정이정청이 설치되는 계기가 되었다.
③ 서북인에 대한 차별에 반발하여 일어났다.
④ 흥선 대원군이 재집권하는 결과를 가져왔다.

27 밑줄 그은 '제도'로 옳은 것은? [2점]

① 균역법   ② 대동법   ③ 영정법   ④ 직전법

26 (가) 문화유산에 대한 설명으로 옳은 것은? [2점]

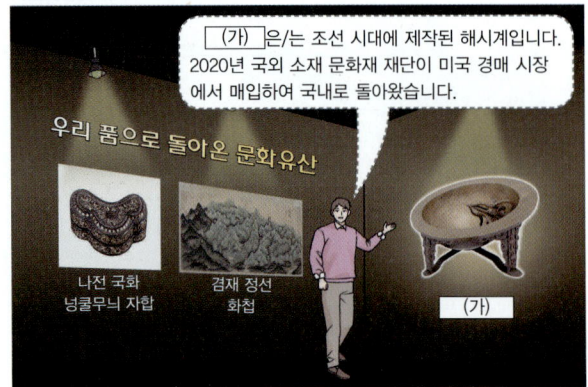

① 박문국에서 제작하였다.
② 10리마다 눈금을 표시하였다.
③ 영침의 그림자로 시각을 표시하였다.
④ 소리로 시간을 알려주는 장치가 있다.

28 밑줄 그은 '조약'에 대한 설명으로 옳은 것은? [3점]

① 최혜국 대우가 규정되어 있다.
② 통감부가 설치되는 결과를 가져왔다.
③ 부산, 원산, 인천을 개항하는 배경이 되었다.
④ 일본 공사관에 경비병이 주둔하는 계기가 되었다.

29 (가)에 들어갈 인물로 옳은 것은? [2점]

인물 소개 — 근현대편

개화의 길을 선택한 (가)

1880년 제2차 수신사로 일본에 파견되었으며, 황준헌이 쓴 『조선책략』을 국내에 들여 왔다. 이후 제물포 조약 등을 체결하는 과정에서 큰 역할을 하였다. 갑오개혁 당시에는 총리대신으로 임명되어 개혁의 전반을 주도 하였다.

① 김옥균 ② 김홍집 ③ 서재필 ④ 유인석

30 밑줄 그은 '정변' 이후에 있었던 사실로 옳은 것은? [2점]

역사 신문

제△△호   ○○○○년 ○○월 ○○일

개화당 정부, 무너지다

어제 구성된 개화당 정부가 하루 만에 청군의 개입으로 붕괴하였다. 새 정부를 구성하고 개혁 정강을 발표하였던 김옥균, 박영효, 서재필 등은 현재 일본 공사를 따라 일본 공사관으로 피신해 있는 것으로 알려졌다. 우정국 개국 축하연에서의 소동으로 시작된 정변은 이로써 3일 만에 막을 내리게 되었다.

① 임오군란이 일어났다.
② 한성 조약이 체결되었다.
③ 통리기무아문이 설치되었다.
④ 김윤식이 영선사로 파견되었다.

31 밑줄 그은 '단체'로 옳은 것은? [2점]

학술 발표회

우리 학회에서는 제국주의 열강의 침략으로부터 주권을 수호하고자 서재필의 주도로 창립된 단체의 의의와 한계를 조명하고자 합니다. 많은 관심과 참여를 바랍니다.

◆ 발표 주제 ◆
- 민중 계몽을 위한 강연회와 토론회 개최 이유
- 만민 공동회를 통한 자주 국권 운동 전개 과정
- 관민 공동회 개최와 헌의 6조 결의의 역사적 의미

■ 일시: 2022년 4월 ○○일 13:00~18:00
■ 장소: △△문화원 소강당

① 보안회   ② 신민회
③ 독립 협회   ④ 대한 자강회

32 (가) 시기에 시행된 정책으로 옳은 것은? [2점]

역사 탐방 사전 학습지

| 이름 | ○○○ | 학번 | △학년 △반 △△번 |
| 장소 | 서울 덕수궁 | | |

왜 가고 싶나요?
고종은 국가의 위상을 높이기 위해 황제에 오르고 (가) 의 수립을 대내외에 선포하였습니다. 이 시기에 고종이 머물렀던 덕수궁에서 그 흔적을 찾아보고 싶습니다.

관련 자료를 찾아볼까요?

덕수궁 중화전   덕수궁 정관헌

① 지계가 발급되었다.
② 척화비가 건립되었다.
③ 홍범 14조가 반포되었다.
④ 치안 유지법이 제정되었다.

33 (가) 운동에 대한 탐구 활동으로 가장 적절한 것은? [2점]

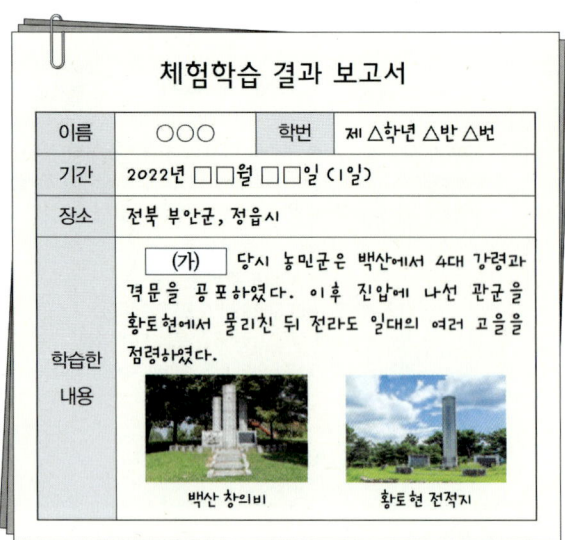

① 삼전도비의 건립 배경을 조사한다.
② 산미 증식 계획의 실상을 파악한다.
③ 나선 정벌군의 이동 경로를 알아본다.
④ 전주 화약이 체결되는 과정을 살펴본다.

35 밑줄 그은 '시기'에 볼 수 있는 모습으로 가장 적절한 것은? [2점]

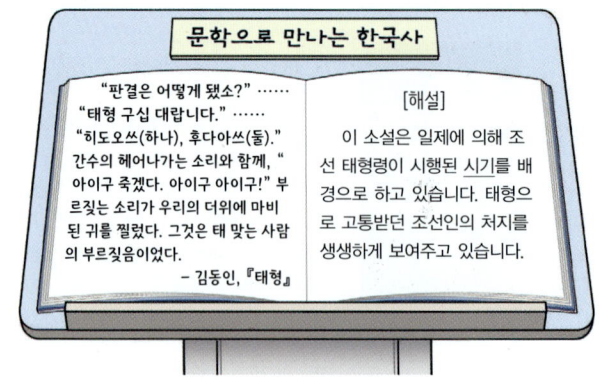

① 경성 제국 대학에 다니는 학생
② 제복을 입고 칼을 찬 헌병 경찰
③ 『조선책략』 유포에 반발하는 유생
④ 국민 징용령에 의해 끌려가는 청년

34 다음 상황 이후에 볼 수 있는 모습으로 가장 적절한 것은? [3점]

① 한성순보를 발간하는 직원
② 만민 공동회에서 연설하는 백정
③ 경부선 철도 개통식에 참석하는 관리
④ 동문학에서 영어를 공부하고 있는 학생

36 다음 퀴즈의 정답으로 옳은 것은? [1점]

① 근우회 ② 조선어 학회
③ 송죽회 ④ 색동회

37 교사의 질문에 대한 학생의 답변으로 옳지 <u>않은</u> 것은? [2점]

① 신흥 무관 학교를 설립하였습니다.
② 연통제를 운영하였습니다.
③ 미국에 구미 위원부를 두었습니다.
④ 독립 공채를 발행하였습니다.

38 다음 상황 이후에 일어난 사실로 옳은 것은? [2점]

① 6·10 만세 운동이 일어났다.
② 헤이그 특사가 파견되었다.
③ 토지 조사 사업이 실시되었다.
④ 제너럴셔먼호 사건이 발생하였다.

39 밑줄 그은 '이 시기'를 연표에서 옳게 고른 것은? [3점]

1910	1919	1926	1937	1945
	(가)	(나)	(다)	(라)
국권 피탈	3·1 운동	6·10 만세 운동	중·일 전쟁	광복

① (가) ② (나) ③ (다) ④ (라)

40 (가)에 들어갈 무장 투쟁 단체로 옳은 것은? [3점]

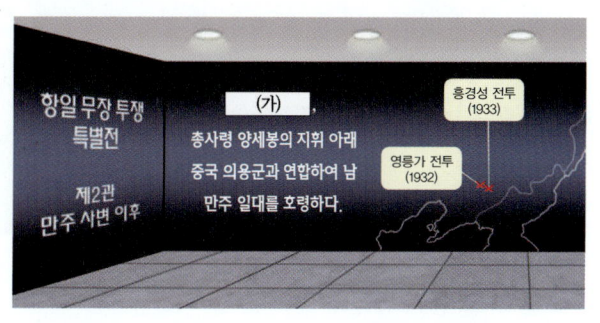

① 의열단
② 북로 군정서
③ 조선 혁명군
④ 한국광복군

41 (가)에 들어갈 내용으로 옳은 것은? [3점]

① 대성 학교 설립
② 「조선혁명선언」 작성
③ 좌·우 합작 위원회 결성
④ 『한국독립운동지혈사』 저술

43 (가) 전쟁 중에 있었던 사실로 옳지 않은 것은? [2점]

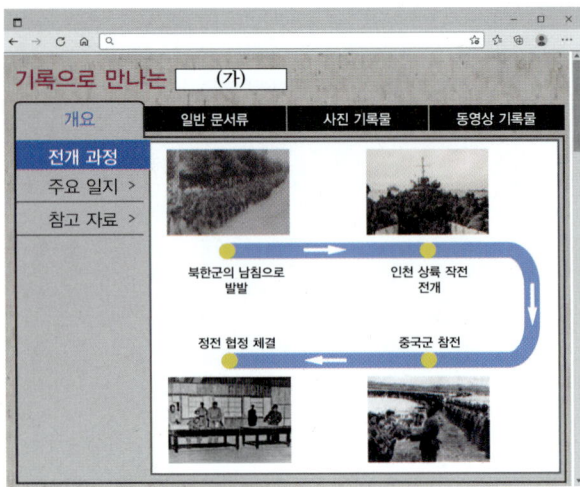

① 유엔군이 참전하였다.
② 흥남 철수 작전이 펼쳐졌다.
③ 거제도에 포로 수용소가 설치되었다.
④ 13도 창의군이 서울 진공 작전을 전개하였다.

42 밑줄 그은 '위원회'로 옳은 것은? [2점]

① 남북 조절 위원회
② 미·소 공동 위원회
③ 조선 건국 준비 위원회
④ 반민족 행위 특별 조사 위원회

44 (가)에 들어갈 문화유산으로 옳은 것은? [1점]

① 『경국대전』
② 『동의보감』
③ 『목민심서』
④ 『조선왕조실록』

45 (가) 정부 시기에 있었던 사실로 옳은 것은? [2점]

① 농지 개혁법이 제정되었다.
② 경부 고속 도로를 준공하였다.
③ 금융 실명제를 전면 실시하였다.
④ 경제 협력 개발 기구(OECD)에 가입하였다.

46 (가) 섬에 대한 설명으로 옳은 것은? [1점]

① 러시아가 조차를 요구한 섬이다.
② 영국이 불법적으로 점령한 섬이다.
③ 하멜 일행이 표류하다 도착한 섬이다.
④ 안용복이 일본으로 건너가 우리 영토임을 주장한 섬이다.

47 학생들이 공통으로 이야기하는 인물로 옳은 것은? [2점]

① 김대중   ② 김영삼   ③ 윤보선   ④ 최규하

48 밑줄 그은 '민주화 운동'에 대한 설명으로 옳은 것은? [2점]

① 대통령 직선제 개헌을 이끌어 냈다.
② 3·15 부정 선거에 항의하여 일어났다.
③ 굴욕적인 한·일 국교 정상화에 반대하였다.
④ 신군부의 비상 계엄 확대가 원인이 되어 발생하였다.

49 (가)에 들어갈 명절로 옳은 것은? [1점]

① 단오
② 동지
③ 한식
④ 정월 대보름

50 (가)에 들어갈 내용으로 옳은 것은? [3점]

① 개성 공단 조성
② 남북 기본 합의서 채택
③ 7·4 남북 공동 성명 발표
④ 6·15 남북 공동 선언 합의

해커스 한국사능력검정시험
기본 **2주 합격**

정답 및 해설

I 선사 시대
기출로 마무리

01 ②	02 ①	03 ④	04 ④
05 ④	06 ③	07 ③	08 ②

01 구석기 시대 [기출주제 01] 정답 ②

정답 길잡이 동굴 + 막집 + 연천 전곡리 유적 → **구석기 시대**

② 구석기 시대에는 돌을 깨뜨려 만든 뗀석기를 이용하여 고기를 자르는 등 다양한 용도로 사용하였다.

✓ 오답 체크
① **신석기 시대**: 가락바퀴를 이용하여 실을 뽑고 뼈바늘로 옷과 그물을 만들었다.
③ **신석기 시대**: 식량을 저장하기 위해 빗살무늬 토기 등을 만들었다.
④ **청동기 시대 후기~철기 시대**: 금속 제품을 제작하는 일종의 틀인 거푸집으로 청동검을 제작하였다.

02 신석기 시대 [기출주제 01] 정답 ①

정답 길잡이 정착 생활과 농경이 시작됨 → **신석기 시대**

① 신석기 시대에는 가락바퀴를 이용하여 실을 뽑고, 뼈바늘을 이용하여 옷과 그물 등을 만들어 사용하였다.

✓ 오답 체크
② **철기 시대**: 중국의 화폐인 오수전 등을 사용하였으며, 이를 무덤에 껴묻거리로 묻기도 하였다.
③ **철기 시대**: 철제 농기구를 사용해 농사를 지어 농업 생산력이 증대되었다.
④ **청동기 시대**: 청동 방울, 청동 거울 등의 의례 도구를 만들어 사용하였다.

03 청동기 시대 [기출주제 01] 정답 ④

정답 길잡이 비파형동검 → **청동기 시대**

④ 청동기 시대에는 잉여 생산물을 힘이 센 사람들이 이를 차지하면서 계급이 생겨났고, 지배층의 무덤으로 고인돌을 만들었다.

✓ 오답 체크
① **철기 시대 이후**: 소를 이용해 밭을 가는 우경은 철기 시대에 시작된 것으로 추측되며, 이후 널리 보급되었다.
② **철기 시대**: 쟁기, 쇠스랑 등의 철제 농기구를 사용하여 농업 생산력이 증대되었다.
③ **구석기 시대**: 식량을 구하기 위해 이동 생활을 하여 주로 동굴이나 강가의 막집에서 살았다.

04 고조선 [기출주제 02] 정답 ④

정답 길잡이 청동기 문화 + 범금 8조 + 한 무제의 공격으로 멸망함 → **고조선**

④ 고조선은 단군왕검이 세운 우리나라 최초의 국가로, 청동기 문화를 바탕으로 성립되었다.

✓ 오답 체크
① **동예**: 철기 시대의 군장 국가로, 다른 부족의 영역을 침범하면 노비, 소, 말 등으로 보상하도록 하는 책화의 풍습이 있었다.
② **부여**: 철기 시대의 연맹 국가로, 12월에 영고라는 제천 행사를 열었다.
③ **고구려**: 철기 시대의 연맹 국가로, 이후 고대 국가로 발전하였고 10월에 동맹이라는 제천 행사를 열었다.

05 부여 [기출주제 02] 정답 ④

정답 길잡이 도둑질한 자는 훔친 것의 12배로 갚게 함 + 12월에 영고 → **부여**

④ 부여에는 왕 아래 마가, 우가, 저가, 구가 등의 여러 가(加)들이 있었는데, 이들은 별도의 행정 구역인 사출도를 주관하였다.

✓ 오답 체크
① **삼한**: 종교를 주관하는 제사장인 천군이 소도라는 신성 지역을 다스렸다.
② **동예**: 읍락 간의 경계를 중시하여 다른 부족의 영역을 함부로 침입하였을 때 노비나 소, 말 등으로 보상하도록 하는 책화의 풍습이 있었다.
③ **고조선**: 살인, 절도 등의 죄를 다스리는 범금 8조를 통해 사회 질서를 유지하였다.

📝 [이건 꼭! 암기] 부여

#사출도 #1책 12법 #12월_영고

06 옥저 [기출주제 02] 정답 ③

정답 길잡이 여자를 데려와 기른 후 성인이 되면 신부 집에 대가를 주고 며느리로 삼음(민며느리제) + 가족이 죽으면 뼈만 추려 보관함(가족 공동묘) → **옥저**

③ 옥저는 함경도 지방에 위치하였으며, 민며느리제와 가족 공동묘(골장제) 등의 풍습이 있었다.

✓ 오답 체크
① **부여**: 매년 12월에 영고라는 제천 행사를 열었으며, 왕 아래에 여러 가(加)들이 별도로 사출도라는 행정 구역을 주관하였다.
② **고구려**: 혼인을 한 뒤 신부 집 뒤꼍에 조그만 집(서옥)을 지어 살다가 자식이 자라면 신부를 데리고 신랑 집으로 돌아가는 혼인 풍습인 서옥제가 있었다.
④ **동예**: 매년 10월에 무천이라는 제천 행사를 열었으며, 읍락 간의 경계를 중시한 책화가 있었다.

📝 [이건 꼭! 암기] 옥저

#민며느리제 #가족 공동묘

07 동예 〔기출주제 02〕 정답 ③

정답 길잡이 무천 + 책화 → **동예**

③ 동예에는 특산물로 단궁(활), 과하마(작은 말), 반어피(바다표범의 가죽) 등이 있었다.

✓ 오답 체크
① **고구려**: 혼인 후 신랑이 신부 집 뒤꼍에 지은 조그만 집(서옥)에서 살다가, 자식을 낳아 장성하면 신랑 집으로 돌아오는 혼인 풍습인 서옥제가 있었다.
② **신라**: 무예 등을 익히는 청소년 수련 단체인 화랑도가 있었으며, 진흥왕 때 국가적 조직으로 개편되었다.
④ **부여**: 왕 아래 마가, 우가, 저가, 구가라는 여러 가(加)들이 별도로 사출도라는 행정 구역을 다스렸다.

08 삼한 〔기출주제 02〕 정답 ②

정답 길잡이 천군 + 소도 → **삼한**

② 삼한은 신지, 읍차 등의 지배자(군장)가 다스리는 군장 국가이다.

✓ 오답 체크
① **부여**: 매년 12월에 영고라는 제천 행사를 열어 하늘에 제사를 지냈다.
③ **옥저**: 혼인 풍습으로 여자가 어렸을 때 남자 집에 가서 살다가, 성장한 후에 남자가 여자 집에 예물을 치르고 혼인을 하는 민며느리제가 있었다.
④ **동예**: 읍락 간의 경계를 중시하여 다른 부족의 영역을 침범하면 노비·소·말 등으로 보상하게 하는 책화가 있었다.

📋 **이건 꼭! 암기** 삼한
#천군 #소도 #신지, 읍차

II 고대
기출로 마무리

| 01 ③ | 02 ② | 03 ③ | 04 ② |
| 05 ② | 06 ① | 07 ③ | 08 ③ |

01 고구려의 발전 과정 〔기출주제 03〕 정답 ③

정답 길잡이 (가) 영락 연호 사용 → **광개토 대왕**
(나) 태학 설립 → **소수림왕**
(다) 평양 천도 → **장수왕**

③ 순서대로 나열하면 (나) 태학 설립(소수림왕) - (가) 영락 연호 사용(광개토 대왕) - (다) 평양 천도(장수왕)이다.

- (나) **태학 설립**: 아버지인 고국원왕이 백제 근초고왕에 의해 죽임을 당한 국가적 위기 상황에서 즉위한 소수림왕은 왕권 강화를 위해 국가의 통치 체제를 정비하였다. 이에 소수림왕은 우리나라 최초의 국립 대학인 태학을 설립하여 인재를 양성하고 유학을 보급하였다.
- (가) **영락 연호 사용**: 소수림왕이 정비한 국가 체제를 바탕으로 즉위한 광개토 대왕은 활발한 정복 활동을 펼치며 고구려의 전성기를 열었다. 이 시기에 광개토 대왕은 영락이라는 독자적인 연호를 사용하여 고구려가 자주적인 국가임을 드러내었다.
- (다) **평양 천도**: 광개토 대왕의 뒤를 이어 즉위한 장수왕은 아버지의 업적을 이어 받아 고구려의 전성기를 이끌었다. 장수왕은 수도를 국내성에서 평양으로 옮기며 한반도 남쪽으로 영토를 확장하는 남진 정책을 본격화하였다. 그 결과 백제의 수도인 한성을 공격하여 백제의 개로왕을 전사시켰다.

02 삼국 시대의 문화유산 〔기출주제 11〕 정답 ②

정답 길잡이 삼국 시대의 문화유산

② 논산 관촉사 석조 미륵보살 입상은 독특한 형태로 만들어진 고려 시대의 대형 석불로, 은진 미륵이라고 불리기도 한다.

✓ 오답 체크
① **금동 연가 7년명 여래 입상**: 고구려의 불상으로, 광배 뒷면에 제작 연대를 추정할 수 있는 글씨가 새겨져 있다.
③ **천마총 장니 천마도**: 신라 천마총에서 출토된 말의 안장 장식에 새겨진 그림이다.
④ **장군총**: 고구려의 돌무지무덤으로, 다듬은 돌을 계단식으로 쌓아 올렸다.

03 신라의 삼국 통일 과정 기출주제 05 정답 ③

정답 길잡이 (가) 고구려의 평양성 함락 → **고구려 멸망(668)**
(나) 왜군이 백강 전투에서 패배 → **백강 전투(663)**
(다) 신라군이 기벌포에서 당군에 승리
→ **기벌포 전투(676)**

③ 순서대로 나열하면 (나) 백강 전투(663) - (가) 고구려 멸망(668) - (다) 기벌포 전투(676)이다.

오답 체크

(나) **백강 전투**: 백제가 멸망(660)한 이후, 백제 부흥 운동이 전개되었다. 이 과정에서 백제 부흥군을 지원하고자 파견된 왜군이 백강 어귀까지 왔으나, 나·당 연합군의 공격에 크게 패배하였다(663).

(가) **고구려 멸망**: 백제를 멸망시킨 나·당 연합군은 고구려의 수도인 평양성을 공격하였고, 평양성이 함락되면서 고구려가 멸망하였다(668).

(다) **기벌포 전투**: 백제와 고구려가 멸망한 후 당이 한반도 전체를 지배하려는 야심을 드러내자 나·당 전쟁이 일어났다. 매소성 전투에서 승리한 신라군이 기벌포 앞바다에서 설인귀가 이끄는 당의 수군을 물리침으로써 신라는 대동강 이남 지역의 당의 세력을 몰아내고 삼국 통일을 달성하였다(676).

04 발해 기출주제 07 정답 ②

정답 길잡이 고구려를 계승함 + 해동성국 → **발해**

② 발해는 당의 정치 체제를 받아들여 중앙 정치 조직을 3성 6부로 정비하였는데, 이때 3성 중 정당성의 대내상이 국정을 총괄하였다.

오답 체크

① **고조선**: 우거왕 때 한의 침략을 받아 수도인 왕검성이 함락되면서 멸망하였다.
③ **백제**: 정치를 논의하던 장소인 정사암에서 귀족들이 모여, 회의를 통해 국가의 중대사를 결정하였다.
④ **신라**: 진흥왕 때 청소년 수련 집단인 화랑도를 국가적인 조직으로 운영하였다.

이건 꼭! 암기 발해

#고구려 계승 #3성 6부 #해동성국

05 견훤 기출주제 08 정답 ②

정답 길잡이 공산 전투에서 고려에 승리 + 금산사에 유폐 + 고려에 투항 → **견훤**

② 견훤은 통일 신라 말에 사회가 혼란한 틈을 타 완산주(전주)를 수도로 삼고 후백제를 건국하였다.

오답 체크

① **궁예**: 후고구려를 건국한 후 나라 이름을 '후고구려'에서 '마진'으로 바꾸고, 철원으로 천도하였다.
③ **태조 왕건**: 후대 왕들이 지켜야 할 10가지 도리인 훈요 10조를 남겼다.
④ **신라 경순왕**: 고려에 항복한 후 경주의 사심관으로 임명되어 자신의 출신 지역을 다스리는 최초의 사심관이 되었다.

이건 꼭! 암기 견훤

#상주 출신 #후백제 건국 #공산 전투 승리 #금산사에 유폐

06 헌덕왕과 진성 여왕 사이의 사실 기출주제 08 정답 ①

정답 길잡이 (가) 웅천주 도독 김헌창 + 반란을 일으킴
→ **김헌창의 난(헌덕왕)**
(나) 최치원 + 시무 10여 조를 올림
→ **최치원의 시무 10여 조 건의(진성 여왕)**

① 신라 하대인 헌덕왕 때 김헌창의 난이 발생하는 등 사회가 혼란해졌고, 진성 여왕 때에는 원종과 애노의 난과 같은 농민 봉기가 발생하였다. 이에 최치원이 진성 여왕에게 정치·사회 개혁을 위한 시무 10여 조를 바쳤다.

오답 체크

모두 김헌창의 난 이전의 사실이다.
② (가) 이전: 통일 신라 신문왕 때 김흠돌이 반란을 도모하였다.
③ (가) 이전: 신라 지증왕 때 이사부가 우산국을 복속시켰다.
④ (가) 이전: 고구려 영양왕 때 을지문덕이 살수에서 대승을 거두었다.

07 의상 기출주제 10 정답 ③

정답 길잡이 관음 신앙 전파 + 『화엄일승법계도』 저술 → **의상**

③ 의상은 신라의 승려로, 당에 유학하면서 화엄 사상의 내용을 정리한 『화엄일승법계도』를 저술하였다. 신라로 돌아온 이후에는 양양 낙산사 등의 여러 절을 창건하고 현세의 고난에서 구제받고자 하는 관음 신앙을 전파하였다. 또한 영주 부석사에서 해동 화엄종을 개창하였다.

오답 체크

① **원효**: 신라의 승려로, 불교의 대중화를 위해 무애가라는 노래를 지어 유포하였다.
② **일연**: 고려의 승려로, 불교사를 중심으로 고대의 민간 설화 등을 수록한 『삼국유사』를 저술하였다.
④ **지눌**: 고려의 승려로, 순천 송광사를 중심으로 승려 본연의 자세로 돌아가 독경과 선을 수행하자는 수선사 결사 운동을 전개하였다.

08 신라 진흥왕 기출주제 05 정답 ③

정답 길잡이 북한산에 순수비를 세움 + 화랑도를 국가적인 조직으로 개편 → **진흥왕**

③ 신라 진흥왕은 활발하게 정복 활동을 펼쳐 대가야를 정복하였다.

오답 체크

① **신문왕**: 국립 교육 기관인 국학을 설립하여 유학을 교육하였다.
② **법흥왕**: 군사 업무를 관장하는 부서인 병부를 설치하였다.
④ **원성왕**: 인재를 등용하기 위하여 유교 경전의 이해를 시험하는 독서삼품과를 실시하였다.

Ⅲ 고려 시대
기출로 마무리

01 ③	02 ③	03 ①	04 ③
05 ④	06 ③	07 ①	08 ②

01 고려 성종 [기출주제 12] 정답 ③

정답 길잡이 국자감 정비 + 건원중보 발행 + 최승로의 시무 28조 수용 → **고려 성종**

③ 고려 성종은 중앙의 최고 교육 기관으로 국자감을 정비하였고, 최승로의 시무 28조를 받아들여 유교를 국가의 통치 이념으로 삼았다.

오답 체크
① **광종**: 중국 후주 출신 쌍기의 건의를 받아들여 과거제를 처음으로 실시하였으며, 호족들이 불법적으로 노비로 삼은 사람들을 양인으로 해방하는 노비안검법을 시행하였다.
② **문종**: 관직을 기준으로 현직 관리에게만 토지를 지급하는 경정 전시과를 실시하였다.
④ **예종**: 국립 교육 기관인 관학을 진흥시키기 위해 일종의 장학 재단인 양현고를 설치하여 장학 기금을 마련하였다.

이건 꼭! 암기 고려 성종
#국자감 정비 #건원중보 발행 #시무 28조 수용

02 묘청의 난 [기출주제 13] 정답 ③

정답 길잡이 고려 문벌 사회의 동요 → **묘청의 난**

③ 고려 인종 때 묘청 등이 서경 천도에 실패하자, 서경에서 국호를 대위라 하며 난을 일으켰다(묘청의 난, 1135).

오답 체크
① **무신 정변 이후**: 조선 인조 때 인조반정(1623)의 공신이었던 이괄이 공신 책봉에 불만을 품고 난을 일으켰다(이괄의 난, 1624).
② **이자겸의 난 이전**: 통일 신라 신문왕 때인 681년에 신문왕의 장인인 김흠돌이 반란을 일으켰다가 진압되었다.
④ **무신 정변 이후**: 고려 말 이성계는 우왕의 명으로 요동 정벌에 나섰으나, 요동 정벌에 반대하며 위화도에서 군대를 돌려 돌아온 후 권력을 장악하고 조선을 건국하였다.

03 고려의 경제 상황 [기출주제 16] 정답 ①

정답 길잡이 수도인 개경 + 청자 → **고려**

① 고려에서는 토지 제도로 전시과 제도가 실시되어, 이에 따라 관리에게 농사를 지을 수 있는 땅인 전지와 땔감을 거둘 수 있는 시지의 수조권(세금을 거둘 수 있는 권리)이 지급되었다.

오답 체크
② **조선**: 조선 후기에는 흉년이 들 때 큰 도움이 되는 고구마, 감자와 같은 구황 작물이 널리 재배되었다.
③ **조선**: 조선 후기에는 모내기법이 전국적으로 확산되어 노동력을 줄여주면서 수확량을 높이는 데 기여하였다.
④ **신라**: 지증왕 때 시장인 동시를 감독하기 위한 관청인 동시전이 설치되었다.

04 원 간섭기의 사실 [기출주제 14] 정답 ③

정답 길잡이 원 간섭기 몽골 문화의 영향을 받은 고려의 생활 모습

③ 고추는 임진왜란 이후 우리나라에 전래되었으므로, 고추를 넣어 김치를 담그는 것은 조선 후기에 볼 수 있는 모습이다.

오답 체크
① 원 간섭기에는 지배층을 중심으로 몽골식 머리 모양인 변발이 유행하였다.
② 원 간섭기에 증류 방식으로 제조하는 술인 소주가 전래되었다.
④ 원 간섭기에는 주름을 잡은 하의를 상의에 연결한 형태의 철릭을 입었다.

05 공민왕 [기출주제 14] 정답 ④

정답 길잡이 정동행성 이문소를 폐지함 + 원의 간섭을 물리침 → **공민왕**

④ 공민왕은 쌍성총관부를 공격하여 철령 이북의 영토를 회복하였다.

오답 체크
① **최충헌(고려)**: 무신 집권기에 자신의 반대 세력을 처벌하기 위한 기구로 교정도감을 설치하였다.
② **고구려**는 영류왕 때 당나라의 침입에 대비하기 위해 천리장성을 쌓기 시작하여 보장왕 때 완성하였다. 한편 고려 시대에는 덕종 때 거란과 여진의 침입에 대비해 압록강에서 도련포를 잇는 천리장성을 축조하기 시작하여 정종 때 완성하였다.
③ 고려 창왕 때 박위를 보내 왜구의 근거지인 쓰시마 섬(대마도)을 정벌하였다. 이후 조선 세종 때에는 이종무를 보내 쓰시마 섬을 정벌하였다.

이건 꼭! 암기 공민왕
#정동행성 이문소 폐지 #쌍성총관부 공격

06 강화 천도와 삼별초의 항쟁 사이의 사실 [기출주제 15] 정답 ③

정답 길잡이
- 강화도로 천도 + 최우 → **강화 천도(1232)**
- 항파두리성에서 끝까지 싸움 + 김통정 → **삼별초의 항쟁(1270~1273)**

③ 고려 최씨 무신 정권기에 부처의 힘을 빌려 몽골의 침입을 극복하기 위해 팔만대장경판이 제작되었어요(1236~1251).

✓ 오답 체크
모두 강화 천도 이전(1232) 이전의 사실이다.
① 고려 문벌 귀족 집권기에 김부식이 인종의 명을 받아 우리나라에서 현존하는 가장 오래된 역사서인 『삼국사기』를 편찬하였다.
② 고려 문벌 귀족 집권기인 인종 때 왕실의 외척이었던 이자겸이 난을 일으켰다(1126).
④ 고려 문벌 귀족 집권기인 인종 때 묘청을 비롯한 서경 세력이 풍수지리설에 근거하여 서경 천도를 주장하였고, 천도에 실패하자 난을 일으켰다(묘청의 난, 1135).

07 고려의 교육 기관 [기출주제 17] 정답 ①

정답 길잡이 (가) 국자감이 처음 설치됨 → **국자감 설치(성종)**
(나) 9재 학당이 세워짐 → **9재 학당 설립(문종)**
(다) 성균관이 정비됨 → **성균관 정비(공민왕)**

① 일어난 순서대로 나열하면 (가) 국자감 설치(성종) - (나) 9재 학당 설립(문종) - (다) 성균관 정비(공민왕)이다.
(가) **국자감 설치**: 성종 때 국립 교육 기관인 국자감이 처음 설치되었으며, 이는 고려 후기에 성균관으로 개칭되었다.
(나) **9재 학당 설립**: 문종 때 최충에 의해 사립 교육 기관인 9재 학당이 설립되었다.
(다) **성균관 정비**: 공민왕 때 성균관이 순수 유학 교육 기관으로 정비되어, 유학 교육이 강화되었다.

08 일연 [기출주제 17] 정답 ②

정답 길잡이 『삼국유사』를 저술함 → **일연**

② 일연은 고려의 승려로, 불교사를 중심으로 고대의 민간 설화 등을 수록한 『삼국유사』를 저술하였다.

✓ 오답 체크
① **도선**: 통일 신라의 승려로, 중국에서 유행한 풍수지리설을 처음 도입하였다.
③ **의상**: 신라의 승려로, 화엄 사상의 요지를 담은 『화엄일승법계도』를 저술하여 화엄 사상을 정리하였다.
④ **지눌**: 고려의 승려로, 불교계 개혁을 위해 정혜결사를 조직하고 선과 교를 함께 닦아야 한다는 정혜쌍수를 주장했다.

IV 조선 시대
기출로 마무리

| 01 ① | 02 ② | 03 ③ | 04 ③ |
| 05 ② | 06 ③ | 07 ④ | 08 ① |

01 세종 재위 시기의 사실 [기출주제 19] 정답 ①

정답 길잡이 정초, 변효문 + 『농사직설』 → **세종**

① 조선 세종 때 자동으로 시간을 알려주는 장치를 갖추고 있는 물시계인 자격루가 제작되었다.

✓ 오답 체크
② 고려 우왕 때 최무선의 건의로 화통도감이 설치되었다.
③ 고려 충렬왕 때 승려 일연에 의해 『삼국유사』가 저술되었다.
④ 조선 숙종 때 청과의 영토 분쟁이 일어나자 청과의 국경을 확정하는 백두산 정계비가 건립되었다.

02 의금부 [기출주제 20] 정답 ②

정답 길잡이 반역 사건과 강상죄에 대한 처결을 담당한 사법 기구 → **의금부**

② 의금부는 조선 시대 국왕 직속 사법 기구로, 강상죄·반역죄 등을 저지른 국가의 대역 죄인을 심판하는 일을 담당하였다.

✓ 오답 체크
① **사헌부**: 조선 시대의 관리 감찰 기구로, 관리의 비리를 감찰하고 풍속을 바로잡는 일을 담당하였다.
③ **춘추관**: 조선 시대의 역사 편찬 기구로, 『조선왕조실록』, 『실록』 등 역사서를 편찬하고 보관하는 일을 주관하였다.
④ **홍문관**: 조선 시대 국왕의 자문 기구로, 임금에게 유학 경서를 가르치는 경연을 주관하였다.

03 임진왜란 [기출주제 22] 정답 ③

정답 길잡이 왜군의 침입 + 곽재우 → **임진왜란**

③ 임진왜란 중에 유성룡의 건의로 사수, 살수, 포수의 삼수병으로 구성된 훈련도감이 설치되었다.

✓ 오답 체크
① **근대**: 조선 정부의 초기 개화 정책으로 별기군이 창설되었다.
② **고려 시대**: 중앙군으로 2군 6위가 편성되었다.
④ **조선 후기**: 효종 때 청의 요청으로 나선 정벌을 단행하였다.

04 병자호란 [기출주제 22] 정답 ③

정답 길잡이 남한산성 + 인조가 피신 → **병자호란**

③ 병자호란의 결과 인조가 삼전도에서 청에 항복하였으며, 조선은 청과 군신 관계를 맺었다.

✓ 오답 체크
① **임진왜란**: 조선 선조 때 진주 목사 김시민이 진주성에서 왜군을 상대로 크게 활약하였다.
② 고려 예종 때 윤관이 특수 부대인 별무반을 이끌고 여진을 정벌하였다.
④ **임진왜란**: 조선 선조 때 왜군이 조선을 침략하자 선조가 명에 군사를 요청하였으며, 이에 이여송이 이끄는 명의 지원군이 파병되었다.

05 홍경래의 난 [기출주제 24] 정답 ②

정답 길잡이 홍경래 등이 주도 + 정주성 → **홍경래의 난**

② 홍경래의 난은 몰락 양반인 홍경래를 중심으로 서북 지역민(평안도 지역 사람)에 대한 차별 대우에 반발하여 일어났다.

✓ 오답 체크
① **동학 농민 운동**: 전주 화약이 체결된 이후, 동학 농민군은 집강소를 설치하여 폐정 개혁을 추진하였다.
③ **임오군란**: 임오군란이 점차 거세지자, 사태 수습을 위해 흥선 대원군이 재집권하였다.
④ **임술 농민 봉기**: 봉기가 전국으로 확산되자, 사태를 수습하기 위해 박규수가 안핵사로 파견되었다.

06 대동법 [기출주제 25] 정답 ③

정답 길잡이 공납을 특산물 대신 쌀이나 옷감, 동전으로 납부함 → **대동법**

③ 대동법은 조선 후기 광해군 때 처음 시행된 수취 제도로, 공납을 특산물 대신 쌀이나 옷감 등으로 납부하게 하였다.

✓ 오답 체크
① **과전법**: 고려 공양왕 때부터 조선 세조 때까지 시행된 토지 제도로, 전·현직 관리에게 경기 지역 토지의 수조권을 지급하였다.
② **균역법**: 조선 후기 영조 때 시행된 제도로, 1년에 2필씩 걷던 군포를 1필로 줄였다.
④ **영정법**: 조선 인조 때 시행된 제도로, 풍흉에 관계없이 토지 1결당 4~6두의 세금을 징수하였다.

07 조선 후기의 모습 [기출주제 28] 정답 ④

정답 길잡이 상평통보 + 「춘향전」 → **조선 후기**

④ 국가적 불교 행사인 팔관회가 개최된 것은 고려 시대이다.

✓ 오답 체크
① 조선 후기에는 서민의 소박한 정서를 표현한 민화가 많이 그려졌다.
② 조선 후기에는 얼굴에 탈을 쓴 광대들이 양반의 위선과 사회 모순을 비판한 탈춤을 공연하였다.
③ 조선 후기에는 감정 표현이 직접적이고 솔직한 판소리가 유행하였다.

08 김정희 [기출주제 28] 정답 ①

정답 길잡이 북한산비가 진흥왕 순수비임을 고증 + 세한도 → **김정희**

① 김정희는 조선 후기의 학자이자 예술가로, 금석문 연구에 힘써 북한산비가 신라 진흥왕의 순수비임을 처음으로 고증한 『금석과안록』을 저술하였다. 또한 추사체를 창안하고 제주도 유배 생활 중에 세한도를 그리기도 하였다.

✓ 오답 체크
② **박지원**: 조선 후기의 실학자로, 연행사(청의 수도인 연경에 파견되었던 사신)를 따라 청에 다녀온 후, 청의 문물을 소개한 『열하일기』를 저술하였다.
③ **송시열**: 조선 후기에 서인의 영수(지도자)로 활약하였으며, 숙종 때 희빈 장씨의 아들을 원자로 정하는 것에 반대하다가 제거되었다(기사환국).
④ **유득공**: 조선 후기의 실학자로, 본인이 저술한 역사서인 『발해고』에서 남북국이라는 용어를 처음으로 사용하였다.

V 근대
기출로 마무리

| 01 ③ | 02 ① | 03 ④ | 04 ② |
| 05 ④ | 06 ② | 07 ② | 08 ③ |

01 흥선 대원군 집권기의 사실 [기출주제 29]   정답 ③

정답 길잡이 🌸 고종의 아버지 + 국정 장악 → **흥선 대원군 집권기**

③ 흥선 대원군 집권기인 신미양요 직후, 종로와 전국 각지에 통상 수교 반대 의지를 밝힌 척화비가 건립되었다.

✅ 오답 체크
① **통일 신라 신문왕**: 조세를 거두고 노동력도 동원할 수 있었던 녹읍이 폐지되었다.
② **조선 정조**: 왕권을 강화하기 위해 국왕의 친위 부대인 장용영이 설치되었다.
④ **고려 우왕**: 명이 철령 이북에 명의 군영인 철령위를 설치하겠다고 통보하자, 최영을 중심으로 요동 정벌이 추진되었다.

02 임오군란 [기출주제 30]   정답 ①

정답 길잡이 🌸 개화 정책에 반발하여 구식 군인들이 일으킴 → **임오군란**

① 임오군란은 정부의 개화 정책에 반발하여 구식 군인들이 일으킨 사건으로, 민씨 세력이 청에 군사 지원을 요청하여 청군의 개입으로 진압되었다.

✅ 오답 체크
② **제2차 수신사 파견**: 제2차 수신사로 파견되었던 김홍집에 의해 청나라 외교관 황준헌이 쓴 『조선책략』이 국내에 유입되었다.
③ **제2차 동학 농민 운동**: 전봉준이 이끄는 동학 농민군은 공주 우금치에서 일본군과 전투를 벌였으나 크게 패하였다.
④ **갑신정변**: 김옥균, 박영효 등의 급진 개화파들을 중심으로 우정총국 개국 축하연에서 정변이 일어났다.

03 국채 보상 운동 [기출주제 36]   정답 ④

정답 길잡이 🌸 대구 + 국채 보상 운동 기념비 → **국채 보상 운동**

④ 국채 보상 운동은 대한매일신보 등 언론의 지원을 받아 전국적으로 확산되었다.

✅ 오답 체크
① 근우회는 1927년에 조직된 독립운동 및 여성운동 단체로, 국채 보상 운동과는 관련이 없다.
② 조선 총독부는 국채 보상 운동이 일어난 이후인 일제 강점기에 설치되었으며, 국채 보상 운동은 총독부가 아닌 통감부의 탄압으로 실패하였다.
③ **제1·2차 갑오개혁**: 제1차 갑오개혁 때 김홍집 내각, 제2차 갑오개혁 때 김홍집·박영효 연립 내각이 수립되어 김홍집 등이 중심이 되어 활동하였다.

04 동학 농민 운동 [기출주제 31]   정답 ②

정답 길잡이 🌸 황룡촌 전투 + 공주 우금치 → **동학 농민 운동**

② 동학 농민군이 전주성을 점령한 후 정부와 동학 농민군 사이에 전주 화약이 체결되자 집강소가 설치되었다.

✅ 오답 체크
① **임술 농민 봉기**: 임술 농민 봉기가 전국으로 확산되자, 박규수가 안핵사로 파견되었다.
③ **갑신정변**: 갑신정변의 결과, 조선은 일본과 한성 조약을 체결하여 일본에 배상금을 지불하고, 일본 공사관 신축 비용을 부담하였다.
④ **홍경래의 난**: 조선 순조 때 홍경래 등이 세도 정치 시기의 수탈과 평안도 지역 차별에 반발하여 일어났다.

05 제1차 갑오개혁과 지계 발급 사이의 사실 [기출주제 32]   정답 ④

정답 길잡이 🌸
- 과거제가 폐지됨 + 군국기무처 → **제1차 갑오개혁(1894)**
- 지계 → **지계 발급(1901)**

④ 제1차 갑오개혁(1894) 이후인 1895년에 을미개혁이 추진되어 태양력이 채택되었다.

✅ 오답 체크
모두 제1차 갑오개혁(1894) 이전의 사실이다.
① 흥선 대원군 집권 시기에 경복궁 중건에 필요한 공사비 마련을 위해 당백전이 발행되었다.
② 신라 지증왕 때 시장을 감독하기 위한 관청으로 동시전이 설치되었다.
③ 조선 후기 영조 때 법전인 『속대전』이 편찬되었다.

06 정미의병 [기출주제 35]   정답 ②

정답 길잡이 🌸 고종의 강제 퇴위, 군대 해산에 반발하여 일어남 → **정미의병**

② 정미의병 당시 이인영, 허위 등이 의병 연합 부대인 13도 창의군을 결성하여 서울 진공 작전을 전개하였다.

✅ 오답 체크
① **을사의병**: 최익현은 을사늑약에 반발하여 을사의병을 주도하였다.
③ **동학 농민군**: 제1차 동학 농민 운동 당시 전봉준의 주도로 백산에 집결하여, 4대 강령을 발표하였다.

298 무료 시대흐름잡기 특강 history.Hackers.com

④ **임오군란**: 임오군란의 결과로 조선과 일본 사이에 제물포 조약이 체결되어 조선 정부가 일본 정부에 배상금을 지불하고, 일본 공사관에 경비병이 주둔하는 것을 허용하였다.

07 신민회 [기출주제 35] 정답 ②

정답 길잡이 🍃 105인 사건 + 안창호, 양기탁 등이 비밀리에 결성함
→ **신민회**

② 신민회는 안창호, 양기탁 등이 비밀리에 조직한 근대의 애국 계몽 운동 단체로, 신흥 강습소를 설립하는 등의 활동을 전개하였다.

✅ **오답 체크**

① **보안회**: 근대의 애국 계몽 운동 단체로, 일제가 황무지 개간권을 요구하자 이에 대한 반대 운동을 전개하여 일제의 요구를 저지하였다.
③ **대한 자강회**: 근대의 애국 계몽 운동 단체로, 고종 강제 퇴위 반대 운동을 주도하다가 일제에 의해 해산되었다.
④ **헌정 연구회**: 독립 협회를 계승한 근대의 애국 계몽 운동 단체로, 입헌 군주제 수립을 주장하였으나 일제의 탄압으로 해산되었다.

08 대한 제국 시기에 도입된 근대 문물 [기출주제 36] 정답 ③

정답 길잡이 🍃 **대한 제국 시기에 도입된 근대 문물**

③ 박문국에서 한성순보가 발간된 것은 1883년부터 1884년까지로, 대한 제국 시기(1897~1910) 이전이다.

✅ **오답 체크**

① 대한 제국 시기인 1908년에 최초의 서양식 극장인 원각사가 세워졌다.
② 대한 제국 시기인 1901년에 덕수궁에 서양식 건물인 중명전이 건립되었다.
④ 대한 제국 시기인 1905년에 일본에 의해 서울과 부산을 잇는 경부선 철도가 부설되었다.

VI 일제 강점기
기출로 마무리

| 01 ② | 02 ③ | 03 ① | 04 ④ |
| 05 ① | 06 ① | 07 ④ | 08 ④ |

01 일제 강점기의 경제 정책 [기출주제 37, 39, 42] 정답 ②

정답 길잡이 🍃 (가) 토지 조사령 공포 → **무단 통치 시기**
(나) 공출제 실시 → **민족 말살 통치 시기**
(다) 산미 증식 계획 처음 시행 → **문화 통치 시기**

② 일어난 순서대로 나열하면 (가) 토지 조사령 공포(무단 통치 시기) - (다) 산미 증식 계획 처음 시행(문화 통치 시기) - (나) 공출제 실시(민족 말살 통치 시기)이다.
(가) 무단 통치 시기인 1910년대에 일제는 식민지 지배에 필요한 재정을 확보하고 조선의 토지를 약탈하기 위해 기한 내에 소유지를 신고하게 하는 토지 조사령을 공포하여 토지 조사 사업을 시행하였다.
(다) 문화 통치 시기인 1920년대에 일제는 본국의 식량 부족 문제를 해결하기 위해 조선의 쌀 수탈을 목적으로 하는 산미 증식 계획을 처음으로 실시하였다.
(나) 민족 말살 통치 시기인 1930년대 이후 일제는 침략 전쟁 수행을 위한 식량과 전쟁 물자를 확보하기 위해 공출제를 실시하여 미곡뿐만 아니라 농기구와 놋그릇, 수저 등 금속 제품까지 거두어들였다.

02 3·1 운동 [기출주제 38] 정답 ③

정답 길잡이 🍃 제암리 학살 사건 + 1919년 학생과 시민들의 만세 시위
→ **3·1 운동**

③ 3·1 운동의 영향으로 조직적인 독립운동의 필요성이 제기되면서, 상하이에서 대한민국 임시 정부가 수립되었다.

✅ **오답 체크**

① **6·10 만세 운동**: 순종의 인산일(장례일)에 학생 단체를 중심으로 만세 시위가 전개되었다.
② **국채 보상 운동**: 대한매일신보 등 당시 언론의 후원을 받아 전국적으로 확산되었다.
④ **광주 학생 항일 운동**: 신간회에서 진상 조사단을 파견하여 이를 지원하였다.

03 대한민국 임시 정부 [기출주제 38] 정답 ①

정답 길잡이 🍃 3·1 운동을 계기로 상하이에 수립 + 김구, 이시영
→ **대한민국 임시 정부**

① 대한민국 임시 정부는 독립운동 자금을 모으기 위해 독립 공채를 발행하였다.

✅ **오답 체크**

② **독립 협회**: 근대적 민중 집회인 만민 공동회를 개최하여 민권 신장을

추구하였다.
③ **신민회**: 서간도(남만주) 삼원보에 신흥 강습소를 설립하였다. 한편 신흥 강습소는 이후 신흥 무관 학교로 개편되었다.
④ **천도교 소년회**: 어린이날을 제정하고 아동 잡지인 『어린이』를 발간하였다.

(나) **봉오동 전투**: 홍범도가 이끄는 대한 독립군을 중심으로 한 독립군 연합 부대는 봉오동을 급습한 일본에 승리를 거두었다(봉오동 전투, 1920).
(다) **윤봉길 의거**: 한인 애국단의 단원 윤봉길은 중국 상하이 훙커우 공원에서 열린 일왕 탄생 축하 겸 상하이 점령 축하식에서 단상에 폭탄을 던져 일본 장군과 고관들을 사살하였다(1932).

04 민립 대학 설립 운동 [기출주제 40] 정답 ④

정답 길잡이 이상재 + 한국인의 고등 교육 실현
→ **민립 대학 설립 운동**

④ 민립 대학 설립 운동은 이상재 등이 조선 민립 대학 기성회를 조직하여 전개한 민족 교육 운동으로, '한민족 1천만이 한 사람이 1원씩'이라는 구호로 모금 운동을 전개하였다.

◎ 오답 체크
① **새마을 운동**: 박정희 정부 시기인 1970년대에 농촌의 근대화를 목적으로 실시되었다.
② **국채 보상 운동**: 일본의 강요로 도입된 차관(빌린 자금)을 갚기 위해 전개된 운동으로, 김광제·서상돈 등이 주도하였다.
③ **물산 장려 운동**: 회사령 철폐 이후 일본 기업이 조선에 활발하게 진출하자 국산품 애용을 통해 민족 산업을 육성하고자 '내 살림 내 것으로' 등의 표어 아래 전개된 운동이다.

07 한국광복군 [기출주제 43] 정답 ④

정답 길잡이 지청천 + 영국군과 함께 미얀마 전선에서 활동 + 국내 진공 작전을 준비 → **한국광복군**

④ 한국광복군은 지청천을 총사령관으로 한 대한민국 임시 정부 산하 군대로, 미국과 연계하여 국내 진공 작전을 준비하였으나 일본의 무조건 항복으로 실행에 옮기지는 못하였다.

◎ 오답 체크
① **북로 군정서**: 김좌진을 총사령관으로 하였으며, 청산리 전투에서 일본군을 상대로 크게 승리하였다.
② **조선 의용대**: 김원봉을 중심으로 조직되었으며, 중국 관내에서 결성된 최초의 한인 무장 부대였다.
③ **조선 혁명군**: 양세봉을 총사령관으로 하였으며, 중국군과 연합하여 영릉가 전투 등에서 일본군을 격파하였다.

05 민족 말살 통치 시기 [기출주제 42] 정답 ①

정답 길잡이 태평양 전쟁 + 징병제 + 위안부 → **민족 말살 통치 시기**

① 무단 통치 시기에 일제는 조선 태형령을 제정하여 한국인에게만 태형을 가하였고, 헌병 경찰제를 실시하여 군인인 헌병이 일반 경찰의 역할을 수행하게 하였다.

◎ 오답 체크
② 민족 말살 통치 시기에 일제는 국민 징용령을 제정하여 공사, 광산 등에 한국인을 강제로 동원하였다.
③ 민족 말살 통치 시기에 일제는 침략 전쟁 수행을 위한 전쟁 물자를 확보하기 위해 공출제를 실시하고 쌀을 비롯하여 농기구, 가마솥 등 금속 제품까지 수탈하였다.
④ 민족 말살 통치 시기에 일제는 조선인에게 일왕에 충성을 맹세하는 내용의 황국 신민 서사를 강제로 외우게 하였다.

08 조선어 학회 [기출주제 44] 정답 ④

정답 길잡이 이윤재, 최현배 + 한글 맞춤법 통일안 → **조선어 학회**

④ 조선어 학회는 일제 강점기에 이윤재, 최현배 등이 주도하여 결성한 국어 연구 단체로, 한글 맞춤법 통일안을 제정하였으며 『조선말 큰사전』 편찬을 시도하였다.

◎ 오답 체크
① **토월회**: 일제 강점기에 박승희, 김기진 등이 주도하여 결성한 신극 운동 단체이다.
② **독립 협회**: 근대에 서재필 등이 결성한 정치·사회 단체로, 자주 독립 국가 건설을 목표로 하였다.
③ **대한 자강회**: 근대의 애국 계몽 운동 단체로, 고종의 강제 퇴위 반대 운동을 전개하였다.

06 근현대의 주요 사건 [기출주제 35, 37, 43] 정답 ①

정답 길잡이 (가) 안중근, 이토 히로부미 저격 → **안중근 의거(1909)**
(나) 홍범도, 봉오동 전투 승리 → **봉오동 전투(1920)**
(다) 윤봉길, 훙커우 공원 의거 → **윤봉길 의거(1932)**

① 일어난 순서대로 나열하면 (가) 안중근 의거(1909) - (나) 봉오동 전투(1920) - (다) 윤봉길 의거(1932)이다.
(가) **안중근 의거**: 안중근은 만주 하얼빈 역에서 초대 통감인 이토 히로부미를 저격하였다(1909).

VIII 현대
기출로 마무리

| 01 ③ | 02 ① | 03 ④ | 04 ② |
| 05 ④ | 06 ① | 07 ② | 08 ④ |

01 삼천만 동포에게 읍고함 발표 이후의 사실 [기출주제 45]   정답 ③

정답 길잡이 김구, 삼천만 동포에게 읍고함 → **1948년 2월**

③ 김구가 삼천만 동포에게 읍고함을 발표(1948. 2.)한 이후인 1948년 4월에 남북 분단을 우려한 김구와 김규식 등이 북측과 남북 협상을 진행하였다.

오답 체크
① 1931년에 김구가 침체된 대한민국 임시 정부의 활동에 활기를 불어넣기 위해 한인 애국단을 결성하였다.
② 1946년 3월에 제1차 미·소 공동 위원회가 열렸으나, 미국과 소련의 의견 대립으로 결국 결렬되었다.
④ 1945년 12월에 모스크바 3국 외상 회의가 개최되어, 미국·영국·소련의 외상(외무 장관)이 한반도 문제에 대해 협의하였다.

02 5·10 총선거 [기출주제 45]   정답 ①

정답 길잡이 제헌 국회 의원을 선출하기 위해 치러진 선거 → **5·10 총선거(1948)**

① 1945년의 8·15 광복 이후 한반도에서는 정부 수립을 위한 다양한 논의가 전개되었다. 그 과정에서 김구, 김규식 등은 남한만의 단독 정부 수립에 끝까지 반대하였으나, 결국 1948년 5월 10일에 단독 정부 수립에 반대한 인사들과 좌익 세력을 제외한 채 남한만의 단독 선거인 5·10 총선거가 실시되었다. 이 선거는 임기 2년의 제헌 국회 의원을 선출하기 위한 선거였으며, 우리나라 최초의 보통 선거이기도 하였다.

03 6·25 전쟁 [기출주제 46]   정답 ④

정답 길잡이 1·4 후퇴 → **6·25 전쟁**

④ 6·25 전쟁 이전인 1948년 9월에 제헌 국회는 친일파를 청산하고자 반민족 행위 처벌법을 제정하였다.

오답 체크
① 6·25 전쟁 중에 흥남 철수 작전이 전개되어 미군과 국군이 흥남항에서 선박을 이용하여 민간인과 군대를 철수시켰다.
② 6·25 전쟁 중인 1952년에 임시 수도 부산에서 대통령 직선제를 골자로 한 발췌 개헌안(1차 개헌안)이 통과되었다.
③ 6·25 전쟁 중 유엔군과 국군은 맥아더 장군의 지휘 아래 인천 상륙 작전을 개시하여 서울을 탈환하였다.

04 박정희 정부 [기출주제 47]   정답 ②

정답 길잡이 한·일 협정 조인식 → **박정희 정부**

② 박정희 정부 시기인 1970년에 경제 성장을 위한 기반을 마련하기 위해 경부 고속도로를 개통하였다.

오답 체크
① **이승만 정부**: 1949년에 유상 매수·유상 분배를 원칙으로 하는 농지 개혁법을 제정하였다.
③ **김영삼 정부**: 1996년에 시장 개방 정책을 추진하여 경제 협력 개발 기구(OECD)에 가입하였다.
④ **노무현 정부**: 2007년에 미국과 자유 무역 협정(FTA)을 체결하여 경제 개방을 추진하였다.

05 5·18 민주화 운동 [기출주제 48]   정답 ④

정답 길잡이 시민군 + 전남도청 → **5·18 민주화 운동**

④ 5·18 민주화 운동은 신군부가 전국으로 비상 계엄을 확대하자, 광주의 학생과 시민들이 계엄령 철폐 등을 요구하며 일어난 민주화 운동이다.

오답 체크
① **4·19 혁명**: 이승만 정부의 3·15 부정 선거에 저항하여 일어난 민주화 운동이다.
② **부·마 민주 항쟁**: 박정희 정부가 유신 체제를 비판한 야당 총재 김영삼을 국회의원직에서 제명하자, 부산과 마산에서 시민과 학생들이 일으킨 민주화 운동이다.
③ **6월 민주 항쟁**: 전두환 정부가 대통령 간선제를 유지하겠다는 4·13 호헌 조치를 발표하자, 이에 반발하여 일어난 민주화 운동이다.

06 전두환 정부 [기출주제 48]   정답 ①

정답 길잡이 삼청 교육대 + 교복 자율화 → **전두환 정부**

① 전두환 정부는 국민들을 정치에 무관심하게 만들기 위한 유화 정책으로 야간 통행 금지를 해제하였다.

오답 체크
② **박정희 정부**: 미국의 요구에 따라 미국으로부터 경제 발전을 위한 원조를 받는 조건으로 베트남 전쟁에 국군을 파병하였다.
③ **이승만 정부**: 6·25 전쟁 이후 대한민국과 미국이 서로의 군사적 안전을 보장하는 내용의 한·미 상호 방위 조약을 체결하였다.
④ **박정희 정부**: 소비재 수출 산업을 육성하는 경공업 중심의 제1차 경제 개발 5개년 계획을 실시하였다.

07 남북 이산가족 최초 상봉과 정주영의 소 떼 방북 사이의 사실 [기출주제 48]   정답 ②

정답 길잡이
- 남북 이산가족 최초 상봉 → **전두환 정부(1985)**
- 정주영의 소 떼 방북 → **김대중 정부(1998)**

② 노태우 정부 시기인 1991년에 남북 기본 합의서를 채택하여 상호 체제 인정, 상호 불가침, 교류·협력 확대 등에 합의하였다.

✅ **오답 체크**

① 개성 공단 조성에 합의한 것은 김대중 정부 시기인 2000년의 일이다.
③ 남북 조절 위원회가 설치된 것은 박정희 정부 시기인 1972년의 일이다.
④ 6·15 남북 공동 선언이 발표된 것은 김대중 정부 시기인 2000년의 일이다.

08 김대중 정부 [기출주제 48]   정답 ④

정답 길잡이 FIFA 한·일 월드컵 축구 대회 → **김대중 정부**

④ 김대중 정부는 강도 높은 구조 조정, 금 모으기 운동 등을 통해 국제 통화 기금(IMF)의 구제 금융을 조기 상환하였다.

✅ **오답 체크**

① **박정희 정부**: 경부 고속도로를 준공하여 사회 간접 자본을 확충하였다.
② **김영삼 정부**: 세계 무역 기구(WTO)에 가입하여 시장 개방 정책을 추진하였다.
③ **박정희 정부**: 경공업 중심의 제1차 경제 개발 5개년 계획을 추진하였다.

VIII 통합 주제
기출로 마무리

| 01 ④ | 02 ③ | 03 ③ | 04 ④ |
| 05 ① | 06 ① | 07 ③ | 08 ④ |

01 원산 [기출주제 49]   정답 ④

정답 길잡이 강화도 조약에 따라 개항 + 일본인 감독이 조선인 노동자를 구타한 사건 + 1929년에 대규모 총파업 → **원산**

④ 원산은 강화도 조약에 따라 부산, 인천과 함께 개항되었으며, 1929년에 일본인 감독이 조선인 노동자를 구타한 사건을 계기로 원산 노동자 총파업이 일어난 지역이다.

✅ **오답 체크**

① **인천**: 강화도 조약에 따라 부산, 원산과 함께 개항되었다.
② **목포**: 일제 강점기에 항구 도시로 발전한 지역으로, 이곳을 통해 조선의 쌀이 일본으로 반출되었다.
③ **울산**: 통일 신라 시대에 국제 무역항으로 번성하여 아라비아 상인까지 왕래하였다.

📝 **이건 꼭! 암기** 원산의 역사적 사실

#강화도 조약으로 개항   #원산 노동자 총파업

02 강화도 [기출주제 49]   정답 ③

정답 길잡이 정족산성 + 연무당 → **강화도**

③ 강화도는 근대에 병인양요가 벌어진 지역으로, 이때 양헌수 부대가 정족산성에서 프랑스군을 물리쳤다. 또한 강화도의 연무당에서는 우리나라가 맺은 최초의 근대적 조약이자 불평등 조약인 조·일 수호 조규(강화도 조약)가 체결되기도 하였다.

✅ **오답 체크**

① **진도**: 고려 시대에 삼별초가 용장성을 쌓고 대몽 항쟁을 전개하였다.
② **거제도**: 현대에 일어난 6·25 전쟁 때 포로 수용소가 설치되었다.
④ **울릉도**: 신라 지증왕 때 이사부가 복속하였으며, 조선 숙종 때는 안용복이 일본으로 건너가 우리 영토임을 주장하고 돌아오기도 하였다.

03 전주 [기출주제 49] 정답 ③

정답 길잡이 동학 농민군과 정부군의 화약 → **전주 화약** → **전주**

③ 전주는 태조 이성계의 어진(왕의 얼굴이 그려진 그림)이 남아 있는 경기전이 건립된 곳이며, 이후 근대에는 전주 감영에서 동학 농민군과 정부 사이에서 전주 화약이 체결되었다.

오답 체크
① **경주**: 박혁거세가 세운 나라인 신라의 수도였던 지역이다.
② **순천**: 고려 시대에 지눌이 송광사(수선사)를 중심으로 수선사 결사 운동을 전개한 지역이다.
④ **청주**: 고려 시대에 『직지심체요절』이 간행된 흥덕사가 위치한 지역이다.

04 칠석 [기출주제 50] 정답 ④

정답 길잡이 직녀님을 만나는 날 + 오작교 → **칠석**

④ 칠석은 음력 7월 7일로, 직녀성에 바느질 솜씨가 좋아지기를 비는 풍속이 있었다.

오답 체크
① **단오**: 음력 5월 5일로, 창포를 삶은 물로 머리를 감고 씨름·그네뛰기 등을 즐겼다.
② **동지**: 양력 12월 22·23일경으로 귀신을 쫓기 위해 새알심이 들어간 팥죽을 먹는 풍속이 있었다.
③ **추석**: 음력 8월 15일로, 새로 수확한 곡식과 과일로 차례를 지내고, 송편을 만들어 먹는 풍속이 있었다.

05 대구 [기출주제 49] 정답 ①

정답 길잡이 공산 전투 + 국채 보상 운동 → **대구**

① 대구는 통일 신라 신문왕이 천도하려고 했던 지역으로, 후삼국 시대에 고려와 후백제 사이에서 공산 전투가 벌어졌으며, 이후 근대에는 김광제, 양기탁 등에 의해 국채 보상 운동이 일어났다.

오답 체크
② **안동**: 유네스코 세계 문화유산인 하회마을이 있는 지역이다.
③ **울산**: 통일 신라에 국제 무역항으로 번성하여 아라비아 상인들까지 왕래한 지역이다.
④ **청주**: 고려 시대에 『직지심체요절』이 간행된 흥덕사가 위치한 지역이다.

06 독도 [기출주제 49] 정답 ①

정답 길잡이 안용복 + 동도, 서도 → **독도**

① 독도는 우리나라 동쪽 끝에 있는 섬으로, 동도와 서도로 구성되어 있다. 신라 지증왕이 우산국을 정벌한 이후부터 우리의 영토였으며, 조선 후기 숙종 때 안용복이 일본에 건너가 우리의 영토임을 확인받았다.

오답 체크
② **진도**: 고려 시대에 삼별초가 정부의 개경 환도에 반발하여 대몽 항쟁을 전개한 섬이다.
③ **거문도**: 근대에 영국이 러시아의 남하를 견제하기 위해 불법으로 점령한 섬이다.
④ **제주도**: 고려 시대에 삼별초가 대몽 항쟁을 전개한 마지막 섬이자 현대에는 제주 4·3 사건이 발생한 섬이다.

07 한식 [기출주제 50] 정답 ③

정답 길잡이 동지로부터 105일째 되는 날 + 양력 4월 5일 + 불을 사용하지 않고 찬 음식을 먹음 → **한식**

③ 한식은 동지로부터 105일째 되는 날이자 양력 4월 5일경으로, 이날은 불을 사용하지 않고 찬 음식을 먹는 풍속이 있었다.

오답 체크
① **단오**: 음력 5월 5일로, 수레바퀴 모양의 수리취떡을 만들어 먹었다.
② **칠석**: 음력 7월 7일로, 직녀성에 바느질 솜씨가 좋아지기를 비는 풍속이 있었다.
④ **삼짇날**: 음력 3월 3일로, 진달래꽃으로 화전을 부쳐 먹었다.

08 진주 [기출주제 49] 정답 ④

정답 길잡이 임진왜란 때 김시민 장군이 왜군에 맞서 싸움 → **진주**

④ 진주는 임진왜란 때 김시민 장군이 일본군에 맞서 싸운 지역으로, 조선 후기에는 몰락 양반인 유계춘의 주도로 임술 농민 봉기가 일어났다. 또한 일제 강점기에는 백정에 대한 사회적 철폐를 목표로 조선 형평사 창립 대회가 개최되었다.

오답 체크
① **강릉**: 조선의 대표 성리학자인 율곡 이이가 태어난 오죽헌이 있는 지역이다.
② **군산**: 일제 강점기에 쌀을 일본으로 실어 나르는 주요 항구가 있던 지역이다.
③ **대구**: 후삼국 시대에 고려와 후백제 사이에서 공산 전투가 벌어졌으며, 근대에 국채 보상 운동이 전개된 지역이다.

실력 점검 기출 모의고사
약점 공략 해설

정답 체크 & 약점 보완 학습표

· 문제 풀이 후 문번에 O, △, X로 구분하여 채점해주세요.
  O : 정확하게 맞음   △ : 맞았지만 헷갈림   X : 틀림
· △와 X 표시한 문제는 <한 번 더 학습>에 표시된 기출주제 페이지로 이동하여 한 번 더 학습을 진행합니다.

문번	정답	출제 포인트	한 번 더 학습	문번	정답	출제 포인트	한 번 더 학습
1	④	청동기 시대	□ 기출주제 01(15쪽)	26	③	앙부일구	□ 기출주제 19(113쪽)
2	①	동예	□ 기출주제 02(19쪽)	27	②	대동법	□ 기출주제 25(136쪽)
3	③	백제 성왕	□ 기출주제 04(35쪽)	28	①	조·미 수호 통상 조약	□ 기출주제 29(163쪽)
4	①	발해의 문화유산	□ 기출주제 11(62쪽)	29	②	김홍집	□ 기출주제 30(166쪽)
5	②	신라의 삼국 통일 과정	□ 기출주제 05(39쪽)	30	②	갑신정변 이후의 사실	□ 기출주제 30(167쪽)
6	④	고구려	□ 기출주제 03(30쪽) □ 기출주제 10(58쪽)	31	③	독립 협회	□ 기출주제 33(178쪽)
7	①	신문왕	□ 기출주제 07(46쪽)	32	①	대한 제국 시기의 정책	□ 기출주제 33(179쪽)
8	①	한국사에 큰 업적을 남긴 승려	□ 기출주제 09(55쪽) □ 기출주제 10(58쪽) □ 기출주제 17(97쪽)	33	④	동학 농민 운동	□ 기출주제 31(170쪽)
9	③	가야	□ 기출주제 06(43쪽)	34	③	전차 운행 이후의 사실	□ 기출주제 36(191쪽)
10	②	신라 하대의 모습	□ 기출주제 09(54쪽)	35	②	무단 통치 시기	□ 기출주제 37(202쪽)
11	④	광종	□ 기출주제 12(76쪽)	36	①	근우회	□ 기출주제 40(215쪽)
12	①	귀주 대첩	□ 기출주제 15(88쪽)	37	①	대한민국 임시 정부의 활동	□ 기출주제 38(207쪽)
13	③	원 간섭기의 사실	□ 기출주제 14(84쪽)	38	①	순종 서거 이후의 사실	□ 기출주제 41(218쪽)
14	③	팔만대장경판	□ 기출주제 18(101쪽)	39	④	민족 말살 통치 시기	□ 기출주제 42(222쪽)
15	②	고려의 경제 상황	□ 기출주제 16(92쪽)	40	③	조선 혁명군	□ 기출주제 43(227쪽)
16	④	공민왕	□ 기출주제 14(84쪽)	41	③	김규식	□ 기출주제 37(203쪽) □ 기출주제 45(242쪽)
17	①	안향	□ 기출주제 17(96쪽)	42	②	미·소 공동 위원회	□ 기출주제 45(242쪽)
18	②	세종 재위 기간의 사실	□ 기출주제 19(113쪽)	43	④	6·25 전쟁	□ 기출주제 46(246쪽)
19	③	팔관회	□ 기출주제 12(76쪽) □ 기출주제 17(97쪽)	44	④	『조선왕조실록』	□ 기출주제 26(140쪽)
20	④	정도전	□ 기출주제 19(112쪽)	45	②	박정희 정부	□ 기출주제 47(251쪽)
21	①	임진왜란	□ 기출주제 22(124쪽)	46	④	독도	□ 기출주제 49(265쪽)
22	④	정조	□ 기출주제 23(129쪽)	47	①	김대중	□ 기출주제 48(255쪽)
23	①	정약용	□ 기출주제 27(144쪽)	48	①	6월 민주 항쟁	□ 기출주제 48(254쪽)
24	④	조선 후기의 모습	□ 기출주제 25(137쪽) □ 기출주제 28(148쪽)	49	④	정월 대보름	□ 기출주제 50(268쪽)
25	②	임술 농민 봉기	□ 기출주제 24(133쪽)	50	②	노태우 정부의 통일 노력	□ 기출주제 48(255쪽)

01 [선사 시대] 청동기 시대   정답 ④

정답 길잡이 🌿 벼농사 + 반달 돌칼 → **청동기 시대**

④ 청동기 시대에는 계급이 발생하면서 지배자가 등장하였고, 지배자의 무덤으로 고인돌을 만들었다.

✓ 오답 체크
① 철기 시대: 소를 이용해 밭을 가는 우경은 철기 시대에 시작된 것으로 추측되며, 이후 널리 보급되었다.
② 철기 시대: 철제 무기를 사용하여 활발한 정복 활동이 전개되었다.
③ 구석기 시대: 이동 생활을 하여 주로 동굴이나 막집에서 거주하였다.

02 [선사 시대] 동예   정답 ①

정답 길잡이 🌿 단궁, 과하마, 반어피 + 무천 + 책화 → **동예**

① 동예는 강원도 북부의 동해안 일대에 위치한 나라로, 특산물로 단궁(활), 과하마(작은 말), 반어피(바다표범의 가죽)가 유명하였으며, 매년 10월에 무천이라는 제천 행사를 열었다. 또한 동예에는 다른 부족의 영역을 침범하면 노비나 소·말 등으로 배상하게 하는 책화의 풍습이 있었다.

✓ 오답 체크
② 마한: 한반도 남부에 위치한 삼한 중 한 나라로, 신지와 읍차라고 불리는 군장이 다스렸으며, 종교를 주관하는 제사장인 천군과 천군이 다스리는 신성 지역인 소도가 있었다.
③ 부여: 만주 쑹화강 유역에서 성장한 나라로, 왕 아래에 있는 여러 가들이 별도로 사출도라는 행정 구역을 다스린 연맹 왕국이었다.
④ 옥저: 함경도의 동해안 지역에 위치한 나라로, 군장인 읍군, 삼로가 통치하는 군장 국가였다.

03 [고대] 백제 성왕   정답 ③

정답 길잡이 🌿 수도를 웅진에서 사비로 옮김 → **백제 성왕**

③ 백제 성왕은 신라 진흥왕과 연합하여 고구려를 공격하고 한강 유역을 일시적으로 회복하였다.

✓ 오답 체크
① 침류왕: 중국 동진에서 온 승려 마라난타를 통해 불교를 받아들였다.
② 근초고왕: 박사 고흥에게 역사서인 『서기』를 편찬하게 하였다.
④ 의자왕: 활발한 정복 활동을 펼쳐 대야성을 비롯한 신라의 40여 개 성을 빼앗았다.

04 [고대] 발해의 문화유산   정답 ①

정답 길잡이 🌿 상경성 + 문왕 → **발해**

① 칠지도는 백제가 왜에게 하사한 철제 칼로, 백제와 왜의 교류 사실을 보여주는 문화유산이다.

✓ 오답 체크
② 이불 병좌상: 발해의 불상으로, 고구려의 영향을 받았으며 나란히 앉아 있는 두 부처를 표현하였다.
③ 영광탑: 중국 지린(길림)에 있는 발해의 문화유산으로, 중국 당나라의 영향을 받은 전탑(흙으로 구워 만든 벽돌을 쌓아 올림)이다.
④ 정효 공주 무덤 벽화: 발해의 문화유산으로, 동·서, 북벽에 그려진 12명의 인물도를 통해 당시 발해인의 모습을 알 수 있다.

05 [고대] 신라의 삼국 통일 과정   정답 ②

정답 길잡이 🌿 (가) 고구려 + 군대 + 김춘추
→ **김춘추의 고구려 동맹 시도(642)**
(나) 기벌포 + 당의 수군 → **기벌포 전투(676)**
(다) 황산벌 + 계백 + 김유신 → **황산벌 전투(660)**

② 순서대로 나열하면 (가) 김춘추의 고구려 동맹 시도(642) - (다) 황산벌 전투(660) - (나) 기벌포 전투(676)이다.

(가) **김춘추의 고구려 동맹 시도**: 신라는 백제 의자왕의 공격으로 대야성이 함락당하자 김춘추를 고구려에 보내 군사 지원을 요청하였으나, 고구려는 이를 거절하였다(642). 고구려와의 동맹에 실패한 신라는 김춘추를 당에 보내 나·당 동맹을 체결하였다.
(다) **황산벌 전투**: 나·당 연합군이 백제를 공격하자 계백이 이끄는 백제의 결사대는 황산벌에서 김유신이 이끄는 신라군에 맞서 싸웠지만, 패배하였다(660).
(나) **기벌포 전투**: 신라군이 기벌포 앞바다에서 설인귀가 이끄는 당의 수군을 격파하고 나·당 전쟁에서 승리하였다(676). 이로써 신라는 대동강 이남 지역에서 당의 세력을 몰아내고 삼국 통일을 달성하였다.

06 [고대] 고구려   정답 ④

정답 길잡이 🌿 수도 국내성 + 광개토 대왕릉비 → **고구려**

④ 고구려는 최고 교육 기관으로 국립 대학인 태학과 지방에 청소년을 대상으로 한 교육 기관인 경당을 두어 인재를 양성하였다.

✓ 오답 체크
① 통일 신라: 원성왕 때 인재 양성을 위해 독서삼품과를 실시하였다.
② 신라: 내물왕부터 지증왕 때까지 지배자를 '말뚝'이라는 뜻을 가진 마립간이라고 불렀다.
③ 백제: 정치를 논의하던 장소인 정사암에서 귀족들이 모여 회의를 통해 국가 중대사를 결정하였다.

07 [고대] 신문왕   정답 ①

정답 길잡이 🌿 관료전을 지급하고 녹읍을 폐지함 → **신문왕**

① 신문왕은 국립 교육 기관인 국학을 설립하여 귀족 자제를 대상으로 유학을 교육하였다.

✓ 오답 체크
② 진흥왕: 활발한 정복 활동을 벌여 고령 지역의 대가야를 정복하였다.

정답 및 해설 **305**

③ **법흥왕**: 이차돈의 순교를 계기로 불교를 공인하였다.
④ **헌덕왕**: 왕위 계승에 불만을 품은 웅천주 도독 김헌창이 일으킨 난을 진압하였다.

08 [시대 통합] 한국사에 큰 업적을 남긴 승려 　　　정답 ①

정답 길잡이 (가) 원효 / (나) 혜초 / (다) 지눌 / (라) 유정

① 원효는 신라의 승려로, 현실에서의 대립과 다툼을 극복하고자 불교의 여러 이론을 10개로 분류해 정리한 『십문화쟁론』을 저술하였다.

✓ 오답 체크
② **의천**: 고려의 승려로, 해동 천태종을 창시하여 교종을 중심으로 선종을 통합하고자 하였다.
③ **원광**: 신라의 승려로, 화랑도의 행동 규범으로 세속 5계를 지었다.
④ **지눌**: 고려의 승려로, 순천 송광사를 중심으로 승려 본연의 자세로 돌아가 독경과 선을 수행하자는 수선사 결사를 제창하였다.

09 [고대] 가야 　　　정답 ③

정답 길잡이 김해 대성동 고분군, 고령 지산동 고분군 → **가야**

③ 가야는 풍부한 철을 바탕으로 성장하여 낙랑과 왜에 철을 수출하였다.

✓ 오답 체크
① **백제**: 무령왕 때 지방에 행정 구역인 22담로를 두고 왕족을 파견하여 지방에 대한 통제를 강화하였다.
② **고조선**: 우거왕 때 중국 한나라의 침략을 받아 멸망하였다.
④ **신라**: 화백 회의라는 귀족 회의에서 국가의 중요한 일을 결정하였다.

10 [고대] 신라 하대의 모습 　　　정답 ②

정답 길잡이 청해진 + 장보고 → **신라 하대**

② 신라 하대에는 진골 귀족들에게 토지에서 세금을 거둘 수 있는 수조권과 노동력 징발권이 포함된 토지인 녹읍이 지급되었다.

✓ 오답 체크
① **조선 전기**: 청자에 분을 칠하여 만든 회청색의 도자기인 분청사기가 만들어졌다.
③ **조선 후기**: 장시에서 책을 읽어주고 일정한 보수를 받는 전기수가 등장하였다.
④ **고려 말~조선 시대**: 고려 시대에는 금속 활자본인 『직지심체요절』 등이 간행되었으며, 조선 시대에는 활자 주조 관청인 주자소에서 계미자와 갑인자 등의 금속 활자가 만들어졌다.

11 [고려 시대] 광종 　　　정답 ④

정답 길잡이 준풍 + 노비안검법 → **광종**

④ 고려 광종은 새로운 인재를 등용하기 위해 중국 후주 출신 쌍기의 건의를 받아들여 과거제를 처음으로 시행하였다.

✓ 오답 체크
① **고려 고종**: 당시 집권자였던 최우는 몽골이 고려에 침입하자 개경에서 강화도로 천도하였다.
② **태조 왕건**: 훈요 10조를 반포하여 후대 왕들이 지켜야 할 10가지 도리를 제시하였다.
③ **고려 성종**: 최승로의 건의에 따라 지방에 12목을 설치하고 지방관을 파견하였다.

12 [고려 시대] 귀주 대첩 　　　정답 ①

정답 길잡이 고려 시대 + 강감찬 + 거란의 대군을 섬멸 → **귀주 대첩**

① 귀주 대첩은 고려 현종 때 강감찬이 귀주에서 거란군을 격퇴한 전투이다.

✓ 오답 체크
② **진포 대첩**: 고려 우왕 때 최무선 등이 진포에서 화포를 이용하여 왜구를 격퇴한 전투이다.
③ **행주 대첩**: 임진왜란 때 권율이 행주산성에서 왜군을 상대로 대승을 거둔 전투이다.
④ **황산 대첩**: 고려 우왕 때 이성계가 황산에서 왜구를 격퇴한 전투이다.

13 [고려 시대] 원 간섭기의 사실 　　　정답 ③

정답 길잡이 원의 공주를 왕비로 맞아들임 + 몽골식 변발과 발립이 유행 → **원 간섭기**

③ 고려 숙종 때 윤관의 건의로 여진 정벌을 위한 특수 부대인 별무반이 편성되었다.

✓ 오답 체크
① 원 간섭기에는 원이 일본 원정을 위해 정동행성을 설치하였으며, 정동행성은 일본 원정이 끝난 후에도 유지되어 고려의 내정을 간섭하였다.
② 원 간섭기에는 원의 세력을 등에 업고 등장한 권문세족이 높은 관직을 독점하였다.
④ 원 간섭기에는 결혼도감을 통해 여성들이 공녀로 보내졌다.

14 [고려 시대] 팔만대장경판 　　　정답 ③

정답 길잡이 합천 해인사 + 부처의 힘으로 몽골의 침략을 물리침 → **팔만대장경판**

③ 팔만대장경판은 고려 무신 집권기에 부처의 힘으로 몽골의 침입을 극복하기 위해 간행된 불교 경전으로, 합천 해인사에 지은 해인사 장경판전에 보존되어 있다.

✓ **오답 체크**
① **초조대장경**: 고려 현종 때 부처의 힘을 빌려 거란의 침입을 물리치고자 제작한 불교 경전으로, 몽골의 2차 침입 때 소실되었다.
② **『직지심체요절』**: 고려 우왕 때 청주 흥덕사에서 간행된 불교 서적으로, 현재 남아 있는 세계에서 가장 오래된 금속 활자본이다.
④ **『무구정광대다라니경』**: 경주 불국사 삼층 석탑(석가탑)에서 발견된 현존하는 최고(最古)의 목판 인쇄본이다.

15 [고려 시대] 고려의 경제 상황   정답 ②

정답 길잡이 해동통보 → **고려**

② 고려는 송을 비롯한 여러 나라와의 국제 무역이 발달하여 수도 개경과 가까운 예성강 하구에 위치한 벽란도가 국제 무역항으로 번성하였다.

✓ **오답 체크**
① **조선**: 조선 후기에 모내기법이 전국적으로 확산되어, 1년에 벼와 보리를 모두 농사짓는 이모작이 가능해졌다.
③ **조선**: 조선 후기에 소득이 높은 담배, 인삼 등이 상품 작물로 재배되었다.
④ **신라**: 지증왕 때 수도 경주에 시장을 감독하기 위한 동시전이 설치되었다.

16 [고려 시대] 공민왕   정답 ④

정답 길잡이 몽골식 풍습을 금지 + 친원 세력을 제거 + 신돈을 등용하여 전민변정도감을 설치 → **공민왕**

④ 공민왕은 유인우, 이자춘으로 하여금 원이 다스리던 쌍성총관부를 무력으로 수복하고 철령 이북의 땅을 되찾았다.

✓ **오답 체크**
① **공양왕(고려)**: 전·현직 관리에게 경기 지역 토지의 수조권을 지급한 과전법을 시행하였다.
② **예종(고려)**: 윤관이 별무반을 이끌고 여진을 정벌한 후, 동북 9성을 축조하였다.
③ **세종(조선)**: 모범이 될 충신·효자·열녀 등의 행적을 글과 그림으로 설명한 윤리서인 『삼강행실도』를 편찬하였다.

17 [고려 시대] 안향   정답 ①

정답 길잡이 고려 후기 + 성리학 도입 → **안향**

① 안향은 고려 후기의 문신으로, 충렬왕 때 원에서 『주자전서』와 공자·주자의 초상화를 손수 베껴 고려에 돌아와 최초로 성리학을 고려에 소개하였다.

✓ **오답 체크**
② **김부식**: 고려의 유학자로, 왕명을 받들어 기전체 형식의 역사서인 『삼국사기』를 편찬하였다.
③ **이규보**: 고려의 문신으로, 고구려 건국 시조인 동명왕(주몽)의 일대기를 서사시로 표현한 『동명왕편』을 저술하였다.
④ **최치원**: 신라의 6두품 출신 유학자로, 당에서 유학하고 돌아와 진성여왕에게 개혁안인 시무 10여 조를 건의하였다.

18 [조선 시대] 세종 재위 기간의 사실   정답 ②

정답 길잡이 김종서가 여진을 물리치고 6진을 설치 → **세종**

② 세종 재위 기간에 한양을 기준으로 한 역법서인 『칠정산』이 편찬되었다.

✓ **오답 체크**
① **정조**: 왕권 강화를 위한 국왕의 친위 부대인 장용영이 설치되었다.
③ **성종**: 조선의 기본 법전인 『경국대전』이 완성되어, 국가의 통치 규범이 마련되었다.
④ **효종**: 청나라의 요청으로 나선(러시아) 정벌을 위한 조총 부대가 파견되었다.

19 [고려 시대] 팔관회   정답 ③

정답 길잡이 고려의 국가 행사 + 부처를 받들고 여러 신들을 즐겁게 함 → **팔관회**

③ 팔관회는 부처를 받들고 여러 신들을 즐겁게 하는 고려의 국가 행사로, 고려를 세운 태조 왕건은 훈요 10조에서 후대 왕들에게 팔관회·연등회를 성대하게 개최할 것을 당부하였다.

✓ **오답 체크**
① **영고**: 부여의 제천 행사로, 매년 12월에 하늘에 제사를 지냈다.
② **단오제**: 음력 5월 5일인 단오날에 지내는 행사로, 대표적으로는 2005년에 유네스코 인류 무형 문화유산에 등재된 강릉 단오제가 있다.
④ **종묘 제례**: 조선의 역대 왕과 왕비 및 추존된 왕과 왕비의 신위를 모신 사당인 종묘에서 지냈던 국가 의례이다. 한편 종묘 제례는 2001년에 유네스코 인류 무형 문화유산에 등재되었다.

20 [조선 시대] 정도전   정답 ④

정답 길잡이 경복궁의 이름을 지음 + 『조선경국전』 저술 → **정도전**

④ 정도전은 조선의 개국 공신으로, 경복궁을 비롯한 주요 전각의 이름을 지었고 법전인 『조선경국전』을 저술하였다.

✓ **오답 체크**
① **송시열**: 조선 후기에 서인의 영수(지도자)로 활약하였으며, 숙종 때 희빈 장씨의 아들을 원자로 정하는 것에 반대하다가 제거되었다(기사환국).

② **채제공**: 조선 후기의 문신으로, 탕평책을 비롯한 정조의 개혁을 뒷받침하였다.
③ **정몽주**: 고려 말에 활동한 신진 사대부로, 고려 왕조를 유지할 것을 주장하다가 이방원 세력에 의해 제거되었다.

21 [조선 시대] 임진왜란   정답 ①

정답 길잡이 부산진 첨사 정발 + 일본군 → **임진왜란**

① 임진왜란 때 조·명 연합군이 결성되어 일본군으로부터 평양성을 탈환하였다.

◯ 오답 체크

② **신미양요**: 어재연이 이끄는 조선 수비대가 광성보에서 미군에 항전하였다.
③ 조선 세종 때 이종무가 왜구의 소굴이었던 쓰시마 섬(대마도)을 정벌하였다.
④ **병자호란**: 조선 인조 때 청의 침략으로 병자호란이 일어나자, 인조는 남한산성으로 피란하였다.

22 [조선 시대] 정조   정답 ④

정답 길잡이 아버지 사도 세자 → **정조**

④ 정조는 인재를 양성하기 위해 젊고 유능한 관리를 재교육하는 초계문신제를 시행하였다.

◯ 오답 체크

① **흥선 대원군**: 고종 때 경복궁 중건에 필요한 공사 비용을 마련하기 위해 당백전을 발행하였다.
② **영조**: 『경국대전』 이후의 법령을 모아 정리한 법전인 『속대전』을 편찬하였다.
③ **세종**: 한자를 알지 못하는 백성들을 위해 훈민정음(한글)을 반포하였다.

23 [조선 시대] 정약용   정답 ①

정답 길잡이 『기기도설』을 참고하여 제작한 거중기 → **정약용**

① 정약용은 토지를 공동으로 소유·경작하고 노동량에 따라 수확물을 분배하자는 내용의 토지 개혁론인 여전론을 주장하였다.

◯ 오답 체크

② **김정희**: 조선 후기의 서화가로, 중국의 다양한 글씨체를 종합적으로 연구하여 독창적인 추사체를 창안하였다.
③ **박제가**: 조선 후기의 중상학파 실학자로, 『북학의』를 저술하여 청의 문물을 수용할 것을 주장하고 수레와 선박의 이용을 권장하였다.
④ **안견**: 조선 전기의 화가로, 안평 대군의 꿈 이야기를 듣고 몽유도원도를 그렸다.

24 [조선 시대] 조선 후기의 모습   정답 ④

정답 길잡이 통신사 + 고구마 → **조선 후기**

④ 신라 선덕 여왕 때 승려 자장의 건의로 황룡사 구층 목탑이 건립되었다.

◯ 오답 체크

① 조선 후기 숙종 때 상평통보가 공식 화폐로 발행되어 널리 유통되었다.
② 조선 후기에는 감정 표현이 직접적이고 솔직한 판소리 공연이 성행하였다.
③ 조선 후기에는 중인층이 문예 모임인 시사(詩社)를 조직하여 활발히 활동하였다.

25 [조선 시대] 임술 농민 봉기   정답 ②

정답 길잡이 1862년에 진주에서 일어남 + 유계춘 → **임술 농민 봉기**

② 조선 후기 철종 때 일어난 임술 농민 봉기는 삼정의 문란을 바로잡기 위한 관청인 삼정이정청이 설치되는 계기가 되었다.

◯ 오답 체크

① **묘청의 난**: 고려 인종 때 묘청이 일으킨 난으로, 김부식이 이끄는 관군에 의해 진압되었다.
③ **홍경래의 난**: 몰락 양반인 홍경래를 중심으로 서북인(평안도 지역 사람)에 대한 차별 대우에 반발하여 일어났다.
④ **임오군란**: 고종이 군란 수습을 흥선 대원군에게 맡겼고, 이에 흥선 대원군이 재집권하는 결과를 가져오게 되었다.

26 [조선 시대] 앙부일구   정답 ③

정답 길잡이 조선 전기에 제작된 해시계 → **앙부일구**

③ 앙부일구는 조선 전기에 제작된 해시계로, 영침의 그림자로 시각을 표시하였다.

◯ 오답 체크

① **한성순보**: 박문국에서 제작한 우리나라 최초의 근대적 신문으로, 10일에 한 번씩 간행되었다.
② **대동여지도**: 조선 후기 김정호가 만든 지도로, 10리마다 눈금을 표시하였다.
④ **자격루**: 소리로 시간을 알려주는 장치를 갖추고 있는 물시계로, 조선 세종 때 최초로 만들어졌다.

27 [조선 시대] 대동법   정답 ②

정답 길잡이 결 수를 기준으로 쌀이나 옷감, 동전 등으로 납부함 → **대동법**

② 대동법은 조선 후기 광해군 때 방납의 폐단을 해결하기 위해 시행된 제도로, 특산물 대신 쌀, 베 등으로 납부하게 하였다.

✓ 오답 체크

① **균역법**: 조선 후기 영조 때 시행된 군역 수취 제도로, 백성들의 군역 부담을 줄이고자 군포를 2필에서 1필로 줄였다.
③ **영정법**: 조선 후기 인조 때 시행된 전세 수취 제도로, 풍흉에 관계없이 토지 1결당 미곡 4~6두로 고정하였다.
④ **직전법**: 조선 전기 세조 때 시행된 토지 제도로, 과전법 체제에서 관리에게 지급할 토지가 부족해지자, 현직 관리에게만 토지의 수조권을 지급하였다.

28 [근대] 조·미 수호 통상 조약   정답 ①

정답 길잡이 🌿 미국 + 청의 주선으로 체결하였음 + 보빙사 → **조·미 수호 통상 조약**

① 조·미 수호 통상 조약은 서양 국가와 처음 맺은 조약으로, 최혜국 대우와 거중조정 조항 등이 규정되어 있다.

✓ 오답 체크

② **을사늑약**: 을사늑약의 체결로 통감부가 설치되고 이토 히로부미가 초대 통감으로 부임하는 결과를 가져왔다.
③ **강화도 조약**: 조선이 외국과 최초로 맺은 근대적 조약으로, 부산, 원산, 인천 등 세 곳의 항구를 개항하는 배경이 되었다.
④ **제물포 조약**: 임오군란의 결과로 체결된 조약으로, 조선이 일본에 배상금을 지불하고, 일본 공사관에 경비가 주둔하는 계기가 되었다.

29 [근대] 김홍집   정답 ②

정답 길잡이 🌿 제2차 수신사 + 『조선책략』 → **김홍집**

② 김홍집은 1880년에 제2차 수신사로 일본에 파견되어 황준헌이 쓴 『조선책략』을 국내에 들여왔으며, 이후 갑오개혁 당시 총리대신으로 임명되어 개혁의 전반을 주도하였다.

✓ 오답 체크

① **김옥균**: 급진 개화파중 한 명으로, 우정총국 개국 축하연을 이용하여 갑신정변을 주도하였다.
③ **서재필**: 자주 독립 국가 건설을 목표로 독립 협회를 창립하고, 정부의 지원을 받아 독립신문을 창간한 인물이다.
④ **유인석**: 을미사변과 단발령에 반발하여 일어난 을미의병 때의 의병장이다.

30 [근대] 갑신정변 이후의 사실   정답 ②

정답 길잡이 🌿 김옥균, 박영효, 서재필 + 우정국 개국 축하연 → **갑신정변**

② 갑신정변 이후인 1884년 11월에 조선과 일본은 한성 조약을 체결하여 일본에 배상금을 지불하고, 일본 공사관 신축 비용을 부담하였다.

✓ 오답 체크

모두 갑신정변(1884. 10) 이전에 있었던 사실이다.
① 1882년에 구식 군인들이 신식 군인인 별기군과의 차별 대우와 개화 정책에 반발하여 임오군란이 일어났다.
③ 1880년에 조선 정부가 개화 정책을 추진하기 위해 개화 정책을 총괄하는 기구인 통리기무아문을 설치하였다.
④ 1881년에 김윤식 등이 청의 근대 무기 제조 기술을 배우기 위해 영선사로 파견되었다.

31 [근대] 독립 협회   정답 ③

정답 길잡이 🌿 만민 공동회 + 헌의 6조 → **독립 협회**

③ 독립 협회는 서재필 등이 주도하여 창립한 단체로, 만민 공동회를 개최하고 관민 공동회를 통해 헌의 6조를 결의하였다.

✓ 오답 체크

① **보안회**: 근대의 애국 계몽 운동 단체로, 일제가 황무지 개간권을 요구하자 이에 대한 반대 운동을 전개하여 일제의 요구를 저지시켰다.
② **신민회**: 근대에 안창호, 양기탁 등이 조직한 비밀 결사로, 민족 교육을 위해 오산 학교와 대성 학교 등을 설립하였다.
④ **대한 자강회**: 근대의 애국 계몽 운동 단체로, 고종의 강제 퇴위 반대 운동을 전개하였다.

32 [근대] 대한 제국 시기의 정책   정답 ①

정답 길잡이 🌿 고종이 황제에 올랐음 → 대한 제국 선포 → **대한 제국**

① 대한 제국 시기에는 광무개혁이 실시되어 근대적 토지 소유 제도를 확립하기 위해 지계아문을 설치하고, 토지 소유자에게 근대적 토지 소유 증명서인 지계가 발급되었다.

✓ 오답 체크

② **흥선 대원군 집권기**: 신미양요 이후, 종로와 전국 각지에 서양과의 통상 수교 반대 의지를 밝히는 내용의 척화비가 건립되었다.
③ **제2차 갑오개혁 시기**: 고종이 홍범 14조를 반포하여 개혁의 기본 방향을 제시하였다.
④ **문화 통치 시기**: 일제 강점기인 문화 통치 시기에 사회 운동 및 독립운동을 탄압하는 치안 유지법을 제정하였다.

33 [근대] 동학 농민 운동   정답 ④

정답 길잡이 🌿 백산 + 4대 강령 + 황토현 → **동학 농민 운동**

④ 동학 농민 운동 당시 전봉준의 주도로 백산에 집결한 동학 농민군은 4대 강령을 발표하였으며, 황토현·황룡촌 전투에서 관군을 상대로 승리하여 전주성까지 점령하였다. 이에 조선 정부는 동학 농민군과 전주 화약을 체결하였다.

✓ 오답 체크

① **병자호란**: 조선 후기 인조 때 일어난 병자호란의 결과로 조선은 청과 군신 관계를 체결하였으며, 청의 요구에 따라 삼전도비를 건립하였다.
② 산미 증식 계획은 일제 강점기 때 일제가 본국의 식량 부족을 해결하기 위해 추진한 정책으로, 당시 조선에서 생산된 양보다 더 많은 양의 쌀을 수탈하였다.

③ 조선 후기 효종 때 청의 요청으로 파견된 나선(러시아) 정벌군은 함경북도 회령을 거쳐 영고탑에서 청군과 합류하여 쑹화강 부근에서 러시아군과 전투를 벌였다.

34 [근대] 전차 운행 이후의 사실   정답 ③

정답 길잡이 동대문에서 서대문까지 운행을 시작한 전차
→ **전차 운행 이후의 사실**

③ 전차 운행(1899) 이후인 1905년에 일본에 의해 서울과 부산을 잇는 경부선 철도가 개통되었다.

✓ 오답 체크

① 한성순보는 우리나라 최초의 근대 신문으로, 박문국에서 1883년부터 1884년까지 발간되었다.
② 만민 공동회는 독립 협회에 의해 개최된 근대적인 민중 집회로, 1898년에 개최되었다.
④ 동문학은 관립 외국어 교육 기관으로, 외국어 통역관을 양성하기 위해 1883년에 설립되어 1886년까지 운영되었다.

35 [일제 강점기] 무단 통치 시기   정답 ②

정답 길잡이 조선 태형령 → **무단 통치 시기**

② 무단 통치 시기에 일제는 헌병 경찰제를 실시하여 군인의 경찰인 헌병이 일반 경찰의 업무까지 담당하게 하였으며, 헌병은 제복을 입고 칼을 차 공포 분위기를 조성하였다.

✓ 오답 체크

① **문화 통치 시기**: 일제는 고등 교육 기관인 경성 제국 대학을 설립하였다.
③ **근대 개항기**: 제2차 수신사로 일본에 파견되었던 김홍집이 『조선책략』을 국내에 들여오자, 이에 반발하여 이만손을 중심으로 영남 지역의 유생들이 만인소를 올렸다.
④ **민족 말살 통치 시기**: 일제는 국민 징용령을 제정하여 공사, 광산 등에 한국인 청년들을 강제로 동원하였다.

36 [일제 강점기] 근우회   정답 ①

정답 길잡이 1927년에 결성된 여성 운동 단체 + 신간회의 자매 단체
→ **근우회**

① 근우회는 1927년에 결성된 여성 운동 단체이자 신간회의 자매 단체로, 여성 계몽과 차별 철폐 등을 주장하였다.

✓ 오답 체크

② **조선어 학회**: 일제 강점기의 국어 연구 단체로, 한글 맞춤법 통일안과 표준어를 제정하고, 『조선말 큰사전』 편찬을 주도하였다.
③ **송죽회**: 1913년에 평양에서 조직된 항일 비밀 여성 단체로, 교육 활동을 통해 민족 의식을 고취하였다.
④ **색동회**: 1923년에 방정환이 중심이 되어 조직한 소년 운동 단체이다.

37 [일제 강점기] 대한민국 임시 정부의 활동   정답 ①

정답 길잡이 **대한민국 임시 정부의 활동**

① 신민회는 무장 독립 투쟁을 위해 서간도에 신흥 무관 학교(신흥 강습소)를 설립하여 독립군을 양성하였다.

✓ 오답 체크

② 대한민국 임시 정부는 국내 비밀 행정 조직으로 연통제를 운영하였다.
③ 대한민국 임시 정부는 미국에 구미 위원부를 두고 외교 활동을 추진하였다.
④ 대한민국 임시 정부는 해외의 동포들에게 독립 공채를 발행하여 독립 운동 자금을 마련하였다.

38 [일제 강점기] 순종 서거 이후의 사실   정답 ①

정답 길잡이 마지막 황제께서 승하함 → **순종 서거**

① 대한 제국의 마지막 황제였던 순종이 서거하자(1926), 순종의 인산일(장례일)에 맞춰 6·10 만세 운동이 일어났다.

✓ 오답 체크

② 1907년에 고종이 을사늑약 체결의 부당함을 알리고자 네덜란드 헤이그에서 개최된 만국 평화 회의에 특사를 파견하였다.
③ 1912년부터 1918년까지 일제가 식민지 통치를 위한 재정을 확보하고 조선의 토지를 약탈하기 위해 토지 조사 사업을 실시하였다.
④ 1866년에 제너럴셔먼호가 평양에서 통상을 요구하며 횡포를 부렸다가 관민에 의해 불타 침몰한 제너럴셔먼호 사건이 발생하였다.

39 [일제 강점기] 민족 말살 통치 시기   정답 ④

정답 길잡이 황국 신민 서사 암송을 강요하고 조선어 과목을 폐지함
→ **민족 말살 통치 시기**

④ 민족 말살 통치 시기에 일제는 한국인의 민족 정체성을 말살하여 침략 전쟁에 원활히 동원하고자 하였다. 이에 중·일 전쟁(1937) 이후부터는 일왕에게 충성을 맹세하는 내용의 황국 신민 서사 암송을 강요하였으며, 제4차 조선 교육령을 통해 조선어와 조선사 과목을 폐지하였다.

40 [일제 강점기] 조선 혁명군   정답 ③

정답 길잡이 총사령 양세봉 + 흥경성 전투 + 영릉가 전투
→ **조선 혁명군**

③ 조선 혁명군은 1930년대 초 남만주 일대에서 총사령관 양세봉을 중심으로 활동한 조선 혁명당 산하의 군사 조직으로, 중국 의용군과 연합하여 영릉가 전투(1932), 흥경성 전투(1933) 등에서 일본군을 물리쳤다.

✓ 오답 체크

① **의열단**: 1919년에 김원봉이 조직한 의열 단체로, 식민 통치 기관 파괴와 일제의 주요 요인 처단을 목표로 하였다.

② **북로 군정서**: 만주 지역에서 김좌진이 이끈 독립군 부대로, 청산리 전투에서 일본군에게 크게 승리하였다.
④ **한국광복군**: 1940년에 창설된 대한민국 임시 정부의 산하 부대로, 미국과 연계하여 국내 진공 작전을 추진하였다.

41 [시대 통합] 김규식   정답 ③

정답 길잡이 🌸 파리 강화 회의 + 남북 협상 → **김규식**

③ 김규식은 중도파 여운형과 함께 좌·우 합작 위원회를 결성하여 좌·우 합작 운동을 전개하였다.

✅ 오답 체크
① **안창호**: 민족 교육을 실시하기 위해 평양에 대성 학교를 설립하였다.
② **신채호**: 의열단의 행동 강령인 「조선혁명선언」을 작성하였다.
④ **박은식**: 독립 투쟁 과정을 정리한 역사서인 『한국독립운동지혈사』를 저술하였다.

42 [현대] 미·소 공동 위원회   정답 ②

정답 길잡이 🌸 모스크바 3국 외상 회의에서 결정된 한반도의 임시 민주 정부 수립 문제를 협의함 → **미·소 공동 위원회**

② 미·소 공동 위원회는 1945년 12월에 실시된 모스크바 삼국 외상 회의의 결정된 한반도의 임시 민주 정부 수립 문제를 협의하기 위해 1946년에 덕수궁 석조전에서 개최되었다.

✅ 오답 체크
① **남북 조절 위원회**: 박정희 정부 때 7·4 남북 공동 성명의 합의 사항을 추진하고 통일 문제를 해결할 목적으로 설치된 남북 간의 정치 협의 기구이다.
③ **조선 건국 준비 위원회**: 광복 이후 여운형, 안재홍 등이 중심이 되어 조선 건국 동맹을 바탕으로 조직한 건국 준비 단체로, 치안대를 조직하여 국내 질서를 유지하고자 하였다.
④ **반민족 행위 특별 조사 위원회**: 일제의 잔재를 청산하기 위해 친일파의 반민족 행위를 조사하고, 이들을 구속하기 위한 기구이다.

43 [현대] 6·25 전쟁   정답 ④

정답 길잡이 🌸 북한군의 남침으로 발발 + 인천 상륙 작전 + 정전 협정 → **6·25 전쟁**

④ 1908년에 의병 연합 부대인 13도 창의군이 서울 진공 작전을 전개하였다.

✅ 오답 체크
① 6·25 전쟁이 발발하자 유엔 안전 보장 이사회에 의해 대한민국에 유엔군이 참전하였다.
② 6·25 전쟁 중에 흥남 철수 작전이 전개되어 미군과 국군이 흥남항에서 선박을 이용하여 민간인과 군대를 철수시켰다.
③ 6·25 전쟁 중에 유엔군과 한국군이 사로잡은 북한군과 중국군 포로들을 수용하기 위해 거제도에 포로 수용소가 설치되었다.

44 [조선 시대] 『조선왕조실록』   정답 ④

정답 길잡이 🌸 태조에서 철종에 이르는 470여 년간의 역사를 역대 왕별로 기록하였음 → **『조선왕조실록』**

④ 『조선왕조실록』은 태조에서 철종 때까지 이르는 470여 년의 역사를 시간순으로 정리한 편년체 형식의 역사서로, 1997년에 높은 역사적 가치가 인정되어 유네스코 세계 기록유산에 등재되었다.

✅ 오답 체크
① 『**경국대전**』: 세조 때 편찬하기 시작한 조선의 기본 법전으로, 성종 때 완성되어 반포되었다.
② 『**동의보감**』: 광해군 때 허준이 편찬한 의학서로, 전통 한의학을 정리하였다.
③ 『**목민심서**』: 조선 후기 실학자 정약용이 저술한 책으로, 지방관이 지켜야 할 덕목을 제시하였다.

45 [현대] 박정희 정부   정답 ②

정답 길잡이 🌸 새마을 운동 + 100억 달러 수출 달성 → **박정희 정부**

② 박정희 정부 시기에 경부 고속도로를 준공하였다.

✅ 오답 체크
① **이승만 정부**: 유상 매수와 유상 분배를 원칙으로 하는 농지 개혁법이 제정되었다.
③ **김영삼 정부**: 금융 거래에서 당사자의 실명 사용을 의무화한 금융 실명제를 전면 실시하였다.
④ **김영삼 정부**: 시장 개방 정책을 추진하여 경제 협력 개발 기구(OECD)에 가입하였다.

46 [시대 통합] 독도   정답 ④

정답 길잡이 🌸 강치 + 대한 제국 칙령 제41호 → **독도**

④ 독도는 우리나라 동쪽 끝에 있는 섬으로, 조선 후기 숙종 때 안용복이 일본으로 건너가 우리 영토임을 주장한 섬이다.

✅ 오답 체크
① **절영도**: 근대에 러시아가 저탄소(석탄 창고) 기지 건설을 위해 대한 제국에 조차(땅을 빌림)를 요구한 섬이다.
② **거문도**: 근대에 영국이 러시아의 남하를 저지하기 위해 2년간 불법적으로 점령한 섬이다.
③ **제주도**: 네덜란드인 하멜 일행이 표류하다가 도착한 섬이다.

47 [현대] 김대중   정답 ①

정답 길잡이 🌸 6·15 남북 공동 선언 + 노벨 평화상 수상 → **김대중**

① 김대중은 제15대 대통령을 역임한 정치인으로, 최초로 남북 정상 회담을 개최하고 6·15 남북 공동 선언을 발표하였으며, 노벨 평화상을 수

상하였다.

오답 체크
② **김영삼**: 제14대 대통령을 역임한 정치인으로, 군인이 아닌 일반 국민이 수립한 문민정부를 출범시켰으며 역사 바로 세우기 운동, 금융 실명제 시행 등의 정책을 실시하였다.
③ **윤보선**: 4·19 혁명 이후 제4대 대통령을 역임한 정치인으로, 5·16 군사 정변 이후 하야 성명을 발표하여 대통령직에서 물러났다.
④ **최규하**: 10·26 사태 이후 제10대 대통령으로 선출되었던 정치인으로, 전두환 등 신군부 세력이 일으킨 12·12 사태 때 실권을 잃고 대통령직에서 사임하였다.

48 [현대] 6월 민주 항쟁 정답 ①

정답 길잡이 1987년 + 호헌 철폐, 독재 타도 → **6월 민주 항쟁**

① 6월 민주 항쟁의 결과, 당시 여당의 대통령 후보였던 노태우가 대통령 직선제 개헌을 약속한 6·29 민주화 선언을 발표하여 대통령 직선제로의 개헌(제9차 개헌)이 이루어졌다.

오답 체크
② **4·19 혁명**: 이승만 정부가 장기 집권을 위해 자행한 3·15 부정 선거에 항의하여 일어났다.
③ **6·3 시위**: 박정희 정부의 굴욕적인 한·일 국교 정상화에 반대하여 일어났다.
④ **5·18 민주화 운동**: 12·12 쿠데타를 통해 정권을 장악한 전두환 중심의 신군부가 비상 계엄을 전국적으로 확대하자 이에 반발하여 일어났다.

49 [시대 통합] 정월 대보름 정답 ④

정답 길잡이 부럼 깨기 + 오곡밥 먹기 + 음력 1월 15일 → **정월 대보름**

④ 정월 대보름은 음력 1월 15일로, 부럼 깨기·쥐불놀이·달집 태우기 등을 하였으며, 귀밝이술·오곡밥, 부럼 등을 먹는 풍습이 있었다.

오답 체크
① **단오**: 음력 5월 5일로, 이 날에는 창포를 삶은 물로 머리를 감고 씨름, 널뛰기, 그네뛰기 등을 즐겼다.
② **동지**: 양력 12월 22·23일경으로 1년 중 가장 밤이 길고 낮이 짧은 날이며, 귀신을 쫓기 위해 새알심이 들어간 팥죽을 먹었다.
③ **한식**: 양력 4월 5·6일경으로, 불을 피우지 않고 찬 음식을 먹는 풍습이 있었다.

50 [현대] 노태우 정부의 통일 노력 정답 ②

정답 길잡이 **노태우 정부**

② 노태우 정부는 남북 고위급 회담에서 상호 불가침, 교류·협력 확대 등의 내용을 담은 남북 기본 합의서를 채택하였다.

오답 체크
① **노무현 정부**: 김대중 정부 때 북한과 합의하였던 개성 공단을 조성하였다.
③ **박정희 정부**: 자주·평화·민족 대단결의 원칙에 입각한 7·4 남북 공동 성명을 발표하였다.
④ **김대중 정부**: 최초로 남북 정상 회담을 실시하고, 6·15 남북 공동 선언에 합의하였다.

개정 3판 1쇄 발행 2025년 2월 7일

지은이	해커스 한국사연구소
펴낸곳	㈜챔프스터디
펴낸이	챔프스터디 출판팀

주소	서울특별시 서초구 강남대로61길 23 ㈜챔프스터디
고객센터	02-537-5000
교재 관련 문의	publishing@hackers.com
	해커스한국사 사이트(history.Hackers.com) 교재 Q&A 게시판
동영상강의	history.Hackers.com

ISBN	978-89-6965-602-5 (13910)
Serial Number	03-01-01

저작권자 ⓒ 2025, 챔프스터디

이 책의 모든 내용, 이미지, 디자인, 편집 형태에 대한 저작권은 저자에게 있습니다.
서면에 의한 저자와 출판사의 허락 없이 내용의 일부 혹은 전부를 인용, 발췌하거나 복제, 배포할 수 없습니다.

한국사능력검정시험 1위,
해커스한국사
history.Hackers.com

해커스한국사

· 한국사능력검정시험 전문 스타강사의 **본 교재 인강**(교재 내 할인쿠폰 수록)
· 시대별 핵심 키워드 내용을 점검하는 **데일리 셀프 쪽지 시험**(PDF)
· 이동 중에도 편리하게 학습하는 **폰 안에 쏙! 혼동포인트 30**(PDF)
· 연표와 스토리로 정리하는 **무료 시대흐름잡기 특강**

주간동아 선정 2022 올해의 교육 브랜드 파워 온·오프라인 한국사능력검정시험 부문 1위

이렇게 고퀄인데 모두 무료!?
해커스한국사 무료 학습자료 모음

해커스한국사의 무료 이벤트
최신인강 0원, 모의고사 무료배포 등 다양한 이벤트 진행!

무료 이벤트

해커스한국사의 흥미 유발 테스트
초시생을 위한 흥미 유발성 테스트로 쉽고 재미있게 한국사 세계로 입문!

무료 테스트

해커스한국사의 무료 퀴즈
빈출 문항만 집약해놓은 데일리/챕터별 퀴즈로 한국사 합격에 한걸음 더!

무료 학습자료

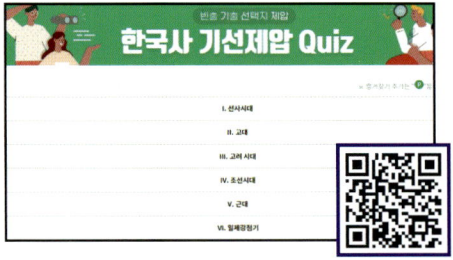

한능검의 모든 것 [해커스한국사 ▼] [검색] 에서 확인 가능합니다.

history.Hackers.com

해커스
한국사
능력검정시험
기본 (4·5·6급)
2주 합격

해커스한국사

시험 직전, 점수 끌어올려주는 알짜 개념만 모았다!

빈출주제 TOP5로 끝내는
합격직행
노트

시험 직전, 점수 끌어올려주는 알짜 개념만 모았다!

빈출주제 TOP5로 끝내는
**합격직행
노트**

해커스

이 책의 차례

빈출주제 1위 — 사건

01	삼국의 항쟁과 고구려의 대외 항쟁	6
02	신라의 삼국 통일 과정	8
03	후삼국 시대와 고려의 통일 과정	10
04	고려 사회의 동요	11
05	고려의 대외 관계	12
06	고려의 멸망과 조선의 건국 과정	14
07	사화	15
08	왜란과 호란	16
09	붕당 정치	18
10	흥선 대원군 집권기 외세의 침입	19
11	개항 이후의 주요 사건	20
12	일제의 국권 피탈 과정	22
13	일제 강점기의 민족 운동	24
14	대한민국 정부 수립 과정	26
15	민주주의 시련과 발전	28
16	남북 관계의 변화	30

빈출주제 2위 — 문화유산

01	선사 시대의 문화유산	32
02	고대의 문화유산	34
03	고려 시대의 문화유산	38
04	조선 시대의 문화유산	40
05	불상	44
06	탑	46
07	건축물	50
08	서울의 문화유산	51
09	유네스코에 등재된 우리 문화재	52
10	근대의 문물	54

빈출주제 TOP5로 끝내는
합격직행노트

빈출주제 3위
왕

- 01 고구려의 왕 … 56
- 02 백제의 왕 … 57
- 03 신라(통일 이전)의 왕 … 58
- 04 신라(통일 이후)와 발해의 왕 … 59
- 05 고려의 왕 … 60
- 06 조선의 왕 … 62
- 07 조선의 왕(근대) … 64

빈출주제 4위
인물

- 01 승려 … 66
- 02 학자 … 68
- 03 관리 및 정치인 … 72
- 04 독립운동가 … 76
- 05 여성 … 80
- 06 외국인 … 82

빈출주제 5위
단체

- 01 근대의 단체 … 84
- 02 일제 강점기의 국내 단체 … 85
- 03 일제 강점기의 국외 단체 … 86

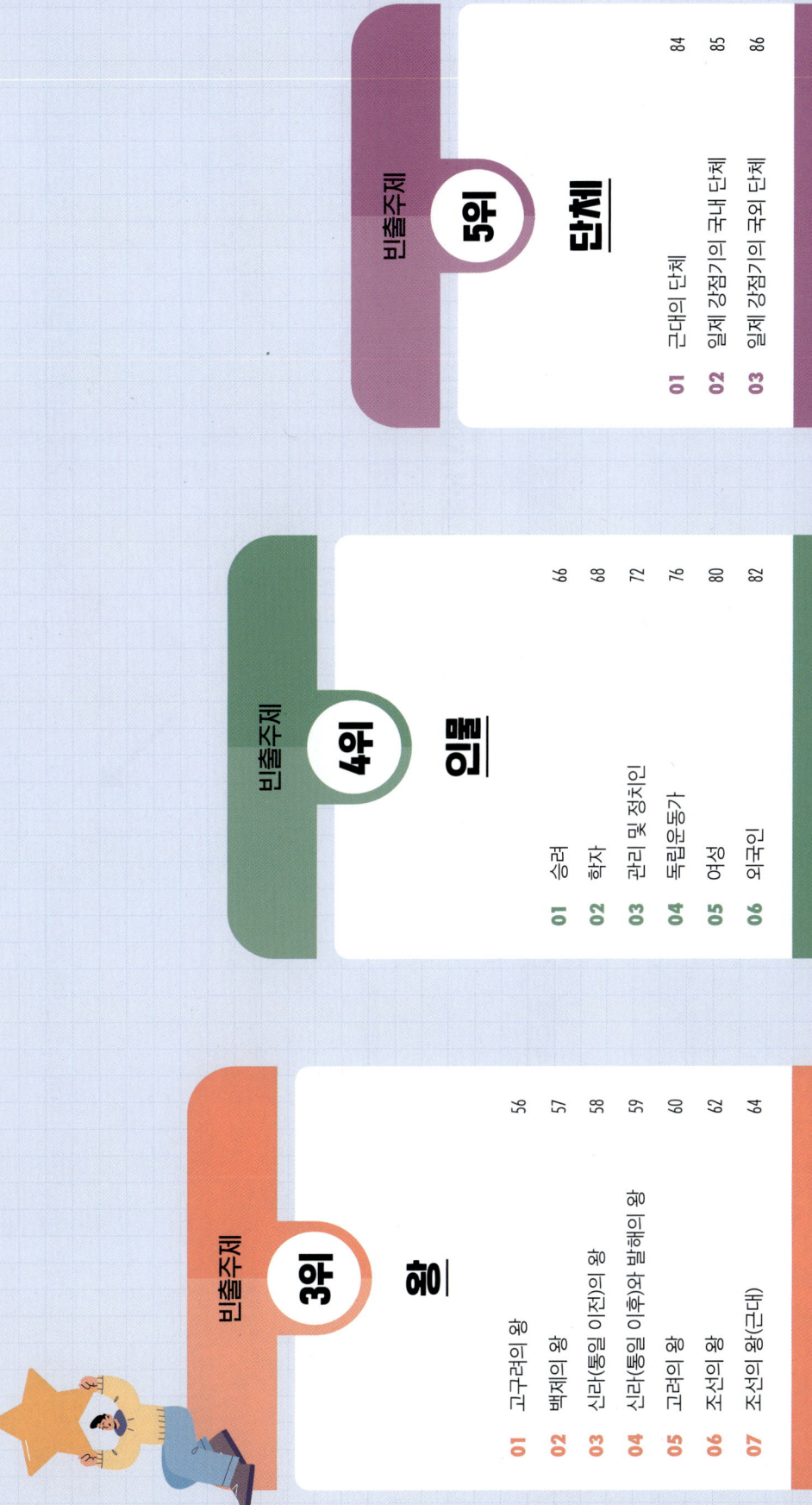

합격자행노트 200% 활용법

1 실제 시험에 자주 나오는 빈출 주제 순으로 학습하세요!

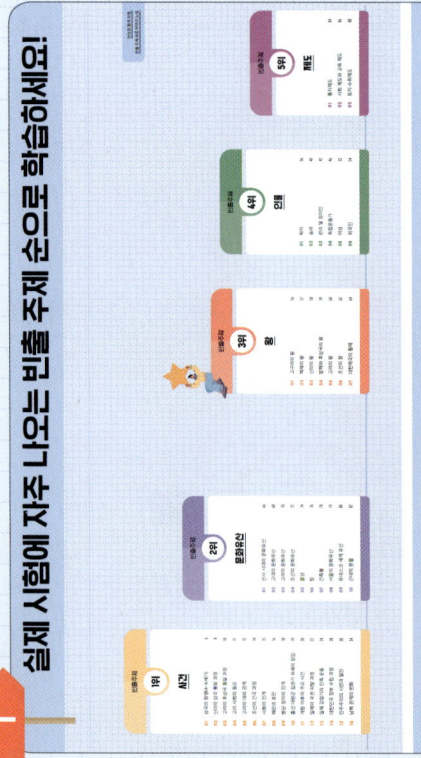

2 시대 흐름을 따라가며 핵심 개념을 학습하세요!

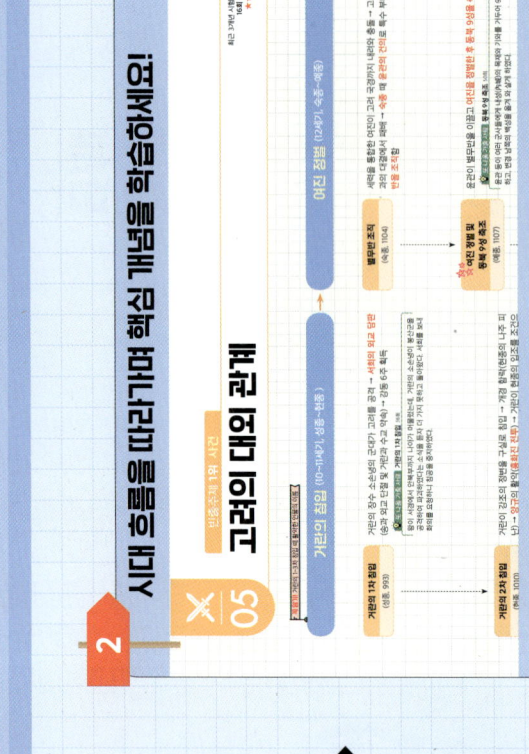

3 또 나올 기출 자료·선택지로 기출까지 한 방에 잡으세요!

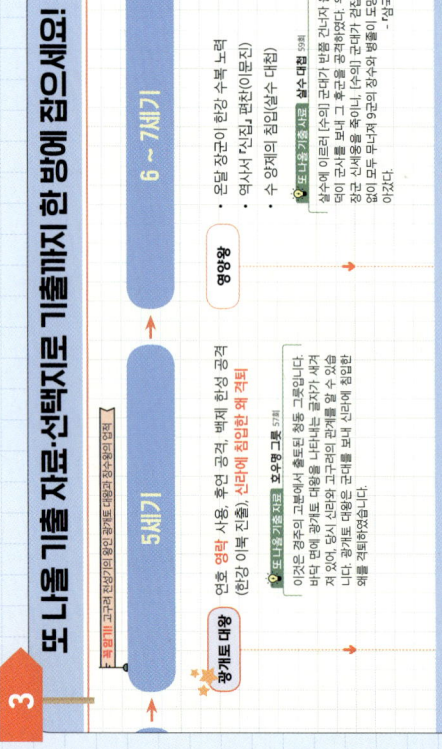

4 꼭 암기해야 할 포인트를 짚어보며 마무리하세요!

빈출주제 1위

사건

01 삼국의 항쟁과 고구려의 대외 항쟁
02 신라의 삼국 통일 과정
03 후삼국 시대와 고려의 통일 과정
04 고려 사회의 동요
05 고려의 대외 관계
06 고려의 멸망과 조선의 건국 과정
07 사화
08 왜란과 호란
09 붕당 정치
10 흥선 대원군 집권기 외세의 침입
11 개항 이후의 주요 사건
12 일제의 국권 피탈 과정
13 일제 강점기의 민족 운동
14 대한민국 정부 수립 과정
15 민주주의의 시련과 발전
16 남북 관계의 변화

학습 꿀팁

시험 전날까지는 사건 이름과 함께 추가 설명을 연결 지어서 사건의 순서를 꼼꼼하게 외우세요.
시험장에서 빠르게 마무리할 때는 사건 이름만 빠르게 외우세요.

01 삼국의 항쟁과 고구려의 대외 항쟁

빈출주제 1위 사건

최근 3개년 시험에서 7회 출제 ★★☆

백제 전성기 (4세기)

백제 근초고왕의 평양성 공격 (371)
- 백제 근초고왕이 고구려를 공격함

> 또 나올 기출 사료 **근초고왕의 평양성 공격** 45회
> 왕이 태자와 함께 정예군 3만 명을 거느리고 고구려를 침범하여 평양성을 공격하였다. 고구려왕 사유(斯由)가 힘써 싸워 막다가 날아오는 화살에 맞아 죽었다. 왕이 병사를 이끌고 물러났다. - 『삼국사기』

고구려 고국원왕 전사 (371)
- 고구려 고국원왕이 백제 근초고왕의 공격을 방어하다 평양성에서 전사함

> 또 나올 기출 선택지 **고구려 고국원왕 전사**
> ① 고국원왕이 평양성 공격으로 전사하였다. 50회

고구려 소수림왕 즉위 (371)
- 아버지인 고국원왕이 전사한 국가적 위기 상황에서 소수림왕이 즉위함

↓

고구려 전성기 (4세기 말~5세기)

> **근초고왕~장수왕의 남진 정책과 관련된 사건 순서**

고구려 광개토 대왕의 백제 공격 (396)
- 고구려 광개토 대왕이 백제를 공격하여 백제 아신왕의 항복을 받아내고 한강 이북 지역을 점령함

> 또 나올 기출 사료 **광개토 대왕의 백제 공격** 40회
> 영락 6년 병신에 왕이 친히 군사를 이끌고 백제를 토벌하였다. 백제가 의(義)에 복종치 않고 감히 나와 싸우니 왕이 크게 노하여 아리수를 건너 정병을 보내 그 도성에 육박하였다. 이에 백제왕(아신왕)이 이제부터 영구히 고구려왕의 노객이 되겠다고 맹세하였다.

광개토 대왕의 신라 구원 (400)
- 신라 내물 마립간의 요청으로 5만의 군사를 보내 신라에 침입한 왜를 격퇴하고 금관가야를 공격함 → 한반도 남부까지 영향력을 확대함

고구려 장수왕의 평양 천도 (427) ☆☆
- 도읍을 국내성에서 평양으로 옮겨 남진 정책을 본격화함
- 장수왕이 평양 천도에 위협을 느낀 백제 비유왕과 신라 눌지 마립간이 나·제 동맹을 체결함

나·제 동맹 체결 (433)

고구려 장수왕의 한성 함락 (475) ☆☆
- 백제의 수도인 한성을 공격하여 백제의 개로왕을 전사시킴

> 또 나올 기출 사료 **장수왕의 안성 함락** 55회
> 장수왕 63년, 왕이 군사 3만 명을 거느리고 백제에 침입하여 도읍인 한성을 함락시키고 백제 왕을 죽였다.

빈출주제 TOP5로 끝내는 합격직행노트

한국사

01 삼국의 항쟁과 고구려의 대외 항쟁

신라 전성기 (6세기)

신라 법흥왕의 금관가야 정복 (532)
- 신라 법흥왕이 김해 지역의 금관가야를 공격하여 멸망시킴

📖 도 나올 기출 사료 **금관가야의 멸망** 44회
> 김무력이 아내와 세 아들, 즉 큰 아들 노종, 둘째 아들 무덕, 셋째 아들 무력과 함께 나라의 창고에 있던 보물을 가지고 와서 항복하였다. (법흥)왕이 예로써 그들을 우대하여 높은 관등을 주고 본국을 식읍으로 삼도록 하였다.

신라 진흥왕과 백제 성왕의 연합 (551~553)
- 신라 진흥왕과 백제 성왕이 연합하여 고구려의 영토였던 한강 유역을 나눠 차지함 → 신라 진흥왕이 배신하여 백제가 차지했던 한강 하류 지역까지 차지함

관산성 전투 (554)
- 백제 성왕이 신라의 관산성을 공격(관산성 전투)하였으나, 이 전투에서 성왕이 전사함

📖 도 나올 기출 사료 **관산성 전투** 36회
> 왕(성왕) 32년 가을, 신라를 습격하기 위해 왕이 직접 보병과 기병 50명을 거느리고 밤에 구천(狗川)에 이르렀는데, 신라 복병과 만나 싸우다가 신라 군에게 살해되었다.

신라 진흥왕의 대가야 정복 (562)
- 고령 지역의 대가야를 공격하여 멸망시키고 영토를 확장함

📖 도 나올 기출 사료 **대가야의 멸망** 41회
> 고령군은 본래 대가야로 시조 이진아시왕에서 도설지왕까지 모두 16대에 걸쳐 520년간 이어졌던 곳이다. 진흥왕이 공격하여 멸망시키고 그 땅을 군(郡)으로 삼았다. 경덕왕이 이름을 고쳐 지금(고려)에 이르고 있다.

고구려의 대외 항쟁 (7세기)

꼭 함께! 고구려와 수·당 간의 주요 전투 이름과 순서

고구려의 수 선제 공격 (598)
- 고구려 영양왕이 중국 수의 요서 지방을 선제 공격 → 수 문제가 30만 대군을 이끌고 고구려 침입 → 성과 없이 퇴각함

수의 침입과 살수 대첩 (612) ⭐⭐
- 수 양제가 100만 대군을 이끌고 고구려에 침입함 → 고구려 을지문덕이 살수에서 수의 군대를 크게 격파함(살수 대첩)

📖 도 나올 기출 사료 **살수 대첩** 49회
> 살수에 이르러 (수의) 군대가 반쯤 건너자 을지문덕이 군사를 보내 그 후군을 공격하였으니, 우둔위 장군 신세웅을 죽이니, (수의) 군대가 걷잡을 수 없이 모두 무너져 9군의 장수와 병졸이 도망쳐 돌아갔다. 하루 낮과 밤에 압록수에 이르렀으니, 행군한 것이 450리였다. -『삼국사기』

수 멸망, 당 건국 (618)
- 수나라가 거듭된 전쟁으로 인한 국력 소모와 내란으로 멸망함 → 당나라가 건국된 후 당 태종이 팽창 정책을 추진함

고구려의 천리장성 축조 시작 (631)
- 고구려 영류왕이 당의 침입에 대비하여 천리장성 축조를 시작 → 연개소문이 천리장성 축조를 감독하며 세력을 키움

연개소문의 정변 (642)
- 고구려 연개소문이 정변을 일으켜 보장왕을 옹립하고, 막리지가 되어 정권 장악 → 대당 강경책 실시

당의 침입과 안시성 전투 (645) ⭐⭐
- 당 태종의 침입 → 안시성에서 성주와 백성들이 협력하여 당의 군대를 격파(안시성 전투)

02 신라 삼국 통일 과정

빈출주제 1위 사건

최근 3개년 시험에서 **6회 출제** ★★☆

신라의 위기와 나·당 동맹 체결

대야성 전투 (642)
신라 선덕 여왕 때 백제 의자왕이 대야성(지금의 합천)을 공격하여 함락시킴

> 🗡️ 도너츠 기출 사료 **대야성 전투** 45회
> (의자왕이) 장군 윤충을 보내 군사 1만 명을 거느리고 신라의 대야성을 공격하게 하였다. 성주 품석이 처자를 데리고 나와 항복하자 윤충이 그들을 모두 죽이고 품석의 목을 베어 (왕도[王都]에) 보냈다. 남녀 1천여 명을 사로잡아 서쪽 지방의 주·현에 나누어 살게 하고 군사를 남겨 그 성을 지키게 하였다. - 『삼국사기』

↓

고구려와의 동맹 시도 (642)
신라 선덕 여왕이 김춘추를 고구려에 보내 군사를 청함 → 당시 고구려의 집권자였던 연개소문이 거절로 동맹에 실패함

↓

나·당 동맹 결성 (648)
신라 진덕 여왕이 김춘추를 당에 보내 당 태종에게 동맹을 제의함 → **나·당 동맹** 결성

> 🗡️ 도너츠 기출 사료 **나·당 동맹 결성** 45회
> 김춘추가 무릎을 꿇고 아뢰기를, "...... 당이 군사를 내어 악한 무리를 잘라 없애지 않는다면 저희 백성은 모두 포로가 될 것이며, 산 넘고 바다 건너 행하는 조회도 다시는 바랄 수 없을 것입니다." (당) 태종이 매우 옳다고 여겨서 군사의 출동을 허락하였다. - 『삼국사기』

↓

김춘추(무열왕)의 즉위 (654)
진골 출신인 김춘추가 신하들의 추대를 받아 태종 무열왕으로 즉위함

🗡️ **핵심깨** 백제 부흥 운동을 주도한 인물과 전투 이름

백제의 멸망과 백제 부흥 운동

황산벌 전투 (660)
신라 김유신의 군대가 황산벌에서 계백의 결사대를 격파함

> 🗡️ 도너츠 기출 사료 **황산벌 전투** 62회
> (의자)왕은 당나라 신라 군사들이 이미 백강과 탄현을 지났다는 소식을 듣고 장군 계백을 시켜 결사대 5천 명을 거느리고 황산으로 가서 신라 군사와 싸우게 하였다. 네 번 싸워서 모두 이겼으나 군사가 적고 힘이 딸려서 마침내 패하고 계백이 사망하였다.

↓

사비성 함락, 백제 멸망 (660)
나·당 연합군의 공격으로 **사비성이 함락**되고, 웅진성에 있던 의자왕이 항복하면서 백제가 멸망함

↓

백제 부흥 운동 (660~663)
백제 멸망 후 복신과 도침이 주류성에서 부여풍을 왕으로 추대하고, 흑치상지는 임존성에서 당군을 격파함

> 🗡️ 도너츠 기출 사료 **백제 부흥 운동** 59회
> 복신은 일찍이 군사를 거느렸는데, 이때 승려 도침과 함께 주류성에 여러분을 일으키고, 왜국에 있던 왕자 부여풍을 맞이하여 왕으로 세웠다.

↓

백강 전투 (663) ⭐⭐

왜의 수군이 백제 부흥군을 돕기 위해 **백강** 근처까지 왔으나 나·당 연합군에 패배함 → 백제 부흥 운동 실패

> 🗡️ 도너츠 기출 사료 **백강 전투** 37회
> 유인원과 신라왕 김법민은 육군을 거느려 나아가고, 유인궤와 부여융은 수군과 군량을 실은 배를 거느리고 ...... 백강으로 가서 육군과 합세하여 주류성으로 갔다. 백강 어귀에서 왜의 군사를 만나 ...... 그들의 배 4백 척을 불살랐다.

02 신라의 삼국 통일 과정

고구려의 멸망과 고구려 부흥 운동

고구려 지배층의 내분 (665)
수·당과의 전쟁으로 고구려의 국력이 약해진 상황에서, 연개소문이 사망한 후 지배층이 분열됨

↓

고구려의 멸망 (668)
나·당 연합군의 공격으로 평양성이 함락되고 보장왕이 항복하면서 고구려가 멸망함

> **또 나올 기출 사료** 고구려의 멸망 49회
> [신라군이] 당군과 함께 평양을 포위하였다. 고구려 왕은 먼저 연남산 등을 보내 영공(英公)에게 항복을 요청하였다. 이에 영공은 보장왕과 왕자 복남·덕남, 대신 등 20여만 명을 이끌고 당으로 돌아갔다.
> - 『삼국사기』

↓

고구려 부흥 운동 (669~673)
고구려의 장군이었던 검모잠이 보장왕의 외손자(혹은 서자) 안승을 왕으로 추대하고 부흥 운동을 전개함 → 내분이 발생하여 안승이 검모잠을 죽이고 신라에 망명함

> **또 나올 기출 선택지** 고구려의 부흥 운동
> ① 검모잠이 고구려 부흥 운동을 전개하였다. 64회

↓

신라의 고구려 부흥 운동 지원 (674)
신라 문무왕이 당을 견제하기 위해 안승에게 금마저(익산)에 터를 세우게 하고 보덕국의 왕으로 임명함

> **또 나올 기출 선택지** 신라의 고구려 부흥 지원
> ① 안승이 신라에 의해 보덕국왕으로 책봉되었다. 58회
> ② 신라가 안승을 보덕국왕으로 임명하였다. 44회

나·당 전쟁

> **전개** 나·당 전쟁 때 벌어진 두 전투의 이름

당의 한반도 지배 야욕 (660~)
당이 백제와 고구려를 멸망시킨 후 각각 웅진 도독부(660)와 안동 도호부(668)를 설치하며 한반도에 대한 지배 야욕을 드러냄

↓

매소성 전투 (675)
신라군이 당의 20만 대군을 매소성에서 격파함

> **또 나올 기출 사료** 매소성 전투 61회
> 이근행이 군사 20만 명을 이끌고 매소성에 주둔하였다. 신라 군사가 공격하여 달아나게 하고 전마 3만여 필을 얻었는데, 남겨 놓은 병장기의 수도 그 정도 되었다.

↓

기벌포 전투 (676)
신라군이 설인귀가 이끄는 당의 수군을 기벌포에서 격퇴함
→ 안동 도호부를 요동으로 축출함

> **또 나올 기출 사료** 기벌포 전투 56회
> 사찬 시득이 수군을 거느리고 소부리주 기벌포에서 설인귀와 싸웠는데 연이어 패배하였다. 그러나 이후 크고 작은 22번의 싸움에서 승리하여 4천여 명을 죽였다.

↓

신라의 삼국 통일 (676, 신라 문무왕)
신라가 대동강에서 원산만에 이르는 영토를 차지하며 삼국 통일을 달성함

03 후삼국 시대와 고려의 통일 과정

빈출주제 1위 사건
최근 3개년 시험에서 5회 출제 ★★☆

후삼국 시대의 성립과 고려 건국

후백제 건국 (900)
- 견훤이 완산주(전주)에서 후백제를 건국함

📌 토나올 기출 사료 | **견훤의 후백제 건국** 58회
> 견훤이 완산주를 근거지로 삼고 스스로 후백제라 일컬으니, 무주 동남쪽의 군현들이 투항하여 복속하였다.

후고구려 건국 (901)
- 신라 왕족 출신인 궁예가 양길의 휘하에서 힘을 기른 후 송악(개성)에서 후고구려를 건국함

📌 토나올 기출 사료 | **궁예의 후고구려 건국** 52회
> 궁예가 스스로 왕이라 칭하며 말하기를, "지난날 신라가 당에 군사를 청하여 고구려를 격파하였다. 그래서 평양 옛 도읍은 황폐한 무성하였으니, 내가 반드시 그 원수를 갚겠다."라고 하였다.

고려 건국 (918)
- 왕건이 후고구려의 궁예를 축출하고 고려를 건국함 → 송악(개성)으로 수도를 옮김

📌 토나올 기출 사료 | **태조 왕건의 고려 건국** 41회
> (태조가) 포정전에서 즉위하여 국호를 고려라 하고 연호를 고쳐 천수(天授)라 하였다.
> - 『고려사』

고려의 후삼국 통일 과정

복습 TIP 고려와 후백제 사이에 전개된 주요 전투의 순서

공산 전투 (927)
- 견훤의 신라 공격(경애왕 사망) → 신라를 구원하러 간 고려의 군대가 공산(公山)에서 후백제 군대에 패배함(신숭겸 전사)

📌 토나올 기출 사료 | **공산 전투** 48회
> 태조는 정예 기병 5천을 거느리고 공산(公山) 아래에서 견훤을 맞아서 크게 싸웠다. 태조의 장수 김락과 신숭겸은 죽고 모든 군사가 패배했으며, 태조는 겨우 죽음을 면하였다.
> - 『삼국유사』

고창 전투 (930)
- 고려 왕건의 군대가 고창에서 후백제 견훤의 군대에 승리함
→ 고려가 주도권을 장악함

견훤의 고려 투항 (935)
- 견훤이 아들 신검에 의해 금산사에 유폐됨 → 금산사에서 탈출한 견훤이 고려에 투항함

신라의 항복 (935)
- 신라의 경순왕(김부)이 고려에 항복함 → 고려가 신라를 병합함 (김부는 경주의 사심관이 됨)

일리천 전투 (936)
- 후백제의 신검이 이끄는 군대가 일리천에서 고려 왕건이 이끄는 군대에게 패함 → 후백제가 멸망하고 고려가 후삼국을 통일함

📌 토나올 기출 사료 | **일리천 전투** 48회
> (태조를) 신검의 군대가 맞서자 일리천(一利川)을 사이에 두고 대치하였다. 태조가 견훤과 함께 병사들을 사열한 후 ...... 신검이 양검, 용검 및 문무 관료들과 함께 항복하여 오니, 태조가 그를 위로하였다.
> - 『고려사절요』

04 고려 사회의 동요

빈출주제 1위 사건
최근 3개년 시험에서 8회 출제 ★★☆

1위 사건
빈출주제 TOP5로 끝내는 합격직행노트

문벌 귀족 집권기 (12세기 초~12세기 중반)

이자겸의 난 (1126, 인종)
- 문벌 귀족인 이자겸 세력의 권력 독점 → 인종과 측근이 이자겸 제거 시도(실패) → 이자겸의 난 발발 → 인종이 이자겸의 측근인 척준경을 회유, 이자겸 제거

📗 도 나올 기출 사료 **이자겸의 난** 59회
> 이자겸과 척준경이 왕을 위협하여 남궁(南宮)으로 거처를 옮기게 하고 안보린, 최탁 등 17인을 죽였다. 이 외에도 죽인 군사가 헤아릴 수 없을 정도였다.

↓

묘청의 난 (1135, 인종)
- 인종의 개혁 과정에서 개경파(김부식)와 서경파(서경)가 대립함 → 묘청 등 서경파가 서경 천도 주장(서경 천도 운동) → 개경파의 반대로 중단 → 묘청이 난 발발 → 김부식이 이끄는 관군에 진압됨

📗 도 나올 기출 자료 **묘청의 서경 천도 운동** 54회
> 저는 서경으로 수도를 옮기면 천하를 다스릴 수 있고, 금이 스스로 항복할 것이라고 주장해 왔습니다. 그런데 조정에 반대하는 무리가 있어 뜻을 이룰 수 없었기 때문에 마음에 거슬린 것입니다.

↓

무신 정변 (1170, 의종)
- 문신 우대, 무신 차별하는 분위기 심화 → 정중부, 이의방, 이고 등 무신 세력이 문신 살해 후 정권 장악 → 의종 폐위 후 명종 옹립

📗 도 나올 기출 자료 **무신 정변** 61회
> 무신 이소응이 무술 겨루기에서 이기지 못하고 달아나자, 문신 한뢰가 갑자기 이소응의 뺨을 때렸어요. 이때 왕과 문신들이 손뼉을 치며 웃었어요. 이 차별 대우를 받으며 불만이 쌓여 왔던 무신들은 정변을 일으켜 무신들을 제거하고 권력을 장악하였어요.

무신 집권기 (12세기 후반)

폭탄까! 무신 집권기에 일어난 주요 반란의 순서

김보당의 난 (1173, 정중부 집권기)
- 동북면 병마사 김보당이 무신 정권 타도와 의종 복위를 주장하며 난을 일으킴

↓

조위총의 난 (1174, 정중부 집권기)
- 서경 유수 조위총이 정중부 정권을 제거하기 위해 난을 일으킴

↓

망이·망소이의 난 (1176, 정중부 집권기)
- 공주 명학소에서 망이·망소이가 가혹한 수탈에 저항하여 무리를 모아 봉기함

📗 도 나올 기출 사료 **망이·망소이의 난** 54회
> 공주 명학소의 망이·망소이 등이 무리를 모아서 봉기하자, 명학소를 충순현으로 승격하여 그들을 달래고자 하였다.

↓

김사미·효심의 난 (1193, 이의민 집권기)
- 운문(김사미) 지역과 초전(효심) 지역을 중심으로 봉기함

↓

만적의 난 (1198, 최충헌 집권기)
- 최충헌의 노비 만적을 중심으로 개경에서 신분 해방을 주장하며 봉기함

📗 도 나올 기출 사료 **만적의 난** 69회
> 만적 등이 노예들을 모아서 말하기를, "장군과 재상에 어찌 타고난 씨가 있겠는가? 때가 되면 누구나 차지할 수 있는 것이다."라고 하였다.

05 고려의 대외 관계

빈출주제 1위 사건

최근 3개년 시험에서 **16회 출제** ★★★

★표기: 거란의 1~3차 침입 때 활약한 인물의 이름

거란의 침입 (10~11세기, 성종~현종)

거란의 1차 침입 (성종, 993)
거란의 장수 소손녕이 군대가 고려를 공격 → **사회**가 외교 담판 (송과 외교 단절 및 거란과 수교 약속) → 강동 6주 획득

▶ 수능 기출 사료 **거란의 1차 침입** 56회
왕이 서경에서 안북부까지 나아가 머물렀는데, 거란의 소손녕이 봉산군을 공격하여 파괴하였다는 소식을 듣자 더 가지 못하고 돌아왔다. 서희를 보내 화의를 요청하니 침공을 중지하였다.

거란의 2차 침입 (현종, 1010)
거란이 강조의 정변을 구실로 침입 → 개경 함락(현종이 나주로 피 난) → **양규**의 활약(흥화진 전투) → 거란이 현종이 입조를 조건으 로 철수

▶ 수능 기출 사료 **거란의 2차 침입** 53회
거란이 강조의 편지를 위조하여 흥화진에 보내어 항복하라고 설득하였다. 양규가 말하기를, "나는 왕명을 받고 온 것이지 강조의 명령을 받은 것이 아 니다."라고 하면서 항복하지 않았다.

거란의 3차 침입 (현종, 1018)
거란의 장수 소배압이 10만 대군을 이끌고 강동 6주의 반환을 요 구하며 침입 → **강감찬**이 귀주에서 거란군 격퇴(**귀주 대첩**, 1019)

▶ 수능 기출 사료 **강감찬의 귀주 대첩** 41회
거란군이 귀주를 통과하자 강감찬 등이 동쪽 들판에서 맞서 싸우니, …… 적 의 시체가 들을 덮었고 사로잡은 포로, 노획한 말과 낙타, 갑옷, 병장기를 다 셀 수 없을 지경이었다.

여진 정벌 (12세기, 숙종~예종)

세력을 통합한 여진이 고려 국경까지 내려와 충돌 → 고려가 여진 과의 대결에서 패배 → **숙종** 때 윤관의 건의로 특수 부대인 **별무 반**을 조직함

별무반 조직 (숙종, 1104)

여진 정벌 및 동북 9성 축조 (예종, 1107)
윤관이 별무반을 이끌고 여진을 정벌한 후 **동북 9성을 축조**함

▶ 수능 기출 사료 **동북 9성 축조** 50회
윤관 등이 여러 군사들에게 내성(內城)의 목재와 기와를 거두어 9성을 쌓게 하고, 변경 남쪽의 백성들을 옮겨 와 살게 하였다.

동북 9성 반환 (예종, 1109)
2년 뒤 관리가 어려워 여진에게 **동북 9성을 반환**함

▶ 수능 기출 사료 **동북 9성 반환** 57회
행영병마별감 슨선 최홍정과 병마사 이부상서 문관이 여진 추장 거위이 등 에게 타일러 말하기를, "너희가 9성의 반환을 요청했으니 마땅히 이전에 했 던 약속처럼 하늘에 대해 맹세하라."라고 하였다. …… 최홍정 등은 길주 부 터 시작하여 차례로 9성의 전투 장비와 군량을 내지(內地)로 들였다.
ㅡ 『고려사』

금의 사대 요구 수용 (인종, 1126)
여진이 세력을 키워 금을 건국한 후 고려에 사대를 요구함 → 당 시 집권자 이자겸이 무력 충돌을 피하기 위해 금의 사대 요구를 수용함

05 고려의 대외 관계

빈출주제 TOP5로 끝내는 합격직행노트

꼭 함께! 몽골과의 주요 전투 때 활약한 인물의 이름

몽골의 침입과 항쟁 (13세기, 무신 집권기)

몽골의 1차 침입 (고종, 1231)
- 고려에 몽골 사신으로 왔던 저고여가 피살되자 몽골이 고려를 침입함 → 고려의 강화 요청으로 화의가 성립됨

↓

고려의 강화 천도 (고종, 1232)
- 당시 집권자 최우가 몽골과의 항전을 위해 **수도를 강화도로 옮김**

> 도 나올 기출 사료 **고려의 강화 천도** 33회
> 이날 최우가 왕에게 속히 강화도로 행차할 것을 청하니 왕이 망설이고 결정하지 못했다. 최우가 녹봉을 운반하는 수레 100여 량을 빼앗아 자기 집 재물을 강화로 보내니 개경이 흉흉했다. ……

↓

몽골의 2차 침입 (고종, 1232)
- 몽골이 강화 천도를 구실로 2차 침입함 → 승려 **김윤후**가 처인성에서 몽골 장수 **살리타를 사살함**(처인성 전투)

> 도 나올 기출 선택지 **몽골의 2차 침입** 58회
> ① 김윤후가 처인성에서 살리타를 사살하였다.

↓

몽골의 5차 침입 (고종, 1253)
- 김윤후가 충주에서 몽골군을 격퇴함

↓

고려의 개경 환도 (원종, 1270)
- 고려 정부가 몽골과 강화를 체결하고, 무신 정권이 완전히 붕괴되자 수도 개경으로 돌아옴

↓

삼별초의 항쟁 (원종, 1270~1273)
- 환도에 반발한 **삼별초**가 강화도에서 배중손의 지휘 아래 대몽 항쟁 → 배중손의 지휘 아래 **진도**(용장성)로 이동하여 항쟁 → 김통정의 지휘 아래 **제주도**로 이동하여 항쟁 → 고려·원 연합군에 진압됨

→

홍건적과 왜구의 침입 (14세기, 고려 말)

홍건적의 1차 침입 (공민왕, 1359)
- 서경이 함락되고 이승경과 이방실 등이 활약함

↓

홍건적의 2차 침입 (공민왕, 1361)
- 개경이 함락되고 공민왕이 복주(안동)까지 피난, 정세운과 이방실, 이성계 등이 활약함

↓

왜구의 침입 - 홍산 대첩 (우왕, 1376)
- 최영이 홍산에서 왜구를 격퇴함

↓

왜구의 침입 - 진포 대첩 (우왕, 1380)
- 최무선 등이 진포에서 화포를 이용하여 왜구를 격퇴함

↓

왜구의 침입 - 황산 대첩 (우왕, 1380)
- 이성계가 남해안 일대의 왜구를 황산에서 물리침

06 고려 멸망과 조선의 건국 과정

빈출주제 1위 사건
최근 3개년 시험에서 3회 출제 ★☆☆

피드백: 위화도 회군 ~ 조선 건국까지의 주요 사건 순서

고려 우왕 ~ 창왕 (1374~1389)

우왕 즉위 (1374)
- 공민왕 사후 권문세족 이인임의 추대로 우왕이 즉위함

  📖 도나을 기출사료 54회
  왕이 시해당하자 태후가 종실에서 [후사를] 골라 세우고자 하니, 시중 이인임이 백관을 거느리고 우왕을 세웠다. - 『고려사』

이인임 일파 축출 (1388, 우왕)
- 최영이 이인임 일파를 축출하고 왕권을 회복함

명의 철령위 설치 통고 (1388)
- 중국을 차지한 명이 철령위 설치를 일방적으로 통보함 → 요동 정벌(최영) vs 4불가론(이성계) → 최영이 이성계를 시켜 요동 정벌 단행

위화도 회군 (1388)
- 요동 정벌에 반대했던 이성계가 위화도에서 회군 → 최영을 제거하고 우왕을 폐위시킴 → 창왕 옹립

  📖 도나을 기출사료 45회 위화도 회군
  대군이 압록강을 건너서 위화도에 머물렀다. …… 태조가 여러 장수들에게 말하기를 "내가 글을 올려 …… 군사를 동이킬 것을 청했으나, 왕도 살피지 아니하고, 최영도 늙고 정신이 혼몽하여 듣지 않았다." …… 태조가 회군한다는 소식을 듣고도 사람들이 다투어 밤낮으로 달려서 모여든 사람이 전혀 길을 안에 서서 여러 신하들이 하례를 받았다.

고려 공양왕 (1389~1392)

공양왕 옹립 (1389)
- 이성계가 창왕을 폐위시키고 공양왕을 옹립함

과전법 실시 (1391, 공양왕)
- 조준, 정도전 등 급진파 신진 사대부가 주도로 토지 개혁을 단행함 → 신진 사대부의 경제적 기반 확보

  📖 도나을 기출사료 63회 과전법
  전하께서는 무릇 수도에 거주하는 관료에게는 단지 경기 안의 토지만을 지급하고, 그 밖의 토지는 하락하지 마십시오. 이를 밖으로 제정하여서 백성과 더불어 다시 시작하십시오. 그렇게 하여 국가 재정을 넉넉하게 하고, 백성의 삶을 풍요롭게 하며, 조정의 선비들을 우대하고, 군대의 군량을 넉넉하게 하십시오.

정몽주 등 제거 (1392)
- 새로운 왕조 건설에 반대한 정몽주 등 온건파 신진 사대부를 제거함

조선 건국 (1392)
- 이성계가 국왕으로 추대되어 조선이 건국됨

  📖 도나을 기출사료 45회 조선 건국
  [태조 신료들이 왕위에 오를 것을 간절히 권하여, 태조가 마지못해 수창궁으로 행차하였다. 백관들이 서쪽 골목에서 줄을 지어 영접하니, 태조는 말에서 내려 걸어서 대전에 들어가 왕위에 올랐는데, 어좌(御座)를 피하고 기둥 안에 서서 여러 신하들의 하례를 받았다. - 『태조실록』

07 사화

빈출주제 1위 사건

최근 3개년 시험에서 **5회 출제** ★★☆

목차 네 사화의 순서와 발생 원인

연산군 → 중종 → 명종

무오사화 (1498)

사림인 김일손이 스승 김종직의 「조의제문」을 「사초」에 기록하였자, 훈구가 이를 문제 삼음 → 연산군이 김일손을 처형하고, 다수의 사림들을 유배 보냄

📖 **또 나올 기출 선택지**
① 「조의제문」의 내용이 빌미가 되었어요. 38회

갑자사화 (1504)

연산군의 측근 세력이 권력을 독점하기 위해 연산군에게 폐비 윤씨 사사 사건을 고발함 → 사건을 주도한 훈구와 이에 연루된 김굉필 등의 사림이 제거됨

📖 **또 나올 기출 선택지**
① 폐비 윤씨 사사 사건의 원인이 되었어요. 32회

중종반정 (1506)

두 차례의 사화와 연산군의 폭정으로 연산군이 폐위되고 중종이 즉위함 → 이 과정에서 공을 세운 훈구 세력이 권력을 장악함

📖 **또 나올 기출 사료** 중종반정 59회

박원종 등이 궐문 밖에 진군하여 대비께(에게) 아뢰기를, "지금 임금이 도리를 잃어 정치가 혼란하고, 민생은 도탄에 빠지고, 종사는 위태롭습니다. 진성대군은 대소 신민의 촉망을 받은 지 이미 오래되므로, 이제 추대하고자 하오니 감히 대비의 분부를 여쭙니다."라고 하였다.

기묘사화 (1519)

중종이 훈구를 견제하기 위해 조광조를 비롯한 사림을 등용함 → 조광조가 위훈 삭제 등 훈구의 급진적인 개혁 정치를 전개함 → 훈구의 반발로 조광조를 포함한 사림 세력이 제거됨

📖 **또 나올 기출 선택지** 기묘사화
① 조광조 일파가 축출되는 결과를 가져왔어요. 50회
② 위훈 삭제를 계기로 발생하였어요. 32회

을사사화 (1545)

인종의 외척(대윤, 윤임)과 명종의 외척(소윤, 윤원형) 간의 대립이 발생함 → 명종이 즉위한 후 윤원형을 중심으로 한 외척 정치가 시작되자 사림이 숙청됨 → 사림들은 서원과 향약을 바탕으로 지방에서 세력을 확대함

📖 **또 나올 기출 사료** 을사사화 54회

이덕응이 자백하였다. "윤임과는 항상 대윤, 소윤이라는 말 때문에 화가 미칠까 두려워하여 서로 경계하였을 뿐이었고, 모두에 대해서는 모르겠습니다. …… 윤임이 신에게 '주상이 전혀 소생할 기미가 없으니 만약 대군이 왕위를 계승하여 윤원로가 뜻을 얻게 되면 우리 집안은 멸족당할 것이다.'라고 하였습니다."

정미사화 (1547)

양재역 벽서 사건을 구실로 윤원형 세력이 이언적 등 반대파를 숙청함

08 왜란과 호란

빈출주제 1위 사건

최근 3개년 시험에서 11회 출제 ★★★

꼭 암기!! 임진왜란과 정유재란 때 주요 전투 이름

임진왜란 (선조)

임진왜란 발발 (1592)
- 왜군이 침입하자, 부산진의 첨사 정발과 동래부사 부사 송상현이 왜군에 맞서 싸웠으나 패배함

충주 탄금대 전투 (1592)
- 충주 탄금대에서 신립이 배수의 진을 치고 항전하였으나 왜군에 대패함 → 왜군이 북상하자 선조는 의주로 피난
- 🔍 또 나올을 기출 사료 **충주 탄금대 전투** 55회
  삼도 순변사 신립이 이끄는 관군이 탄금대에서 적군에게 패배. 충주 방어에 실패하였다. 신립은 탄금대에 배수진을 쳤으나, 끝내 유키나가가 이끄는 적군에게 돌려싸여 위태로운 상황에 놓였다. 신립은 종사관 김여물과 좌충우돌 격돌을 감행하였으나 실패하자 전장에서 순절하였다.

한산도 대첩 (1592)
- 이순신의 수군이 한산도에서 학익진 전법으로 왜군에 승리함

진주 대첩 (1592)
- 진주성에서 진주 목사 김시민이 왜군을 상대로 큰 승리를 거둠

평양성 탈환 (1593)
- 조·명 연합군이 평양성에서 왜군에 승리하여 평양성을 탈환함

행주 대첩 (1593) ⭐⭐
- 권율이 행주산성에서 왜군을 상대로 크게 승리함

휴전 협상 (1593)
- 명이 조선의 반대를 무릅쓰고 일본과 휴전 협상을 진행함

정유재란 (선조)

훈련도감 설치 (1593)
- 유성룡의 건의로 훈련도감이 설치됨
- 🔍 또 나올을 기출 자료 **훈련도감 설치** 63회
  임진왜란 중 설치된 훈련도감은 포수, 사수, 살수의 삼수병으로 구성되었다.

정유재란 발발 (1597)
- 3년여에 걸친 휴전 협상이 결렬되면서 왜군이 다시 침입함

명량 해전 (1597) ⭐⭐
- 이순신이 명량에서 소수의 병력으로 왜의 수군을 크게 무찌름
- 🔍 또 나올을 기출 선택지 **명량 해전**
  ① 이순신이 명량 해전을 승리로 이끌었다. 71회
  ② 이순신이 명량에서 일본군을 물리쳤다. 58회

노량 해전 (1598)
- 왜군과의 마지막 해전으로, 이 전투에서 승리하였으나 이순신이 전사함
- 🔍 또 나올을 기출 사료 **노량 해전** 37회
  (이순신이) 노량에 도착하니 많은 왜적이 이르렀다. 불의에 진격하여 한참 혈전을 하던 중 이순신이 몸소 왜적에게 활을 쏘다가 왜적이 탄환에 가슴을 맞아 배 위에 쓰러졌다. ...... 왜적이 마침내 대패하니 사람들이 모두 "죽은 이순신이 산 왜적을 물리쳤다."라고 하였다.
  - 『선조실록』

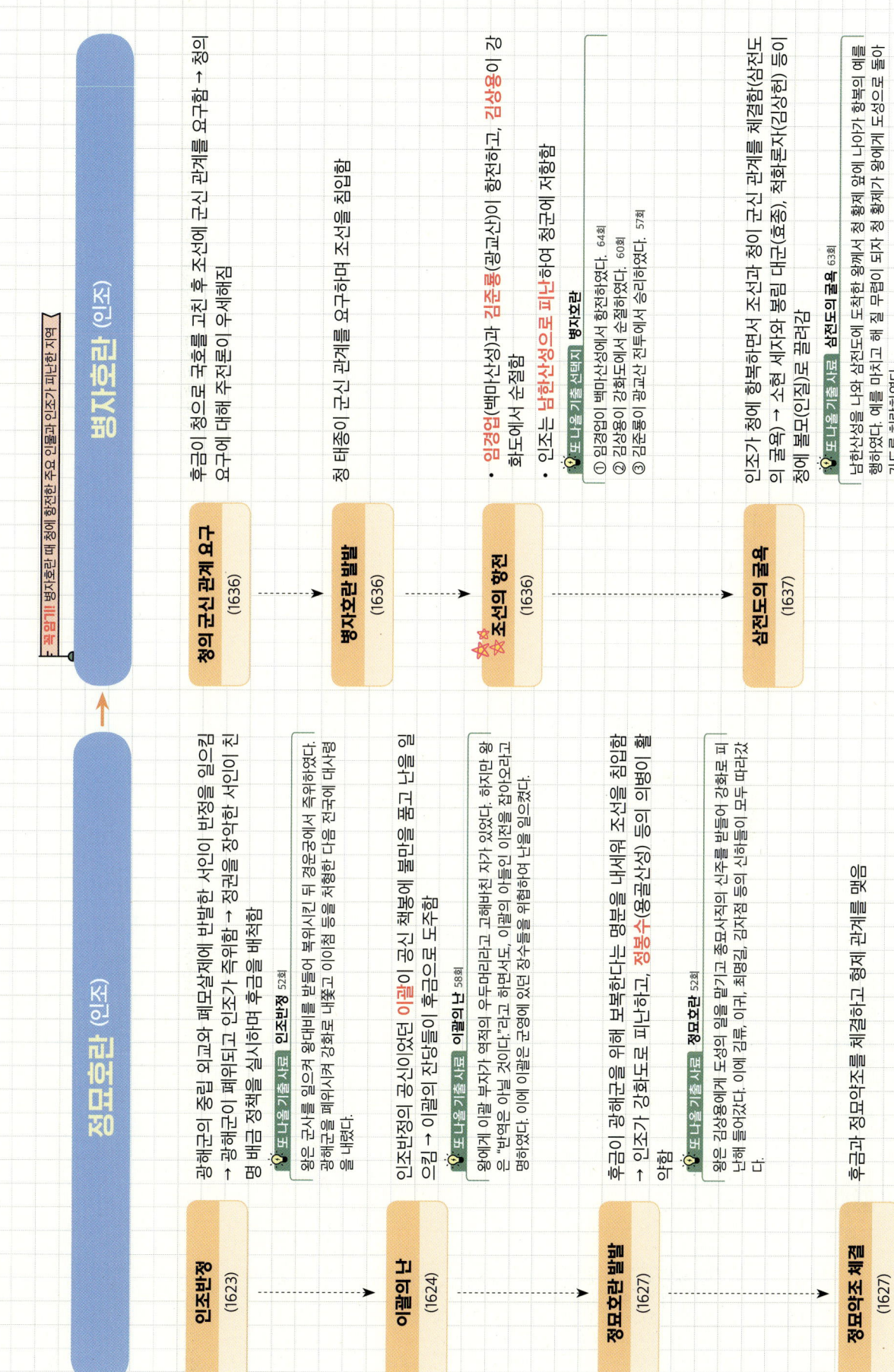

09 붕당 정치

빈출주제 1위 사건

최근 3개년 시험에서 3회 출제 ★☆☆

빈출주제 TOP5로 끝내는 합격직행노트

1위 사건

꼭 암기! 환국의 순서와 각 환국의 발생 배경

예송 (현종)

- 효종(인조의 차남)의 사망 후 인조의 계비인 자의 대비의 상복 착용 기간을 둘러싸고 논쟁이 발생함
  → 서인은 1년설, 남인은 3년설을 제기함
  → 서인의 주장이 받아들여짐

기해예송 (1659)

갑인예송 (1674)

- 효종 비의 사망 후 인조의 계비인 자의 대비의 상복 착용 기간을 둘러싸고 논쟁이 발생함
  → 서인은 9개월설, 남인은 1년설을 제기함
  → 남인의 주장이 받아들여져 남인이 정국을 주도하게 됨

도 나올 기출 선택지 예송
① 자의 대비 복상 문제로 예송이 전개되었다. 57회
② 서인과 남인 사이에 발생한 전례 문제이다. 43회
③ 효종의 죽자 자의 대비의 복상 문제로 예송이 전개되었다. 34회

환국 (숙종)

경신환국 (1680)

- 남인의 허적이 허락 없이 왕실의 천막을 사용함 + **허견(허적의 서자)의 역모를 제보 → 남인이 축출되고 서인이 집권함. 서인이 남인에 대한 처벌을 두고 노론(강경파)과 소론(온건파)으로 나뉨**

도 나올 기출 사료 경신환국 6회
임금이 결국에 있던 기름 먹인 장막을 허적이 벌써 가져갔음을 듣고 노하여 이르기를, "궐내에서 쓰는 것을 마음대로 가져가는 것은 한명회도 못하던 것이다. ...... 임금이 허적의 당파가 많아 기세가 당당하다는 말을 듣고 그들을 제거하고자 결심하였다.

기사환국 (1689)

- **서인이 희빈 장씨(남인 계열)의 아들(경종)의 명호를 원자로 정하는 것에 반대함 → 송시열 등 서인이 축출되고 남인이 집권함. 인현 왕후(서인 계열)가 폐위되고 희빈 장씨가 왕비가 됨**

도 나올 기출 사료 기사환국 6회
임금이 말하기를, "송시열은 산림의 영수로서 나라의 형세가 험난한 때에 감히 원자(元子)의 명호를 정한 것이 너무 이르다고 하였으니, 삭탈 관직하고 성문 밖으로 내쳐라. 반드시 송시열을 구하려는 자가 있겠지만, 그런 자는 비록 대신이라 하더라도 용서하지 않을 것이다." 라고 하였다.

갑술환국 (1694)

- 서인이 **인현 왕후의 복위 운동**을 전개하자, 남인이 반대함
  → 남인이 축출되고 서인이 집권함. 인현 왕후가 중전으로 복위됨

도 나올 기출 사료 갑술환국 6회
비망기를 내려, "국운이 안정되어 왕비가 복위하였으니, 백성에게 두 임금이 없는 것은 고금을 통한 의리이다. 장씨의 왕후 지위를 거두고 옛 작호인 희빈을 내려 주되, 다만 자식이 조석으로 문안하는 예에 폐하지 않도록 하라."라고 하였다.

빈출주제 TOP5로 끝내는 합격직행노트

01 흥선 대원군 집권 시기 이양선의 침입

빈출주제 1위 사건
최근 3개년 시험에서 6회 출제 ★★★

※ 로고는 신미양요 때 활약한 인물의 이름

1866년

병인박해 (1866. 1.)

흥선 대원군이 프랑스를 이용하여 러시아를 견제하고자 하였으나 실패 → 9명의 **프랑스** 신부 및 천주교 신자 등을 처형함

🔖 **또 나올 기출 사료 | 병인박해** 59회

독일 주재 프랑스 공사가 청에 보내온 문서에 의하면, "조선에서 프랑스 주교 2명 및 선교사 9명과 조선인 다수가 처형되었다. 이에 제독에게 요청하여 며칠 안으로 군대를 일으키도록 할 것이다."라고 되어 있습니다.

제너럴셔먼호 사건 (1866. 7.)

미국 상선 제너럴셔먼호가 조선에 통상을 요구했다가 거부당하자 조선의 관리를 살해하고 민가를 약탈함 → 평안도 관찰사 박규수와 평양 관민이 제너럴셔먼호를 불태워 침몰시킴

병인양요 (1866. 9.) ☆☆

프랑스가 병인박해를 구실로 삼아 조선과의 통상 수교를 시도함 → 프랑스 로즈 제독이 함대를 이끌고 강화도를 점령하고 한성으로 진격 시도 → **한성근**(문수산성), **양헌수**(정족산성) 부대가 프랑스군을 격퇴함 → 프랑스군이 퇴각하는 과정에서 「의궤」를 포함한 **외규장 각의 도서** 등 각종 문화재를 약탈함

🔖 **또 나올 기출 자료 | 병인양요** 39회

강화도를 점령한 프랑스군이 예물 지어 대나미 집을 부수고 쌀을 집었다. 한수 부대는 강화도를 되찾기 위해 밤을 틈타 정족산성에 들어가 전열 갖췄다. 프랑스군이 정족산성을 공격해오자, 기다리고 있던 양헌수 부대가 적을 공격하여 승리를 거두었다.

1868 ~ 1871년

오페르트 도굴 사건 (1868)

독일 상인 오페르트가 조선과의 통상을 시도하였으나 실패함 → 오페르트가 흥선 대원군 아버지(남연군)의 유해를 미끼로 통상을 요구하기 위해 **남연군 묘의 도굴을 시도**하였으나 실패함

🔖 **또 나올 기출 사료 | 오페르트 도굴 사건** 57회

귀국과 우리나라 사이에는 원래 소통이 없었고, 은혜를 입거나 원수를 진 일도 없었소. 그런데 이번 덕산 묘지(남연군 묘)에서 일으킨 변고는 사람의 도리로써 차마 할 수 있는 일이겠는가? ······ 이런 지경에 이르렀으니 우리나라 신하와 백성된 도리로서 단 하루라도 한마음으로 저 희들과 같은 하늘을 이고 살 수 없다는 것을 맹세한다.

신미양요 (1871) ☆☆

미국이 제너럴셔먼호 사건을 구실로 조선과 통상 수교를 시도함 → 미군이 강화도로 침입하여 초지진과 덕진진을 점령하고 **광성보를 공격** → **어재연**이 이끄는 조선 수비대가 결사적으로 저항함 → 미군 퇴각, 어재연 장군 수자기 등 전리품을 약탈함

🔖 **또 나올 기출 사료 | 신미양요** 49회

의정부에서 아뢰기를, "서양 오랑캐가 광성진을 침범하였을 때 진무 중군 어재연의 생사는 자세히 알 수 없었습니다. 하지만 지방 수령이 대신할 진무 중군을 임명해 달라고 이미 청한 것을 보면 절개를 지켜 싸우다 전사한 것 같습니다."라고 하였다. -고종실록

척화비 건립 (1871)

흥선 대원군은 외세에 대한 척화 의지를 표명하기 위해 전국 각지에 **척화비를 건립**함

🔖 **또 나올 기출 사료 | 척화비 건립** 41회

이때에 이르러서는 돌을 캐어 종로에 비석을 세웠다. 그 비면에 글을 써서 이르기를, "서양 오랑캐가 침범하는데 싸우지 않으면 즉 화친하는 것이요, 화친을 주장함은 나라를 팔아먹는 것이다."라고 하였다. -「대한계년사」

11 개항 이후의 주요 사건

빈출주제 1위 사건

최근 3개년 시험에서 24회 출제 ★★★

1870년대

흥선 대원군의 하야 (1873)

최익현의 탄핵 상소를 계기로 흥선 대원군이 하야함 → 고종이 친정이 시작됨(민씨 세력이 정권 장악)

🐝 **또 나올 기출 사료** 흥선 대원군의 하야 47회

최익현이 상소를 올려 대원군의 정책을 탄핵하기를, "만약 그 자리가 아니라 도 녹봉에 관여하는 자는 단지 그 지위와 자리에 맞는 녹을 중요하게 여기기 때문에 나라와 함께 기쁨과 슬픔을 같이 하지 않으니, 흔히 초야에 발탁하고 충애하였다. ...... 대원군이 분노하여 양주 직곡으로 물러나자 권력은 모두 민씨의 손아귀에 들어갔다.

운요호 사건 (1875)

일본 군함 운요호가 강화도 초지진에 접근하여 무력 시위를 벌임 → 조선군의 경고 사격 → 일본군이 영종도(영종진)에 상륙하여 약탈을 자행함 → 일본은 이를 구실로 조선 정부에 개항을 요구함

🐝 **또 나올 기출 사료** 운요호 사건 56회

① 일본 군함 운요호가 영종도를 공격하였다.
② 운요호가 강화도에 접근하여 무력 시위를 벌였다. 44회

강화도 조약 (1876)

조선 대표 신헌과 일본 대표 구로다가 강화도 연무당에서 조약을 체결함 → 조선에 대한 청의 종주권 부인, **부산·원산·인천**의 개항장 설치, 해안 측량권 허용, **치외 법권** 인정(불평등 조약)

🐝 **또 나올 기출 사료** 강화도 조약 61회

제1관 조선국은 자주 국가로서 일본국과 평등한 권리를 보유한다. ...... 제10관 일본국 인민이 조선국 지정의 각 항구에 머무르는 동안에 죄를 범한 것이 조선국 인민에게 관계되는 사건은 모두 일본국 관원이 심리하여 판결한다. ......

1880년대

🔑 **핵심 키워드** 임오군란과 갑신정변이 발생한 원인과 사건 이후 체결된 조약의 이름

임오군란 (1882)

구식 군인에 대한 차별 대우 + 일본인 월급에 겨우 모래를 섞어 지급 → 구식 군인들이 봉기함 → 선혜청과 민씨 정부 습격, **일본 공사관을 습격** → 흥선 대원군이 일시적으로 재집권함 → 민씨 세력의 요청으로 청 군대가 파병되어 군란 진압 → **조·청 상민 수륙 무역 장정**(조선-청)과 **제물포 조약**(조선-일본)이 체결됨

🐝 **또 나올 기출 사료** 임오군란 61회

이달 23일 오후 5시 성난 군중 수백 명이 갑자기 공사관을 습격하여 돌을 던지고 총을 쏘며 방화함. 전력으로 방어한 지 7시간이 지났지만 원병이 오지 않았음. 성난 군중은 한쪽을 돌파하여 왕궁으로 가려 해도 성문이 열리지 않았으며 ...... 군중이 왕궁 및 민태호와 민겸호의 집도 습격했다고 들었음.

갑신정변 (1884)

임오군란 이후 청의 내정 간섭 심화 + 개화 정책 후퇴 → 김옥균 등 급진 개화파가 우정총국 개국 축하연에서 정변을 일으킴 → 개화당 정부 수립 후 14개조 혁신 정강을 발표함 → 청군의 개입으로 3일 만에 실패로 끝남 → **한성 조약**(조선-일본)과 **톈진 조약**(청-일본)이 체결됨

🐝 **또 나올 기출 사료** 갑신정변 60회

우정국 총판 홍영식이 우정국의 개국 축하연을 열면서 각국의 공사도 초청하였다. ...... 8시를 알리는 종이 울리자 담장 밖에서 불길이 치솟았다. ...... 민영익이 중상을 입고 되돌아와서 대청 위에 쓰러졌다. - 『대한계년사』

거문도 사건 (1885~1887)

조선이 청을 견제하기 위해 러시아와 교섭을 시도하자, **영국군이 러시아의 남하 견제**를 구실로 거문도를 불법으로 점령함

🐝 **또 나올 기출 사료** 거문도 사건 66회

영국 공관에 보낸 근래 국내에 전해지는 소문을 통해 듣고 있다는 것을 일었습니다. 이 섬은 우리나라의 땅으로, 다른 나라가 점유할 수 있는 곳이 아닌데 귀국처럼 공법에 밝은 나라가 이처럼 뜻밖의 일을 자질 줄이야 어떻게 알 수 있었겠습니까?

11 개항 이후의 주요 사건

꼭 암기! 1, 2차 동학 농민 운동의 주요 전투 이름

1890년대

1차 동학 농민 운동 (1894. 3. ~ 1894. 5.)

고부 민란(1894. 1.)을 조사하러 온 안핵사 이용태가 농민들을 탄압함 → 전봉준 등이 백산에서 4대 강령을 발표하며 봉기함 → 농민군이 황토현·황룡촌 전투에서 관군에 승리함 → 농민군이 전주성을 점령함 → 정부와 전주 화약을 체결함 → 동학 농민군은 집강소를 설치하여 폐정 개혁안을 실천함, 정부는 교정청을 설치함

또 나올을 기출 선택지
① 전주 화약이 체결되는 계기가 되었다. 61회
② 전개 과정에서 집강소가 설치되었다. 69·61회
③ 개혁 추진 기구로 교정청을 설치하였다. 58회

2차 동학 농민 운동 (1894. 9. ~ 1894. 12.)

일본이 경복궁을 점령함 → 전봉준이 삼례 집결을 주도하여 동학 농민군이 재봉기함 → 남접(전봉준)과 북접(손병희)이 논산에 집결함 → 공주 우금치 전투에서 패배함 → 전봉준이 체포됨

또 나올을 기출 선택지
① 남접과 북접이 논산에서 연합하였다. 58회
② 동학 농민군이 우금치 전투에서 패배하였다. 66회

을미사변 (1895)

명성 황후의 친러 정책에 위기를 느낀 일본이 경복궁을 습격하여 명성 황후를 시해함

또 나올을 기출 사료 을미사변 47회
경복궁을 통해 들어온 일본 병사들은 건청궁으로 침입하였다. …… 일본 장교는 흥분한 일본 자객들이 황후를 수색하는 것을 도왔다. 자객들은 여러 방을 샅샅이 뒤졌고 마침내 황후를 찾아내어 시해하였다.

아관 파천 (1896. 2.)

을미사변 이후 신변의 위험을 느낀 고종이 거처를 러시아 공사관으로 옮김

또 나올을 기출 사료 아관 파천 53회
지난 11일 새벽, 대군주는 급히 외국 공사관에 피신해야 한다는 거짓 밀고를 받았음. 대군주는 몹시 두려워하여 마침내 왕태자와 함께 궁녀들이 타는 가마를 타고 경계의 허술함을 틈타 밖으로 나와 러시아 공사관으로 이어하였으나, 조금도 이를 저지하는 사람이 없었음.

독립 협회 창립 (1896. 7.)

갑신정변 실패 후 미국으로 망명한 서재필이 귀국하여 정부의 지원을 받아 독립신문을 창간함(1896. 4.) → 서재필, 윤치호 등 개화 지식인들이 독립 협회를 창간함

대한 제국 선포 (1897. 10.)

고종이 아관 파천을 단행한 지 약 1년 만에 경운궁(덕수궁)으로 환궁함 → 연호를 '광무'로 고친 후 환구단에서 황제 즉위식을 거행하고 국호를 '대한 제국'으로 선포함

또 나올을 기출 사료 대한 제국 선포 47회
여러 신하와 온 백성이 수십 차례나 글을 올려 한 목소리로 반드시 청호로 높이라고 간청하였다. 나는 여러 번 사양했지만 끝내 거절할 수 없어 경운궁 남쪽에서 하늘과 땅에 제사를 지내고 황제의 자리에 올랐다. 나라 이름을 '대한'이라고 정하고 올해를 광무 원년으로 삼는다.

빈출주제 TOP5로 끝내는 합격직행노트

12 빈출주제 1위 사건
일제의 국권 피탈 과정

최근 3개년 시험에서 9회 출제 ★★☆

1904년 → **1905년**

러·일 전쟁 발발 (1904. 2.)
일본이 제물포(인천)에서 러시아를 선제 공격하면서 한반도와 만주의 지배권을 둘러싸고 러·일 간에 전쟁이 발발함

한·일 의정서 체결 (1904. 2.)
일본이 군사상 필요한 대한 제국의 **군사적 요지와 시설을 사용함** 수 있음을 규정함

> 📜 **또 나올 기출 사료** 한·일 의정서 42회
> 제4조 ······ 대한 제국 정부는 대일본 제국 정부의 행동이 용이하도록 충분한 편의를 제공한다. 대일본 제국 정부는 ······ 군사 전략상 필요한 지점을 수시로 사용할 수 있다.

제1차 한·일 협약 체결 (1904. 8.)
러·일 전쟁 중 전세가 유리해진 일본이 제1차 한·일 협약을 체결함
→ **외교에 스티븐스, 재정에 메가타**를 고문으로 파견하여 **고문 정치**를 실시함, 해외에 주재하는 한국 공사를 철수시킴

> 📜 **또 나올 기출 선택지** 제1차 한·일 협약
> ① 외국인 고문 조빙 40회

포츠머스 조약 체결 (1905. 9.)
러·일 전쟁에서 승리한 일본이 러시아와 포츠머스 조약을 체결하여 대한 제국에 대한 이권을 인정받음

을사늑약 체결 (1905. 11.)
일본이 덕수궁 중명전에서 고종의 비준 없이 을사늑약(제2차 한·일 협약)을 강제로 체결함 → **통감부를 설치**하고, **대한 제국의 외교권을 박탈**함

> 📜 **또 나올 기출 사료** 을사늑약 55회
> 일본이 러시아와 선전 포고한 이후 우리의 독립과 영토를 보전한다고 몇 번이나 말하였지만, 그것은 우리나라의 이익을 빼앗아 차지하려는 것이었습니다. ······ 지금 저들이 황실을 보전하겠다고 말은 패하께서는 과연 믿으십니까? 지금까지 군주의 지위가 아직 바뀌지 않았고 백성도 아직 죽지 않았으며 각국 공사도 아직 돌아가지 않았습니다. 그리고 조약서가 다행히 패하의 인준과 참정의 인가를 받은 것이 아니니, 저들이 가지고 있는 것은 역적들이 억지로 만든 헛된 조약에 불과합니다.

을사의병 (1905)
을사늑약 체결에 반발하여 일어남 → 유생 의병장 **최익현**(태인), 민종식(중주성) 등과 **평민 의병장 신돌석**이 활약함

> 📜 **또 나올 기출 선택지** 을사의병
> ① 을사늑약에 반발하여 봉기하였다. 45회
> ② 최익현이 주도하였다. 69회
> ③ 민종식이 이끄는 의병 부대가 홍주성을 점령하였다. 59회

12 일제의 국권 피탈 과정

꼭 함께! 헤이그 특사 파견 ~ 정미의병까지의 주요 사건 순서

1907년

헤이그 특사 파견 (1907) ★★

고종이 **이상설, 이준, 이위종**을 내밀린드 헤이그에서 열리는 만국 평화 회의에 파견하여 을사늑약의 무효와 일제의 침략적 행위를 알리게 함

또 나올 기출 사료 헤이그 특사 파견 57회

헤이그에서 발행된 평화회의보는 한국 전 부총리대신 이상설 외 2명이 평화회의에 특사로 파견되었다고 보도함. 기사에는 우선 그 한국이 이미 평화회의 위원으로 한국 황제가 파견될 자격은 것이 기재되었고, 이어서 일본이 한국 황제의 뜻을 배반하고, 병력으로 한국의 밝은 관계를 유린하고 동시에 한국의 외교권을 탈취한 점, 그 결과 자신들이 한국 황제가 파견한 위원임에도 불구하고 평화회의에 참석할 수 없음이 유감이라는 점 등이 실렸음.

한·일 신협약 체결 (정미 7조약, 1907) ★★

일본은 고종이 헤이그 특사 파견을 구실로 고종을 강제 퇴위시키고, 뒤이어 즉위한 순종과 한·일 신협약을 강제로 체결함 → 부속 밀약에 따라 **대한 제국의 군대가 해산**됨

또 나올 기출 사료 한·일 신협약 53회

제3조 한국 정부의 법령 제정 및 중요한 행정상의 처분은 미리 통감의 승인을 거친다.
제4조 한국 고도 관리의 임명하고 해임시키는 것은 통감의 동의에 의하여 집행한다.
제5조 한국 정부는 통감이 추천한 일본인을 한국 관리로 임명한다.

정미의병 (1907~1908)

고종의 강제 퇴위와 대한 제국 군대 해산에 반발하여 일어남 → 해산 군인이 이범윤, 합류 → **13도 창의군**(총대장 이인영, 군사장 허위)을 결성함 → **서울 진공 작전**(1908)을 전개하였으나 실패함

또 나올 기출 선택지 정미의병
① 해산 군인이 합류로 군사력이 강화되었다. 32회
② 13도 창의군이 서울 진공 작전을 전개하였다. 67회
③ 의병 부대가 연합하여 서울 진공 작전을 전개하였다. 43회

1908~1910년

전명운·장인환 의거 (1908)

전명운과 장인환이 미국 샌프란시스코에서 친일 외교 고문인 스티븐스를 사살함

기유각서 체결 (1909)

대한 제국의 사법권과 감옥 사무 처리권을 박탈함 → 이후 경찰권까지 박탈함(1910. 6.)

안중근 의거 (1909. 10.) ★★

안중근이 만주 하얼빈 역에서 조대인 통감인 **이토 히로부미를 사살**함 → 러시아 감옥에 수감되어 『동양평화론』을 저술하던 중 순국함

또 나올 기출 자료 안중근 53회

이 자료는 1910년 그가 옥중에서 자술한 『동양평화론』으로, 원래 5편으로 구상되었으나 사형 집행이 앞당겨져 서문과 전감(前鑑)만 집필되었다. 일제의 한국 침략에 대한 비판과 진정한 동양 평화를 위한 한중일 삼국의 대등한 연합이 주된 내용을 이룬다. 국제에서 사형 학교 등을 세워 인재 양성에 힘쓰던 그는 양명하여 연해주 우영장으로 국내 진공 작전을 전개하였었다. 1910년 뤼순 감옥에서 순국하였다.

한·일 병합 조약 체결 (경술국치, 1910)

통감인 데라우치와 총리 대신 이완용이 체결함 → 일본이 **대한 제국의 국권을 피탈**함

13 일제 강점기의 민족 운동

빈출주제 1위 사건

최근 3개년 시험에서 31회 출제 ★★★

> **목요개** 3·1 운동 이후 수립된 대한민국 임시 정부와 의열단의 활동

1910년대 (무단 통치 시기)

3·1 운동 (1919)

종교 단체의 학생들이 **고종의 인산일**(장례일)에 맞춰 계획 → 민족 대표 33인 이름의 **독립 선언서** 낭독 → 학생들이 탑골 공원에서 독립 선언서 낭독, 만세 시위 전개 → 지방과 해외로 만세 시위 확산 → 일제의 화성 제암리 학살 등이 일어남

🟢 **또 나올 기출 자료** 3·1 운동 46회

오늘 서울 거리는 순종 황제의 장례 행렬을 보려고 모인 사람들로 인산인해를 이루었다. 중앙고보, 연희전문, 보성전문 학생들이 전단을 배포하며 만세를 불렀다. 학생들은 즉시 체포되어 경찰서로 연행되었다.

대한민국 임시 정부 수립 (1919)

3·1 운동 직후 독립운동을 조직적으로 추진하고자 하는 필요성이 대두됨 → 상하이에서 3권 분립에 입각한 **통합 임시 정부**가 수립됨(대통령 이승만, 국무총리 이동휘) → **연통제**, 교통국 운영, **독립 공채 발행**, 구미 위원부 설치 등의 활동 전개

🟢 **또 나올 기출 자료** 대한민국 임시 정부
① 구미 위원부를 조직하여 외교 활동을 전개하였다. 69회
② 이륭양행에 교통국을 설치하여 국내와 연락을 취하였다. 61회
③ 독립운동 자금을 모으기 위해 독립 공채를 발행하였다. 66회
④ 비밀 행정 조직으로 연통제를 실시하였다. 58회

의열단 조직 (1919)

3·1 운동 이후 무장 투쟁의 필요성이 대두됨 → **김원봉**, 윤세주 등을 중심으로 만주 길림(지린)에서 의열단을 조직함 → 부산 경찰서(박재혁, 1920), **조선 총독부**(김익상, 1921), 종로 경찰서(김상옥, 1923), 동양 척식 주식회사와 조선 식산 은행(나석주, 1926)에 폭탄을 투척하는 의거 활동을 전개함

1920년대 (문화 통치 시기)

봉오동·청산리 전투 (1920. 6. ~ 1920. 10.)

홍범도가 이끄는 **대한 독립군**을 중심으로 한 독립군 연합 부대가 봉오동을 급습한 일본군에 승리를 거둠(**봉오동 전투**) → 김좌진의 **북로 군정서**와 대한 독립군(홍범도) 등 독립군 연합 부대가 백운평, 완루구, 어랑촌 등 청산리 일대에서 일본군을 격퇴함

🟢 **또 나올 기출 자료** 봉오동 전투 52회

북간도에 주둔한 아군 7백 명은 북로 사령부 소재지인 봉오동을 향해 행군하다가 적군 3백 명을 발견하였다. 이군을 지휘하는 홍범도, 최진동 두 장군은 즉시 적을 공격하여 120여 명을 섬멸하고 도주하는 적을 추격하였다.
— 독립신문

물산 장려 운동 (1920~1923)

평양에서 **조만식**의 주도로 조선 물산 장려회가 조직(1920)되면서 시작됨 → 이후 서울에서도 조선 물산 장려회가 발족(1923)되며 전국적으로 확산됨

민립 대학 설립 운동 (1922~1924)

조만식, **이상재** 등이 **조선 민립 대학 기성회**를 조직(1922)하며 시작됨 → '한민족 1천만이 한 사람이 1원씩'이라는 구호로 모금 운동을 전개함

🟢 **또 나올 기출 자료** 민립 대학 설립 운동 63회

1920년대 초반 실력 양성 운동의 일환으로 이상재, 이승훈 등이 고등 교육 기관을 설립하기 위해 전개한 운동입니다. 1년 내 1천만 원 조성을 목표로 모금 활동을 추진하였으나, 조선 총독부의 방해와 자연재해 등으로 성과를 두지 못하였습니다.

13 일제 강점기의 민족 운동

흐름잡기 6·10 만세 운동과 광주 학생 항일 운동 사이의 주요 사건 순서

1920년대 (문화 통치 시기)

6·10 만세 운동 (1926)

사회주의 세력과 천도교 일부 세력(민주주의 계열), 학생 단체들이 순종의 인산일(6월 10일)에 시위를 계획함 → 사회주의 세력과 천도교 연합의 사전에 발각됨 → 학생 단체들이 시위를 예정대로 진행함 → 만세 시위를 계획하는 과정에서 사회주의 계열과 민족주의 계열의 연대 가능성이 발견됨

도나올 기출 사료 6·10 만세 운동 44회
앞으로 마지막 군주였던 창덕궁 주인이 53세의 나이로 지난 4월 25일에 서거하였다. ······ 지금 우리 민족이 통곡과 복상을 하는 것은 군주의 죽음 때문이 아니고 경술 8월 29일 이래 사무친 슬픔 때문이다. ······ 슬퍼하는 민중들이여! 하나가 되어 혁명 단체 깃발 밑으로 모이자! 금일 통곡·복상의 충성과 의분을 모아 우리들의 해방 투쟁에 바치자!

신간회 창립 (1927)

사회주의 계열과 정우회가 비타협적 민족주의 계열과의 연대를 주장함(정우회 선언, 1926) → 민족 유일당 운동이 일환으로 비타협적 민족주의 계열과 사회주의 계열이 연합하여 신간회를 창립함

도나올 기출 사료 신간회
① 정우회 선언의 영향으로 결성되었다. 61회
② 민족 유일당 운동의 일환으로 결성되었다. 45회
③ 광주 학생 항일 운동에 진상 조사단을 파견하였다. 57회

광주 학생 항일 운동 (1929)

광주에서 나주로 가는 통학 열차 안에서 한·일 학생 간의 충돌이 발생함 → 일본 경찰이 편파적인 수사로 인해 광주에서 학생 시위가 시작됨 → 신간회가 진상 조사단을 파견하고 민중 대회를 개최할 것을 계획함 → 전국적인 항일 투쟁으로 확산됨, 동맹 휴학이 도화선이 됨

도나올 기출 사료 광주 학생 항일 운동
① 한국인 학생과 일본인 학생 간의 충돌에서 비롯되었다. 61회
② 신간회에서 진상 조사단을 파견하여 지원하였다. 67회
③ 전국 각지에서 일어난 동맹 휴학의 도화선이 되었다. 45회

1930 ~ 1940년대 (민족 말살 통치 시기)

한·중 연합 작전 전개 (1931~1933)

만주의 독립군과 중국군이 연합 전선을 형성함 → 북만주에서 한국 독립군(지청천)이 쌍성보(1932)·대전자령(1933) 전투, 남만주의 조선 혁명군(양세봉)이 영릉가(1932)·흥경성(1933) 전투에서 활약함

이봉창·윤봉길의 의거 (1932)

한인 애국단원 이봉창이 일왕 히로히토의 마차에 폭탄 투척과 윤봉길(상하이 홍커우 공원에서 폭탄 투척)이 의거함

조선 의용대 창설 (1938)

김원봉이 중국 한커우(우한)에서 조선 민족 전선 연맹의 산하 부대로 창설함 → 중국 관내(關內)에서 결성된 최초의 한인 무장 부대

도나올 기출 사료 조선 의용대 61회
우리는 중국의 난징에서 5개 당을 통합하여 전체 민족을 대표하는 유일한 정당인 조선 민족 혁명당을 창립하였다. ······ 아울러 중국군과 한국의 연합 항일 전쟁을 진행하여야 했다. ······ 이 때문에 우리는 1938년 조선 의용대를 조직하고 조선의 혁명 청년들을 단결시켜 각지에서 위훈장이 영도 아래 직접 중국 항전에 참가하였고, 각 전쟁터에서 찬란한 전투 성과를 만들어냈다.

한국광복군 창설 (1940)

대한민국 임시 정부가 산하 부대로 창설함 → 대일 선전 포고문을 발표(1941)하고 연합군의 일원으로 태평양 전쟁에 참전함 → 미국과 연계하여 국내 진공 작전(1945)을 추진함

14 대한민국 정부 수립 과정

빈출주제 1위 사건
최근 3개년 시험에서 12회 출제 ★★☆

1945년

미·소 군정 실시 (1945. 9.)

광복 후 한반도에 설정된 38도선의 남쪽은 미군이, 북쪽은 소련 군이 통치함

모스크바 3국 외상 회의 (1945. 12.)

미국, 영국, 소련 3국의 외무 장관이 한반도 문제에 대해 협의 → 민주주의적 임시 정부 수립, 최고 5년간 4개국의 신탁 통치 실시, **미·소 공동 위원회 설치**가 결정됨

📖 또 나올 기출 사료 **모스크바 3국 외상 회의** 51회

군정 장관 아놀드 소장은 12월 29일 오전 10시 30분 군정청 제1회의실에서 신문 기자단과 회견하고 신탁 통치에 관한 질문에 대하여 다음과 같은 견해를 표명하고 의문점들을 밝혔다. "…… 신탁 통치는 조선 임시 정부를 수립코자 함이 목적일 것이다. 우선 조선인이 당면한 경제 문제에 있어 우익하여 신탁 관리 문제로 모든 기관이 중지 상태로 들어가기를 원한다. 현 단계에 이르러 긴장한 냉정이 필요할 것이다. 4개국은 믿고 있는 중에 직무에 충실하여야 한다."

반탁과 찬탁의 대립 (1945. 12. ~)

신탁 통치 결정 사항을 두고 우익(김구, 이승만)은 반탁 운동, 좌익(박헌영)은 찬탁 운동을 전개하여 좌·우의 대립이 심화됨

1946년

제1차 미·소 공동 위원회 (1946. 3.)

미국과 소련이 임시 정부 수립을 위해 논의 → 임시 정부 수립을 위한 협의에 참여할 단체 범위를 두고 논쟁(미국: 한·반탁 세력 모두 포함 ↔ 소련: 찬탁 세력만 포함) → 입장 차이로 결렬

📖 또 나올 기출 사료 **제1차 미·소 공동 위원회** 47회

모스크바 삼상 회의에서 결정한 조선에 관한 제3조 제3항에 의거하여 구성된 (제1차) 미·소 공동 위원회가 3주만에 큰 희망 속에 20일 드디어 덕수궁 석조전에서 출범하였다. 조선인 전도를 좌우하는 중대한 관건을 쥐고 있는 만큼 그 수뇌는 자못 3천만 민중의 주목을 받고 있다.

이승만의 정읍 발언 (1946. 6.)

이승만이 정읍에서 남한만의 단독 정부 수립을 주장함

📖 또 나올 기출 사료 **정읍 발언** 43회

이제 우리는 무기 휴회된 공위가 재개될 기색도 보이지 않으며 통일 정부를 고대하나 여의치 않게 되었으니, 우리는 남방만이라도 임시 정부 혹은 위원회 같은 것을 조직하여 38도선 이북에서 소련이 철퇴하도록 세계 공론에 호소하여야 될 것이다.

좌·우 합작 운동 (1946. 7. ~ 1946. 10.)

여운형과 김규식이 미 군정의 후원을 받아 조직 → **좌·우 합작 7원칙** 발표(임시 민주 정부의 수립, 신탁 통치 문제 해결, 토지 개혁 등)

📖 또 나올 기출 사료 **좌·우 합작 7원칙** 48회

1. 조선의 민주 독립을 보장한 3상 회의 결정에 의하여 남북을 통한 좌·우 합작으로 민주주의 임시 정부를 수립할 것.

3. 토지 개혁에 있어 몰수, 유조건 몰수, 체감 매상 등으로 토지를 농민에게 무상으로 나누어 주며 시가지의 기지와 큰 건물을 적정 처리하며 중요 산업을 국유화하며 …… 민주주의 건국 과업 완수에 매진할 것.

14 대한민국 정부 수립 과정

독립적인 정부 수립까지의 주요 사건 순서

1947년

제2차 미·소 공동 위원회 (1947. 5.)
- 냉전이 심화되어 제2차 미·소 공동 위원회도 결렬됨

한반도 문제의 유엔 상정 (1947. 9.)
- 미국의 제안으로 한반도 문제가 유엔(국제 연합)에 이관됨

> **또 나올 기출 사료** 한반도 문제의 유엔 상정 48회
> 조선인이 다 아는 것과 같이 (제2차) 미·소 공동 위원회가 난관에 봉착함으로 인하여 미국 측은 조선의 독립과 통일 문제를 유엔 총회에 제출하였다. 그리고 대다수의 세계 각국의 4대국 6으로 이 문제를 유엔 총회에 상정하기로 가결하였다. ······ 조선인에게 권고하고 싶은 것은 이 중요한 시간에 유엔 총회가 조선 문제를 해결할 수 있다는 믿음을 가지고 평화를 애호하는 세계에 모든 국가가 유엔 총회의 결정을 전적으로 지지하여야 할 것이다.

유엔 총회의 결의 (1947. 11.)
- 유엔 총회가 인구 비례에 따른 남북한 총선거 실시를 결의함

> **또 나올 기출 사료** 유엔 총회의 남북한 선거 결의문 46회
> 총회가 당면하고 있는 한국 문제는 근본적으로 한국민 자체의 문제이며 그 자유와 독립에 관련된 문제이므로 ······ 총회는 한국 대표가 한국 주재 군정 당국에 의하여 지명된 자가 아니라 한국민에 의하여 실제로 정당하게 선출된 자라는 것을 감시하기 위하여, 조속히 유엔 한국 임시 위원단을 설치하여 한국에 주재케 하고, 이 위원단에게 한국 전체를 여행·감시·협의 할 수 있는 권한을 부여할 것을 결의한다.

1948년

유엔 한국 임시 위원단 파견 (1948. 1.)
- 유엔이 총선거를 관리·감독할 유엔 한국 임시 위원단을 파견함 → 소련이 입북을 거부함

김구의 단독 정부 수립 반대 (1948. 2.)
- 김구가 '삼천만 동포에게 읍고함'을 발표하여 남한만의 단독 정부 수립에 반대함

유엔 소총회의 결의 (1948. 2.)
- 유엔 소총회에서 임시 위원단이 접근 가능한 지역(남한)에서의 단독 선거 실시를 결의함

남북 협상 (1948. 4.)
- 남북 분단을 우려한 김구, 김규식 등이 북측에 남북 협상을 제의함 → 평양에서 남북 지도자 회의를 개최함 → 남북 조선 제 정당 및 사회 단체 공동 성명서를 발표함

5·10 총선거 실시 (1948. 5. 10.)
- 우리나라 최초의 민주적인 보통 선거에 의한 남한만의 총선거가 실시되어 2년 임기의 제헌 국회의원을 선출함

제헌 헌법 공포 (1948. 7.)
- 4년 임기의 대통령 중심제, 국회의 간접 선거에 의한 대통령 선출 등을 주요 내용으로 하는 제헌 헌법을 공포함

대한민국 정부 수립 (1948. 8. 15.)
- 제헌 국회에서 이승만을 대통령으로 선출하여 대한민국 정부 수립을 선포함

15 민주주의 시련과 발전

빈출주제 1위 사건

최근 3개년 시험에서 **9회 출제** ★★★

꼭 알기! 4·19 혁명이 일어나게 된 배경과 결과

4·19 혁명 (이승만 정부)

3·15 부정 선거 (1960. 3. 15.)
자유당이 부통령에 이기붕을 당선시키기 위해 정·부통령 선거에서 사전 투표, 투표함 바꿔치기 등의 **부정 선거를 자행**함

마산 의거 (1960. 3. 15.)
마산에서 3·15 부정 선거에 대한 항의 시위 전개 → 정부의 무력 진압 → **시위에 참가했던 김주열의 시신이 발견**되면서 시위 확산

4·19 혁명 (1960. 4. 19.)
고려대 학생들의 시위 전개(4. 18.) → 학생들과 시민들이 대규모 시위 전개, 경무대까지 행진 → 이승만 정부가 계엄령을 선포하고 시민들을 향해 무차별 총격을 가함 → 서울 시내 **대학 교수단**의 시국 선언문 발표(4. 25.) → 이승만 퇴진 요구

이승만 하야 (1960. 4. 26.)
이승만 대통령 하야 → **허정**(당시 외무 장관) **과도 정부 수립**

🔍 또 나올 듯! 기출 선택지 **4·19 혁명**
① 3·15 부정 선거에 항의하여 일어났다. 69회
② 3·15 부정 선거에 항의하며 시위대가 경무대로 행진하였다. 58회
③ 이승만이 대통령직에서 물러나는 결과를 가져왔다. 57회
④ 허정 과도 정부가 출범하는 계기가 되었다. 61회
⑤ 장면 내각이 출범하는 배경이 되었다. 60회

제3차 개헌 (1960. 6.)
제3차 개헌에서 **내각 책임제와 양원제(참의원·민의원) 국회**로 헌법을 개정함 → **장면 내각 수립**(1960. 8.)

유신 체제 반대 운동 (박정희 정부)

유신 체제 성립 (1972)
박정희 정부가 **10월 유신**을 단행하고 전국에 비상 계엄령 선포 → 유신 헌법(제7차 개헌)을 제정하여 대통령 권한 강화

🔍 또 나올 듯! 기출 사료 **유신 헌법** 44회
제39조 대통령은 통일 주체 국민 회의에서 토론 없이 무기명 투표로 선거한다.
제40조 통일 주체 국민회의는 국회의원 정수의 3분의 1에 해당하는 수의 국회의원을 선거한다.
제59조 대통령은 국회를 해산할 수 있다.

개헌 청원 100만인 서명 운동 (1973)
장준하 등이 재야 인사 중심으로 **개헌 청원 운동 전개** 37회

🔍 또 나올 듯! 기출 사료 **개헌 청원 100만인 서명 운동** 37회
1. 파괴된 민주 헌정의 회복을 위해 대통령 자신이 개헌을 발의하되 민족 통일의 기초가 될 수 있는 완전한 민주 헌법으로 하여 이 헌법에 의해 자신이 가지는 지배롭고 영예롭고 막중한 책임을 굳은 앞으로 오고 오는 모든 이 나라 집권자들이 규범으로 삼게 할 것
2. 긴급 조치로 구속된 민주 인사와 학생 전원을 무조건 즉각히 석방할 것
...... 개헌 청원 백만인 서명 운동 본부 장준하

3·1 민주 구국 선언 (1976)
김대중 등이 명동 성당에서 **3·1 민주 구국 선언** 발표(긴급 조치 발동) → 유신 헌법 철폐, 박정희 정권 퇴진 요구

부·마 민주 항쟁 (1979)
YH 무역 사건 → 유신 체제에 비판적이었던 김영삼 신민당 총재가 국회의원에서 제명됨 → **부산·마산에서 유신 체제 반대 시위 확산** → 10·26 사태로 박정희가 살해되면서 유신 체제 붕괴

🔍 또 나올 듯! 기출 선택지 **부·마 민주 항쟁**
① 야당 총재의 국회의원직 제명으로 촉발되었다. 55회
② 유신 체제가 붕괴되는 결과를 가져왔다. 69회

15. 민주주의 시련과 발전

5·18 민주화 운동 (신군부 집권기)

12·12 사태 (1979. 12. 12.)
- 전두환, 노태우를 중심으로 한 신군부가 쿠데타를 일으킴

서울의 봄 (1980. 5. 15. ~ 5. 17.)
- 학생과 시민들이 신군부 퇴진을 요구하는 평화 행진 전개 → 신군부가 비상 계엄을 전국으로 확대, 김대중 등 주요 정치 인사를 구속함

★★★ 5·18 민주화 운동 (1980. 5. 18.)
- 광주 지역 학생·시민들이 계엄령 철폐와 김대중 석방을 요구하며 민주화 운동 전개 → 신군부가 공수 부대를 동원하여 무력 진압 → 시민들이 시민군을 조직하여 저항하였으나 진압됨 → 이후 관련 기록물이 유네스코 세계 기록유산에 등재됨

📌 또 나올 기출 사료 **5·18 민주화 운동**
지금 광주에서는 젊은 대학생들과 시민들이 피를 흘리며 싸우고 있습니다. 대학생들의 평화적 시위를 질서 유지, 진압이라는 명목 아래 저 잔인한 공수 부대를 투입하여 시민과 학생을 무차별 살육하였고 더군다나 발포 명령까지 내렸던 것입니다.

📌 또 나올 기출 선택지 **5·18 민주화 운동**
① 신군부의 비상계엄 확대가 원인이 되어 발생하였다. 60회
② 시위 과정에서 시민군이 자발적으로 조직되었다. 69회
③ 관련 기록물이 유네스코 세계 기록유산으로 등재되었다. 61회

전두환 정부 수립 (1980. 8.)
- 통일 주체 국민회의에서 전두환을 제11대 대통령으로 선출함

꼭 암기! 6월 민주 항쟁 전후에 일어난 사건의 순서

6월 민주 항쟁 (전두환 정부)

박종철 고문 치사 사건 (1987. 1.)
- 직선제 개헌 요구 운동 과정에서 서울대 학생 박종철이 경찰의 고문으로 사망 → 정부가 이 사건을 축소·은폐하려다 발각됨

4·13 호헌 조치 (1980. 4. 13.)
- 전두환 정부가 현행 헌법(7년 단임의 대통령 간선제)을 유지하겠다는 조치를 발표함

이한열 최루탄 피격 사건 (1987. 6. 9.)
- 호헌 조치 반대 시위 도중 연세대 학생 이한열이 최루탄에 맞아 중태에 빠짐

★★★ 6·10 국민 대회 (1987. 6. 10.)
- 전국의 시민과 학생들이 6월 10일 호헌 철폐와 독재 타도를 외치며 대대적인 시위를 전개함

📌 또 나올 기출 사료 **6월 민주 항쟁** 45회
국가의 미래요 소망인 꽃다운 젊은이를 야만적인 고문으로 죽여 놓고 그것도 모자라 뻔뻔스럽게 국민들 속이려 했던 현 정권에게 국민의 분노가 무엇인지를 분명히 보여 주고, 국민적 여망인 개헌을 일방적으로 파기한 4·13 폭거를 철회시키기 위한 민주 장정을 시작한다.

📌 또 나올 기출 선택지 **6월 민주 항쟁**
① 호헌 철폐, 독재 타도 등의 구호를 외쳤다. 61회
② 4·13 호헌 조치에 반발하며 호헌 철폐 등의 구호를 내세웠다. 57회
③ 박종철 고문 치사 사건의 진상 규명을 요구하였다. 55회
④ 5년 단임의 대통령 직선제 개헌을 이끌어 냈다. 69회

6·29 민주화 선언 (1987. 6. 29.)
- 당시 여당의 대통령 후보인 노태우가 대통령 직선제 수용을 약속하는 선언을 발표함 → 제9차 개헌(5년 단임의 대통령 직선제)

16 남북 관계의 변화

빈출주제 1위 사건

최근 3개년 시험에서 8회 출제 ★★☆

이승만 정부 ~ 전두환 정부

북진 통일론 주장 (이승만 정부)
- 반공을 강조하여 북진 통일론을 주장하였으며, 평화 통일을 주장한 진보당을 탄압함

남북 학생 회담 요구 집회 (장면 내각)
- 대학생들이 '가자 북으로, 오라 남으로! 판문점으로!' 등을 외치며 남북 학생 회담을 열 것을 주장함

  남북 학생 회담 요구 집회 자료 58회
  이 사건은 남북 학생 회담을 요구하는 진화 장면입니다. 당시 대학생들은 판문점에서 만나자는 구호를 외치며 협상을 통한 자주적인 통일을 주장하였으나, 정부는 남북 총선거에 의한 평화통일 정책을 제시하였습니다.

7·4 남북 공동 성명 발표 (박정희 정부)
- 한반도의 통일은 자주·평화·민족 대단결의 원칙에 입각하여 이루어져야 함을 천명하고, 남북 조절 위원회 설치에 합의함

  또 나올을 기출 선택지
  ① 남북 조절 위원회를 구성하였다. 61회
  ② 7·4 남북 공동 성명을 실천하기 위한 남북 조절 위원회를 구성하였다. 58회

남북한 이산가족 최초 상봉 (전두환 정부)
- 최초의 남북 이산가족 고향 방문과 남북 예술 공연단 교환이 이루어짐

↑ **꼭 알기!** 각 정부가 채택·발표한 문서 혹은 선언의 이름

노태우 정부 ~ 노무현 정부

남북 기본 합의서 채택 (노태우 정부)
- 남북 고위급 회담에서 남북 사이의 화해와 불가침 및 교류·협력에 관한 합의서(남북 기본 합의서)를 교환함

한반도 비핵화 공동 선언 채택 (노태우 정부)
- 남북 양측은 한반도를 비핵화하여 핵 전쟁의 위험을 제거하고, 평화 통일의 기반을 다지기 위해 한반도 비핵화 공동 선언을 채택함

  또 나올 정부의 통일 노력
  ① 남북한이 유엔에 동시 가입하였다. 66회
  ② 한반도 비핵화 공동 선언을 발표하였다. 61회
  ③ 남북 사이의 화해와 불가침 및 교류 협력에 관한 합의서를 교환하였다. 58회

제1차 남북 정상 회담 (김대중 정부)
- 남북 정상 회담을 처음으로 개최 → 6·15 남북 공동 선언 발표, 개성 공업 지구(개성 공단) 건설에 합의함, 경의선(서울과 신의주) 복원 공사, 이산가족 상봉 등을 진행함

  또 나올 정부의 통일 노력
  ① 6·15 남북 공동 선언을 채택하였다. 60회
  ② 남북한의 교류 협력을 위한 개성 공업 지구 건설에 합의하였다. 61회
  ③ 남북 정상 회담을 개최하고 6·15 남북 공동 선언을 채택하였다. 58회

제2차 남북 정상 회담 (노무현 정부)
- 제2차 남북 정상 회담을 개최하고 10·4 남북 공동 선언을 발표함

  또 나올 정부의 통일 노력
  ① 제2차 남북 정상 회담이 개최되었다. 60회
  ② 10·4 남북 정상 선언을 발표하였다. 71회

제3차 남북 정상 회담 (문재인 정부)
- 한반도의 평화와 번영, 통일을 위한 판문점 선언을 발표함

빈출주제 2위

문화유산

01 선사 시대의 문화유산
02 고대의 문화유산
03 고려 시대의 문화유산
04 조선 시대의 문화유산
05 불상
06 탑
07 건축물
08 서울의 문화유산
09 유네스코에 등재된 우리 문화재
10 근대의 문물

학습 꿀팁

시험 전날까지는 문화유산의 이름과 제시된 이미지, 추가 설명을 연결 지어서 꼼꼼하게 외우세요. 시험장에서 마무리할 때는 문화유산의 이름과 사진만 빠르게 확인하며 외우세요.

빈출주제 2위 문화유산

01 선사 시대의 문화유산

최근 3개년 시험에서 5회 출제 ★☆☆

▶ 배움: 신석기 시대 사용된 도구의 쓰임새

구석기 시대

주먹도끼(뗀석기)
짐승을 사냥하거나 짐승의 가죽을 벗기는 데 사용함

🌱 **토너츠 기출 선택지**
주먹도끼로 짐승을 사냥하는 모습 54회

슴베찌르개

자루에 연결하여 창끝이나 화살촉 등으로 사용함

🌱 **토너츠 기출 지문**
단양 수양개 유적에서 출토된 이 슴베찌르개는 주먹도끼와 함께 구석기 시대의 대표적인 유물 중 하나입니다. 47회

신석기 시대

빗살무늬 토기
음식의 저장과 조리를 위해 제작함

🌱 **토너츠 기출 선택지**
빗살무늬 토기에 곡식을 저장하기 시작하였다. 67회

갈돌과 갈판

나무 열매나 곡물 껍질을 벗기는 데 사용함

🌱 **토너츠 기출 지료**
부산 동삼동 유적에서는 곡물 등을 가공하는 데 사용한 갈돌과 갈판도 출토되었습니다. 58회

가락바퀴

뼈바늘과 함께 **옷이나 그물을 제작**하는 데 이용됨

🌱 **토너츠 기출 선택지**
가락바퀴를 이용하여 실을 뽑았다. 71회

움집

원형 또는 사각형의 반지하 가옥, 중앙에 화덕 설치

🌱 **토너츠 기출 선택지**
정착 생활을 하게 되면서 움집이 처음 만들어졌습니다. 39회

01 선사 시대의 문화유산

꼭 암기: 청동기 시대의 대표 유물과 유적의 생김새

청동기 시대

비파형동검

청동기 시대의 동검

⭐ 또 나올 기출 선택지
거푸집으로 비파형동검을 제작하였다. 52회

반달 돌칼

곡식의 이삭을 추수하는 데 사용함

⭐ 또 나올 기출 선택지
반달 돌칼로 벼 이삭을 수확하였다. 67회

미송리식 토기

청동기 시대 유적지인 미송리 유적에서 발견된 민무늬 토기

고인돌

청동기 시대 지배자였던 군장의 무덤

⭐ 또 나올 기출 선택지
지배자의 무덤으로 고인돌을 만들었다. 71회

철기 시대

명도전

중국의 동전으로, 철기 시대 유물과 함께 발견됨

세형동검
청동기 시대
비파형동검보다 가늘어진 철기 시대의 동검

⭐ 또 나올 기출 선택지
거푸집을 이용하여 세형동검을 만들었다. 58회

독무덤

크고 작은 항아리나 독 두 개를 맞대어 관으로 사용함

창원 다호리 붓

한반도에서 한자를 사용하고 있었음을 보여 줌

02 고대의 문화유산

빈출주제 2위 문화유산

최근 3개년 시험에서 **5회 출제** ★☆☆

백제

칠지도

- 4세기 근초고왕 때 일본에 하사한 것으로 추정
- 현재 일본 이소노카미 신궁에서 보관

> 또 나올 기출 선택지
> 백제 - 왜에 칠지도를 보냈다. 71회

무령왕릉 지석

- 무령왕릉에서 발견된 지석으로 죽은 사람의 인적 사항을 기록함

> 또 나올 기출 선택지
> 무덤의 주인을 알 수 있는 묘지석이 출토되었다. 35회

고구려

쪽함께 고구려 고분 벽화의 이미지

무용총 수렵도

- 사냥하는 모습을 담은 고분 벽화

강서 대묘 사신도

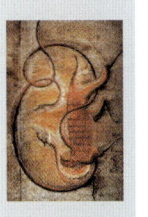

- 도교의 사방신 중 북쪽의 현무를 그린 고분 벽화

무용총 접객도

- 고구려인의 생활상을 담은 고분 벽화

> 또 나올 기출 자료
> 이번 특별전에서는 북한의 예술가들이 모사한 강서대묘 사신도, 무용총 수렵도 등의 고분 벽화 수십 점이 전시된다. 43회

각저총 씨름도

- 고구려에서 씨름(각저)이 행해졌음을 알 수 있는 고분 벽화

광개토 대왕릉비

- 만주에 위치
- 장수왕이 광개토 대왕을 기리기 위해 건립

충주 고구려비

- 충주에 위치
- 한반도에서 발견된 유일한 고구려비

02 고대의 문화유산

가야

꼭 올깨 금관가야와 대가야의 대표 유물

금관가야 철제 갑옷

김해 양동리 고분군에서 출토

대가야 금동관

고령 지산동 고분군에서 출토

> 또 나올 기출 자료
> 이 유물은 고령 지산동 32호분에서 출토된 것입니다. 이러한 유물을 만든 나라에 대해서 발표해 보세요. 30회

★ 금관가야 철제 갑옷

김해 대성동 고분군에서 출토됨

대가야 판갑옷과 투구

고령 지산동 고분군에서 출토됨

백제

★ 백제 금동대향로

- 신선이 살고 있는 이상 세계를 표현함(도교와 관련)
- 부여 능산리 절터에서 출토됨

> 또 나올 기출 자료
> 부여 능산리 절터에 대한 발굴 조사 중에 생각지도 못한 문화유산이 발굴되었다. 나성과 능산리 고분군 사이의 계단식 논에서 발견된 이 유물은 도교와 불교 사상이 함께 반영된 것으로, 아마도 왕실 의례에 사용된 것으로 추측된다. 바둑 능산리 절은 백제의 열망과 함께 사라졌지만 우리가 발굴한 유물들을 통해 찬란한 백제의 문화를 세상에 알릴 수 있을 것으로 생각하니 뿌듯하다. 32회

산수무늬 벽돌

자연과 함께 살고자 하는 백제인의 예술세계를 보여 줌(도교와 관련)

무령왕릉 석수(진묘수)
악귀를 쫓기 위해 무령왕릉 안에 둔 석상

> 또 나올 기출 자료
> 동상 앞 석상은 중국 남조의 영향을 받아 벽돌로 축조한 무령왕이 무덤에서 출토된 진묘수 모형입니다. 57회

02 고대의 문화유산

신라

임신서기석

- 화랑으로 추정되는 두 젊은이가 유교 경전을 습득하기로 했다는 내용이 기록되어 있음

도기 기마인물형 명기

- 신라 남성의 마구장식 등 신라인의 기마 문화가 표현되어 있음

서울 북한산 신라 진흥왕 순수비
> 진흥왕이 세운 비석의 이름과 건립 목적

- 진흥왕이 한강 하류 지역 정복 후 순수한 것을 기념하기 위해 건립

> 도나쌤 기출 자료
> 한강 유역을 차지한 뒤, 이를 기념하여 북한산에 순수비를 세웠습니다. 55회

천마총 금제 관식

- 경주 천마총에서 출토된 금제 관식

단양 적성비
- 진흥왕이 단양의 적성을 점령한 뒤 공을 세운 자에게 포상한다는 내용을 적어 건립

황남대총 북분 금관
- 황남대총에서 출토된 금관으로, 신라 금관을 대표함

호우명 그릇
- 경주 호우총에서 출토됨
- 광개토 대왕의 이름이 새겨져 있어 당시 신라와 고구려의 관계를 보여 줌

천마총 천마도

- 천마총에서 출토된 말의 안장 장식에 그려진 그림

> 도나쌤 기출 선택지
> 내부에서 천마도가 수습되었다. 48회

02 고대의 문화유산

2위 발해

발해

치미

발해에서 사용된 장식 기와

> 또 나올 기출 자료
> 이것은 고구려 문화의 영향을 받은 발해의 문화유산입니다. 49회

발해 석등

발해 석조 미술의 대표적인 작품

연화문 와당
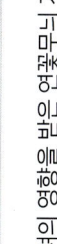
고구려의 영향을 받은 연꽃무늬 기와

> 🔖 빈출개념 고구려의 영향을 받은 발해의 대표 문화유산

> 또 나올 기출 자료
> 러시아 연해주의 크라스키노 성 유적에 대해 한·러 공동 발굴을 실시한 결과 고구려의 영향을 받은 연화문 와당 등이 출토되었고, 연못이 확인되었다. 31회

돌사자상

발해 정혜 공주 묘에서 출토됨

신라

성덕 대왕 신종

경덕왕 때 제작을 시작하여 혜공왕 때 완성

보은 법주사 쌍사자 석등

보은 법주사의 석등으로, 통일 신라 시기에 조성됨

03 고려 시대의 문화유산

빈출주제 2위 문화유산

최근 3개년 시험에서 2회 출제 ★☆☆

🔖 고려 시대 청자의 이름과 생김새

고려 시대

청동 은입사 포류수금문 정병

청동기 표면에 은으로 무늬를 장식하는 은입사 기술로 제작된 물병

청자 인물형 주전자
청자 인물형 주전자, 머리에 모자(관)를 쓰고 도포를 입은 사람이 복숭아를 얹은 그릇을 들고 있는 모습을 표현함

청자 상감 운학문 매병

13세기에 제작된 상감 청자로, 구름과 학의 무늬를 새김

청자 상감 모란문 표주박 모양 주전자

고려 시대의 청자 주전자, 상감 기법으로 구름과 학, 모란 등을 나타냄

청자 참외모양 병
참외 모양을 닮은 고려 청자

청자 투각칠보문뚜껑 향로
청자로 만든 향로

03 고려 시대의 문화유산

고려 시대

수월관음도
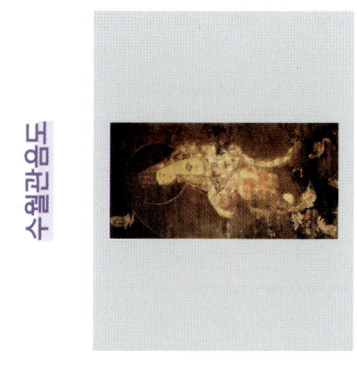
관음보살을 그린 그림

양류관음도

고려 시대 승려인 혜허가 그린 관음보살상 그림

나전 국화 넝쿨무늬 화장함

옻칠한 바탕에 자개를 붙여 무늬를 나타내는 나전칠기 방식으로 만든 보관함

나전 국화 넝쿨무늬 자함

옻칠한 바탕에 자개를 붙여 무늬를 나타내는 나전칠기 방식으로 만든 보관함

04 조선 시대의 문화유산

빈출주제 2위 문화유산

최근 3개년 시험에서 **4회 출제** ★★☆

조선 전기

몽유도원도 — 안견

안평 대군의 꿈을 그린 그림
현실과 이상 세계의 조화를 표현

꼭 암기! 조선 전기의 화가와 대표 작품

도나올 기출 자료
이 작품은 조선 전기를 대표하는 그림으로, 안평 대군이 꿈에서 본 이상 세계에 대해 이야기를 듣고 안견이 그린 것입니다. 48회

고사관수도 — 강희안

간결하고 과감한 필치로 인물이 내면 세계를 표현

초충도 — 신사임당

풀과 벌레를 소재로 하여 그린 그림

초충도 — 신사임당
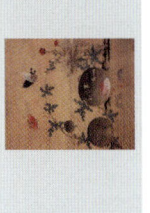

풀과 벌레를 소재로 하여 그린 그림

분청사기 박지태극문 편병
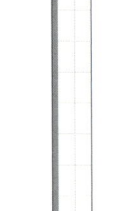

태극 무늬가 새겨진 것이 특징

분청사기 음각어문 편병

두 마리의 물고기가 새겨짐

04 조선 시대의 문화유산

조선 후기

백자 청화죽문 각병

- 대나무를 그려 선비의 당당함과 기개 표현

서당 - 김홍도

- 김홍도가 그린 풍속화

> **또 나올 기출 자료**
> 이 그림은 서당의 모습을 그린 김홍도의 풍속화입니다. 훈장 앞에서 훌쩍이는 학생과 이를 바라보는 다른 학생들이 모습이 생생하게 표현되어 있습니다. 54회

백자 달항아리

- 사대부의 취향을 반영하여 순백의 고상함 표현

호작도

- 조선 후기 서민 문화의 발달로 그려진 민화

백자 철화포도원숭이문 항아리

- 포도 덩굴을 생생하게 표현

> **꼭 암기!!** 조선 후기에 만들어진 자기의 특징

매화초옥도 - 전기
- 한겨울 깊은 산속의 초옥에 홀로 살고 있는 벗을 찾아가는 내용을 담은 작품

04 조선 시대의 문화유산

조선 후기

꼭힘피! 조선 후기 화가들의 대표 작품의 이름과 특징

금강전도 — 정선
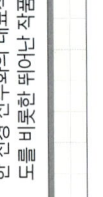
금강산의 경치를 그린 진경 산수화

> 또 나올 기출 자료
> 그는 우리나라의 산천을 사실적으로 표현한 진경 산수화의 대표적인 화가로 금강전도를 비롯한 뛰어난 작품을 남겼지. 47회

총석정도 — 김홍도

김홍도가 그린 진경 산수화

인왕제색도 — 정선

인왕산의 경치를 그린 진경 산수화

자리짜기 — 김홍도

실을 뽑고 자리를 짜는 모습을 그린 풍속화

영통동구도 — 강세황
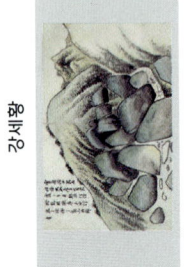
서양화의 기법을 사용하여 그린 작품

무동 — 김홍도

춤추는 아이와 악사들의 모습을 그린 풍속화

04 조선 시대의 문화유산

조선 후기

족집기 신윤복과 김정희의 대표 그림

세한도와 추사체
김정희

▲ 세한도
▲ 추사체

김정희가 그린 문인화와 독창적인 글씨체

도 나올 기출자료
우리 박물관에서는 추사체를 창안하여 조선 서예에 새 지평을 연 추사 선생의 특별전을 개최합니다. 58회

불이선란도
김정희

부작란도라고도 불림

월하정인
신윤복

달빛 속에서 두 연인이 만나는 모습을 그린 풍속화

파적도
김득신

병아리를 물고 도망가는 고양이의 모습을 그린 풍속화

단오풍정
신윤복

단오를 즐기는 여성들의 모습을 그린 풍속화

노상알현도
김득신

평민 남녀가 양반에게 머리를 조아리는 모습을 그린 풍속화

표 05 불상

빈출주제 2위 문화유산

최근 3개년 시험에서 **2회 출제** ★☆☆

삼국 시대

고구려
금동 연가 7년명 여래 입상
- 광배 뒷면에 '연가 7년명'이라는 연대가 새겨져 있음

💡 또 나올 기출 자료
뒷면에 새겨진 '연가 7년'이라는 글자로 불상의 제작 시기를 추정할 수 있다. 50회

백제
서산 용현리 마애 여래 삼존상
- 절벽에 조각(마애)된 불상, '백제의 미소'라 불림

💡 또 나올 기출 자료
국보로 지정된 이 마애불은 둥근 얼굴 옆 광배에 재치로운 인상을 지녀 '백제의 미소'라고 불립니다. 53회

공주 의당 금동 보살 입상
- 관음보살상을 형상화한 금동 보살 입상

금동 미륵보살 반가 사유상 (국보 78호)
- 화려한 관을 쓰고 있는 반가 사유상

신라
경주 배동 석조 여래 삼존 입상
- 푸근한 자태와 부드럽고 은화한 미소가 특징

금동 미륵보살 반가 사유상 (국보 83호)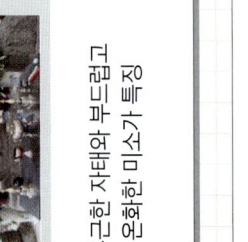
- 일본 고류사 목조 미륵보살상에 영향을 주었으며, 삼면이 각각 둥근 산 모양을 이루는 관을 쓰고 있음

↑
※ 함께! 삼국의 대표 불상의 이름과 특징

남북국 시대

신라
경주 석굴암 본존불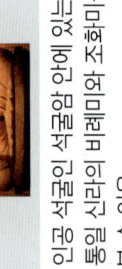
- 인공 석굴인 석굴암 안에 불상이 있음
- 통일 신라의 비례미와 조화미를 엿볼 수 있음

발해
이불 병좌상
- 두 부처가 나란히 앉아 있는 모습으로, **고구려의 영향**을 받음(광배)

05 불상

고려 시대

논산 관촉사 석조 미륵보살 입상

고려 초기의 불상으로, 호족들이 지원을 받아 지방색이 드러남

서울 보타사 마애보살 좌상

뚜렷한 이목구비와 초승달 모양의 혀 등이 특징

영주 부석사 소조 여래 좌상
이상이 지은 부석사에 위치한 불상, 신라의 전통 양식을 계승하여 제작

파주 용미리 마애이불 입상

두 불상을 절벽에 조각(마애)하여 마애이불이란 이름이 붙여짐

하남 하사창동 철조 석가 여래 좌상

고려 초기의 대형 철불로, 지방 호족과 연관되어 있음

안동 이천동 마애여래 입상
바위에 옷주름과 손을 조각하고 부처 머리만 따로 올려 제작한 불상

빈출주제 TOP5로 끝내는 합격직행노트

2위 문화유산

06 탑

빈출주제 2위 문화유산

최근 3개년 시험에서 **7회 출제** ★☆☆

핵심Ⅲ 삼국의 대표적인 탑의 이름과 특징

삼국 시대

백제
익산 미륵사지 석탑

- **현존하는 최고(最古)의 석탑**
- 목탑의 양식을 본떠 만든 석탑
- 석탑 내부에서 사리 장엄구와 금제 사리 봉안기가 출토됨

🔍 **도 나올을 기출 자료**
- 종목: 국보 제11호
- 소재지: 전라북도 익산시
- 소개: 현존하는 삼국 시대 석탑 중 가장 규모가 크며 목탑 양식을 반영하여 건립되었다. 탑의 중심에는 여러 개의 사각형 돌을 수직으로 쌓아 올린 기둥(심주)이 4층까지 연속된다. 1층 심주석에서 발견된 사리 봉영기의 기록을 통해 석탑이 건립 연도가 639년임으로 명확하게 밝혀졌다. 51회

백제
부여 정림사지 오층 석탑

- 목탑에서 석탑으로 넘어가는 과도기적 형태의 탑
- 백제 예술의 정수
- **평제탑**이라고 불리기도 하였음

🔍 **도 나올을 기출 자료**
- 종목: 국보 제9호
- 소재지: 충청남도 부여군
- 소개: 이 탑은 목탑의 구조를 석재로 표현하고 있는 석탑이다. 세부 수법에 있어서는 목조 양식을 그대로 재현하는 데에서 탈피하여 세련되고 창의적인 조형을 보이고 있다. 1층 탑신에는 백제 멸망 후 당의 장수 소정방이 쓴 글이 새겨져 있다. 31회

신라
경주 분황사 모전 석탑

- 돌을 벽돌 모양으로 만들어 쌓은 탑
- 현존하는 **신라 석탑 중 제일 오래됨**

🔍 **도 나올을 기출 자료**
- 종목: 국보
- 소재지: 경상북도 경주시
- 소개: 신라 선덕 여왕 때 벽돌 모양으로 돌을 다듬어 쌓은 탑으로, 기단 위 모퉁이에 화강암으로 조각한 사자 상이 놓여 있다. 64회

06 탑

남북국 시대

꼭 알기! 경주 불국사의 대표적인 탑의 이름과 특징

발해 영광탑

- 중국의 영향을 받아 벽돌로 만든 전탑 (벽돌탑)

신라 경주 불국사 삼층 석탑(석가탑) ⭐

- 불국사의 서쪽에 위치한 탑
- 탑신부에서 『무구정광대다라니경』 이 출토됨

🐸 도나우를 기출 자료
- 경주 불국사 대웅전 앞에 있어.
- 2층 기단 위에 3층의 탑신을 세웠어.
- 탑을 보수하던 중 『무구정광대다라니경』 이 발견되었지. 55회

신라 경주 불국사 다보탑

- 신라 중대의 석탑
- 불국사의 동쪽 탑
- 기존 석탑과는 다른 독특한 양식으로 건립

신라 경주 감은사지 삼층 석탑

- 신라 중대의 석탑
- 2층 기단 위에 3층의 탑신부를 올린 통일 신라의 전형적인 석탑 양식을 이룬 만들어짐

🐸 도나우를 기출 자료
이 탑은 신문왕 2년에 세워진 것으로 국보 제112호로 지정된 쌍탑 중 동탑이다. 이 탑은 삼국 통일 이후 조성된 석탑 양식의 전형을 보여주는 것으로 지붕돌, 몸돌 등 각 부분이 여러 개의 석재로 조립되었다는 점이 특징이다. 이 탑이 있는 절은 삼국을 통일한 문무왕의 유업을 이어받아 아들인 신문왕이 완공하였다. 43회

06 탑

남북국 시대

꼭 알자!! 신라 하대에 만들어진 탑의 특징

화순 쌍봉사 철감선사 승탑
신라
- 신라 하대에 선종의 유행으로 승려의 사리를 모시기 위해 만든 승탑

> **도 나올 기출자료**
> - 종목: 국보 제57호
> - 장소: 전라남도 화순군 쌍봉사
> - 소개: 철감선사 도윤의 사리를 모신 팔각 원당형 승탑으로 뛰어난 조형미를 갖추고 있다. 신라 하대 선종의 유행과 깊은 관련이 있는 문화유산이다. 36회

양양 진전사지 삼층 석탑
신라
- 신라 하대의 석탑
- 기단부와 1층 탑신부에 불상 조각

화엄사 사사자 삼층 석탑
신라
- 통일 신라 전성기 때 만들어진 것으로 추측

안동 법흥사지 칠층 전탑
신라
- 현형이 보존된 한국 최고(最古)의 전탑(벽돌탑)

06 탑

고려 시대

족집게! 고려 시대 대표적인 다각 다층탑의 이름과 특징

평창 월정사 팔각 구층 석탑

송의 영향을 받은 다각 다층탑

🐝 **또 나올 기출 자료**
- 종목: 국보 제 48-1호
- 소재지: 강원도 평창군
- 소개: 고려 전기의 석탑으로 당시 불교 문화 특유의 화려하고 귀족적인 면모를 잘 보여준다. 전체적인 비례와 조각 수법이 착실하여 다각 다층 석탑을 대표하는 문화유산으로 손꼽힌다. 40회

충주 정토사지 홍법국사탑

탑의 몸돌을 공모양으로 제작하는 새로운 기법을 보여준 고려 전기의 탑

개성 경천사지 십층 석탑

- 원의 영향을 받음
- 일본으로 반출되었다가 되돌려 받아 경복궁으로 옮겨짐. 이후 국립 중앙박물관으로 이전됨

🐝 **또 나올 기출 자료**
- 종목: 국보
- 시대: 고려
- 소장처: 국립중앙박물관
- 소개: 원의 영향을 받은 탑으로, 대리석으로 만들어졌다. 목조 건축을 연상하게 하는 다채로운 조각들이 섬세하게 새겨져 있다. 60회

조선 시대

원각사지 십층 석탑

- 고려 경천사지 십층 석탑의 영향을 받아 세조 때 건립
- 상륜부가 없는 것이 경천사지 십층 석탑과 다른 점
- 종로 탑골 공원에 위치

🐝 **또 나올 기출 자료**
세조 때 축조하였으며, 현재 국보로 지정되어 있습니다. 대리석으로 만든 이 탑의 각 면에는 부처, 보살, 천인상 등이 새겨져 있습니다. 57회

07 건축물

빈출주제 2위 문화유산

최근 37개년 시험에서 5회 출제 ★☆☆

> 복합개념 고려 시대 목조 건축물의 이름과 특징

고려 시대

안동 봉정사 극락전

- 주심포 양식 건물
- **현존하는 가장 오래된 목조 건물**
- 공민왕 때 지붕을 크게 수리했다는 상량문이 기록을 통해 건축 연대를 추정할 수 있음

예산 수덕사 대웅전

- 주심포 양식 건물
- **맞배 지붕**이 특징

영주 부석사 무량수전

- 주심포 양식 건물
- **배흘림 기둥**이 특징

💡 또 나올 기출 자료
국보 제18호로 지정된 고려 시대의 목조 건축물이며 경상북도 영주에 소재하고 있다. 배흘림기둥과 주심포 양식이 특징이며 아미타불이 모셔져 있다. 47회

조선 후기

김제 금산사 미륵전

정유재란 때 소실되어 인조 때 다시 지은 목조 건물

구례 화엄사 각황전

임진왜란 때 소실되어 숙종 때 중건됨

보은 법주사 팔상전
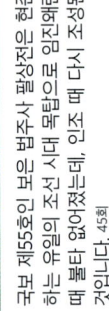
현존하는 우리나라 유일의 목조 5층탑

💡 또 나올 기출 자료
국보 제55호인 보은 법주사 팔상전은 현존하는 유일의 조선 시대 목탑으로 임진왜란 때 불타 없어졌는데, 인조 때 다시 조성된 것입니다. 45회

공주 마곡사 대웅보전

조선 후기의 팔작 지붕 건축물

08 서울의 문화유산

빈출주제 2위 문화유산

최근 3개년 시험에서 3회 출제 ★☆☆

경복궁 근정전		• 경복궁의 정전 • 신하들이 조회를 하거나 공식적인 의식을 치르던 곳
경복궁 경회루	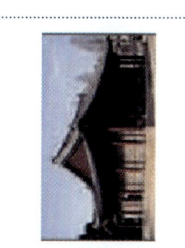	• 연못 안에 만들어진 누각 - 사신 접대 및 연회 장소 • 태종 때 지어짐
덕수궁 중명전		을사늑약이 체결된 곳
덕수궁 석조전		• 대한 제국 시기에 건립된 서양식 석조 건물 • 1946년에 제1차 미·소 공동 위원회가 열린 장소
사직단		조선 시대에 토지를 관장하는 사신과 곡식을 주관하는 직신에게 제사를 지내던 제단
선농단		조선 시대의 국왕이 농사와 관련된 신농씨와 후직씨에게 풍년을 기원하는 제사를 지내던 제단

한양도성	—	• 수도인 한양을 방어하기 위해 축조된 성곽 • 정도전이 설계, 도성축조도감에서 성곽 축조를 관장함 • 4대문(흥인지문, 돈의문, 숭례문, 숙정문)과 4소문 및 암문, 수문, 야장
동관왕묘		• 중국 촉나라 장수 관우의 제사를 지내던 곳 • 임진왜란 이후에 세워짐
환구단		• 고종이 황제 즉위식을 거행한 곳 • 현재는 황궁우만 남아있음
구 러시아 공사관		을미사변 이후 신변에 위험을 느낀 고종이 거처를 옮긴 곳
손탁 호텔		대한 제국 시기에 독일 여성 손탁이 세운 최초의 서양식 호텔

빈출주제 TOP5로 끝내는 합격직행노트

2위 문화유산

빈출주제 2위 문화유산
최근 3개년 시험에서 4회 출제 ★★☆

09 유네스코에 등재된 우리 문화재

1. 유네스코 세계유산

합천 해인사 장경판전	팔만대장경을 보관하기 위해 지은 조선 시대 건축물
종묘	• **조선의 왕과 왕비 및 추존된 왕과 왕비의 신주를 모시고 제사를 지내던 사당** • 건축물과 함께 제사, 음악, 무용 등이 무형유산으로 함께 보존됨
불국사	경덕왕 때 불국토를 실현하기 위해 건립
석굴암	• 경덕왕 때 김대성이 건립 • 본존불을 모시기 위해 화강암으로 만든 인공 석굴
창덕궁	• 광해군 때부터 고종 때까지 임금이 정사를 보던 정궁 • 가장 오랜 기간 왕이 거주한 공궁 • 자연과 건물이 조화롭게 배치된 후원이 특징(대표 건축물:주합루)
수원 화성	• 정조가 건설하려던 이상 도시로, 군사적·상업적 기능 보유 • 정약용이 거중기와 같은 과학 기구를 활용하여 건축
고창·화순·강화 고인돌 유적	고창, 화순, 강화 세 지역에 남아 있는 고인돌 고분
경주 역사 유적 지구	• 경주에 흩어져 있는 신라의 유적으로, 남산 지구, 월성 지구, 대릉원 지구, 황룡사 지구, 산성 지구로 구성됨 • 대표 유적지 및 유물 - 월성 지구: 계림, 월성, 안압지, 첨성대 등 - 남산 지구: 경주 배동 석조여래 삼존 입상, 포석정 등 - 대릉원 지구: 미추왕릉, 대릉원 일원 등 - 황룡사 지구: 황룡사지, 분황사 모전 석탑 - 산성 지구: 명활산성 등 방어용 산성이 위치함
제주 화산섬과 용암 동굴	제주도에 위치한 한국 최초의 세계 자연유산 지구

조선 왕릉	조선의 왕과 왕비 및 추존된 왕, 왕비의 무덤
한국의 역사 마을: 하회와 양동	안동의 하회 마을과 경주의 양동 마을
남한산성	• 유사시 임시 수도의 기능을 담당할 수 있게 축조됨 • **병자호란 때 인조가 피난간 곳**
백제 역사 유적 지구	• 백제의 옛 수도였던 공주시, **부여군과 천도를 시도했다고 알려진 익산시의 역사 유적** • 대표 유적지 - 공주: 공산성, 송산리 고분군 - 부여: 부소산성, 능산리 고분군, 정림사지(정림사지 5층 석탑) - 익산: 왕궁리 유적, 미륵사(미륵사지 석탑)
산사, 한국의 산지 승원	한국 불교의 깊은 역사성을 보여주는 양산 통도사, 영주 부석사, 안동 봉정사, 보은 법주사, 공주 마곡사, 순천 선암사, 해남 대흥사 등 7곳의 산지 승원
한국의 서원	사림에 의해 건립된 조선 시대에 성리학 교육 시설 영주 소수서원, 함양 남계서원, 경주 옥산서원, 안동 도산서원, 장성 필암서원, 대구 도동서원, 안동 병산서원, 정읍 무성서원, 논산 돈암서원 등 9곳의 서원으로 구성
한국의 갯벌	서천갯벌(충남 서천), 고창갯벌(전북 고창), 신안갯벌(전남 신안), 보성-순천갯벌(전남 보성·순천) 등 총 4개로 구성된 자연유산
가야 고분군	김해 대성동 고분군, 함안 말이산 고분군, 합천 옥전 고분군, 고령 지산동 고분군, 고성 송학동 고분군, 창녕 교동과 송현동 고분군, 남원 유리와 두락리 고분군 등 7개의 가야 고분군

문화유산 52

09 유네스코에 등재된 우리 문화재

2. 유네스코 세계 기록유산

『훈민정음』 해례본	• 조선 시대 세종과 집현전 학자들이 창제한 문자 • 집현전 학자들이 세종의 명으로 훈민정음에 대하여 설명한 일종의 한문 해설서를 편찬 → 이 책이 훈민정음 또는 훈민정음 해례본이라 함
『조선왕조실록』	왕의 사후에 춘추관 내에 설치된 실록청에서 사관들이 작성한 「사초」를 기본으로 「시정기」, 「승정원일기」, 「의정부등록」, 「비변사등록」, 「일성록」 등을 통합하여 편찬한 편년체 사서
『직지심체요절』	• 고려 우왕 때 청주 흥덕사에서 금속 활자로 인쇄 • 현존하는 세계에서 가장 오래된 금속 활자 인쇄본 • 현재 프랑스 국립 도서관에 소장되어 있음
『승정원일기』	조선 시대에 왕명 출납 기관인 승정원의 업무를 기록한 세계 최대의 연대 기록물
조선 왕조 『의궤』	• 왕과 신하 간에 오고간 문서와 국왕의 일과를 기록 • 조선 시대 왕실의 주요 행사인 결혼식, 장례식, 연회, 사신 영접 등 과 국가의 건축 사업 등에 대한 내용을 그림과 글로 기록한 것 • 강화도의 외규장각에서 보관하던 중 병인양요 때 프랑스에 약탈당함 → 2011년에 대여 형식으로 반환됨
고려대장경판 및 제경판	• 고려 시대에 몽골이 침입하자, 부처의 힘으로 몽골의 침입을 극복 하고자 강화도에서 제작 • 합천 해인사 장경판전에 보관 중
『동의보감』	• 광해군 때 허준이 저술한 의학 서적 • 동양 의학을 집대성한 백과 사전식 의서
일성록	• 정조가 세손 시절부터 일상생활과 학업 성과를 일기 형식으로 기록한 것 → 정조 즉위 후 공식적인 국정 일기로 전환됨 • 1760년(영조 36)부터 1910년(융희 4)까지 151년간의 국정에 관한 제반 사항들이 기록되어 있는 일기

5·18 민주화 운동 기록물	5·18 민주화 운동의 발발과 진압, 이후의 진상 규명 및 보상 등과 관련된 자료를 포함하는 기록물
난중일기	이순신 장군이 임진왜란(1592~1598) 때에 진중(전영 안)에서 저술한 친필 일기
새마을운동 기록물	새마을 운동(1970~1979)에 관한 정부의 행정 문서와 성공 사례 연고, 편지, 교재, 관련 사진과 영상 등의 자료
한국의 유교 책판	조선 시대에 718종의 유교 서적을 간행하기 위해 편찬한 책판
'이산가족을 찾습니다' 기록물	남한 내에서 흩어진 이산가족을 찾기 위해 1983년 KBS에서 방영된 특별 생방송의 녹화 원본, 업무 수첩, 이산가족이 직접 작성한 신청서, 일일 방송 진행표, 큐시트, 기념 음반, 사진 등의 기록
조선 왕실 어보와 어책	조선 왕실에서 책봉하거나 존호를 수여할 때 제작된 의례용 도장인 어보와 그 교서인 어책
국채 보상 운동 기록물	1907년부터 1910년까지 일어난 국채 보상 운동의 전 과정을 보여주는 기록물
조선 통신사 기록물	1607년부터 1811년까지 일본 에도 막부의 초청으로 총 12회에 걸쳐 파견되었던 조선 통신사에 관한 기록
4·19 혁명 기록물	2·28 대구 학생 시위부터 4·19 혁명까지의 전후 과정과 관련된 일제의 기록물
동학 농민 혁명 기록물	1894년~1895년 조선에서 발발한 동학 농민 혁명과 관련된 기록물

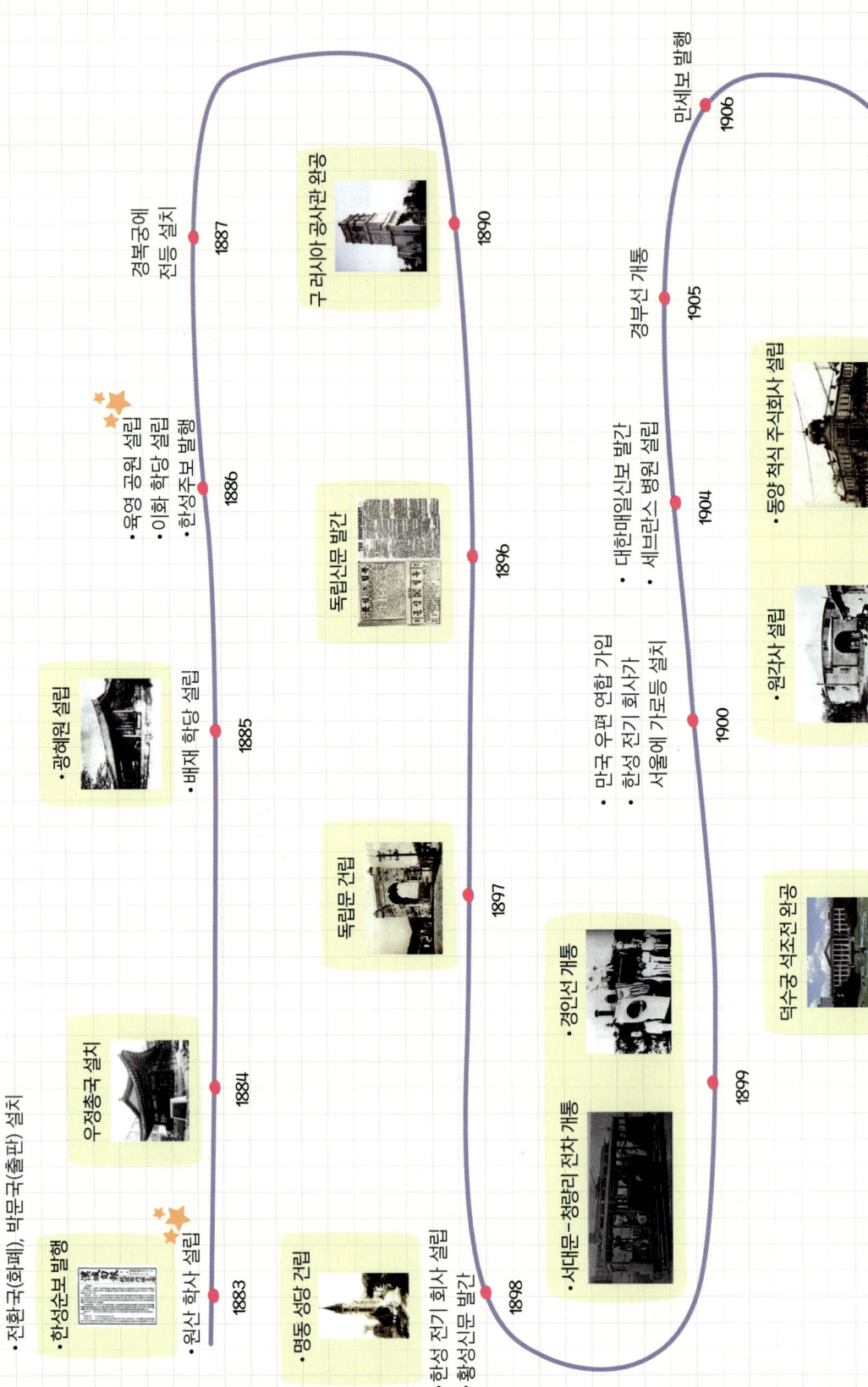

빈출주제 3위

왕

학습 꿀팁

시험 전날까지는 왕의 이름과 왕의 업적을 연결하여 꼼꼼히 외우고, 사료와 선택지를 읽으며 눈에 익혀두세요. 시험장에서 마무리할 때는 왕의 업적 중 강조된 부분만 외우세요.

01 고구려의 왕
02 백제의 왕
03 신라(통일 이전)의 왕
04 신라(통일 이후)와 발해의 왕
05 고려의 왕
06 조선의 왕
07 조선의 왕(근대)

고구려의 왕

빈출주제 3위 왕

최근 3개년 시험에서 **4회 출제** ★★☆

꼭 함께! 고구려 전성기의 왕인 광개토 대왕과 장수왕의 업적

기원전 1세기 ~ 4세기

동명성왕
- 고구려 건국

태조왕
- 옥저 정복 → 동해안으로 진출

고국천왕
- 진대법(빈민 구제 제도) 시행

동천왕
- 관구검이 이끄는 군대의 침입을 받음

미천왕
- 서안평 공격, 낙랑군·대방군 축출

고국원왕
- 백제 근초고왕의 침입으로 평양성에서 전사

  📗 도나을 기출사료 **고국원왕의 전사** 53회
  10월에 백제 왕이 병력 3만 명을 거느리고 평양성을 공격해 왔다. 왕이 군대를 내어 막다가 날아온 화살에 맞아 이달 23일에 서거하였다.

소수림왕
- 태학 설립, 율령 반포, 불교 수용

  📗 도나을 기출사료 **소수림왕의 업적** 46회
  전진 왕 부견이 사신과 승려 순도를 파견하여 불상과 경문을 보내왔다. 왕이 사신을 보내 답례로 방물(方物)을 바쳤다. 태학을 세우고 자제를 교육시켰다.

5세기

광개토 대왕
- 연호 영락 사용, 후연 공격, 백제 한성 공격 (한강 이북 진출), 신라에 침입한 왜 격퇴

  📗 도나을 기출사료 **호우명 그릇** 57회
  이것은 경주의 고분에서 출토된 청동 그릇입니다. 바닥 면에 광개토 대왕을 나타내는 글자가 새겨져 있어, 당시 신라와 고구려의 관계를 알 수 있습니다. 광개토 대왕은 신라에 군대를 보내 신라에 침입한 왜를 격퇴하였습니다.

장수왕
- 평양 천도 및 남진 정책 실시, 백제 한성 함락(개로왕 전사), 광개토 대왕릉비 건립

  📗 도나을 기출사료 **장수왕의 한성 함락** 60회
  고구려 왕 거련(巨連)이 군사 3만 명을 이끌고 와서 왕도인 한성을 포위하였다. ··· 왕이 어찌할 바를 몰라 수십 명의 기병을 거느리고 성문을 나가 서쪽으로 달아나니, 고구려 군사가 추격하여 왕을 해쳤다.

문자왕
- 부여 복속(고구려 최대 영토 확보)

6 ~ 7세기

영양왕
- 온달 장군이 한강 수복 노력
- 역사서 「신집」 편찬(이문진)
- 수 양제의 침입(살수 대첩)

  📗 도나을 기출사료 **살수 대첩** 59회
  살수에 이르러 [수의] 군대가 반쯤 건너자 을지문덕이 군사를 보내 그 후군을 공격하였다. 우문 술과 신세웅을 죽이니, [수의] 군대가 걷잡을 수 없이 모두 무너져 9군의 장수와 병졸이 도망쳐 돌아갔다. – 『삼국사기』

영류왕
- 천리장성 축조 시작, 연개소문의 정변

보장왕
- 천리장성 축조 완성
- 신라 김춘추의 원병 요청 거절
- 당 태종의 침입(안시성 전투)
- 고구려 멸망

  📗 도나을 기출사료 **안시성 전투** 55회
  보장왕 4년, 당이 여러 장수가 안시성을 공격하였다. ··· [당군이] 밤낮으로 쉬지 않고 60일 간 50만 명을 동원하여 토산을 쌓았다. ··· 고구려 군 수백 명이 성이 무너진 곳으로 나가 싸워서 마침내 토산을 빼앗았다. – 『삼국사기』

빈출주제 3위 왕

02 백제의 왕

최근 3개년 시험에서 **4회 출제** ★★★☆

꼭 암기! 백제 중흥에 힘쓴 무령왕과 성왕의 업적

기원전 1세기 ~ 4세기

온조왕
- 백제 건국

고이왕
- 좌평과 관등제 골격 마련, 목지국 정복

근초고왕
- 왕위 부자 상속, 역사서 『서기』 편찬(고흥)
- 마한 정복, 고구려 평양성 공격(고국원왕 전사), 요서 및 일본 규슈 진출

> **토나을 기출 사료** 근초고왕의 평양성 공격 45회
> 왕이 태자와 함께 정예군 3만 명을 거느리고 고구려를 침범하여 평양성을 공격하였다. 고구려왕 사유(斯由)가 필사적으로 항전하다가 날아오는 화살에 맞아 죽었다. 왕이 병사를 이끌고 물러났다. - 『삼국사기』

침류왕
- 불교 수용 및 공인(중국 동진, 마라난타)

5세기

비유왕
- 신라 눌지 마립간과 나·제 동맹 체결

개로왕
- 중국 북위에 국서 전송, 고구려 장수왕의 공격으로 한성 함락 및 전사

문주왕
- 웅진(공주) 천도

동성왕
- 신라 소지 마립간과의 결혼 동맹으로 나·제 동맹 강화

> **토나을 기출 사료** 나·제 결혼 동맹 48회
> 백제왕 모대(동성왕)가 사신을 보내 혼인하기를 청하였다. [신라]왕은 이벌찬 비지(比智)의 딸을 보냈다. - 『삼국사기』

6 ~ 7세기

무령왕
- 22담로 설치, 중국 남조 양나라와의 수교

> **토나을 기출 사료** 백제의 22담로 37회
> 지방에 22개의 담로가 있어 왕족을 파견하여 다스리게 하였다. - 『양직공도』

성왕
- 사비(부여) 천도, 국호 남부여 변경, 중앙 관청 22부로 확대
- 신라 진흥왕과 연합하여 한강 하류 지역 회복 → 진흥왕의 배신으로 상실 → 관산성 전투에서 전사

> **토나을 기출 사료** 관산성 전투 59회
> 왕 31년 7월에 신라가 동북쪽 변경을 빼앗아 신주(新州)를 설치하였다. ...... [이듬해] 7월에 왕이 신라를 습격하려고 몸소 보병과 기병 합쳐 50명을 거느리고 밤에 구천(狗川)에 이르렀다. 신라의 복병이 일어나 더불어 싸웠으나 [적이] 난병에게 살해되었다. - 『삼국사기』

무왕
- 익산에 미륵사 창건, 익산 천도 시도

의자왕
- 신라 대야성 함락, 황산벌 전투 패배, 백제 멸망

03 신라(통일 이전)의 왕

빈출주제 3위 왕

최근 3개년 시험에서 **4회 출제** ★★★☆

기원전 1세기 ~ 5세기

박혁거세
- 신라 건국

내물 마립간
- 김씨 왕위 세습 확립, 지배자의 칭호를 마립간으로 변경, 고구려 광개토 대왕의 도움을 받아 왜 격퇴

  또 나올N 기출 선택지
  ① 고구려의 도움을 받아 왜를 물리쳤다. 35회
  ② 신라가 지배자의 칭호를 마립간으로 변경하였다. 41회

눌지 마립간
- 나·제 동맹 체결(백제 비유왕)

소지 마립간
- 백제 동성왕과 결혼 동맹 체결

  또 나올N 기출 선택지 나·제 결혼 동맹 48회
  백제왕 모대가 사신을 보내 혼인하기를 청하였다. [신라왕은] 이벌찬 비지(比智)의 딸을 보냈다.
  - 『삼국사기』

6세기

북일깨기 신라 전성기의 왕인 진흥왕의 영역

지증왕
- 체제 정비: 국호를 **신라**, 지배자의 칭호를 **왕**으로 개정
- 정복 활동: 우산국(울릉도) 정벌(이사부)
- 경제·사회: 우경 보급, 순장 금지, 동시·동시전 설치

  또 나올N 기출 사료 지증왕 때의 체제 정비 60회
  "...... 신(新)은 '덕업이 날로 새로워진다'는 뜻이고, 라(羅)는 '사방(四方)을 망라한다'는 뜻이므로 이를 나라 이름으로 삼는 것이 마땅하다고 여겨집니다. ...... 이제 여러 신하들이 한 마음으로 삼가 신라국왕(新羅國王)이라는 칭호를 올립니다." 라고 하였다. 왕이 이를 따랐다. - 『삼국사기』

법흥왕
- 체제 정비: **병부**와 **상대등** 설치, 율령 반포, 공복 지정
- 왕권 강화: 연호 사용(건원), 이차돈의 순교로 불교 공인
- 정복 활동: **금관가야** 정복

진흥왕
- 정복 활동: **한강** 유역 확보, 대가야 정복, 단양 신라 적성비 건립, 순수비(북한산비, 창녕비 등) 건립
- 화랑도 개편, 역사서 『국사』(거칠부) 편찬

  또 나올N 기출 사료 진흥왕 55회
  진흥왕은 한강 유역을 차지한 뒤, 이를 기념하여 북한산에 순수비를 세웠습니다. 그리고 화랑도를 국가적인 조직으로 개편했습니다.

7세기

선덕 여왕
- 정치: 백제 의자왕의 공격으로 대야성 함락
- 문화 사업: **황룡사 구층 목탑** 건립(자장의 건의), 첨성대 축조

  또 나올N 기출 선택지 선덕 여왕
  ① 황룡사 구층 목탑이 건립되었다. 52회

진덕 여왕
- 나·당 동맹 체결(김춘추)

무열왕
- 최초의 진골 출신 왕(김춘추)
- 백제 정복 → 삼국 통일의 기초 마련

문무왕
- 고구려 정복 → 당과의 **매소성·기벌포 전투**(나·당 전쟁) 승리 → 삼국 통일 완성
- 외사정 파견(지방관 감찰)

  또 나올N 기출 자료 나·당 전쟁 58회
  <역사 다큐멘터리 기획안>
  1편 - 당이 웅진도독부, 안동도호부를 설치하다
  2편 - 신라가 고구려 부흥 운동을 지원하고 군사력을 보강하다
  3편 - 신라가 당에 맞서 기벌포 전투에서 승리하다

빈출주제 3위 왕

04 신라(통일 이후)와 발해의 왕

최근 3개년 시험에서 3회 출제 ★★☆

꼭 알기! 통일 후 왕권 강화에 힘쓴 신문왕의 업적

7세기 말 ~ 8세기

1. 신라(통일 이후)

신문왕
- 체제 정비: 집사부 이하 14관부(중앙) 완성, 9주 5소경(지방) 완비, 9서당 10정(군사)
- 왕권 강화: 귀족 세력 숙청(김흠돌의 난), **관료전 지급, 녹읍 폐지**
- 문화: **국학 설립**, 감은사 창건

> **또 나올 기출 선택지** 신문왕
> ① 녹읍을 폐지하였다. 71회
> ② 국학을 설립하였다. 67회

↓

성성왕
- 독서삼품과 실시

9 ~ 10세기

↓

흥덕왕
→ **청해진 설치**(장보고)

진성 여왕
- 사치 훈련과 백성에 대한 수탈 심화 → **원종과 애노의 난**, 전국적으로 난 발생
- 『삼대목』(향가집) 편찬

> **또 나올 기출 선택지** 진성 여왕
> ① 원종과 애노가 봉기하였다. 55회
> ② 최치원이 시무 10여 조를 건의하였다. 61회

↓

경순왕
고려의 왕건에게 항복 → 신라 멸망

2. 발해

고왕(대조영)
고구려 유민을 모아 만주 지린성 동모산에서 **발해 건국**

↓

무왕
연호(인안) 사용, 장문휴를 보내 **등주 공격**(대당 강경책)

↓

문왕
연호(대흥, 보력) 사용, **3성 6부제 도입**, 천도(중경 → 상경 → 동경), 신라도 개설

↓

선왕
연호(건흥) 사용, 5경 15부 62주의 지방 제도 완비, 중국으로부터 해동성국(바다 동쪽의 융성한 나라)이라 불림

> **또 나올 기출 선택지** 발해 64회
> 대인수가 왕위에 올라 연호를 건흥으로 바꾸었다. …… 여러 차례 학생들을 유학 보내어 고금의 제도를 익히게 하니, 비로소 해동성국에 이르렀다.

↓

대인선
거란의 침입을 받아 멸망함

05 고려의 왕

빈출주제 3위 왕
최근 3개년 시험에서 10회 출제
★★☆

고려 초기 (10세기)

꼭 암기! 고려 초기 기틀 마련에 힘쓴 광종과 성종의 업적

태조 왕건
- 정치: 고려 건국, 후삼국 통일, 역분전 지급, 사성 정책 실시, 사심관 제도 실시, 독자적 연호(천수) 사용, 『정계』, 『계백료서』 저술, 훈요 10조 제시
- 외교: 서경(평양) 중시, 거란에 대한 강경책 실시(만부교 사건)
- 사회: 흑창(빈민 구제 기관) 설치

또 나올 기출 자료 태조 왕건[6회]

태조 왕건은 앞으로 주위에 나라 이름을 고려라 정하였습니다. 이후 신라의 항복을 받고 후백제를 격파하여 후삼국을 통일하였습니다.

정종
거란의 침략에 대비해 광군 설치

광종
- 정치: 독자적 연호(광덕·준풍) 사용, 노비안검법 실시, 과거 제도 실시, 백관의 공복 제정(4색 공복)
- 사회: 제위보(빈민 구제) 설치

또 나올 기출 사료 과거 제도 실시[59회]

쌍기가 의견을 올리니 처음으로 과거를 시행하였다. 시(詩)·부(賦)·송(頌) 및 시무책으로 시험하여 진사를 뽑았으며, 겸하여 명경업·의업·복업 등도 뽑았다.

경종
시정 전시과 실시

성종
- 정치: 유교 정치 이념 확립, 최승로의 시무 28조 수용, 12목 설치 및 지방관 파견, 향리 제도 정비
- 사회: 흑창을 개편하여 의창 설치, 상평창(물가 조절 기관) 설치

또 나올 기출 선택지 고려 성종
① 최승로의 시무 28조를 받아들여 통치 체제를 정비하였다.[51회]
② 12목에 지방관을 처음으로 파견하였다.[51회]

문벌 귀족 집권기 (11세기)

꼭 암기! 인종 때 발생한 사건과 문화 정책

현종
- 정치: 5도 양계에 지방 제도 확립
- 외교: 거란의 2·3차 침략을 받음

숙종
- 외교: 별무반 조직(여진 정벌 목적)
- 경제: 의천의 건의로 주전도감(화폐 주조 기관) 설치, 해동통보 등 화폐 주조
- 문화: 관학 진흥을 위해 국자감에 서적포 설치

또 나올 기출 선택지 고려 숙종
① 별무반을 창설하여 군사력을 강화하였다.[52회]
② 주전도감을 설치하여 해동통보를 발행하였다.[59회]
③ 국자감에 서적포를 설치하였다.[64회]

예종
- 외교: 윤관을 파견하여 여진을 정벌하고 동북 9성 축조
- 문화: 관학 진흥책으로 국자감에 7재(전문 강좌) 설치, 양현고(장학 재단) 설치, 청연각·보문각 설치

인종
- 정치: 이자겸의 난 발생, 묘청의 난 발생
- 문화: 『삼국사기』 편찬, 경사 6학 정비(관학 진흥책)

의종
무신 정변 발발: 정중부, 이의방 등이 무신들이 문신 제거 → 무신들에 의해 폐위됨

05 고려의 향

독점: 명종과 고종에 걸친 집권한 무신의 활동

무신 집권기 ~ 원 간섭기 (12세기 말 ~ 14세기)

명종
- 무신 정권 수립: 정중부 → 경대승(도방 설치) → 이의민 → 최충헌
- 최충헌 집권기: 봉사 10조 제시, **교정도감 설치**(최씨 무신 정권의 최고 권력 기구로 활용), 도방 확대
- 사회 혼란: 망이·망소이의 난, **만적의 난** 발생

> 📄 토 나올 기출 사료 망이·망소이의 난 60회
> 공주 명학소의 망이·망소이 등이 무리를 불러 모아서 봉기하자, 명학소를 충순현으로 승격하여 그들을 달래고자 하였다.

고종
- 최우 집권기: 정방(인사 행정 담당 기구), 서방(문신 숙위 기구) 설치, 삼별초 조직(최씨 무신 정권의 군사적 기반)
- 대몽 항쟁: 몽골의 침입에 맞서 항전, **강화 천도**

원종
- 몽골과 강화, 개경 환도 → 원 간섭기 시작
- 영토 상실: 원이 쌍성총관부, 동녕부, 탐라총관부 설치
- 삼별초의 항쟁: 강화도(배중손) → 진도(배중손) → 제주도(김통정)

충렬왕
- 원의 내정 간섭: 부마국(사위국) 체제 성립, 중앙 관제 격하(2성 → 첨의부, 6부 → 4사), 왕실 용어 격하, **정동행성** 설치
- 도병마사 → 도평의사사로 개편
- 문화: 『**삼국유사**』(일연), 『제왕운기』(이승휴) 편찬

↓

독점: 개혁에 힘쓴 공민왕의 업적

고려 후기 (14세기 말)

공민왕
- 반원 자주 정책: 기철 등 친원파 숙청, 정동행성 이문소 폐지, 2성 6부 체제 복구, 몽골풍의 의복(호복)과 변발 금지
- 왕권 강화 정책: **정방 폐지**, 신진 사대부 등용, **전민변정도감 설치**(신돈)
- 문화: 국자감을 성균관으로 개칭, 유학 교육 강화

> 📄 다큐멘터리 기획안 공민왕의 반원 자주 정책 57회
> <공민왕의 반원 자주 정책>
> ……
> 1. 정동행성 이문소를 혁파하다
> 2. 원의 연호 사용을 중지하다

우왕
- 요동 정벌: 명이 철령위 설치 요구 → 최영이 요동 정벌 주장 → 이성계의 반대에도 요동 정벌 단행(이성계 파견)
- **위화도 회군**: 이성계가 위화도에서 회군하여 최영 제거, 우왕 폐위 → 정치·군사적 실권 장악
- 문화: 청주 흥덕사에서 『**직지심체요절**』 인쇄

> 📄 토 나올 기출 사료 우왕 축위 54회
> 망이 사해당하지 태후가 종실에서 [후사를] 골라 세우고자 하니, 시중 이인임이 백관을 거느리고 우왕을 세웠다. - 『고려사』

공양왕
- **과전법** 제정: 신진 사대부의 경제적 기반 마련
- 고려 멸망: 혁명파 사대부가 정몽주 등 온건파 사대부 제거 → 이성계가 즉위하여 조선 건국

빈출주제 3위 왕

09 조선의 왕

최근 3개년 시험에서 **17회 출제** ★★★

조선 전기 (15세기)
핵심메시 조선의 기틀 마련에 힘쓴 태종, 세종, 성종의 업적

태조 이성계
- 도읍 기틀 마련: 한양 천도, 경복궁 건설

↓

태종
- 정도전 등용: 조선의 기틀 마련, 『조선경국전』, 『불씨잡변』 등 저술
- 제차 왕자의 난(이방원) → 정도전 등 제거함
- 정치: 6조 직계제 실시, 사병 폐지, 사간원 독립 → 왕권 강화 정책
- 경제·사회: 양전 사업과 호패법 실시, 신문고 설치
- 문화: 주자소 설치, 계미자 주조, 혼일강리역대국도지도 제작

> 도나올 기출자료 **태종** 48회
> - 호패법을 시행하였다.
> - 전국을 8도로 나누었다.
> - 계미자를 주조하였다.

↓

세종
- 정치: 의정부 서사제 실시, 집현전 설치
- 외교: 4군 6진 개척, 대마도 정벌(이종무), 3포 개항, 계해약조 체결
- 경제: 공법(전분 6등법, 연분 9등법) 실시
- 문화: 훈민정음 창제·반포, 자격루 제작, 『농사직설』, 『칠정산』, 『향약집성방』, 『삼강행실도』 등 편찬, 갑인자 주조

↓

세조
- 6조 직계제 부활, 『경국대전』 편찬, 집현전과 경연 폐지, 유향소 폐지, 직전법 실시

↓

성종
- 정치: 『경국대전』 완성·반포, 홍문관 설치, 사림 등용
- 경제: 관수 관급제 실시
- 문화: 『국조오례의』, 『동국여지승람』, 『동국통감』, 『동문선』 등 편찬

↓

연산군
- 무오사화, 갑자사화 발발, 중종반정으로 폐위

조선 전기 (16세기)
핵심메시 붕당 명종 때 발생한 주요 사건

중종
- 조광조 등용: 현량과 실시, 소격서 폐지, 향약 실시, **위훈 삭제** 건의
- **기묘사화** 발발 → 조광조 등 사림 제거
- 외교: 3포 왜란 → 비변사 설치

↓

명종
- **을사사화** 발발, **양재역 벽서 사건**(정미사화) 발발, 임꺽정이 난 발발
- 외교: 을묘왜변 발생 → 비변사 상설 기구화
- 경제: 직전법 폐지
- 사회: 『구황촬요』 간행(기근에 대비)

↓

선조
- 정치: 사림의 동서 분당 → **붕당 형성** → 정여립 모반 사건(기축옥사), 건저의 사건 → 동인의 남북 분화
- 외교: **임진왜란** 발발 → 한산도·행주 대첩 → 휴전 협상 → 정유재란 발발 → 명량·노량 해전
- 임진왜란 중 훈련도감(중앙군) 설치

06 조선의 왕

조선 후기 (17세기)

광해군
- 외교: 기유약조 체결, 명과 후금 사이에서 중립 외교 전개
- 경제·사회: 대동법 실시(경기도에 한정), 『동의보감』(허준) 편찬
- 인조반정으로 폐위

📖 또 나올 기출 선택지 **광해군**
① 기유약조가 체결되었다. 43회
② 『동의보감』을 간행하였다. 64회
③ 대동법을 처음 시행하였다. 69회

인조
- 외교: 친명 배금 정책 → 정묘호란, 병자호란 발발, 어영청·총융청·수어청 설치
- 경제: 영정법 실시

효종
북벌 운동 추진, 어영청 강화, 청의 요청으로 나선(러시아) 정벌에 동원

현종
두 차례의 예송 발생
- 1차(기해예송): 효종 사후에 발생 → 서인 1년 vs 남인 3년 → 서인 승리
- 2차(갑인예송): 효종비 사후에 발생 → 서인 9개월 vs 남인 1년 → 남인 승리

📖 꼭 암기! **숙종 때 발생한 환국의 순서**

숙종
- 세 차례의 환국 발생
  - 경신환국: 허적의 왕실 천막 무단 사용, 허견의 역모설 → 남인 몰락, 서인 집권
  - 기사환국: 서인 송시열이 희빈 장씨 소생의 원자 책봉 반대 → 인현 왕후 (서인) 폐위, 서인 몰락, 남인 집권
  - 갑술환국: 서인의 인현 왕후 복위 운동 → 남인 몰락, 서인 집권
- 외교: 백두산 정계비 건립(청과의 국경 설정)

조선 후기 (18~19세기)

📖 꼭 암기! **영조와 정조의 다양한 개혁 정책**

영조
- 정치: 이인좌의 난 진압, 온건한 탕평책(완론 탕평) 전개, 탕평비 건립
- 경제·사회: 균역법 실시, 신문고 부활, 청계천 준설
- 문화: 『속대전』 편찬, 『동국문헌비고』 간행

📖 또 나올 기출 사료 **균역법 실시** 52회

왕은 늘 양역의 폐단을 염려하여 군포 한 필을 감하고 군역청을 설치하여 각 도의 어염은 걸의 세를 걷어 보충하니, 그 은택을 입은 백성들은 서로 기뻐하였다. 이런 사천으로 화기(和氣)를 끌어 올려 대명(大命)을 이룰 만하였다.

정조
- 정치: 적극적인 탕평책(준론 탕평) 전개, 초계문신제 시행, 규장각·장용영 설치, 수원 화성 건설
- 경제·사회: 신해통공 반포(육의전 제외 시전 상인의 금난전권 폐지), 신해박해(진산 사건)
- 문화: 『대전통편』, 『무예도보통지』 간행, 거중기 발명(정약용)

📖 또 나올 기출 선택지 **정조**
① 장용영을 설치하였다. 67회
② 초계문신제를 시행하였다. 71회
③ 금난전권을 폐지하였다. 66회

순조
- 정치: 안동 김씨 일파의 세도 정치 시작, 홍경래의 난 발생
- 사회: 공노비 해방, 신유박해

철종
- 삼정(전정, 군정, 환곡)의 문란 → 임술 농민 봉기 발생 → 삼정이정청 설치

빈출주제 TOP5로 끝내는 합격직행노트

빈출주제 3위 왕
07 조선의 왕(근대)

최근 3개년 시험에서 5회 출제 ★☆☆

핵심기 고종 황제가 대한 제국 수립 후 실시한 개혁

고종 (흥선 대원군 집권기)

흥선 대원군 집권기 ~ 개항기

- 고종이 어린 나이에 즉위 → 고종의 아버지인 흥선 대원군이 집권함
- 왕권 강화 정책
  - 세도 가문 축출: 안동 김씨 세력 축출
  - 비변사 폐지: 의정부와 삼군부 부활
  - 법전 정비: 통치 기강을 바로잡고자 『대전회통』(법전) 편찬
  - 경복궁 중건: 왕실의 위엄을 높이고자 소실된 경복궁 중건
    → 당백전 남발, 백성의 부역 동원 등으로 불만을 삼
- 민생 안정책
  - 서원 철폐: 47개소만 남기고 모두 철폐, 만동묘 철폐
  - 삼정의 문란 시정: 양전 사업(전정), 호포제(군정), 사창제(환곡) 실시

🔍 **또 나올 기출 선택지**
① 『대전회통』을 편찬하였다. 54회
② 경복궁을 중건하였다. 64회
③ 당백전을 발행하였다. 67회

고종 (개항기)

- 흥선 대원군이 하야하고 고종의 친정이 시작됨
- **강화도 조약** 체결: 운요호 사건을 구실로 체결 → 부산·원산·인천 개항, 일본의 해안 측량권과 치외 법권 인정
- 초기 개화 정책 실시: **통리기무아문** 및 12사 설치, 별기군(신식 군대) 설치, 사절단(수신사, 조사 시찰단, 영선사, 보빙사 등) 파견
- 제1차 갑오개혁: 군국기무처 설치, 신분제·과거제 폐지, 개국 기원 사용 등
- 제2차 갑오개혁: **홍범 14조** 반포, 교육 입국 조서 반포
- 을미개혁: '건양' 연호 사용, **단발령** 시행, **태양력** 사용
- 을미사변 후 러시아 공사관으로 처소를 옮김(아관 파천)

대한 제국 성립기 ~ 국권 피탈기

고종 황제
- 고종이 아관 파천 후 약 1년 만에 경운궁(덕수궁)으로 환궁
- 고종이 대한 제국을 선포하고 황제로 즉위(연호 광무)
- **광무개혁**: 구본신참에 입각하여 개혁 추진 → **대한국 국제** 반포, **원수부** 설치, **양전 사업** 실시 및 **지계 발급** 등
- 을사늑약 체결에 반발하여 헤이그 특사를 파견하였다가 이를 구실로 퇴위
- 1919년 사망 → 3·1 운동의 배경이 됨

🔍 **또 나올 기출 선택지**
① 원수부를 설치하였다. 45회
② 대한국 국제를 반포하였다. 64회

순종 황제
- 고종 황제의 뒤를 이어 즉위(연호 융희)
- 한·일 병합 조약으로 국권이 피탈됨
- 1926년 사망 → 6·10 만세 운동의 배경이 됨

🔍 **또 나올 기출 자료** 순종 황제의 사망(6·10 만세 운동의 배경) 53회

얼마 전 종로 일대에서 일어난 만세 시위 소식을 들었는가? 체포된 학생들에 대한 공판이 곧 열린다더군.
융희 황제의 인산일(장례일)에 학생들이 격문을 뿌리고 만세를 외치다 그 사건 말씀이시죠?

빈출주제 4위

인물

 **학습 꿀팁**

시험 전날까지는 인물과 활동을 연결해서 외우고, 사료와 선택지를 꼼꼼히 읽으며 눈에 익혀두세요.
시험장에서 빠르게 마무리할 때는 인물의 활동 중 강조된 부분만 외우세요.

01 승려
02 학자
03 관리 및 정치인
04 독립운동가
05 여성
06 외국인

빈출주제 4위 인물

회 01 승려

최근 3개년 시험에서 **5회 출제** ★☆☆

> 독음개 각 승려의 이름과 저술

고대

원효 (617~686)

- 일심 사상과 아미타 신앙 강조
- 불교의 대중화를 위해 **무애가**를 지어 민간에 유포
- 『**십문화쟁론**』, 『**금강삼매경론**』, 「대승기신론소」 등 저술

또 나올 기출 선택지
① 무애가를 짓는 등 불교 대중화에 힘썼다. 69회
② 『십문화쟁론』을 저술하였다. 64회

혜초 (704~787)

인도와 중앙아시아를 여행하고 기행문인 『**왕오천축국전**』 저술

또 나올 기출 선택지
① 『왕오천축국전』을 지었다. 69회

자장 (590~658)

신라 선덕 여왕에게 **황룡사 구층 목탑**의 건립 건의

의상 (625~702)

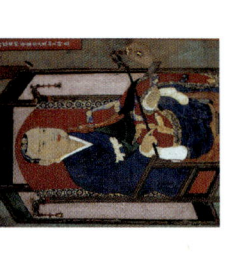

- 화엄 사상 전파 및 해동 화엄종 개창
- 관음 신앙 전파
- **영주 부석사**, 양양 낙산사 건립
- 『**화엄일승법계도**』 등 저술

또 나올 기출 자료
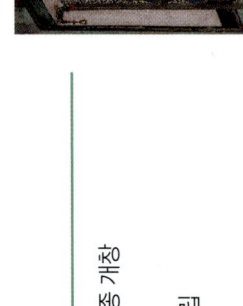
의상은 화엄 사상의 요지를 정리한 『화엄일승법계도』를 저술하였다. 또한 부석사를 비롯한 여러 사원을 건립하였고, 현세에 고난에서 구제받고자 하는 관음 신앙을 강조하였다. 61회

01 승려

※ 꼭 알아두어야 할 승려의 이름과 활동

고려 시대

★ 의천 (1055~1101)

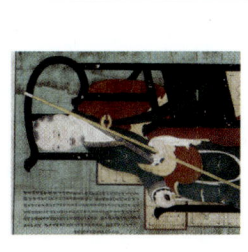

- 고려 문종의 아들이자 숙종의 동생
- 국청사를 중심으로 해동 천태종 개창
- 불교 교단 통합 운동 전개(교종 중심으로 선종 통합 시도)
- 교관겸수 제시(이론 연마와 수행을 함께 강조)
- 숙종에게 화폐 주조 및 유통을 주장
- 교장 및 『신편제종교장총록』 편찬

또 나올 기출 자료
영통사 대각국사비는 고려 문종의 넷째 아들로 승려가 된 의천의 행적을 새긴 비석이다. 비문에는 고가 송에서 불교를 배우고 돌아와 해동 천태종을 개창한 사실이 기록되어 있다. 58회

★ 지눌 (1158~1210)

- 순천 송광사에서 수선사 결사 조직
- 불교 개혁 운동 전개
- 선종을 중심으로 교종을 포용하고자 함
- 정혜쌍수, 돈오점수 주장
- 「권수정혜결사문」 작성

또 나올 기출 자료
이 인물은 정혜결사를 조직하였으며, 선과 교를 함께 닦아야 한다는 정혜쌍수를 주장하였습니다. 보조국사라고도 하는 이 인물은 누구일까요? 54회

요세 (1163~1245)

- 법화 신앙에 중점을 두고 참회를 강조
- 강진 만덕사(백련사)에서 백련 결사 운동 전개

또 나올 기출 자료
요세는 12세에 출가하였다. 수행상의 제약을 넘어서기 위해서는 전태의 교리에 의지해야 한다는 깨달음을 얻었다. 법화 신앙을 바탕으로 강진 만덕사에서 백련 결사를 결성하였다. 61회

혜심 (1178~1234)

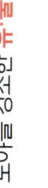

- 심성의 도야를 강조한 유·불 일치설 주장

또 나올 기출 선택지
① 심성의 도야를 강조한 유·불 일치설을 주장하였다. 61회

02 학자

빈출주제 4위 인물

최근 3개년 시험에서 **13회 출제** ★★☆

고대

설총 (655~?)
- 이두를 체계적으로 정리함
- 신문왕에게 「화왕계」를 지어 바침

도 나올 기출 선택지
① 한자의 음훈을 빌려 우리말을 표기한 이두를 정리하였다. 57회
② 「화왕계」를 지어 국왕에게 바쳤다. 51회

꼭 암기 최치원의 시무책 10여 조

최치원 (857~?)

- 신라 6두품 출신, 당에 유학하여 빈공과에 합격
- 황소의 난 때 「토황소격문」을 지어 문장가로 활약
- 『계원필경』을 진강왕에게 바침
- 진성 여왕에게 시무책 10여 조를 올림

도 나올 기출 자료
이 인물은 호가 고운으로, 신라 말기에 활동하였습니다. 당나라 빈공과에 합격하여 황소에게 항복을 권하는 격문을 써서 문장가로 이름을 날렸습니다. 귀국한 이후에는 진성 여왕에게 개혁안을 올리기도 하였습니다.

고려 시대

최충 (984~1068)
- 고려 문종 때 활동한 유학자
- 9재 학당(문헌공도)을 설립하여 유학 교육에 힘씀

도 나올 기출 선택지
① 9재 학당을 열었다. 61회

김부식 (1075~1151)

- 고려의 문벌 귀족이자 유학자
- 묘청의 난 진압
- 인종의 명을 받아 역사서인 『삼국사기』 편찬

도 나올 기출 선택지
① 김부식이 묘청의 반란을 진압하였다. 59회
② 김부식 등이 왕명을 받아 『삼국사기』를 편찬하였다. 37회

02 학자

꼭 나올 III 음료 학자들의 이름과 성리학 전파 과정

고려 시대

안향 (1243~1306)
- 고려 후기의 유학자
- 원나라에 다녀온 후 성리학을 최초로 소개함

또 나올 기출 선택지
① 고려에 성리학을 최초로 소개하였다. 35회

이색 (1328~1396)
- 고려 후기 성리학 보급에 노력한 성리학자
- 성균관의 대사성이 되어 정몽주 등을 학관으로 천거함

또 나올 기출 선택지
① 성균관의 대사성이 되어 정몽주 등을 학관으로 천거하였다. 62회

이제현 (1287~1367)
- 만권당에서 원나라 학자들과 교유함
- 충선왕을 수행하여 중국 곳곳을 여행
- 공민왕 즉위 후 문하시중으로 국정을 총괄
- 주요 저술: 『역옹패설』, 『사략』

또 나올 기출 선택지
① 역사서인 『사략』을 저술하였다. 56회
② 만권당에서 원의 학자들과 교유하였다. 35회

정몽주 (1337~1392)
- 고려 후기의 성리학자이자 온건파 신진 사대부
- 개성 선죽교에서 이방원 세력에 의해 피살됨

또 나올 기출 선택지
① 정몽주가 이방원 세력에 의해 피살되었다. 37회

02 학자

> 꼭 알기! 이황과 이이의 저술

조선 전기

퇴계 이황 (1501~1570)

- 도산 서당 설립 및 제자 양성
- 기대승과 사단칠정 논쟁을 벌임
- 예안 향약 실시
- 주요 저술: 『성학십도』, 『주자서절요』

📖 **도 나오을 기출 자료**

이곳은 도산 서원 상덕사로 이황의 위패를 모신 사당입니다. 그는 풍기 군수, 성균관 대사성 등의 관직을 역임하였으며 예안 향약을 만들었습니다. 47회

율곡 이이 (1536~1584)

- 공물을 쌀로 받는 방안인 수미법을 제안
- 해주 향약 실시
- 주요 저술: 『성학집요』, 『격몽요결』, 『동호문답』

📖 **도 나오을 기출 자료**

이곳은 신사임당과 그의 아들 이이가 살았던 오죽헌입니다. 신사임당은 시와 그림에 뛰어나 많은 작품을 남겼으며, 이이는 조선의 대표적인 유학자로 『동호문답』, 『성학집요』 등을 저술하였습니다.

조선 후기

우암 송시열 (1607~1689)

- 노론의 영수
- 기축봉사를 올리고 북벌을 주장함
- 기사환국 때 희빈 장씨의 소생을 원자로 정한 것을 비판하다 사약을 받음

📖 **도 나오을 기출 선택지**

① 무예가를 지어 불교 대중화에 기여하였다. 60회
② 「기축봉사」를 올려 명에 대한 의리를 내세웠다. 56회

담헌 홍대용 (1731~1783)

- 중상학파 실학자
- 양반 문벌 제도 비판 및 교육 기회의 균등 주장
- 천문 관측 기구인 혼천의 제작
- 주요 저술: 『의산문답』, 『임하경륜』, 『담헌집』

📖 **도 나오을 기출 선택지**

① 『의산문답』에서 중국 중심의 세계관을 비판하였다. 60회
② 전체의 운행과 위치를 측정하는 혼천의를 제작했다. 50회

02 학자

꼭 알기! 실학자의 주요 저술과 축

조선 후기

연암 박지원 (1737~1805)

- 중상학파 실학자
- 토지 개혁론인 한전론 주장
- 청에 연행사로 다녀옴
- 수레·선박의 이용과 화폐의 필요성 주장
- 주요 저술: 『열하일기』, 「양반전」, 「허생전」 등

또 나올 기출 선택지
① 「양반전」을 지어 양반의 허례와 무능을 풍자하였다. 60회
② 『열하일기』에서 화폐 유통의 필요성을 강조하였다. 54회

추사 김정희 (1786~1856)

- 『금석과안록』에서 진흥왕 순수비를 고증함
- 독자적인 서체인 추사체 창안
- 세한도와 같은 수준 높은 문인화 작품을 남김

또 나올 기출 선택지
① 『금석과안록』에서 북한산비가 진흥왕 순수비임을 고증하였다. 60회
② 추사체를 창안하였다. 63회

다산 정약용 (1762~1836)

- 중농학파 실학자
- 토지 개혁론인 여전론(농지 공동 소유) 주장
- 거중기 설계
- 주요 저술: 『경세유표』, 『목민심서』

또 나올 기출 자료
정약용이 『기기도설』을 참고하여 제작한 거중기는 수원 화성 축조에 이용되었습니다. 54회

초정 박제가 (1750~1805)

- 중상학파 실학자
- 서얼 출신으로, 정조 때 규장각 검서관으로 등용됨
- 소비를 촉진하여 생산을 늘릴 것을 주장
- 주요 저술: 『북학의』

또 나올 기출 자료
서얼 출신으로 규장각 검서관에 발탁된 박제가는 시의 내용처럼 재화를 우물물에 비유하며 소비 촉진을 통한 생산력의 증대를 주장하였다. 54회

03 관리 및 정치인

빈출주제 4위 인물
최근 37개년 시험에서 16회 출제 ★★★

목향기 건훤과 궁예의 활동

고대

견훤 (867~936)
- 완산주를 도읍으로 하여 후백제 건국
- 중국의 오월·후당과 외교 전개
- 신라를 침탈하여 경애왕 제거
- 아들 신검에 의해 금산사에 유폐되었다가 왕건에게 투항

🟧 또 나올름 기출 선택지
① 후당과 오월에 사신을 파견하였다. 60회
② 신라를 공격하여 경애왕을 죽게 하였다. 61회

궁예 (?~918)
- 신라 왕족 출신, 송악을 도읍으로 하여 후고구려 건국
- 도읍을 송악에서 철원으로, 국호를 마진에서 태봉으로 변경
- 국정 총괄 기구인 광평성 등의 정치 기구 마련
- 미륵불을 자처하며 공포 정치를 펼치다 신하들에 의해 쫓겨남

🟧 또 나올름 기출 선택지
① 국호를 태봉으로 바꾸었다. 69회
② 미륵불을 자처하며 왕권을 강화하였다. 50회

고려 시대

묘청 (?~1135)
- 고려 중기의 승려
- 인종에게 서경 천도와 금국 정벌, 칭제 건원을 주장
- 서경 천도 운동이 실패하자 난을 일으킴(묘청의 난)

🟧 또 나올름 기출 사료
묘청 등이 왕에게 말하기를, "신들이 보건대 서경의 임원역은 음양가들이 말하는 대화세(大華勢)이니 만약 이곳에 궁궐을 세우고 옮기시면 천하를 병합할 수 있을 것이요, 금이 공물을 바치고 스스로 항복할 것입니다."라고 하였다. 42회

윤관 (?~1111)
- 숙종 때 여진 정벌을 위해 별무반 조직을 건의
- 예종 때 별무반을 이끌고 여진 정벌 후 동북 9성 축조

🟧 또 나올름 기출 선택지
① 여진을 정벌한 후 동북 9성을 축조하였다. 59회

03 관리 및 정치인

꼭 알기! 최충헌과 최우가 설치한 기관

고려 시대

최충헌 (1149~1219)

- 고려 무신 집권기의 집권자
- 사병 조직인 도방 확대
- 명종에게 개혁안인 봉사 10조를 올림
- **교정도감**을 설치하고 교정별감의 자리에 올라 국정을 총괄함

또 나올 기출 선택지
① 최충헌이 봉사 10조를 올려 시정 개혁을 건의하였다. 59회

최우 (?~1249)

- 고려 무신 집권기의 집권자(최충헌의 아들)
- 인사 기구인 **정방**을 설치하고, 문신 숙위 기구인 서방 설치
- 특수군인 **삼별초** 설치(야별초에서 유래)
- 몽골이 침입하자 **강화도로 천도**

또 나올 기출 선택지
① 좌·우별초와 신의군으로 삼별초를 조직하였다. 56회
② 강화도로 도읍을 옮겨 몽골의 침략에 대비하였다. 39회

신돈 (?~1371)

- 공민왕에 의해 등용됨
- **전민변정도감**의 책임자(판사)가 되어 권문세족을 견제함

또 나올 기출 선택지
① 전민변정도감의 책임자로서 개혁을 이끌었다. 51회

최무선 (1325~1395)

- 우왕에게 **화통도감 설치**를 건의함
- 화약 제조법 습득·화포 제작
- **진포 대첩**에서 왜구를 격퇴함

또 나올 기출 선택지
① 화약과 화포 제작을 위한 화통도감 설치를 건의하였다. 57회

03 관리 및 정치인

조선 전기

신숙주 (1417~1475)

- 집현전 학사로 『훈민정음』 해례본 편찬에 참여함
- 계유정난으로 공신에 책훈됨
- 세조 때 사대교린의 외교 정책을 주도함
- 일본에 다녀와서 『해동제국기』를 저술함

📖 또 나올 기출 선택지
① 일본의 정치, 사회, 지리 등을 정리한 『해동제국기』를 저술하였다. 62회

중종조의 개혁 정책

조광조 (1482~1519)

- 중종 때 등용된 사림파 인물
- 현량과 실시, 소격서 폐지, 반정 공신의 위훈 삭제 등 개혁 정치를 펼침
- 기묘사화 때 처형됨

📖 또 나올 기출 선택지
① 현량과 실시를 건의하였다. 67회
② 반정 공신의 위훈 삭제를 주장하였다. 45회

조선 후기

윤휴 (1617~1680)

- 1, 2차 예송에서 각각 3년설, 1년설을 주장함
- **북벌론** 주장
- 유교 경전의 재해석을 시도해 사문난적'이라고 비판받음
- 경신환국으로 제거됨

📖 또 나올 기출 선택지
① 북벌을 주장하였다. 4회

박규수 (1807~1876)

- 박지원의 손자로 출생
- **임술 농민 봉기** 당시 안핵사로 파견
- 평안도 관찰사 재직 중 대동강을 침략한 미 상선 **제너럴셔먼호를 물리침**

📖 또 나올 기출 자료
박지원의 손자인 나(박규수)는 임술년에 농민 봉기가 일어났을 때 안핵사로 파견되어 임han오리의 임 중 처벌과 삼정이정청이 설치를 요청하였소. 32회

03 관리 및 정치인

근대

최익현 (1833~1906)

꼭 함께! 최익현의 주요 활동

- 흥선 대원군의 하야를 주장하는 상소를 올림
- **「지부복궐척화의소」를 올려 왜양 일체론 주장**
- 태인에서 을사의병 개월, 체포된 후 쓰시마 섬에서 순국

또 나올을 기출 선택지
① 해양 일체론을 주장함 60회
② 을사늑약 체결에 반대하여 태인에서 의병을 일으켰다. 36회

유길준 (1856~1914)

- 조사 시찰단의 일원으로 일본에 가서 시찰 후 유학
- 보빙사로 미국에 건너가 미국 시찰 후 유학
- **조선 중립화론**을 주장
- 주요 저술: 『서유견문』

또 나올을 기출 선택지
① 조선 중립화론을 주장하였다. 54회
② 『서유견문』을 집필하여 서양 근대 문명을 소개하였다. 49회

현대

조봉암 (1898~1959)

- 제헌 국회의원에 당선, 초대 농림부 장관으로 농지 개혁 단행
- 제3대 대통령 선거에서 2000여만 표 이상을 얻어 선전함
- 진보당 창당, **진보당 사건**으로 구속된 후 사형 집행됨

또 나올을 기출 선택지
① 평화 통일론을 주장한 진보당의 조봉암과 간부들이 구속되었다. 6회

장준하 (1918~1975)

- 학도병 강제 징집 후 탈출하여 **한국광복군** 입대
- 국내 진공 작전 투입
- 이승만·박정희 정부 독재 정치 비판
- 박정희 정부 때 **개헌 청원 100만인 서명 운동** 주도

또 나올을 기출 선택지
① 한국광복군의 일원으로 국내 진공 작전을 준비하였다. 40회

04 독립운동가

빈출주제 4위 인물

최근 3개년 시험에서 15회 출제 ★★☆

근대

양기탁 (1871~1938)
- 만민 공동회 간부로 활약
- 영국인 베델과 대한매일신보 창간
- 국채 보상 운동 주도, 신민회 조직

또 나올을 기출선택지
① 베델과 제휴하여 대한매일신보를 창간하였다. 34회

안중근 (1879~1910)
- 국채 보상 운동에 참가
- 하얼빈에서 이토 히로부미 사살
- 『동양평화론』 저술, 뤼순 감옥에서 순국

또 나올을 기출자료
사형 판결을 받은 그는 『동양평화론』을 저술하던 중 순국하였습니다. 그는 이 글에서 일제의 침략상을 비판하며 한·중·일 3국이 대등한 위치에서 상호 협력해야 한다고 주장하였습니다. 46회

일제 강점기

꼭 암기! 박은식이 저술한 책

박은식 (1859~1925)
- 독립 협회에 가입, 황성신문 주필 담당
- 대한민국 임시 정부 제2대 대통령 취임
- 유교 개혁을 주장(실천적인 유교 정신 강조)
- 저술: 『유교구신론』, 『한국통사』, 『한국독립운동지혈사』

또 나올을 기출선택지
① 유교 개혁을 주장하는 유교구신론을 제창하였다. 56회
② 국권 피탈 과정을 정리한 『한국통사』를 집필하였다. 61회

이승훈 (1864~1930)
- 신민회 가입 후 오산 학교(정주) 설립
- 3·1 운동 때 민족 대표 33인 중 기독교 대표로 활동
- 동아일보 사장 취임, 민립 대학 설립 추진

또 나올을 기출선택지
① 오산 학교를 설립하여 인재 양성에 힘썼다. 69회

04 독립운동가

> 쏙쏙개념 독립운동가들이 활동한 단체

일제 강점기

이회영 (1867~1932)

- 신민회 조직
- 국권 피탈 이후 전 재산을 정리해 서간도로 이주
- 경학사, 신흥 강습소 설립

또 나올 기출 선택지
① 독립군을 양성하기 위하여 신흥 강습소를 설립하였다. 43회

홍범도 (1868~1943)

- 정미의병 때 평민 의병장으로 활약함
- **대한 독립군 총사령관으로 봉오동 전투와 청산리 전투**에서 승리
- 러시아에 의해 중앙아시아로 강제 이주

또 나올 기출 선택지
① 봉오동 전투에서 일본군을 상대로 승리를 거두었다. 69회

이상설 (1870~1917)

- 북간도에 서전서숙 설립
- 헤이그 특사로 파견
- **대한 광복군 정부의 정통령으로 취임**

또 나올 기출 선택지
① 민족 교육을 위해 서전서숙을 설립하였다. 67회
② 헤이그에서 열린 만국 평화 회의에 특사로 파견되었다. 69회
③ 대한 광복군 정부 수립을 주도하였다. 49회

이동휘 (1873~1935)

- 신민회 참여
- 서북학회 창립
- **대한 광복군 정부 부통령 취임**
- 대한민국 임시 정부 국무총리 취임

또 나올 기출 선택지
① 대한 광복군 정부 수립을 주도하였다. 52회

04 독립운동가

일제 강점기

신채호 (1880~1936)

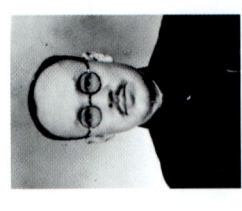

- 신민회 조직
- 대한민국 임시 정부에서 활동
- 의열단의 활동 지침인 「조선혁명선언」 작성
- 저술: 「독사신론」, 「조선사연구초」, 「조선상고사」

또 나올 기출 선택지

① 의열단의 활동 지침인 「조선혁명선언」을 작성하였다. 69회
② 「독사신론」을 저술하여 민족주의 사학의 기반을 마련하였다. 56회
③ 「조선상고사」를 저술하였다. 57회

꼭 암기! 지청천이 승리로 이끈 전투

지청천 (1888~1957)

- 신흥 무관 학교에서 독립군 양성
- 대한 독립 군단에 참여
- 한국 독립군 총사령관으로 쌍성보·대전자령 전투에서 승리
- 한국광복군 총사령관에 취임

또 나올 기출 선택지

① 쌍성보, 대전자령 전투에서 일본군을 격파하였다. 49회

안창호 (1878~1938)

- 신민회 조직, 대성 학교(평양) 설립
- 미국에서 대한인 국민회 조직
- 미국에서 흥사단 조직
- 대한민국 임시 정부의 내무총장 겸 국무총리 대리로 취임

또 나올 기출 선택지

① 대성 학교를 세우고 흥사단을 창립하였다. 50회

조소앙 (1887~1958)

- 무오 독립 선언서 작성
- 김구·안창호 등과 한국 독립당 창당, 삼균주의 제창
- 임시 정부 건국 강령의 이론적 기초 마련(1941년 임시 정부가 건국 강령 발표)

또 나올 기출 자료

이 문서는 조소앙이 마련한 대한민국 임시 정부 건국 강령 초안이다. 건국 강령은 민족 운동의 방향과 광복 후 국가 건설의 지향을 담은 것으로 대한민국 임시 정부 임시 헌장의 이론적 기초가 되었다. 50회

04 독립운동가

일제 강점기

김좌진 (1889~1930)

- 대한 광복회에서 활동
- 북로 군정서 총사령관에 취임
- 청산리 전투에서 승리, 대한 독립 군단 결성

또 나올 기출 선택지
① 독립군 연합 부대를 이끌고 청산리 전투에서 승리하였다. 69회

독립개! 김원봉이 조직한 단체들

김원봉 (1898~1958)

- 만주 지린에서 의열단 조직
- 조선 혁명 간부 학교 설립
- 중국 관내에서 민족 혁명당 창당
- 조선 의용대 창설, 이후 한국광복군에 합류

또 나올 기출 선택지
① 의열단을 조직하여 단장으로 활동하였다. 50회
② 중국 국민당과 협력하여 조선 의용대를 창설하였다. 46회

양세봉 (1896~1934)

- 육군 주만 참의부 소대장에 취임
- 국민부에서 활동
- 조선 혁명군 총사령관으로 영릉가 전투에서 승리
- 흥경성 전투에서 승리

또 나올 기출 선택지
① 조선 혁명군을 이끌고 영릉가 전투에서 승리 32회

윤봉길 (1908~1932)

- 한인 애국단 가입
- 상하이 훙커우 공원에서 열린 일본군의 상하이 점령 기념식에서 폭탄을 투척해 일본인 고관 사살

또 나올 기출 사료
윤군과 같이 김해산의 집에 가서 마지막으로 식탁을 같이하여 아침밥을 먹었다. …… "훙커우 공원 일본인의 경축대 위에서 대형의 폭탄이 폭발하여 거류민단장 가와바다는 즉사하고, 시라카와 대장, 시게미쓰 주중 공사, 우에다 중장, 노무라 중장 등 문무 대관이 모두 중상 ……" 34회

05 여성

빈출주제 4위 인물

최근 3개년 시험에서 2회 출제 ★★☆

핵심개 조선 시대 여성들의 이름과 활동

조선 시대

이빙허각 (1759~1824)

- 살림을 학문화한 실학자
- 가정 생활의 지혜를 담은 『규합총서』를 저술함

또 나올 기출 선택지
① 가정 생활의 지혜를 담은 『규합총서』를 저술하다 67회

김만덕 (1739~1812)

- 조선 정조 때 제주도에서 활동한 거상이자 자선가
- 전 재산을 기부해 흉년에 굶주린 제주도민을 구제함

또 나올 기출 선택지
① 재산을 기부하여 제주도민을 구제하다 67회

일제 강점기

남자현 (1872~1933)

- 간도에서 여자 권학회 조직, 서로 군정서에서 활동
- 사이토 마코토 총독 암살을 계획하였으나 실패
- 국제 연맹 조사단에 독립 의지를 표명하는 혈서 전달을 시도

또 나올 기출 선택지
① 간도에서 여자 권학회를 조직하여 계몽활동에 힘썼다. 48회

김마리아 (1892~1944)

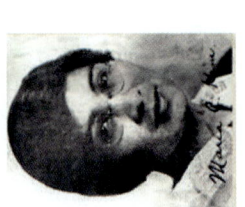

- 일본 유학 중 2·8 독립 선언에 참여
- 3·1 운동으로 인해 구속
- 대한민국 애국 부인회의 회장을 맡아 임시 정부에 군자금 전달

또 나올 기출 선택지
정신 여학교 교사로 재직하던 중 일본에 유학하였다. 2·8 독립 선언에 참여한 후 이를 알리기 위해 독립 선언서를 숨긴 채 귀국하였다. 고종의 인산일을 계기로 3·1 운동이 일어나자 여성들의 시위 참여를 촉구하던 중, 여학생들이 전개한 독립운동의 배후자로 지목되어 체포되었다. 46회

05 여성

꼭 암기! 여성 운동가들의 이름과 활동한 단체

일제 강점기

박차정 (1910~1944)

- 중국으로 망명 후 의열단에 가입
- 근우회 중앙집행위원으로 활동 중 근우회 사건으로 구속
- 조선 혁명 간부 학교의 교관으로 활동
- 조선 의용대의 부녀복무단장으로 활약

또 나올 기출 자료

나는 박차정입니다. 근우회 중앙 집행 위원으로 활동하고, 조선 의용대에 부녀 복무 단장으로 무장 투쟁에도 참가하였습니다. 66회

오광심 (1910~1976)

- 대한민국 임시 정부 산하의 한국광복군에 참여
- 한국광복군의 기관지인 『광복』의 간행 업무를 담당함

또 나올 기출 자료

1940년 9월 17일에 충칭에서 대한민국 임시 정부 산하의 한국광복군이 창설될 때, 김정숙·지복영 등과 함께 참여하였다. 모든 기관지 『광복』의 간행 업무를 담당하고 병사 모집과 선전·파괴 활동을 전개하는 등 독립에 큰 업적을 남겼다. 37회

유관순 (1902~1920)

- 이화 학당 출신
- 3·1 운동 때 천안 아우내 장터에서 만세 운동을 주도함
- 체포되어 서대문 형무소에서 순국

또 나올 기출 자료

이것은 일제가 작성한 유관순 열사의 감시 대상 인물 카드입니다. 그는 3·1 운동에 참여하였다가 체포된 후 옥중에서 순국하였습니다. 39회

강주룡 (1901~1931)

- 일제에 항거하여 노동 운동을 벌인 여성 노동자
- 평양 고무 공장 여공 파업과 시위를 주도함
- 평양 을밀대 지붕 위에서 고공 농성을 벌임

또 나올 기출 자료

평양 을밀대 지붕 위에 올라 갔다가 평양 경찰서에 검속되어 있는 평양 고무 공장 파업 여공 강주룡은 31일 밤까지 단식을 계속하고 있다. …… 그는 평양 고무 공장이 임금 삭감을 취소하지 않으면 죽겠다고 버티는 중이다. 63회

06 외국인

빈출주제 4위 인물

최근 3개년 시험에서 0회 출제 ☆☆☆

근대 ~ 현대

꼭참고! 외국인들의 활동 시기와, 그와 연관된 사건

조지 루이스 쇼 (1880~1943)

- 중국 안동(단둥)에서 무역 회사인 **이륭양행**을 운영함
- 김구 등 독립운동가들이 상하이로 갈 수 있게 도움을 줌
- 이륭양행 내에 대한민국 임시 정부의 **교통국을 설치**함

또 나올들 기출 선택지
① 중국 안동에서 무역 회사인 이륭양행을 운영하였다. 48회

위르겐 힌츠페터 (1937~2016)

- 독일 제1공영방송 기자
- **5·18 민주화 운동** 현장을 담아 광주의 참상을 외국에 알리는 데 큰 기여를 함 (명 '푸른 눈의 목격자'로 불림)

또 나올들 기출자료
사진 속 인물이 '푸른 눈의 목격자로 불리는 독일 기자'이지? 맞아. 위르겐 힌츠페터야. 그는 1980년에 택시 기사 김사복과 함께 광주로 가서 5·18 민주화 운동을 취재하여 세계에 알렸어. 39회

호머 헐버트 (1863~1949)

- **육영 공원**에서 영어와 근대 학문을 가르침
- 한글로 된 교재인 『**사민필지**』를 저술함
- 을사늑약 체결의 부당을 알리는 고종 황제의 친서를 미국 정부에 전달함
- 고종에게 헤이그 특사 파견을 건의함

또 나올들 기출 선택지
① 육영 공원에서 학생들에게 영어를 가르쳤다. 48회
② 한글로 된 교재인 『사민필지』를 저술하였다. 62회

프랭크 윌리엄 스코필드 (1889~1970)

- 캐나다 선교사이자 수의학자 겸 세균학자
- **3·1 운동(제암리 학살 사건**)을 세계에 알림
- 광복 이후 한국인의 복지와 인권에 힘씀
- 한국 이름으로 '석호필' 사용

또 나올들 기출자료
파고다 공원에 모였던 수백 명의 학생들이 100여 년간 억눌려 온 감정을 터뜨려 '만세, 독립 만세'를 외치자 뇌성 벽력 같은 소리에 공원 근처에 살던 시민들도 크게 놀랐다. - 스코필드 56회

빈출주제 5위

단체

학습 꿀팁

시험 전날까지는 시대별로 단체가 어떻게 어떻게 변화되었는지 비교해가며 꼼꼼하게 외우세요.
시험장에서 빠르게 마무리할 때는 내용 중 강조된 부분만 빠르게 외우세요.

01 근대의 단체
02 일제 강점기의 국내 단체
03 일제 강점기의 국외 단체

빈출주제 5위 단체
01 근대 단체

최근 3개년 시험에서 **9회 출제**
★★☆

단체	설립	활동	해산
독립 협회	서재필, 윤치호 등이 주도하여 설립(1896) 📌 또 나올 기출자료 **독립 협회** 48회 우리 대조선국이 독립국이 되어 세계 여러 나라와 어깨를 나란히 하니, 우리 동포 이천만이 오늘날 맞이한 행복이다. 여러 사람의 의견으로 독립 협회를 조직하여 옛 영은문 자리에 독립문을 세로 세우고, 옛 모화관을 고쳐 독립관이라 하고자 한다. 이는 지난날의 치욕을 씻고 후손들에게 본보기를 보여주고자 함이다.	• **독립문과 독립관 건립** • **만민 공동회, 관민 공동회** 개최 • **헌의 6조** 결의, 중추원 관제 반포 • **독립신문** 발행 • 러시아의 **절영도 조차 요구를 저지**함	보수 세력이 독립 협회를 모함하는 **익명서**를 퍼뜨림 → 고종이 황국 협회와 군대를 동원하여 강제 해산시킴
보안회	원세성, 송수만 등이 결성(1904)	일본의 황무지 개간권 요구 저지	일본의 압력으로 해산됨
대한 자강회	장지연을 중심으로 설립(1906)	지회를 설치하고 **월보**를 간행함	**고종의 강제 퇴위 반대 운동**을 주도하다 해산됨
신민회	안창호, 신채호, 양기탁 등이 주도하여 조직한 비밀 결사 단체(1907)	• 민족 교육을 위해 **대성 학교**(평양), **오산 학교**(정주) 설립 • **자기 회사, 태극 서관** 설립 • 서간도 삼원보에 독립운동 기지 건설, **신흥 강습소** 설립	일제가 조작한 **105인 사건**으로 해산됨 📌 또 나올 기출자료 **신민회** 50회 안창호, 양기탁 등이 중심이 되어 조직한 비밀 결사로, 국권 회복과 공화 정체의 근대 국가 건설을 목표로 하였다. 이를 위해 국내에서는 교육 문화 계몽 운동과 민족 산업 진흥을 강조하였다. 국외에서도 독립운동 기지 건설을 통한 군사적 실력 양성을 꾀하였다. 일제가 날조한 105인 사건으로 국내 조직이 해산되었다.

빈출주제 5위 단체

02 일제 강점기의 국내 단체

최근 3개년 시험에서 **4회 출제** ★☆☆

단체	설립	활동
독립 의군부	고종의 밀명으로 임병찬이 조직(1912)	• **복벽주의(왕정 복고)**를 내세움 • 조선 총독부와 일본 정부에 **국권 반환 요구서**를 보내려다 실패함
대한 광복회	박상진 등이 대구에서 조직(1915)	• 국권 회복과 공화 정체의 국민 국가 수립을 목표로 함 • 군자금 모금 활동을 전개하며 친일파 처단
천도교 소년회	방정환, 김기전 등이 결성함(1921)	• **소년 운동** 전개 • 어린이날을 제정하고 잡지 『어린이』를 간행함 **또 나올 기출 사료 소년 운동** 43회 가. 어른에게 전하는 부탁 1. 어린이를 내려다보지 마시고 반드시 쳐다보아 주시오. 2. 어린이를 늘 가까이하여 자주 이야기하여 주시오. 3. 어린이에게 경어를 쓰시되 늘 부드럽게 하여 주시오. 4. 이발이나 목욕 또는 옷 갈아입는 것 같은 일은 때 맞춰 하도록 하여 주시오.
신간회	비타협적 민족주의 계열과 사회주의 계열이 연합하여 설립(1927)	• 강령: 민족의 정치적·경제적·사회적 각성, 민족 대단결, 기회주의 배격 • 원산 총파업 지원 • **광주 학생 항일 운동**에 진상 조사단 파견, 민중 대회를 계획하였으나 무산됨 **또 나올 기출 자료 신간회의 강령** 47회 1. 우리는 정치적·경제적 각성을 촉진함. 1. 우리는 단결을 공고히 함. 1. 우리는 기회주의를 일체 부인함.
근우회	신간회의 자매 단체로 설립(1927)	• 강연회와 토론회를 열어 여성 의식 계몽 운동 전개 • 기관지인 『근우』 발행

빈출주제 5위 단체
03 일제 강점기의 국외 단체

최근 3개년 시험에서
14회 출제 ★★☆

단체	설립	활동
대한 독립군	홍범도를 사령관으로 하여 만주에서 조직(1919)	**봉오동 전투, 청산리 전투**에서 승리 → 청산리 전투 이후 대한 독립 군단에 합류
북로 군정서	• 서일 등 대종교인들을 중심으로 이루어진 **중광단**이 확대·개편되어 조직(1919) • 사령관으로 김좌진, 교관으로 **이범석** 등이 참여	청산리 전투에서 승리한 이후 대한 독립 군단에 합류
의열단	김원봉, 윤세주 등이 중심이 되어 만주 지린(길림)에서 결성(1919)	• 신채호의 「**조선혁명선언**」을 활동 지침으로 삼음 • 의거 활동: 부산 경찰서(박재혁), 조선 총독부(김익상), 종로 경찰서(김상옥), 동양 척식 주식회사와 조선 식산 은행(나석주)에 폭탄 투척
대한 독립 군단	봉오동·청산리 전투 이후 일제의 압박이 거세지자, 밀산부에 집결한 독립군 부대들이 **서일**을 총재로 하여 편성함(1920)	소련 자유시로 이동하여 내전에 참여하였으나 무장 해제 과정에서 희생당함(**자유시 참변**)
한인 애국단	김구가 국민 대표 회의 이후 침체된 임시 정부에 활기를 불어넣기 위해 **상하이**에서 조직(1931)	• **이봉창**: 도쿄에서 일왕의 마차에 폭탄 투척 • **윤봉길**: 상하이 훙커우 공원에서 열린 일본의 승전 기념식에서 폭탄을 던져 고관들을 살상
조선 혁명군	• 남만주 국민부의 산하 군대로 조직(1929) • 총사령관: **양세봉**	**중국 의용군**과 연합하여 **영릉가·흥경성** 전투 등에서 승리
한국 독립군	• 북만주 혁신 의회의 산하 군대로 조직(1931) • 총사령관: **지청천**	**중국 호로군** 등과 연합 작전을 수행하여 **쌍성보·대전자령·사도하자** 전투 등에서 승리
조선 의용대	• 중국 관내에서 조직된 최초의 한인 무장 부대(1938) • 김원봉이 조선 민족 전선 연맹의 산하 군대로 조직	중국군과 연합하여 정보 수집, 포로 심문 수행 일부는 중국 화북 지방으로 이동하고 김원봉 등은 **한국광복군**에 합류
한국광복군	• 대한민국 임시 정부가 충칭에서 창설(1940) • 총사령관: **지청천**	• 태평양 전쟁(1941)이 발발하자, **대일 선전 포고** 후 연합군의 일원으로 참전 • 미국 전략 정보국(OSS)의 도움을 받아 **국내 진공 작전**을 계획하였지만 실행하지 못함

해커스한국사 history.Hackers.com
가장 빠른 합격을 위해
해커스에서 더 준비했습니다!

시대 흐름 정리로 탄탄한 기본기 쌓기

탄탄한 기초 쌓기!
무료 시대흐름잡기 특강

한국사 시대 흐름을 한 번에 정리!
데일리 셀프 쪽지 시험

데일리 학습으로 한국사 2주안에 끝장내기

문 안에 쏙!
홀쭉포인트 30

해커스잡·해커스공기업 누적 수강건수 700만 선택

취업교육 1위 해커스

합격생들이 소개하는 **단기합격 비법**

삼성 그룹
최종 합격!

오*은 합격생

정말 큰 도움 받았습니다!
삼성 취업 3단계 중 많은 취준생이 좌절하는 GSAT에서
해커스 덕분에 합격할 수 있었다고 생각합니다.

국민건강보험공단
최종 합격!

신*규 합격생

모든 과정에서 선생님들이 최고라고 느꼈습니다!
취업 준비를 하면서 모르는 것이 생겨 답답할 때마다, 강의를 찾아보며 그 부분을
해결할 수 있어 너무 든든했기 때문에 모든 선생님께 감사드리고 싶습니다.

해커스 대기업/공기업 대표 교재

**GSAT 베스트셀러
279주 1위**

**7년간 베스트셀러
1위 326회**

[279주 베스트셀러 1위] YES24 수험서 자격증 베스트셀러 삼성 GSAT 분야 1위(2014년 4월 3주부터, 1판부터 20판까지 주별 베스트 1위 통산)
[326회] YES24/알라딘/반디앤루니스 취업/상식/적성 분야, 공사 공단 NCS 분야, 공사 공단 수험서 분야, 대기업/공기업/면접 분야 베스트셀러 1위 횟수 합계
(2016.02.~2023.10/1~14판 통산 주별 베스트/주간 베스트/주간집계 기준)
[취업교육 1위] 주간동아 2024 한국고객만족도 교육(온·오프라인 취업) 1위
[700만] 해커스 온/오프라인 취업강의(특강) 누적신청건수(중복수강/무료 강의 포함/2015.06~2024.11.28)

| 대기업 | 공기업 |

**최종합격자가
수강한 강의는?
지금 확인하기!**

해커스잡 **ejob.Hackers.com**

해커스한국사 단기 합격생이 말하는
한능검 합격의 비밀!

한달 만에 노베이스에서 1급 따기!

교재는 개념만 나와있지 않고 **바로 뒷장에 해당 개념에 관한 문제들이 나와있어서** 공부하기 편했습니다.
시대별로 기출문제를 정리해 푸니까 머릿속에 정리되는 느낌이 들더라구요.
선생님께서 강의 중간중간에 암기꿀팁 같은 거 알려주셔서 시험볼 때까지 절대 까먹지 않았습니다.

선*진 (icecr****012)

박*규 (vp****76)

꼼꼼하고 꽉찬 개념 정리 덕에 수월하게 공부했습니다!

무료로 볼 수 있는 인강이어도 꼼꼼하고 꽉찬 개념 정리 덕에 수월하게 공부했습니다!
특히 후반부에 출제예상 부분과 빈출, 지역과 문화재를 정리를 잘해주셔서 두 번이나 보고 제대로
외워가려 했습니다. 덕분에 다소 어려웠던 출제 난이도였음에도 좋은 성적으로 합격할 수 있었습니다.

이동할 때도 편리하게 한국사 공부!

해커스 교재가 가장 맘에 든 이유는 매 **기출 주제마다 초성 키워드가 있어서 암기에 도움이 된다는 것**과
문제풀이를 하고 나서 **오답 클리어를 보면 오답에 대해 정확하고 짧은 설명으로 암기에 도움을 주고자**
노력한 게 보인다는 겁니다. 또 해커스 사이트를 통해 **빈출 키워드와 문화유산 사진 등을 다운받아서**
스마트폰에 저장하고 지하철로 이동할 때 공부하니 더욱 편리하게 공부할 수도 있었어요!

김*철 (mc****3)

김*경 (ga****13)

노베이스도 거뜬히 합격했어요!

저 같은 경우는 문화재를 외우는 게 너무 어려워서 포기를 해야 하나 싶었는데 울며 겨자 먹기로
하루에 한 번씩 미니북과 빈출 문화재 퀴즈만 보면서 외웠습니다. 결과는 성공 ㅎㅎ!!
57회 문화재 파트 문제 다 정답! 많은 수험생들을 합격으로 이끌어주셔서 너무 감사합니다.
노베이스였던 저한테 도움이 많이 됐어요!

한국사 단기합격의 모든 것, 해커스한국사　history.Hackers.com

해커스 한국사능력검정시험 기본 (4·5·6급) 2주 합격
교과서 연계 학습표

한국사능력검정시험 기본에 출제되는 개념은 초등 사회/중학 역사 교과서에 나오는 개념과 비슷해요.
〈해커스 한국사능력검정시험 기본 2주 합격〉으로 시험 공부를 하면 학교 공부에도 도움이 되니, 아래의 표를 보고 연계하여 학습해보세요!

해커스 한국사능력검정시험 기본 2주 합격	초등 사회 3, 5, 6학년 교과서	중등 역사② 교과서
I. 선사 시대 (기출주제 01~02)	**3학년 2학기** II-1 옛날과 오늘날의 생활 모습 **5학년 2학기** I-1 나라의 등장과 발전	I-1 고조선과 여러 나라의 형성
II. 고대 (기출주제 03~11)	**5학년 2학기** I-1 나라의 등장과 발전	I-2 삼국과 가야의 성립과 발전 I-3 삼국과 가야의 문화와 대외 교류 II-1 신라의 삼국 통일과 발해의 성립 II-2 통일 신라와 발해의 발전 II-3 통일 신라와 발해의 문화
III. 고려 시대 (기출주제 12~18)	**5학년 2학기** I-2 독창적 문화를 발전시킨 고려	III-1 고려의 성립과 통치 체제 정비 III-2 고려의 정치 변화와 대외 관계 III-3 몽골(원)의 간섭과 고려의 개혁 III-4 고려의 대외 교류와 문화
IV. 조선 시대 (기출주제 19~28)	**5학년 2학기** I-3 민족 문화를 지켜 나간 조선	IV-1 조선의 건국과 통치 체제 정비 IV-2 성리학적 질서의 확산 IV-3 왜란과 호란 V-1 조선 후기의 체제 정비와 정치 변동 V-2 세도 정치의 전개와 흥선 대원군의 개혁 V-3 조선 후기의 사회와 문화
V. 근대 (기출주제 29~36)	**5학년 2학기** II-1 새로운 사회를 향한 움직임 II-2 일제의 침략과 광복을 위한 노력	VI-1 근대 국가의 수립을 위한 노력 VI-2 다양한 민족 운동의 전개
VI. 일제 강점기 (기출주제 37~44)	**5학년 2학기** II-2 일제의 침략과 광복을 위한 노력	
VII. 현대 (기출주제 45~48)	**6학년 1학기** I-1 민주주의의 발전과 시민 참여 II-2 경제생활의 변화와 우리나라의 경제 성장 **6학년 2학기** II-1 한반도의 미래와 통일	VI-3 민주주의의 발전 VI-4 지속가능한 사회
VIII. 통합 주제 (기출주제 49~50)		

해커스 한국사능력검정시험 기본 [4·5·6급]
2주 합격

이런 분들께 이 책을 추천합니다.

- ☑ 한국사에 관심이 생겨 처음으로 시험을 준비하고 싶은 분들
- ☑ 생소한 한국사 개념을 쉽고 재미있게 공부하여 한 번에 합격하고 싶은 분들
- ☑ 개념 학습부터 기출문제 풀이, 실전 대비까지 한 권으로 2주 만에 끝내고 싶은 분들

해커스 한국사능력검정시험 교재 시리즈

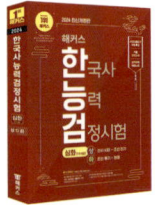
해커스 한국사능력검정시험 심화 (1·2·3급)

해커스 한국사능력검정시험 2주 합격 심화 (1·2·3급)

해커스 이명호 스토리로 암기하는 한국사능력검정시험 심화 (1·2·3급) 상/하

해커스 한국사능력검정시험 심화 (1·2·3급) 시대별 기출문제집

해커스 한국사능력검정시험 심화 (1·2·3급) 회차별 기출문제집

해커스 한국사능력검정시험 초단기 5일 합격 심화 (1·2·3급)

해커스 한국사능력검정시험 기선제압 막판 3일 합격 심화 (1·2·3급)

해커스 한국사능력검정시험 기본 (4·5·6급) 2주 합격

해커스 한국사능력검정시험 한권완성 기출 500제 기본 (4·5·6급)

정가 20,500원

13910

ISBN 978-89-6965-602-5